유니크 쏙쏙
토익 *TOEIC*
700제

머리말

토익의 성패는 RC를 얼마나 신속 정확하게 푸느냐에 달려있습니다.

대부분의 수험생들이 RC를 제시간에 다 풀지 못하여 고득점에 이르지 못합니다.

필자는 수많은 토익 기출문제를 분석하여 항상 반복적으로 출제되는 문제들을 물샐틈없이 정리하여 그런 문제들을 신속 정확하게 풀 수 있는 방법을 안내해 놓았습니다.

단순히 스킬로만 문제를 풀려 하지 말고, 각 문제의 해석과 어휘를 동시에 공부하세요. 그러면 실제 시험 Part 6/7에서도 속독을 할 수 있어 엄청난 파급효과를 발휘하게 될 것입니다. 그리고 RC를 철저히 하면 LC는 덤으로 덩달아 아주 쉽게 고득점을 취득할 수 있게 된다는 점을 명심하세요. 고득점을 희망하는 학습자들은 필독하세요.

'유니크 쏙쏙 토익 700제' 구성과 특징

1 토익 기출문제를 송두리째 철저히 분석하였습니다.

2 모든 문제를 직독직해하여 동시에 독해력 향상을 위해서도 주의를 기울였습니다.

3 토익 전문 어휘를 10,000개 이상 정리하여 어휘력 향상을 극대화했습니다.

4 조금이라도 이해가 안 가면 찾아볼 수 있도록 유니크 쏙쏙 영문법 쪽수를 써 놓았습니다.

5 실력 다지기 편에서 핵심어와 정답에 해당하는 부분을 홍색으로 씌워서 빨리 찾을 수 있는 능력을 기른 다음, 실전 모의고사 편에서 그 능력을 발휘하도록 구성하였습니다.

학습 방법

A 실력 및 스킬 다지기

1 「유니크 쏙쏙 영문법 토익 학습 과정」을 완독하여 문장 해석 능력, 속독 능력과 토익 빈출 문법을 습득합니다.

2 「유니크 쏙쏙 토익 1600제」를 공부하여 파트 5를 정복하고, 해석 능력과 어휘력을 보강합니다.

3 반드시 어휘를 먼저 공부하면서 모르는 어휘를 형광펜을 씌워서 습득하고, 문제를 먼저 읽은 다음, 해석을 읽어보면서 핵심어를 찾아, 선택지를 본문에 하나씩 적용하면서 토익 문제가 무엇을 어떻게 물어보는지를 관찰합니다.

4 모든 문제에서 홍색으로 된 힌트를 철저히 관찰하면서 문제에 접근하세요.

5 누가, 언제, 어디서, 무엇을, 어떻게, 왜에 초점을 맞추고 공부합니다. 어려운 문제는 별표 표시를 합니다.

6 이 교재는 풀어보는 데에 목적이 있는 것이 아니고, 실제 토익 문제를 잘 풀기 위한 실력을 배양하고, 유형별 답 찾는 법을 터득하는 데에 목적이 있습니다.

B 실전 모의고사

1 실제 시험처럼 약 60분의 시간을 정해 놓고 풀어봅니다.

2 문제를 풀 때는 글의 제목을 먼저 읽고 그다음에 문제를 읽습니다.

3 모든 답은 본문 속에 있으므로 문제에서 무엇을 물어보는지 먼저 정확히 파악합니다.

4 누가, 언제, 어디서, 무엇을, 어떻게, 왜에 초점을 맞추고 풉니다.

5 내용 일치 문제의 경우 본문을 읽어가면서 예문을 하나씩 대입하세요.

6 똑같은 단어일 수도 있고 동의어를 이용할 수도 있으나 대부분 본문 순서대로 문제가 나옵니다.

토익과 관련하여 명심해야 할 사항!

1 시험 점수는 여러분의 고용주를 위한 것입니다. 토익은 고용주들에게 다양한 억양(영국, 미국, 호주, 캐나다)으로 표현되는 일과 관련된 영어를 얼마나 잘 이해하는지 보여줍니다.

2 성적표를 반드시 보관하십시오. 공식 시험장은 여러분의 시험 결과를 2년 이상 보관할 필요도 없고, 기간이 끝나면 여러분에게 시험 결과를 한 부 더 줄 수도 없습니다. 이것은 여러분의 영어 수준에 대한 정기적인 평가를 장려하기 위한것이지만, 모든 고용주들이 다 그렇게 빈번한 시험을 필요로 하는 것은 아닙니다. 따라서 성적표는 아예 없는 것보다는 갖고 있는 것이 훨씬 낫기 때문에 반드시 보관해 두도록 하십시오.

Part 6. Text completion(장문 빈칸 채우기)의 구성

① 131번~146번까지 총 16문제이며, 4개의 지문으로 이뤄졌으며, 1 지문 당 4개의 문제가 들어 있습니다.

② 이메일, 편지, 기사, 광고, 서류양식, 서평, 공지사항, 안내방송, 사용 설명서, 회람, 문자 메시지, Web page 등으로 구성되어 있습니다.

③ 품사를 포함한 문법 문제, 문맥에 맞는 어휘 문제, 문맥에 맞는 문장 삽입 문제로 이뤄져 있습니다.

④ 문법적으로, 의미적으로 접근해 가면 됩니다. 가끔 접속부사(u. 393쪽)도 출제되므로 암기해 두세요.

Part 6 문제를 풀 때 주의 사항

① 침착하게 속독하면서 **문제당 평균 15초 정도로 5분 이내**에 마무리해야 Part 7에서 여유를 가질 수 있습니다.

② 글을 속독하면서 빈칸이 들어있는 **문장을 집중하여 그 문장에 적합한 문법이나 어휘**를 찾으세요.

③ 문장에서 **어떤 시제, 어떤 품사, 어떤 어휘를 넣어야 할지** 앞뒤를 살펴서 찾으세요.

④ 문법적으로 모두 동일한 경우에는 **의미적으로 접근**하세요.

⑤ **문장 삽입문제**를 찾을 때는 **앞의 문장을 정확하게 해석**하여 자연스럽게 연결되는 문장을 찾으세요.

Part 6에서 원어민이 다음처럼 지시사항을 읽어줍니다. 이 때 여러분은 지시사항을 이미 알고 있기 때문에 바로 문제 풀이로 들어가셔도 됩니다.

Directions: Read the texts that follow. A word, phrase, or sentence/ is missing/ in parts of each text.

Four answer choices for each question/ are given below the text. Select the best answer to complete the text. Then mark the letter (A), (B), (C), or (D) on your answer sheet.

지시 사항 : 다음에 나오는 글을 읽으세요. 단어, 구 또는 문장이/ 빠져 있습니다/ 각 텍스트의 일부에. 각 질문에 대한 네 개의 답변 선택지가/ 글 아래에 제공됩니다. **최상의 답변**을 골라서 글을 완성하세요. 그런 다음 답안지에 있는 글자 (A), (B), (C) 또는 (D)에 표시를 하세요.

Part 7. Reading comprehension(독해)의 구성

문자 메시지, 이메일, 편지, Web page, 회보, 채팅 대화, 행사 일정, 기사, 서평, 지원서, 광고, 전단지, 회람, 양식, 공지사항, 게시판, 고객 후기, 언론 보도, 설문 조사서, 운송장, 문서, 정보, 소책자, 사용 설명서, 보고서, 영수증, 주문서 등으로 구성되어 있습니다.

① 147~175번 (단일지문): 2문항 4개(8문제) + 3문항 3개(9문제) + 4문항 3개(12문제)

② 176~185 (2중 지문): 5문항 2개(10문제)

③ 186~200 (3중 지문): 5문항 3개(15문제)

Part 7을 풀 때 주의 사항 1

① 파트 7의 모든 **답은 본문 속에** 들어 있습니다.

② 파트 7의 질문을 이해하기 위해서는 의문사와 관련한 **6하 원칙(u.52-55)을 완벽하게** 공부해야 합니다.

③ 제목을 읽은 다음, 질문을 읽으면서 질문의 **키워드에 밑줄 긋고** 그 질문에 대한 답을 본문에서 찾으세요.

④ 본문에서 키워드를 발견한 다음, **그 키워드가 들어 있는 바로 그 문장을 읽으면** 답이 나옵니다.

⑤ 이메일이나 편지, 운송장의 경우 **보낸 사람, 받는 사람 이름, 요일과 날짜에** 유의하세요.

⑥ 요지의 경우에는 **제목과 첫 번째 문장을 유의하시고 important, but 다음, however다음, yet 다음, 명령문이 들어있는 문장** 속에 답이 들어 있습니다.

Part 7을 풀 때 주의 사항 2

① 정답을 빨리 파악할 수 없는 문제는 건너뛰고 **쉬운 문제를 먼저 푼 다음,** 맨 마지막에 푸세요.

② **파트5/6을 합해서 가능한 한 15분** 이내로 풀고, **파트 7을 60분** 정도에 풀도록 시간 배분을 하세요.

③ 가장 중요한 것은 답을 정한 후 시험지에 표시하지 말고 **바로 답안지에** 표시하세요. 그만큼 시간을 줄일 수 있습니다. 개인 능력에 따라 다르겠지만, 대부분의 수험생들은 제 시간에 다 풀지 못하는 경향이 있으니, 최대한 시간을 낭비해서는 안 됩니다. 그러므로 **답을 찾으면 바로 답안지에 마킹을** 하세요.

Part 7 시작할 때 원어민이 다음처럼 지시사항을 읽어줍니다. 이 때 여러분은 지시사항을 이미 알고 있기 때문에 바로 문제 풀이로 들어가셔도 됩니다.

Directions: In this part,// you will read a selection of texts,// such as magazine and newspaper articles, e-mails, and instant messages. Each text or set of texts is followed by several questions. Select the best answer for each question/ and choose the letter (A), (B). (C). or (D) on your answer sheet.

지시 사항: 이 파트에서,// 여러분은 정선된 글을 읽게 될 것입니다.// 잡지, 신문 기사, 이메일 및 실시간 메시지와 같은. 각 본문 또는 일련의 본문 뒤에 몇 가지 질문이 뒤따라옵니다. 각 질문에 가장 적합한 답변을 선택한 다음/ 여러분의 답안지에서 (A), (B), (C) 또는 (D)를 선택하십시오.

차례

1   실력 및 스킬 다지기 01 ··· 7

2   실력 및 스킬 다지기 02 ·· 53

3   실력 및 스킬 다지기 03 ·· 99

4   실력 및 스킬 다지기 04 ··· 147

5   실력 및 스킬 다지기 05 ··· 197

6   실력 및 스킬 다지기 06 ··· 247

7   실력 및 스킬 다지기 07 ··· 295

8   실전 모의고사 1 ·· 345

     실전 모의고사 1 정답과 해설 ·· 370

9   실전 모의고사 2 ·· 411

     실전 모의고사 2 정답과 해설 ·· 437

10   실전 모의고사 3 ·· 475

     실전 모의고사 3 정답과 해설 ·· 500

실 력 및
스킬 다지기

01

Questions 131-134 refer to the following reply email. (다음 회신 이메일을 참조하십시오.)

To: Ashely's Style	수신: Ashely's Style
From: Kim & Chang Clothing	발신: Kim & Chang 의류점
Subject: Re: Faulty goods	제목: 불량품

Dear Sir/ Madam, 친애하는 귀하/부인,

Thank you for your e-mail. 이메일을 보내 주셔서 감사합니다.

I was very ------/ to learn about the problem you have had.
     131.
저는 무척 ------ 했습니다/ 당신이 겪은 문제에 대해 알고.
     131.

The color of the dresses about which you wrote/ is darker than it should be.
당신이 쓴 드레스의 색깔이/ 원래보다 더 어둡군요.

Apparently,// this was overlooked by quality control. 분명히,// 이것은 품질 관리에 의해 간과되었습니다.

Please accept my ------ for the inconvenience.
      132.
불편에 대한 저의 ------를 받아주십시오.(=불편을 끼쳐드려서 죄송합니다.)
      132.

We are sending you a new dress/ by the end of this week. 새 드레스를 보내겠습니다/ 이번 주 말까지.

To compensate for this inconvenience,// we would like to ------ you a 10% discount on your total
                      133.
payment.
이러한 불편에 대해 보상하기 위해,// 저희는 총 지불액에 대해 10% 할인을 ------ 드리고자 합니다.
                      133.

Also,// we would like to ask you to ------. 또한// ------주시기를 바랍니다.
          134.   **134.**

Once again,// I hope// you will accept my apologies for any inconvenience we may have caused.
다시 한 번,// 저는 소망합니다// 저희가 끼쳤을지도 모르는 불편에 대해 사과를 받아주시기를.

Sincerely, 안녕히 계십시오.

Kelly Smiths 켈리 스미스

Sales Manager 판매부장

131. (A) concern
(B) concerns
(C) concerning
(D) concerned

(A) ~에 관계되다
(B) 관심사
(C) 관련한
(D) 걱정하는

132. (A) apologies
(B) apologize
(C) sorry
(D) words

(A) 사과
(B) 사과하다
(C) 유감스러운
(D) 단어

133. (A) get
(B) offer
(C) make
(D) set

(A) 얻다
(B) 제공하다
(C) 만들다
(D) 놓다, 두다

134. (A) call us at 1201-1122

(B) make some changes

(C) return the faulty clothes at your inconvenience

(D) post a picture on our fan page

(A) 1201-122로 전화하다

(B) 몇 가지 변경을 하다

(C) 불편시더라도 결함 있는 옷은 반품하다

(D) 우리 팬 페이지에 사진을 올리다

정답과 해설

131. (D) be concerned 걱정하다

132. (A) '소유격 다음에 명사형'이 와야 하므로

133. (B) offer a discount 할인을 제공하다

134. (C) 문맥상 '하자가 있는 물건을 반품하는 것'이 가장 자연스러우므로

어휘 Re=reply 답장 faulty goods 불량품 Dear 친애하는 be concerned(worried) 걱정하다 learn 알다. 배우다 problem 문제 write about ~에 관하여 글을 쓰다 darker than it should be 원래보다 더 어두운 apparently=obviously 분명히 accept 받아들이다 overlook=look(pass) over=neglect=ignore=disregard 간과(무시)하다 quality control 품질 관리 apology 사과 inconvenience 불편 send 보내다 by the end of this week 이번 주 말까지 compensate for ~에 대해 보상하다 would like to ~하고 싶다 offer 제공하다 discount 할인 total payment 총 지불액 also 또한 return 반품하다 at your inconvenience 불편하시겠지만 may have p.p ~했을지도 모르다

Questions 135-138 refer to the following e-mail. (다음 회신 이메일을 참조하십시오.)

To: "The Shoe People" <inquiries@shoepeople.com>　수신: "The Shoe People" 〈inquiries@shoepeople.com〉
From: "John Trimbald" <jtconstruction@img.com>　발신: "John Trimbald" 〈jtconstruction@img.com〉
Subject: Customer Complaint　제목: 고객 불평사항

To ------- it may concern, 관계자 분께,
　　　135.

I have **trusted**/ the Shoe People/ **to protect** the feet of my employees/ for over ten years now.
저는 믿어왔습니다/ the Shoe People이/ 저의 직원들의 발을 보호해줄 것이라고/ 지금까지 10년 넘도록.

I recently purchased/ a few pairs of boots/ from your company/ for my crew.
저는 최근에 구매했습니다/ 장화 몇 켤레를 / 귀하의 회사로부터/ 제 일꾼들을 위해.

Though my men were ------- satisfied with the boots,// the soles began to fall apart on them// after just
　　　　　　　　　　　　136.
twelve weeks.
제 직원들은 ------- 장화에 만족했지만,// 밑창이 장화에서 떨어져 나가기 시작했습니다// 불과 12주 후에.
　　　　　136.

This was extremely surprising// considering they came with a ------- warranty.
　　　　　　　　　　　　　　　　　　　　　　　137.
이것은 지극히 놀라운 일이었습니다// 그 장화들이 ------- 보증을 받은 것을 고려해볼 때.
　　　　　　　　　　　　　　137.

The boots are unsafe to wear// because my men are pouring hot concrete.
그 장화는 착용하기에 안전하지 않습니다/ 왜냐하면 제 직원들이 뜨거운 콘크리트를 쏟아 붓는 작업을 하기 때문에.

Please respond **as soon as possible**// with instructions on how -------.
　　　　　　　　　　　　　　　　　　　　　　　　　　　138.
가능한 한 빨리 응답해 주십시오// 어떻게 -------에 대한 지침을 준비하셔서.
　　　　　　　　　　　　138.

Thank you, 감사합니다.

John Trimbald 존 트림발드

JT Construction JT건설

---

135. (A) who
(B) whom
(C) which
(D) that

136. (A) equally
(B) beginning
(C) initially
(D) initial

(A) 똑같이
(B) 시작하여
(C) 처음에
(D) 처음의

137.
(A) six-year
(B) six years
(C) six-year-old
(D) six years old

138.
(A) I will be permitted on your flight.
(B) I can store the bags under the seats.
(C) I can come back to my private booth.
(D) I can return the boots and receive a refund.

(A) 나는 당신의 항공편에 탑승이 허락될 것이다.
(B) 가방을 좌석 아래에 보관할 수 있다.
(C) 나는 내 개인 부스(칸막이 좌석)로 돌아올 수 있다.
(D) 나는 장화를 반납하고 환불받을 수 있다.

정답과 해설		
	135.	(B) To whom it may concern 관계자 분께
	136.	(C) 문맥상 "처음에는"의 뜻을 가진 부사가 들어가야 하므로
	137.	(A) '하이픈을 이용하여 명사를 수식할 때는 단수'이므로, u.281쪽 참조
	138.	(D) 문맥상 '하자가 있는 물건을 반품하고 환불받는 것'이 가장 자연스러우므로
어휘		trust 믿다 protect 보호하다 feet 발 employee 직원 recently=lately=of late 최근에 purchase 구매하다 a few pairs of 몇 켤레의 company 회사 crew 일꾼, 일단의 노동자 though=although=even though=notwithstanding 비록 ~이지만 be satisfied with ~에 만족하다 sole 밑창, 바닥 fall apart 떨어져 나가다 just=only 불과, 겨우 extremely 지극히 considering=given that ~을 고려해볼 때 come with a warranty 보증을 받다 unsafe 안전하지 못한 wear 착용하다 pour 쏟아 붓다 as soon as possible 가능한 한 빨리 respond 응답하다 instruction 지침 on ~에 대한 permit 허락하다 flight 항공편 seat 좌석 receive(get) a refund 환불을 받다

Questions 139-142 refer to the following advertisement. (다음 광고를 참조하십시오.)

Advertisement 광고

Are you tired of constantly using more minutes than what is allowed in your cell phone plan?
휴대 전화 요금제에 허용 된 시간보다 더 많은 시간을 지속적으로 사용하는 데 지치셨습니까?

Do you want a plan that is truly unlimited?
진정으로 무제한적인 요금제를 원하십니까?

Do you want a plan that has unlimited minutes, unlimited texts, unlimited video and picture messaging/
------- having to pay an arm and a leg?
   139.
무제한 시간, 무제한 문자, 무제한 영상 및 사진 전송을 할 수 있는 요금제를 원하십니까/ 팔과 다리를 지불하지
------- (많은 비용을 지불하지 -------)?
 139.   **139.**

Freewire now introduces a plan that has all the ------- cell phone users want/ without the expensive cost.
                                          140.
Freewire는 이제 휴대전화 사용자가 원하는 모든 -------을 갖춘 요금제를 도입합니다/ 비싼 비용을 지불하지 않고
                                    140.
도.

With the new Freewire plan,// you get unlimited minutes for domestic calls and a special discount for
international calls.
새로운 Freewire 요금제를 이용하면,// 여러분은 국내 통화에 대해 무제한 시간과 국제 통화에 대해 특별 할인을 받
을 수 있습니다.

You also get unlimited texting and unlimited video and picture messaging/ for a monthly fee of $99.99.
또한 무제한 문자 메시지와 무제한 영상 및 사진 전송을 할 수 있습니다/ 월 $99.99의 요금으로.

For a limited time,// if you sign a two-year contract,/ we will also ------- a new Silverberry phone for
free.   **141.**
제한된 기간 동안,// 여러분이 2년 약정에 서명하면,/ 새로운 Silverberry 전화도 공짜로 ------- 드립니다.
                                                            141.

Imagine owning the new Silverberry phone for absolutely free.
새로운 Silverberry 전화를 완전 무료로 소유한다는 상상을 해보십시오.

------- .
142.

---

139. (A) throughout   (A) ~의 도처에
(B) without   (B) ~없이
(C) between   (C) ~사이에
(D) toward   (D) ~을 향하여

140. (A) tools   (A) 도구
(B) gadgets   (B) 기계장치
(C) features   (C) 기능, 특징
(D) texting   (D) 문자전송

141.
- (A) give
- (B) allow
- (C) throw
- (D) include

- (A) 주다
- (B) 허용하다
- (C) 던지다
- (D) 포함하다

142.
- (A) You would receive the phone along with the plan.
- (B) The contract would change your life forever.
- (C) This offer is only available until May, so hurry and visit any Freewire store near you.
- (D) Take a risk before it is too late.

- (A) 요금제와 함께 전화를 받게 될 것입니다.
- (B) 그 약정은 당신의 인생을 영원히 바꿔드릴 것입니다.
- (C) 이 제안은 5월까지만 제공되므로, 서둘러 가까운 Freewire 매장을방문하십시오.
- (D) 너무 늦기 전에 위험을 감수하십시오.

정답과 해설	**139.** (B) 문맥상 가장 자연스러우므로	**141.** (A) 문맥상 가장 자연스러우므로
	140. (C) 문맥상 가장 자연스러우므로	**142.** (C) 광고의 문맥상 가장 자연스러우므로

어휘   be tired of=be bored with=be fed up with 싫증나다 constantly=continuously=incessantly=unceasingly=ceaselessly= on end 끊임없이 allow 허용하다 cell phone plan 휴대전화 요금제 unlimited 무제한의 pay an arm and a leg 많은 비용을 지불하다. 매우 비싸다 introduce 도입(소개)하다 expensive 비싼 cost 비용 domestic calls 국내 통화 a special discount 특별 할인 international calls 국제 통화 fee 요금. 비용 for a limited time 제한된 기간 동안 a two-year contract 2년 약정 for free 공짜로 imagine 상상하다 own 소유하다 for absolutely free 완전 무료로

Questions 143-146 refer to the following article. (다음 기사를 참조하십시오.)

Coffee/ has become the most popular drink/ in offices.
커피는/ 가장 인기 있는 음료가 되었습니다/ 사무실에서.

This information/ is the result of a recent ------- of office workers across the country.
 143.
이 정보는/ 전국 사무직 직원들에 대한 최근 ------- 결과입니다.
 143.

According to the results of the study,// 55 percent of office workers/ choose coffee/ as their favorite beverage.
연구 결과에 따르면,// 사무직 직원의 55%가/ 커피를 선택합니다/ 그들의 가장 좋아하는 음료로.

The second most popular drink/ is tea,/ chosen by 30 percent of office workers/ in the study.
두 번째로 가장 인기 있는 음료는/ 차이며,/ 사무직 직장인의 30%가 선택하고 있습니다/ 그 연구에서.

The remaining 15 percent/ ------- soda, water, or other drinks.
 144.
나머지 15 %는/ 탄산음료, 물 또는 기타 음료를 -------.
 144.

During the workday,// most coffee drinkers/ get their coffee/ from a machine in the office.
근무 중에,// 커피를 마시는 대부분의 사람들은/ 그들의 커피를 얻습니다/ 사무실에 있는 기계에서.

In fac/t,// -------.
 145.
실제로,// -------
 145.

Another 20 percent/ get their coffee "to go"/ at a coffee shop or restaurant.
또 다른 20 %는/ 그들의 커피를 "주문하여 가져와서" 마십니다/ 커피숍이나 식당에서.

Ten percent make their coffee at home/ and take it to work/ in a thermos.
10%는 집에서 커피를 끓여서/ 직장에 가져갑니다/ 보온병에 담아서.

The members of this last group/ believe// that there is nothing like the taste of ------- coffee.
 146.
이 마지막 집단의 구성원들은/ 믿습니다// ------- 커피의 맛과 같은 것은 없다고.
 146.

143. (A) dismissal   (A) 해고
     (B) survey   (B) 조사
     (C) conference   (C) 회의
     (D) training   (D) 연수

144. (A) choice   (A) 선택
     (B) choosing   (B) 선택하기
     (C) chosen   (C) 선택한
     (D) choose   (D) 선택하다

145. (A) 50 percent of coffee drinkers/ get their coffee/ in this way.

(B) 70 percent of tea drinkers/ get their tea/ in this way.

(C) 70 percent of coffee drinkers/ get their coffee/ in this way.

(D) All of the tea drinkers/ make their tea/ in this way.

(A) 커피를 마시는 사람의 50%가/ 그들의 커피를 구한다/ 이런 식으로.

(B) 차를 마시는 사람의 70%가/ 그들의 차를 구한다/ 이런 식으로.

(C) 커피를 마시는 사람의 70%가/ 그들의 커피를 구한다/ 이런 식으로.

(D) 차를 마시는 모든 사람들은/ 그들의 차를 끓인다/ 이런 식으로.

146.
(A) hot	(A) 뜨거운
(B) homemade	(B) 집에서 끓인
(C) fresh	(C) 신선한
(D) sweet	(D) 달콤한

정답과 해설	**143.** (B) 문맥상 가장 자연스러우므로
	144. (D) 주어 다음에 동사가 오므로
	145. (C) 뒤에 '20%는 주문해서 마시고, 10%는 집에서 끓여온다'는 설명이 나왔으므로
	146. (B) 앞에 'make their coffee at home'이 나와 있으므로
어휘	the most popular 가장 인기 있는 information 정보 result 결과 recent 최근의 office worker 사무직 직원 across the country 전국의 according to ~에 따르면 choose-chose-chosen 선택하다 favorite 가장 좋아하는 beverage 음료 study 연구 remain 남아있다 soda 탄산음료 during the workday 근무 중에 a machine 기계 in fact=in point of fact=as a matter of fact=as it is=actually 실제로 another 또 다른 For here or to go? 여기서 드실래요? 가져가서 드실래요?(주문할 때 직원이 묻는 표현) make coffee 커피를 끓이다 take ~to work 직장에 가져가다 a thermos 보온병 believe 믿다 taste 맛

Questions 147-148 refer to the following text-message chain. (다음 일련의 문자메시지를 참조하십시오.)

Jason,   **10:41 A.M.**   제이슨, 오전 10시 41분.

Hi, Robert. 안녕, 로버트.

I just got to my hotel from the airport// but can't find the number for PXY Enterprises.
공항에서 막 내 호텔에 도착했는데// PXY 엔터프라이즈의 번호를 찾을 수가 없네.

Do you have it? I need to confirm today's client meeting.
자네 그 번호 가지고 있어? 오늘 고객 회의를 확인해야 하거든.

Robert,   **10:45 A.M.**   로버트, 오전 10시 45분.

1-222-333-4444. 1-222-333-4444 이야.

Also, I talked to Maria in finance.
그리고 내가 재정담당 마리아와 얘기했는데.

She said she hasn't seen the report from your last trip.
자네 지난번 출장보고서 못 봤다고 말하던데.

Jason,   **10:58 A.M.**   제이슨, 오전 10시 58분.

Oh, that. 아, 그거.

I'll bring it to her/ when I get back tomorrow. (148)
내가 그녀에게 갖다 줄게/ 내일 돌아가면.

Thanks for the reminder 상기시켜줘서 고마워.

Robert,   **11:15 A.M.**   로버트, 오전 11시 15분.

OK, see you soon! 그래, 곧 보세!

---

147. Who is Robert?

(A) A co-worker of Jason's
(B) A financial consultant
(C) An employee of PXY Enterprises
(D) A travel agent

Robert는 누구죠?

(A) Jason의 동료
(B) 금융 컨설턴트
(C) PXY Enterprises의 직원
(D) 여행사 직원

148. At 10:45 A.M., what does Robert most likely mean when he writes, "she hasn't seen the report from your last trip"?

(A) Maria has been out of the office.
(B) The report got lost.
(C) Maria will finish the report.
(D) The report is late.

오전 10시 45분, 로버트가 "지난 출장보고서를 보지 못했다"고 쓸 때 의미할 가능성이 가장 높은 것이 뭐죠?

(A) 마리아는 사무실을 나갔다.
(B) 보고서가 분실되었다.
(C) 마리아가 보고서를 끝낼 것이다.
(D) 보고가 늦다.

정답과 해설 **147.** (A) 두 사람의 대화로 미루어 볼 때 직장 동료임을 알 수 있죠.

148. (D) "내일 돌아가서 그녀에게 갖다 줄게" 라는 Jason의 말로 미루어 볼 때 보고서를 아직 제출하지 않았음을 알 수 있죠.

어휘   just 막 get to=arrive at=reach 도착하다 airport 공항 find 찾다 need to=have to ~해야 한다 confirm 확인하다 client 고객 also 게다가, 그리고 talk to ~와 말하다/대화를 하다 in finance 재정담당 report 보고서 one's last trip ~의 지난번 출장 여행 bring 가져오다, 가져가다 get back 돌아오다, 돌아가다 reminder 상기시키기 위한 조언 see you soon! 곧 보자! 곧 만나자!

To:	수신:	eksta@publicnet.com
From:	발신:	Gregory.kim@moulin.com
Cc:	타 수신:	humres@moulin.com
Re:	제목:	Employment Contract (고용계약서)

Dear Ms. Stanton, 친애하는 스탠튼 님,

I am writing in response to your e-mail of July 18. 저는 귀하의 7월 18일 이메일에 대한 답장을 드립니다.

First of all,// I want to say/ that I am disappointed to hear// that you do not wish to take the position that you have been hired for in our main office. (149)
우선,// 말씀 드리고 싶습니다// 듣고 실망했다고// 귀하가 본사에서 고용된 직책을 맡고 싶지 않다는 말을.

However,// though you have not begun to work here yet,// you did sign a contract with us for a minimum of two years.
그러나,// 귀하가 아직 여기서 일하기 시작은 하지 않았지만,// 귀하는 최소 2년 동안은 저희와 계약을 맺었습니다.

The company considers this contract to be active. 회사는 이 계약이 효력이 발생한 것으로 간주합니다.

Thus,// I have to inform you// that if you do not report to work by August 1,// you will be responsible for breaking the contract and the related fees. (150)
따라서,// 저는 알려드려야만 합니다// 만일 귀하가 8월 1일까지 출근을 하지 않으면,// 계약 위반 및 관련 수수료에 대한 책임을 지게 될 것임.

If you disagree with this decision,// the rules for how you can proceed/ are in the contract.
만일 귀하가 이 결정에 동의하지 않으면,// 어떻게 진행할 수 있는지(진행 방법)에 대한 규칙이/ 계약서에 있습니다.

If you need an additional copy,// please contact Human Resources.
추가 사본이 필요할 경우,// 인사부에 문의하십시오.

I hope// that we resolve this quickly and amicably.
저는 바랍니다// 우리가 이 문제를 신속하고 평화적으로 해결하기를 바란다.

I **look forward to** work**ing** with you. 저는 귀하와 함께 일하기를 고대합니다.

Sincerely,

Gregory Kim.

149. What did Ms. Stanton likely say in her e-mail to Gregory Kim?

(A) She needed more information about a contract.

(B) She did not want to take a job that she had been hired for.

(C) She wanted to know when she needed to start work.

(D) She was hoping to sign a new contract with the company.

스탠튼 양은 그레고리 킴에게 보내는 이메일에서 뭐라고 말했을까요?

(A) 그녀는 계약에 대한 더 많은 정보를 필요로 했다.

(B) 그녀는 자신이 채용된 직업을 맡고 싶지 않았다.

(C) 그녀는 언제 일을 시작해야 하는지 알고 싶어 했다.

(D) 그녀는 회사와 새로운 계약에 서명하기를 바라고 있었다.

150. What should Ms. Stanton do if she doesn't want to take the job?

(A) She should e-mail Gregory Kim.

(B) She should file a lawsuit.

(C) She should pay for related fees.

(D) She should contract Human Resources.

스탠튼 양은 그 일을 맡지 않으려면 어떻게 해야 하죠?

(A) 그녀는 그레고리 김에게 이메일을 보내야 한다.

(B) 그녀는 소송을 제기해야 한다.

(C) 그녀는 관련 수수료를 지불해야 한다.

(D) 그녀는 인사부와 계약을 해야 한다.

정답과 해설	**149.** (B) 본문 첫 번째 홍색에 나와 있죠?
	150. (C) 본문 두 번째 홍색에 나와 있습니다.
어휘	Cc=carbon copy 본래의 수신인 이외의 다른 수신인을 지정하여 발신하는 것 re=regarding 관하여 dear 친애하는 in response to ~에 답하여 first of all=most of all=above all=to begin(start) wit 우선, 무엇보다도 be disappointed to hear ~을 듣고 실망하다 position 직책 hire=employ 고용(채용)하다 main office 본사 however 그러나 though=although=even though=notwithstanding 비록 ~하지만 yet 부정문에서 아직 sign a contract 계약서에 서명하다, 계약을 맺다 for a minimum of two years 최소 2년 동안 by ~까지 consider(esteem, account, deem) A to be B A를 B로 간주하다 active 효력 있는, 활동 중인 thus=so=hence=therefore 그러므로 form 알리다 report to work 공식 출근하다 August 8월 be responsible(answerable, accountable, liable) for ~에 대해 책임지다 break a contract 계약을 위반하다 the related fees 관련 수수료 disagree(conflict) with=dissent from 동의하지 않다 decision 결정 proceed 진행하다 an additional copy 추가 사본 contact Human Resources 인사부에 문의하세요 resolve=settle 해결하다 quickly 신속하게 amicably 평화적으로, 유쾌하게, 우호적으로 look forward to~ing=bargain(reckon) on~ing ~하기를 고대하다 Sincerely=Truly=Best regards 편지 맺음말 file a lawsuit 소송을 제기하다 Human Resources 인사부

refer to the following advertisement. (다음 광고를 참조하십시오.)

GOLF Course DEVELOPMENTS 골프장 개발(책 이름)

By D.W. Jones and G. L Santini	D.W. 존스와 G. L 산티니 지음
Illustrated, 258 pp. Los Angeles:	삽화 있음, 258 쪽. 로스앤젤레스:
Comex Publishing Company. $9.95.	Comex 출판사. 9.95 달러

'Golf Course Developments' provides developers/ with everything they need to know/ about the elements of a regulation golf course **as well as** alternative layout types. (151)

'골프장 개발'은 개발업자들에게 그들이 알아야 하는 모든 것을 제공합니다./ 색다른 배치 유형뿐만 아니라 규정 골프장의 요소들에 대해서도.

It explains the various configurations that can be used/ and discusses the site factors which must be considered// before a golf course is planned. (152)

그것은 이용할 수 있는 다양한 지형을 설명하고/ 고려해야 할 부지요소들에 대해 얘기합니다// 골프장을 계획하기 전에.

Necessary golf course construction methods/ with their alternatives/ are detailed.

필요한 골프장 건설 방법이/ 그들의 대안들과 함께/ 상세하게 설명되어 있습니다.

---

151. Who would be most interested in this publication?
(A) A landscape architect
(B) A mathematician
(C) A football player
(D) An amateur golfer

이 출판물에 누가 가장 관심이 있을까요?
(A) 조경 설계사
(B) 수학자
(C) 축구 선수
(D) 아마추어 골퍼

152. What information would you expect to find in this book?
(A) Golf rules and regulations
(B) Scheme design
(C) The names of planning board members
(D) Tips on how to improve your golf game

이 책에서 어떤 정보를 찾을 것으로 기대하세요?
(A) 골프 규칙 및 규정
(B) 맞춤형 디자인
(C) 기획 이사들의 이름
(D) 골프 경기를 개선하는 방법에 대한 조언

정답과 해설

151. (A) 본문 홍색에서 '개발업자들'에게 그들이 필요한 정보를 제공한다고 나와 있죠?
152. (B) 두 번째 홍색에서 '골프장 계획에 앞서'라는 표현을 여러분이 잡아내야 합니다. 계획이 일종의 디자인 이거든요.

어휘 illustrate 삽화를 넣다. 설명하다 publishing company 출판사 golf course 골프장 development 개발 developer 개발업자 provide(supply, furnish) A with B A에게 B를 제공하다 element 요소 B as well as A=not only A but also B A뿐만 아니라 B도 a regulation golf course 규정 골프장: 다양한 파3, 파4 및 파5 홀을 포함하며 전통적인 길이와 파로 이뤄진 9홀 또는 18홀 골프장 alternative 색다른, 전통적이지 않은 layout 배치, 설계 configuration 지형, 윤곽, 배치 discuss=talk about=talk over 논의하다 site 부지 explain=expound=account for=set forth=give an account of 설명하다 various=diverse=a variety(diversity) of 다양한 factor 요소, 요인 consider=contemplate=weigh=allow for=take account of=take into account(consideration) 고려(참작)하다 plan 계획하다 necessary 필요한 construction method 건설 방법 alternative 대안 planning board member 기획 이사 detail=elaborate(dwell, enlarge) on=give a full account of 상세하게 설명하다. 상술하다 publication 출판물

Questions 153-154 refer to the following announcement. (다음 공지사항을 참조하십시오.)

To: Section managers From: Preston Carrington, 'Workplace Health and Safety' Posted: March 19	수신: 부서장 발신: 프레스턴 캐링턴, '직장 보건 및 안전' 담당 제목: 3월 19일

According to local laws,// we are required to undergo a health and safety inspection/ every six months.
지방법에 따라// 우리는 건강 및 안전 검사를 받아야 합니다/ 6개월마다.

The next one/ is scheduled for April 23.
다음 검사는/ 4월 23일로 예정되어 있습니다.

—[1]—. I have been informed// that some new regulations will come into effect this time// and it is important that we are properly prepared.
이번에는 일부 새로운 규정이 시행 될 것이라는 정보를 받았습니다// 그래서 우리가 올바로 준비하는 것이 중요합니다.

If we are not fully compliant,// we could be forced to suspend production// until the inspection can be carried out again.
만일 우리가 충분히 준수하지 않으면,// 우리는 억지로 생산을 중단해야 할 수도 있습니다// 검사를 다시 시행 할 수 있을 때까지.

—[2]—. I **would like** section managers of the factory **to download** the 'risk assessment guidelines' from the following Web site, www.brightonwhsb.gov.uk/assessment.
공장의 부서장들은 다음 웹사이트 www.brightonwhsb.gov.uk/assessment에서 '위험성 평가 지침'을 다운받으시기를 바랍니다.

After printing it out,// please check// that your area of the factory meets all requirements. (153)
그 지침을 출력한 후// 확인해 주십시오// 해당 공장의 해당 구역이 모든 요구사항에 부합하는지.

—[3]—. In this way,// we should make doubly sure// that any problems are rectified in time for the official inspection.
이런 식으로,// 우리는 이중으로 확인해야 합니다// 어떤 문제라도 있으면 공식적인 검사에 맞춰서 바로잡을 수 있도록.

On the bulletin board,// there is a list of the people who are responsible for ensuring each section is ready.
게시판에는,// 각 부서가 준비되었는지 확인하는 일을 책임지고 있는 담당자의 목록이 있습니다.

—[4]—. Please check it/ and make all necessary preparations/ by the end of the week.
그것을 확인하시고/ 필요한 모든 준비를 해 주십시오/ 주말까지.

153. What is indicated about the guidelines?
(A) They have been updated.
(B) They are kept confidential.
(C) They are posted on a bulletin board.
(D) They will be discussed at a meeting.

지침서에 대해 암시하는 내용이 뭘까요?
(A) 업데이트되었다.
(B) 그들은 비밀로 유지된다.
(C) 게시판에 게시되어 있다.
(D) 회의에서 논의 될 것이다.

154. In which of the positions marked [1, [2], [3], and [4] does the following sentence best belong?

"Following that,// you must evaluate one other section/ and report any issues/ to me and the person in charge of that area."

(A) [1]　　　(B) [2]　　　(C) [3]　　　(C) [4]

[1, [2], [3], [4]로 표시된 곳 중에서 다음 문장이 들어가기에 가장 적합한 곳은?

그런 다음.// 다른 한 부서를 평가하여/ 어떠한 문제라도 있으면 보고해야 합니다/ 저와 그 구역의 담당자에게.

정답과 해설

153. (A) 본문 첫 번째 홍색에서 출력하여 확인해보라는 것은 새로운 요구사항이 있다는 뜻이므로 업데이트되었음을 알 수 있죠.

154. (C) 그런 다음(Following that)이라는 것은 '출력하여 확인한 다음'을 가리키므로 [3]번 속에 들어가야 하죠. 이런 문제는 꼭 지시대명사가 가리키는 말을 찾으시면 그 위치를 알 수 있습니다.

어휘　according to local laws 지방법에 따라 be required to ∼해야 한다 undergo a health and safety inspection 건강 및 안전 검사를 받다 every six months 6개월마다 be scheduled for ∼로 예정되어 있다 April 4월 inform 알리다. 정보를 제공하다 regulation 규정 take(come into, go into) effect 시행되다 this time 이번에는 properly 올바로, 똑바로, 제대로, 적절하게 prepare 준비하다 fully 충분히 compliant 순응(준수)하는 be forced(obliged, compelled, impelled, bound, coerced) to 억지로 ∼하다 suspend 중단하다 production 생산 inspection 검사 carry out=implement=enforce 시행(수행)하다 would like A to B=want A to B: A가 B 하기를 바라다 section manager 부서장 factory 공장 risk assessment guidelines 위험성 평가 지침 print out, 출력하다 meet 부합하다, 충족시키다 requirements 요구사항 in this way 이런 식으로 make sure=ensure 확인하다 doubly 이중으로 rectify 수정하다, 바로잡다 in time for ∼에 맞춰 the official inspection 공식적인 검사 bulletin board 게시판 necessary 필요한 preparation 준비 evaluate 평가하다 by the end of the week 주말까지 be responsible(accountable, answerable, liable) for=account(answer) for ∼을 책임지다

Questions 155-157 refer to the following news article. (다음의 뉴스 기사를 참조하십시오.)

The author of the best-selling The Da Vinci Code, Dan Brown/ has now sold over 80 million copies of the book,// making him one of the richest novelists of all time.
베스트셀러인 The Da Vinci Code의 저자인 Dan Brown은/ 현재 이 책을 8천만 부 이상 팔았으며,// 역대 가장 부유한 소설가 중 한 명이 되었다.

All four of his novels/ were on The New York Times bestseller list/ in the same week,// and he made it to Time magazine's list of the 100 most influential people of the year 2005. (157)
그의 소설 네 권 모두/ New York Times 베스트셀러 목록에 올랐다/ 같은 주에,// 그리고 그는 2005 년 가장 영향력 있는 100 인의 Time magazine 목록에 올랐다.

His income from the sales of The Da Vinci Code alone/ was over $200 million. (155)
The Da Vinci Code의 판매로 얻은 수입만/ 2억 달러가 넘었다.

This latter figure makes his fortune next to that of Harry Potter series author J. K. Rowling,// whose wealth from the sales of her novels/ is estimated at over $800 million. (155)
이 후자의 수치는 그의 재산을 해리포터 시리즈 작가인 J. K. 롤링의 재산 다음에 위치하게 만든다. 그녀의 소설 판매로 인한 재산은/ 8억 달러가 넘는 것으로 추정된다.

But Brown's first three novels/ had little success,// with fewer than 10,000 copies in each of their first printings.
그러나 브라운의 처음 세 소설은/ 거의 성공을 거두지 못했으며,// 각 초판 인쇄에서 1만 부도 채 되지 않았다.

However,// his fourth, The Da Vinci Code,/ became a runaway bestseller,// going to the top of the New York Times best seller list/ during its very first week of release in 2003.
하지만,// 그의 네 번째 작품인 The Da Vinci Code는/ 추종을 불허하는 베스트셀러가 되어// 뉴욕타임스 베스트셀러 1위를 차지하였다/ 2003년 발매 첫 주 동안.

155. By how much does Dan Brown's income from his books compare to that of J. K. Rowling?
(A) One fourth.
(B) One third.
(C) One half.
(D) Two thirds.

댄 브라운의 책 수입은 J. K. 롤링 수입과 어느 정도로 비교되는가?
(A) 4분의 1
(B) 3분의 1
(C) 2분의 1
(D) 3분의 2

156. What has one magazine has declared Dan Brown as?
(A) Among the 100 wealthiest people
(B) More popular than J. K. Rowling
(C) Among the 100 most influential people
(D) More prolific than J. K. Rowling

한 잡지는 댄 브라운을 뭐라고 선언했죠?
(A) 100명의 가장 부유한 사람들 중 한 명이라고
(B) J. K. 롤링보다 더 인기가 있다고
(C) 가장 영향력 있는 사람 100명 중 한 명이라고
(D) J. K. 롤링보다 더 많은 작품을 저술한다고

157. How much is the estimated wealth of Dan Brown?

(A) $10 million

(B) $80 million

(C) $200 million

(D) $800 million

댄 브라운의 추정 재산은 얼마죠?

(A) 천만 달러

(B) 8천만 달러

(C) 2억 달러

(D) 8억 달러

정답과 해설

155. (A) 홍색을 보면 알 수 있듯이 브라운의 책 수입은 2억 달러 이상, 롤링의 책 수입은 8억 달러이상으로 추산되므로

156. (C) 홍색 'Time magazine's list of the 100 most influential people'을 여러분이 발견하셔야 합니다.

157. (C) 처음 세권은 별로 성공을 거두지 못했으므로, 마지막 4번째 책 수입만 계산해야 합니다.

어휘 author 저자 sell-sold-sold 팔다 over 이상 copy 책의 한 부 the richest novelist of all time 역대 가장 부유 한 소설가 make it 성공하다, 진입하다 most influential 가장 영향력 있는 income 수입 sales 매출, 판매 alone ~만, 홀로 million 100만 latter 후자의 figure 수치 fortune 재산 wealth 재산, 부 estimate 추정(추산)하다 however 그러나 fourth 네 번째 a runaway bestseller 추종을 불허하는 베스트셀러 during its very first week of release 발매 첫 주 동안

Questions 158-160 refer to the following information. (다음의 정보를 참조하십시오.)

Time 시간	Day one 첫째 날	Day two 둘째 날
8:15 – 10:00	**Starting an E-Business 전자 비즈니스 시작** (also available online)(온라인으로도 이용 가능) Designing a Functional Website 기능성 웹 사이트 디자인하기 Mastering E-commerce 전자상거래 마스터하기	**Internet Technology 인터넷 기술** Choosing an Internet Provider 인터넷 공급자 선택하기 Understanding Search Engines 검색 엔진 이해하기
10:30 – 12:00	**Online Advertising 온라인 광고** (also available online)(온라인으로도 이용 가능) Writing Sales Copy for the Web 웹을 위한 판매 사본 작성 Marketing your Product Online 온라인으로 제품을 마케팅하기	**Outsourcing Online 온라인 하청** The Advantages of Hiring Freelancers 프리랜서 고용의 장점 How to Find a Freelancer 프리랜서를 찾는 방법
12:00 – 1:15	Lunch 점심	Lunch 점심
1:00 – 2:30	**Keeping Track of Finances 재정 관리** Basic Rules of Accounting 회계의 기본 규칙 Important Tax Laws 중요한 세법	**Shipping Products 제품 배송** (159) (also available online)(온라인으로도 이용 가능) How to Create a Simple Online Order Form 간단한 온라인 주문 양식 작성법 How to Minimize Shipping Problems 배송 문제를 최소화하는 방법
2:30 – 3:00	Coffee Break 휴식 시간	Coffee Break 휴식 시간
3:00 – 4:30	**Advice from Successful E-business Owners 성공적인 전자 비즈니스 소유주들의 조언** Mark Henrich, President of IP Media Online IP(Internet Protocol) 미디어 온라인 사장 Mark Henrich Linda Orlick, co-founder of Intelligent Designs, an online web design company 온라인 웹 디자인 회사인 Intelligent Designs의 공동 설립자 Linda Orlick George Tulane, author of "E-Business and You" (160) "E-Business and You"의 저자 George Tulane	**Conclusion 결론** This portion of the seminar has not been determined 세미나의 이 부분은 결정되지 않았습니다. Contact Brent Sprites, Event Coordinator, for more information. 자세한 내용은 행사 진행자인 Brent Sprites에 문의하십시오.

158. What subject will mainly be covered in the seminar?

(A) Writing effective advertisements

(B) Creating a strong marketing campaign

(C) Developing a business using the Internet

(D) Improving customer relation strategies

세미나에서 주로 **어떤 주제가** 다뤄질까요?

(A) 효과적인 광고 작성

(B) 강력한 마케팅 캠페인 만들기

(C) 인터넷을 이용한 사업 개발

(D) 고객 관계 전략 개선

159. What is TRUE about the Shipping Products seminar?

(A) It explains how to create a product database

(B) It is also offered through the Internet

(C) It is organized by Brent Sprites

(D) It takes place after the coffee break

제품 배송 세미나에 대해 무엇이 **사실**이죠?

(A) 제품 데이터베이스를 만드는 방법을 설명한다.

(B) 인터넷을 통해서도 제공된다.

(C) Brent Sprites가 주최한다.

(D) 휴식 시간 이후에 이뤄진다.

160. Who is George Tulane?

(A) A published writer

(B) The founder of IP Media Online

(C) A successful e-business accountant

(D) The Event Coordinator

George Tulane은 누구죠?

(A) 책을 출판한 작가

(B) IP Media Online의 설립자

(C) 성공적인 전자 비즈니스 회계사

(D) 행사 담당자

정답과 **158.** (C) 홍색으로 이뤄진 제목들 속에 답이 들어 있죠.
해설
159. (B) Shipping Products에서 둘째 줄 'also available online'이라는 말이 힌트이죠.

160. (A) 마지막 줄에 "E-Business and You의 저자" 라는 말은 책을 출판한 작가라는 뜻이죠.

어휘 available 이용 가능한 outsource 하청하다 advantage 장점 hire=employ 고용(채용)하다 accounting 회계 create 만들다 tax 세금 law 법 order form 주문 양식 minimize 최소화 하다 shipping 배송, 발송 co-founder 공동 설립자 portion 부분 cover 다루다 effective 효과적인 advertisement 광고 develop 개발하다 improve 개선하다 relation 관계 strategy 전략 explain 설명하다 offer 제공하다 organize 조직하다

http://www.civilengineeringdigest.com

WELCOME TO CIVIL ENGINEERING DIGEST WEB SITE CIVIL ENGINEERING DIGEST
웹 사이트에 오신 것을 환영합니다.

CIVIL ENGINEERING DIGEST (토목 공학 다이제스트: 간행물 이름)

Subscription Offer 구독 제안

The European Chronicler/ calls it, "a must for all engineers working in Europe!"
유럽 크로니클러는/ 이것을 "유럽에서 일하는 모든 기술자들을 위한 필수품"이라고 부릅니다.

Civil Engineering Digest/ is the number one trade journal/ for civil engineers across Europe.
Civil Engineering Digest는/ 최고의 무역 저널입니다/ 유럽 전역의 토목 기사들을 위한.

It provides articles on the latest technologies being used,// along with ratings of materials and equipment.
그것은 사용 중인 최신 기술에 대한 기사를 제공합니다.// 최신 재료 및 장비 등급(평점)과 함께. (162)

Each month's issue/ also includes profiles of colleagues in the field// and outlines important infrastructure projects,// such as bridges and dams that are being completed throughout the continent. (161) (162)
매월 호에는/ 그 분야의 동료들의 프로필도 포함하고 있으며// 중요한 기반시설 사업을 간략하게 설명합니다// 대륙 전체에서 완성되고 있는 교량과 댐과 같은.

Furthermore,// readers will get emails/ announcing upcoming public seminars in their area.
게다가,// 독자들은 이메일을 받게 될 것입니다/ 해당 지역에서 다가오는 공개 세미나를 발표하는 (이메일을).

Subscribe today! 오늘 가입하세요!

Send me Civil Engineering Digest/ for two years/ for only $54.00!
Civil Engineering Digest를 보내주세요/ 2년 동안/ 단지 54.00달러에!

Send me Civil Engineering Digest/ for one year/ for only $32.00! (163)
Civil Engineering Digest를 보내주세요/ 1년 동안/ 단지 32.00달러에!

Send me Civil Engineering Digest/ for six months/ for only $18.00!
Civil Engineering Digest를 보내주세요/ 6개월 동안/ 단지 18.00달러에!

Sign me up for a trial subscription/ for two months,/ free of charge! (163)
시범 구독에 등록시켜주세요/ 두 달 동안,/ 무료로!

* Those signing up for the free trial/ will automatically be charged for a one-year subscription// after the trial ends. (163)
* 무료 시범 구독에 가입 한 고객들은/ 1년 구독료가 자동으로 청구됩니다/ 시범구독이 만료 된 후.

Customers may contact us/ to cancel this subscription.
고객들은 당사에 문의하실 수 있습니다/ 이 구독을 취소하기 위해서.

161. How often is Civil Engineering Digest published?

(A) Daily　(B) Weekly　(C) Monthly　(D) Annually

Civil Engineering Digest는 얼마나 자주 출판되죠?

(A) 매일　(B) 매주　(C) 매월　(D) 매년

162. What is NOT offered to subscribers of Civil Engineering Digest?

(A) Job advertisements for civil engineers

(B) Profiles of other engineers

(C) Reviews of building materials

(D) Outlines about new structures being built

Civil Engineering Digest 구독자에게 제공되지 않는 것은 무엇입니까?

(A) 토목 기사를 위한 구인 광고

(B) 다른 엔지니어의 프로필

(C) 건축 자재 후기

(D) 건설 중인 새로운 구조물에 대한 개요

163. What is suggested on the form?

(A) Online subscriptions are available for $18.

(B) Trial subscribers will be charged $32 after 2 months.

(C) Readers are invited to subscriber-only seminars.

(D) The journal is available only for two years.

양식에 제시된 내용은?

(A) 온라인 구독은 18 달러에 가능하다.

(B) 시범 구독자는 2개월 후에 32달러가 청구된다.

(C) 독자들은 가입자 전용 세미나에 초대된다.

(D) 이 저널은 2년 동안만 이용 가능하다.

Questions 164-167 refer to the following online chat discussion. (다음 온라인 채팅 논의를 참조하십시오.)

Kato, Yuri [9:21 AM.]	Hello. I'd like an update on the Mondvale Road job. 안녕하세요. Mondvale Road 작업에 대한 최신정보를 알고 싶습니다. Are we still on schedule to begin on Monday? 우리는 여전히 월요일에 시작할 예정인가요?
Vega, Camila [9:22 A.M]	No, I'm afraid that there has been some delay in getting the fabric for the drapes and bed linens. 아니요, 휘장(큰 커튼)과 침대보의 천을 구하는 데 시간이 좀 지체된 것 같아요. It looks like we may be held up until Wednesday. 수요일까지는 연기될 것 같습니다.
Kato, Yuri [9:22 A.M.]	Have you communicated this to the client? 이런 내용을 고객에게 전달했습니까?
Vega, Camila [9:23 AM]	Not yet. Richard is waiting to hear from the distributor first// so that we can give the client a firm date. 아직 안했습니다. Richard가 유통 업체로부터 먼저 소식을 기다리고 있습니다// 고객에게 확실한 날짜를 제공하기 위하여. Have you heard from them yet, Richard? 그들로부터 소식을 들었습니까, 리차드?
Bremen, Richard [9:34 A.M]	I just got off the phone with them. 방금 그들과 전화를 끊었습니다. It looks like everything will arrive on Monday afternoon,// so we could actually begin the job on Tuesday. (166) 모든 것이 월요일 오후에 도착할 것 같아요.// 그러므로 화요일에 실제로 일을 시작할 수 있을 것 같습니다.
Vega, Camila [9:35 AM]	That's good news. I'll call the client this morning/ and let them know. (165) 그거 좋은 소식이군요. 오늘 오전에 고객에게 전화해서/ 알려 드리겠습니다.
Bremen, Richard [9:35 A.M]	You should also remind them// that we will begin working on the guest rooms first/ and work our way toward the lobby and first-floor public areas last. (164) 또한 그들에게 상기시켜 주세요// 우리는 먼저 객실에 대한 작업을 시작하여/ 마지막에 로비와 1층 공공장소로 작업해 나갈 것이라고. We'll send a large crew// so the work can be finished quickly. 우리는 대원(많은 인력)을 파견하겠습니다.// 일이 빨리 끝날 수 있도록.
Kato, Yuri [9:36 AM]	How long do you think it will take to complete the job? 그 일을 완성하는데 얼마나 걸릴 것 같습니까?

Bremen, Richard [9:37 AM]	We can probably be finished by Friday,// as we originally planned.
	금요일까지 완료 할 수 있을 것입니다// 우리가 원래 계획했던 대로.
Kato, Yuri [19:38 AM]	Excellent. They're a new client with several locations and a high profile in the business community,// so I want things to go smoothly. (164)
	자우 좋습니다. 그들은 여러 지점과 업계에서 높은 지명도를 갖고 있는 새로운 고객입니다.// 그러므로 일이 순조롭게 진행되기를 바랍니다.
	I'm sure there will be more work with them in the long run// if all goes well. (167)
	장기적으로 그들과 함께 할 일이 더 많을 거라고 확신합니다// 모든 일이 잘 진행된다면.

164. What kind of business does the client most likely own? 고객은 어떤 종류의 사업을 소유하고 있습니까?

(A) A shipping company
(B) A fabric manufacturing factory
(C) A hotel chain
(D) A design firm

(A) 해운 회사
(B) 직물 제조 공장
(C) 호텔 체인
(D) 디자인 회사

165. What will Ms. Vega most likely do next? 베가 씨는 다음에 무엇을 할 가능성이 높죠?

(A) She will deliver a shipment of drapes.
(B) She will organize a large work crew.
(C) She will call the fabric distributor.
(D) She will contact the client.

(A) 그녀는 휘장을 배송 할 것이다.
(B) 그녀는 큰 작업반을 조직 할 것이다.
(C) 그녀는 직물 유통 업체에 전화 할 것이다.
(D) 그녀는 고객에게 연락 할 것이다.

166. When will the crew begin work? 노동자들은 언제 일을 시작합니까?

(A) On Monday
(B) On Tuesday
(C) On Wednesday
(D) On Friday

(A) 월요일
(B) 화요일
(C) 수요일
(D) 금요일

167. At 9:38 A.M., what does Ms. Kato mean when she writes?

(A) She is pleased// that the client is located nearby.

(B) She is proud// of her company's history of high-quality performance.

(C) She believes// that the work will be more expensive than expected.

(D) She thinks// that there could be additional work with the client in the future.

오전 9:38에 카토 씨는 글을 쓸 때 무엇을 의미하고 있죠?

(A) 그녀는 기뻐한다// 고객이 근처에 있어서.

(B) 그녀는 자랑스럽게 생각한다// 회사의 고품질 업무성과의 역사를.

(C) 그녀는 믿는다// 그 작업이 예상보다 돈이 더 많이 들 것이라고.

(D) 그녀는 생각한다// 앞으로 고객과 추가 작업이 있을 수 있다고.

Questions 168-171 refer to the following email. (다음 이메일을 참조하십시오.)

From: 발신:	Chairman Alan Robinson 회장 Alan Robinson
To: 수신:	All Staff 전 직원
Date: 날짜:	12 June 6월 12일
Subject: 제목:	New divisions 새로운 부서

Hello to all employees, 안녕하십니까, 직원 여러분,

You may have heard already from your managers// that at the Board Meeting on Monday/ the Board Members voted to divide our Electronics Production Department into two separate departments:// Cell Phone Production and Consumer Products Production. (168)
여러분은 이미 관리자로부터 들었을 것입니다// 월요일 이사회에서/ 임원들이 전자 제품 생산 부서를 두 개의 독립된 부서로 나누기로 투표 했다는 것을.// 즉 휴대 전화 생산부서와 소비자 제품 생산부서로.

We voted this decision// because the cell phone division is growing rapidly/ and uses different sources than the other consumer products that we sell,// such as satellite decoders, Bluetooth speakers, and Wifi routers. (169)
우리는 이 결정에 투표한 이유는// 휴대폰 사업부가 빠르게 성장하고 있고/ 우리가 판매하는 다른 소비자 제품과 다른 공급원을 사용하기 때문에// 예를 들어 위성 해독기, 블루투스 스피커, 와이파이 라우터와 같이.

Each department/ will have its own marketing and sales staff/ for the same reason,// because the cell phone market/ is **not necessarily** the same market as that for our other consumer products.
각 부서는/ 자체 마케팅 및 판매 직원을 보유하게 될 것입니다/ 같은 이유로.// 왜냐하면 휴대폰 시장이/ 반드시 다른 소비자 제품 시장과 같은 시장은 아니기 때문에.

The division should take place "seamlessly." 부서는 매끄럽게 진행되어야 합니다.

Most employees/ were working **either** on cell phones **or** on other consumer products.
대부분의 직원들은/ 휴대전화나 다른 소비자 제품에서(둘 중 하나에서) 종사하고 있었습니다.

If your job involved both,// you are invited to discuss which department you choose to be associated with.
만약 여러분의 일이 둘 다 관련되어 있었다면,// 여러분이 어느 부서와 연계되고자 하는지 의논해 주시기 바랍니다.

We anticipate/ having two fully operational departments/ in less than 6 months.
우리는 예상합니다/ 두 개의 완전하게 운영되는 부서를 가질 것으로/ 6개월 이내에.

The good news/ is that Cell Phone Production will also be hiring,// so if you know of any engineers with 2 - 5 years of experience in microelectronics,// we are creating new positions! (171)
좋은 소식은/ 휴대 전화 생산부도 채용할 예정에 있다는 것입니다.// 그러므로 만약 여러분이 초소형 전자공학에서 2년 에서 5년의 경험을 가진 공학자를 알고 있다면,/// 우리는 새로운 직책을 만들고 있습니다! (차후에 소개해 주십시오)

We will also be hiring some assembly technicians/ on a part-time basis/ in order to fill the backlog of orders. (171)
우리는 또한 일부 조립 기술자를 채용할 예정입니다/ 시간제 근무제로/ 밀린 주문을 채우기 위해.

Sincerely yours, 끝 맺음말

Alan Robinson

Chairman of the Board 이사회 회장

Jango Electronics 장고전자

168. What is the purpose of this email?

(A) To announce an acquisition

(B) To give budget statistics

(C) To introduce new products

(D) To report a new company structure

이 이메일의 목적은 무엇입니까?

(A) 인수 발표

(B) 예산 통계 제공

(C) 신제품 소개

(D) 새로운 회사 구조를 보고하기 위해

169. What reason is given for the change?

(A) Cell phones are different from consumer products.

(B) Too many people work on the same products.

(C) Jango needs to close its cell phone production.

(D) The government requires them to separate.

변경 이유는 무엇입니까?

(A) 휴대폰은 소비자 제품과 다르다.

(B) 너무 많은 사람들이 같은 제품에 매진한다.

(C) 장고는 휴대폰 생산을 중단해야한다.

(D) 정부는 그들에게 분리를 요구한다.

170. The word "seamlessly" in the third paragraph is closest in meaning to:

(A) rapidly

(B) without difficulty

(C) courageously

(D) internally

세 번째 단락에서 "seamlessly"와 의미상 가장 가까운 것은?

(A) 급속도로

(B) 어려움 없이

(C) 용기 있게

(D) 내부적으로

171. The consequences of this change are:

(A) A rise in stock prices

(B) Jango will buy a new building.

(C) More staff will be hired.

(D) The board members will be changed.

이 변경의 결과는?

(A) 주가 상승

(B) 장고는 새 건물을 살 것이다.

(C) 더 많은 직원이 채용될 것이다.

(D) 임원들이 바뀔 것이다.

어휘   employee 직원 may have+pp ～했을지 모르다 at the Board Meeting 이사회에서 board member 임원 vote 투표하다 divide 나누다 Electronics Production Department 전자 제품 생산 부서 separate 독립된 Cell Phone Production 휴대 전화 생산부서 Consumer Products Production 소비자 제품 생산부서 decision 결정 division 부서 grow rapidly 급성장하다 source 공급원 sell-sold-sold 판매하다 such as ～같은 satellite decoder 위성 해독기 router 라우터(네트워크에서 데이터의 전달을 촉진하는 중계 장치) sales staff 판매 직원 for the same reason 같은 이유로 not necessarily 반드시 ～인 것은 아니다 consumer product 다른 소비자 제품 take place 발생하다, 일어나다, 열리다, 개최되다 seamlessly 매끄럽게, 이음새 없이 most 대부분의 either A or B A아니면 B work on 매진하다, 종사하다, 계속 일하다 involve=include 포함하다, 관련되다 be invited to+동사 ～해주시기 바라다 discuss=talk about 의논하다, 논의하다 choose to ～하기로 선택(결정)하다 be associated(concerned, connected, linked) with ～과 관련되다 anticipate 예상하다 operational 정상 운영할 수 있는 in less than 6 months 6개월 이내에 hire=employ 고용(채용)하다 engineer 기술자, 공학자, 기사 experience 경험 microelectronics 극소 전자공학, 초소형 전자공학 assembly technicians 조립 기술자 on a part-time basis 시간제 근무제로 in order to=so as to=with intent to ～하기 위하여 fill 채우다 backlog 잔무, 주문 잔액 orders 주문 Sincerely yours, 끝 맺음말 Chairman of the Board 이사회 회장

Questions 172-175 refer to the following instruction. (다음 제품 사용법을 참조하십시오.)

SAFETY INSTRUCTIONS 안전지침

To avoid personal injury property damage,// follow these safety instructions// when using this product:
개인적인 상해 및 재산상의 손해를 피하기 위해서는,// 다음 안전 지침을 따르십시오// 이 제품을 사용할 때.

- Keep the product away from radiators and other heat sources/ and in a place where air can circulate freely around it.
- 난방기와 다른 열의 원천으로부터 제품을 멀리하고/ 그 주위로 공기가 자유롭게 순환할 수 있는 곳에 두십시오.

- Do not make or receive calls// while standing in or near water,// such as a sink, bathtub, or swimming pool. (172)
- 전화를 걸거나 받지 마십시오.// 물속이나 근처에 서있을 때는// 싱크대, 욕조 또는 수영장과 같이.

- Do not place furniture or other items/ on top of the power cord.
- 가구나 기타 물건을 올려놓지 마십시오/ 전원 코드 위에.

- Do not apply excess force when dialing. This could result in permanent damage to the buttons. (175)
- 전화를 걸 때 과도한 힘을 가하지 마십시오. 이런 행위는 버튼에 영구적인 손상을 가져올 수 있습니다.

- Disconnect the product during an electrical storm. (173)
- 뇌우(천둥소리가 나며 내리는 비) 동안에는 제품연결을 중단하십시오.

- If any repair work is required,// contact the manufacturer/ at the phone number listed on the front cover of this manual. (174)
- 어떤 수리 작업이라도 필요할 경우,// 제조업체에 문의하십시오/ 이 설명서의 앞표지에 나와 있는 전화번호로.

---

172. What kind of product are these instructions about?
(A) Power Cord
(B) Telephone
(C) Bathtub
(D) Radiator

이 지침은 어떤 제품에 관한 것이죠?
(A) 전원 코드
(B) 전화
(C) 욕조
(D) 라디에이터

173. When should the product not be used?
(A) During a thunderstorm
(B) Before unplugging it
(C) When air is not circulating
(D) After an electrical power loss

언제 이 제품을 사용해서는 안 되죠?
(A) 뇌우 동안에
(B) 플러그를 뽑기 전에
(C) 공기가 순환하지 않을 때
(D) 전력 손실 후

174. What should the customer do if the product stops working properly?
(A) Get in touch with the company that produced it.
(B) Clean the product thoroughly.
(C) Return the product to the store.
(D) Look for instructions in the manual.

제품이 제대로 작동하지 않으면 고객은 어떻게 해야 합니까?
(A) 그것을 생산한 회사와 연락을 취한다.
(B) 제품을 철저히 청소한다.
(C) 제품을 매장에 반품한다.
(D) 설명서의 지침을 찾는다.

175. What do the instructions say about cleaning the product? 지시 사항은 제품 청소에 대해 뭐라고 말하죠?

    (A) Use liquid soap.   (A) 액체 비누를 사용한다.

    (B) Scrub it hard.   (B) 세게 문지른다.

    (C) Unplug it first.   (C) 먼저 플러그를 뽑는다.

    (D) Dip it in water.   (D) 물에 담근다.

정답과 해설		
	172.	(B) 첫 번째 홍색에서 '전화 받지 말라'는 표현이 나오죠?
	173.	(A) Disconnect the product during an electrical storm. 참조
	174.	(A) 마지막 홍색에서 contact the manufacturer라는 표현 보이죠?
	175.	(C) 처음 두 홍색 문장에서 물을 가까이 하지 말고 과도한 힘을 가하지 말라고 했죠?

어휘   avoid 피하다 personal 개인적인 injury property damage 상해 및 재산상의 손해 follow 따르다 safety instructions 안전 지침 product 제품 Keep A away from B A를 B로부터 멀리하다 radiator 난방기 heat source 열의 원천 air 공기 circulate 순환하다 freely 자유롭게 make or receive calls 전화를 걸거나 받다 such as ~같은 bathtub 욕조 furniture 가구 other items 물건, 품목 on top of the power cord 전원 코드 위에 apply excess force 과도한 힘을 가하다 result in 가져오다, 초래하다 permanent 영구적인 damage 손상 disconnect 연결을 중단하다 during an electrical storm 뇌우(천둥소리가 나며 내리는 비) 동안에 repair work 수리 작업 require 요구하다 get in touch(contact) with=contact 연락(문의)하다 manufacturer 제조업체 return 반품하다 front cover 앞표지 manual 설명서 customer 고객 properly 제대로 thoroughly=drastically=downright=every bit=every inch 철저히 look(seek, search) for=be in search(pursuit, quest) of ~을 찾다 liquid soap 액체 비누 scrub 문지르다 unplug 플러그를 뽑다 dip 담그다

Questions 176-180 refer to the following Web site and e-mail. (다음 웹사이트와 이메일을 참조하십시오.)

http://www.Hardewickes.co.uk

Hardewicke's
The finest musical treasures in London! 런던에서 가장 훌륭한 음악적 보물들!

Explore and take home some of London's rich history.
런던의 풍부한 역사를 탐험하고 집으로 가져가십시오.

The artifacts are a window into the creative minds that make up London's musical spirit.
유물은 런던의 음악 정신을 구성하는 창조적인 정신을 들여다볼 수 있는 창입니다.

Our collection spans musical genres from rock and roll to opera,// highlighting England's great artistic contributors. (180)
우리의 수집품은 록큰롤에서 부터 오페라에 이르기까지 음악 장르를 아우르며,// 영국의 위대한 예술적 공헌자들을 부각시키고 있습니다.

The store features artists/ from the 1800s to rising stars seen on television today. (180)
이 매장에는 예술가들을 다룹니다/ 1800 년대부터 오늘날 텔레비전에 등장하는 떠오르는 스타들에 이르기까지.

Click on the links below/ to view some of our current products.
아래 링크를 클릭하여/ 현재 제품 중 일부를 보십시오.

Electronic check-out/ is available. (176)
전자식 결제도/ 이용이 가능합니다.

Records, CDs, Tapes: £10 and up (180)	음반, CD, 테이프 : 10 파운드 이상
Songbooks, signed first-edition books: £15 and up (180)	노래 책, 서명 된 초판 책 : 15 파운드 이상
Apparel: 230 and up	의류 : 30 파운드 이상
Original artwork: £50 and up	원본 작품 : 50 파운드 이상
Instruments: £100 and up (177)	악기 : 100 파운드 이상

We have even more in our shop,// and the best pieces/ are often bought before they make it to the Website!
우리 가게에는 훨씬 더 많은 것들이 있으며,// 가장 좋은 것들은/ 종종 웹사이트에 올리기 전에 구매가 이뤄집니다.

For the full experience,/ please visit us.
충분한 경험을 위해서는,/ 저희를 방문하십시오.

To: 수신:	Hardewickes@londonloc.co.uk
From: 발신:	Sophie Calvert
Re: 제목:	Mark Peckham Item
Date: 날짜:	February 1 (2월 1일)

To Whom It May Concern: 관계자 제위

I have a guitar that was previously owned by Mark Peckham. (178)
저는 전에 Mark Peckham이 소유했던 기타를 갖고 있습니다.

I found your Web site/ and thought// that Hardewicke's might be interested in purchasing it/ for resale.
저는 당신의 웹사이트를 발견하고/ 생각했습니다// Hardewicke's가 그것을 구입하는 것에 관심이 있을지 모른다고/ 재판매하기 위해서.

The guitar was custom-made/ for Mr. Peckham/ by his close friend Elizabeth Dangerfield/ to celebrate the first album. (178)
그 기타는 맞춤 제작되었다/ Peckham씨를 위해/ 그의 친한 친구 Elizabeth Dangerfield에 의해/ 그의 첫 앨범의 성공적인 발매를 축하하기 위해서.

He took it on tour with him/ around the country/ as well as abroad.
그는 그 기타를 가지고 순회공연을 했습니다/ 전국을 돌며/ 해외뿐 아니라.

The guitar/ was purchased by my father/ at a charity auction hosted by Mr. Peckham 20 years ago.
기타는/ 아버지가 구입했습니다/ 20년 전 Peckham씨가 주최한 자선 경매에서.

Please let me know// what your purchasing procedures are/ and whether you buy items up front/ or take a percentage of the transaction/ when you resell the item. (179)
알려주십시오// 구매 절차가 어떻게 되는지,/ 물건을 먼저 구매하는지,/ 아니면 거래의 일정 비율을 가져가는지를/ 물건을 재판매할 때.

Thank you, 감사합니다.

Sophie Calvert

176. What is indicated about Hardewicke's?

(A) It was started by a musician.
(B) It plans to host a performance by Mr. Peckham
(C) It advertises at concerts.
(D) It sells items directly from its Web site.

Hardewicke's에 대해 시사하는 것은(알 수 있는 것은)?
(A) 음악가에 의해 시작되었다.
(B) Peckahm 씨의 공연을 주최할 계획이다.
(C) 콘서트에서 광고한다.
(D) 자사 웹사이트에서 직접 아이템을 판매한다.

177. What is the lowest price Ms. Calvert's item would most likely sell for at Hardewicke's?
(A) £10
(B) £30
(C) £50
(D) £100

Calvert 씨의 물건이 Hardewicke's에서 팔릴 가장 낮은 가격은?
(A) 10파운드
(B) 30파운드
(C) 50파운드
(D) 100파운드

178. What is suggested about Ms. Calvert?

(A) She saw Mr. Peckham perform at a concert.

(B) She owns an item made by Ms. Dangerfield.

(C) She has previously worked with Mr. Peckham.

(D) She would like to make a donation to her father's charity

Calvert 씨에 대해 시사하는 것은?

(A) 그녀는 Mr. Peckham이 연주회에서 공연하는 것을 보았다.

(B) 그녀는 Dangerfield 씨가 만든 물건을 소유하고 있다.

(C) 그녀는 이전에 Peckham 씨와 함께 일했다.

(D) 그녀는 자기 아버지의 자선 단체에 기부를 하고 싶어 한다.

179. What does Ms. Calvert ask about?

(A) The price of an instrument she saw at the Hardewicke's.

(B) The procedure for renting a concert

(C) The process for selling items to Hardewicke's

(D) The history of an item she wants to purchase

Calvert 씨는 무엇에 대해 질문합니까?

(A) 그녀가 Hardewicke's에서 본 악기의 가격.

(B) 콘서트 대여 절차

(C) Hardewicke's에 물건을 판매하는 과정

(D) 그녀가 구매하려는 품목의 내역

180. What is NOT suggested about Hardewicke's?

(A) It has items from many different years.

(B) Its products represent numerous types of music.

(C) It guarantees the lowest prices on records and songbooks.

(D) It features products from English musicians.

Hardewicke's에 대해 시사하는 바가 아닌 것은?

(A) 여러 해의 품목이 있다.

(B) 그곳의 제품은 다양한 유형의 음악을 대표한다.

(C) 그것은 기록과 노래 책에서 최저 가격을 보장한다.

(D) 영국 음악가들의 제품이 특징을 이루고 있다.

정답과 해설

176. (D) Electronic check-out is available. 라는 문장이 답입니다.

177. (D) Calvert의 품목은 "기타"라는 악기이며, 악기의 경우 'Instruments: £100 and up', 즉 100 파운드 이상이라고 했죠?

178. (B) The guitar was custom-made for Mr. Peckham by his close friend Elizabeth Dangerfield..라는 문장에 답이 들어 있죠.

179. (C) Please let me know what your purchasing procedures are. 라는 문장에 상대방의 구매 절차를 물었으므로 Calvert 입장에서는 판매과정을 묻는 것입니다.

180. (C) 음반은 10파운드이고, 노래책은 15파운드로 각각 가격이 다르죠?

어휘

finest 가장 훌륭한 musical treasures 음악적 보물들 explore 탐험하다 history 역사 artifact 유물, 인공물 creative mind 창조적인 정신 make up=compose 구성하다 musical spirit 음악 정신 collection 수집품 span 아우르다, ~에 미치다 highlight 부각시키다 rising star 떠오르는 스타 artistic contributor 예술적 공헌자 feature 크게 다루다, 특징을 이루다 view 보다 current 현재의 product 제품 available 이용 가능한 electronic check-out 전자식 결제 record 음반 £10 and up 10파운드 이상 first-edition 초판 apparel 의상 original artwork 원본 작품 instrument 악기 even=far=still=yet=much=a lot=a great=a great deal=by far 훨씬 experience 경험 make it to the Website 웹사이트에 나가다 indicate=suggest 시사하다, 가리키다 plan to ~할 계획이다 host 개최하다 advertise 광고하다 performance 공연 directly=at first hand 직접 the lowest price 가장 저렴한 가격 own=possess 소유하다 previously 전에 most likely=very likely=as likely as not=in all likelihood=ten to one 아마, 어쩌면 would like to=want to ~하고 싶다 make a donation to ~에 기부하다 charity 자선단체 procedure 절차 rent 임차하다, 대여하다 purchase 구매하다 represent=stand for 나타내다, 상징하다 numerous=innumerable=uncountable=countless 무수한 guarantee 보장하다 English 영국의

Questions 181-185 refer to the following e-mail and bill. (다음 이메일과 청구서를 참조하십시오.)

From:	발신:	Kenan Beauchamp [kbchamp@webexec.net]	케넌 보샹
To:	수신:	Customer Service [customer.service@hucnv.com]	고객 서비스
Subject:	제목:	December bill request	12월 청구서 요청
Date:	날짜:	January 11	1월 11일

To Whom It May Concern: 관계자 제위:

My account with Henderson Utilities Company/ is set up/ such that my monthly utility bills are directly deducted from my checking account. (181)
헨더슨 유틸리티 회사(전기, 가스, 전화 등을 제공하는 회사)와의 계정은/ 설정되어 있습니다/ 그래서 월별 공과금이 제 수표 계좌에서 직접 공제됩니다.

I noticed this month// that $187.33 had been deducted from my account for utilities.
저는 이번 달에 알게 되었습니다// 187.33달러가 공과금으로 내 계좌에서 공제했다는 것을.

Since becoming a customer of HUC,// my monthly utility bill has never exceeded $150.
HUC의 고객이 된 이후로,// 저의 월별 공과금은 150달러를 초과한 적이 없습니다.

Since I never received a paper bill from you,// I'd like to request a copy of the bill// to ensure that I was not overcharged for any services. Thank you. (182)
종이 고지서를 받지 못했기 때문에,// 고지서를 한 부를 부탁드립니다.// 서비스에 대해 과다 청구가 되지 않았는지 확인할 수 있도록. 감사합니다.

Sincerely,

Kenan Beauchamp.

Henderson Utilities Company 43 Warm Springs Road Henderson, Nevada 89014 (702) 493-4343	헨더슨 유틸리티 컴퍼니 43 웜 스프링스 로드 네바다 주 헨더슨 89014 (702) 493–4343
Account number: 920-53-10332 Name: Kenan Beauchamp Address: 19 Galleria Drive Henderson, Nevada 89002 Billing period: December 7 - January 7 Due date: January 23 (183) Total amount due: $187.33	계좌 번호 : 920–53–10332 이름: 케넌 보샹 주소: 19 갤러리아 드라이브 헨더슨, 네바다 89002 청구 기간 : 12월 7일 – 1월 7일 지급 기일 : 1월 23일 총 지불액 : $ 187.33
Water: $31.87 Electricity: $42.11 (184) Gas: $113.35	수도 : 31.87 달러 전기 : 42.11 달러 가스 : $ 113.35

*Open an online billing account today/ to have your bills delivered to your e-mail account.
*오늘 온라인 결제 계정을 개설하십시오/ 청구서를 전자 메일 계정으로 전달받으시려면.

With online billing,// you can also pay your bills online. To sign up for an account,// visit www.x.com/onlinebill. (185)
온라인 청구를 통해,// 온라인으로 청구서를 지불 할 수도 있습니다. 계정에 가입하려면,// www.x.com/onlinebill을 방문하십시오.

181. According to the e-mail, what is true about Mr. Beauchamp's account?

    (A) It is an online account.

    (B) He opened in more than ten years ago.

    (C) He deactivated it at the beginning of December.

    (D) It allows bills to be deducted from his checking account.

이메일에 의하면, 뷰샹 씨의 계좌에 대한 설명으로 옳은 것은?

    (A) 온라인 계정이다.

    (B) 10년 전 개설했다.

    (C) 12월 초에 비 활성화했다.

    (D) 공과금이 수표계좌에서 공제되도록 한다.

182. What does Mr. Beauchamp say he did NOT receive?

    (A) A bill

    (B) A service

    (C) A receipt

    (D) A discount

뷰샹 씨는 무엇을 받지 못했다고 말하죠?

    (A) 청구서

    (B) 서비스

    (C) 영수증

    (D) 할인

183. What is the due date of the bill?

    (A) December 7

    (B) January 7

    (C) January 11

    (D) January 23.

청구서의 지급 기일이 언제죠?

    (A) 12월 7일

    (B) 1월 7일

    (C) 1월 11일

    (D) 1월 23일

184. How much was Mr. Beauchamp charged for electricity?

    (A) $31.87

    (B) $42.11

    (C) $113.35

    (D) $187.33

뷰샹 씨는 전기요금으로 얼마를 청구 받았죠?

    (A) 31.87 달러

    (B) 42.11 달러

    (C) 113.35 달러

    (D) 187.33 달러

185. According to the bill, how can customers pay their bills online?

    (A) By filling out a form

    (B) By visiting a Web page

    (C) By e-mailing customer service

    (D) By calling a customer service hot line

청구서에 따르면, 고객은 어떻게 온라인으로 청구서를 지불할 수 있죠?

    (A) 신청서를 작성함으로써

    (B) 웹페이지를 방문함으로써

    (C) 고객 서비스에 이메일을 보냄으로써

    (D) 고객서비스 직통전화에 전화함으로써

정답과 해설	
181.	(D) 홍색 my monthly utility bills are directly deducted from my checking account. 참조
182.	(A) 홍색 I never received a paper bill from you. 참조
183.	(D) 홍색 Due date: January 23 참조
184.	(B) 홍색 Electricity: $42.11 참조
185.	(B) 홍색 To sign up for an account, visit www.x.com/onlinebill. 참조
어휘	concern 관계하다 account 계정, 계좌, 청구서 Utilities Company 전기, 가스, 전화 등을 제공하는 회사 set up 설정(설치)하다 such that 그래서 monthly utility bills 월별 공과금 directly 직접 deduct 공제하다 checking account 수표계좌 notice 알아차리다 this month 이번 달에 utilities (수도·전기·가스·교통기관 등의) 공익설비(시설) customer 고객 monthly utility bill 월별 공과금 exceed=be over 초과하다 receive 받다 a paper bill 고지서 would like to ~하고 싶다 request 요청하다 a copy 한 부 ensure 확인하다 overcharge 과다 부과하다 Sincerely=Best regards 맺음 말 according to ~에 따르면 deactivate 비활성화 하다, 상용 중단하다 at the beginning of December 12월 초에 fill out=fill in=complete 작성하다 a form 서식 a customer service 고객 서비스 hot line 직통전화

Questions 186-190 refer to the following emails. (다음 이메일을 참조하십시오.)

To:	수신:	Bountiful Harvest <info@bountifulharvest.com>
From:	발신:	Emily Hall <emilyhall@zipline.com>
Date:	날짜:	June 3 (6월 3일)
Subject:	제목:	Food Delivery (식품 배달)

To whom it may concern, 관계자 제위,

My name is Emily Hall/ and I am the owner of a vegetarian restaurant located in downtown Huntsville.
제 이름은 Emily Hall입니다// 그리고 저는 시내 Huntville에 위치한 채식 식당의 주인입니다.

I am contacting you// because I am interested in receiving regular shipments of fresh, organic vegetables to my restaurant weekly.
제가 귀하에게 연락드리는 이유는// 매주 식당에 신선한 유기농 채소를 정기적으로 배송받는 데 관심이 있기 때문입니다.

My restaurant is just starting,// so I do not need a large quantity of goods. (187)
제 식당은 막 시작하였습니다.// 그래서 많은 양의 물품이 필요하지 않습니다.

After looking into different farms in the area,// I chose to contact Bountiful Harvest/ because of your promise to deliver certified organic food.
이 지역의 다른 농장들을 살펴본 후,// Bountiful Harvest에 연락하기로 결정했습니다./ 인증 된 유기농 식품을 배달하겠다는 약속 때문에

Therefore,// I would like to receive a price estimate/ for the cost of having fresh vegetables delivered directly to our restaurant on a weekly basis. (186)
그래서,// 저는 견적을 받고 싶습니다/ 매주 신선한 채소를 식당에 직접 배달받는 비용에 대해서.

Emily Hall

어휘   concern 관계되다 owner 주인 a vegetarian restaurant 채식 식당 be located in ~에 위치하다 downtown 시내, 중심가 contact 연락하다 be interested in ~에 관심이 있다 receive 받다 regular 정기적(규칙적)인 shipment 배송 fresh 신선한 organic vegetables 유기농 채소 weekly=on a weekly basis=every week 매주 a large quantity of 많은 양의 goods 물품, 물건, 상품 look(see, search, inquire) into 조사하다, 살펴보다 farm 농장 area 지역 choose to ∞하기로 결정하다 promise 약속 certified organic food 인증 된 유기농 식품 would like to ~하고 싶다 because of=owing(due) to=on account of =on the grounds of=in the wake of ~때문에 deliver 배달하다 therefore=so=thus=hence=consequently 그러므로 a price estimate 가격 견적 cost 비용 directly=at first hand 직접

	To:	수신:	Emily Hall <emilyhall@zipline.com>
	From:	발신:	Bountiful Harvest <info@bountifulharvest.com>
	Date:	날짜:	June 4 (6월 4일)
	Subject:	제목:	Re: Food Delivery (식품 배달)

Thanks for contacting our farm.
저희 농장에 연락해 주셔서 감사드립니다.

At Bountiful Harvest,// we offer fresh produce/ that can be delivered directly to a customer's location/ on a regular basis.
Bountiful Harvest에서는,// 신선한 농산물을 제공하고 있습니다// 고객의 소재지로 직접 배달 될 수 있는/ 정기적으로.

Our vegetables/ are harvested from the field/ and delivered immediately,// **which** means// that you are getting wholesome, nutritious, organic produce to serve at your restaurant.
저희의 채소는/ 밭에서 수확되어/ 즉시 배달됩니다.// 그것은 의미합니다// 귀하께서 식당에서 제공할 건강에 좋고, 영양가 높은 유기농 농산물을 받게 된다는 것을.

We also offer additional items/ **such as** fresh meat, cheese, and milk.
추가 품목도 제공하고 있습니다/ 신선한 고기, 치즈 및 우유와 같은.

Below is the table detailing the various pricing options we offer.
아래는 저희가 제공하는 다양한 가격 선택을 자세히 보여주는 표입니다.

Package Option (상품 선택)	Features (특징)	Weight (무게)	Delivery Frequency (배달 횟수)	Price Per Delivery (배달 비용)
Personal (개인용)	This package feeds approximately 2-3 people and contains fresh vegetables. 이 포장상품은 약 2–3명을 먹이고 신선한 채소를 담고 있습니다.	5 lb. 5파운드	Once a week 주 1회	$15 15달러
Small (소)	This package is ideal for small businesses/ and includes fresh seasonal vegetables. (187) 이 포장상품은 소규모 기업에 이상적이며/ 신선한 계절 채소를 포함하고 있습니다.	50 lb. 50파운드	Once a week 주 1회	$140 140달러
Medium (중)	This package is for medium-sized businesses needing a constant supply of fresh vegetables and meats. 이 포장상품은 신선한 채소와 고기에 대한 지속적인 공급을 필요로 하는 중견 기업을 위한 것입니다.	130 lb. 130파운드	Twice a week 주 2회	$500 500달러
Large (대)	This package is our largest package/ and includes vegetables, meats, and dairy products. 이 포장상품은 저희 회사에서 가장 큰 상품이며/ 채소, 고기, 유제품이 포함되어 있습니다.	250 lb 250파운드	Twice a week 주 2회	$800 800달러

The prices listed above/ do not include the delivery price.
상기 요금에는/ 배송료가 포함되어 있지 않습니다.

Customers who do not pick up their packages in person/ will have to pay an extra $6 per package to be delivered.
포장상품을 직접 가져가지 않는 고객들은/ 배달되는 포장 당 6달러를 추가로 지불해야 합니다. (188)

However,/ for customers who sign up for an entire year's worth of deliveries,// we will deliver your package for free. (188)
하지만,// 1년 치 배달을 신청하신 고객님께는// 무료로 꾸러미를 배달해 드리겠습니다.

The purchase of additional items/ will also affect the final price of your package. (188)
추가 품목 구매도/ 패키지의 최종 가격에 영향을 미칩니다.

Additional options are available/ on our website.
추가 선택을 이용할 수 있습니다/ 당사 웹 사이트에서.

Payment/ can be made via cash, credit card, check, or money order/ on the day of delivery.
결제는/ 현금, 신용 카드, 수표 또는 우편환(우체국을 통하여 돈을 부치는 방법)으로 하실 수 있습니다/ 배송 당일.

We know// that our customers especially care about the quality of the food.
저희는 알고 있습니다// 고객들이 특히 음식의 품질에 관심이 있다는 것을.

Therefore,// we offer a mini package/ free of charge/ so you can assess our food.
따라서// 저희는 소형 상품을 제공합니다/ 무료로/ 귀하께서 음식을 평가할 수 있도록.

Please call Greg Lemons at 555-8141/ to take advantage of this opportunity.
Greg Lemons (555-8141)로 전화해주십시오./ 이 기회를 이용하시려면.

어휘 re=reply 답장 contact 연락하다 offer 제공하다 fresh 신선한 produce 농산물 deliver 배달하다 directly=at first hand 직접 customer 고객 location 소재지 on a regular basis=regularly 정기적으로 harvest 수확하다 field 밭 wholesome 건강에 좋은 immediately=at once=instantly=off hand 즉시 nutritious 영양가 높은 organic produce 유기농 농산물 additional items 추가 품목 such as ~같은 table 표 detail 상세하게 설명하다 various=diverse=a variety(diversity) of 다양한 pricing options 가격 선택 meat 고기 below 아래에 feed 먹이다 approximately=about=around=some=roughly=or so 대략 seasonal vegetables 계절 채소 contain=comprise=include=involve 포함하다 ideal 이상적인 medium-sized business 중견 기업 constant 지속적인 supply 공급 largest 가장 큰 extra 추가적인 dairy products 유제품 the prices listed above 상기 요금 pick up 가져가다, 집어가다 delivery price 배송료 in person 직접, 몸소 per 당 sign up for 신청하다 an entire year's worth of deliveries 1년 치 배달 however 하지만 for free=for nothing=free of charge(cost)=without payment(charge, cost)=gratis=gratuitously 무료로, 공짜로 additional items 추가 품목 purchase 구매 affect=influence=impact=have an effect(impact, influence) on ~에 영향을 끼치다 available 이용 가능한 quality 품질 make a payment 지불하다, 결제하다 via ~을 통하여 cash 현금 check 수표 money order 우편환(우체국 통해 돈을 부치는 방법) on the day of delivery 배송 당일 especially=particularly=in particular 특히 care about 관심이 있다 opportunity 기회 assess=appraise=appreciate=evaluate=estimate=rate 평가하다 take advantage of=avail oneself of=make use of=utilize=capitalize(trade) on 이용하다

To:	수신:	Bountiful Harvest <info@bountifulharvest.com>
From:	발신:	Emily Hall <emilyhall@zipline.com>
Date:	날짜:	June 5 (6월 5일)
Subject:	제목:	Harvest Schedule (수확 스케줄)

Dear Ms. Singh, 친애하는 Singh씨에게.

Thank you for responding so promptly to my email.
제 이메일에 이렇게 신속하게 응답해 주셔서 감사합니다.

I appreciate the offer of the complimentary delivery,// but I think I would like to just go ahead and set up regular deliveries. (189)
무료 배달을 제공해 주셔서 감사합니다만,// 그냥 (추진해서) 정기적인 배달을 정하고 싶습니다.

I may be interested in setting up a year's worth of deliveries,// but I would first like to get a list of the range of produce that you will be offering through the different seasons.
1년 치 납품 계획을 세우는데 관심이 있을 수도 있지만,// 우선 다양한 계절에 걸쳐 귀하가 공급할 농산물의 범위목록을 받고 싶습니다.

As I own a vegetarian restaurants,// I will need to have an idea of the types of produce that will be delivered// so I can prepare my menus accordingly. (190)
채식 식당을 소유하고 있기 때문에,// 배달될 제품의 종류를 알아야 할 것 같습니다// 그에 따라 메뉴를 준비할 수 있도록.

Thank you so much for your consideration,// and I look forward to working with Bountiful Havest!
당신의 배려에 대단히 감사드립니다.// 그리고 저는 Bountiful Harvest와 함께 일하기를 고대합니다!

Kind regards, (맺음 말)

Emily Hall

어휘 | dear 친애하는 respond to ~에 응답하다 promptly 신속하게 appreciate 감사하다 complimentary 무료의, 칭찬하는 delivery 배달 go ahead 추진하다 set up 정하다, 시작하다 설립하다 be interested in ~에 관심 있다 a year's worth of deliveries 1년 치 납품 range 범위 produce 농산물 through the different seasons 다양한 계절에 걸쳐 have an idea of ~을 알다 own=have=possess=be possessed of 소유하다 so=so that ~하기 위하여, ~하도록 prepare 준비하다 accordingly 그에 따라 consideration 배려, 참작, 고려 look forward to ~ing=bargain(reckon) on=expect to ~하기를 고대하다

186. What is the purpose of the first e-mail?
- (A) To request cost information
- (B) To inquire about a policy change
- (C) To postpone an order
- (D) To report an incorrect invoice

첫 번째 이메일의 목적은 무엇이죠?
- (A) 비용 정보를 요청하기 위해서
- (B) 정책 변경에 관해 문의하려고
- (C) 주문을 연기하기 위해서
- (D) 잘못된 송장을 보고하기 위해서

187. What package option most likely fits Ms. Hall's needs best?
- (A) Personal
- (B) Small
- (C) Medium
- (D) Large

Hall 씨의 요구에 가장 적합한 패키지 옵션은 무엇이죠?
- (A) 개인용
- (B) 소
- (C) 중
- (D) 대

188. What information is NOT needed for a final price?

　　(A) Length of contract

　　(B) Method of delivery

　　(C) Additional items

　　(D) Distance of shipping

최종 가격에 대해 어떤 정보가 필요 없죠?

(A) 계약 기간

(B) 배송 방법

(C) 추가 품목

(D) 선적 거리

189. What is indicated in Emily Hall's e-mail?

　　(A) She wants to try it for a month.

　　(B) She wants the free gift.

　　(C) She is interested in a long-term contract.

　　(D) She doesn't want winter products.

Emily Hall의 이메일에서 시사하는 바가 무엇이죠?

(A) 그녀는 한 달 동안 시험해보고 싶어 한다.

(B) 그녀는 무료 선물을 원한다.

(C) 그녀는 장기 계약에 관심이 있다.

(D) 그녀는 겨울 제품을 원하지 않는다.

190. Why does Emily Hall want to know about the vegetables that will be available throughout the year?

　　(A) She loves vegetables.

　　(B) She is thinking about adding meat.

　　(C) She might hire another employee.

　　(D) She wants to plan her future menus.

Emily Hall은 왜 일 년 내내 이용 가능한 채소에 대해 알고 싶어 하죠?

(A) 그녀는 채소를 좋아한다.

(B) 그녀는 고기를 넣는 것에 대해 생각하고 있다.

(C) 그녀는 다른 직원을 고용 할 수도 있다.

(D) 그녀는 미래의 메뉴를 계획하고 싶어 한다.

Four Seasons Apparel Outlet 사계절 의류 직판장

All returns must be sent back/ to Four Seasons Apparel Outlet/ within 7days.
모든 반품은 다시 보내셔야합니다/ Four Seasons Apparel Outlet으로/ 7 일 이내에.

They can be exchanged for a different item/ or returned for a refund.
다른 품목으로 교환하거나/ 환불을 위해 반품 할 수 있습니다.

If you choose a refund,// we will credit the card used for purchase.
환불을 선택하시면,// 구매에 사용한 카드로 입금해드릴 것입니다.

Individuals with official memberships can utilize our delivery tracking service/ and receive frequent shopper discounts. (193)
정식 회원권을 보유한 개인은 당사의 배송 추적 서비스를 이용할 수 있고,/ 자주 구매자 할인을 받을 수 있습니다.

Return shipment(s) to: 배송물 반환 주소:

Four Seasons Apparel Outlet. 144 Fenton Rd., Denver, Co 80725)303-555-4387)
사계절 의류 직판장. 144 펜턴가, 덴버, 콜로라도 80725)303-555-4387

Check the option that best describes your problem:
문제점을 가장 잘 설명하는 선택지에 체크를 하십시오.

_ Product contained a defect or damage   _ Product did not match expectations
_ 제품에 결함 또는 손상이 있음   _ 제품이 기대에 맞지 않음

✔ Wrong item was delivered (191)   Other(기타) _____
✔ 잘못된 물품이 배송됨

Personal Information: 개인 정보:

Name(이름): Sally Nelson   Order number(주문 번호): 2245   Phone: 432-555-7788

Address(주소) : 2154 Oak St, Denver, Co 80725   E-mail: snelson@clandnnet

✔ Exchange 교환   _ Refund 환불

I ordered a medium-sized Snowy Christmas Sweater/ from your online store/ on April 22,// but I mistakenly received a small-sized one. I would like to exchange it for the correct one. (191)
저는 중간 크기의 스노위 크리스마스 스웨터를 주문했습니다/ 귀 사의 온라인 상점에서/ 4 월 22 일에// 그러나 실수로 인해 작은 크기의 스웨터를 받았습니다. 올바른 스웨터로 교환하고 싶습니다.

어휘   apparel 의류 outlet 직판장 returns 반품 within 이내에 exchange 교환하다 item 품목 refund 환불 choose 선택하다 credit 입금하다 purchase 구매 individual 개인 utilize=make use of=avail oneself of=take advantage of=capitalize on 이용하다 official membership 정식 회원권 delivery tracking service 배송 추적 서비스 receive 받다 frequent 빈번한 shipment(s) 배송물 Rd.=road 도로, 가 Co=Colorado 콜로라도 option 선택지 describe 설명하다 product 제품 contain=cover=comprise=include 포함하다 defect 결함 damage 손상 match 맞다, 어울리다 expectation 기대 delivered 배송하다 order 주문하다 medium-sized 중간 크기의 April 4월 mistakenly 실수로 인해 correct 올바른, 정확한

From:	발신:	Debra Clarke <debraclarke@fourseasons.com>
To:	수신:	Sally Nelson <snelson@clandon.net>
Date:	날짜:	April 30 (4월 30일)
Subject:	제목:	Exchange (교환)

Dear Ms Nelson 친애하는 넬슨씨

We have received your request/ to exchange the sweater you purchased.
저희는 귀하의 요청을 받았습니다/ 귀하께서 구입한 스웨터를 교환해 달라는.

We sincerely apologize for this mistake.
이 실수에 대해 진심으로 사과드립니다.

We shipped the correct item immediately/ **as per** your request.
즉시 정확한 물품을 발송했습니다/ 귀하의 요청에 따라.

Your shipment can be tracked/ on our website/ using the following tracking number:447H57J. (193)
귀하의 배송은 추적하실 수 있습니다/ 당사의 웹 사이트에서/ 다음 추적 번호 447H57J를 사용하여.

Because this was our mistake,// we have returned $5 to your credit card/ in order to reimburse you/ for the return shipping costs.
이것이 저희의 실수였기 때문에,// 귀하의 신용카드에 5달러를 돌려드렸습니다./ 귀하에게 변상하기 위해/ 반품 배송비에 대해.

Please check your balance/ to confirm this.
잔고를 살펴보십시오/ 이 사실을 확인하려면.

If you experience any future problems with this order,// you may call me at 123-456-7897
이 주문과 관련하여 향후 어떤 문제를 겪게 되면,// 123-456-7897로 전화해주십시오.

I will help/ you solve any problem/ that may arise.
제가 도와 드리겠습니다/ 귀하가 어떤 문제든 해결하도록/ 발생할 수도 있는.

Debra Clarke

어휘 receive 받다 request 요청 exchange 교환하다 purchase 구입하다 sincerely 진심으로 apologize 사과하다
mistake 실수 ship 발송하다 correct 정확한 item 물품, 품목, 항목 immediately=instantly=promptly=at once=off
hand=out of hand=in no time as per ～에 따라 track 추적하다 return 돌려주다 in order to=so as to=with intent
to=with a view to ~ing ～하기 위해 reimburse 변상(변제, 보상)하다 return shipping costs 반품 배송비 balance 잔고
confirm=verify=ascertain=corroborate 확인하다 experience=suffer=undergo=go(pass) through 겪다
order 주문 call=call up=ring up=give a call=give a ring=telephone 전화하다 solve 해결하다
arise=happen=occur=take place=break out=crop up=come up=come about=come to pass 발생하다

To:	수신:	Debra Clarke <debraclarke@fourseasons.com>
From:	발신:	Sally Nelson <snelson@clandon.net>
Date:	날짜:	May 4 5월 4일
Subject:	제목:	Return Error 반품 오류

Dear Ms. Clarke, 친애하는 클라크씨,

I was glad to receive your email regarding my return// and I am thankful that Four Seasons was thoughtful enough to refund my shipping cost.
반품에 관한 귀하의 이메일을 수신하여 기뻤습니다.// 그리고, Four Seasons가 대단히 사려 깊게도 배송 비용을 환불해 주신 것에 감사드립니다.

That being said,// I checked my account/ and I have received the promised refund.
그럼에도 불구하고,// 저는 계좌를 확인했고/ 약속하신 환불을 받았습니다.

Additionally,// the new sweater that was sent to me/ was the right size, but I had ordered the Snowy Christmas design. (194)
또한,// 저에게 보내신 새 스웨터는/ 적절한 크기였습니다,// 하지만 저는 Snowy Christmas 디자인을 주문했었습니다.

What I received/ was Winter Festival. (194)
제가 받은 것은/ 겨울 축제였습니다.

They are both nice sweaters,// but my husband really liked Snowy Christmas better.
그것 둘 다 멋진 스웨터이지만// 제 남편은 정말 스노이 크리스마스를 더 좋아했습니다.

Could you please send the design that I originally ordered?
제가 처음에 주문한 디자인을 보내 주시겠습니까?

I will send the Winter Festival back// after I receive the correct order and my shipping refund. (195)
제가 Winter Festival을 다시 보내드리겠습니다.// 정확한 주문품과 저의 배송비 환불을 받은 후에.

Thank you! 감사합니다!

Sally Nelson

어휘   glad 기쁜 receive 받다 regarding=respecting=concerning=as to=as regards(respects, concerns) ~에 관하여 return 반품, 반송 thoughtful=considerate=deliberate 사려 깊은 refund 환불(하다) shipping cost 배송 비 that being said=having said that=be that as it may=nonetheless=nevertheless=even so 그럼에도 불구하고 account 계좌 promise 약속하다 order 주문하다 send 보내다 originally 처음에, 원래 additionally=in addition=besides= moreover=furthermore=what is more=on top of that=by the same token 게다가

191. What problem with the original shipment does Ms. Nelson report?
(A) It was damaged.
(B) It does not fit.
(C) It arrived late.
(D) It has not reached its destination.

넬슨 씨는 최초 배송품에 어떤 문제가 있다고 하죠?
(A) 손상되었다.
(B) 맞지 않는다.
(C) 늦게 도착했다.
(D) 목적지에 도달하지 못했다.

192. In the email from Debra Clarke,/ the phrase "as per" in paragraph 1, line 4, is closest in meaning to

(A) regardless of

(B) except for

(C) rather than

(D) according to

데브라 클라크의 이메일에서,/ 첫 번째 단락의 4째 줄 "as per"라는 구와 의미상 가장 가까운 것은?

(A) ~에 관계없이

(B) ~을 제외하고

(C) ~라기 보다는

(D) ~에 따라

193. What is indicated about Ms. Nelson?

(A) She recently moved to Denver.

(B) She ordered a gift for a friend.

(C) She has a Four Seasons Apparel Outlet membership.

(D) She waited for a long time to request a refund.

넬슨 씨에 관해 시사하는 바가 무엇이죠?

(A) 그녀는 최근에 덴버로 이사했다.

(B) 그녀는 친구에게 선물을 주문했다.

(C) 그녀는 Four Seasons Apparel Outlet 멤버십을 가지고 있습니다.

(D) 그녀는 오랫동안 환불을 요청하기를 기다렸다.

194. What problem with the replacement shipment does Ms. Nelson report?

(A) The size was incorrect.

(B) The design was incorrect.

(C) The size and design were incorrect.

(D) Too much money was refunded to her/ from her original purchase.

넬슨 씨는 대체 배송품에 어떤 문제점이 있다고 하죠?

(A) 크기가 잘못되었다.

(B) 디자인이 틀렸다.

(C) 크기와 디자인이 잘못되었다.

(D) 너무 많은 돈이 그녀에게 환불되었다/ 최초 구매로부터.

195. When will Ms. Nelson return her Winter Festival sweater?

(A) When she receives her correct order and the shipment refund

(B) When she has time

(C) When her husband is happy with his sweater

(D) When Four Seasons apologizes for her inconvenience

넬슨 씨는 언제 겨울 축제 스웨터를 반환할까요?

(A) 정확한 주문품과 배송비 환불을 받았을 때

(B) 시간이 있을 때

(C) 남편이 스웨터에 만족할 때

(D) Four Seasons가 불편에 대해 사과할 때

정답과 해설

191. (B) 첫 번째 양식에서 I mistakenly received a small-sized one. 이라는 문장에 답이 들어 있죠.

192. (D)

193. (C) 첫 번째 양식과 첫 번째 이메일에서 Individuals with official memberships can utilize our delivery tracking service+Your shipment can be tracked on our website.에 답이 들어 있죠.

194. (B) I had ordered the Snowy Christmas design.＋What I received was Winter Festival.에 답이 들어 있죠.

195. (A) I will send the Winter Festival back after I received the correct order and my shipping refund.

어휘   problem 문제, 문제점 original 최초의, 원래의 shipment 배송품, 발송품 report 알리다, 말하다, 보고하다 damage 손상시키다 fit 맞다, 적합하다 arrive 도착하다 late 늦게 reach=arrive at=get to 도착하다 destination 목적지 phrase 구, 구절 as per ~에 따라서, ~에 의하여, ~와 같이 paragraph 단락 closest 가장 가까운 meaning 의미 indicate=imply=suggest 시사하다 recently=lately=of late 최근에 move 이사하다 order 주문하다 gift 선물 membership 회원권 request a refund 환불을 요청하다 replacement 대체 incorrect 잘못 된, 틀린 purchase 구매 order 주문한 물건 shipment refund 배송비 환불 apologize 사과하다 inconvenience 불편

Questions 196-200 refer to the following information sheet, e-mail, and customer review.
(다음의 정보지, 이메일 및 고객 후기를 참조하십시오.)

Mini Sofa by Brossel 브로셀의 미니 소파

Product Information 제품 정보

The Mini Sofa **combines** old-fashioned comfort **with** a contemporary feel.
미니 소파는 구식의 편안함과 현대적인 감각이 어우러져 있다.

Several customizable features/ **enable** customers **to create** just the look they want.
몇 가지 맞춤형 기능을 통해/ 고객은 정확히 자신이 원하는 모양을 연출할 수 있다.

Dimensions(치수): Width(너비) 203cm, depth(깊이) 101cm, height(높이) 66cm

Upholstery options: Meadow Green, Soft Peach, Modern Multistripe
소파 덮게 선택사항 : 초원 녹색, 부드러운 복숭아 색, 현대적 멀티 스트라이프(많은 줄 무늬)

Leg options: Maple or chrome; rectangular or round
다리 선택사항 : 볼링 핀 모양 또는 크롬 금속 다리; 직사각형 또는 원형

Throw pillows: Optional, 45cm square, match upholstery color (196)
소파용 소형 쿠션 : 선택 사양, 45cm 정사각형, 소파 덮게 색상과 어울림

Price(가격): $499

어휘 combine A with B: A와 B를 조합하다 old-fashioned=outdated 구식의 comfort 편안함 a contemporary feel 현대적인감각 several 몇 가지, 몇 몇 customizable feature 맞춤형 기능 enable A to B: A가 B하는 것을 가능케 하다 customer 고객 create 연출(창조)하다 just 정확히 look 모양, 모습, 외관 leg 다리 maple 볼링 핀 모양 chrome 크롬 도금 rectangular 직사각형

To:	수신:	Sales Team N	판매 팀
From:	발신:	Natalia Beckley	나탈리아 베클리
Subject:	제목:	May 22	5월 22일
Date:	날짜:	Brossel Mini Sofa	브로셀 미니 소파

Sales team members, 영업 팀원 여러분.

I have learned// that the information sheet on the new Brossel Mini Sofa/ has been updated by the manufacturer,// and I'm writing/ to provide you with the revised details.
저는 알게 되었습니다.// 새로운 브로셀 미니 소파에 관한 정보지가 제조사에 의해 업데이트되었다는 것을// 그래서 저는 글을 쓰고 있습니다/ 여러분에게 수정된 세부사항을 제공하기 위해. (197)

The dimensions should be as follows: width 199cm, depth 97cm, and height 64cm.
치수는 다음과 같이 해야 합니다: 너비 199cm, 깊이 97cm 그리고 높이 64cm로.

There are also some upholstery options not listed in the earlier version of the information: Cornflower Blue and Brown Leaf Print. The throw pillows are available in an additional 60-cm size. Finally,/ the price of the sofa has changed to $549.
또한 정보의 이전 판에 나열되어 있지 않은 일부 덮개 옵션이 있습니다: 선옹초 색(밝은 청색)과 갈색 잎 무늬. (198) 소파용 소형 쿠션은 구입할 수 있습니다/ 추가로 60cm 크기로. 끝으로,/ 소파 가격은 549 달러로 바뀌었습니다.

I will supply you with a corrected version of the sheet soon// but I want you to be aware of the changes now,// since the new item will be available within the next few days/ for our annual special sale. (197)
곧 정보지의 수정판을 제공해 드리겠습니다.// 그러나 여러분이 지금 변경 사항에 대해 알고 있기를 바랍니다.// 새 품목이 향후 며칠 내에 제공 될 것이므로/ 연간 특별 판매를 위해.

Regards, (끝 맺음말)

Natalia Beckley 나탈리아 베클리

Sales Team Manager(판매 팀장), Lewiston's Fine Furnishings(가구점 이름)

---

https://www.lewistonsfinefurnishings.com/ ▶

| **Home(홈)** | Reviews(후기) | Locations(위치) | Photo(사진) | Gallery(갤러리) |

Customer review(고객 후기)

Posted by(게시자): supershopper1462　　　　　On: June 2(6월 2일)

Product(제품): Brossel Mini Sofa 브로셀 미니 소파

I purchased a new Brossel Mini Sofa/ during last week's big sale at Lewiston's Fine Furnishings,// and I love it so far.
저는 새로운 Brossel Mini Sofa를 구입했습니다/ 지난주 Lewiston's Fine Furnishings에서 대폭 할인 기간 동안에,// 그리고 지금까지 무척 마음에 듭니다.

It's stylish and comfortable,// and the leaf print looks great in my study. (198)
그것은 세련되고 편안합니다,// 그리고 나뭇잎 무늬는 내 서재에서 멋지게 보입니다.

There was only one minor problem in the purchasing process.
구매 과정에서 한 가지 사소한 문제 밖에 없었습니다.

The salesperson consulted his product information/ and stated// that the piece was 203 cm wide.
영업 사원은 자신의 제품 정보를 참고하여/ 말했습니다// 제품의 너비가 203cm라고.

I was concerned// that it might be too wide.
저는 걱정했습니다// 그것이 너무 넓지 않을까.

As I **weighed** my options, though,// the sales manager happened to pass by. (199)
그러나 내가 나의 선택항목들을 숙고하고 있을 때,// 판매부장이 우연히 지나갔습니다.

Fortunately,// she corrected the error/ by providing information from an updated sales sheet.
다행히도,// 그녀는 오류를 수정했습니다/ 업데이트된 판매 정보지의 정보를 제공함으로써.

Despite this small slip,// I highly recommend both the sofa and the store.
이런 작은 실수에도 불구하고,// 저는 그 소파와 그 가게를 둘 다 추천합니다.

196. How many pillow sizes are available?

(A) One

(B) Two

(C) Three

(D) Four

197. What does Ms. Beckley indicate she will do?

(A) Provide the sales team with some revised information.

(B) Reduce the price of a product.

(C) Move a piece of furniture to a new location.

(D) Order a new supply of office furniture.

198. What color most likely is the customer's new sofa?

(A) Green

(B) Black

(C) Blue

(D) Brown

199. What is probably true about the salespersorn mentioned in the customer review?

(A) He has sold many pieces of Brossel furniture.

(B) He encouraged the customer to write a review.

(C) His manager is Ms. Beckley.

(D) Lewiston's Fine Furnishings hired him in April.

200. In the customer review, the underlined word "weighed", is closest in meaning to

(A) explained

(B) considered

(C) checked the heaviness of

(D) described the size of

구입 가능한 베개 크기는 몇 개죠?

(A) 한 개

(B) 두 개

(C) 세 개

(D) 네 개

베클리 씨는 무슨 일을 하겠다고 말하죠?

(A) 영업팀에 수정된 정보를 제공하겠다.

(B) 제품의 가격을 낮추겠다.

(C) 가구 하나를 새로운 위치로 옮기겠다.

(D) 사무용 가구의 새로운 공급을 주문하겠다.

고객의 새 소파는 십중팔구 어떤 색깔이죠?

(A) 녹색

(B) 블랙

(C) 블루

(D) 브라운

고객 후기에서 언급한 판매원에 대해 십중팔구 무엇이 사실일까요?

(A) 그는 브로셀 가구를 많이 팔았다.

(B) 그는 고객에게 후기를 쓰도록 권장했다.

(C) 그의 매니저는 베클리 양이다.

(D) 루이스턴의 Fine Furnishings가 4월에 그를 고용했다.

고객 후기에서, 밑줄 친 "weighed" 라는 단어와 의미상 가장 가까운 것은?

(A) 설명했다

(B) 숙고했다

(C) ～의 무게를 확인했다

(D) ～의 크기를 기술했다

정답과 해설
196. (B) 45cm square＋an additional 60－cm size로 보아 크기가 두 개임을 알 수 있죠.

197. (A) I will supply you with a corrected version of the sheet soon.과 같은 의미이므로.

198. (D) the leaf print＋Brown Leaf Print 에 답이 들어 있죠?

199. (C) Natalia Beckley＋Sales Team Manager에 답이 들어 있죠?

200. (B)

어휘 indicate 말하다, 시사하다, 가리키다 provide(supply, furnish, present) A with B: A에게 B를 제공하다 revise 수정하다 reduce=decrease=diminish=lessen=cut down on 줄이다 move 옮기다 furniture 가구 하나 location 위치 order 주문하다 most likely=very likely=in all likelihood=ten to one=in nine cases out of ten=perhaps=possibly=probably=maybe 십중팔구, 아마도 customer 고객 true 사실인 mention 언급하다 customer review 고객 후기 sell-sold-sold 팔다 encourage 권장(격려)하다 hire=employ 고용(채용)하다 in April 4월에 underline 밑줄 치다 closest 가장 가까운 meaning 의미 explain 설명하다 consider 숙고하다, 곰곰이 생각하다, 고려(참작)하다 heaviness 무게 describe 기술하다

실력 및
스킬 다지기

02

Questions 131-134 refer to the following e-mail. (다음 이메일을 참조하십시오.)

To:	수신:	Customer Service Department	고객 서비스 부서
From:	발신:	Sofia Gaga	소피아 가가
Subject:	제목:	Incorrect billing statement	잘못된 청구서
Date:	날짜:	June 28th, 2019	2019년 6월 28일

I am contacting you once -------// **131.** after receiving no reply to my prior e-mail/ regarding the problem with my gas bill/ for the month of April.

저는 ------- 연락을 드립니다.// **131.** 이전 이메일에 대한 회신을 받지 못한 후/ 제 가스 요금 청구서의 문제와 관련하여/ 4월 한 달 동안.

After receiving my bill for last month,// I queried the charge that was included for unpaid gas in March.

지난달 청구서를 받은 후,// 3 월에 미지급 가스비로 포함 된 요금을 문의했습니다.

When I called your department about the issue,// I -------/ **132.** that the incorrect charges would be removed/ and that a new bill would be sent to me by e-mail.

그 문제에 대해 귀하의 부서에 전화했을 때,// 저는 -------// **132.** 잘못된 요금이 제거되고 새 청구서가 이메일로 발송 될 것이라고.

However,/ the new bill still includes these erroneous charges,// which I have no intention of paying.

그러나,/ 새 청구서에는 여전히 잘못된 요금이 포함되어 있으나,// 저는 지불 할 의사가 없습니다.

Therefore,// I have attached an image of a receipt/ ------- **133.** that I paid my bill for the month of March in full on April 12. -------. **134.**

따라서,// 저는 영수증 이미지를 첨부했습니다/ 4월 12일 청구서를 완납했다는 것을 -------. **133.**

Sincerely,(끝 맺음말)

Sofia Gaga

131.
(A) much
(B) before
(C) previously
(D) again

(A) 많이
(B) 전에
(C) 이전에
(D) 다시

132.
(A) will be informed
(B) would have informed
(C) was informed
(D) had been informing

(A) 통보를 받을 것이다
(B) 통보를 받았을 것이다
(C) 통보를 받았다
(D) 통보를 해오고 있었다

133.
(A) collaborating
(B) confirming
(C) convincing
(D) converting

(A) 협력하는
(B) 확인하는
(C) 확신시키는
(D) 전환하는

134. (A) I would send the requested payment at my earliest convenience.

(B) I will contact you as soon as possible.

(C) I will send the requested payment at my earliest convenience.

(D) I would like you to rectify this situation as soon as possible.

(A) 가장 빠른 시간에 요청한 지불금을 보낼 것이다.

(B) 가능한 한 빨리 연락드리겠습니다.

(C) 가장 빠른 시간에 요청한 결제를 보내겠다.

(D) 가능한 한 빨리 이 상황을 바로잡아주셨으면 합니다.

정답과 해설	**131.**	(D) 문맥상 또 다시 이메일을 보내는 상황이므로	**133.**	(B) 문맥상 확인하는 영수증이 되어야 하므로
	132.	(C) 종속절의 시제가 과거시제(called)이므로	**134.**	(D) 마지막에 부탁이나 요청하는 말로 가장 적합하므로

어휘   contact 연락하다 once again 다시 한 번 receive 받다 reply 회신, 답장 prior 이전의 problem 문제 gas bill 가스 요금 청구서 regarding=respecting=concerning=as regards(respects, concerns)=as to ~과 관련하여 query 문의하다 charge 요금, 청구비 include 포함하다 unpaid 미지급된 March 3월 call=give a call=give a ring 전화하다 department 부서 issue 문제 remove 제거하다 incorrect=erroneous 잘못된 bill 청구서 send-sent-sent 보내다, 발송하다 however 그러나 still 여전히 intention 의도 pay 지불하다 \include=involve=contain=comprise 포함하다 attach 첨부하다 receipt 영수증 in full 전액, 완전히 therefore=so=thus=hence=as a result(consequence)=consequently 그러므로

Questions 135-138 refer to the following information. (다음 정보를 참조하십시오.)

National Car Rentals offers a one-way vehicle rental service.
National Car Rentals는 편도 차량 대여 서비스를 제공합니다.

This service differs from our regular rental service,// which has you return the vehicle to the original rental location.
이 서비스는 일반 대여 서비스와 다릅니다.// 왜냐하면 일반 대여 서비스는 차량을 원래의 대여 장소로 반환하게 하잖아요.

Instead, you pick up the vehicle at one location/ and return it at a ------- different location.
135.
그 대신,// 여러분은 차량을 한 장소에서 가져간 후/ ------- 다른 곳에서 그것을 반환합니다.
135.

Choose from our wide selections of vehicles. -------.
136.
다양한 차량 중에서 선택하십시오. -------
136.

A one-way rental/ is ideal for certain customers.
편도 대여는/ 특정 고객에게 이상적입니다.

For example,// it is great for those ------- are planning a cross-country trip/ or moving from one city to another.
137.
예를 들어,// 국토 횡단 여행을 계획하거나/ 한 도시에서 다른 도시로 이사하는 사람들에게 아주 좋습니다.

One-way rentals/ are available/ at all locations.
편도 대여는/ 이용할 수 있습니다/ 모든 장소에서.

However,// customers with specific requirements/ are advised to contact us in advance.
그러나,// 특정 요구 사항이 있는 고객은/ 사전에 저희에게 연락해 주십시오.

That way,// we can ensure the ------- of your preferred vehicle.
138.
그렇게 하면,// 저희는 여러분이 선호하는 차량의 가용성을 보장해 드릴 수 있습니다.
(=저희는 여러분이 선호하는 차량을 이용할 수 있도록 해 드리겠습니다.)

---

135. (A) complete   (A) 완전한
(B) completed   (B) 완성된
(C) completely   (C) 완전히
(D) completion   (D) 완성

136. (A) There is a fee to change your reservation.
(B) We will even provide you with a travel map.
(C) We rent sedans, SUVs, minivans, trucks, and more.
(D) There are many reasons to choose National Car Rentals.

(A) 예약을 변경하기 위해서는 수수료가 있습니다.
(B) 저희는 여러분에게 여행지도 제공할 것입니다.
(C) 우리는 세단, SUV, 미니밴, 트럭 등을 대여해 드립니다.
(D) National Car Rentals를 선택해야 할 많은 이유가 있습니다.

137. (A) who
(B) what
(C) when
(D) whose

138. (A) safety
(B) success
(C) accuracy
(D) availability

(A) 안전
(B) 성공
(C) 정확성
(D) 가용성

정답과 해설 · 어휘

135. (C) 형용사 different를 꾸며주는 부사자리이므로

136. (C) 앞에 다양한 차량 중에 선택하라는 내용이 나오므로

137. (A) those who ~한 사람들 u. 442쪽 (8)번 참조

138. (D) 문맥상 '가용성'이 들어가야 가장 자연스러우므로

rental 임대회사 offer 제공하다 s a one-way vehicle rental service 편도 차량 대여 서비스 differ from ~와 다르다 regular rental service 일반 대여 서비스 have+목적어+원형 ~하게하다 return 반환하다 vehicle 차량 original 원래의 location 장소, 위치 instead 대신에 pick up 가져가다 completely 완전히 choose 선택하다. 고르다 wide selection 폭넓은 선택 ideal 이상적인 certain 특정한 customer 고객 for example=for instance=let us say-say=e.g 예를 들자면 those who ~한 사람들 plan 계획하다 a cross-country trip 국토 횡단 여행 move from one city to another 한 도시에서 다른 도시로 이사하다 available 이용 가능한 however 그러나 specific 특정한 requirements 요구 사항 be advised to ~해 주십시오 ensure 보장(확보)하다 contact 연락하다 in advance=beforehand=ahead of time 미리 that way 그렇게 하면 prefer 선호하다 fee 수수료 reason 이유

Questions 139-142 refer to the following instructions. (다음 안내사항을 참조하십시오.)

If your luggage has been lost,// please submit a claim/ by filling out this form.
여러분의 수하물이 분실되었을 경우,// 청구서를 제출하십시오/ 이 양식을 작성하여.

Please ensure that you clearly ------- all items contained in the missing luggage.
139.
반드시 사라진 수하물에 포함된 모든 품목을 명확하게 -------하십시오.
139.

When you have completed the form,// please hand it/ to staff member at lost luggage desk/ in the arrival hall.
양식 작성을 완료하면,// 그것을 제출하십시오/ 분실 수하물 창구 직원에게/ 도착 홀에 있는.

Our staff will use our computerized system/ ------- your luggage,/ and can usually recover your luggage
140.
within 48 hours. -------.
141.
저의 직원은 컴퓨터 시스템을 이용할 것입니다./ 여러분의 수하물을 -------/ 그리고 보통 48 시간 이내에 수하물을
140.
회수 할 수 있습니다. 그런 다음 여러분의 수하물은 직접 여러분에게 배달될 것입니다.

We apologize for the inconvenience caused due to your luggage,// and you can rest assured// that we will
do everything we can/ to reunite you with your -------/ as soon as possible.
142.
수하물로 인한 불편에 대해 사과드리며,// 여러분은 안심하셔도 됩니다// 저희가 할 수 있는 모든 일을 할 것이므로/
여러분과 -------을 재결합시키기 위해서.(소지품을 여러분에게 찾아드리기 위해서)/ 가능한 한 빨리
142.

---

139. (A) locate   (A) 찾아내다
     (B) list   (B) 기재하다
     (C) prevent   (C) 예방하다
     (D) find   (D) 발견하다

142. (A) invoices   (A) 운송장(명세 기입 청구서)
     (B) documents   (B) 문서
     (C) recordings   (C) 녹음물
     (D) belongings   (D) 소지품

140. (A) being traced   (A) 추적당하고 있는
     (B) is tracing   (B) 추적하고 있다
     (C) to trace   (C) 추적하기 위하여
     (D) has traced   (D) 추적해 왔다

141. (A) Afterward, you can pay for the extra service we provide.
     (B) Thankfully, everyone got the bags they had lost.
     (C) As a result, we never lose any passengers' bags.
     (D) Then, your luggage will then be personally delivered to you.

     (A) 그 후, 저희가 제공하는 추가 서비스에 대해 비용을 지불하시면 됩니다.
     (B) 다행히도 모든 사람들이 잃어버린 가방을 받았다.
     (C) 그 결과 저희는 어떤 승객의 가방도 잃어버리지 않습니다.
     (D) 그런 다음, 여러분의 짐은 여러분에게 직접 배달될 것입니다.

Questions 143-146 refer to the following letter. (다음 편지를 참조하십시오.)

August 1   8월 1일
Reese Carlton   리즈 칼튼
8934 High Road   8934 High Road(대로, 큰 길)
Easton, PA 29304   이스턴, 펜실베이니아 29304

Dear Mr. Carlton: 친애하는 칼튼 씨 :

I am writing/ to invite you/ ------- the ninth annual Video Game Developers Association (VGDA)
143.
Conference.

저는 편지를 씁니다/ 귀하에게 요청하기 위해/ 제 9차 연례 비디오 게임 개발자 협회(VGDA) 회의에 -------.
143.

Since its founding,// this ------- has brought together thousands of professionals in the industry/ to share
144.
ideas and to brainstorm possibilities.

창립 이래,// 이 -------는 업계에서 수많은 전문가들을 모아/ 아이디어를 공유하고/ 가능성을 함께 짜냈습니다.
144.

Presentations and workshops on dozens of exciting topics/ will be offered.
수십 가지의 흥미진진한 주제에 대한 발표와 토론회가/ 제공될 것입니다.

This year,// the VGDA conference will be held at the Flamingo Hotel in Orlando, Florida.
올해,// VGDA 회의는 플로리다 주 올랜도의 플라밍고 호텔에서 열릴 예정입니다.

Registration is now open at www.vgda.org.
www.vgda.org에서 등록이 시작되었습니다.

Book your room ------- September 30/ to get a special rate.
145.
9월 30일 ------- 객실을 예약하십시오/ 특별 요금을 받으려면.
145.

Be sure to mention// that you are attending the VGDA conference/ to get the discount.
꼭 말씀해 주십시오// VGDA 회의에 참석하신다고/ 할인을 받으시려면. -------.
146.

Sincerely, (끝 맺음말)

Supati Jinnah

143. (A) attend
(B) attending
(C) to attend
(D) should attend

144. (A) concert
(B) promotion
(C) event
(D) training

(A) 연주회
(B) 홍보
(C) 행사
(D) 연수

145. (A) at
(B) in
(C) until
(D) before

146. (A) We look forward to your presentation.
(B) We hope you will be able to join us.
(C) Thank you for becoming a member.
(D) Your registration packet is in the mail.

(A) 귀하의 발표를 기다리겠습니다.
(B) 저희와 함께하실 수 있기를 바랍니다.
(C) 회원이 되어 주셔서 감사합니다.
(D) 등록 서류가 우편에 들어 있습니다.

정답과 해설	**143.**	(C) invite A to B: A에게 B해달라고 요청하다.
	144.	(C) 연례회의는 일종의 행사이므로
	145.	(D) 특별 할인을 받기 위해서는 미리 예약하라는 취지이므로
	146.	(B) 초대의 글이므로 마지막에 (B)가 들어가야 가장 자연스럽죠.
어휘		ninth 9번째의 annual 매년의 found 창설(설립)하다 bring together 모으다 thousands of 수천의, 수많은 professional 전문가 industry 업계 share 공유하다 brainstorm 단체로 머리를 짜내다 possibility 가능성 presentation 발표회 workshop 토론회 dozens of 수십 가지의 offer 제공하다 be held=take place 열리다 registration 등록 book=reserve=make a reservation 예약하다 a special rate 특별 요금 be sure to=never fail to 꼭 ~하다 mention 언급하다

Questions 147-148 refer to the following notice. (다음 공지사항을 참조하십시오.)

Dear Atrium Hotel Guests: 친애하는 아트리움 호텔 투숙객 여러분 : (147)

We would like to apologize/ for the warm temperatures in the hallways and elevators.
저희는 사과드리고 싶습니다/ 복도와 엘리베이터의 따뜻한 온도에 대해.

The hotel is currently undergoing work/ to upgrade our air-conditioning system. (148)
호텔은 현재 작업을 하고 있습니다/ 에어컨 시스템을 업그레이드하기 위해.

The system will improve our energy efficiency/ and increase the comfort of our common areas.
이 시스템은 에너지 효율을 개선하고/ 공동 구역의 안락함을 높여줄 것입니다.

Please note that this work does not affect the air-conditioning units in guest rooms.
이 작업은 객실의 에어컨 장치에는 영향을 미치지 않는다는 것을 주목해주십시오.

If there is anything we can do to make your stay more enjoyable,// please feel free to contact any of our staff/ by dialing "0" from your room.
여러분의 체류를 보다 더 즐겁게 하기 위해 저희가 할 수 있는 일이 있다면,// 마음 놓고 저희 직원 아무에게 연락을 주십시오/ 객실에서 "0"을 누름으로써.

---

147. Where would the notice most likely appear?
    (A) In an airport terminal
    (B) In a hotel lobby
    (C) In an office building
    (D) In a shopping plaza

이 공지사항은 십중팔구 어디에 나타날까요?
    (A) 공항 터미널에서
    (B) 호텔 로비에서
    (C) 사무실 건물에서
    (D) 쇼핑 플라자에서

148. What is being replaced?
    (A) The air-conditioning system
    (B) The telephone system
    (C) The furniture
    (D) The elevators

무엇이 교체되고 있나요?
    (A) 에어컨 시스템
    (B) 전화 시스템
    (C) 가구
    (D) 엘리베이터

정답과 해설	**147.**	(B) Dear Atrium Hotel Guests: 라는 제목을 보고 여러분이 눈치를 채야 합니다.
	148.	(A) The hotel is currently undergoing work to upgrade our air-conditioning system. 이 문장에서 여러분이 눈치를 채야 해요.
어휘		would like to=want to ~하고 싶다 apologize 사과하다 warm 따뜻한 temperature 온도 hallway 복도 currently 현재 undergo work 작업하다 improve 개선하다 efficiency 효율성 increase 증가시키다, 높이다 comfort 안락함 common area 공동 구역 affect=impact=influence=have an effect(impact, influence) on=act(tell, work) on ~에 영향을 끼치다 note 주목(유의, 유념)하다 unit 장치 한 세트 guest room 객실 stay 체류 more enjoyable 보다 더 즐거운 feel free to 마음 놓고~하다 contact 연락하다 staff 직원

Questions 149-150 refer to the following letter. (다음 편지를 참조하십시오.)

To: Theresa Long 받는 사람 : Theresa Long
40 Stuart Street 40 스튜어트 스트리트
Boston, Massachusetts 02116 보스턴, 매사추세츠 02116

Date: September 19, 20- 날짜 : 20- 년 9 월 19 일

Dear Ms. Long, 친애하는 Long씨,

I was pleased/ to see your advertisement/ for a Manager of Financial Services/ in the Boston Record/ on September 17.
저는 기뻤습니다/ 금융 서비스 관리자를 뽑는 광고를 보고/ 보스턴 레코드 신문에서/ 9월 17일에.

I think// my background and experience/ match well with your requirements.
저는 생각합니다// 저의 배경과 경험이/ 귀하의 요구 사항과 잘 일치한다고.

My resume is enclosed/ for your review. (150)
제 이력서를 동봉합니다/ 귀하가 검토하실 수 있도록.

At my former post as financial manager at the Cromwell Land Initiative,// I was able to improve operating efficiency/ by reducing outstanding balances and expenses.
크롬웰 랜드 이니셔티브 (Cromwell Land Initiative)에서 재무 관리자로 재직하던 시절,// 저는 경영 효율성을 향상시킬 수 있었습니다/ 미불 잔액과 비용을 줄임으로써.

If you are seeking an experienced, successful financial manager,// please consider what I have to offer.
귀하께서 경험이 풍부하고 성공적인 재무 관리자를 찾고 계신다면// 제가 제공해기 위해서 무엇을 갖고 있는지 고려해 보십시오.

I would be honored by an opportunity to speak with you further about the position.
그 직책에 대해 더 이야기 할 수 있는 기회를 갖는다면 영광이 되겠습니다.

My phone number is (781) 324-7732.
제 전화번호는 (781) 324-7732입니다.

Thank you for your time and consideration.
귀화의 시간과 배려에 감사드립니다.

I look forward to hearing from you.
귀하로부터 소식을 기다리겠습니다.

Sincerely, (끝 맺음말)

Ryan Graham 라이언 그레이엄

149. What is the purpose of Mr. Graham's letter?

(A) To ask for advice

(B) To promote a product

(C) To comment on an article

(D) To apply for a job opening

그레이엄 씨 편지의 목적은 무엇입니까?

(A) 조언 요청

(B) 제품 홍보

(C) 기사에 대한 논평

(D) 구직 신청

150. What did Mr. Graham enclose in the letter?

(A) A resume

(B) An advertisement

(C) An expense report

(D) A newspaper article

Graham 씨는 편지에 무엇을 동봉했습니까?

(A) 이력서

(B) 광고

(C) 경비 보고서

(D) 신문 기사

정답과 해설	**149.** (D) 홍색 문장 참조하시면 바로 답이 나오죠.	**150.** (A) 홍색 문장 참조

어휘   pleased 기쁜, 만족하는 advertisement 광고 September 9월 background 배경 experience 경험 match 일치하다 requirements 요구 사항 resume 이력서 enclose 동봉하다 review 검토 former 이전의 post 직책 financial manager 재무 관리자 be able to ~할 수 있다 improve 향상시키다 operating efficiency 경영 효율성 reduce 줄이다 outstanding balance 미불 잔액 expense 비용 seek 찾다 experienced 경험이 풍부한 consider 고려하다 offer 제공하다 honor 영광스럽게 하다, 명예롭게 하다 opportunity 기회 further 한층 더 position 직책 consideration 배려 look forward to ~ing ~하기를 고대하다

Questions 151-152 refer to the following memorandum. (다음 회람을 참조하십시오.)

MEMO (회람)

To:	수신:	All employees	전직원
From:	발신:	Manager	관리자
Date :	날짜:	Tuesday, Oct.15	10월 15일 화요일
Re:	제목:	Painting	페인트 칠

This weekend, the office will be closed for painting,// and no employees will be allowed in the building.
이번 주말에는 사무실이 페인트칠을 위해 문을 닫고,// 건물에는 어떤 직원도 출입이 허용되지 않을 것입니다.

Although official company policy **discourages** employees **from** work**ing** overtime hours from home,// an exception will be made in this case.
비록 공식적인 회사 방침은 직원들이 집에서 초과 근무하는 것을 막고 있지만,// 이번 경우에는 예외가 될 것입니다.

However,// you should be sure to get prior approval for your overtime/ from your manager.
그러나,// 여러분은 초과 근무에 대한 사전 승인을 받아야합니다/ 여러분의 상사로부터.

Also, log on to the system from home when you start work,// and remember **to log off** when you are finished.
또한 작업을 시작할 때는 집에서 시스템에 로그온하시고,// 작업이 끝나면 로그오프 하는 것을 잊지 마십시오.

The painters will be here on Saturday morning,// and they have **requested** that all office furniture **be moved** into the hallway.
페인트공들은 토요일 아침에 이곳에 올 예정인데,// 그들은 모든 사무용 가구를 복도로 옮겨 달라고 요청했습니다.

So, you are asked to leave work at 5:00 on Friday/ to give the maintenance staff a chance to rearrange the furniture.
그러므로,// 여러분은 금요일 5시에 퇴근해 주시기 바랍니다./ 관리직원들에게 가구를 재배치 할 수 있는 기회를 주도록.

Your cooperation is appreciated.
협조해 주셔서 감사합니다.

Thank you. 감사합니다.

---

151. What is happening at the office?
   (A) They are giving the employees the weekend off.
   (B) They are starting a new work-from-home program.
   (C) They are rearranging the furniture on the weekend.
   (D) The office is being repainted Saturday and Sunday.

사무실에서 무슨 일이 일어나고 있죠?
   (A) 직원들에게 주말 휴가를 주고 있다.
   (B) 그들은 재택근무 프로그램을 시작하고 있다.
   (C) 그들은 주말에 가구를 재배치하고 있다.
   (D) 사무실은 토요일과 일요일에 다시 칠해지고 있다.

152. What do staff members need to do **in order to work overtime**?
   (A) Come to the office on Sunday.
   (B) Get permission to work from home.
   (C) Rearrange their working hours.
   (D) Write down their hours in the logbook.

초과 근무를 하기 위해 직원들은 무엇을 해야 하죠?
   (A) 일요일에 사무실에 나와야 한다.
   (B) 집에서 일할 수 있는 허가를 받아야 한다.
   (C) 근무 시간을 재조정해야 한다.
   (D) 그들의 시간을 일지에 기록해야 한다.

정답과	**151.**	(D) This weekend, the office will be closed for painting. 이 문장 속에 답이 들어있죠.
해설	**152.**	(B) you should be sure to get prior approval for your overtime from your manager. 이 문장 속에서 여러분이 답을 발견할 수 있어야 합니다.

| 어휘 | this weekend 이번 주말에 closed 문을 닫다 employee 직원 will be allow 허용(허락)하다 although=though=even though=while=notwithstanding 비록 ~하지만 official 공식적인 company policy 회사 방침 discourage A from B: A가 B하는 것을 막다 work overtime hours 초과 근무를 하다 exception 예외 case 경우 however 그러나 be sure to 반드시 ~하다 get prior approval 사전 승인을 받다 remember to ~할 것을 기억하다 request 요청하다 office furniture 사무용 가구 move 옮기다 hallway 복도 be asked to ~해 주시기 바랍니다 So=thus=hence=therefore =consequently=as a result(consequence) 그러므로 leave work 퇴근하다 Friday 금요일 maintenance staff 관리직원 rearrange 재배치하다 furniture 가구 appreciate 감사(감상, 이해, 식별, 음미)하다 cooperation 협조, 협력 write(put, take, jot, note) down 기록하다 permission 허락 logbook 일지 in order to=so as to=with intent to=with a view to ~ing ~하기 위해서 |

Questions 153-154 refer the following form. (다음 양식을 참조하십시오.)

Ganzon Automotive	간존 자동차(자동사 정비업소 이름)
Silang Avenue, Butuan City	부투안시 실랑가(주소지)
Agusan del Norte, Philippines 8600	아구산 델 노르테, 필리핀 8600
Mechanic on duty: Efren Limbaco	근무 정비공 : Efren Limbaco
Date: April 6	날짜 : 4월 6일
Client: Rowena Bautista, Simpao Trucking Corporation	고객: 심파오 트럭 운송 회사 Rowena Bautista
Vehicle Information	차량 정보
Make: Kimpo	제조사: 김포
Model: Heavy Duty 600	모델 : 헤비 듀티 600
Vehicle type: 3-axle, commercial truck	차량 유형 : 3축, 상업용 트럭
Work Completed	작업 완료
Replaced and balanced tire: $12,000	타이어 교체 및 밸런스 잡기 : $ 12,000
Installed new passenger door lock: $4,800	조수석 문 잠금장치 새로 설치 : $ 4,800

153. What is the purpose of the form?
(A) To give details about work on a vehicle
(B) To ask about purchasing a vehicle
(C) To request a correction to a bill
(D) To schedule maintenance work

양식의 목적은 무엇입니까?
(A) 차량 작업에 대한 세부 사항 제공
(B) 차량 구입에 관한 질문
(C) 청구서 수정 요청
(D) 정비 작업을 일정 짜기

154. What action is mentioned?
(A) Repairing an axle
(B) Painting a truck
(C) Changing oil
(D) Replacing a lock

어떤 조치가 언급되어 있는가?
(A) 차축 수리
(B) 트럭 도색
(C) 오일 변경
(D) 잠금장치 교체

정답과 해설

153. (A) 차량 정비공이 고객에게 차량 작업에 대한 세부사항을 제공하는 양식이므로.

154. (D) Installed new passenger door lock:에서 새로운 잠금장치를 설치했다는 것은 교체했다는 뜻과 동일하죠.

어휘 mechanic 정비공 on duty 근무 중 date 날짜 April 4월 client 고객 trucking corporation 트럭 운송 회사 vehicle 차량 axle 차축 commercial truck 상업용 트럭 work 작업, 일 complete 완성(완료)하다 replace 교체하다 balance 균형을 잡다 install 설치하다 passenger door lock 조수석 문 잠금장치

NOTICE OF CONSTRUCTION 공사 공고문

In an effort to make Stetton Court even better to live,// we will be making **a number of** improvements to the building in the months ahead.
Stetton Court를 훨씬 더 살기 좋게 만들기 위한 노력으로,// 우리는 앞으로 몇 달 동안 그 건물에 대한 많은 개선을 할 예정입니다.

The first major step/ will be the replacement of two pipes running **between** the basement **and** eighth floor.
첫 번째 주요 단계는/ 지하실과 8층 사이에 있는 2개의 파이프를 교체하는 일이 될 것입니다.

The work will begin on May 28/ and is expected to be completed on June 9.
공사는 5월 28일에 시작될 예정이며/ 6월 9일에 완성될 것으로 예상됩니다.

Since structural alterations to the building will be required,// please be advised that there will be noise during the construction phases of the project
건물에 대한 구조 변경이 요구될 것이므로,// 프로젝트의 공사 단계에서 소음이 있을 거라는 점을 유념해 주십시오.

Furthermore,// the washing machines and dryers/ will be removed/ from the laundry room in the basement/ on June 8. (156)
게다가,// 세탁기와 건조기는/ 옮겨질 예정이다/ 지하실 세탁실에서/ 6월 8일에.

This will **provide** the workers **with** enough space to "carry out" their work.
이것(세탁기와 건조기를 옮기는 것)이 인부들에게 그들의 일을 수행할 수 있는 충분한 공간을 제공할 것이니까요.

The laundry room will then be closed// until the project has been completed.
그런 다음 세탁실은 폐쇄될 것입니다// 프로젝트가 완료될 때까지.

Tenants who use this facility/ should call ACE Laundry at 555-9980/ for commercial laundry service.
이 시설을 이용하는 세입자는/ ACE 세탁소 555-9980으로 전화하시기를 바랍니다/ 상업적 세탁 서비스를 받기 위해서.

If you should have any questions or concerns related to the construction or other planned improvements,// please contact the property manager at 555-4771
공사 또는 기타 계획된 개량공사와 관련하여 의문 사항이나 용건이 있을 경우에는,// 555-4771로 자산 관리자에게 문의하십시오.

We apologize for any inconvenience
불편을 드려서 죄송합니다.

Stetton Court Management Stetton Court 경영진

155. For whom is the notice primarily intended?

    (A) Construction workers

    (B) Laundromat employees

    (C) Building residents

    (D) Real estate agents

이 공고문은 주로 누구를 위한 것이죠?

    (A) 건설 노동자

    (B) 세탁실 직원

    (C) 건물 입주자

    (D) 부동산 중개인

156. What will happen during the construction project?

    (A) Tenants will need to relocate temporarily

    (B) Photographs will be taken.

    (C) A building's water supply will be cut off.

    (D) Some appliances will be relocated.

공사 프로젝트 기간에 어떤 일이 일어날까요?

    (A) 임차인은 임시로 이사해야한다.

    (B) 사진이 찍힐 것이다.

    (C) 건물의 물 공급이 차단 될 것입니다.

    (D) 일부 가전제품들이 이전될 것이다.

157. The phrase "carry out" in paragraph 2 is closest in meaning to

    (A) realize

    (B) hold

    (C) transport

    (D) perform

둘째 단락에서 "carry out"과 의미상 가장 가까운 것은?

    (A) 실현하다

    (B) 잡다

    (C) 운송하다

    (D) 수행하다

정답과 해설 **155.** (C) 건물 세입자들에게 알리는 공고문이므로

156. (D) the washing machines and dryers will be removed. 이 문장과 같은 의미이므로.

157. (D)

어휘 notice 공고문, 게시, 벽보 construction 공사 in an effort to=in an attempt to ～하려고, ～하기 위해서 major 주요한 step 단계 even=far=still=yet=much=a lot=a great=a great deal=by far 비교급 앞에서 훨씬 in the months ahead 앞으로 몇 달 동안 a number of=a lot of=lots of=plenty of=many 많은 improvement 개선, 개량 replacement 교체 run 흐르다, 달리다 between A and B: A와 B 사이에 basement 지하실 floor 층 May 5월 expect 예상하다 complete 완성(완료)하다 June 6월 since=as=because=seeing that=now that=in that=inasmuch as ～이니까, ～하기 때문에 structural alteration 구조 변경 require 요구하다 advise 통보하다, 알리다 noise 소음 phases 단계 washing machine 세탁기 dryer 건조기 laundry room 세탁실 furthermore=moreover=what is more=besides=in addition=on top of that 게다가 remove=relocate 옮기다 basement 지하실 provide(supply, furnish) A with B: A에게 B를 제공하다 carry out=accomplish=execute=perform=implement 수행하다 space 공간 tenant 세입자 related to=as to=concerning=regarding=respecting ～과 관련하여 concerns 용건 facility 시설 commercial 상업적인 property manager 자산 관리자 apologize 사과하다 inconvenience 불편 management 경영진

Questions 158-160 refer to the following e-mail. (다음 이메일을 참조하십시오.)

From:	발신:	GJ Bank	GJ 은행
To:	수신:	Mary Princeton	메리 프린스턴
Subject:	제목:	January 3	1월 3일
Date:	날짜:	Your GJ Bank Card	GJ 은행 카드

Dear Mr. Princeton, 친애하는 프린스턴 씨,

We've noticed// that some irregular transactions were recently made/ with your GJ Bank card. (158)
저희는 인지했습니다.// 일부 비정상적인 거래가 최근에 이루어졌음을/ 고객님의 GJ 은행 카드로.

To protect you from fraud,// we have frozen your account.
사기로부터 고객님을 보호하기 위해,// 저희는 고객님의 계정을 동결하였습니다.

—[1]—

To remove the freeze,// you must call us at 5332-5726 or visit any GJ Bank branch.
동결을 제거하시려면,// 고객님은 5332–5726으로 전화하시거나 GJ 은행 지점 아무데나 방문하셔야합니다.

—[2]—

You will be asked to prove your identity and to verify some transactions.
고객님은 본인 확인과 거래 확인 요청을 받게 될 것입니다.

—[3]—

We'd like to remind you// that lost cards and unrequested transactions should be reported as soon as they are noticed// in order to avoid funds being stolen.
저희는 고객님께 상기시켜드리고자 합니다// 분실된 카드와 요청되지 않은 거래는 인지된 즉시 보고되어야 한다는 것을/ 자금이 도용되는 것을 피하기 위해서.

—[4]—

We also recommend changing your password often/ to ensure that your account is protected. (159)
또한 비밀번호를 자주 변경하실 것을 권해드립니다/ 계정을 확실히 보호하기 위해서는.

Sincerely, 감사합니다(끝 맺음말)

GJ Bank Customer Service GJ 은행 고객 서비스

---

158. Why was the e-mail sent to Ms. Priceton?

(A) To notify her of unusual activities
(B) To request payment for a recent order
(C) To inform her of a new banking
(D) To thank her for being a loyal customer

왜 이메일이 Priceton에게 보내졌나요?

(A) 그녀에게 비정상적인 활동을 알리기 위해
(B) 최근 주문에 대한 지불을 요청하기 위해
(C) 그녀에게 새로운 은행 업무를 알리기 위해
(D) 단골 고객이 되어준데 대해 감사하기 위해

159. What is Ms. Princeton advised to do?

(A) Open a new account
(B) Modify security codes
(C) Request transaction receipts
(D) Always carry an ID card

프린스턴 씨는 무엇을 하라고 권고를 받죠?

(A) 새 계정을 만들라고
(B) 보안 코드를 변경하라고
(C) 거래 영수증을 요청하라고
(D) 항상 ID 카드를 소지하라고

160. In which of the positions marked [1], [2], [3], [4] does the following sentence best belong?

"Thus, no transaction can be done using your bank card"

(A) [1]
(B) [2]
(C) [3]
(D) [4]

[1], [2], [3], [4]로 표시된 곳 중에서 다음 문장이 들어가기에 가장 적합한 곳은?

"따라서, 고객님의 은행 카드를 이용하여 어떤 거래도 이뤄질 수 없습니다."

(A) [1]
(B) [2]
(C) [3]
(D) [4]

정답과 해설

158. (A) some irregular transactions were recently made

159. (B) We also recommend changing your password often

160. (A) [1]번 앞에 '계좌를 동했으므로', '그 결과 거래가 이뤄질 수 없다'로 이어지며, 이어서 그 동결을 푸는 절차가 나오죠.

어휘   notice 인지하다, 눈치 채다 irregular 비정상적인 transaction 거래 recently=lately=of late 최근에 protect 보호하다 fraud 사기 free-froze-frozen 동결하다 account 계정, 계좌, 구좌 remove 제거하다 call=telephone=give a call(ring) 전화하다 visit 방문하다 branch 지점 prove one's identity 신원을 증명하다 verify 확인(입증)하다 transaction 거래 would like to ~하고 싶다 remind 상기시키다 lose-lost-lost 분실하다 request 요청하다 as soon as ~하자마자 avoid 피하다 fund 자금 protect 보호하다 in order to=so as to=with intent to=with a view to ~ing ~하기 위해 steal-stole-stolen 훔쳐가다 recommend 권하다 change=modify 변경하다 password=security code 보안 코드, 비밀 전호 ensure that=make sure that 반드시 ~하다

Questions 161-163 refer to the following letter. (다음 편지를 참조하십시오.)

SAMPSON NATIONAL
Customer Service Department
9356 North Canal Street,
Chicago, IL 60609, USA
September 15

Fabian Schmidt
255 Rosetter Road
Rockford City, IL 61008

샘프슨 내셔널
고객 서비스 부서
노스 캐널가 9356번지,
시카고, 일리노이 60609, 미국
9월 15일

파비안 슈미트
로제터로 255번길
록포드 시티, 일리노이 61008

Dear Mr. Schmidt: 친애하는 슈미트씨:

On September 9,// we received a letter from a customer/ expressing how pleased she was with the professionalism of your team. (161)
9월 9일,// 우리는 고객으로부터 편지를 받았습니다/ 그녀가 당신 팀의 전문성에 얼마나 만족했는지를 표현하는.

Her name is Gail Hayward,// and she and her husband hired Sampson National/ for a move to their newly built home/ on September 6.
그녀의 이름은 게일 헤이워드이며,// 그녀와 그녀의 남편은 샘프슨 내셔널을 고용했습니다/ 새로 지어진 집으로 이사하기 위해/ 9월 6일에.

—[1]—

Because they own a number of musical instruments,/ Ms. Hayward had been anxious about the move. (162)
(그들이) 여러 악기를 소유하고 있기 때문에,/ 헤이워드 씨는 그 이사에 대해 불안해하고 있었습니다.

—[2]—

In her letter,// she mentions// that your staff members, Robin and Curtis,/ carefully packaged their possessions.
그녀의 편지에서,// 그녀는 언급합니다.// 당신의 직원 로빈과 커티스가/ 그들의 재산을 조심스럽게 포장했다고.

Moreover,// she was particularly impressed// with how carefully her piano was loaded onto the truck.
게다가,// 그녀는 특히 깊은 감동을 받았습니다// 그녀의 피아노가 트럭에 얼마나 조심스럽게 실려지는지에.

—[3]—

I have enclosed her letter/ so that you can share it with Robin and Curtis/ as well as the other employees at the Rockford office.
제가 그녀의 편지를 동봉했습니다/ 당신이 그것을 로빈과 커티스와 공유할 수 있도록/ 록포드 사무실의 다른 직원들 뿐만 아니라.

—[4]—

In addition, please convey to them// that the head office is proud// that such thoughtful customer service professionals are in its workforce, and that we are grateful to them for a job well done.
또한, 그들에게 전해주십시오.// 본사가 자랑스럽게 생각하고 있다고// 그러한 사려 깊은 고객 서비스 전문가가 직원들 가운데 있다는 것을,// 그리고 우리는 일을 잘한 것에 대해 그들에게 감사하고 있다는 것을.

Sincerely, 감사합니다(끝 맺음말)

Teresa Ramsey 테레사 램지

Customer Service Manager 고객 서비스 관리자

Sampson National 샘프슨 내셔널

161. What is the main purpose of the letter?

(A) To report on a recent management decision

(B) To describe the feelings of a customer

(C) To provide details about an upcoming event

(D) To explain a new project proposal

편지의 주요 목적은 무엇입니까?

(A) 최근 경영진 결정에 대해 보고하기

(B) 고객의 감정을 설명하기 위해

(C) 다가오는 행사에 대한 세부 정보 제공

(D) 새로운 프로젝트 제안을 설명하기 위해

162. What type of business is Sampson National?

(A) A construction firm

(B) A moving company

(C) An instrument maker

(D) An advertising agency

Sampson National은 어떤 유형의 사업체입니까?

(A) 건설 회사

(B) 이사 회사

(C) 악기 제조업체

(D) 광고 대행사

163. In which of the positions marked [1], [2], [3] and [4] does the following sentence best belong?

"Her concern was that they could be damaged during the transport."

(A) [1]

(B) [2]

(C) [3]

(D) [4]

[1], [2], [3], [4]로 표시된 곳 중에서 다음 문장이 들어가기에 가장 적합한 곳은?

"그녀의 우려는 그것들이 운송 중에 손상 될 수도 있다는 것이었습니다."

(A) [1]

(B) [2]

(C) [3]

(D) [4]

Questions 164-167 refer to the following online chat discussion. (다음 온라인 채팅 의논을 참조하십시오.)

Sarah Lo [9:38 A.M.] 세라 로 [오전 9시 38분]

Hi all. I'd like your input. Jovita Wilson in sales just told me// that her client, Mr. Tran, wants us to deliver his order a week early. Can we do that? (164)
모두 안녕하세요. 여러분의 의견을 듣고 싶습니다. 판매부의 조비타 윌슨이 방금 전해왔습니다// 자신의 고객인 트란 씨가 그의 주문품을 일주일 일찍 배달해 주기를 바란다고. 그렇게 할 수 있을까요?

Alex Ralston [9:40 A.M.] 알렉스 랄스턴 [오전 9시 40분]

If we rush,// we can assemble the hardwood frames in two days. (165)
우리가 서두르면// 이틀 만에 나무틀을 조립할 수 있습니다.

Riko Kimura [9:41 A.M.] 기무라 리코 [오전 9시 41분]

And my department needs just a day/ to print and cut the fabric/ to cover the cushion seating. (165)
그리고 우리 부서는 하루 만 있으면 됩니다/ 원단을 인쇄하고 자르는데/ 쿠션 시트를 덮기 위해.

Mia Ochoa [9:42 A.M.] 미아 오초아 [오전 9시 42분]

But initially you need the designs, right? My team can finish that by end of day today. (166)
하지만 처음에는 디자인이 필요하겠죠? 우리 팀은 오늘 업무시간 종료까지 그것을 끝낼 수 있습니다.

Sarah Lo [9:43 A.M.] 세라 로 [오전 9시 43분]

OK. Then we'll be ready for the finishing steps by end of day on Wednesday. Alex, once you have the fabric, how long will it take to build the cushions, stuff them, and attach them to the frames? (165)
좋아요. 그럼 수요일 업무시간 종료까지 마무리 단계가 준비 되겠군요. 알렉스, 일단 원단을 갖게 되면,// 쿠션을 만들고, 속을 채워 틀에 붙이는 데 얼마나 걸리죠?

Alex Ralston [9:45 A.M.] 알렉스 랄스턴 [오전 9시 45분]

That will take two days-if my group can set aside regular work/ to do that.
그것은 이틀이 걸릴 것입니다.// 저희 그룹이 평소의 작업을 제쳐두어도 된다면/ 그 일을 하기 위해서.

Sarah Lo [9:47 A.M.] 세라 로 [오전 9시 47분]

I can authorize that. Bill, how long will it take your department to package the order and ship it?
내가 그것은 허락할 수 있어요. 빌, 당신 부서가 주문서를 포장해서 발송하는 데 얼마나 걸릴까요?

Bill Belmore [9:48 A.M.] 빌 벨모어 [오전 9시 48분]

We can complete that on Monday morning.
월요일 오전에 완료할 수 있습니다.

Sarah Lo [9:49 A.M.] 세라 로 [오전 9시 49분]

Great. Thanks, all. I'll let Jovita know/ so she can inform the client. (167)
좋아요, 고마워요, 여러분 모두. 내가 조비타에게 알릴게요./ 그녀가 고객에게 알려드릴 수 있도록.

164. At 9:38 A.M., what does Ms. Lo mean when she writes, "I'd like your input"?
(A) She needs some numerical data
(B) She needs some financial contributions.
(C) She wants to develop some projects.
(D) She wants to gather some opinions.

오전 9시 38분, 로 씨가 "여러분의 의견을 듣고 싶다"고 쓸 때 의도하는 바가 뭐죠?
(A) 그녀는 몇 가지 수치 데이터가 필요하다.
(B) 그녀는 약간의 재정적인 기여가 필요하다.
(C) 그녀는 몇 가지 프로젝트를 개발하고 싶어 한다.
(D) 그녀는 몇 가지 의견을 수렴하고자 한다.

165. For what type of company does Ms. Lo most likely work?
(A) A package delivery business
(B) A furniture manufacturer
(C) An art supply store
(D) A construction firm

로씨는 어떤 유형의 회사에 근무할 가능성이 가장 높죠?
(A) 패키지 배송 업체
(B) 가구 제조업체
(C) 미술 용품점
(D) 건설 회사

166. According to the discussion, whose department must complete their work first?
(A) Mr. Belmore's department
(B) Ms. Kimura's department
(C) Ms. Ochoa's department
(D) Mr. Ralston's department

논의에 의하면, 어느 부서가 먼저 작업을 완료해야하죠?
(A) 벨 모어 씨의 부서
(B) 기무라 씨의 부서
(C) 오 쵸아 씨의 부서
(D) 랄 스턴 씨의 부서

167. What will Ms. Wilson most likely tell Mr. Tran?
(A) That she can meet his request for rush
(B) That there will be an extra charge for completing his order.
(C) That his order will be ready for delivery on Friday.
(D) That she will meet him at her office next Monday.

윌슨 씨는 트랜 씨에게 뭐라고 말할 가능성이 높죠?
(A) 서두르라는 그의 요청을 충족시킬 수 있다.
(B) 주문을 완료하는 데 추가 요금이 있을 것이다.
(C) 그의 주문품은 금요일에 배달될 준비가 될 것이다.
(D) 다음 주 월요일에 자신의 사무실에서 만날 예정이다.

Questions 168-171 refer to the following e-mail. (다음 이메일을 참조하십시오.)

To:	수신:	Distribution List	배포 목록
From:	발신:	Ken Gupta <kgupta@ltaa.co.uk>	켄 굽타 〈kgupta@ltaa.co.uk〉
Subject:	제목:	LTAA update	런던 여행사 협회 최신 정보
Date:	날짜:	15 October	10월 15일

A special meeting of the London Travel Agents' Association/ will take place on November 1. (168)
런던 여행사 협회의 특별 회의가/ 11월 1일에 열립니다.

Clarissa Tang/ will be speaking/ on business travel in Australia, New Zealand and Malaysia.
클라리사 탕이/ 강연할 예정입니다/ 호주, 뉴질랜드, 말레이시아의 출장에 대해서.

After the talk,// she will be signing copies of her books,// including her most recent title, Make Time to Travel. (169)
강연이 끝난 후,// 그녀는 자신의 책 여러 권에 사인할 예정입니다// 가장 최근의 제목인 "Make Time to Travel(여행할 시간을 만들라)"을 포함하여.

Books/ will be available for purchase/ at a substantial discount.
책은/ 구입하실 수 있을 것입니다/ 대폭 할인 된 가격으로.

The session/ will be held at the Carol Hotel on Frame Street,// and the presentation will start at 6:00 p.m.
이 회의는/ 프레임 스트리트의 캐롤 호텔에서 개최되며,// 프레젠테이션(발표회)은 오후 6시에 시작됩니다.

A complimentary buffet dinner will be provided afterward for attendees,// but seating will be limited,// so please contact us/ to reserve a spot in advance. (170) (171)
무료 뷔페 저녁 식사가/ 나중에 참석자들에게 제공될 것입니다,// 하지만 좌석이 제한되어 있습니다// 그러므로 문의하셔서/ 자리를 미리 예약하여 주십시오.

If you are interested,// please send a message to Mark DiStefano/ at DiStefano @ltaa.co.uk/ by 25 October.
관심이 있으시면,// Mark DiStefano에게 메시지를 보내주십시오./ DiStefano@ltaa.co.uk로/ 10월 25일까지.

The complete meeting schedule/ is available at www.ltaa.co.uk.
전체 회의 일정은/ www.ltaa.co.uk에서 확인할 수 있습니다.

Sincerely, 감사합니다(끝 맺음말)

Ken Gupta 켄 굽타

어휘   special 특별한 Travel Agents' Association 여행사 협회 take place=be held 열리다, 개최되다 November 11월 business travel 출장 talk 강연 including ~을 포함하여 most recent 가장 최근의 available for purchase 구입하실 수 있는 at a substantial discount 대폭 할인 된 가격으로 session 회의 presentation 발표회 complimentary 무료의 provide 제공하다 afterward 나중에 attendee 참석자 seating 좌석 limit 제한하다 contact 문의(연락)하다 reserve 예약하다 a spot 자리, 장소, 점 in advance=beforehand=ahead of time 미리 by ~까지 October 10월 complete 완전한, 전체의 available 입수(이용)할 수 있는

168. What is the purpose of the e-mail?

(A) To advertise a new hotel

(B) To offer tourist information

(C) To announce information about a meeting

(D) To promote a travel agency

이메일의 목적은 무엇입니까?

(A) 새로운 호텔을 광고하기

(B) 관광 정보 제공

(C) 회의에 관한 정보 고지

(D) 여행사 홍보

169. What is suggested about Ms. Tang?

(A) She is employed at the Carol Hotel.

(B) She purchased discounted items.

(C) She recently canceled a trip.

(D) She has written more than one book.

탕 씨에 대해 시사하는 바가 무엇이죠?

(A) 그녀는 캐롤 호텔에서 종사하고 있다.

(B) 그녀는 할인 품목을 구입했다.

(C) 그녀는 최근 여행을 취소했다.

(D) 그녀는 두 권 이상의 책을 썼다.

170. What is indicated about the meal?

(A) It begins at 6:00 P.M.

(B) It will feature recipes from 'Make Time to Travel'.

(C) It is offered at no cost to meeting participants.

(D) It has been rescheduled.

식사에 대해 시사하는 바가 무엇이죠?

(A) 오후 6시에 시작한다.

(B) 'Make Time to Travel'의 조리법을 특징으로 한다.

(C) 회의 참가자에게 무료로 제공된다.

(D) 식사 일정이 수정되었다.

171. According to the e-mail,/ why should people contact Mr. DiStefano?

(A) To reserve a place for dinner

(B) To order books at a discounted rate

(C) To get the complete schedule

(D) To make a hotel room reservation

이메일에 의하면,/ 왜 사람들은 디스테파노 씨에게 연락 해야 합니까?

(A) 저녁 식사 자리를 예약하기 위해

(B) 할인 된 가격으로 책을 주문하기 위해

(C) 완전한 일정을 얻기 위해서

(D) 호텔 객실을 예약하기 위해서

정답과
해설

168. (C) 첫 번째 홍색 문장에서 'special meeting'에 대한 정보를 알리고 있죠?

169. (D) 두 번째 홍색문장에서 including her most recent title(최근의 제목을 포함하여) 여러 권이라고 했으므로

170. (C) complementary가 '무료의'라는 뜻이므로

171. (A) 마지막 홍색 문장에서 'contact us to reserve a spot in advance'라는 표현을 여러분이 포착해야 합니다.

어휘   purpose 목적 advertise 광고하다 offer 제공하다 tourist information 관광 정보 announce 알리다, 고지하다 promote 홍보하다, 촉진하다 a travel agency 여행사 suggest=indicate=imply 시사하다, 함축하다 be employed at ~에 종사하다 purchase 구입하다 item 품목 recently=lately=of late 최근에 cancel=recall=revoke=rescind=repeal=call off 취소하다 feature 특징으로 하다 at no cost=without payment(charge, cost) =free of charge=free of cost=for nothing 무료로, 공짜로 recipe 조리법 participant=attendee 참가자, 참석자 reschedule 일정을 제조정하다 reserve=make a reservation 예약하다 order 주문하다 at a discounted rate 할인 된 가격으로

Questions 172-175 refer to the following article. (다음 기사를 참조하십시오.)

Valuables Found on Beach(해변에서 발견된 귀중품)

September 20-A gold ring valued at $1.200/ was found/ during storm cleanup/ at Avondale Beach/ on Saturday morning. (172)

9월 20일– 1,200달러로 평가되는 금반지가/ 발견되었습니다./ 폭풍이 지나간 후 청소하던 중/ 아본데일 해변에서/ 토요일 아침에.

This/ was only one of many objects **retrieved** from the sand/ over the weekend by the Kirkland Sanitation Department.

이것은/ 단지 모래에서 회수된 많은 물건 중 하나에 불과했습니다/ 주말에/ 커클랜드 위생국에 의해.

—[1]—

In preparation for Friday's fireworks show,// municipal cleaning crews combed the beach/ on Saturday and Sunday/ to remove debris **washed up** by Thursday night's storm. (173) (174)

금요일의 불꽃놀이를 준비하기 위해,// 시 청소부들은 해변을 빗질하듯 수색했습니다/ 토요일과 일요일에/ 목요일 밤 폭풍우에 휩쓸려 올라온 잔해들을 제거하기 위해서.

Crew member Liam O'Donnell,/ who has worked every storm cleanup for the last five years,/ said, "You wouldn't believe some of the things we find. (174)

청소부 리암 오도넬은/ 지난 5 년 동안 모든 폭풍 정리 작업을 해온 사람인데,/ 다음과 같이 말했습니다. "여러분은 우리가 찾은 것들 중 일부는 믿지 못할 것입니다.

Last year/ I pulled a vacuum cleaner/ out of the sand.

작년에/ 저는 진공청소기를 뽑아냈습니다/ 모래에서.

But it's really common to find things such as umbrellas, jewelry, coins, and even bicycles.

그러나 우산, 보석류, 동전, 심지어 자전거와 같은 것들을 찾는 것은 정말 흔한 일입니다.

—[2]—

These are things that beachgoers often forget or lose at the beach.

이것들은 해변을 찾는 사람들이 종종 해변에서 잊어버리거나 잃어버리는 것들입니다.

When there's a storm,/ they all come to the surface,/ and we find them."

폭풍이 몰아치면, 그것들은 모두 수면 위로 올라오고,/ 우리는 그것들을 발견합니다."

—[3]—

All the valuables **found by** city cleaning crews/ are taken to the Kirkland Community Center.

시 청소부들에 의해 발견된 모든 귀중품들은/ 커클랜드 주민센터로 옮겨집니다.

—[4]—

During that time,// anyone who has lost an item/ can look for it/ at the community center.

그 기간 동안,// 물건을 잃어버린 사람은 누구나/ 그것을 찾아볼 수 있다/ 주민센터에서.

Any valuables that are not claimed/ are sold at the annual community auction,// **which** benefits the city library and parks.

찾아가지 않은 모든 귀중품은/ 연례 지역 사회 경매에서 판매되고,// 이는 시 도서관과 공원에 혜택을 줍니다.

172. What is the purpose of the article?
(A) To report the weather
(B) To describe a cleanup effort
(C) To advertise jewelry
(D) To announce an annual auction

기사의 목적은 무엇입니까?
(A) 날씨를 보고하기 위해
(B) 대청소 노력을 설명하기 위해
(C) 보석을 광고하기 위해
(D) 연례 경매를 발표하기 위해

173. What is suggested about Mr. O'Donnell?
(A) He works for the city.
(B) He owns a gold ring.
(C) He was hired last month.
(D) He lost an item at the beach.

오도넬 씨에 대해 시사하는 바가 뭐죠?
(A) 그는 시를 위해 일한다.
(B) 그는 금반지를 소유하고 있다.
(C) 그는 지난달에 고용되었다.
(D) 해변에서 물건을 잃어 버렸다.

174. What is stated about Avondale Beach?
(A) It rents umbrellas to beachgoers.
(B) It has a network of biking trails.
(C) It was closed for 90 days.
(D) It will host a fireworks show.

Avondale Beach에 대해 진술되어있는 것이 뭐죠?
(A) 해변을 찾는 사람들에게 우산을 대여한다.
(B) 자전거 도로망을 갖고 있다.
(C) 90 일 동안 폐쇄되었다.
(D) 불꽃 쇼를 개최 할 예정이다.

175. In which of the positions marked [1], 12), [3], and [4] does the following sentence best belong?
"They are kept here for up to 90 days."
(A) [1]
(B) [2]
(C) [3]
(D) [4]

[1], [2], [3], [4]로 표시된 곳 중에서 다음 문장이 들어가기에 가장 적합한 곳은?
"그들은 여기에서 최대 90일 동안 보관됩니다."
(A) [1]
(B) [2]
(C) [3]
(D) [4]

Questions 176-180 refer to the following schedule and letter. (다음 일정 및 서한을 참조하십시오.)

Business Association Conference (비즈니스 협회 총회)
Wednesday July 15 San Francisco, CA (7월 15일 수요일, 캘리포니아 주 샌프란시스코)
Schedule of Presentations and Workshops (발표 및 연수회 일정)

Time(시간)	Place(장소)	Event(행사)	Presenter(발표자)
8:30-9:00	Auditorium (강당)	Opening Remarks(개회사)	Peter Berkins
9:15-10:15	Conference Rooms (회의실)	Room A(A 실): Business Law(상법) (178)	Monrole Johnson
		Room B(B 실): Hiring Practices(채용 관행)	Joe Flamini
10:30-11:30	Conference Rooms (회의실)	Room A(A 실): The Future of Business(기업의 미래)	Lucy Choi
		Room B(B 실): Effective Management(효과적인 경영)	Michlle Jane
1130-12:30	Exhibit Hall (전시관)	Exhibits(전시회)	Various(약간 명)
12:30-1:45	Dining Room (식당)	Lunch(점심 식사)	n/a(해당 없음)
2:00-4:00	Conference Rooms (회의실)	Room A(A 실): Contract Negotiation(계약 협상)	Peter Berkins
		Room B(B 실): Local business tour* (지역 기업 탐방)*	Pirre Allers

*Tour participants will gather in Room B,/ then proceed together to the hotel parking lot,/ where the tour bus will be waiting.
*탐방 참가자들은 B 실에 모인 다음/ 호텔 주차장으로 이동하면// 그곳에 탐방 버스가 대기하고 있을 것입니다.

To:	수신:	Peter Berkins	피터 버킨 스
From:	발신:	Monrole Johnson	몬롤 존슨
Sent:	날짜:	July 7, 20××, 10:00	20××년 7월 7일 10:00
Subject:	제목:	Meeting at conference	대 회의에서의 만남

Hi Peter, 안녕 피터,

I will be flying to San Francisco/ to attend the Business Association Conference next Friday,// and I understand you will be there, too. (176)
저는 샌프란시스코로 날아갈 예정입니다/ 다음 주 금요일에 기업협회 회의에 참석하기 위해서,// 그리고 당신도 참석할 것으로 알고 있습니다.

I was hoping we could have a chance to **meet** sometime during the day Friday/ for about 30 minutes.
금요일 낮에 아무 때나 만날 수 있는 기회를 가질 수 있기를 희망했습니다/ 30분 정도.

I think/ we should take the opportunity to go over the project in person. (177)
제 생각에/ 우리는 그 프로젝트를 직접 검토할 기회를 가져야 할 것 같아요.

Let me know when would be a good time for you. 언제가 당신에게 좋을지 알려주세요.

I will be giving a workshop on business law,// but other than that/ my schedule is flexible.
저는 비즈니스 법률에 관한 연수회를 제공할 예정이지만,// 그 외에는/ 일정이 유연합니다.

Anytime before 6:00/ would work for me. 6시 전이라면/ 아무 때나 괜찮겠어요.

I can't stay later than that// since I'm driving to Sacramento in the evening/ and don't want to arrive there too late.
저는 그보다 더 늦게까지는 머무를 수는 없어요// 왜냐하면 저녁에 새크라멘토로 차를 몰고 가는데/ 너무 늦게 도착하고 싶지 않거든요.

A colleague will be signing his book at a store there,// and I want to attend. (180)
한 동료가 그곳에 있는 한 가게에서 자신의 책 사인회를 할 예정인데,// 저도 참석하고 싶거든요.

I'm looking forward to your presentation on contracts. I wouldn't miss that for anything. (179)
계약에 대한 당신의 발표를 기대하고 있습니다. 저는 어떤 일이 있어도 그것을 놓치지 않을 것이다.

Perhaps we could have our meeting immediately afterward. Let me know what works best for you.
아마도 우리는 그 후에 바로 만남을 가질 수 있을 것 같아요. 무엇이 당신에게 가장 적합한 지 알려주세요.

Monrole 몬롤

어휘 attend=participate in 참석하다 association 협회 conference 초정 연사가 있는 대 회의 chance=opportunity 기회 sometime 언젠가 during 동안에 about=around=approximately=some=roughly=or so 대략 go(look, run) over 검토하다, 살펴보다 in person 직접 workshop 연수회 business law 상법, 경영법 other than that 그 외에는 flexible 유연한 anytime 아무 때나 since=as=because=inasmuch as 왜냐하면 rrive 도착하다 colleague 동료
look forward to 고대하다, 기대하다 presentation 발표 contract 계약 miss 놓치다 not~ for anything 어떤 일이 있어도~하지 않다 immediately=directly=instantly 즉시 afterward 후에 perhaps=perchance=probably=possibly=likely =maybe-mayhap 아마

---

176. How will Monrole get to San Francisco?

(A) Bus

(B) Plane

(C) Train

(D) Car

몬롤은 샌프란시스코에 어떻게 갈까요?

(A) 버스

(B) 비행기

(C) 기차

(D) 자동차

177. What does Monrole want to discuss with Peter?

(A) A workshop

(B) A contract

(C) A project

(D) A law

몬롤이 피터와 무엇을 의논하고 싶어 하죠?

(A) 워크숍

(B) 계약서

(C) 프로젝트

(D) 법률

178. What time is Monrole NOT available to meet Peter?

(A) 9:15

(B) 10:30

(C) 11:30

(D) 2:00

몬롤은 몇 시에 피터를 만날 수 없나요?

(A) 9:15

(B) 10:30

(C) 11:30

(D) 2:00

179. Where will Monrole probably be at 2:30 on the day of the conference?

(A) In the auditorium

(B) In Room A

(C) In Room B

(D) In the hotel parking lot

회의 당일 2시 30분에 몬롤은 어디에 있을까요?

(A) 강당에

(B) A호실에

(C) B호실에

(D) 호텔 주차장에

180. What will Monrole do on Wednesday night?

(A) Meet with Peter

(B) Sign a contract

(C) Give a workshop

(D) Attend a book signing

몬롤은 수요일 밤에 뭘 할까요?

(A) 피터와 만난다.

(B) 계약서에 서명한다.

(C) 워크숍을 연다.

(D) 책 사인회에 참석한다.

정답과 해설		
	176.	(B) I will be flying to San Francisco.에서 날아간다고 했죠.
	177.	(C) we should take the opportunity to go over the project in person. 이 문장에 답이 들어 있죠.
	178.	(A) 9시 15분에 상법에 관한 발표가 예정되어 있으므로
	179.	(B) A실에서 발표하는 피터의 발표를 절대 빠지지 않겠다고 했으므로
	180.	(D) 회의가 수요일에 있고, 그날 밤 동료의 책 사인회에 참석하기를 원하고 있으므로
어휘	discuss=talk about=talk over 의논(토의)하다 available 이용 가능한, 시간이 있는 probably=mostly likely=as likely as not=ten to one=in all likelihood(probability)=in nine cases out of ten 십중팔구	

Questions 181-185 refer to the following notice and schedule. (다음 공지사항과 일정을 참조하십시오.)

Due to the recent weather and resulting construction delays,// the work schedule has been changed/ for the next two weeks. (181)
최근의 날씨와 그로 인한 공사 지연으로 인해,// 작업 일정이 변경되었습니다/ 향후 2 주 동안.

Hopefully,/ this will **allow** us **to get back** on schedule// so the building will be finished by early July,// as we originally projected. (182)
아마,/ 이로써 우리는 다시 일정에 맞출 수 있게 될 것입니다.// 건물이 7월 초까지 완공될 수 있도록// 원래 예상했던 대로

Also, it's supposed to rain again towards the end of this week,// so the work schedule for Friday is tentative. (183)
또한 이번 주말 무렵에 다시 비가 올 것으로 예상됩니다.// 그러므로 금요일의 근무 일정은 잠정적(임시)입니다.

I'll provide more details about that// as we get more information on the conditions for those days.
제가 그것에 관한 자세한 내용을 더 많이 제공해 드리겠습니다.// 그 무렵(주말)의 상황에 대한 더 많은 정보를 얻으면.

If you have any questions about the new work schedule,/ or if you cannot meet the work requirements due to prior obligations,// please call me as soon as possible at 903-8821.
새 업무 일정에 대해 궁금한 사항이 있거나,/ 사전 책무로 인해 업무 요건을 충족시킬 수 없을 경우에는,// 가능한 빨리 903-8821로 전화해 주십시오.

Thanks, 감사합니다.

Tom

| 어휘 | due(owing) to=because of=on account of=on the grounds of=in the wake of=as a result(consequence) of ~때문에 recent=late 최근의 weather 날씨 resulting 그로 인한 construction 공사 delay 지연 s work schedule 작업 일정 hopefully 아마, 바라건대 allow A to B: A가 B하도록 허용하다 get back on schedule 다시 일정에 맞추다 so=so that ~할 수 있도록 by ~까지 originally 원래 project 예상(계획)하다 also 또한 be supposed to ~할 예정이다 towards 무렵에 tentative 잠정적, 임시의 provide=supply 제공하다 details 자세한 내용 as ~할 때, ~함에 따라 condition 상황 question 궁금한 사항 meet 충족시키다 prior 사전의, 이전의 obligation 책무, 의무 call=telephone 전화하다 as soon as possible 가능한 |

Chopko Construction	찹코 건설
On-site supervisor: Tom Chopko, Wendy Chopko	현장 감독관: 톰 찹코, 웬디 찹코
Wednesday May 30	5월 30일 수요일
Main task: Installation of roof structure framing (184)	주요 업무: 지붕 구조물 프레임 설치
Morning shift: Joe Flores, Sam Smith, Dannie Churski (185)	아침 교대조: 조 플로레스, 샘 스미스, 대니 처스키
Afternoon shift: Pat Oh, Leslie Jera, Jay Capshaw	오후 교대조: 팻 오, 레슬리 제라, 제이 캡쇼
Thursday May 31	5월 31일 목요일
Main task: Roof installation (184)	주요 업무: 지붕 설치
Morning shift: Jay Capshaw, Pat Oh, Sam Smith	아침 교대조: 제이 캡쇼, 팻 오, 샘 스미스
Afternoon shift: Joe Flores, Dannie Churski, Leslie Jera	오후 교대조: 조 플로레스, 대니 처스키, 레슬리 제라
Friday June 1	6월 1일 금요일

Main task: **Roof installation** (184)	주요 작업: 지붕 설치
Morning shift: Dannie Churski, Leslie Jera, Jay Capshaw	아침 교재조: 대니 처스키, 레슬리 제라, 제이 캡쇼
Afternoon shift: Sam Smith, Joe Flores, Pat Oh	오후 교대조: 샘 스미스, 조 플로레스, 팻 오

어휘 construction 건설, 공사, 건축 on-site supervisor 현장 감독관 Wednesday 수요일 main=chief 주요한 task 업무 installation 설치 shift 교대 Thursday 목요일 May 5월 Friday 금요일 June 6월

181. Why was the work schedule changed?
(A) Because of a holiday
(B) Because of the weather
(C) Because of employee absences
(D) Because of budget restrictions

작업 일정이 왜 변경되었죠?
(A) 휴일 때문에
(B) 날씨 때문에
(C) 직원 부재로 인해
(D) 예산 제한으로 인해

182. When is the building expected to be finished?
(A) In late June
(B) In early July
(C) In late July
(D) In early August

건물은 언제 완공 될 예정입니까?
(A) 6 월 말
(B) 7 월 초
(C) 7 월 말
(D) 8 월 초에

183. What is indicated about the schedule for June 1?
(A) It might change.
(B) It will be posted on Thursday.
(C) It is only for half of the day.
(D) It must be approved by Mr. Chopko.

6월 1일 일정에 대해서 시사하는 바는?
(A) 변경 될 수도 있다.
(B) 목요일에 게시 될 것이다.
(C) 반나절 만 한다.
(D) 챱코 씨의 승인을 받아야한다.

184. According to the schedule, on what section of the building will employees work?
(A) The roof
(B) The floors
(C) The windows
(D) The foundation.

일정에 따르면 직원들은 건물의 어느 부분을 작업하게 되죠?
(A) 지붕
(B) 바닥
(C) 창문
(D) 기초

185. Who will NOT work during the morning shift on May 30?
(A) Pat Oh
(B) Sam Smith
(C) Joe Flores
(D) Dannie Churski

5월 30일 아침 교대 시간에 누가 일하지 않죠?
(A) 팻 오
(B) 샘 스미스
(C) 조 플로레스
(D) Dannie Churski

정답과
해설

181. (B) 첫 번째 홍색 문장 'Due to the recent weather and resulting construction delays, the work schedule has been changed.' 이 문장에 답이 들어 있음을 여러분이 발견하면 돼요.

182. (B) 두 번째 홍색 문장 'the building will be finished by early July.' 이 문장에 답이 들어 있음을 여러분이 발견하면 돼요.

183. (A) 6월 1일이 금요일인데, 'the work schedule for Friday is tentative.'라는 문장에서 tentative(잠정적인)라는 단어는 'not fixed=provisional'과 같은 뜻으로 '고정되어 있지 않아 언제든지 바뀔 수도 있다는 뜻'입니다.

184. (A) 주요 업무를 보면 전부 'Roof installation'(지붕 설치)라는 단어가 들어 있죠? 그것을 여러분이 발견하셔야 해요.

185. (A) Morning shift: Joe Flores, Sam Smith, Dannie Churski - 이 문장에서 빠진 사람이 누군지 보면 알 수 있죠.

어휘   because of ~때문에 holiday 휴일 weather 날씨 employee 직원 absence 부재, 결석 budget 예산 restriction 제한 be expected to ~할 것으로 예상되다 indicate=imply=suggest 시사하다 post 게시하다 approve 승인하다 according to ~에 따르면 what section 부분, 구역 work on 작업하다 during 동안에

Questions 186-190 refer to the following e-mails and list: (다음 두 이메일과 목록을 참조하십시오.)

From: 발신:	Ingo Schlossberg. Financial Department 인고 슐로스버그 제정부
To: 수신:	Sales Team(click here for the recipients list) 영업 팀(수신자 목록을 보려면 여기를 클릭하십시오)
Date/Time: 날짜/시간:	February 8, 18: 15 2월 8일, 18 시 15 분
Subject: 제목:	IMPORTANT: Fraud Alert-request for information 중요: 사기 알림 – 정보 요청

Dear Travelers, 여행자 여러분

We have at least one confirmed case of fraudulent use of the company's credit card. (186)
우리는 회사의 신용카드를 사기로 사용한 최소한 한 건의 확인된 사례를 갖고 있습니다. [직역]
우리는 회사의 신용카드를 부정사용한 사례를 한 건 이상 확인했습니다. [의역]

The transaction originated in Singapore;// for this reason,// I am contacting all those of you currently in the country. Can you please do the following?
이 거래는 싱가포르에서 발생했습니다. 이런 이유로// 저는 현재 그 나라(싱가포르)에 있는 모든 사람들에게 연락하고 있습니다. 다음을 이행해 주시겠습니까?

·Exercise extra care// when paying by credit card or withdrawing cash.
· 특별한 주의를 기울이십시오// 신용 카드로 지불하거나 현금을 인출 할 때.

·Never leave your card unattended.
· 절대 카드를 방치해두지 마십시오.

·Within 24 hours,// send me a list of your card payments in Singapore,// for verification of the company's accounts.
· 24 시간 이내에,// 싱가포르에서 카드 결제 내역을 보내주십시오,// 회사 계정 확인을 위해.

·In case you suspect any fraud with your card,// contact me immediately by phone.
· 카드에 어떤 사기가 의심될 경우,// 전화로 즉시 연락해 주십시오.

If you have any questions,// please address them to me as well.
문의사항이 있으면,// 저에게도 알려주십시오.

Sincerely, 감사합니다(끝 맺음말)

Ingo Schlossberg Fraud Prevention Manager 잉고 슐로스버그 사기 예방 관리자

Financial Department 제정부

어휘 travelers 여행자 at least=not less than 최소한, 적어도 confirm=verify=check=ascertain 확인하다 case 사건, 사례 fraudulent 사기의, 부정한 transaction 거래 originate 발생하다 for this reason 이런 이유로 contact 연락하다 currently 현재 exercise extra care 특별한 주의를 기울이다 withdraw 인출하다 cash 현금 leave ~ unattended 방치해두다 within 이내에 card payment 카드 결제 verification 확인 account 계정 in case ~할 경우 suspect 의심하다 fraud 사기 as well=too ~도 immediately=directly=instantly=at once=off hand=out of hand 즉시 address 알리다, 보내다, 제출하다, 처리하다 prevention 예방

From:	발신:	Teresa Van Merwe, Sales Team	테레사 반 머웨, 영업팀
To:	수신:	Ingo Schlossberg. Financial Department	인고 슐로스버그 제정부
Date/Time:	날짜/시간:	February 9, 10: 05 (188)	2월 9일 10시 5분
Subject:	제목:	Re: IMPORTANT: Fraud Alert-request for information 답장: 중요: 사기 알림 – 정보 요청	

Dear Mr. Schlossberg, 친애하는 잉고 슐로스버그 씨,

In response to your yesterday's email, I have compiled a list of my payments// while working here in Singapore.
귀하의 어제 이메일에 대한 응답으로, 저는 지불 목록(결제 내역)을 작성했습니다.// 이곳 싱가포르에서 일하는 동안.

Keep in mind that some expenses are pending,// and I will be able to provide a finished list/ upon my return to the office on February 10th. (189)
몇 가지 비용은 계류 중이라는 것을 명심하십시오,// 그리고 저는 완성된 리스트를 제공할 수 있을 것이다/ 2월 10일에 사무실로 돌아가면.

I also remind you// that there are six of us from my department working at the convention,// each one using his or her credit card linked to the same bank account. (187)
또한 저는 귀하에게 상기시켜드리는 바입니다.// 제 부서 출신 중 6 명이 연차 총회에서 일하고 있는데,// 각자 동일한 은행 계좌에 연결된 신용 카드를 사용하고 있습니다.

According to the procedures in place,// I have kept all the receipts, bills, tickets, and any paper statements **acquired** throughout the trip// and have **advised** my colleagues **to do** the same/ to keep our records straight// when we return.
적절한 절차에 따라,// 저는 여행(출장) 내내 받은 모든 영수증, 청구서, 항공권 및 종이 명세서를 보관해 왔으며,// 동료들에게도 똑같이 하라고 권고했습니다/ 우리의 기록을 제대로 잘 갖추도록// 돌아올 때.

All financial exchanges made within our department/ will be directed toward our Head of Sales.
부서 내에서 이루어지는 모든 금융 거래는/ 영업 책임자에게 전달될 것입니다.

There will be additional charges tomorrow for my taxi to the airport,/ probably around 50 Singapore dollars,// and I will save that receipt as well. (188)
내일 공항에 가는 택시비로 추가 요금이/ 약 50 싱가포르 달러가 있을 것인데,// 제가 그 영수증도 보관하겠습니다.

Sincerely, 감사합니다,

Teresa Van der Merwe 테레사 반 데르 메르 웨

Sales Manager 영업 부장

어휘　in response to ~에 대한 응답으로 compile 작성(편찬, 수집)하다 a list of my payments 지불 목록(결제 내역) expense 비용, 지출 keep(bear, have) in mind=remember 명심하다 pending=unsolved=unsettled=undecided 계류중인, 미정의, 미결의 provide 제공하다 be able to ~할 수 있다 finished=complete 완성된, 마무리 된 upon one's return to ~에 돌아오자마자 February 2월 remind 상기시키다 department 부서, 과 convention 연차 총회 be linked to ~에 연결되어 있다 bank account 은행 계좌 according to ~에 따라 procedure 절차 in place=in point=to the purpose=to the point 적절한 receipt 영수증 bill 청구서 paper statement 종이 명세서 acquire=get=gain=obtain=secure=come by 얻다, 습득하다 throughout 내내 advise A to B: A에게 B를 하라고 권하다(충고하다) trip 여행, 출장 여행 colleague 동료 keep ~straight 제대로 갖추고, 잘 보관하다, 정리를 잘 해 두다 financial exchange 금융 거래 direct 전달(감독, 지시)하다 probably=possibly=presumably=conceivably=maybe=likely=perhaps=perchance 아마도 as well=too=also 역시 additional charge 추가 요금 around=about=approximately=some=roughly=or so 대략 save 보관(저축, 절약)하다

Expense List-Teresa Van der merwe				
Date(날짜)	**Expense**(비용)		**Amount**(액수)	
February 6th(2월 6일)	Taxi from the airport	공항에서의 택시	48 SGD	48 싱가포르 달러
February 6th(2월 6일)	Hotel	호텔	480 SGD	480 싱가포르 달러
February 7th(2월 7일)	Convention Pass	총회 출입증	50 SGD	50 싱가포르 달러
February 7th(2월 7일)	Business Dinner	사업상 정찬식사	120 SGD	120 싱가포르 달러
February 8th(2월 8일)	Dry Cleaning	드라이클리닝	35 SGD	35 싱가포르 달러
February 8th(2월 8일)	Hotel Room Service	호텔 룸 서비스	38 SGD	38 싱가포르 달러
February 9th(2월 9일)	Metro Ticket	지하철 티켓	10 SGD	10 싱가포르 달러
	Total:	합계:	**781 SGD**	781 싱가포르 달러

186. What has triggered Mr. Schlossberg's email?
(A) He received a message from Ms. Van der Merwe.
(B) An incident related to a credit card/ has been detected/ in Singapore.
(C) His colleagues needed a reminder of the procedures in place.
(D) He needed to compile a list of all expenses made by his colleagues in Singapore.

무엇이 슐로스버그의 이메일을 촉발시켰나요?
(A) 그는 반 데르 메르웨 씨로부터 메시지를 받았다.
(B) 신용카드 관련 사건이/ 적발되었다/ 싱가포르에서.
(C) 그의 동료들은 적절한 절차를 상기시켜 주는 메시지가 필요했다.
(D) 그는 싱가포르에 있는 동료들이 지출한 모든 경비 목록을 작성해야했다.

187. What is the primary purpose of Ms. Van der Merwe's trip to Singapore?
(A) Attending a convention
(B) Meeting with clients
(C) Investigating fraud
(D) Advising her colleagues

반 데르 메르웨 씨의 싱가포르 출장의 주된 목적이 무엇이죠?
(A) 연차총회 참석
(B) 고객과의 만남
(C) 사기 행위 수사
(D) 동료들에게 조언

188. For how many nights does Ms. Van der Merwe stay in Singapore?
(A) 3
(B) 4
(C) 5
(D) 6

반 데르 메르웨 씨는 며칠 밤을 싱가포르에 머물죠?
(A) 3
(B) 4
(C) 5
(D) 6

189. Which of the following is TRUE about Ms. Van der merwe's expense list?

(A) It is most probably incomplete.

(B) It reflects the expenses of other members of the department.

(C) She doesn't necessarily have proof of payment for all items.

(D) It should be reviewed by Head of Sales first.

다음 중 어느 것이 **사실**이죠, 반 데르 메르웨 씨의 비용 목록에 있어서?

(A) 그것은 아마도 불완전할 것이다.

(B) 그것은 부서의 다른 구성원들의 비용을 반영한다.

(C) 그녀는 모든 항목에 대한 지불증거를 반드시 갖고 있는 것은 아니다.

(D) 그것은 먼저 영업 책임자의 검토를 받아야 한다.

190. Which of the following items is Ms. Van der Merwe's second largest expense?

(A) Taxi from the airport

(B) Hotel

(C) Convention Pass

(D) Business Dinner

다음 항목 중 반 데르 메르웨 씨의 두 번째로 큰 비용은 어느 것인가?

(A) 공항에서 탄 택시

(B) 호텔

(C) 총회 출입증

(D) 사업상의 정찬식사

정답과 해설	**186.**	(B) We have at least one confirmed case of fraudulent use of the company's credit card.
		– 이 문장이 바로 이메일을 보내게 된 이유이죠? 즉 싱가포르에서 신용카드 부정사용이 적발되어서 직원들에게 연락을 취하고 있죠?
	187.	(A) there are six of us from my department working at the convention. + Convention Pass
		– 이 문장이 출장 목적임을 알 수 있어야 합니다. 즉 연차 총회에 참석하고 있음을 알 수 있죠.
	188.	(B) 2월 6일에 공항에서 택시를 타고 갔으며, 2월 9일에 답장을 쓰면서 'my return to the office on February 10th.' 고 했으므로 4박 5일이 됩니다.
	189.	(A) I will be able to provide a finished list upon my return to the office on February 10th.
		– 이 문장에서 사무실로 돌아가서 완성된 목록을 제출할 수 있다고 했으므로
	190.	(D) 명세서를 보면 호텔비로 가장 많은 지출(480달러)을 했고, 그 다음에 business dinner(120 달러)이죠?
어휘		trigger 촉발시키다, 유발하다, 방아쇠를 당기다 receive 받다 be related(connected) to=be concerned with ~과 관련이 있다 incident 사건 detect 발견하다, 탐지하다, 적발하다 colleague 동료 reminder 상기시켜 주는 메시지 procedure 절차 in place(point)=to the purpose(point) 적절한 compile 작성(편찬, 수집)하다 expense 지출 primary=main=chief 주된 purpose 목적 most probably=most likely=very likely=as likely as not=ten to one 십중팔구 incomplete=unfinished 불완전한, 미완성의 reflect 반영하다 department 부서 not necessarily 반드시 ~한 것은 아니다 proof 증거 payment 지불 item 항목 review 검토하다

Questions 191-195 refer to the following schedule and e-mails. (다음 일정과 이메일을 참조하십시오.)

Newton Library(뉴턴 도서관)

April Program and Events Schedule(4월 프로그램 및 행사 일정)

Date and Time (날짜와 시간)	Event (행사)	Location (장소)	Additional Notes (추가 사항)
April 2(4월 2일) 7:00 P.M.(오후 7시)	A Trip to the Past: 과거로의 여행: (192) Silent Film Series 무성 영화 시리즈	Decker Hall 데커 홀	Join us for a viewing of several films showcasing early American film history. 초기 미국 영화 역사를 보여주는 몇 편의 영화를 시청하려면 우리와 함께하십시오.
April 5(4월 5일) 3:00 P.M.(오후 3시)	Youth Creative Writing Workshop 청소년 창작 연수회	Youth Wing Room 304 유스 윙 304호	Open to all students in highschool who want to improve their writing skills. 작문 능력을 향상시키고자하는 모든 고등학교 학생들에게 열려 있습니다.
April 10(4월 10일) 11:00 A.M.(오전 11시)	Beginner English Conversation Club 초보자 영어 회화 동아리	Education Center Room 102 교육 센터 102호	Join other adults who are learning to speak English. This class is free. 영어 말하기를 배우고 있는 다른 성인들과 함께하십시오. 이 수업을 무료입니다.
April 16(4월 16일) 5:00 P.M.(오후 5시)	Never Too Late to Learn 결코 배우기엔 너무 늦지 않았다.	Media Lab, Room 202 미디어 연구소 202호	Learning to use a computer/ is not just for young people. Join us// as we explore the sea of information, using computers. (For senior citizens) 컴퓨터 사용법을 배우는 것은/ 젊은이들만을 위한 것이 아닙니다. 우리와 함께하십시오// 우리가 컴퓨터를 사용하여 정보의 바다를 탐험할 때. (고령자 대상)
April 29(4월 29일) 10:00 A.M.(오전 10시)	Story Play 이야기 놀이	Youth Wing, Room 301 유스 윙 301호	Play with toys and hear a story. (For ages 0-5) 장난감을 가지고 놀면서 이야기를 들으십시오. (0–5 세)

We would like to thank all of you// who made financial donations// that allowed for the purchase of new laptops and the constructions of the Media Lab.

우리는 여러분 모두에게 감사를 표하고 싶습니다// 재정적인 기부를 한// 그것이 새로운 노트북 컴퓨터 구입과 미디어 연구소의 건설을 가능케 했습니다.

어휘 library 도서관 event schedule 행사 일정 trip 여행 past 과거 silent film 무성 영화 join 합류하다, 함께하다 view 시청하다 several 몇몇의 youth 청소년 creative writing 창작 workshop 연수회 improve 향상시키다 beginner 초보자 conversation club 회화 동아리 adult 성인 too 너무 late 늦은 explore 탐험하다 senior citizen 노인, 고령자 toy 장난감 would like to ~하고 싶다 financial 재정적인 donation 기부 allow for 가능하게하다, 참작하다 laptop 노트북 컴퓨터 construction 건설, 건축, 공사

To:	수신:	Richard White <white@newtonlibrary.edu>	리차드 와이트
From:	발신:	Linda Carter <carter121@seprus.com>	린다 카터
Date:	날짜:	April 1	4월 1일
Subject:	제목:	Beginner English Conversation Club	초보자 영어 회화 동아리

Hi Mr. White, 안녕하세요, 와이트 씨,

My name is Linda Carter// and I am the instructor for the Beginner English Conversation Club to be **held** on April 10.
제 이름은 린다 카터이고,// 저는 4월 10일에 열릴(시행될) 초보자 영어 회화 동아리의 강사입니다.

I noticed// that the library recently built the Media Lab/ with funds raised by library patrons.
너는 알게 되었습니다// 최근에 도서관에서 미디어랩을 설립한 것을/ 도서관 후원자들이 모금한 자금으로.

I was hoping to change classrooms/ **in order to** use my new educational resources/ **by** integrat**ing** computers into my English conversation class.
저는 교실을 바꾸고 싶었습니다/ 새로운 교육 자원을 사용하기 위해/ 컴퓨터를 영어 회화 수업에 통합함으로써.

Could you please reschedule my class/ to be provided in **the same** classroom **as** Never Too Late to Learn instead of the Education Center?
제 수업 시간표를 제조정해 주시겠어요/ 'Never Too Late to Learn'과 같은 교실에서 제공되도록/ 교육 센터 대신에?

I think// my students will appreciate the practical English skills/ they can learn on computers.
저는 생각합니다// 제 학생들이 실용 영어 기술을 높이 평가할 것이라고/ 그들이 컴퓨터로 배울 수 있는.

Also, could you please send an e-mail to all of the students who have **signed up for** the class?
또한, 그 수업에 등록한 모든 학생들에게 이메일을 보내주시겠습니까?

They will need to be informed about the room change.
그들은 교실 변경에 대해 알아야할 것 같아서요.

Thank you in advance for your assistance,
당신의 도움에 미리 감사드립니다,

Linda Carter 린다 카터

To:	수신:	Linda Carter <carter121@seprus.com>	린다 카터
From:	발신:	Richard White <white@newtonlibrary.edu>	리차드 와이트
Date:	날짜:	April 2	4월 2일
Subject:	제목:	Room Change	교실 변경

Dear Ms Carter, 친애하는 카터 선생님,

I would be happy/ to **move** your Beginners English Conversation course **to** the classroom with the updated media lab;/ for your reference, this is room 3A.
저도 기쁘겠습니다/ 기초 영어 회화 과정을 업데이트한 미디어 랩을 갖춘 교실로 옮기게 된다면.// 참고로 그 교실은 3A 실입니다.

Unfortunately, I do not have the e-mails for all of the students who signed up for your course. (194)
유감스럽게도, 저는 당신의 강좌에 등록한 모든 학생들에게 보낼 이메일을 갖고 있지 않습니다.

Many students only provided their names.
많은 학생들이 자신의 이름만 제공했거든요.

I could post a sign at the entrance to the library/ advertising your course// and make a note of the room change// if that would be acceptable for you. (195)
저는 도서관 입구에 표지판을 붙일 수 있습니다/ 당신의 강좌를 광고하는 (표지판을)// 그런 다음 교실 변경을 적어둘 수 있습니다// 당신에게 괜찮다면.

Please let me know// if you **would like** me **to** do this.
저에게 알려주세요// 제가 이렇게 해드리기를 원하신다면.

Thank you and all the best. 감사합니다. 그리고 행복하세요. 《작별 · 건배 · 편지 끝맺음 등의 말》

Richard White 리차드 와이트

Library Projects Coordinator 도서관 프로젝트 담당자

어휘   move 옮기다 update 새롭게 하다, 최신의 것으로 하다 for your reference 참고로 unfortunately 유감스럽게 sign up for 등록하다 course 강좌 provide 제공하다 post 게시하다 a sign 표지판 at the entrance 입구에 advertise 광고하다 make a note of 적어두다 if that would be acceptable for you 당신에게 괜찮다면 would like A to B: A가 B 하기를 바라다

---

191. What is suggested about Newton Library?
    (A) It recently renovated its facilities.
    (B) It will hold a fundraising event soon.
    (C) It offers educational activities for various ages.
    (D) It is closed on Mondays.

뉴턴 도서관에 대해 시사하는 바가 뭐죠?
    (A) 최근 시설을 개조했다.
    (B) 곧 모금 행사를 개최 할 예정이다.
    (C) 다양한 연령대를 위한 교육 활동을 제공합니다.
    (D) 월요일은 휴무이다.

192. What event is more suited for film students?
    (A) Story Play
    (B) Youth Creative Writing Workshop
    (C) A Trip to the Past
    (D) Never Too Late to Learn

어떤 행사가 영화를 공부하는 학생에게 더 적합하죠?
    (A) 이야기 놀이
    (B) 청소년 창조적 글쓰기 연수회
    (C) 과거로의 여행
    (D) 결코 배우기엔 너무 늦지 않았다

193. In the first e-mail, the word "held" in paragraph 1, line 2, is closest in meaning to
    (A) carried
    (B) attended
    (C) delayed
    (D) conducted

첫 번째 이메일에서, 첫 번째 단락 둘째 줄에서 "held"와 의미상 가장 가까운 것은?
    (A) 운반하다
    (B) 참석하다
    (C) 지연시키다
    (D) 시행하다

194. Why can't Richard White send Linda's students an e-mail?

(A) He doesn't have their e-mails.

(B) It is not his job.

(C) He does not have the time.

(D) The library is not equipped with that kind of technology.

리차드 와이트는 왜 린다의 학생들에게 이메일을 보낼 수 없죠?

(A) 그가 그들의 이메일을 갖고 있지 않다.

(B) 그것은 그의 일이 아니다.

(C) 그는 시간이 없다.

(D) 도서관은 그런 종류의 기술을 갖추고 있지 않다.

195. What is Richard White's solutions to the problem of informing Linda's students about the room change?

(A) He can e-mal them.

(B) He can direct them to the right room/ when they enter.

(C) He will post a sign.

(D) He will draw them a map with directions.

린다의 학생들에게 방 변경에 대해 알리는 문제에 대해 리차드 와이트의 해결책은 뭐죠?

(A) 그는 그들에게 이메일을 보낼 수 있다

(B) 그는 그들을 올바른 방으로 안내 할 수 있다./ 그들이 들어갈 때 .

(C) 그는 표지판을 게시할 것이다.

(D) 그는 그들에게 안내가 있는 지도를 그려줄 것이다.

정답과 해설

191. (C) students in highschool+adults+senior citizens+(For ages 0–5) 이 부분을 보고 답을 찾으시면 돼요.

192. (C) A Trip to the Past: Silent Film Series – 바로 이 부분을 여러분이 발견해야 해요.

193. (D) be held=be conducted 시행되다

194. (A) I do not have the e-mails for all of the students who signed up for your course. 바로 이 부분을 여러분이 발견해야 해요.

195. (C) I could post a sign at the entrance to the library. 바로 이 부분을 여러분이 발견해야 해요.

어휘 suggest=imply=indicate 시사하다 recently=lately=of late 최근에 renovate 개조하다 facilities 시설 hold a fundraising event 모금 행사를 개최 soon=presently=shortly=before long=sooner or later 곧 offer 제공하다 educational 교육적인 activity 활동 various=diverse=a variety(diversity) of 다양한 age 연령 close 닫다 Monday 일요일 suited=suitable=fit=fitted=fitting =befitting 적합한 film 영화 be equipped with ~을 갖추다 kind 종류 technology 기술 solution 해결책 inform 알리다 direct 안내하다 post a sign 표지판을 게시하다 draw 그리다 a map 지도 direction 안내, 지시, 방향

Questions 196-200 refer to the following notice, review, and article. (다음 공지, 검토 및 기사를 참조하십시오.)

Taste of Italy (이탈리아의 맛: 제과점 이름)

Dear Valued Customers, 소중한 고객 여러분.

After 25 years in business,// Taste of Italy will be closing its doors on April 23.
25년 동안 영업을 한 후,// Taste of Italy는 4월 23일 문을 닫을 예정입니다.

During the week of April 17-23,// please join us/ for a celebration of the store's history.
4월 17일부터 23일까지 일주일 동안,// 저희와 함께 해주십시오./ 가게 역사의 축하를 위해.

All customers will receive a free cupcake/ with the purchase of any fresh bread or pastry item.
모든 고객은 무료 컵케이크를 받게 될 것입니다./ 신선한 빵이나 생과자 품목을 구매하면.

Please keep an eye out for Taste of Italy pastry chef Salvator Ribisi.
Taste of Italy 생과자 요리사 살바토르 리비시를 기대하십시오.

He will be opening his own bakery within the coming months,// where customers will be able to order custom pastries and cakes for parties and weddings.
그는 앞으로 몇 달 안에 자신의 제과점을 개설 할 예정이며,// 그곳에서 고객들은 맞춤형 생과자와 케이크를 주문하실 수 있을 것입니다/ 파티와 결혼식을 위해.

It has been a pleasure to serve our wonderful Pineville City customers.
훌륭한 파인빌 시티 고객에게 서비스를 제공하게 되어 (그동안) 기뻤습니다.

Sincerely, 감사합니다(끝 맺음말)

Benito Giordano, owner 주인, 베니토 지오다노

어휘 | valued 소중한 customer 고객 business 영업, 사업 will be ~ing ~할 예정이다 April 4월 during 동안에 oin 함께하다, 합류하다 celebration 축하. 기념 history 역사 receive 받다 purchase 구매 pastry 생과자 item 품목 keep an eye out for 주시하다, 기대하다 bakery 제과점 order 주문하다 custom 맞춘, 주문한 pleasure 기쁨

---

http://www.pinevillerestaurants.com

Sweet Occasions(달콤한 행사: 제과점 이름)

HOME(홈)	MENUS(메뉴)	REVIEWS(후기)	LOCATIONS(장소)

I was sad// that Taste of Italy closed - I had wanted them to make my wedding cake.
저는 슬펐습니다// Taste of Italy가 문을 닫아서 – 저는 그들이 내 웨딩 케이크를 만들어주기를 바랐었거든요.

So, I was excited// when their former pastry chef opened Sweet Occasions/ in the Plaza Shopping Center.
그래서 저는 신이 났습니다// 그들의 전 생과자 요리사가 Sweet Occasions를 열었을 때/ 플라자 쇼핑텐서에.

He made our cake,// and it was perfect! (197)
그는 우리의 케이크를 만들었고// 그것은 완벽했습니다!

Our guests 'kept' commenting/ on how much they liked the cake.
우리 손님들은 계속 언급했습니다/ 그 케이크나 얼마나 마음에 드는지.

I would recommend Sweet Occasions to anyone.
저는 'Sweet Occasions'를 누구에게나 추천하고 싶어요.

- Edith Costello 에디트 코스텔로

어휘   sad 슬픈 close 문을 닫다, 폐업하다 so=thus=hence=therefore 그래서 excited 신이 난, 흥분된 former 이전의, 앞의 pastry chef 생과자 요리사 perfect 완벽한 guest 손님 keep ~ing 계속 ~하다 comment 언급하다, 논평하다 recommend 추천하다

The Evolution of a City(도시의 진화)

When the Plaza Shopping Center opened on River Road in July of last year,// Pineville City mayor Angela Portofino predicted// that it would benefit the city by bringing shoppers from nearby towns to the area.
Plaza Shopping Center가 작년 7월 River Road에 문을 열었을 때,// Pineville City 시장 Angela Portofino는 예상했다// 그것이 도시에 혜택을 줄 것이라고// 인근 읍에서 쇼핑객을 데려옴으로써.

Based on a 25 percent increase in the city's sales tax receipts over the last six months,// Ms. Portofino appears to have been correct. (199)
지난 6개월 동안 시의 판매세 영수증이 25% 증가한 것에 근거하여,// Portofino가 옳았던 것 같다.

However,/ less frequently mentioned/ was the potential effect of such commercial development on the city's downtown business district, which includes a number of small, family-owned stores and restaurants.
그러나,// 덜 자주 언급되었다/ 그런 상업적 개발이 도심 상업 지역에 미치는 잠재적 영향에 대해서는./그 도심 상업 지역에는 소규모 가족 소유의 상점과 레스토랑을 포함하고 있다.

In the past two months,// three of these businesses-Quality Books, Ashley's Beauty Salon, and Taste of Italy-have either closed or announced plans to close, all citing a decline in customers since the Plaza's opening. (196)
지난 2개월 동안.// 이들 사업체 중 3개, 즉 Quality Books, Ashley's Beauty Salon 및 Taste of Italy가 문을 닫거나 닫을 계획을 발표했다/ 모두 고객의 감소를 언급하면서/ 플라자가 문을 연 이후로.

Still, the mayor believes// that the overall effects of new developments such as the Plaza/ are positive.
그럼에도 불구하고 시장은 믿고 있다// 플라자와 같은 새로운 개발의 전반적인 효과가/ 긍정적이라고.

"It's certainly disappointing/ when a beloved business like Quality Books closes," she said.
"분명 실망스러운 일입니다// Quality Books와 같은 소중한 사업체가 문을 닫으면" 라고 그녀는 말했다.

"But new businesses/ bring new opportunities for all residents of Pineville City,// including new jobs." (200)
"하지만 새로운 사업체들은/ 파인빌 시의 모든 거주자들에게 새로운 기회를 가져다줍니다.// 새로운 일자리를 포함하여" (라고 그녀는 말했다.)

어휘   July 7월 last year 작년 mayor 시장 predict 예상하다 benefit 혜택을 주다 nearby 인근 town 읍, 작은 도시 based on ~에 근거하여 increase 증가 sales tax 판매세, 매출제 receipt 영수증 over the last six month 지난 6개월 동안 appear=seem ~인 것 같다 correct 옳은, 정확한 however 그러나 frequently 자주 mention 언급하다 potential 잠재적 effect 영향 commercial 상업적인 development 개발 downtown 중심지, 시내 business district 상업 지역 include 포함하다 a number of 많은 announce 발표하다 family-owned 가족 소유의 in the past two months 지난 2개월 동안 either A or B: A 또는 B cite 언급하다, 인용하다 a decline 감소 customer 고객 still 그럼에도 불구하고 mayor 시장 believe 믿다 overall 전반적인 effect 효과 development 개발 such as ~같은 positive 긍정적 certainly 분명 disappointing 실망스러운 beloved 소중한 like ~같은 opportunity 기회 resident 거주자, 주민 include 포함하다

196. Why most likely is Mr. Giordano closing his business?
(A) Because he wants to retire
(B) Because he lost business to a new shopping center
(C) Because he cannot afford to make needed repairs
(D) Because he plans to open a different kind of business

지오다노 씨가 폐업하는 **이유는** 십중팔구 뭐죠?
(A) 은퇴하고 싶어서
(B) 새로운 쇼핑센터에 사업을 잃었기 때문에
(C) 필요한 수리를 할 여유가 없기 때문에
(D) 그는 다른 종류의 사업을 열 계획이기 때문에

197. What is indicated **about Mr. Ribisi's bakery**?
(A) It opened on April 23.
(B) It was once owned by Mr. Giordano.
(C) It made Ms. Costello's wedding cake.
(D) It is giving away free pastries.

리비시 씨의 제과점에 대해 시사하는 바는?
(A) 4월 23일에 문을 열었다.
(B) 한때 지오다노 씨가 소유했다.
(C) 코스텔로 씨의 웨딩 케이크를 만들었다.
(D) 무료 생과자를 제공하고 있다.

198. In the review, the word "kept" in paragraph 1, line 4, is closest in meaning to
(A) held
(B) continued
(C) saved
(D) gave

후기에서, 첫 번째 단락 4행에서 "kept"와 의미상 가장 가까운 것은?
(A) 개최하다
(B) 계속하다
(C) 저장하다
(D) 주다

199. What is suggested **about the Plaza Shopping Center**?
(A) It has generated a lot of income for Pineville City.
(B) It has attracted businesses for local family-owned stores.
(C) It was financed by Mayor Portofino.
(D) It was built in downtown Pineville City.

플라자 쇼핑센터에 관해서 시사하는 바는?
(A) 파인빌 시티를 위해 많은 소득을 생산했다.
(B) 그것은 지역의 가족 소유 상점을 위한 사업체들을 유치했다.
(C) 포르토피노 시장의 자금지원을 받았다.
(D) 파인빌 시내에 지어졌다.

200. According to her statement,// why does Ms. Portofino have a positive view of the Plaza Shopping Center?
(A) Because it has a good bookstore.
(B) Because it was completed ahead of schedule.
(C) Because it offers discounts on expensive products.
(D) Because it provides city residents with jobs.

그녀의 진술에 따르면,//포르토피노씨는 왜 플라자 쇼핑센터에 대해 긍정적인 견해를 가지고 있습니까?
(A) 좋은 서점이 있기 때문에.
(B) 예정보다 앞서 완성되었기 때문에.
(C) 비싼 제품에 대한 할인을 제공하기 때문에.
(D) 도시 거주자들에게 일자리를 제공하기 때문에.

정답과 해설	**196.**	(B) 기사의 4째 문장에서 'a decline in customers since the Plaza's opening' 이 구절을 보고 여러분이 답을 찾아야 해요.

정답과
해설

196. (B) 기사의 4째 문장에서 'a decline in customers since the Plaza's opening' 이 구절을 보고 여러분이 답을 찾아야 해요.

197. (C) 코스텔로의 후기에서 'He made our cake.'라는 문장에 답이 들어 있습니다.

198. (B) keep(continue) ~ing 계속해서 ~하다

199. (A) a 25 percent increase in the city's sales tax receipts – 이 구절을 보고 답을 찾을 수 있어야 해요.

200. (D) "But new businesses/ bring new opportunities for all residents of Pineville City,// including new jobs." – 이 문장 속에 답이 들어 있죠. 이렇게 해당하는 문장을 여러분이 찾아야 해요.

어휘 most likely=very likely=very probably=as likely as not=in all likelihood 아마, 십중팔구 close one's business 폐업하다 retire 은퇴하다 afford to ~할 여유가 있다 make needed repairs 필요한 수리를 하다 plan to ~할 계획을 하다 a different kind of 다른 종류의 indicate=suggest=imply 시사(암시)하다 bakery 제과점 April 4월 once 한 때 own=possess=have 소유하다 give away 나눠주다, 제공하다 free 공짜의 pastry 생과자 generate 생산하다 a lot of=lots of=plenty of=much 많은 income 소득, 수입 attract 유치하다 local 지역의 family-owned 가족 소유의 finance 제정을 지원하다 mayor 시장 downtown 중심가, 시내 according to ~에 따르면 statement 진술 positive 긍정적인 view 견해 complete 완성하다 ahead of schedule 예정보다 앞서 offer 제공하다 discount 할인 expensive 비싼 product 상품, 제품 provide A with B: A에게 B를 제공하다 resident 거주자, 주민 job 직업, 일자리

유니크 쏙쏙
토익 *TOEIC*
700제

실력 및
스킬 다지기

03

Questions 131-134 refer to the following e-mail. (다음 이메일을 참조하십시오.)

From: Michelle Kahn
126 N. Clark Street Suite 200
Chicago, IL 60610
312-595-8383
michellekahn@lehring.com

보낸 사람: Michelle Kahn
126 북 클락 가 스위트 200
시카고, 일리노이 60610
312-595-8383
michellekahn@lehring.com

To: Gilbert's Woodworks
912 Cruse Avenue
Helena, MT 59601

받는 사람: Gilbert's Woodworks
912 크루즈 길
헬레나 산 59601

Dear Mr. Cruz: 친애하는 크루즈 씨:

I recently visited a friend who had her cabinets ------- by your company.
131.
저는 최근에 귀사의 회사에서 캐비닛을 ------- 한 친구를 방문했습니다.
131.

I loved the craftsmanship and detail of the cabinets/ and would like to know more about the services you offer.
나는 캐비닛의 기능과 세세한 면이 무척 마음에 들어서/ 당신이 제공하는 서비스에 대해 더 많이 알고 싶습니다.

My mother's birthday is in two months// and I would like to ------- her coffee table with something
132.
special.
제 어머니의 생일이 두 달 남았는데,// 저는 그녀의 커피 탁자를 뭔가 특별한 것으로 ------- 하고 싶거든요.
132.

Although your company is based in Montana,// I was ------- if you would be able to deliver to Chicago.
133.
귀하의 회사는 몬태나에 있지만,// 저는 귀사가 시카고로 배달할 수 있을지 -------하고 있었습니다.
133.

If you would,/ please send me a catalog or some company brochures/ about the work your company offers.
괜찮으시다면,/ 카탈로그ᅡ 회사 안내서를 보내주십시오/ 귀사가 제공하는 업무에 관련하여.

-------.
134.

Thank you for your time and help. I look forward to hearing from you.
시간과 도움에 감사드립니다. 귀하의 소식을 기다리겠습니다.

Sincerely, 감사합니다(끝 맺음말)

Michelle Kahn 미셸 칸

131.
(A) manned
(B) accustomed
(C) custom-made
(D) man-made

(A) 유인의
(B) 익숙한
(C) 주문 제작한
(D) 인공의

132.
(A) replace
(B) take
(C) exchange
(D) trade

(A) 교체하다
(B) 가져가다
(C) 교환하다
(D) 거래하다

133.
(A) inquiring
(B) questioning
(C) asking
(D) wondering

(A) 문의하다
(B) 질문하다
(C) 질문하다
(D) 궁금해 하다

134.
(A) I will pay in cash.
(B) I'm looking for something elegant.
(C) I will return it next week.
(D) I would love to buy it.

(A) 저는 현금으로 지불 할 것입니다.
(B) 무언가 우아한 것을 찾고 있습니다.
(C) 나는 다음 주에 그것을 반환할 것입니다.
(D) 나는 그것을 사고 싶습니다.

정답과 해설

131. (C) 미셸 자신도 무언가 주문제작하고자 하고 있는 것으로 보아 친구도 캐비닛을 주문제작 했음을 알 수 있죠.

132. (A) replace A with B: A를 B로 교체하다

133. (D) (A) (B) (C) 모두 문의(질문)하다의 뜻으로 답이 될 수 없고, wonder if '~인지 궁금해 하다'가 가장 적합하므로.

134. (B) 커피탁자를 뭔가 특별한 것으로 교제하고 싶다고 했으므로.

어휘   N.=North 북쪽 IL=Illinois 미국 중서부에 위치한 일리노이주 MT=MOUNT (산)의 약자로서 산 이름 앞에 붙여 사용함 street 동서로 되어 있는 좁을 도로 avenue 남북으로 되어 있는 넓은 도로 recently=lately=of late 최근에 visit=call on 방문하다 company 회사 craftsmanship 기능, 솜씨 detail 세부사항 would like to=would love to ~하고 싶다 offer 제공하다 in+시간 ~후에 replace A with B=substitute B for A: A를 B로 교체하다, A대신 B를 사용하다 special 특별한 although=though=even though=notwithstanding ~이지만 be able to ~할 수 있다 deliver 배달하다 brochure 소책자, 안내 책자 look forward to ~ing=bargain(reckon) on 고대(기대)하다 look(see, search) for ~을 찾다

Questions 135-138 refer to the following information. (다음 정보를 참조하십시오.)

The Elm Hill Neighborhood Association is an all-volunteer group committed to ------- the unique
135.
character of Elm Hill.

Elm Hill Neighborhood Association은 Elm Hill의 독특한 특성을 -------하는 데 헌신하는 자원 봉사자들로만 이뤄진
135.
단체입니다.

We value the history and natural setting that makes Elm Hill so special.
우리는 Elm Hill을 특별하게 만드는 역사와 자연 환경을 소중히 여깁니다.

Our group works with homeowners, business owners, and city officials/ to develop and enforce
community regulations.
우리 단체는 주택 소유자, 사업자 및 시 공무원과 협력합니다/ 지역공동체 조례를 개발하고 시행하기 위해서.

Every year, we ------- several events/ to build a sense of community.
136.
매년, 우리는 몇 가지 행사를 ------- 합니다/ 공동체 의식을 구축하기 위해.
136.

Our most popular event by far/ is the annual holiday stroll down Elm Street.
단연 가장 인기 있는 행사는/ 매년 엘름 가를 산책하는 연례 휴일입니다.

Businesses remain open for late-night shopping,// and street artists and entertainers perform.
점포들은 심야 쇼핑을 위해 열려 있고,// 거리 예술가와 연예인들이 공연을 합니다.

-------, we host a series of house and garden tours.
137.
-------, 우리는 일련의 주택과 정원을 둘러봅니다.
137.

-------. Help us continue to showcase Elm Hill.
138.
-------. 우리가 엘름 힐을 계속 소개하도록 도와주십시오.
138.

To apply,// visit www.elmhill.org.
지원하려면,// www.elmhill.org를 방문하십시오.

---

135. (A) joining   (A) 합류하다
    (B) preserving   (B) 보존하다
    (C) cooperating   (C) 협력하다
    (D) informing   (D) 알리다

136. (A) holds
    (B) hold
    (C) were holding
    (D) have been held

137. (A) In short   (A) 간단히 말해서
    (B) On the other hand   (B) 반면에
    (C) In addition   (C) 게다가
    (D) Consequently   (D) 결과적으로

138. (A) We are always looking for volunteers and new members.

(B) Thank you for your donation in support of our work.

(C) We were formed by three friends over fifty years ago.

(D) There are many ways you can learn about our programs.

(A) 우리는 항상 자원 봉사자와 새로운 회원을 찾고 있습니다.

(B) 우리의 일을 지원하여 기부해 주신 것에 대해 감사드립니다.

(C) 우리는 50여 년 전에 세 명의 친구에 의해 결성되었습니다.

(D) 우리의 프로그램에 대해 배울 수 있는 많은 방법들이 있습니다.

정답과 해설

135. (B) 단체가 '보존하는 데 전념하고' 있으므로

136. (B) 휴일의 여러 가지 행사를 '나열하고 있으므로'

137. (C) 주어가 We이며, '매년 개최하므로' 현재시제. u.84쪽 (3)번 참조

138. (A) 그 다음에 '지원하는 방법을 소개하고 있으므로'

어휘 neighborhood 인근, 이웃 association 협회 all-volunteer 자원봉사자들로만 이뤄진 unique 독특한 character 특성 be committed(devoted, dedicate) to ~ing ~에 헌신(전념)하다 value=cherish=treasure=prize 소중히 여기다 history 역사 natural setting 자연 환경 special 특별한 homeowner 주택 소유자 business owner 사업자 city official 시 공무원 develop 개발하다 enforce=implement=carry ~into effect(force) 시행하다 regulations 조례, 규정, 법규 hold an event 행사를 개최하다 every year=annually=from year to year 매년 a sense of community 공동체 의식 most popular 가장 인기 있는 by far=much=by long odds 단연 annual=yearly 연례의 holiday 휴일 stroll 산책 business 점포, 사업체 remain open 열려 있다 artist 예술가 entertainer 연예인 perform 공연하다 a series(train, sequence, succession, set) of=an array of 일련의 in addition=additionally=besides=moreover=furthermore=what is more=on top of that=by the same token 게다가 hold a tour 둘러보다, 탐방하다 continue 계속하다 to showcase 전시하다, 보여주다 소개하다

Questions 139-142 refer to the following notice. (다음 공지사항을 참조하십시오.)

To:	수신:	All staff	전 직원
From:	발신:	Fiona Norton, President	피오나 노턴, 사장
Re:	제목:	Adelaide branch	애들레이드 지사
Date:	날짜:	2 May	5월 2일

I am thrilled to announce// that because of increased ------- for our services,/ Farley Norton Insurance/
139.
will be opening a second branch/ in Adelaide/ on September 1.

저는 발표하게 되어 감격스럽습니다.// 우리의 서비스에 대한 -------의 증가로 인해/ 팔리 노튼 보험사가 제 2 지점
139.
을 개설할 예정이라는 것을/ 애들레이드에서/ 9월 1일에.

-------.
140.

We are looking to fill a number of vacancies in Adelaide.
우리는 애들레이드의 많은 공석들을 채우고자 합니다.

The jobs section of our Web page www.farleynorton.com./ will be updated/ as positions -------// and will
141.
be filled.

우리 웹페이지 www.farleynorton.com의 일자리란은/ 업데이트 될 것입니다/ -------// 그리고 채워질 것입니다.
141.

Staff members interested in relocating/ ------- Human resources Manager Geri Thompson-Howe.
142.

(새 지사로의) 이전에 관심이 있는 직원들은/ 인사부장 게리 톰슨 하우에게 문의하십시오.

Those approved for relocation/ will begin their roles/ in the new branch/ on 25 August.
이전 승인을 받은 직원들은/ 그들의 역할을 시작할 것입니다/ 새 지사에서/ 8월 25일에.

We look forward to this new period/ in our company's future.
우리는 이 새로운 시대를 기대합니다/ 회사의 미래에서.

Thank you, 감사합니다,

Fiona 피오나

---

139. (A) supply   (A) 공급
(B) demand   (B) 수요
(C) result   (C) 결과
(D) effect   (D) 효과

140. (A) Louis Farley will be heading this new branch.
(B) Geri Thompson-Howe can answer questions about moving costs.
(C) Some of the positions/ include office manager and assistant manger.
(D) Web site administrator Ashton Lee/ should be congratulated/ on a job well done.

(A) 루이 팔리가 이 새 지사를 이끌 것입니다.
(B) 게리 톰슨–하우가 이동 비용에 대한 질문에 대답할 수 있습니다.
(C) 직책 중 일부에는 사무실 관리자 및 보조 관리자가 포함됩니다.
(D) 웹사이트 관리자인 애쉬튼 리는/ 축하를 받아야 합니다/ 잘 해 낸 일에 대해서.

141. (A) invite   (A) 초대하다

(B) arise   (B) 발생하다

(C) occupy   (C) 차지하다

(D) proceed   (D) 진행하다

142. (A) contacted

(B) had contacted

(C) should contact

(D) were to contact

정답과 해설

139. (B) 확장 이유는 회사 서비스에 대한 '수요가 늘어나기 때문'이므로

140. (A) 문맥상 '새 지사를 이끌 사람을 소개'하는 것이 가장 적합하므로

141. (B) 일자리가 '생길 때' 업데이트되는 것이 가장 자연스러우므로

142. (C) 문맥상 '문의해야 한다/연락해야 한다'가 가장 자연스러우므로 'should contact'

어휘 staff 직원 branch 지사 president 사장, 대통령, 총장 thrill 감격시키다, 전율을 느끼게 하다 announce 발표하다 because of=owing(due) to=on account of=on the grounds(score) of=in the wake of ～때문에 increase=add to 증가시키다 insurance 보험, 보증 branch 지사, 가지 September 9월 fill 채우다 be looking to=be planning to=intend to ～하고자 하다 a number of=a lot of=lot of=plenty of 많은 vacancy 빈자리, 공석 jobs section 일자리란, 구인란, 구직란 position 직책 be interested in ～에 관심이 있다 relocate 이전, 재배치 Human resources Manager 인사부장 approve 승인하다 role 역할 August 8월 look forward to 고대하다, 기대하다 period 시대, 시기 company 회사 future 미래 head 이끌다 include 포함하다

Questions 143-146 refer to the following advertisement. (다음 광고를 참조하십시오.)

Come to the Pebble River Resort,// where our three restaurants/ present culinary adventures for every taste!
페블(조약돌) 강 리조트로 오세요./ 이곳에서는 우리 세 레스토랑이/ 모든 맛에 대한 요리 모험을 제공해 드립니다.

------- .
143.

Its award-winning chefs/ offer a classic dining experience/ ------- by our regional heritage.
                                     144.
수상 경력이 있는 요리사들이/ 고전적인 식사 경험을 제공합니다/ 우리의 지역 유산의 -------.
                                          144.

------- you prefer more casual fare,// the Old Sands Grill features seasonal dishes served on the stone
145.
terrace.
더 편안한(격식을 갖추지 않은) 요리를 선호한다면,// Old Sands Grill가 석재 테라스에서 제철 요리를 제공합니다.

Also, be sure to visit ------- Sweet Shop/ to enjoy some handmade chocolates or pastries.
                                146.
또한 꼭 Sweet Shop을 방문하십시오./ 수제 초콜릿이나 생과자를 즐기시려면.

Located just an hour from busy Johannesburg,// we are an ideal vacation or business conference destination.
번화한 요하네스버그에서 불과 1 시간 거리에 위치한,// 저희 리조트는 이상적인 휴가나 비즈니스 회의 장소입니다.

143. (A) The dining choices vary daily.
    (B) Advance reservations are strongly recommended.
    (C) Our most formal restaurant/ is the Riverbank Restaurant.
    (D) Favorite dishes/ include many dessert specialties.

    (A) 식사 선택(선택할 수 있는 종류)은 매일 다릅니다.
    (B) 사전 예약을 적극 권장합니다.
    (C) 우리의 가장 격식을 갖춘 레스토랑은/ Riverbank Restaurant입니다.
    (D) 좋아하는 요리에는/ 많은 디저트 특선 요리가 포함됩니다.

144. (A) influence
    (B) influential
    (C) influencing
    (D) influence

145. (A) Because
    (B) Rather
    (C) Should
    (D) Though

146. (A) his
    (B) our
    (C) another
    (D) this

143. (C) 그 다음에 고전적인 식사 경험을 제공한다는 내용이 이어지므로

144. (A) 뒤에 by가 왔으므로 수동태(우리 지역 유산의 영향을 받은 고전적인 식사 경험) u.134쪽 D번 참조

145. (C) If를 생략한 제1 조건문이므로 u.233쪽 참조

146. (B) 'our three restaurants'에 힌트가 들어 있고 글의 주체가 우리(we)이므로

present=offer 제공하다 culinary 요리의 adventure 모험 taste 맛, 취향 award-winning 수상 경력이 있는 chef 요리사 classic 고전적인 dining experience 식사 경험 regional 지역의 heritage 유산 prefer 선호하다, 더 좋아하다
If+주어+ should+동사원형=should+주어+동사원형: 혹시 ~한다면 casual 편안한, 격식을 갖추지 않은 fare 식사, 요리, 통행료, 운임 feature 주로 다루다, 크게 다루다, 특징으로 삼다 seasonal dishes 제철 요리 pastry 생과자
be sure to=never fail to 꼭 ~하다 visit 방문하다 handmade 손으로 만든 be located ~에 위치하다 busy 붐비는, 번화한, 분주한 ideal 이상적인 vacation 휴가 conference 회의 destination 용도, 보낼 곳, 장소 choice 선택 vary 다양하다, 다르다 daily 매일 advance reservation 사전 예약 strongly 강력히, 적극 recommend 권장하다 most formal 가장 격식을 갖춘 favorite 특히 좋아하는 dishes 요리 include=contain=comprise 포함하다 specialty 특선 요리 influence 영향을 끼치다 influential 영향력 있는 because ~하기 때문에 rather 오히려 though=even though=although=notwithstanding=while 비록 ~이지만

Vegetable Pasta 채소 파스타

Ingredients	**재료**
500 grams pasta	파스타 500그램
Olive oil, about 30ml, for frying	올리브기름, 튀김용 30ml 정도
2 onions, chopped	양파 2개, 잘게 썬 것
1 zucchini, sliced	애호박 1개, 얇게 썬 것
3 cloves garlic, crushed	마늘 3쪽, 으깬 것
4 broccoli florets, chopped	브로콜리 꽃 4개, 잘게 썬 것
4 sundried tomatoes, sliced	햇볕에 말린 토마토 4개, 얇게 썬 것
1-2 fresh basil leaves, torn into small pieces	신선한 바질 잎 1~2개, 잘게 찢은 것
Salt and pepper to taste	맛을 내기 위한 소금과 후추

Directions 방법

Boil the pasta until done, about 10 minutes.
파스타를 익을 때까지 10분 정도 끓인다.

While the pasta is boiling, make the sauce.
파스타가 끓고 있는 동안, 소스를 만든다.

Add about 30 ml of olive oil to a large frying pan.
올리브기름 약 30ml를 큰 프라이팬에 넣는다.

Gently fry the onions and zucchini in the oil/ for about two minutes.
양파와 애호박을 기름에 부드럽게 볶는다/ 약 2분 동안.

Add the garlic, broccoli, and tomatoes,// and cook for about five minutes more. (147)
마늘, 브로콜리, 토마토를 넣고,// 약 5분 정도 더 익힌다.

Add salt and pepper,/ if needed.
소금과 후추를 넣는다/ 필요할 경우.

When the pasta is done,/ drain it/ and cover with the sauce.
파스타가 다 익으면,/ 물기를 빼고/ 소스를 바른다.

Top with the basil,/ and serve. (148)
바질을 위에 얹어서/ 제공을 한다.

---

147. What is mentioned about broccoli?

(A) It should be as fresh as possible.
(B) It needs to be washed before cooking.
(C) It needs to be boiled before adding to the sauce.
(D) It should be fried with the garlic and tomatoes.

브로콜리에 대해 언급된 것은?

(A) 최대한 신선해야 한다.
(B) 요리하기 전에 씻어야 한다.
(C) 소스를 넣기 전에 끓여야 한다.
(D) 마늘과 토마토와 함께 볶아야 한다.

148. When is basil added?

    (A) Just before serving

    (B) When the onions are added

    (C) At the same time as the tomatoes

    (D) As soon as the pasta begins to boil

바질은 언제 추가되는가?

    (A) 제공하기 직전에

    (B) 양파가 첨가될 때

    (C) 토마토와 동시에

    (D) 파스타가 끓기 시작하자마자

정답과 해설

147. (D) Add the garlic, broccoli, and tomatoes, and cook for about five minutes more. 이 문장 속에 답이 들어 있죠?

148. (A) Top with the basil, and serve. 이 문장 속에 답이 들어 있죠?

어휘 recipe 조리법 vegetable 채소 about=around=approximately=some=roughly=or so 대략 fry 볶다, 튀기다 chop 잘게 썰다 zucchini 애호박 slice 얇게 썰다 clove 마늘 한 쪽 garlic 마늘 crush 으깨다 floret 작은 꽃 sundried 볕에 말린 fresh 신선한 leaf 잎 tear ~ into small pieces 작은 조각으로 찢다 salt 소금 pepper 후추, 고추 taste 맛을 보다, 맛을 느끼다, 맛이 나다 boil 끓이다, 끓다 do-did-done 익히다 add 더하다 gently 부드럽게 if needed 필요할 경우 drain 물기를 빼다 serve 음식을 제공하다, 서빙하다

Questions 149-150 refer to the following advertisement. (다음 광고를 참조하십시오.)

SALE! SALE! SALE!

**Graf's Office Supply Store announces
its annual winter sale!
All paper items are on sale, with discounts
from 15% to 25% off our already low prices.
Sale ends on Saturday.**

Join our Frequent Buyer's Club and save
even more. Stop by the manager's desk for
an application. Once we have your contact
information in our computer files, you will receive
notices of special sales and discounts available
to Frequent Buyer's Club members only.

Graf's Office Supply Store.

Supplying your office with all its paper needs.

세일! 세일! 세일!

**Graf's Office Supply Store(사무용품점)에서
연례 겨울 세일을 발표합니다!
모든 종이 품목은 세일중이며, 이미 낮은 가격에서
15%에서 25%까지 할인됩니다.
세일은 토요일에 끝납니다.**

단골 구매자 클럽에 가입하여 더욱 더 많은 비용을
절감하십시오. 신청서를 받으려면 관리자의 책상에
들르세요. 일단 우리가 우리의 컴퓨터 파일에
당신의 연락처 정보를 입력하면, 당신은 단골 구매자
클럽 회원들만 이용 가능한 특별 판매와
할인에 대한 통지를 받게 될 것이다.

그래프의 사무용품점.

당신의 사무실에 필요한 모든 용지들을 제공합니다.

---

149. Which of the following items are most likely on sale?
(A) Envelopes
(B) Desks
(C) Filing cabinets
(D) Computers

다음 품목 중 어느 것이 세일할 가능성이 가장 높죠?
(A) 봉투
(B) 책상
(C) 서류 캐비닛
(D) 컴퓨터

150. How can a customer become a member of the Frequent Buyer's Club ?
(A) Visit the store before Saturday
(B) Speak with the manager
(C) Send a request by mail
(D) Contact the club president

어떻게 손님은 단골 구매자 클럽의 회원이 될 수 있죠?
(A) 토요일 전에 가게를 방문한다
(B) 관리자와 대화한다
(C) 우편으로 요구서를 보낸다
(D) 클럽 회장에게 연락한다

정답과 해설 **149.** (A) All paper items are on sale.– 첫 번째 홍색 문장 속에서 '종이 품목'이라는 단어가 들어 있죠?

150. (B) Stop by the manager's desk for an application. 두 번째 홍색 문장 속에서 '관리자의 책상에 들르라'고 하죠?

어휘 office supply store 사무용품점 announce 발표하다 annual=yearly 연례의, 매년의 item 품목 on sale 세일 중, 염가판매 중 discount 할인 already 이미 low 저렴한 price 가격 end 끝나다 Saturday 토요일 join 가입하다, 합류하다 Frequent Buyer's Club 단골 구매자 클럽 save 절약(절감)하다 even=far=still=yet=much=a lot=a great=a great deal =by far 훨씬 stop(drop, come) by 들르다 an application 신청서, 지원서 once 일단 ~하면 contact information 연락처 정보 receive 받다 notice 통지, 공지 special 특별한 available 이용 가능한 supply A with B: A에게 B를 공급하다 paper needs 필요한 용지들

Questions 151-152 refer to the following coupon. (다음 할인권을 참조하십시오.)

Thank you for enrolling your daughter or son/ in the training session at T-Star Tennis Clinic!
귀하의 딸이나 아들을 등록해 주셔서 감사합니다/ T–Star Tennis Clinic의 훈련 강좌에!

We hope// your child enjoyed the lessons and comes back to T-Star Tennis Clinic again. (151)
우리는 희망합니다// 귀하의 아이가 수업을 즐겼고 다시 T–Star 테니스 클리닉으로 돌아오기를.

Use this coupon at
이 할인권을 사용하십시오.

Great Angle Tennis Shop
그레이트 앵글 테니스 가게에서

to receive 30 percent off any adult- or junior-size tennis racket
or 20 percent off any other tennis equipment.
성인용이나 청소년용 테니스 라켓의 경우 30퍼센트
또는 다른 테니스 장비의 경우 20%를 할인 받을 수 있습니다.

For an online purchase, enter discount code RW445.
온라인 구매의 경우, 할인 코드 RW445를 입력하십시오.

Valid through June 30. Cannot be combined with any other coupon.
6월 30일까지 유효합니다. 다른 쿠폰과 결합할 수 없습니다.

Excludes clothing, bags, and shoes. (152)
의류, 가방 및 신발은 제외합니다.

151. What is suggested about T-Star Tennis Clinic?
(A) It is owned by a famous athlete.
(B) It operates in several countries.
(C) It runs a program for children.
(D) It manufactures tennis equipment.

T–스타 테니스 클리닉에 대해 시사하는 바가 뭐죠?
(A) 유명한 운동선수가 소유하고 있다.
(B) 여러 나라에서 운영되고 있다.
(C) 아동을 위한 프로그램을 운영한다.
(D) 테니스 장비를 제조한다.

152. What is true about the coupon?
(A) It expires at the end of the year.
(B) It applies only to purchases over $30.
(C) It is not valid for online purchases.
(D) It cannot be used on tennis shirts.

할인권에 대한 설명으로 옳은 것은?
(A) 연말에 만기가 된다.
(B) 30달러 이상 구매에만 적용한다.
(C) 온라인 구매에는 유효하지 않다.
(D) 테니스 셔츠에는 사용할 수 없다.

정답과 해설

151. (C) We hope your child enjoyed the lessons. 이 문장에서 'child'라는 단어를 사용하고 있죠?

152. (D) 6월 30일까지 유효하고, 온라인 구매는 가능하며, 온라인 구매 시 30달러 이상의 조건이 없으므로 (A), (B), (C)는 모두 본문의 내용과 일치하지 않습니다. 반면에 마지막에 Excludes clothing, bags, and shoes. 라는 문장에서 '의류를 제외한다' 고 했으므로 'tennis shirts에는 사용할 수 없다'는 (D)가 정답입니다.

어휘 enroll 등록하다 session 강좌, 수업, 회기 receive 받다 30 percent off 30% 할인 adult 성인 junior 청소년 equipment 장비 purchase 구매 enter 입력하다 valid=effective=true=good 유효한 combine 결합하다 exclude=leave out 제외하다 clothing 의류

Questions 153-154 refer to the following text-message chain. (다음의 일련의 문자메시지를 참조하십시오.)

AMY PARKER [14:07] 에이미 파커 [14:07]

I called Seafood Lagoon/ to make arrangements for the dinner we're having there on Friday. (154)
제가 Seafood Lagoon에 전화했습니다/ 금요일에 거기서 우리가 갖게 될 만찬을 준비하기 위해서.

It turns out// they've got a lectern we can use/ but no microphones.
이제 와 보니// 그들은 우리가 사용할 수는 연사용 탁자는 있지만/ 마이크는 없답니다.

DENNIS WESLEY [14:09] 데니스 웨슬리[14:09]

Can we do without one? 우리는 마이크 없이도 할 수 있을까요?

AMY PARKER [14:11] 에이미 파커[14:11]

I don't think so. Mr. Levitt will give a retirement speech.
그렇게 생각지 않아요(마이크 없이는 안 될 거예요). 레빗 씨가 은퇴 연설을 할 예정이거든요.

Others may want to speak during the dinner too. It's a big restaurant
다른 사람들도 만찬 중에 연설하고 싶어 할 수도 있어요. 그것은 대형 레스토랑이잖아요.

DENNIS WESLEY [14:12] 데니스 웨슬리[14:12]

I have a microphone,// but the stand for it is broken.
내게 마이크가 하나 있지만,// 그 스탠드가 고장 났어요.

AMY PARKER [14:13] 에이미 파커[14:13]

That'll have to do! Bring it with you on Friday, please! (154)
그것 괜찮아요! 금요일에 가져오세요!

DENNIS WESLEY [14:14] 데니스 웨슬리[14:14]

Will do. 그럴게요.

153. At 14:11, what does Ms. Parker mean when she writes, "I don't think so"?

(A) She does not think a lectern will be necessary.

(B) She thinks Mr. Levitt wants to give a speech.

(C) She does not think they can change a speech.

(D) She thinks they will need a microphone.

14:11에 파커씨가 "저는 그렇게 생각하지 않는다"라고 쓸 때 무슨 뜻이죠?

(A) 그녀는 연사용 탁자가 필요할 거라고 생각하지 않는다.

(B) 그녀는 레빗 씨가 연설을 하고 싶어 한다고 생각한다.

(C) 그녀는 그들이 연설을 바꿀 수 있다고 생각하지 않는다.

(D) 그녀는 마이크가 필요할 것이라고 생각한다.

154. What is suggested about Mr. Wesley?

(A) He will attend a retirement dinner.

(B) He will call Seafood Lagoon.

(C) He will do some public speaking on Friday.

(D) He will bring a stand to a restaurant.

웨슬리 씨에 대해 시사하는 바가 무엇이죠?

(A) 그는 은퇴 만찬에 참석할 것이다.

(B) 그는 Seafood Lagoon에 전화할 것이다.

(C) 그는 금요일에 대중 연설을 할 것이다.

(D) 그는 식당에 스탠드를 가져올 것이다.

정답과 해설

153. (D) Can we do without one(a microphone)?(마이크 없이도 할 수 있을까요?)에 대한 반응이므로

154. (A) 금요일에 만찬을 하기로 되어 있으며, Bring it with you on Friday, please!라는 요청에 '그렇게 하겠다'고 했으므로

어휘 call 전화하다 make arrangements for 준비하다 it turns out that 이제 와 보니 lectern 연사용 탁자 without ~없이 give a retirement speech 은퇴 연설을 하다 during 동안에 be broken 고장 나다 That'll have to do!=That'll do.=That's good enough. 그것 괜찮을 거예요! Will do.=I will do that. 그렇게 할게요. suggest=imply=indicate 시사(암시)하다 public speaking 대중 연설

Questions 155-157 refer to the following e-mail. (다음의 이메일을 참조하십시오.)

From:	보낸 사람:	Marsha Soto	마르샤 소토
To:	받는 사람:	Stephen Kennedy	스티븐 케네디
Date:	날짜:	March 23	3월 23일
Subject:	제목:	Havana Trip	하바나 여행

Hi Stephen, 안녕하세요! 스티븐,

The Hotel Casa Vedado/ has confirmed our reservation for the 29th.
카사 베다도 호텔이/ 29일 우리의 예약을 확인했어요.

Now I'm waiting to hear back from Daucina Travel about our flight.
이제 Daucina 여행사로부터 우리의 항공편에 대한 소식을 기다리고 있습니다.

Our travel agent informed me// that there are no more seats available on the non-stop flight leaving at 6:54. (156)
여행사 직원이 저에게 알려주었습니다// 6:54에 출발하는 직항편에는 더 이상 구할 수 있는 좌석이 없다고.

However, there are flights departing at 6:25 and 7:18/ both with short stopovers in Miami.
그러나 6시 25분과 7시 18분에 출발하는 항공편이 있는데/ 둘 다 마이애미에 잠깐 들른다고 합니다.

The first is with Bonairways/ and the second is with Arroway Air.
첫 번째는 Bonairways이고/ 두 번째는 Arroway Air입니다.

Since the next non-stop flight on that date departs in the afternoon,// we will have to choose one of the earlier options.
해당 날짜의 다음 직항편이 오후에 출발하므로,// 우리는 더 이른 항공사 중 하나를 선택해야할 것입니다.

Even with the stopover,// we should be able to make it to Calixto Labs/ in time for our three o'clock meeting.
중간 기착이 있다하더라도,// 우리는 칼릭스토 연구소에 도착할 수 있을 것입니다/ 3시 회의에 맞춰.

The travel agent will soon let me know// whether seats are available on those flights.
여행사 직원이 곧 저에게 알려줄 것입니다.// 해당 항공편에 좌석이 있는지.

As for the airline and departure time,// do you have any preferences?
항공사 및 출발 시간에 관해서,// 선호 사항이 있습니까?

Also, Camilo Talavera e-mailed me/ to invite us to dinner at a restaurant in Old Havana.
또한 카밀로 탈라베라가 저에게 이메일을 보내/ 올드 하바나에 있는 한 레스토랑에서 저녁식사 하자고 초대했습니다.

He expects that the meeting will last for about three hours.
그는 회의가 약 3시간 동안 계속될 것으로 예상한다.

After that, we can check in at the hotel/ and then join Mr. Talavera and his associates at the restaurant.
그 후(회의 후), 우리는 호텔에 체크인 한/ 다음 탈라베라 씨와 그의 동료들과 함께 할 수 있습니다/ 식당에서.

I have already written him back/ to accept his offer
저는 이미 답장을 보냈습니다/ 그의 제안을 받아들이겠다고.

Best regards, (끝맺음 말)

Marsha 마샤

155. Why did Ms. Soto send the e-mail?

(A) To request approval

(B) To ask for advice

(C) To arrange a meeting

(D) To provide an update

소토 양이 왜 이메일을 보냈죠?

(A) 승인을 요청하기 위해

(B) 조언을 구하기 위해

(C) 회의를 주선하기 위해

(D) 업데이트(최신 정보)를 제공하기 위해

156. What does Ms. Soto mention about the flight departing at 6:54?

(A) It is fully booked.

(B) It will be stopping in Miami.

(C) It is operated by Bonairways.

(D) It has seats available.

소토 양은 6:54에 출발하는 항공편에 대해 뭐라고 언급하죠?

(A) 예약이 꽉 찼다.

(B) 마이애미를 들를 것이다.

(C) Bonairways가 운영한다.

(D) 구할 수 있는 좌석이 있다.

157. According to the e-mail, what does Ms. Soto plan to do before checking in at Hotel Casa Vedado?

(A) Change a flight booking

(B) Visit a travel agent in Miami

(C) Attend a meeting at Calixto Labs

(D) Have a meal in Old Havana

이메일에 따르면 카사 베다도 호텔에서 체크인하기 전에 소토양은 무엇을 할 계획이죠?

(A) 항공편 예약을 변경할 계획이다

(B) 마이애미 여행사를 방문할 예정이다

(C) 칼릭스토 연구소 회의에 참석할 계획이다

(D) 올드 하바나에서 식사를 할 예정이다

정답과 해설

155. (D) 호텔, 항공편, 회의, 만찬 초대 등, 전체적인 내용이 최근의 일련의 일들에 대한 소식을 전하고 있으므로

156. (A) there are no more seats available on the non-stop flight leaving at 6:54. 이 문장에서 더 이상 구할 수 없다고 했죠?

157. (C) After that, we can check in at the hotel. 회의를 마친 후에 체크인 한다고 했잖아요.

어휘 confirm 확인하다 reservation 예약 flight 항공편 travel agent 여행사 직원 inform 알리다 no more 더 이상 ~이 아니다 seat 좌석 available 구할 수 있는, 이용할 수 있는 non-stop flight 직항편 however 그러나 depart 출발하다 stopover 도중 하차, 기착지 since=as=because=seeing that=now that=in that=inasmuch as ~이니까, ~하므로 have to=must ~해야 한다 choose=select=pick out 선택하다 be able to ~할 수 있다 make it 도착하다, 성공하다 in time for ~시간에 맞춰 soon=presently=shortly=before long=in time=sooner or later 곧, 조만간 as for=as concerns(regards, respects)=concerning=regarding=respecting ~에 관해서 airline 항공사 departure time 출발 시간 preference 더 좋아하는 것, 선호 invite 초대하다 dinner 저녁 식사, 만찬 expect 예상하다 last=continue 계속되다 about=around=approximately=some=roughly=or so=something like 대략 join 함께(합류)하다 associate 동료 already 이미 accept 받아들이다 offer 제안 Best regards=Kind regards=Sincerely 끝맺음 말

Questions 158-160 refer to the following notice. (다음의 공지사항을 참조하십시오.)

Safety Tips 안전 수칙

Electronic devices can be extremely dangerous,// and if not handled with care,/ it can lead up to serious injuries.
전자 기기는 매우 위험할 수 있으므로,// 주의해서 다루지 않으면,/ 심각한 부상으로 이어질 수 있습니다.

Please read these safety tips carefully; it can be a big help/ next time you use electronic devices.
이 안전 수직들을 주의해서 읽으십시오. 큰 도움이 될 수 있습니다/ 다음에 전자 기기를 사용할 때.

When using a lawn mower or a string trimmer,// always wear thick, long pants/ to protect your legs,// and wear shoes or boots with protective toe caps,/ such as steel-toe boots. (158)
잔디 깎이나 예초기를 사용할 때는,// 항상 두껍고 긴 바지를 착용하여 다리를 보호하시고,// 발가락 보호대가 달린 신발이나 장화를 착용하십시오/ 강철 발가락 장화와 같은.

Always wear safety goggles/ to protect your eyes.
항상 보안경을 착용하여/ 눈을 보호하십시오.

Always keep the electrical cord behind you.
전선은 항상 뒤에 두십시오.

Trail it over your shoulder/ or hold a short loop in your hand.
어깨에 걸거나/ 짧은 고리를 손으로 잡으십시오.

Also, be sure to always cut away from,/ not toward, the electrical cord. (159)
또한 반드시 항상 전선으로부터 떨어지십시오./ 전선을 향하지 말고.

When using electric hedge trimmers,// keep both hands on the handles at ALL TIMES.
전기 재단기(울타리 다듬는 톱)를 사용할 때는// 항상 손잡이를 양손으로 잡으십시오.

Remember like stated above, to cut away from, not towards the cord.
위에서 언급 한대로 전선을 향하지 말고 전선으로부터 떨어질 것을 명심하십시오.

Also, note// that the farther the trimmer is from your body,// the less control you have over it. (160)
또한, 유의하십시오// 재단기가 몸에서 멀리 떨어져 있을수록,// 그것에 대해 갖는 통제력이 줄어든다는 점을.

Don't push yourself.
너무 무리하지 마십시오.

Rest when your arms start to feel tired.
팔이 피로해지기 시작할 때 휴식을 취하십시오.

If the machine you are using/ stops because of an obstruction or electrical failure,// unplug the machine/ before you start to check it or attempt to remove any obstruction.
사용 중인 기계가/ 장애물 또는 전기 고장으로 인해 중지될 경우,// 플러그를 먼저 뽑으십시오./ 기계를 점검하거나 장애물을 제거하려고 시도하기 전에.

158. What is advice to electrical device used outdoors?

(A) Wear comfortable clothing.
(B) Wear long pants.
(C) Wear sandals.
(D) Never keep both hands on the trimmer.

실외에서 사용되는 전자 기기에 대한 조언은 무엇이죠?

(A) 편안한 옷을 입어라.
(B) 긴 바지를 입어라.
(C) 샌들을 착용하라.
(D) 재단기를 절대 양손으로 잡지 말라.

159. What is said about electrical cords?
(A) The longer the better
(B) Cut toward the cord
(C) Cut away from the cord
(D) They should not be stepped on

전선에 대해 뭐라고 말하고 있죠?
(A) 길수록 좋다
(B) 전선을 향해 잘라라
(C) 전선으로부터 떨어져라
(D) 밟아서는 안 된다

160. What will happen if the trimmer is far away from your body?
(A) Your arms will get tired.
(B) It will break easily.
(C) You have a better chance of cutting a cord.
(D) You have less control over it.

재단기가 몸에서 멀리 떨어져 있으면 어떤 일이 일어나죠?
(A) 팔이 피곤해질 것이다.
(B) 쉽게 부러 질 것이다.
(C) 전선을 자를 가능성이 더 높아진다.
(D) 그것에 대한 제어력이 떨어진다.

정답과 해설 **158.** (B) When using a lawn mower or a string trimmer, always wear thick, long pants. 이 문장 속에 답이 들어 있죠.

159. (C) be sure to always cut away from, not toward, the electrical cord. 이 문장 속에 답이 들어 있죠.

160. (D) the farther the trimmer is from your body, the less control you have over it. 이 문장 속에 답이 들어 있죠.

어휘 electronic device 전자 기기 extremely 매우, 지극히 dangerous=perilous=jeopardous=hazardous=risky 위험한 handle=treat=deal(do, cope) wth 다루다 with care=carefully=prudently=cautiously=circumspectively 신중하게, 주의 깊게 lead up to ~으로 이어질 수 있다 serious 심각한 injury 부상 next time+주어+동사: 다음에 ~하면 lawn mower 잔디 깎이 string trimmer 예초기 wear 착용하다 thick 두꺼운 pants 바지 protect 보호하다 leg 다리 protective toe cap 발가락 보호대 such as ~같은 steel-toe boot 강철 발가락 장화 safety goggles 보안경 electrical cord 전선 keep ~ behind 뒤에 두다 trail 질질 끌다, 꼬기를 끌게 하다 loop 고리 be sure to=never fail to 반드시 ~하다 cut away from ~로부터 떨어지다 electrical cord 전선 electric hedge trimmer 전기 재단기(울타리 다듬는 톱) at all times=all the time=always 항상 remember=keep(bear, have) in mind 명심하다 like ~처럼 state 언급(진술)하다 note=take note(notice) of 유의하다 the 비교급, the 비교급 ~하면 할수록 have control over ~을 통제하다 push oneself 무리하다 rest=have a rest=take a rest 휴식을 취하다 arm 팔 obstruction 장애(물) electrical failure 전기 고장 unplug 플러그를 뽑다 attempt to ~을 시도하다 remove=get rid of=do(make) away with 제거하다 advice 충고 comfortable 편안한 get tired 피곤해지다 easily=with ease 쉽게 have a chance of ~ing ~할 가능성이 있다

Questions 161-163 refer to the following memo. (다음의 회람을 참조하십시오.)

From:	발신:	David Goldstein, Office of the City Manager	데이비드 골드스타인, 시 관리자 사무실
To:	수신:	Downtown Business owners	도심 사업주들
Date:	날짜:	Monday, June 2	6월 2일 월요일
Subject:	제목:	Walkway renovation	보행로 개보수

Over the next two months,// the city streets department will be repairing walkways/ along Main, Duval, and Carolyn avenues. (161)
앞으로 두 달 동안,// 시 거리 담당 부서는 보행로를 수리할 예정입니다./ 메인, 듀발, 캐롤린 가를 따라서.

It is anticipated that the work will be carried out over a five-day period at each location/ and will follow a typical pattern.
작업은 각 장소에서 5일 간에 걸쳐서 수행될 것이며/ 일반적인 방식을 따를 것으로 예상됩니다.

Business owners who will be affected/ will receive notice of work that is planned for their immediate area/ at least one week in advance.
영향을 받게 될 사업주들은/ 그들의 인접 지역에 대해 계획된 업무 통지를 받게 될 것입니다/ 적어도 일주일 전에.

Please note the timeline for work on Carolyn Avenue walkways between Pine Road and Oak Lane:
파인로드와 오크레인 사이의 캐롤린 가 보행로에 대한 작업 일정표를 참고하십시오.

June 16: Delivery of equipment and materials to Carolyn Avenue work site
6월 16일: 캐롤린 가 작업 현장에 장비 및 자재 납품

June 17: Removal of old and broken sections of walkways
6월 17일: 보행로의 낡고 부서진 부분 제거

June 18: Leveling of surfaces and pouring gravel foundation
6월 18일: 표면 고르기와 자갈 기초 붓기

June 19: Pouring and leveling concrete
6월 19일: 콘크리트 부어 고르기

June 20: Cleaning and finishing walkways
6월 20일: 보행로 청소 및 마무리

The crews from Midtown Construction/ will begin their work at 8:00 A.M.// and should close down operations by 4:30 P.M. daily.
미드타운 건설의 인부들은/ 오전 8시에 작업을 시작할 것이며,// 매일 오후 4시 30분까지 작업을 마무리해야 합니다.

Although we expect the operation to be minimally disruptive on most days,// the sound of construction work/ is likely to affect employees and customers in nearby restaurants and shops,/ particularly during the walkway excavation. (163)
그 작업이 대부분의 공사기간에 최소한의 지장을 줄 것으로 예상하지만,// 공사 소리는/ 인근 식당과 상점의 직원과 고객들에게 영향을 미칠 가능성이 있습니다./ 보행로 땅파기 과정에서.

Please contact Sonia Indovino, general manager of Midtown Construction, at 555-0122// if you have any questions about this project.
미드타운 건설의 총책임자인 소니아 인도비노에게 555-0122로 연락하십시오// 이 프로젝트에 대해 질문이 있으시면.

You may also call me or visit the Office of the City Manager, 120 State Road,/ to discuss any concerns.
여러분은 저에게 전화하시거나 120번 국도 시 관리자 사무실을 방문하셔도 됩니다/ 어떤 우려 사항이든 논의하시려면.

161. What is the main purpose of the memo?

(A) To invite downtown business owners

(B) To suggest an alternate work schedule

(C) To outline safety procedures for workers

(D) To describe an upcoming construction project

회람의 주요 목적이 무엇이죠?

(A) 도심 사업주들을 초대하기

(B) 대체 작업 일정 제안하기

(C) 근로자들을 위한 안전 절차를 설명하기

(D) 다가오는 건설 프로젝트를 설명하기

162. Who most likely is Mr. Goldstein?

(A) A construction company worker

(B) A government employee

(C) The owner of a shop

(D) The manager of a restaurant

골드스타인 씨는 누구일 가능성이 가장 높죠?

(A) 건설 회사 근로자

(B) 공무원

(C) 상점주인

(D) 식당의 관리자

163. What possible effect on businesses is mentioned in the memo?

(A) Noise may bother people.

(B) Parking will be limited.

(C) Business hours will be shortened.

(D) Equipment may block entrances.

어떤 영향이 사업체들에게 영향을 미칠 수 있다고 회람에 언급되어 있죠?

(A) 소음은 사람들을 괴롭힐 수 있다.

(B) 주차가 제한될 것이다.

(C) 업무 시간이 단축될 것이다.

(D) 장비가 출입을 막을 수 있다.

정답과 해설

161. (D) the city streets department will be repairing walkways. 이 문장에서 '보행로를 보수할 예정'이라고 말하고 있죠.

162. (B) Office of the City Manager에서 시청 직원, 즉 공무원임으로 알 수 있죠. 또한 나머지 3개의 선택지는 거리가 멀죠.

163. (A) the sound of construction work is likely to affect employees and customers in nearby restaurants and shops. 이 문장에서 건설 작업 소음이 영향을 끼칠 수 있다고 했으므로.

어휘 memo 회람, 여러 사람이 돌려보는 글 walkway 보행로 renovation 개보수 over the next two months 앞으로 두 달 동안 department 부서 repair=mend=do(fix) up 수리하다, 고치다 along ∼을 따라서 avenue 남북으로 놓여있는 넓은 도로 anticipate=expect 예상하다 carry out=carry through=accomplish=discharge=execute=implement 수행하다 over a five-day period 5일 간에 걸쳐서 location 장소, 위치 follow a typical pattern 일반적인 방식을 따르다 affect=impact=influence=have an effect(impact, influence) on ∼에 영향을 미치다 receive 받다 notice 통지 immediate area 인접 지역 at least=not less than 적어도 in advance=ahead of time=beforehand 미리 note 주목하다, 주의를 기울이다 the timeline for work 작업 일정표 delivery 납품, 배달 equipment 장비 materials 자재 work site 작업 현장 removal 제거 broken 부서진 section 부분 level 고르게 하다, 평평하게 하다 surface 표면 pour 붓다 gravel 자갈 foundation 기초 crew 노동자의 일단 should ∼해야 한다 close down 마무리하다 operation 작업 by ∼까지 P.M. 오후 daily 매일 although=though=even though=notwithstanding 비록 ∼이지만 minimally 최소한으로, 미미하게 disruptive 혼란케 하는, 방해하는 construction work 공사 be likely to ∼할 가능성이 있다 employee 직원 customer 고객 nearby 인근의, 근처의 particularly=in particular=especially 특히 during ∼동안에 excavation 굴착, 땅파기 concerns 우려 사항 contact=get in contact(touch) with=make contact with 연락하다 general manager 총책임자 discuss 의논(논의)하다

YEAR-IN-REVIEW COMPANY REPORT: CAPTAIN JOHN'S SEAFOOD
연례 회사 보고서: 존 선장의 해산물(식당 이름)

Over the past year,// the growth of Captain John's Seafood in southeast Florida/ has been substantial.
지난 1년 동안,// 플로리다 남동부의 Captain John's Seafood의 성장은/ 상당했습니다.

We have opened up 20 new branches/-five in Miami,/ two in Fort Lauderdale,/ eleven in Palm Beach County,/ and two in the Keys//-and of these,// only the branches in the Keys/ have failed to earn a return on investment.
우리는 20개의 새 지점을 개설했습니다. 마이애미에 5개,/ 포트 로더데일에 2개,/ 팜비치 카운티에 11개,/ 그리고 키즈에 2개 지점을 개설했는데,// 이들 중// 키즈의 지점들만/ 투자에 대한 이득을 얻지 못했습니다.

We have also expanded our menu offerings significantly.
우리는 또한 메뉴제공도 크게 확장했습니다.

Last year,// we had 10 entrées, 5 drinks, and 2 desserts,// while this year,/ we have 15 entrées, 10 drinks, and 5 desserts. (165)
작년에,// 우리는 10개의 주요 요리, 5개의 음료 및 2개의 후식이 있었던,// 반면에 올해에는/ 15개의 주요 요리, 10개의 음료 및 5개의 후식이 있습니다.

The fish and chips entrée/ is by far the most popular menu item,// accounting for nearly 20 percent of orders in the region.
피쉬 앤 칩스 주요리는/ 단연 가장 인기 있는 메뉴 품목으로,// 이 지역에서 주문의 거의 20%를 차지하고 있습니다.

The success of Captain John's new locations in southeast Florida/ can be partly attributed to our marketing campaign. (164)
플로리다 남동부에 있는 Captain John의 새 지점들의 성공은/ 부분적으로 우리의 마케팅 캠페인 덕택입니다.

Our advertisements-which have aired on prime-time cable TV throughout Florida-present Captain John's ideal for middle-income families who like to hang out on the beach. (166)
우리의 광고는-플로리다 전역의 황금시간대 케이블 TV에서 방영되었는데-해변에서 시간 보내기를 좋아하는 중산층 가정들에게 Captain John의 극치(이상적인 모습)을 보여줍니다.

The mascot in these advertisements-a pirate with a hook for a hand and an eye patch-is now well recognized in the area,// and his updated trademark slogan, "Hoist the sails!"/ is a popular catch phrase.
이 광고의 마스코트, 즉 갈고리 손을 갖고 안대를 쓴 해적은 이제 이 지역에서 잘 알려져 있으며,// 그의 최신 상표 표어인 "돛을 올려라!"는/ 인기 있는 유행어가 되었습니다.

Captain John's also made some consumer targeting changes// based on the advice of Linda Collins, an outside marketing consultant from Chambers & Collins Solutions. (166)
Captain John's는 또한 일부 소비자를 대상으로 변화를 모색했습니다.//채임버스 앤 콜린스 솔루션의 외부마케팅 컨설턴트인 린다 콜린스의 조언에 따라.

All advertising/ was adjusted/ to target families with younger children.
모든 광고는/ 조정되었습니다/ 어린 자녀가 있는 가정을 겨냥하도록.

The number of parents with children dining at our establishments/ now accounts for 42 percent total customers,/ a rise of nearly 20 percent over last year.
우리 시설(식당)에서 식사를 하는 자녀를 둔 부모의 수는/ 현재 전체 고객의 42%를 차지하며/ 작년보다 거의 20% 증가했습니다.

Another factor contributing to Captain John's success/ was word-of-mouth.
Captain John의 성공에 기여한 또 다른 요인은/ 입소문이었습니다.

We have received very positive ratings on sites like RestaurantRatings.com and FastFoodReviews.com./ and have built up a substantial fan base on social media sites.
우리는 RestaurantRatings.com과 FastFoodReviews.com과 같은 사이트에서 매우 긍정적인 평가를 받았으며/ 소셜 미디어 사이트에서 상당한 팬 층을 구축했습니다.

If we wish to continue cultivating a fan base, I recommend that we begin giving out coupons on social media sites and that we continue to air commercials featuring our mascot. (167)
팬층을 지속적으로 키우고자 한다면, 소셜 미디어 사이트에서 쿠폰을 제공하기 시작하고/ 마스코트가 등장하는 광고를 계속 방송할 것을 권장합니다.

어휘 a year-in-review 지난해를 돌이켜 보기위해 매년 출판되는 연례 간행물 over the past year 지난 1년 동안 growth 성장 substantial=considerable=significant 상당한 branch 지사 fail to ~하지 못하다 earn a return on investment 투자에 대한 이득을 얻다 expand 확장하다 offerings 제공 significantly 크게, 상당히, 뚜렷하게 entrée=main course 주요 요리 while=whereas 반면에 this year 올해에는 by far=much 최상급 앞에서 단연 the most popular 가장 인기 있는 item 품목, 항목 order 주문, 명령 account for 차지하다, 책임지다 nearly=almost=all but=next to=well-nigh=little short of 거의 region=area 지역 location 지점, 지역, 위치 partly 부분적으로 be attributed to=be owing to ~의 덕택이다 advertisement 광고 air 방송(방영)되다, 방송하다 prime-time 황금시간대 throughout 전역에서 present 보여주다, 제공하다, 나타내다 ideal 극치, 이상, 전형 well recognized 잘 알려진 middle-income family 중산층 가정 hang out 시간 보내다, 어울려 다니다 pirate 해적 hook 갈고리 eye patch 안대 updated trademark slogan 최신 상표 표어
Hoist the sails! 돛을 올려라! catch phrase 유행어 consumer 소비자 advice 충고, 조언 based on=on the basis of ~에 기초하여 outside marketing consultant 외부마케팅 컨설턴트 adjust 조정하다 target 겨냥하다 establishments 시설 a rise 증가 factor 요인 contribute to 기여하다 word-of-mouth 입소문 receive 받다 positive 긍정적인 ratings 평가, 등급 build up 쌓다, 구축하다 fan base 팬 층 continue ~ing=continue to 계속 ~하다 cultivate 육성하다, 기르다, 키우다 recommend 권장하다 give out 나눠주다, 제공하다, 거저 주다 feature 등장시키다, 대서특필하다, 주연시키다

---

164. Why was the report written?

(A) To provide details on marketing efforts for new franchise outlets

(B) To offer data on profitable expansion opportunities

(C) To give suggestions for improving the chain

(D) To recommend partnering with Chambers &Collins Solutions

왜 보고서가 작성 되었죠?

(A) 새로운 프랜차이즈 판매점에 대한 마케팅 노력에 대한 세부 정보를 제공하기 위해서

(B) 수익성 있는 확장 기회에 대한 자료를 제공하기 위하여

(C) 체인점 개선을 위한 제안을 하기 위하여

(D) Chambers & Collins 솔루션과의 제휴를 권고하기 위해

165. What is stated about Captain John's Seafood?

(A) It opened its first branches outside of Florida last year.

(B) It has received negative reviews on RestaurantRatings.

(C) It now features more food selections than before.

(D) It is preparing to air new advertisements on television.

Captain John's Seafood에 대해 언급되지 않은 것은?

(A) 작년 플로리다 외곽에 첫 지점을 열었다.

(B) RestaurantRatings에서 부정적인 평가를 받았다.

(C) 이제는 이전보다 더 많은 음식을 선택할 수 있다.

(D) 텔레비전에 새로운 광고를 방송 할 준비를 하고 있다.

166. What is NOT mentioned as a reason for Captain John's success?

(A) It was advertised on television.

(B) It targeted a specific market sector.

(C) It introduced a new corporate slogan.

(D) It updated the design of its mascot.

Captain John이 성공한 이유로 언급되지 않은 것은?

(A) 텔레비전에 광고되었다.

(B) 특정 시장 부문을 목표로 삼았다.

(C) 새로운 기업 표어를 소개했다.

(D) 마스코트 디자인을 새롭게 했다.

167. What recommendation is given for building a fan base?

(A) Hiring an outside consultancy firm for marketing advice

(B) Using social networking Web sites for promotion

(C) Advertising on restaurant review pages

(D) Mailing out more coupons for special deals

팬 층 구축을 위해 어떤 권장 사항이 제시되었나요?

(A) 마케팅 자문을 위한 외부 컨설팅 회사 고용하기

(B) 홍보를 위해 사회 관계망 웹 사이트 사용하기

(C) 식당 후기 페이지에 광고하기

(D) 특별 거래를 위해 더 많은 쿠폰을 발송하기

정답과 해설	**164.**	(A) 새로운 지점들의 성공 사례를 든 다음에 그 성공의 원인이 marketing campaign 덕택이라고 말하고 있죠.
	165.	(C) this year, we have 15 entrées, 10 drinks, and 5 desserts. 이 문장에서 음식물 선택 폭이 넓어졌다고 말하고 있죠.
	166.	(D) 마스코트 디자인에 대한 언급은 아예 글 속에서 언급되어 있지 않았죠.
	167.	(B) I recommend that we begin giving out coupons on social media sites. 이 문장 속에 답이 들어 있죠.
어휘		provide 제공하다 details 세부정보 efforts 노력 outlet 판매점, 대리점, 직판장 profitable 수익성 있는 suggestion 제안 improve 개선하다 partner 제휴하다 state 언급하다, 말하다 feature 특징을 이루다 selection 선택(물)
		specific market sector 특정 시장 부문 corporate 기업의 hire=employ outside consultancy firm 외부 컨설팅 회사 promotion mail out 발송하다

Questions 168-171 refer to the following article. (다음의 기사를 참조하십시오.)

Many people are not aware// that plane trips pose several health hazards.
많은 사람들은 인식하지 못하고 있다// 비행기 여행이 여러 가지 건강상의 위험을 초래한다는 것을.

This is of particular concern/ for business travelers who fly frequently. (168)
이것은 특히 중요하다/ 자주 비행하는 사업상의 여행자들에게.

The more often you travel,// **the greater** the health risk becomes.
여러분이 여행을 자주하면 할수록,// 건강상의 위험이 더욱 더 커집니다.

One problem with planes/ is that the air in the cabin is constantly recirculated.
비행기의 한 가지 문제는/ 기내 공기가 끊임없이 재순환된다는 것이다.

This means// that **instead of** breathing fresh air from the outside,/ you breathe the same air over and over again,/ **along with** all the other passengers.
이것은 의미한다// 외부로부터 신선한 공기를 마시는 대신,/ 여러분이 같은 공기를 계속해서 흡입한다는 것을/ 다른 모든 승객들과 더불어.

This exposes you/ to colds, flu, or any other contagious disease/ that another passenger may have brought on board. (169)
이것은 여러분을 노출 시킵니다/ 감기, 독감 또는 다른 전염병에/ 다른 승객이 탑승할 때 가져왔을지도 모르는.

You can protect yourself/ by making sure you get plenty of Vitamin C in the days before your flight. (170)
여러분은 자신을 보호할 수 있습니다/ 비행 전 며칠 동안 반드시 비타민 C를 충분히 섭취하도록 함으로써.

While on the plane,// drink **a lot of** water.
비행기를 타는 동안,// 물을 많이 마시세요.

The dryness of the cabin air/ enhances you susceptibility to disease.
객실 공기의 건조함은/ 질병에 대한 민감성을 높인다.

Maintaining a general state of good health/ by eating right, exercising regularly, and getting enough sleep/ is also important.
제대로 먹고 규칙적으로 운동하며 충분한 수면을 취함으로써/ 전반적인 좋은 건강 상태를 유지하는 것도/ 중요하다.

Long flights/ pose another sort of health problem.
긴 비행은/ 또 다른 종류의 건강 문제를 야기한다.

Being forced to sit for a long time in the same position/ is bad for your circulation.
같은 자리에 오랫동안 앉아 있어야 하는 것은/ 혈액 순환에 좋지 않다.

It is particularly dangerous/ for people who **are at risk for** blood clots and other circulatory problems.
그것은 특히 위험하다/ 혈전과 다른 순환기 문제에 걸릴 위험에 처한 사람들에게는.

You can lessen the risk/ **by getting up** from your seat every hour or so and taking a walk down the aisle.
여러분은 위험을 줄일 수 있습니다/ 매 시간 좌석에서 일어나서 통로를 걸음으로써.

Standing up and **moving around** even for just a few minutes/ will improve your circulation/ and help you feel more comfortable.
일어서서 몇 분 동안 돌아다니는 것만으로도/ 혈액 순환을 향상시키고/ 여러분이 더 편안한 느낌을 갖도록 도와줄 것입니다.

Your business "obligations" / may not **allow** you **to** fly less frequently or take shorter flights.
여러분의 사업상 의무는/ 여러분이 덜 자주 비행하거나 더 짧은 비행을 하도록 허용하지 않을 수 있습니다.(직역)

여러분의 사업상 의무로 인해/ 비행 횟수가 줄어들거나 비행시간이 단축되지 않을 수도 있습니다.(의역)

These recommendations will help you **look out for** your health while traveling.
이러한 권장 사항들은 여러분이 여행 중에 건강을 돌보는 데 도움을 줄 것입니다.

어휘 be aware(cognizant) that ~을 인식하다 pose=raise=produce=bring on(about, forth) 초래하다, 야기하다
hazard=danger=peril=risk 위험 frequently=as often as not=more often than not 자주 the 비교급, the 비교급 ~하면
할수록, 더욱 더 ~하다 of particular concern 특히 중요한 cabin 객실, 선실 constantly=continuously=incessantly=
unceasingly=ceaselessly 끊임없이 recirculate 재순환시키다 instead of=in place of ~대신에 breathe 호흡하다,
들이마시다 fresh 신선한 air 공기 outside 외부 over and over again=again and again=time and again=time after
time=repeatedly 반복해서 passenger 승객 along wit=together with=coupled with ~과 더불어 expose 노출시키다
cold 감기 flu 독감 contagious disease 전염병 may have p.p ~했을지 모르다 on board 기내로, 탑승 시 protect 보호하다
make sure (that)=ensure (that) 반드시 ~하다 plenty of=a lot of=lot of=much 많은 dryness 건조함 of the cabin air/
enhance 높이다 susceptibility 민감성, 예민함 maintain=keep up 유지하다 general 전반적인, 일반적인 state 상태
exercise 운동하다 regularly=on a regular basis 규칙적으로 sort=kind 종류 be forced(obliged, compelled, impelled,
bound, made, driven, coerced) to 억지로 ~하다 position 자리, 위치 circulation 순환 particularly=especially=
in particular 특히 dangerous=perilous=jeopardous=hazardous=risky 위험함 be at risk for ~에 걸릴 위험에 처하다
blood clot 혈전, 피의 응고 circulatory 순환성의 lessen=decrease=diminish =reduce 줄이다 get up 일어나다
or so=about=around=approximately=some=roughly 대략 aisle 통로 stand up 일어서다 move around 돌아다니다
a few=some 약간의 improve 향상시키다 comfortable=cozy=at home=at ease 편안한 obligation=duty 의무
recommendation 권장 사항 allow(permit) A to B: A가 B하는 것을 허용하다 look out for=take care of=care(fend)
for=watch over 돌보다

---

168. Who is this article for?

(A) Flight attendants

(B) Business people

(C) Airline companies

(D) Doctors

이 기사는 누구를 위한 것이죠?

(A) 승무원

(B) 사업가

(C) 항공사

(D) 의사

169. Which of the following problems with flying is
discussed in the article?

(A) Sickness

(B) Bad food

(C) Plane crashes

(D) Uncomfortable seats

다음의 비행 관련 문제 중 어느 것이 기사에서
거론되고 있죠?

(A) 질병

(B) 상한 음식

(C) 비행기 추락

(D) 불편한 좌석

170. What is advised in the article?

(A) Don't exercise.

(B) Stay seated.

(C) Don't fly frequently.

(D) Take vitamins.

이 기사에서 조언하는 것은 무엇이죠?

(A) 운동하지 마세요.

(B) 앉아계세요.

(C) 자주 비행하지 마세요.

(D) 비타민을 섭취하세요.

171. The word "obligations" in paragraph 3, line 1 is closet in meaning to

(A) tips
(B) budgets
(C) duties
(D) managers

세 째 단락 1행에서 "obligations"와 의미상 가장 가까운 것은?

(A) 팁
(B) 예산
(C) 의무
(D) 관리자

---

168. (B) This is of particular concern/ for business travelers who fly frequently. 이 문장에서 '사업가'들에게 중요하다고 하죠?

169. (A) This exposes you/ to colds, flu, or any other contagious disease/ that another passenger may have brought on board.
이 문장에서 탑승 시 다른 승객이 가지고 탈 수 있는 다양한 질병에 노출될 수 있다고 하죠?

170. (D) You can protect yourself by making sure you get plenty of Vitamin C in the days before your flight.
이 문장에서 탑승 전 며칠 동안 비타민 C를 충분히 섭취하라고 충고하고 있죠?

171. (C) obligation=duty=liability=responsibility 의무, 책임

어휘 problem 문제 discuss 거론(토론, 의논)하다 advise 충고하다

Questions 172-175 refer to the following text-message chain. (다음의 일련의 문자메시지를 참조하십시오.)

KIERAN O'KELLY [18:44] At the library now… But I can't remember the name of the book you wanted.	**키란 오켈리 [18:44]** 지금 도서관에 있는데… 당신이 원하는 책의 이름이 기억이 안 나요.
AMBER HORTON [18:48] The Collected Works of Julien Sylvain	**앰버 호튼 [18:48]** 줄리앙 실뱅의 모음집
KIERAN O'KELLY [19:04] I don't see it on the shelves. According to the book's record in the catalog,// there're two copies. One is on loan.	**키란 오켈리 [19:04]** 책꽂이에 보이지 않습니다. 도서목록에 있는 책의 기록에 따르면,// 두 권이 있는데. 하나는 대출 중이래요. (172)
AMBER HORTON [19:05] Can you check them again?	**앰버 호튼 [19:05]** 다시 한 번 확인해보실래요?
KIERAN O'KELLY [19:07] I have already. Maybe someone's reading it at a table.	**키란 오켈리 [19:07]** 이미 확인해 봤어요. 누군가가 탁자에서 읽고 있을지 몰라요.
AMBER HORTON [19:08] Are you in the right section? It's an art book. It's new.	**앰버 호튼 [19:08]** 올바른 구간에 있나요? 그것은 미술책입니다. 새로운 책입니다.
KIERAN O'KELLY [19:14] Oops! I'm at a computer looking at the record again. One was in the art section. The other is in the area for new releases. (175)	**키란 오켈리 [19:14]** 아뿔사! 제가 컴퓨터에서 기록을 다시보고 있는데요. 하나는 예술 구간에 있었고. 다른 하나는 새 출판물 구간에 있네요.
AMBER HORTON [19:17] Did you find it?	**앰버 호튼 [19:17]** 찾았습니까?
KIERAN O'KELLY [19:21] I'm in line now and about to check it out for you. See you shortly. (174)	**키란 오켈리 [19:21]** 지금 줄을 서서 대출하려고합니다. 곧 만나요.

어휘 library 도서관 remember 기억하다 collect 모으다 works 작품 Julien Sylvain 프랑스의 사업가 shelf 책꽂이, 선반 according to ~에 따르면 catalog 목록, 도서 목록 on loan 대출 중 already 이미, 벌써 maybe=perhaps=probably= possibly=likely=as likely as not=most likely=very likely 아마 copy 책의 한 부 someone 누군가 section 구간 art 예술, 미술 oops! 아이쿠, 저런, 아뿔싸 release 발매물, 발표물, 신작, 개봉 be about to=be on the point(verge, edge, brink, eve, border) of ~ing 막 ~하려하다 check out (책을) 대출하다 shortly=soon 곧

172. What does Mr. O'Kelly indicate?

    (A) An artwork is no longer on display.

    (B) Someone has checked out a book

    (C) He has sent a new product catalog.

    (D) There is an error in a record.

오켈리 씨는 무엇을 암시합니까?

    (A) 미술품이 더 이상 전시되지 않는다.

    (B) 누가 책 한권을 대출해 갔다.

    (C) 그는 신제품 목록을 보냈다.

    (D) 기록에 오류가 있다.

173. At 19:07, what does Mr. O'Kelly mean when he writes, "I have already"?

    (A) He has checked out two new art books.

    (B) He has checked a library catalog twice.

    (C) He has already found one publication.

    (D) He has searched some shelves again.

19:07에 오켈리 씨가 "I have already"라고 쓸 때 무슨 뜻이죠?

    (A) 그는 두 권의 새 미술 책을 대출했다.

    (B) 그는 도서관 목록을 두 번 점검했다.

    (C) 그는 이미 하나의 출판물을 발견했다.

    (D) 그는 다시 일부 책꽂이를 살펴보았다.

174. What is suggested about Mr. O'Kelly?

    (A) He will make a copy.

    (B) He will wait at table.

    (C) He will borrow an art book.

    (D) He will ask the librarian for assistance.

오켈리 씨에 대해 시사하는 바는?

    (A) 그는 사본을 만들 것이다.

    (B) 그는 탁자에서 기다릴 것이다.

    (C) 그는 미술책을 한 권 빌릴 것이다.

    (D) 그는 사서에게 도움을 요청할 것이다.

175. How did Mr. O'Kelly find the location of a book?

    (A) By using a computer

    (B) By browsing some shelves

    (C) By following a librarian

    (D) By visiting some bookstores

오켈리 씨는 책의 위치를 어떻게 찾았죠?

    (A) 컴퓨터를 사용함으로써

    (B) 일부 책꽂이를 탐색하여

    (C) 사서를 훑어봄으로써

    (D) 일부 서점을 방문함으로써

정답과 해설

172. (B) One is on loan. 이 문장의 의미가 '한 권은 대출 중'이라는 뜻으로, 누군가가 책을 대출해갔다는 것을 의미합니다.

173. (D) I have already checked them again.을 줄인 것으로 '이미 다시 살펴보았다.'는 뜻이죠.

174. (C) I'm in line now and about to check it out for you. 이 문장에서 지금 책 대출하려고 줄을 서 있죠?

175. (A) 19시 14분에 I'm at a computer looking at the record again. One was in the art section. The other is in the area for new releases. 이 문장을 통해 그가 컴퓨터를 이용해서 책의 위치를 찾았음을 알 수 있죠.

어휘   indicate 말하다, 암시하다, 지적하다, 가리키다 artwork 미술품, 수공예품 no longer=not~any longer 더 이상 ~하지 않다 on display 전시 중 check out 책을 대출하다, 퇴실하다 product 제품 error 오류 mean 의미하다, 의도하다 twice 두 번 already 이미 find-found-found 발견하다 publication 출판물 search 살펴보다 shelf 책꽂이 suggest=imply=indicate 시사하다 borrow 빌리다 make a copy 사본을 만들다, 복사하다 librarian 도서관 직원, 사서 assistance 도움, 원조 location 위치 browse 훑어보다

Questions 176-180 refer to the following e-mail and memo. (다음의 이메일과 회람을 참조하십시오.)

To:	수신인:	Maximilian Johansson	막시밀리안 요한슨
From:	발신인:	Assawa Hussein	아사와 후세인
Subject:	제목:	Discrimination	차별
Date:	날짜:	January 22	1월 22일

Dear Mr. Johansson: 친애하는 요한슨 씨 :

After serious thought,// I have decided to resign from Marko Enterprises. (176)
진지한 생각 끝에,// 저는 마르코 엔터프라이즈에서 사직하기로 결심했습니다.

Over the past year,// I have overheard several co-workers making discriminatory remarks/ about my clothing, religion, and race. (177)
지난 한 해 동안,// 저는 여러 명의 동료들이 차별적으로 언급하는 것을 들었습니다/ 내 의복, 종교 및 인종에 대해서.

My traditional headdress/ is not only a symbol of my religion/ but also my way of life.
나의 전통적인 머리 장식은/ 나의 종교의 상징 일뿐만 아니라/ 나의 삶의 방식이기도합니다.

Other colleagues freely proclaim and display/ their religious beliefs/ in the office.
다른 동료들은 자유롭게 공표하고 나타냅니다/ 그들의 종교적 신념을/ 사무실에서.

Therefore,// I believe// **it** is only fair **that** all employees be given equal freedom of expression.
따라서,// 저는 믿습니다// 모든 직원에게 동등한 표현의 자유를 부여하는 것이 공정하다고.

I have devoted three years to this company/ and love my work.
저는 이 회사에 3년을 바쳤으며/ 제 일을 무척 좋아합니다.

It is only my working environment **that** I dislike.
제가 싫어하는 것은 오직 저의 근무 환경입니다.

Not all of my co-workers have treated me poorly.
모든 동료가 다 저를 푸대접한 것은 아닙니다.

However,// the number of those who have/ is enough that I feel uncomfortable at work.
하지만,// 저를 푸대접한 사람들의 수는/ 직장에서 제가 불편함을 느끼기에 충분합니다.

Additionally,/ I feel anxious/ and have noticed a decrease in my productivity at work,// both of which are direct results of the treatment I have received. (178)
또한,/ 저는 불안을 느끼고 있으며/ 직장에서의 생산성이 감소하는 것을 알았습니다.// 이 두 가지 모두 제가 받은 대우(취급)의 직접적인 결과입니다.

Please inform me if you would like to discuss this matter more in person.
이 문제를 직접 더 논의하고 싶다면 알려주십시오.

If not,// please consider this my letter of resignation.
그렇지 않을 경우,// 이 사직서를 고려해 주십시오.

어휘 serious 진지한, 심각한 thought 생각 decide=determine=resolve=make up one's mind 결심하다 resign from ~로부터 사직하다 over the past year 지난 한 해 동안 overhear 우연히 듣다 several 여러 명(대여섯 명) co-worker 동료 discriminatory 차별적인 remark 말, 언급 clothing 의복 religion 종교 race 인종 traditional 전통적인 headdress 머리 장식 symbol 상징 belief 신념 not only A but also B=B as well as A: A뿐만 아니라 B도 colleague 동료 freely 자유롭게 proclaim 공표하다 display=show 나타내다 therefore=so=thus=consequently=as a result 그래서, 따라서, 그 결과 fair 공정한 employee 직원 equal 동등한 result 결과 freedom of expression 표현의 자유 devote=dedicate 바치다 working environment 근무 환경 dislike 싫어하다 direct 직접적인 treat ~poorly ~을 푸대접하다 however 하지만, 그러나 uncomfortable=uneasy=ill at home=ill at ease 불편한 productivity 생산성 additionally=in addition=besides= moreover=furthermore =what is more=on top of that =by the same token 게다가, 더군다나 anxious 불안한, 걱정스런 notice 알아차리다, 발견하다 decrease 감소 treatment 대우, 취급 receive 받다 inform 알려주다 would like to ~하고 싶다 discuss=talk about 의논(논의)하다 in person 직접 letter of resignation 사직서 consider=contemplate=allow for=take account of=take into account(consideration)=think(brood, cogimate, mull, pore) over 고려하다

Memo(회람)

To:	수신인:	All Marko Enterprise Staff	모든 마르코 엔터프라이즈 직원
From:	발신인:	Maximilian Johanson	막시밀리안 요한슨
Subject:	제목:	Worker Morale	근로자 사기
Date:	날짜:	January 29	1월 29일

Complaints have been made of discriminatory remarks in our office.
우리 사무실에서 차별적인 발언에 대해 불평이 제기되었습니다.

This is completely unacceptable behavior at Marko Enterprises. (179)
이것은 마르코 엔터프라이즈에서 절대 용납할 수 없는 행동입니다.

We are legally and morally bound to take action/ against any form of discrimination,// whether against sex, race, religion, or sexual orientation. (179)
우리는 법적으로, 도덕적으로 조치를 취할 의무가 있습니다./ 어떤 형태의 차별에 대해서도// 성별에 대해서든, 인종에 대해서든, 종교에 대해서든 또는 성적 성향에 대해서든 (상관없이).

Each of our team members has signed a contract against such actions.
우리 팀원들은 각자 그런 행동에 대해 계약을 맺었습니다.

Therefore,// any member caught doing so/ will be fired **on the spot**,// **in accordance with** our no-tolerance policy.
따라서,// 그렇게 하다 적발된 팀원은 누구나/ 그 자리에서(즉시) 해고될 것입니다// 우리의 무관용 정책에 따라.

In order to improve our working environment,/ a one-hour lecture by the State Anti-Discrimination Board will be held every Monday/ for four weeks/ beginning on March 3 from 1:30-2:30 p.m. (180)
우리의 근무환경을 개선하기 위해,// 주(州)차별금지위원회의 1시간 강연이 매주 월요일에 열릴 것입니다./ 4주 동안/ 3월 3일 오후 1시 30분부터 2시30 분까지

All staff, including myself,/ **is required to** attend.
본인을 포함한 모든 직원들은/ 참석해야합니다.

At Marko Enterprises,/ we strive for excellence in business and relations.
마르코 엔터프라이즈에서는,/ 직무와 인간관계의 탁월함을 위해 노력하고 있습니다.

The way we treat one another in the workplace/ is directly connected to how we treat clients and how we represent the company.
우리가 직장에서 서로를 대하는 방식은/ 우리가 고객을 대하는 방식과 회사를 대표하는 방식과 직결되어 있습니다.

Marko Enterprises intends to **take the lead**/ in making sure all of our hard-working staff feel secure.
마코 엔터프라이즈는 앞장설 작정입니다./ 열심히 일하는 우리 모든 직원들이 반드시 안전감을 느끼도록 하는 데.

Please join us in making Marko Enterprises a leader in human rights.
마르코 엔터프라이즈를 인권의 선도자로 만드는 데 동참해주십시오.

어휘   memo 회람, 돌려보는 글 complaint 불평, 불만 discriminatory 차별적인 remark 발언, 언급, 말 completely 전혀, 완전히, 전적으로 unacceptable 용납할 수 없는 behavior 행동 legally 법적으로 morally 도덕적으로 be bound to ~할 의무가 있다, ~해야한다 take action=take steps(measures) 조치(조처)를 취하다 discrimination 차별 whether A or B: A이든 B이든 race 인종 religion 종교 sexual orientation 성적 성향, 성적 지향 contract 계약, 계약서 therefore=so=thus=hence =consequently 그래서, 따라서, 그 결과 catch-caught-caught 붙잡다 on the spot=at once=immediately=instantly=off hand=out of hand=in no time fire=dismiss=discharge=sack=kick out 해고하다 in accordance with=according to ~에 따라 no-tolerance policy 무관용 정책 in order to=so as to=with intent to=with a view to ~ing ~하기 위하여 improve 개선하다 working environment 근무환경 a one-hour lecture 1시간 강연 the State Anti-Discrimination Board 주(州)차별금지위원회 staff 직원 including ~을 포함하여 be required to ~해야한다 attend 참석하다 strive for ~을 위해 노력하다 excellence 우수성, 탁월함 relation 인간관계 treat 대하다 one another 서로 workplace 직장 directly 직접적으로 be connected(related) to ~와 관련있다 client 고객 represent 대표하다 intend to ~할 작정이다 take the lead 앞장서다 make sure (that)=ensure (that) 반드시 ~하도록 하다 hard-working 열심히 일하는 secure 안정된, 안전한 leader 선도자 human rights 인권

176. What is the main purpose of the e-mail?
    (A) To congratulate a co-worker on retiring
    (B) To complain about decreased staff numbers
    (C) To ask for an increase in office hours
    (D) To announce the writer's intentions to quit

이메일의 주된 목적은 무엇이죠?
    (A) 은퇴하는 동료를 축하하기 위해서
    (B) 직원 수 감소에 대해 불평하기 위해서
    (C) 근무시간의 증가를 요청하기 위해서
    (D) 작성자의 그만두겠다는 의도를 알리기 위해서

177. What has happened to the writer of the e-mail?
    (A) She has recently changed her religion.
    (B) She has been discriminated against.
    (C) She has been unfairly fired.
    (D) She has been caught speaking ill of others.

이메일 작성자에게 무슨 일이 있었나요?
    (A) 그녀는 최근에 종교를 바꿨다.
    (B) 그녀는 차별을 받았다.
    (C) 그녀는 부당하게 해고당했다.
    (D) 그녀는 다른 사람들을 흉보다가 들켰다.

178. Which is a result of the writer's unfair treatment?
    (A) Less work getting done per day
    (B) Changes in her working schedule
    (C) Increases in pressure at home
    (D) A growing dislike for her co-workers

작성자의 부당한 대우 결과는 어느 것이죠?
    (A) 하루에 이뤄지는 일이 줄어듦
    (B) 그녀의 근무 일정 변경
    (C) 집에서의 압박이 증가함
    (D) 동료들에 대한 혐오감 증가

179. What can be inferred about Mr. Johanson?

    (A) He is a victim of discrimination.

    (B) He holds a lower-level position in the company.

    (C) He is sincere about reducing discrimination.

    (D) He discriminates against his employees.

요한슨 씨에 대해 추론 할 수 있는 것은?

    (A) 그는 차별의 희생자이다.

    (B) 회사에서 하위 직책을 맡고 있다.

    (C) 그는 차별을 줄이는 것에 대해 진지하다.

    (D) 그는 직원들을 차별한다.

180. Which is NOT true about the lectures mentioned in the memo?

    (A) They will take place during afternoon hours.

    (B) The State Board will host the lectures.

    (C) There will be four lectures in total.

    (D) The lectures will take place biweekly.

회람에 언급된 강의에 대해 사실이 아닌 것은?

    (A) 오후 시간에 진행될 예정이다.

    (B) 주위원회가 강의를 주최 할 것이다.

    (C) 총 네 번의 강의가 있을 예정이다.

    (D) 강의는 격주로 진행될 예정이다.

정답과 해설	**176.**	(D) After serious thought, I have decided to resign from Marko Enterprises. 이 문장에서 '사직할 의사'를 표현하고 있죠?
	177.	(B) I have overheard several co-workers making discriminatory remarks about my clothing, religion, and race. 이 문장에서 작성자가 '차별대우 받았음'을 알 수 있죠.
	178.	(A) I feel anxious/ and have noticed a decrease in my productivity at work, both of which are direct results of the treatment I have received. 이 문장에서 '생산성 감소'가 하나의 결과이죠.
	179.	(C) This is completely unacceptable behavior at Marko Enterprises. 이 문장에서 '절대 용납할 수 없는 행동'이라고 지적하고 있는 것으로 보아 대단히 진지함을 알 수 있죠.
	180.	(D) a one-hour lecture by the State Anti-Discrimination Board will be held every Monday. 이 문장에서 '매주 월요일'에 강연이 이뤄질 것이라고 했죠.

어휘	main=chief=primary 주된 purpose 목적 congratulate 축하하다 co-worker 동료 retire 은퇴(퇴직)하다 ask(call) for=demand 요구하다 complain(grumble, gripe) about 불평하다 decrease=diminish=lessen=reduce 줄이다 increase 인상, 증가 announce 알리다, 발표하다 quit 그만두다, 포기하다 happen=occur=arise=take place=come about=come to pass 발생하다 intention 의도 recently=lately=of late 최근에 unfairly 부당하게 fire=dismiss=discharge=sack=kick(drum) out 해고하다 discriminate 차별하다 speaking ill of=find fault with=abuse=disparage 흉보다, 험담하다 result 결과 treatment 대우, 취급, 처리, 치료 less 더 적은 get done 행해지다, 이뤄지다 per day 하루 당 pressure 압박 grow 증가하다 dislike 혐오, 싫어함 infer 추론하다 victim 희생자 lower-level position 하위직 sincere=serious 진지한 lecture 강연 mention 언급하다 take place=be held 열리다 host 개최(주최)하다 in total 총 biweekly 2주에 한 번, 1주에 두 번

Questions 181-185 refer to the following form and review. (다음의 서식과 평가를 참조하십시오.)

Paper Shredder 종이 분쇄기 모델	Price 가격	Usage 용량	Cut Type 절단 형태	Comments 평가
Privacy Solutions PL-1500	$28	light 경량	strip 국수형	easy to empty 비우기 쉬움
Privacy Solutions PL-4200	$35	light 경량	cross 십자형	paper jams easily 종이 쉽게 걸림
Privacy Solutions PL-6100	$79	light 경량	cross 십자형	3 settings 3개의 설정
Privacy Solutions PL-7800	$120	medium 중간량	cross 십자형	can cut up to 10 pages 10장까지 절단 가능
Sander Cross-Cut RDL-611X	$75	medium 중간량	cross 십자형	can cut up to 6 pages 6장까지 절단 가능
Link Shredder 72300	$200	heavy 중량	cross 십자형	can cut up to 15 pages 15장까지 절단 가능
Shuffle Shred X-10C	$42	light 경량	strip 국수형	paper jams easily 종이 쉽게 걸림
Shuffle Shred DC-3088	$58 (181)	light 경량	strip 국수형	extra-long cord 특별히 긴 줄
Shuffle Shred DC-004	$75	medium 중간량	strip 국수형	can cut up to 8 pages 8장까지 절단 가능
Shuffle Shred GP-710	$99	medium 중간량	cross 십자형	paper jams easily 종이 쉽게 걸림
Shuffle Shred GS-610	$110	medium 중간량	cross 십자형	easy to empty (182) 비우기 쉬움
Shuffle Shred GT-300	$210	heavy 중량	cross 십자형	cuts credit cards 신용카드 절단

Product Trial's Review: 제품 시용 기관의 평가

April 20-- Spotlight: Paper Shredders 4월 20일-- 스포트라이드: 종이 분쇄기

Most reviewers agree// that cross-cut shredders are more secure than strip-cut shredders. (183)
대부분의 평가자들은 동의합니다// 십자형 절단 분쇄기가 국수형(긴 줄 모양) 절단 분쇄기보다 더 안전하다는 데.

This is because cross-cut shredders produce paper confetti,// which is more difficult to put back together than the paper strips from strip-cut shredders.
이유는 십자형 절단 분쇄기는 종이 색종이를 만드는데,// 이것은 국수형 절단 분쇄기에서 나온 종이 조각보다 다시 조립하기가 더 어렵기 때문입니다.

What our reviewers found/ was that for light-use paper shredders,/ the strip-cut models functioned better than the cross-cut models.
우리의 평가자들이 발견한 것은/ 경량 사용 종이 분쇄기의 경우/ 국수형 절단 모델이 십자형 절단 모델보다 더 잘 작동한다는 것이었습니다.

The light-use cross-cut models that we tested/ were prone to paper jams.
우리가 테스트한 경량 사용 십자형 절단 모델은/ 종이 걸림에 취약했습니다.

Product Trial tested more models made by Shuffle// because they make the most paper shredders of any company. (184)

제품 시용 기관은 셔플사가 제작한 모델을 더 많이 테스트했습니다.// 왜냐하면 그들이 모든 회사가운데서 가장 많은 종이 분쇄기를 만들기 때문에.

We also noticed// that Shuffle receives more complaints than any company,/ especially for their light- and medium-use models.

우리는 또한 알았습니다// 셔플사는 어느 회사보다 더 많은 불평을 받는다는 것을./ 특히 경량 및 중간급 사용 모델에 대해.

Heavy-use models by Shuffle/ are known for their quality and durability.

셔플사의 중량용 모델은/ 품질과 내구성이 뛰어난 것으로 알려져 있습니다.

Our favorite paper shredder/ is the Privacy Solutions PL-7800,/ which retails for $120. (185)

우리가 가장 좋아하는 종이 분쇄기는/ 프라이버시 솔루션 PL-7800이며,// 그것은 120달러에 소매됩니다.

This cross-cut paper shredder works well,/ did not jam in any of our tests,/ and is well worth the money.

이 십자형 종이 분쇄기는 작동이 잘 되고,/ 어떤 테스트에서도 종이가 걸리지 않았으며,/ 그만한 돈(값)의 가치가 충분히 있습니다.

The Privacy Solutions PL-7800/ is rated for ten sheets of paper// and, although it operated faster with fewer sheets,/ it had no trouble with all ten. (185)

프라이버시 솔루션 PL-7800은/ 10장까지 절단 가능한 등급을 받았습니다./ 그리고 이 모델은 더 적은 수의 종이를 사용할 때 더 빨리 작동했지만,/ 10장을 전부 넣었을 때도 전혀 문제가 없었습니다.

It can handle about 300 sheets per day.

그것은 하루에 300장 정도를 처리할 수 있습니다.

It can also shred CDs. (185)

그것은 CD도 절단할 수 있습니다.

If you don't need a CD shredder and have minimal shredding needs,// the Privacy Solutions PL-6100, which retails for $79,/ is a good deal.

CD 절단기가 필요 없고 최소한의 절단 기능만 필요하다면,// 소매가격 79달러짜리 프라이버시 솔루션 PL-6100도/ 좋은 거래입니다.

어휘   Spotlight 미국의 주간지 이름 shredder 분쇄기, 절단기 reviewer 평가자, 검열관 cross-cut 십자형 절단(꽃가루 모양으로 잘게 절단하는 것) agree 동의하다 secure 안전한 strip-cut 국수형 절단, 긴 줄 모양으로 절단하는 것 produce 만들다, 생산(제작)하다 confetti 색종이 put back together 다시 조립하다 strip 작은 조각 light-use 경량 사용 function 작동(기능)하다 be prone to ~하기 쉽다, ~하는 경향이 있다 paper jam 종이 걸림 notice 발견하다. 알아차리다 receive 받다 complaint 불평, 불만 especially=particularly=in particular 특히 medium 중간의, 보통의 heavy 무거운, 두툼한 be known for ~로 알려져 있다 quality 품질 durability 내구성 favorite 가장 좋아하 retail 소매하다, 소매되다 jam 종이가 걸리다 be well worth the money 충분한 돈의 가치가 있다. rate 등급을 매기다, 평가하다 although=though= even though=notwithstanding=while 비록 ~이지만 operate 작동하다 trouble 어려움. 문제 handle=deal(do, cope) with 다루다 about=around=approximately=some=roughly=or so 대략 per day 하루 당 shred 절단하다. 갈기갈기 찢다 minimal 최소한의 a good deal 좋은 거래. 잘 산 것

181. Which model sells for $58?

(A) Shuffle Shred GP710

(B) Shuffle Shred DC3088

(C) Privacy Solutions PL-4200

(D) Sander Cross-Cut RDL-611X

어떤 모델이 58 달러에 판매됩니까?

(A) Shuffle Shred GP710

(B) Shuffle Shred DC3088

(C) Privacy Solutions PL-4200

(D) Sander Cross-Cut RDL-611X

182. What is said about the Shuffle Shred GS-610?

(A) It is easy to empty.

(B) It has an extra-long cord.

(C) It has three different settings.

(D) It can cut up to eight sheets at a time.

Shuffle Shred GS-610에 대해 뭐라고 말합니까?

(A) 비우기 쉽다.

(B) 특별히 긴 줄을 가지고 있다.

(C) 세 가지 설정이 있다.

(D) 한 번에 최대 8 매까지 절단 할 수 있다.

183. What is claimed about cross-cut shredders?

(A) They are considered more secure.

(B) They can cut more pages at one time.

(C) They do not jam as often as strip-cut shredders.

(D) They are available only for medium or heavy use.

십자형 절단 분쇄기에 대한 주장하는 것은?

(A) 더 안전한 것으로 간주된다.

(B) 한 번에 더 많은 페이지를 자를 수 있다.

(C) 국수형 절단 분쇄기만큼 자주 종이가 걸리지 않는다.

(D) 중간 또는 두꺼운 용도에만 사용할 수 있다.

184. What is learned about Shuffle?

(A) They have excellent customer service.

(B) Their products sell for more than others.

(C) They make very good medium-use shredders.

(D) They make more shredders than most companies.

Shuffle에 대해서 알 수 있는 것은?

(A) 훌륭한 고객 서비스를 제공한다.

(B) 그들의 제품은 다른 것보다 더 많이 팔린다.

(C) 그들은 아주 좋은 중간용 분쇄기를 만든다.

(D) 그들은 대부분의 회사보다 더 많은 분쇄기를 만든다.

185. Which of the following is NOT true about the Privacy Solutions PL-7800?

(A) It can shred CDs.

(B) It retails for $79.

(C) It can handle up to 300 pages per day.

(D) It is Product Trial's favorite paper shredder.

다음 중 Privacy Solutions PL-7800에 해당하지 않는 것은?

(A) CD를 분쇄 할 수 있다.

(B) 그것은 $ 79에 소매된다.

(C) 하루에 최대 300 페이지를 처리 할 수 있다.

(D) 제품 시용 기관이 가장 좋아하는 종이 분쇄기다.

(다음의 기사, 광고, 및 이메일을 참조하십시오.)

Brand-X Coming to Town(Brand-X가 도시에 오다)

March 9 – Popular Danish skincare company, Brand-X/ is finally launching their best-selling line in America.
3월 9일–인기 있는 덴마크 스킨케어(피부 관리) 회사인 Brand-X가/ 마침내 미국에서 베스트셀러 제품을 출시합니다.

The 88-year-old company/ has been Denmark's leading skincare brand// and the top selling cream, Xtreme 7,/ has been Europe's most popular facial cream/ for over 10 years.
88년 된 이 회사는/ 덴마크의 선도적인 스킨케어 브랜드였으며// 가장 많이 팔린 크림인 Xtreme 7은/ 유럽에서 가장 인기 있는 얼굴 크림이었습니다/ 10년이 넘도록.

Though Americans may not have had access to these creams before,// the brand is already generating much excitement.
미국인들이 이전에는 이런 크림에 접근할 수 없었을 것임에도 불구하고,// 그 브랜드는 이미 많은 흥분을 일으키고 있습니다.

Dermatologist D. Francis Keenan/ explains,// "Tests have shown/ that Xtreme 7 dramatically reduces the fine lines around the eye area and laugh lines/ after only 30 days of use,// but the price of the cream/ is only a fraction of what department store brands sell for. I'll definitely recommend this cream to my clients." (186)
피부과 전문의 D. 프란시스 키난은/ 설명합니다// "실험 결과/ 엑스트림7은 눈 주변의 미세 주름과 웃음 선을 극적으로 줄여줍니다/ 30일만 사용해도,// 하지만 그 크림의 가격은/ 백화점 브랜드가 판매되는 가격의 일부에 불과합니다. 저는 고객들에게 이 크림을 꼭 추천할 겁니다."라고.

"People have been asking about Xtreme 7,// but the products haven't even arrived yet!" added Susan Chan, an employee at a beauty counter. "People are already calling in to preorder."
"사람들은 Xtreme 7에 대해 물어보고 있지만,// 제품은 아직 도착하지 않았습니다!"라고 미용실 직원인 수잔 찬은 덧붙였습니다. "사람들이 벌써 사전 주문하러 전화하고 있어요."라고.

A spokesperson for the company explained// that Brand-X is making moves to expand into the North American and Asian markets. (187)
이 회사의 대변인은 설명했습니다.// Brand-X가 북미 및 아시아 시장으로 진출하기 위해 행동을 취하고 있다고.

For now,// only the best-selling line/ will be available/ sometime next month,/ outside of Europe,// but within a year,/ more products will be available. (188)
현재로서는,// 베스트셀러 제품만/ 구입이 가능할 것입니다/ 다음 달 중으로/ 유럽 이외 지역에서,// 하지만 1년 안에,/ 더 많은 제품을 구입할 수 있게 될 것입니다.

어휘 popular 인기 있는 Danish 덴마크의 skincare 피부 관리 finally=ultimately=eventually=at last(length)=in the long run 마침내 launch 출시하다 line 제품, 구입품, 품종, 종류, 혈통, 주름 leading 선도적인 facial 얼굴의 over=more than 이상 though=although=even though ~이지만, ~하더라도 may have p.p ~했을지 모르다 have access to 접근(접속, 입수)하다 already 이미, 벌써 generate=produce=incur=induce=engender 생산하다 excitement 흥분 dermatologist 피부과 전문의 explain=expound=account for=set forth 설명하다 dramatically 극적으로, 눈부시게 reduce=decrease=diminish =lessen 줄이다 fine 미세한 laugh line 웃음 선 fraction 소량, 파편 department store 백화점 sell 팔다, 팔리다 definitely 꼭, 분명히, 확실히 recommend 추천하다 client 고객 product 제품, 상품 arrive 도착하다 yet 아직 beauty counter= beauty parlor=beauty salon 미용실 employee 직원 call in 전화하다, 들르다 preorder 사전 주문하다 spokesperson 대변인 make moves 행동을 취하다, 떠나다 expand 넓히다, 확장하다 for now 현재로서는 available 구입 가능한 sometime 언젠가 outside of 이외 지역에서

Brand-X Positions at American Headquarters
in Westminster, California
(캘리포니아 주 웨스트민스터 소재 미국 본부의 Brand-X 근무처)

Don't miss your chance to work in an exciting career in skincare and beauty with Brand-X.
Brand-X와 함께 피부 관리와 미용 분야에서 흥미진진한 경력을 쌓을 수 있는 기회를 놓치지 마십시오.

80 administrative and customer service positions/ will be available/ regardless of experience.
80 개의 행정 및 고객 서비스 직책이/ 비어있습니다/ 경험에 관계없이. (189)

Applicants need to have good communication skills,/ bilingual ability in both English and Spanish is preferred but not necessary,// and knowledge in computer use is a must.
지원자는 훌륭한 의사소통 능력을 갖고 있어야하며,/ 영어와 스페인어 2개국 언어 능력이 우선시되지만 필수는 아니며,// 컴퓨터 사용에 대한 지식은 필수입니다.

Applicants with experience in cosmetics, dermatology, or marketing/ will get a chance to work in several management positions for Brand-X. (189) (190)
화장품, 피부과 또는 마케팅에서 경험이 있는 지원자는/ Brand-X의 여러 관리직에서 일할 수 있는 기회를 얻게 될 것입니다.

Please visit our website at www.brandx.com/jobs for more information.
더 자세한 내용을 위해서는 웹 사이트 www.brandx.com/jobs를 방문하십시오.

You can fill out the application forms and send them in before March 20th.
신청서를 작성하여 3월 20일 이전에 제출하시면 됩니다.

Interviews will **take place**/ at Hillway Building on 143 Garden Road.
면접은 이뤄질 것입니다/ 143 Garden Road의 Hillway Building에서.

Be sure to bring your resumes and reference letters.
반드시 이력서와 추천서를 지참해 주십시오.

어휘   headquarters 본부, 본사 career 경력 in skincare 피부 관리 administrative 행정상의, 관리의 position 직책, 자리, 위치 available 일자리라 비어있는, 이용 가능한, 구할 수 있는 applicant 지원자, 신청자, 구직자 need to=have to=must ~해야한다 regardless(irrespective) of=without regard(respect, reference) to ~에 상관(관계)없이 experience 경험 bilingual 두 나라 말을 하는 communication skill 의사소통 능력 ability 능력 both A and B: A와 B 둘 다 prefer 선호하다, 우선시하다 necessary 필수적인 knowledge 지식 a must 필수 cosmetics 화장품 dermatology 피부과, 피부의학 several 여러 가지, 대여섯의 reference letter 추천서 management position 관리직 information 정보 fill out=fill in=complete 작성하다 the application form 신청서, 지원서 send(hand, give, turn) in=submit 제출하다 take place 열리다, 진행되다 be sure to=never fail to 반드시 ~하다 resume 이력서

To:	수신인:	Professor David Mills	데이비드 밀스 교수
From:	발신인:	**Jacqueline O'Hare**	재클린 오 헤어
Date:	날짜:	March 28	3월 28일
Subject:	제목:	Job	직무

Dear Professor Mills, 친애하는 밀스 교수님,

Thank you so much for the reference letter you supplied me with.
교수님께서 저에게 제공해주신 추천서에 대해 대단히 감사드립니다.

I was recently hired by Brand-X/ and I begin my orientations at 10:00 A.M. next week Wednesday.
저는 최근 Brand-X에 채용되었으며/ 다음 주 수요일 오전 10시에 오리엔테이션을 시작합니다.

However, we have our statistics test at that time.
그러나, 우리는 그 시간에 통계학 시험이 있습니다.

Is there any way that I can take a make-up test at a different time/ or hand in another assignment as a replacement for the test?
제가 다른 시간에 보충시험을 치르거나/ 시험 대신에 다른 과제를 제출할 수 있는 방법이 있는지요?

I would hate to miss the orientations with are mandatory// and I don't want to disappoint my new employer.
저는 필수적으로 해야 하는 오리엔테이션을 놓치고 싶지도 않고// 저의 새 고용주를 실망시키고 싶지도 않습니다.

The job should not **have any other impact on** my school work/ otherwise.
직무가 학업에 어떤 다른 영향도 끼치지 않을 것입니다./ 그 밖의 모든 면에서

I kindly appreciate your consideration in this.
이점 참작해주시면 감사하겠습니다.

Sincerely,(끝 맺음말) 감사합니다.

Jacqueline O'Hare 재클린 오 헤어

어휘   professor 교수님 reference letter 추천서 supply(provide, furnish) A with B: A에게 B를 제공하다 recently=lately=of late 최근에 hire=employ 고용하다 orientation 적응 훈련 Wednesday 수요일 however 그러나 statistics 통계학 a make-up test 보충(추가)시험 hand(give, turn, send) in=submit 제출하다 assignment 과제 as a replacement for ~대신에 would hate to ~하기 싫다 mandatory=obligatory 의무적인, 필수적인 disappoint 실망시키다 employer 고용주 job 직무, 직업, 일 should 틀림없이 ~할 것이다 have an impact(effect, influence) on ~에 영향을 끼치다 school work 학업 otherwise 그 밖의 모든 면에서 appreciate 감사하다 consideration 고려, 배려, 참작

---

186. What does Dr. Keenan suggest about Xtreme 7?
(A) It is the most effective cream on the market.
(B) It is worth the high price tag.
(C) It is both effective and cheap.
(D) It is the only cream that doctors would recommend.

키난 박사는 Xtreme 7에 대해 뭐라고 말하죠?
(A) 시중에서 가장 효과적인 크림이다.
(B) 고가의 가격표의 가치가 있다.
(C) 효과적이고 저렴하다.
(D) 의사들이 권장하는 유일한 크림입니다.

187. According to the article, what does Brand-X plan to do?

(A) Sell more products in Europe

(B) Expand outside of Europe

(C) Develop a makeup line

(D) Build a factory in America

기사에 따르면, Brand-X는 무엇을 할 계획이죠?

(A) 유럽에서 더 많은 제품 판매할 계획

(B) 유럽 이외의 지역으로 확장할 계획

(C) 메이크업 제품을 개발할 계획

(D) 미국에 공장을 지을 계획

188. What is suggested about Brand-X?

(A) Products are currently only available in Europe.

(B) It is Europe's most popular brand.

(C) It is a luxury skincare company.

(D) The company was first launched 10 years ago.

Brand-X에 대해 시사하는 바가 뭐죠?

(A) 제품은 현재 유럽에서만 구할 수 있다.

(B) 유럽에서 가장 인기 있는 브랜드이다.

(C) 고급 스킨케어 회사입니다.

(D) 이 회사는 10 년 전에 처음 시작되었다.

189. For what position was Jacqueline most likely hired?

(A) Management

(B) Dermatology

(C) Marketing

(D) Customer Service

재클린은 어떤 직책에 고용 되었을까요?

(A) 관리직

(B) 피부과

(C) 마케팅

(D) 고객 서비스

190. What is indicated in the advertisement?

(A) All positions require previous work experience.

(B) Applicants must be bilingual.

(C) Experience in certain fields can lead to management positions.

(D) The available positions are only temporary.

광고에서 무엇이 암시되어 있나요?

(A) 모든 직책은 이전 직장 경력이 필요하다

(B) 지원자는 2개 국어를 사용할 수 있어야한다.

(C) 특정 분야에서의 경험은 관리직으로 이어질 수 있다.

(D) 구할 수 있는 직책은 임시적일 뿐이다.

정답과 해설	**186.**	(C) Xtreme 7 dramatically reduces the fine lines around the eye area and laugh lines after only 30 days of use, but the price of the cream/ is only a fraction of what department store brands sell for. 이 문장 속에서 그 효과와 가격에 대한 언급이 있죠? 그것을 여러분이 찾으셔야 해요.
	187.	(B) Brand-X is making moves to expand into the North American and Asian markets. 이 문장에 답이 들어 있죠?
	188.	(A) For now, only the best-selling line/ will be available sometime next month, outside of Europe, 이 문장에서 '다음 달에 유럽 밖에서 구입할 수 있다'는 말은 '현재는 유럽에서만 구입할 수 있다'는 뜻으로 유추할 수 있어야 합니다.
	189.	(D) Applicants with experience in cosmetics, dermatology, or marketing will get a chance to work in several management positions for Brand-X. 재클린은 이 문장에 해당사항이 없습니다. 따라서 고객서비스직에 고용되었을 가능성이 가장 높죠.
	190.	(C) Applicants with experience in cosmetics, dermatology, or marketing will get a chance to work in several management positions for Brand-X. 이 문장에서 '화장품, 피부과 또는 마케팅에서 경험이 있는 지원자는/ Brand-X의 여러 관리직에서 일할 수 있는 기회를 얻게 될 것'이라고 언급되어 있죠.
어휘		suggest=indicate=imply 넌지시 말하다, 암시(제안)하다 the most effective 가장 효과적인 be worth ~의 가치가 있다 price tag 가격표 cheap 값싼 the only 유일한 recommend 추천하다 according to ~에 따르면 plan to ~할 계획이다 sell 팔다 product 제품, 상품 expand 확장하다 develop 개발하다 a makeup line 화장품목 factory 공장 currently 현재 available 구할 수 있는 certain 특정한 most popular 가장 인기 있는 luxury 고급, 호화, 사치 most likely=very likely= probably=possibly=perhaps 십중팔구 hire=employ 채용(고용)하다 management 관리 launch 출범하다, 시작하다 dermatology 피부과 customer service 고객 서비스 require 요구하다, 필요로 하다 previous 이전의 experience 경험 applicant 신청자, 지원자 bilingual 2개 국어를 사용할 줄 아는 field=branch=scope=sphere=realm 분야 lead to 이어지다, 이끌다, 초래하다, 가져오다 temporary=transitory 임시의, 일시적인

Questions 191-195 refer to the following email, schedule, and text-message chain.
(다음의 이메일, 일정표, 그리고 일련의 문자 메시지를 참조하십시오.)

May 20, 3: 15 p.m. 5월 20일 오후 3시 15분

Dear Mairanne, 친애하는 Mairanne,

I am so excited that you decided to accept the position here in the London office.
나는 당신이 이곳 런던 영업소의 직책을 수락하기로 결정해서 매우 기쁩니다.

There is a great team out here,// and I think you'll fit in well.
이곳에는 훌륭한 팀이 있어서,// 당신이 잘 적응할 것으로 생각됩니다.

It's been a little hard adjusting to the weather after living in Los Angeles for my entire life,// but I'm sure you won't have a problem with that,// having growing up in Seattle and Vancouver. (191)
저는 평생 로스앤젤레스에 거주 한 후 날씨에 적응하기가 조금 어려웠지만,// 당신은 날씨로 인한 문제는 없을 것으로 확신합니다.// 당신은 시애틀과 밴쿠버에서 자랐기 때문에.

The weather is pretty similar - overcast and drizzly/ with periods of sun a few times a day. (192)
날씨는 매우 비슷합니다. 즉 흐리고 가랑비가 내립니다/ 하루에 몇 차례 햇볕이 내리면서.

Public transportation here is top-notch,// and I recommend taking the train from the airport/ when you arrive.
이곳의 대중교통은 최고 수준입니다.,// 그래서 공항에서 기차를 타실 것을 권해드립니다/ 당신이 도착하면.

I've attached a train schedule for you// so you can see which one works/ given your 7:45 a.m. arrival. (193)
당신을 위해 열차 시간표를 첨부했습니다.// 어떤 열차가 운행되는지 확인할 수 있도록/ 오전 7시 45분 도착을 고려하여.

Remember you'll need to clear immigration and customs,// so I recommend expecting to get to the tain platform about 2 hours after you land. (193)
출입국 관리와 세관 절차를 밟아야한다는 점을 명심하세요.// 그러므로 착륙한 지 약 2시간 후에 열차 플랫폼에 도착할 것으로 기대하시는 것이 좋습니다.

Our offices are a few blocks away from the train station,// so I can meet you there, and we can walk back to the office together. (194)
우리 사무실은 기차역에서 몇 블록 떨어져 있어요.// 그러므로 거기서 만나서 함께 사무실로 걸어올 수 있습니다.

Have a safe flights! 안전한 비행 하시기를 바랍니다!

Sanjay 산제이 (191)

어휘   p.m. 오후 excited 신이 난, 흥분된 decide=determine=resolve=make up one's mind 결심하다 accept 수락하다 position 직책 office 영업소, 사무실 fit in 적응하다 a little 약간, 조금 hard=difficult 어려운 adjust to 적응하다 weather 날씨 for one's entire life 평생 problem 문제 grow up 자라다, 성장하다 pretty 꽤, 매우 similar 비슷한 overcast 흐린 drizzly 가랑비가 내리는 a few times a day 하루에 몇 차례 public transportation 대중교통 top-notch 최고 수준, 일류의 recommend 권하다, 추천하다 attach 첨부하다 so (that) 주어 can ~할 수 있도록 given=considering 고려하여 a.m. 오전 arrival 도착 clear immigration and customs 출입국 관리와 세관 절차를 밟다(통과하다) get to=arrive at=reach 도착하다 about=around=approximately=some=roughly=or so 대략 a few blocks away from 몇 블록 떨어져 있는

Departure(출발) – Airport(공항)		Arrival(도착) – Central London(중 런던)	
8:30 a.m.	오전 8시 30분	8:50 a.m.	오전 8시 50분
9:00 a.m.	오전 9시	9:20 a.m.	오전 9시 20분
9:30 a.m.	오전 9시 30분	9:50 a.m.	오전 9시 50분
10:00 a.m.	오전 10시	10:20 a.m.	오전 10시 20분
10:30 a.m.	오전 10시 30분	10:50 a.m.	오전 10시 50분 (195)

Hi Sanjay

So sorry, there is a huge line at the passport control...   Marianne, May 23, 9:20 a.m.

안녕하세요, 산제이. 죄송합니다, 여권 심사대에 엄청난 줄이 있어서...   마리안, 5월 23일 오전 9시 20분

Welcome to London:) Does it look very bad? Do you

think you'll make it to the train, as planned?   Sanjay May, 23, 9:22 a.m.

런던에 오신 것을 환영합니다 :) 매우 안 좋아 보입니까? 당신은

예정대로 열차 시간에 맞춰 도착할 수 있을 것 같나요?   산제이, 5월 23일 오전 9시 22분

I honestly doubt that. It doesn't seem to be moving at all.   Marianne, May 23, 9:30 a.m.

솔직히 의심스러워요. 줄이 전혀 움직이지 것 같지 않아요.   마리안, 5월 23일 오전 9시 30분

No problem. Just text me again when you are

on the train, and I'll step out of the office then.   Sanjay, May 23, 9:31 a.m.

괜찮아요. 그저 기차에 타면 다시 문자를 보내주세요.

그러면 그때 사무실을 나서겠습니다.   산제이, 5월 23일 오전 9시 31분

Ok. I am through with the passport. Customs seems

fluid. So, it looks like I will be only half an hour late. (195)   Marianne, May 23, 9:45 a.m.

알겠습니다. 여권심사는 다 끝났어요. 세관은 유동적인 것 같아요.

그래서 단지 30분만 늦을 것 같아요.   마리안, 5월 23일 오전 9시 45분

Great. See you soon! Sanjay   May 23, 9:51 a.m.

잘 됐네요. 곧 만나요! 산제이   5월 23일 오전 9시 51분

어휘   huge 엄청난, 거대한 the passport control 여권 심사대, 출입국 관리 make it to ~의 시간에 맞추다 as planned 계획했던 대로, 예정대로 honestly=frankly=candidly 솔직히 doubt 의심하다 move 움직이다
not~at all=not~a bit=not~in the least(slightest)=never 전혀 ~하지 않다 text 문자를 보내다 step out of ~에서 나가다
be through with ~을 통과하다, ~을 마치다 customs 세관 fluid 유동적인 it looks like ~인 것 같다 only=no more than
단지 half an hour 30분 late 늦은

191. Where did Sanjay grow up?

(A) Los Angeles

(B) London

(C) Seattle

(D) Vancouver

산제이는 어디에서 자랐습니까?

(A) 로스앤젤레스

(B) 런던

(C) 시애틀

(D) 밴쿠버

192. What is the weather typically like in Seattle?

(A) Sunny and dry

(B) Overcast and rainy

(C) Sunny and rainy

(D) Overcast and dry

시애틀의 날씨는 일반적으로 어떤가요?

(A) 화창하고 건조하다

(B) 흐리고 비가 온다

(C) 화창하고 비가 온다

(D) 흐리고 건조하다

193. Which train to London was Marianne planning to take?

(A) The 8:30 a.m. tain

(B) The 9:00 a.m. train

(C) The 9:30 a.m. train

(D) The 10:00 a.m. train

마리안은 런던 행 어떤 열차를 탈 예정이었죠?

(A) 오전 8시 30분 열차

(B) 오전 9시 열차

(C) 오전 9시 30분 열차

(D) 오전 10시 열차

194. Where will Sanjay meet Marianne?

(A) At the office

(B) At the airport

(C) At the train station

(D) In front of the office

산제이는 마리안을 어디에서 만날까요?

(A) 사무실에서

(B) 공항에서

(C) 기차역에서

(D) 사무실 앞에서

195. At what time will Marianne arrive in Central London?

(A) 10:00 a.m.

(B) 10:20 a.m.

(C) 10:30 a.m.

(D) 10:50 a.m.

마리안은 몇 시에 중앙 런던에 도착합니까?

(A) 오전 10시

(B) 오전 10시 20 분

(C) 오전 10시 30 분

(D) 오전 10시 50 분

정답과 해설

191. (A) after living in Los Angeles for my entire life. 이 문장을 통해서 산제이가 LA에서 자랐음을 알 수 있어야 합니다.

192. (B) The weather is pretty similar – overcast and drizzly. 이 문장에서 흐리고 비가 내린다는 것을 알 수 있죠.

193. (D) I recommend expecting to get to the tain platform about 2 hours after you land. 오전 7시 45분에 도착하고, 약 2시간 후에 열차 플랫폼에 도착할 것으로 기대하라고 했으니, 10시 열차를 탈 예정이었음을 알 수 있죠.

194. (C) Our offices are a few blocks away from the train station,// so I can meet you there. 이 문장을 통해서 그들이 기차역에서 만날 것임을 알 수 있죠.

195. (D) it looks like I will be only half an hour late. 이 문장을 통해서 30분 늦으면, 10시 30분 열차를 타게 될 것이고, 따라서 20분 후인 10시 50분에 중앙 런던에 도착하겠죠.

어휘 grow up 자라다, 성장하다 typically weather 날씨 대표적으로, 전형적으로, 특징적으로 be planning(scheduled, supposed, slated, going, due) to ~할 예정이다 in front of=before ~앞에

Questions 196-200 refer to the following e-mails. (다음의 이메일들을 참조하십시오.)

To:	수신인:	Lillian Ross <lillianross@kingstonsportinggoods.com>
From:	발신인:	Eric West <ericwest@jmsolutions.com>
Date:	날짜:	November 4 10:34 A.M. 11월 4일 오전 10시 34분
Subject:	제목:	Website Development 웹 사이트 개발
Attachment:	첨부:	Details 세부사항

Dear Ms. Ross, 친애하는 로스 씨,

You contacted us last week/ in order to ask some of our computer programmers to help your company develop a website.
당신은 지난주 저희에게 연락하셨습니다./ 저희의 일부 컴퓨터 프로그래머들에게 귀사가 웹사이트를 개발하는 것을 도와달라고 부탁하기 위해.

JM Solutions would be happy to offer you our services.
JM 솔루션은 기꺼이 당신에게 저희 서비스를 제공해 드리겠습니다.

As I said on the phone,// we will help design and program a website// that will attract more customers and offer an online sales platform. (197)
전화상에서 말씀 드렸듯이,// 저희는 웹 사이트를 디자인하고 프로그램을 짜는 데 도움을 드리겠습니다.// 더 많은 고객을 유치하고 온라인 판매대를 제공할.

During this time,// we will need to hold meetings with your marketing division/ in order to best capture your company's goals.
이 기간 동안,// 저희는 당신의 마케팅 부서와 회의를 개최해야 합니다/ 귀사의 목표를 가장 잘 파악하기 위해.

Once the website has been completed in mid-February next year,// we will hold a training seminar/ in order to train your employees in the skills necessary to maintain and update your website.
내년 2월 중순에 웹 사이트가 완성되면,// 저희는 연수회를 개최할 것입니다/ 웹 사이트를 유지하고 업데이트하는 데 필요한 기술을 당신 직원들에게 교육하기 위해.

The website development and training seminar/ will cost a total of $32,000.
웹 사이트 개발 및 연수회는/ 총 32,000 달러의 비용이 듭니다.

We request that a deposit of 10% be paid in advance.
계약금 10 %를 사전에 지불해 주실 것을 요청 드립니다.

Please see the attached file for detailed costs and schedules.
자세한 비용 및 일정은 첨부 파일을 참조하십시오.

We **look forward to** working with you in the near future.
우리는 가까운 장래에 당신과 함께 일하기를 기대합니다.

Our staff members/ will strive to meet all your needs.
우리 직원들은/ 당신의 모든 요구사항들을 충족시키기 위해 노력할 것입니다.

Therefore,// just let me know when your marketing division is available to meet us in person and discuss some of the details of the project. (196)
그러므로,// 당신의 마케팅 부서가 언제 우리를 직접 만나서 프로젝트의 세부 사항에 대해 논의할 수 있는지 알려주십시오.

Please contact me at your convenience.
언제든지 연락 주십시오.

Eric West 에릭 웨스트

어휘   contact 연락하다 last week 지난주 in order to=so as to=with intent to=with a view to ~ing 하기 위해 develop
개발하다 be happy(willing, glad, ready) to 기꺼이~하다 offer 제공하다 attract 유치하다, 끌어들이다
an online sales platform 온라인 판매대 during 동안에 division 부서 capture 파악하다, 포착하다 goal 목표 once
일단 ~하면 complete 완성하다 training seminar 연수회 employee 직원 maintain=keep up 유지하다 cost 비용이
들다 request 요청하다 deposit 계약금 meet=satisfy 충족시키다 in advance=ahead of time =beforehand 미리,
사전에 attached file 첨부 파일 detailed 자세한 therefore=so=thus=hence 그러므로 look forward to ~ing ~하기를
기대하다 strive(try, seek, work) to ~하기 위해 노력하다 at one's convenience 언제든지, 아무 때나 available 가능한
discuss=talk over 논의하다

To:	수신인:	Lillian Ross <lillianross@kingstonsportinggoods.com>
From:	발신인:	Raymond Wells <raymondwells@kingstonsportinggoods.com>
Date:	날짜:	November 4 10:37 A.M. 11월 4일 10:37 A.M.
Subject:	제목:	First Quarter Budget 1 분기 예산
Attachment:	첨부:	Q1_Budget Q1_예산(1분기 예산)안

Dear Ms. Ross, 친애하는 로스 씨,

I have attached the current draft for the company's budget for the first quarter of next year.
내년 1분기 회사 예산에 대한 초안을 첨부했습니다.

As you will notice,// all of the profits made from this year's back-to-school sale/ are planning to be spent on billboard advertisements on the main highways. (198)
보시다시피,// 올해의 신학기 판매로 벌어들인 모든 이익은/ 주요 고속도로의 빌보드(대형 광고판) 광고에 사용될 예정입니다.

I will call a design team later this afternoon/ and **ask** them **to** create eye-catching images/ for the advertisement.
오늘 오후에 디자인 팀에 전화해서/ 눈길을 끄는 이미지를 만들도록 요청하겠습니다/ 광고를 위해서.

At our last meeting,// you mentioned that you would like to review the budget before it is finalized.
지난번 회의에서,// 예산안이 확정되기 전에 재검토하고 싶다고 당신이 말씀하셨는데요.

I have already included employee raises in the first quarter's expenses,// but if you can think of anything else, please let me know.
제가 이미 1분기 지출에 직원 급여 인상을 포함시켰습니다만,// 다른 생각이 있으면, 저에게 알려주십시오.

I would like to have the budget finalized before next week's planning meeting.
다음 주 기획 회의 전에 예산을 마무리 짓고 싶습니다.

Raymond Wells 레이몬드 웰스.

어휘   attach 첨부하다 current draft 초안 budget 예산 the first quarter 1분기 notice 알아차리다, 눈치 채다 profit 이익
back-to-school sale 신학기 판매 be planning(going, due, scheduled, supposed, slated, set) to ~할 예정이다 advertisement
광고 main=chief 주요한 highway 고속도로 eye-catching 눈길을 끄는 mention 언급하다 would like to ~하고 싶다 review
재검토하다 finalize 확정하다, 마무리 짓다 already 이미, 벌써 include=involve=encompass=embody 포함하다
employee raise 직원 급여 인상 expense 비용, 지출 planning meeting 기획 회의, 계획 세우는 회의

To:	수신인:	Raymond Wells <raymondwells@kingstonsportinggoods.com>
From:	발신인:	Lillian Ross <lillianross@kingstonsportinggoods.com>
Date:	날짜:	November 4 10:40 A.M. 11월 4일 오전 10시 40 분
Subject:	제목:	Emergency Budget Addition 긴급 예산 추가

Dear Mr. Wells, 친애하는 웰스 씨,

I am glad you forwarded me your proposed budget// when you did.
저는 당신이 제안한 예산안을 세게 보내주셔서 기쁩니다.// 당신이 (예산안을) 제안하면서.

Just prior to receiving your e-mail,// I received an estimate for our planned website development.
당신의 이메일을 받기 직전에,// 저는 우리가 계획하고 있는 웹사이트 개발에 대한 견적을 받았습니다.

It looks like it is going to be more expensive than I had anticipated.
제가 예상했던 것보다 더 비쌀 것 같아요.

Although the final bill of $32,000 is not due immediately,// we will have to find an extra $3,200 in next year's first quarter budget// if we want to proceed with JM Solutions' proposal. (200)
비록 32,000달러의 최종 청구서를 즉시 지불해야하는 것은 아니지만,// 우리는 내년 1분기 예산에서 3,200달러를 추가로 마련해야 합니다// JM 솔루션즈 제안을 진행하려면.

If you have any questions regarding this matter,// please just come to my office/ and we can go over where we can make the tough cuts/ to come up with this funding. (199)
이 문제와 관련하여 궁금한 점이 있으시면,// 제 사무실로 오십시오/ 그러면 어디에서 어려운 삭감을 할 수 있는지 우리는 검토해 볼 수 있어요/ 이 자금을 마련하기 위해.

어휘   forward 보내다, 전송하다 propose 제안하다 just prior to ~하기 직전에 receive 받다 estimate 견적 development 개발 it looks like ~할 것 같다 anticipate=expect 예상하다. 기대하다 although=though=even though=notwithstanding= while 비록 ~이지만 bill 청구서 expensive 비싼 due 마땅히 지불해야하는 immediately=at once=directly=instantly=off hand =out of hand=in no time 즉시 find 마련하다 extra=additional 추가적인 proceed with ~을 진행하다 proposal 제안 question 질문, 문의 사항, 궁금한 점 regarding=respecting=concerning=as regards(respects, concerns) go(look, run) over 훑어보다 tough 어려운, 힘든, 치열한 come up with 내 놓다, 찾아내다. 제안(제시, 생산)하다 funding 자금, 자금 조달

---

196. Why did Mr. West write the first e-mail?   웨스트 씨는 왜 첫 번째 이메일을 썼나요?

(A) To inquire about a service   (A) 서비스에 대해 문의하기 위해

(B) To schedule a meeting   (B) 회의 일정을 잡기 위해

(C) To report on a budget   (C) 예산에 대해 보고하기 위해

(D) To apply for a position   (D) 일자리에 지원하기 위해

197. What service does JM Solutions provide?   JM 솔루션은 어떤 서비스를 제공합니까?

(A) Recruitment and employees training   (A) 모집 및 직원 교육

(B) Graphic design   (B) 그래픽 디자인

(C) Web programming   (C) 웹 프로그래밍

(D) Marketing strategy consultation   (D) 마케팅 전략 컨설팅

198. According to the second e-mail, how will the profits of the back-to-school sale be spent?

(A) On purchasing advertising space

(B) On repairing some roads

(C) On paying for JM Solutions' service

(D) On hiring more employees

두 번째 이메일에 따르면, 신학기 판매 수익은 어떻게 지출될까요?

(A) 광고 공간을 구매하는 데

(B) 일부 도로를 수리하는 데

(C) JM 솔루션 서비스 비용을 지불하는 데

(D) 더 많은 직원을 고용하는 데

199. What is included by the third e-mail?

(A) The budget for the first quarter of next year looks good.

(B) JM Solutions has a strong reputation.

(C) It will be easy for Kingston Sporting Goods to find money in their budget for web development.

(D) Some items in the budget may lose their funding in order to pay for web development.

세 번째 이메일에는 무엇이 포함되어 있나요?

(A) 내년 1 분기 예산은 좋아 보인다.

(B) JM 솔루션은 확고한 명성을 갖고 있다.

(C) Kingston Sporting Goods가 웹 개발을 위한 예산 을 구하기는 쉬울 것이다.

(D) 예산 내 일부 항목은 웹 개발 비용을 지불하기 위해 자금을 잃을 수도 있다.

200. Why does Kingston Sporting Goods need to allow for $3,200 for web development?

(A) They need the best web money can buy.

(B) They have to expand their business into other territories.

(C) They have to pay JM Solutions 10% of the overall cost as a deposit.

(D) They have to negotiate a better deal after the deposit.

왜 Kingston Sporting Goods는 웹 개발을 위해 3,200달러를 계산에 넣어야합니까?

(A) 그들은 돈으로 살 수 있는 최고의 웹이 필요하 니까.

(B) 그들은 다른 지역으로 사업을 확장해야 하니 까.

(C) JM 솔루션은 전체 비용의 10%를 계약금으로 지불 해야 하니까.

(D) 계약금 이 후에 더 나은 거래를 협상해야 하니 까.

정답과 해설

196. (B) Therefore, just let me know when your marketing division is available to meet us in person and discuss some of the details of the project. 이 문장에서 회의 일정을 잡고자한다는 것을 알 수 있죠.

197. (C) we will help design and program a website. 이 문장에 web programming이 들어 있죠?

198. (A) all of the profits made from this year's back-to-school sale are planning to be spent on billboard advertisements on the main highways. 이 문장에서 '빌보드 광고에 사용될 예정'이라고 말하고 있죠?

199. (D) we can go over where we can make the tough cuts to come up with this funding. 이 문장에서 '어디에서 힘든 삭감을 할 수 있는지'를 검토한다는 내용이 나오죠? 따라서 예산의 일부 항목이 예산을 잃을 수 있다는 뜻이죠.

200. (C) 이 문제는 '$3,200' 라는 단어를 먼저 찾은 다음, 그 주변을 살피세요. 그러면 The website development and training seminar will cost a total of $32,000. We request that a deposit of 10% be paid in advance. 이 문장이 보이죠?

어휘 inquire about ~에 대해 문의하다 apply for ~에 지원(신청)하다 provide 제공하다 recruitment 모집 strategy 전략 purchase 구매하다 space 공간 repair=mend=do(fix) up 수리하다 pay for ~의 비용을 지불하다 hire=employ 채용(고용)하다 include=comprise 포함하다 strong 강력한, 확고한 reputation 명성 item 항목 in order to=so as to ~하기 위해 allow for 참작하다, 계산에 넣다 expand 확장하다 territory 지역, 영역 overall 전체의, 전반적인 deposit 계약금, 착수금, 적립금 negotiate 협상하다 deal 거래

유니크 쏙쏙
토익 *TOEIC* 700제

실력 및
스킬 다지기

04

Questions 131-134 refer to the following e-mail. (다음의 이메일을 참조하십시오.)

To :	수신인:	Hina Khan <hkhan@baystream.net>	히나 칸 <hkhan@baystream.net>
From :	발신인:	Jin-guk Shin <jshin@glaxtoncomputers.com>	신진국 <jshin@glaxtoncomputers.com>
Subject :	제목:	Employment	채용
Date :	날짜:	September 12	9월 12일

Dear Ms. Khan, 친애하는 칸 씨에게.

Thank you for expressing interest in an employment opportunity with Glaxton Computer.
글랙스턴 컴퓨터와의 고용 기회에 관심을 표명해 주셔서 감사합니다.

This e-mail is to confirm// that our human resources department ------- your resume.
                                                                    131.
이 이메일은 확인해드리는 것입니다// 우리의 인사과가 당신의 이력서를 ------- 것을.
                                                              131.

The office is currently in the process of reviewing your ------- and work experience.
                                                          132.
회사에서는 현재 당신의 -------과 업무 경험을 검토하는 과정에 있습니다.
               132.

A recruiter will contact you by phone// if you are selected for an interviewer.
채용 담당자가 당신에게 전화로 연락드릴 것입니다.// 당신이 면접관으로 선발되면.

-------, we will keep your contact information on file and contact you// should another suitable vacancy
133.
become available in the future.

-------, 우리는 당신의 연락처를 파일에 보관하고 있다가 당신에게 연락을 드리겠습니다.// 앞으로 다른 적당한 빈자
133.
리가 생길 경우.

-------.
134.
Sincerely, 감사합니다.

Jin-guk Shin Human Resources 인사부 신진국

---

131. (A) receive
    (B) to receive
    (C) will receive
    (D) has received

133. (A) unless
    (B) otherwise
    (C) for example
    (D) in comparison

    (A) ~하지 않는 한
    (B) 그렇지 않으면
    (C) 예를 들자면
    (D) 대조해 보면

132. (A) qualifications
    (B) qualifying
    (C) qualified
    (D) qualifies

    (A) 업무능력, 자격
    (B) 자격을 부여하기
    (C) 자격을 갖춘
    (D) 자격을 주다

134. (A) Congratulations on your new job!

(B) We are happy to share that information with you.

(C) We appreciate your interest in working with us.

(D) We feel honored to cooperate with you in this field.

(A) 새로운 일자리를 얻은 것을 축하합니다!

(B) 우리는 그 정보를 당신과 공유하게 되어 기쁩니다.

(C) 우리와 함께 일하는데 관심을 가져 주셔서 감사합니다.

(D) 이 분야에서 귀하와 협력하게 되어 영광입니다.

정답과 해설	**131.**	(D) '동사자리'이면서 의미상 '받은 것이 먼저이므로'
	132.	(A) "업무능력, 자격"의 뜻으로 가장 자연스러우므로
	133.	(B) 문맥상 '그렇지 않으면'이 들어가야 가장 자연스러우므로
	134.	(C) 문맥상 가장 자연스러우므로

어휘	express 표현(표명)하다 interest 관심, 흥미 employment 고용, 채용 opportunity 기회 confirm=verify=identify =ascertain 확인하다 human resources department 인사과 resume 이력서 office 회사, 사무실, 사무로 review=scrutinize 면밀히 검토하다 currently 현재 in the process of=in course of ~하는 과정에 있는 qualifications 업무 능력, 자격 work experience 업무 경험 recruiter 채용 담당자 contact=make contact with 연락하다 by phone 전화로 select=choose=pick out 선발하다 interviewer 면접관 contact information 연락처 sincerely=best regards=all the best 끝 맺음말 Human Resources 인사부 should another suitable vacancy become available=if another suitable vacancy should become available 다른 적당한 빈자리가 생길 경우: if가 생략된 구문으로 도치된 문장(u. 233쪽 참조)

Questions 135-138 refer to the following announcement. (다음의 공고문을 참조하십시오.)

A limited number of seats are still -------/ for medical professionals and other individuals interested in
135.
attending the August 18 convention on "Medicine and Patient Safety" at the Camden Hotel.

제한된 좌석 수가 여전히 -------./ 8월 18일 총회에 참석하고자 하는 의료 전문가와 기타 개인들을 위해서/ 캠던 호
135.
텔에서 열리는 "의료 및 환자 안전"에 관한 (총회에).

Patient safety is one of the most controversial issues in the world of medicine today,// so the convention
is expected to attract plenty of media coverage.
환자 안전은 오늘날 의학계에서 가장 논란이 되는 문제 중 하나입니다,// 그래서 그 총회는 많은 언론의 취재를 끌 것
으로 예상됩니다.

The event -------by Dr. Howard Burns, a professor of internal medicine at the Camden University.
136.
이 행사는 캠든 대학의 내과 교수인 하워드 번즈 박사에 의해 -------.
136.

Symposiums for the afternoon session/ include a discussion of the benefits and dangers of prescription
medication/ and the -------of a publication/ containing several articles/ on pharmaceutical industry,
137.
drug safety and the new technology for surgical treatments.

오후 시간을 위한 토론회는/ 처방약의 이점 및 위험에 대한 토론과 출판물의 -------가 포함되어 있습니다/ 제약 산
137.
업, 약물 안전 및 외과 치료를 위한 신기술에 관한 여러 기사를 담고 있는 (출판물의 발표가).

Tickets may be purchased online/ at www.conventions.org/patient_safety on a ------- basis.
138.
티켓은 온라인으로 구입할 수 있습니다./ www.conventions.org/patient_safety에서/ -------.
138.

---

135. (A) available
(B) convenient
(C) independent
(D) empty

(A) 이용 가능한
(B) 편리한
(C) 독립적인
(D) 비어있는

137. (A) sequence
(B) series
(C) release
(D) exchange

(A) 순서
(B) 일련
(C) 발표
(D) 교환

136. (A) will officiate
(B) will be officiated
(C) was officiated
(D) was being officiated

(A) 진행할 것이다
(B) 진행될 것이다
(C) 진행되었다
(D) 진행되고 있었다

138. (A) second-come, second-served
(B) first-come, second-served
(C) first-served, first-come
(D) first-come, first-served

(A) 두 번째로 온 사람이 두 번째로 대접받는
(B) 첫 번째로 온 사람이 두 번째로 대접 받는
(C) 첫 번째로 대접 받는 사람이 첫 번째로 오는
(D) 첫 번째로 온 사람이 첫 번째로 대접받는

135. (A) 문맥상 '이용 가능한'이 가장 자연스러우므로

136. (B) 본문의 문장이 '행사가 주어인 수동태'이므로

137. (C) 문맥상 '출판문의 발표'가 가장 자연스러우므로

138. (D) on a first-come, first-served basis 선착순으로

어휘   limited 제한된, 한정된 seat 좌석 medical professional 의료 전문가 individual 개인 be interested in ~에 관심이 있다 attend=take part in=participate in 참석하다 August 8월 convention 총회 medicine 의료, 의학, 의술, 약물 patient 환자 safety 안전 the most controversial 가장 논란이 되는 issue 문제, 쟁점 be expected to ~할 것으로 예상되다 attract 끌다, 끌어 들이다 plenty of=lots of=a lot of=much 많은 media 매체 coverage 취재, 보도 event 행사 professor 교수 internal medicine 내과 symposium 토론회 session 수업 시간, 회의 기간 include=involve=comprise =contain 포함하다 discussion 토론 benefits 이점, 장점 danger 위험 prescription medication 처방약 a publication 출판물 several 여러 가지의, 몇몇의 article 기사 pharmaceutical industry 제약 산업 drug safety 약물 안전 surgical treatment 외과 치료 purchase 구입하다

Questions 139-142 refer to the following article. (다음의 기사를 참조하십시오.)

In the modern job market,// candidates expect to be able to search, view and apply for jobs/ right from their -------.
139.

현대 취업시장에서,// 지원자들은 일자리를 검색하고 보고 지원할 수 있을 것으로 기대한다/ 그들의 -------에서 바 **139.**
로.

This means// that not only are mobile-friendly job boards a necessity,/ ------- some companies are taking **140.**
it further with mobile recruitment apps.

이것은 의미한다// 모바일 친화적인 취업 게시판이 필수일 뿐 아니라,/ ------- 일부 기업이 모바일 채용 앱으로 이를 **140.**
더욱 발전시키고 있다는 것을.

Smaller companies may be on the fence about investing in a mobile-optimized hiring process,// but if you want to draw in today's top talent,/ -------.
141.

소규모 기업들은 모바일에 최적화 된 채용 과정에 (돈을) 투자하는 것과 관련하여 유보적인 입장을 취하고 있을지 모 르지만,// 오늘날 최고의 인재를 끌어들이려면,/ -------.
141.

Luckily,// there's more than one way to up your mobile recruiting game,// and not all of them require ------- investment in risky new apps.
142.

다행히도,// 모바일 채용 게임을 올리는 방법이 두 가지 이상이 있는데,// 그것들 모두가 위험한 새로운 앱에 막대한 투자를 필요로 하는 것은 아니다.

---

139. (A) opportunities (A) 기회
(B) smartphones (B) 스마트 폰
(C) ranges (C) 범위
(D) services (D) 서비스

142. (A) heavy (A) 막대한, 많은
(B) annual (B) 연간의, 매년의
(C) detailed (C) 상세한
(D) emergency (D) 비상

140. (A) or (A) 또는
(B) so (B) 그래서
(C) but (C) 하지만
(D) and (D) 그리고

141. (A) you'll need to reach them where they are.
(B) hundreds of workers could lose their jobs.
(C) inexperience can work against a candidate looking for a job.
(D) drivers can use their smartphone/ to see which spaces they can use.

(A) 당신은 그들에게 도달해야 합니다/ 그들이 있는 곳으로 (가서).
(B) 수백 명의 노동자들이 일자리를 잃을 수 있다.
(C) 무경험은 구직자에게 불리하게 작용할 수 있다.
(D) 운전자는 스마트 폰을 사용하여/ 그들이 어느 (주차) 공간을 이용 할 수 있는지 확인할 수 있다.

139. (B) 문맥상 'mobile-friendly job boards'이라는 표현을 사용하고 있으므로 스마트 폰이 들어가야 가장 자연스럽죠.

140. (C) not only A but also B: A 뿐만 아니라 B도

141. (A) 문맥상 '구직자가 있는 곳으로 찾아가야 좋은 인재를 구할 수 있다'는 취지이므로.

142. (A) Luckily(다행히도)라는 표현 속에, '많은 투자를 할 필요가 없다'는 내용이 들어가야 논리적이죠.

어휘 modern 현대의 job market 취업시장 candidate 지원자 expect to ~할 것으로 기대하다 be able to ~할 수 있다 search 검색하다 view 보다 apply for 지원하다 right 바로 mean 의미하다 not only A but also B: A뿐만 아니라 B도 recruitment 채용, 모집 mobile-friendly 모바일 친화적인 job board 취업 게시판 a necessity=a must 필수 mobile-optimized 모바일에 최적화 된 take something further 발전시키다, 한 단계 높이다 be on the fence about ~과 관련하여 유보적인 입장을 취하다 invest in ~에 투자하다 hiring process 채용 과정 draw in 끌어들이다 top talent 최고의 인재 luckily=fortunately 다행히도 up 올리다, 늘리다 recruiting game 채용 게임(고용자와 구직자가 상호간의 정보를 얻기 위한 게임) require 요구하다 investment 투자 risky=dangerous 위험한

Questions 143-146 refer to the following hospital discharge card. (다음의 퇴원 카드를 참조하십시오.)

Thank you for choosing Greenville Community Hospital for your ------- medical needs.
143.
귀하의 ------- 의학적 필요(치료)를 위해 그린빌 커뮤니티 병원을 선택해 주셔서 감사드립니다.
143.

We have striven to provide you with the best possible -------.
144.
저희는 귀하에게 가능한 최고의 -------을 제공하려고 노력했습니다.
144.

It's been ------- pleasure to serve you.
145.
귀하를 모시는 것은 ------- 기쁨이었습니다.
145.

You may receive a survey in the mail.
귀하는 우편으로 설문 조사를 하나 받으실지 모릅니다.

There are a number of questions to be rated on a 1-5 scale,/ from very poor to very good.
1–5 등급으로 평가해야 할 많은 질문들이 있습니다./ 매우 형편없음에서부터 매우 훌륭함까지.

This survey is very important to us.
이 설문 조사는 저희에게 매우 중요합니다.

-------.
146.

If you have any questions or comments,// please contact the Director of Patient Relations at 555-0152.
질문이나 의견이 있으시면,// 555–0152로 환자 관련 담당자에게 문의해 주십시오.

143. (A) latter   (A) 후자
(B) recent   (B) 최근의
(C) early   (C) 일찍
(D) ahead   (D) 앞서

144. (A) care   (A) 보살핌
(B) opinion   (B) 의견
(C) memory   (C) 기억
(D) opportunity   (D) 기회

145. (A) his   (A) 그의
(B) your   (B) 귀하의
(C) their   (C) 그들의
(D) our   (D) 우리의

146. (A) The hospital is the best in the region.
(B) We have doctors with high qualifications.
(C) We use the results to improve our service.
(D) New procedures are available at our facility.

(A) 병원은 이 지역에서 최고입니다.
(B) 우리는 우수한 자격을 가진 의사들이 있습니다.
(C) 우리는 서비스를 개선하기 위해 그 결과들을 이용하거든요.
(D) 새로운 절차가 우리 시설에서 가능합니다.

143. (B) 퇴원 카드이므로 '최근의 치료'의 뜻이 되어야 가장 자연스럽죠.

144. (A) 문맥상 '보살핌'이 들어가야 가장 자연스럽죠.

145. (D) 글쓴이의 입장에서 기쁨이었으므로 '우리의 기쁨'이 되어야 가장 자연스럽죠.

146. (C) 문맥상 설문조사의 목적이 '서비스 개선'이라는 취지의 글이 가장 자연스러우므로.

어휘 | choose=select=pick out 고르다, 선택하다 community 공동체, 지역 사회, 공중 hospital 병원 medical needs 의학적 필요, 치료 strive-strove-striven 노력하다 provide(supply, furnish) A with B: A에게 B를 제공하다 the best 최고의, 최선의 possible 가능한 pleasure 기쁨 serve 모시다, 섬기다, 봉사하다, 시중들다 may ~할지 모르다 receive 받다 a survey 설문 조사 in the mail=by mail 우편으로 a number of=a lot of=lots of=plenty of 많은 question 질문 rate=estimate=value=appraise 평가하다 scale 등급, 단계, 계급, 규모, 비늘 from A to B: A에서 B까지 important=significant=consequential=momentous 중요한 comment 의견, 견해, 논평 contact=make contact with ~에게 연락(문의)하다 director 책임자, 담당자, 관리자, 이사, 감독 patient 환자, 참을성 있는 relation 관련, 관계

Questions 147-148 refer to the following notice. (다음의 공지사항을 참조하십시오.)

Stanford Employment Agency 스탠포드 직업소개소

Stanford Employment Agency/ seeks a receptionist for a busy office.
스탠포드 직업소개소는/ 바쁜 사무실의 접수계원을 찾습니다.

Primary duties/ include greeting potential clients, filing and typing. (147)
주요 업무는/ 잠재적인 고객들에게 인사하고 서류 정리하고 타자치는 일을 포함합니다.

The successful candidate/ must have a friendly manner/ and be able to operate a multiline telephone system/ in a busy office setting. (147)
합격자는/ 상냥한 태도를 가져야하며,/ 다선 전화 시스템을 다룰 수 있어야 합니다/ 바쁜 사무실 환경에서.

In addition,// the receptionist will assist the office manager as directed.
게다가,// 접수원은 지시대로 사무장을 보좌할 것입니다.

Candidates must have finished secondary school. (148)
지원자는 중등학교를 마친 상태가 되어야합니다.

Prior experience in a similar job/ is helpful but not necessary.
비슷한 직무에서의 이전 경험은/ 도움이 되지만 꼭 필요한 것은 아닙니다.

Excellent salary and benefits/ are offered.
우수한 봉급과 복리후생이/ 제공됩니다.

Please send a letter of interest and résumé/ to Gita Aggarwal, Stanford Employment Agency,/ 17 Market Way, Edinburgh, EH1 1Th.
관심서와 이력서를 보내주십시오/ 스탠포드 직업소개소 기타 아가왈에게./ 17 Market Way, Edinburgh, EH1 1Th에 있는.

Visit our Web site for more information : www.stanfordemployment.co.uk
자세한 내용은 저희의 웹 사이트를 참조하십시오: www.stanfordemployment.co.uk

---

147. What is indicated about the job?
(A) It is available only to office managers.
(B) It involves teaching people to type.
(C) It includes welcoming people to the office.
(D) It requires the ability to repair telephone lines.

일자리와 관련하여 시사하는 것이 무엇이죠?
(A) 사무장만 이용할 수 있다.
(B) 사람들에게 타자치는 법을 가르치는 것이 포함된다.
(C) 사무실에 온 사람들을 환영하는 일을 포함한다.
(D) 전화선을 수리하는 능력을 필요로 한다.

148. What is required of job candidates?
(A) Experience in a previous job
(B) Completion of secondary school
(C) Participation in a telephone interview
(D) Completion of an online application form

입사 지원자에게 요구되는 것이 무엇이죠?
(A) 이전 직장에서의 경험
(B) 중등학교 졸업
(C) 전화 면접 참여
(D) 온라인 신청서 작

147. (C) greeting potential clients in a friendly manner를 통해서 여러분이 답을 끌어내야 합니다.

148. (B) Candidates must have finished secondary school. 이 문장 속에 답이 들어 있죠?

employment agency 직업소개소 seek=look for 찾다 receptionist 접수계원 busy 바쁜 primary 주요한 duty 의무, 업무, 근무 include=involve=comprise 포함하다 greet 인사하다 potential 잠재적인 client 고객 file 서류 정리를 하다 successful 성공한 manner 태도 candidate 구직자, 지원자 friendly 상냥한, 친절한 be able to ~할 수 있다 operate 다루다, 운영하다 setting 환경 assist 보좌하다, 돕다 a multiline telephone system 다선(여러 대의) 전화 시스템 office manager 사무장 must have p.p ~한 상태가 되어야 한다 in addition=additionally=besides=moreover=furthermore=what is more= on top of that=by the same token 게다가 résumé 이력서 as directed 지시대로 secondary school 중등학교 prior 이전의 experience 경험 in a similar 비슷한 helpful 도움이 되는 necessary 필요한, 필수적인 excellent 우수한 salary 봉급 benefits 혜택, 복리후생 EH1 에딘버러 우편번호 이름 a letter of interest 관심서(특정 회사에 관심을 갖고 채용 가능성을 알아보는 편지) information 정보

Questions 149-150 refer to the following invoice. (다음의 운송장을 참조하십시오.)

<table>
<tr><td colspan="2">

INVOICE 405-9021-32

Western Building Center1326 Bixton Road, Maryville, E3T 6K7Tel: (305) 670-1561 Fax: (305)670-5160

Date of order: March 31Client's Name: Ronald Jenkins
Account number: 2403179Business Address: 905 Kingsbury Road, Newton, E2F 5B

</td><td colspan="2">

운송장 405-9021-32

웨스턴 빌딩센터
1326 빅스턴 로드, 메리스빌, E3T 6K7
전화: (305) 670-5161 팩스: (305) 670-5160

주문일: 3월 31일
고객명: 로날드 젠킨스
계정번호: 2403179
사업장 주소: 905 킹스버리 로드, 뉴턴, E2F 5B

</td></tr>
</table>

Items (품목)	Cost/one item (개당 비용)	Quantity(수량)	Cost(비용)
Gelford Hammer 겔포드 해머	$7.50	2	$15.00
Bag of Jasmine regular nails 재스민 일반 못 자루	$8.00	1	$8.00
Full length cedar boards 대형 삼나무 널빤지	$11.00	20	$220.000
Sampson GR3200 band saw 샘프슨 GR3200 띠톱	$391.000	1	$391.00
Total Due: $634.000			

Other Notes: As we have done with all your previous orders,// all items will be sent to your place of business.
기타 주의사항: 고객님의 이전의 모든 주문들에서 그랬던 것처럼,// 모든 품목이 고객님 사업장으로 보내질 것입니다.

Also,// please note// that you still need to pay $50.00 for the Emerson cordless drill that you ordered in January.
또한,// 수복해수십시오// 고객님이 1월에 주문하셨던 에머슨 무선 드릴 값 50달러를 지불하셔야 한다는 것을.

We would appreciate receiving payment for that/ **as well as** the items included on the invoice/ by April 20.
그에 대한 결제도 해주시면 감사하겠습니다/ 이 운송장에 포함된 제품들에 대한 결제뿐만 아니라/ 4월 20일까지.

Thank you very much. 대단히 감사합니다.

149. How much is Ronald Jenkins supposed to pay by April 20?
(A) $220.000
(B) $391.500
(C) $634.000
(D) $684.000

로날드 젠킨스는 4월 20일까지 얼마를 지불해야 하죠?
(A) $220.00
(B) $391.50
(C) $634.00
(D) $684.00

150. What can be inferred about Ronald Jenkins? / Ronald Jenkins에 대해 추론 할 수 있는 것은?

(A) He will pay by check.	(A) 그는 수표로 지불 할 것이다.
(B) He frequents the store.	(B) 그는 가게를 자주 이용한다.
(C) He bought two bags of nails.	(C) 그는 두 봉지의 못을 샀다.
(D) He ordered items in February.	(D) 그는 2월에 품목을 주문했다.

정답과 해설	**149.** (D) 운송장의 총 품목 비 634달러+에머슨 무선 드릴 값 50달러=684달러
	150. (B) As we have done with all your previous orders, 이 절을 통해서 그가 자주 주문한다는 것을 추론할 수 있죠.
어휘	invoice 운송장 order 주문(하다) account 계정, 계좌, (상업상의) 거래 관계 item 품목, 항목, 물건, 제품 hammer 해머, (쇠)망치 regular 보통의 nail 못 full-length 전신의, 장편의 cedar 삼나무 board 널빤지, 판자 band saw 띠톱 quantity 수량 cost 비용 due 요금, 수수료 note 주의사항, 주의하다 previous 이전의 place 장소 cordless 무선의 January 1월 appreciate 감사하다 receive 받다 payment 결제, 납부 B as well as A=not only A but also B: A뿐만 아니라 B도 infer 추론하다 by check 수표로 include=involve=incorporate=encompass=comprise 포함하다 be supposed to ~해야 한다 frequent 자주 이용하다

Questions 151-152 refer to the following online chat discussion. (다음 온라인 채팅 논의를 참조하십시오.)

File	Meet Now	Tools	Help	_ □ ✕

Stanway, Toru (4:40 P.M.) 스탠웨이, 토루 (오후 4시 40분)

I just got a call from the owner of an apartment complex. She has four units that she would like to update.

나는 아파트 단지 소유주에게서 방금 전화를 받았어. 그녀는 새롭게 단장하고 싶은 가구가 4개 있는데.

It means all walls and floors/ **as well as the** kitchens and bathrooms. I'll take care of the bathrooms,// so I need two more partners who can help on this job.

그것은 모든 벽과 바닥을 뜻하는 거야/ 부엌과 욕실뿐만 아니라. 내가 욕실을 맡을 건데,// 이 일을 도와줄 수 있는 두 명의 파트너가 더 필요해.

Lee, Marg (4:41 P.M.) 리, 마그 (오후 4시 41분)

Sorry, Toru. I can't take any more flooring work for the next few months.

미안해, 토루. 나는 앞으로 몇 달 동안 바닥재 일을 더 이상 맡을 수 없어.

Prince, Matt (4:43 P.M.) 프린스, 매트 (오후 4시 43분)

I can paint the walls/ if we can get started in the next couple of days. I'll be busy from next week, though.

내가 벽을 칠할 수 있어./ 앞으로 이틀 후에 시작해도 된다면. 하지만 다음 주부터는 바쁠 거야.

Von Hien, Rigby (4:55 P.M.) 폰 히엔, 리그비 (오후 4시 55분)

If Marg isn't interested, I'll take care of the job she turned down.

마그가 관심이 없다면, 그녀가 거절한 일을 내가 맡을게.

Stanway, Toru (4:56 P.M.) 스탠웨이, 토루 (오후 4시 56분)

Much appreciated. 대단히 고마워.

Von Hien, Rigby (5:05 P.M.) 폰 히엔, 리그비 (오후 5시 5분)

I have a friend who I think can take care of the kitchens. I've worked with him before/ and I'm sure he's up to it.

나는 부엌을 맡을 수 있다고 생각되는 친구가 있어. 내가 전에 그와 함께 일해 본 적이 있는데/ 틀림없이 그가 그 일을 감당할 수 있을 거야.

Stanway, Toru (5:08 P.M.) 스탠웨이, 토루 (오후 5시 8분)

That's good enough for me. Let's bring him on the team. I'm going to be there tomorrow from 2 P.M.

그 정도면 **충분하지**. 그를 팀에 데려오자. 내가 내일 오후 2시부터 그곳에 갈게.

We can only get into one apartment,// but I'm told they're all identical.

우리는 단지 한 아파트에만 들어갈 수어.// 하지만 그들이 다 똑같다고 들었어.

Ms. Lopez said she would meet us there. Are you available at 2 P.M.?

로페즈 여사가 거기서 우리를 만나겠다고 했어. 너 오후 2시에 시간 있어?

Von Hien, Rigby (5:11 P.M.) 폰 히엔, 리그비 (오후 5시 11분)

Sure, I am. 물론 있지.

Prince, Matt (5:14 P.M.) 프린스, 매트 (오후 5시 14분)

I'll see you then. I'll take the measurements/ and give you an estimate on the spot.

그때 보자. 내가 측정해서/ 즉석에서 견적서를 제공할게.

Stanway, Toru (5:20 P.M.) 스탠웨이, 토루 (오후 5시 20분)

Great. Thanks, Matt. 좋아. 고마워, 매트.

151. What will happen tomorrow?
(A) Some contractors will have a meeting.
(B) Some renovations will be carried out.
(C) A tenant will move out of an apartment.
(D) A property will be introduced by a real estate agent.

내일은 무슨 일이 일어날까요?
(A) 몇 몇 도급업자들이 모임을 가질 것이다.
(B) 일부 개조 공사가 수행될 것이다.
(C) 세입자는 아파트 밖으로 이사할 것이다.
(D) 부동산이 부동산 중개인에 의해 소개될 것이다.

152. At 5:08 P.M., what does Mr. Stanway mean when he writes, "That's good enough for me"?
(A) He does not want to buy more fittings
(B) He trusts Mr. Von Hien's recommendation.
(C) He is pleased with the quality of an apartment.
(D) He thinks they will be able to meet a deadline.

오후 5시 8분, 스탠웨이 씨가 "그 정도면 충분해"라고 쓴 것은 무슨 뜻이죠?
(A) 그는 더 많은 용구들을 사고 싶지 않다.
(B) 그는 **폰 히엔** 씨의 추천을 신뢰한다.
(C) 그는 아파트의 품질에 만족한다.
(D) 그는 그들이 마감일을 맞출 수 있을 것이라고 생각한다.

Questions 153-154 refer to the following article. (다음 기사를 참조하십시오.)

LONDON-One of the Mitchell Motor Company's main British plants/ remained closed today/ by an unofficial strike,// even though the company's assembly line workers have accepted a pay increase.
런던-미첼 자동차 회사의 주요 영국 공장 중 하나가/ 오늘 문을 닫았다/ 비공식 파업으로 인해// 비록 회사의 조립 라인 노동자들이 임금 인상을 받아들였음에도 불구하고.

About 550 maintenance technicians are on strike/ at the High Tower factory in northern England.
약 550여 명의 정비 기술자들이 파업하고 있다/ 영국 북부 하이타워 공장에서 .

In response,// Mitchell has laid off 8,000 assembly line workers there. (153)
그에 대응하여,// 미첼사는 그곳의 8,000명의 조립라인 근로자들을 정리 해고했다.

Mitchell's 32,000 assembly-line workers/ voted/ to accept a 6.2 percent pay increase this week. (154)
미첼사의 32,000명의 조립라인 근로자들은/ 투표했다/ 이번 주에 6.2%의 임금 인상을 받아들이기로.

But the technicians argued// that they were losing against unskilled workers/ and threatened/ to spread their strike to other plants.
그러나 기술자들은 주장했다// 자신들이 미숙련 노동자들에게 패하고 있다고/ 그리고 위협했다/ 그들의 파업을 다른 공장으로 확산시키겠다고.

The strike has **forced** Framen **to** halt production of vans at its facility in southern England.
그 파업은 프라멘이 밴 생산을 중단하도록 했다/ 남부 잉글랜드의 시설에서. (직역)
= 그 파업으로 인해 프라멘은 남부 잉글랜드의 시설에서 밴 생산을 중단해야 했다. (의역)

153. What has been the result of the technicians' strike? 기술자 파업의 결과는 무엇입니까?

(A) Assembly line workers have been laid off.   (A) 조립 라인 근로자들이 해고되었다.
(B) 8,000 technicians have bean fired.   (B) 8,000 명의 기술자가 해고되었다.
(C) Van models have been redesigned.   (C) 밴 모델이 재 설계되었습니다.
(D) Their salaries have increased.   (D) 그들의 월급이 증가했다.

154. What have the assembly-line workers agreed to do? 조립 라인 근로자들은 무엇을 하기로 동의 했습니까?

(A) Go on strike   (A) 파업하기로
(B) Support the technicians' demands   (B) 기술자들의 요구를 지지히기고
(C) Accept a pay increase   (C) 임금 인상을 수락하기로
(D) Move to another plant   (D) 다른 공장으로 이사하기로

정답과 **153.** (A) In response, Mitchell has laid off 8,000 assembly line workers there.
해설   이 문장 속에 답이 있다는 것을 여러분이 발견해야 합니다.

     154. (C) Mitchell's 32,000 assembly-line workers voted to accept a 6.2 percent pay increase this week.
          이 문장 속에 답이 있다는 것을 여러분이 발견해야 합니다.

어휘   motor company 자동차 회사 main 주요한 British 영국의 plant 공장. 식물 remain closed 문을 닫은 상태이다 unofficial 비공식적인 strike 파업 even though=though=although=notwithstanding 비록 ~이지만 assembly line 조립 라인 worker 노동자, 근로자 accept 받아들이다 pay increase 임금 인상 about=around=approximately=some=roughly=or so 대략 maintenance technician 정비 기술자 on (a) strike 파업 중 factory 공장 northern 북부의 in response 그에 대응하여 lay off 정리 해고하다 vote 투표하다 this week 이번 주에 argue 주장하다 lose against ~에게 패하다 unskilled 미숙련. 미숙한 threaten=menace=browbeat=blackmail 협박하다 force(oblige, compel, impel, coerce) A to B: A로 하여금 B하도록 강요하다 spread 확산시키다 halt 중단하다 production 생산 facility 시설 southern 남부의

Questions 155-157 refer to the following announcement. (다음 공고문을 참조하십시오.)

12th Annual Typing Competition 제12회 타이핑 대회

The Annual Typing Competition/ was created 12 years ago/ in order to promote typing on computers.
매년 열리는 타이핑 대회는/ 12년 전에 만들어졌습니다./ 컴퓨터로 타이핑하는 것을 진전시키기 위해. (156)

Now that almost everyone has at least one personal computer,// the purpose of this competition/ is to promote a healthy way to use personal computers/ for a long period of time.
거의 모든 사람들이 적어도 하나의 개인용 컴퓨터를 가지고 있기 때문에,// 이 대회의 목적은/ 개인용 컴퓨터를 사용하는 건강한 방법을 장려하는 것입니다/ 장기간에 걸쳐서.

Nowadays,// most people use a computer at work,// and they often suffer from serious health issues/ caused by using computers with the wrong posture. (156)
요즘,// 대부분의 사람들은 직장에서 컴퓨터를 사용하는데,// 그들은 종종 심각한 건강 문제로 고생하고 있습니다/잘못된 자세로 컴퓨터를 사용함으로써 야기되는.

In order to fix this problem,// the Annual Typing Competition/ has the following features. (156)
이 문제를 해결하기 위해,// 연례 타이핑 대회는/ 다음과 같은 특징을 가지고 있습니다.

– There is a forty-minute lecture on the correct posture/ when using personal computers/ by Professor Claus Heins. (155)
– 올바른 자세에 대해 40분간의 강연이 있습니다/ 개인용 컴퓨터를 사용할 때/ 클로스 하인스 교수에 의하여.

– After the lecture,// there is a short quiz session/ on the correct ways to use personal computers. (155)
– 강연이 끝난 후,// 짧은 퀴즈 시간이 있습니다/ 개인용 컴퓨터의 올바른 사용법에 대하여.

– Participants are graded/ on both the speed of their typing and their posture/ while using a computer.
– 참가자는 등급이 매겨집니다/ 타이핑 속도와 자세 둘 다를 기준으로 하여/ 컴퓨터를 사용하는 동안. (155)

– Based on the total score from both categories,// the winner receives a prize.
– 양부문의 총점에 근거하여,// 우승자는 상을 받습니다.

Please come and join the Annual Typing Competition! (155) (157)
매년 열리는 타이핑 대회에 참가해 주십시오!

You can learn the right way to use your computer/ and also win a great prize!
여러분은 컴퓨터를 사용하는 올바른 방법을 배우고/ 큰 상을 받을 수도 있습니다!

어휘 annual 매년 열리는 competition 대회, 시합, 경기 in order to=so as to=with intent to=with a view to ~ing ~하기 위하여 create 만들다, 창조하다 promote 진전시키다, 촉진하다, 홍보하다 now that=seeing that=in that=inasmuch as ~이니까 almost=nearly=virtually=all but=next to=well-nigh 거의 at least=at the minimum=not less than 최소한 purpose 목적 personal computer 개인용 컴퓨터 for a long period of time 오랫동안, 장기간에 걸쳐서 nowadays=these days 요즘 most 대부분의 suffer from ~로 고생하다, ~로 고통을 당하다 serious 심각한 issue 문제 cause 야기하다 posture 자세 fix 고치다, 해결하다 the following features 다음과 같은 특징들 lecture 강의, 강연 correct 올바른 professor 교수 session 시간, 기간, 수업 시간 participant 참가자 grade 등급을 매기다 both A and B: A와 B 둘 다 based on=on the basis of ~에 근거하여 the total score 총점 category 부문, 범위, 범주 winner 우승자 receive 받다 prize 상 join 참가하다 win a great prize 큰 상을 받다

155. What is NOT a part of this competition?

(A) A lecture by Professor Claus Heins

(B) A quiz

(C) A typing contest

(D) A presentation on an ergonomic keyboard

이 대회의 일부가 아닌 것은?

(A) 클라우스 하인스 교수의 강의

(B) 퀴즈

(C) 타이핑 대회

(D) 인체공학 자판에 대한 발표

156. What is true about the competition?

(A) It started over 14 years ago.

(B) The competition is supposed to promote the healthy use of computers.

(C) The competition is aimed at getting more people to use personal computers.

(D) The competition has no prize for the winner.

대회에 대해서 진실인 것은?

(A) 14년 전에 시작되었다.

(B) 이 대회는 컴퓨터의 건강한 사용을 촉진할 것으로 생각된다.

(C) 이 대회는 더 많은 사람들이 개인용 컴퓨터를 사용하도록 하는 데 목표를 두고 있다.

(D) 이 대회는 우승자에 대한 상이 없다.

157. What is the purpose of this announcement?

(A) To promote participation in the competition

(B) To announce the registration fee for the competition

(C) To announce the winner of the competition

(D) To lecture about how to use personal computers correctly

이 공고문의 목적은 무엇이죠?

(A) 대회 참가를 홍보하기 위해

(B) 대회 등록비를 발표하기 위해

(C) 대회의 우승자 발표하기 위해

(D) 개인용 컴퓨터를 올바르게 사용하는 방법에 대해서 강연하기 위해

정답과 해설

155. (D) ergonomic keyboard라는 단어는 본문에서 찾을 수 없죠?

156. (B) In order to fix this problem, 라는 구절에서 'this problem(건강 문제)를 해결하기 위해서'라는 내용이 들어 있죠?

157. (A) Please come and join the Annual Typing Competition! 이 문장에서 대회 참가를 홍보하고 있죠?

어휘   presentation 발표 ergonomic 인체 공학적 keyboard 컴퓨터 자판 be supposed to ~할 것으로 예상되다 be aimed at ~ing ~하는 것을 목표로 삼다 participation 참가 announce 발표하다 registration fee 등록비 lecture 강연하다 how to ~하는 방법 use 사용하다 correctly 올바르게

Questions 158-160 refer to the following coupon. (다음 할인권을 참조하십시오.)

Britton Outfitters 브리튼 아웃피터스

Maker of quality outdoor apparel and accessories 고급 야외 복 및 액세서리 제조업체

From now until January 31, enjoy 25 % off your purchase of outerwear. (160)
지금부터 1월 31일까지 외투 구입 시 25% 할인된 가격으로 즐기십시오.

Discount applies to purchases made at Britton Outfitters stores/ or to online purchases through the Britton Outfitters Web site (Coupon Code BOUTI). (160)
할인은 아웃피터스 매장에서 이뤄진 구매나/ 아웃피터스 웹 사이트(Coupon Code BOUTI)를 통한 온라인 구매에 적용됩니다.

Cannot be applied to : Britton Outfitters products sold by other retailers.
적용 불가 : 다른 소매점에서 판매되는 아웃피터스 제품.

Discount is good for up to three items. Eligible items include coats and jackets. (158) (160)
할인은 최대 3개의 품목까지 적용됩니다. 적격 품목에는 코트와 재킷이 포함됩니다.

Cannot be used on shoes, eyewear, or other accessories. Cannot be applied to special-order items. (159)
신발, 안경류 또는 기타 액세서리에 사용할 수 없습니다. 특별 주문 상품에는 적용 할 수 없습니다.

Visit www.brittonoutfitters.co.uk every season/ for details on our current promotional offers.
계절마다 www.brittonoutfitters.co.uk을 참조하십시오/ 현재의 판촉행사에 관한 자세한 내용은.

Coupon Code BOUT1 할인권 코드 BOUT1

---

158. For what could the coupon most likely be used?
(A) Sunglasses
(B) A handbag
(C) Wool socks
(D) A rain jacket

할인권이 무엇에 사용될 가능성이 가장 많을까요?
(A) 선글라스
(B) 핸드백
(C) 털양말
(D) 비옷

159. What is implied about Britton Outfitters?
(A) It specializes in men's apparel.
(B) It offers discounts once a year.
(C) Its line of products includes footwear.
(D) Its products are available only at Britton Outfitters stores.

브리튼 아웃피터스에 대에 시사하는 것은?
(A) 남성복 전문이다.
(B) 일 년에 한 번 할인을 제공한다.
(C) 제품 종류에는 신발류가 포함된다.
(D) 제품은 아웃피터스 매장에서만 구할 수 있다.

160. What is NOT true about the advertised discount?
(A) It is available for a limited time.
(B) It is limited to first-time customers.
(C) It can be applied to more than one item.
(D) It can be used for items purchased online.

광고된 할인에 대해 사실이 아닌 것은?
(A) 제한된 시간 동안 이용할 수 있다.
(B) 처음 이용하는 고객으로 제한된다.
(C) 두 개 이상의 품목에 적용 할 수 있다.
(D) 온라인으로 구매 한 품목에 사용할 수 있다.

158. (D) Eligible items include coats and jackets. 이 문장에 jacket이 들어 있죠?

159. (C) Cannot be used on shoes. 이 문장을 통해서 회사가 신발을 제조한다는 것을 추론할 수 있죠.

160. (B) 는 본문에 없는 내용이며, 나머지는 다음 문장 속에 각각 제시되어 있죠. (A) From now until January 31, (C) Discount is good for up to three items. (D) Discount applies to online purchases through the Britton Outfitters Web site.

maker 제조사 quality 고품질 outdoor apparel 야외 복 accessories 액세서리 25 % off 25% 할인 purchase 구입 outerwear 외투, 겉옷 discount 할인 apply to=be applicable to=be true of(for)=be good for 적용되다 product 제품 sell-sold-sold 판매하다 retailer 소매상인, 소매점 up to 최대, ~까지 item 품목 eligible 적격의, 적합한 special-order item 특별 주문 상품 include=involve=comprise=contain=cover=encompass=embody 포함하다 every season 계절마다 details 자세한 내용, 세부사항 current 현재의 promotional 판촉의, 홍보의

Questions 161-163 refer to the following advertisement. (다음 광고를 참조하십시오.)

YMCA of Galesburg, Illinois(일리노이 주 게일즈버그 YMCA)

The YMCA of Galesburg/ is looking to fill two maintenance technician positions. (161)
게일즈버그의 YMCA는/ 두 개의 정비 기술자 자리를 채우려고 하고 있습니다.

The maintenance technicians/ are responsible for maintaining the grounds, buildings, and equipment.
정비 기술자는/ 부지, 건물 및 장비를 관리하는 일을 책임집니다. (162)

—[1]—

Specific duties/ include, but are not limited to,/ building and equipment repair, checking for safety hazards, and basic janitorial duties. (162)
구체적인 업무는/ 포함하지만 (그런 일에) 한정되지는 않습니다./ 건물 및 장비 수리, 안전 위험 점검 및 기본적인 청소 업무를.

The maintenance technician/ will be asked to operate equipment, tools, and machinery/ as needed/ to complete all duties and responsibilities. (162)
정비 기술자는/ 장비, 도구 및 기계류를 작동하도록 요청을 받을 수 있습니다/ 필요에 따라/ 모든 업무와 책임을 완수하도록.

The nature of the environment/ is one in which the employee may come into contact with outside weather conditions and chemicals.
환경의 종류는/ 직원이 외부 기상 조건 및 화학 물질과 접촉 할 수도 있는 종류입니다.

The maintenance technician/ must maintain regular and predictable attendance.
정비 기술자는/ 정기적이고 예측 가능한 출석을 유지해야 합니다.

—[2]—

It is also important// that he/she possesses a strong understanding of the YMCA and its purpose, mission, and values/ and daily demonstrates this understanding/ through such actions as support the purpose, mission, and values of the YMCA.
또한 중요합니다// 정비 기술자가 YMCA와 그것의 목적, 임무 및 가치에 대한 강한 이해심을 갖고/ 매일 이러한 이해심을 보여주는 것이/ YMCA의 목적, 사명 및 가치를 뒷받침하는 그런 행동들을 통해서.

—[3]—

Applications/ may only be submitted online.
신청서는/ 온라인으로 만 제출할 수 있습니다.

—[4]—

Interviews/ will be scheduled within the first business week/ after receiving your application.
면접은/ 첫 번째 영업 주 안에 일정이 잡힐 것입니다/ 신청서를 받은 후.

161. What is indicated about the maintenance technician position in this advertisement?

(A) They work on a two-shift basis.

(B) There is a waiting list for this position.

(C) There is more than one position available.

(D) There is only a volunteer position available.

이 광고에서 정비 기술자의 자리에 관하여 시사하는 것은?

(A) 그들은 2교대로 근무한다.

(B) 이 자리에 대한 대기자 명단이 있다.

(C) 한 자리가 넘게 비어있다.

(D) 자원 봉사자 자리만 비어있다.

162. What is NOT a stated duty of the maintenance technician?

(A) Operating equipment

(B) Servicing the vehicles

(C) Maintaining the grounds

(D) Checking for safety hazards

정비 기술자의 명시된 의무가 아닌 것은 무엇이죠?

(A) 장비 작동

(B) 차량 정비

(C) 부지 관리

(D) 안전 위험 점검

163. In which of the positions marked [1], [2], [3] and [4] does the following sentence best belong?

"Please be sure to submit a current resume along with the application."

(A) [1]

(B) [2]

(C) [3]

(D) [4]

[1], [2], [3], [4]로 표시된 곳 중에서 다음 문장이 들어가기에 가장 적합한 곳은?

"신청서와 함께 현재의 이력서를 제출해 주십시오."

(A) [1]

(B) [2]

(C) [3]

(D) [4]

161. (C) 질문의 maintenance technician position을 본문에 대입해보면 fill two maintenance technician positions. 라는 동일한 단어들이 처음에 나오잖아요. 이 문장에서 **두 자리**를 채우려 하고 있다고 나오죠.

162. (B) 질문의 a stated duty of the maintenance technician을 본문에 대입해보면 홍색을 되어 있는 maintaining the grounds, checking for safety hazards, operate equipment를 여러분이 발견할 수 있어야 해요. 여기서 servicing the vehicles만 없죠.

163. (D) 질문의 제시문에서 'along with the application(신청서와 함께)' 제출하라고 했으니, 이 문장의 앞에 'application'에 대한 언급이 먼저 나와야 하잖아요. 즉, 신청서 제출은 온라인으로만 할 수 있는데, 그 신청서와 더불어 현재의 이력서를 제출하라고 말하고 있어요.

어휘 indicate=imply=suggest 시사하다 advertisement 광고 work on a two-shift basis 2교대로 근무하다 a waiting list 대기자 명단 available 일자리가 비어있는 volunteer 자원 봉사자 state 명시하다 (A) operate 작동하다 equipment 장비 vehicle 차량 maintain 유지보수하다 ground 부지, 구내, 대지 hazard=danger=jeopardy=peril=risk 위험 be sure to=never fail to 꼭 ~하다 submit=give(turn, send, hand) in=bring(put) forward=present 제출하다 current 현재의 resume 이력서

along with=together with=coupled with ~와 함께, ~와 더불어 application 신청서, 지원서

Questions 164-167 refer to the following letter. (다음 편지를 참조하십시오.)

Westman Engergy Associates

54 East Putnam Avenue 동 부푸트남 가 54번지

Riverside 강변

June 8, 20-- 20— 년 6월 8일

Peggie Peace 페기 피스
P.O. Box 16 사서함 16호
Riverside 강변

Dear Ms. Peace, 친애하는 피스 씨

Thank you for your letter of May 25. (164)
5월 25일 귀하의 편지에 감사드립니다.

I am very happy to respond to your questions about our services. (164)
저희 서비스에 대한 귀하의 질문에 답하게 되어 대단히 기쁩니다.

Westman Energy Associates/ conducts energy audits of businesses/ with the aim of helping our customers heat and cool their buildings more efficiently. (165)
Westman Energy Associates는/ 업체에 대한 에너지 감사를 시행합니다/. 고객들이 그들의 건물을 보다 효율적으로 난방 및 냉방을 하도록 지원하기 위하여.

Typically, we begin/ by inspecting furnaces, air-conditioning units, and heating and cooling ducts/ for efficient operation and compatibility with your heating and cooling needs.
일반적으로, 저희는 시작합니다/ 난방로, 냉난방 장치, 그리고 난방 및 냉방 수송관을 검사함으로써/ 효율적인 작동과 난방 및 냉방 수요와의 호환성을 확인하기 위해.

We then conduct a thorough inspection of the building itself,/ both inside and outside,// for places where air can enter and escape.
그런 다음 건물 그 자체를 철저히 검사합니다/ 내부와 외부를// 공기가 출입 할 수 있는 장소를 확인하기 위해.

We focus on outside doors and windows, outside walls and the roof.
저희는 외부 문과 창문, 외부 벽과 지붕에 중점을 둡니다.

Within a week of our visit,// we send a complete written report/ with an evaluation of your building's strengths and weaknesses.
방문 후 일주일 이내에,// 저희는 완전한 서면 보고서를 보내드립니다/ 건물의 장단점 평가를 담은 (보고서를).

We also include a list of suggested 'upgrades' with their estimated costs// as well as estimated savings in heating/cooling costs. (165)
또한 예상 비용과 함께 제안 된 업그레이드(개량공사) 목록을 포함시켜드립니다// 냉난방 비용 절감 예상치뿐만 아니라.

We follow up with a phone call/ to ensure that you understand each detail/ and to address any concerns you may have.
우리는 이어서 전화를 드립니다/ 귀하가 각 세부 사항을 이해하고 있는지 확인하고/ 귀하가 갖고 있을지도 모르는 우려 사항을 해결하기 위해.

An audit of a building of your size/ would take about eight hours to complete.
귀하 건물 크기의 건물에 대한 감사는/ 완료하는 데 약 8시간이 걸릴 것입니다.

We would charge $1500 for the audit,/ including the written report and follow-up call. (166)
우리는 감사비용으로 1500 달러를 청구 할 것입니다/ 서면 보고서와 후속 전화를 포함하여.

Any further consulting you may require beyond that/ would be charged at the rate of $175 an hour.
그 밖에 귀하가 필요로 할지도 모르는 어떤 추가적인 컨설팅은/ 시간당 175 달러의 요금으로 청구될 것입니다.

Please let me know/ if you have any further questions.
알려주십시오/ 더 궁금한 점이 있으시면.

You can reach me/ by phone at 492-0983.
저에게 연락하시면 됩니다/ 전화 492-0983 번으로.

Call that same number// if you would like to schedule an audit for your building.
바로 같은 번호로 전화하십시오.// 귀하의 건물에 대한 감사 일정을 잡고자 하시면.

We are currently making appointments for next month.
우리는 현재 다음 달 약속을 잡고 있다.

Thank you for contacting Westman.
Westman에 연락해 주셔서 감사합니다.

Sincerely, 진심을 담아(끝맺음 말)

Kally Haze 캘리 헤이즈

Energy Consultant 에너지 컨설턴트

어휘   P.O. Box=post office box 사서함 respond(reply) to=answer 응답하다 associate 협회, 제휴회사 conduct 시행하다 audit 감사, 검사 business 업체, 기업체, 상가, 점포 with the aim(view, intention, object) of ~ing ~하기 위하여, ~할 목적으로 customer 고객 heat 난방하다 cool 냉방하다 efficiently 효율적으로 typically 일반적으로, 대표적으로 inspect 검사하다 inspection 검사 furnace 난방로, 아궁이, 용광로 air-conditioning unit 냉난방 장치 heating and cooling duct 난방 및 냉방 수송관 efficient 효율적인 operation 작동 compatibility 호환성 needs 수요 then 그런 다음 thorough 철저한 both A and B: A와 B 둘 다 inside 내부 outside 외부 enter and escape 출입하다 focus(center) on 중점을 두다 door 문 window 유리창, 창문 wall 벽 roof 지붕 within 이내에 visit 방문(하다) complete 완전한 written report 서면 보고서 evaluation 평가 strength 강점, 장점 weakness 약점, 단점 include=involve=incorporate=encompass= embody=embrace=contain=cover=comprise=count in=take in 포함하다 suggest 제안하다 estimate 추정하다, 어림잡다, 견적을 내다 cost 비용 B as well as A=not only A but also B: A뿐만 아니라 B도 savings 절감, 절약, 저축 heating/cooling costs 냉난방 비용 follow up with 이어서 ~하다 a phone call 전화 통화 ensure 확인하다 understand=appreciate=apprehend=comprehend=make(figure, spell) out=catch on to=see through=make head or tail of 이해하다 detail 세부 사항 address 해결하다, 처리하다 concerns 우려 사항 may ~일지 모르다 audit 감사, 검사 take 시간이 걸리다 about=around=approximately=some=roughly=or so 대략 complete 완료하다 charge 청구하다, 부과하다 follow-up call 후속 전화 further 추가적인 require 필요로 하다 beyond that 그 밖에 at the rate of $175 an hour 시간당 175 달러의 요금으로 reach=contact 연락하다 by phone 전화로 would like to ~하고 싶다 schedule 일정을 잡다 currently 현재 make an appointments 약속을 잡다 Sincerely=Best regards=All the best 끝맺음 말

164. Why did Ms. Haze write this letter?

(A) To advertise her business

(B) To follow up on a consultation

(C) To reply to Ms. Peace's letter

(D) To explain charges on a bill

왜 Haze 씨는 이 편지를 썼나요?

(A) 그녀의 사업을 광고하기 위해

(B) 상담에 대한 후속 조치를 하기 위해

(C) 피스 씨의 편지에 답장하기 위해

(D) 청구서에 기재된 요금을 설명하기 위해

165. What does Ms. Peace want to do ?

(A) Save money on heating and cooling

(B) Construct a new building

(C) Get new windows and doors

(D) Repair her roof

Peace 씨는 무엇을 하고 싶어 하죠?

(A) 냉난방 비용을 절감하기

(B) 새 건물을 건축하기

(C) 새로운 창문과 문을 구하기

(D) 그녀의 지붕을 수리하기

166. How much will Ms. Peace pay/ if she gets the service as outlined in the letter ?

(A) $175

(B) $1,500

(C) $1,575

(D) $1,675

Peace 씨는 얼마를 지불할까요?/ 편지에 설명 된 대로 그녀가 서비스를 받는다면?

(A) $ 175

(B) 1,500 달러

(C) 1,575 달러

(D) 1,675 달러

167. The word 'upgrades' in paragraph 2, line 2 is closest in meaning to

(A) Materials

(B) Systems

(C) Builders

(D) Improvements

두 번째 단락 2행에서 "grades"와 의미상 가장 가까운 것은?

(A) 재료

(B) 시스템

(C) 건축업자

(D) 개량공사

정답과 해설

164. (C) I am very happy to respond to your questions. 이 문장에서 'respond to와 reply to가 동의어'입니다.

165. (A) with the aim of helping our customers heat and cool their buildings more efficiently. +estimated savings in heating/cooling costs. 이 두 문장에서 Peace씨가 건물 냉난방 비용을 절감하고자 한다는 것을 추론할 수 있죠. 이런 추론 문제가 토익에서는 가장 어려우므로 집중력을 잃어서는 안 됩니다.

166. (B) We would charge $1500 for the audit,/ including the written report and follow-up call. 이 문장에 답이 들어 있죠.

167. (D) 이 때 업그레이드는 "냉난방비 절감을 위한 개량 공사"를 의미한다는 것을 여러분이 추론할 수 있어야 합니다.

어휘 advertise 광고하다 follow up 후속조치를 취하다 consultation 상담 explain=outline=account for 설명하다 charge 요금 bill 청구서, 법안 construct 건축하다 repair=mend=do(fix) up 수리하다 closest 가장 가까운 meaning 의미

Questions 168-171 refer to the following memo. (다음 회람을 참조하십시오.)

Memo (회람)

From:	발신인:	Daniel Horge, Manager	Daniel Horge, 경영자
To:	수신인:	All employees	전 직원
Date:	날짜:	June 1	6월 1일
Re:	제목:	Staffing	직원 배치

Nancy Wollowitz, the front desk receptionist,/ will be taking a two-week vacation/ from June 7 to June 21. —[1]—. (169)
프런트데스크 접수원인 Nancy Wollowitz는/ 2주간의 휴가를 가질 예정입니다/ 6월 7일부터 6월 21일까지.

—[1]—.
A temporary worker has been hired/ from a placement agency/ to fill in for her/ during this time. —[2]—.
임시 직원이 채용되었습니다/ 직업소개소를 통해서/ 그녀를 대신하기 위하여/ 이 기간 동안. —[2]—.

He will **take over** most of her usual duties,/ including answering the phone, scheduling hair appointments, and checking clients in and out of the facility. (168)
그는 그녀의 통상적인 업무 대부분을 맡게 될 것입니다./ 전화 응답, 미용 약속 일정 잡기, 시설 드나드는 고객 확인을 포함하여.

Please introduce yourself to Mr. Sans/ and make yourself available/ should he have any questions. —[3]—.
Sans 씨에게 여러분 자신을 소개하고/ 시간을 내 주십시오/ 그가 혹시라도 어떤 질문이 있을 경우에는. —[3]—.

Additionally, please make sure that you submit your time sheet by June 5. (170)
또한 반드시 6월 5일까지 근무시간 기록표를 제출하도록 해주십시오.

Ms. Wollowitz will **send in** payroll information before she leaves,// so your pay will be deposited into your account/ on the normal payday of June 14.
월로 위츠양이 떠나기 전에 급여 처리 정보를 제출할 것입니다.// 그러므로 여러분의 봉급은 여러분의 계좌에 입금될 것입니다/ 6월 14일의 평상시의 봉급날에.

This is important// because Mr. Sans will not be trained to use our payroll software. —[4]—.
이것은 중요합니다// 왜냐하면 Sans 씨는 급여 소프트웨어를 사용하도록 훈련받지 않을 것이니까요 . — [4] —.

If you have questions **regarding** this matter,// please contact Ms. Wollowitz before June 7/ or me after the date,// and we will be happy to help you.
이 문제와 관련하여 궁금한 점이 있으시면,// 6월 7일 이전에 Mol. Wollowitz에게 연락하거나/ 그 날짜 이후에 저에게 연락 주시면// 저희들이 기꺼이 도와 드리겠습니다.

어휘 employee 직원 staff 직원을 배치하다 receptionist 접수원 will be ~ing ~할 예정이다 vacation 휴가 June 6월 temporary 임시의 hire=employ 채용(고용)하다 placement agency 직업소개소 fill in for ~을 대신하다, ~을 메꾸다 during ~동안에 take over=overtake 떠맡다 usual 통상적인, 평소의 duty 업무, 의무 including ~을 포함하여 schedule 일정을 짜다. 표를 만들다 appointment 약속 client 고객 in and out of 드나드는 facility 시설 introduce 소개하다 make yourself available 시간을 내다 should he have any questions=if he should have any questions 그가 혹시 어떤 질문이 있을 경우 additionally=in addition=besides=moreover=furthermore=what is more=on top of that 게다가 time sheet 근무시간 기록표 make sure that=ensure that 반드시 ~하도록 하다 submit=present=give(turn, send, hand) in=send in 제출하다 by ~까지 보내오다. 들여보내다 payroll information 급여 처리 정보 leave 떠나다 pay 급여, 봉급 deposit 입금하다 account 계좌, 구좌 on the normal payday 평상시의 봉급날에 regarding=respecting=concerning=as regards(respects, concerns) ~에 관하여 important 중요한 matter 문제 contact=reach=make contact with=get in touch(contact) with ~에게 연락하다 명령문, and ~하라 그러면 be happy(glad, ready, pleased) to 기꺼이 ~하다

168. Where do the recipients of the memo most likely work?

(A) At a hair salon

(B) At an accounting firm

(C) At a job-placement agency

(D) At a doctor's office

169. What is indicated about Ms. Wollowitz?

(A) She is retiring.

(B) She has found a new job.

(C) She is taking some time off.

(D) She is Mr. Horge's supervisor.

170. By when should employees submit their hours?

(A) June 1

(B) June 5

(C) June 7

(D) June 14

171. In which of the positions marked [1], [2], [3], and [4] does the following sentence best belong?

"His name is Michael Sans."

(A) [1]

(B) [2]

(C) [3]

(D) [4]

회람 수신인들은 십중팔구 어디에서 일할까요?

(A) 미용실에서

(B) 회계 회사에서

(C) 직업소개소에서

(D) 의사의 사무실에서

울로위츠 씨에 대해 암시하는 것은 무엇이죠?

(A) 그녀는 은퇴할 예정이다.

(B) 그녀는 새로운 직업을 찾았다.

(C) 그녀는 얼마 동안 휴가를 가질 예정이다.

(D) 그녀는 Horge 씨의 감독관이다.

직원들은 언제까지 근무 시간을 제출해야하죠?

(A) 6월 1일

(B) 6월 5일

(C) 6월 7일

(D) 6월 14일

[1], [2], [3], [4]로 표시된 곳 중에서 다음 문장이 들어가기에 가장 적합한 곳은?

"His name is Michael Sans."

(A) [1]

(B) [2]

(C) [3]

(D) [4]

---

168. (A) He will take over most of her usual duties, including answering the phone, scheduling hair appointments, and checking clients in and out of the facility. 이 문장 속에 '미용 약속 일정 잡기'라는 표현을 보고 여러분이 유추해야 합니다.

169. (C) Nancy Wollowitz, the front desk receptionist, will be taking a two-week vacation.
이 문장에서 '2주간의 휴가를 가질 예정'이라고 나와 있죠?

170. (B) please make sure that you submit your time sheet by June 5.
이 문장에서 '6월 5일까지 근무시간 기록표를 제출'하라고 전달하고 있죠?

171. (B) A temporary worker has been hired/ from a placement agency to fill in for her during this time.
이 문장에서 임시 직원이 채용되었다고 언급하고 있으므로, 그 다음에 이 임시직원의 이름이 소개 되는 것이 순서에 맞겠죠.

어휘   recipient 수신인 memo 회람 most likely=very likely=probably 아마도 a hair salon 미용실 accounting firm 회계 회사 job-placement agency 직업소개소 indicate=imply=suggest 암시(시사)하다 retire 은퇴하다 supervisor 감독관 take some time off 약간의 휴식을 취하다 약간의 휴가를 떠나다 employee 직원 submit=give(turn, send, hand) in 제출하다 hours 근무 시간 position 자리 mark 표시하다 the following 다음의 sentence 문장 belong 속하다

Questions 172-175 refer to following article. (다음 기사를 참조하십시오.)

The Nice Sound Communications'' takeover of local telephone service,// which was originally welcomed with great optimism,// now seems to be heading down the road toward disaster.
Nice Sound Communications(좋은 소리 통신사)의 지역 전화 서비스 인수는// 원래 매우 낙관적으로 환영 받았지만,// 이제는 재난을 향해 곤두박질하고 있는 것 같다.

Ever since Nice Sound bought out the JustTel Company just under six months ago,// it has experienced loss of income, loss of customers, and, worst of all, the loss of its reputation as a company that delivers on its promises. (172)
Nice sound가 불과 6개월 전에 JustTel Company를 인수 한 이후로,// 수입 손실, 고객 손실, 그리고 가장 나쁜 것은 약속을 지키는 회사로서의 명성의 손실을 겪었다.

When Nice Sound came into the area,// it promised// that all its telephone customers would have access to high-speed Internet service by the end of the year. (173)
Nice sound가 이 지역에 들어왔을 때,// 그 회사는 약속했다.// 모든 전화 고객들이 연말까지 고속 인터넷 서비스를 이용하게 될 것이라고.

Not only has the company failed to deliver on this promise,// but customers who are receiving Nice Sound Internet service have expressed great dissatisfaction with it. (174)
그 회사는 이 약속을 이행하지 못했을 뿐만 아니라,// Nice sound의 인터넷 서비스를 받고 있는 고객들은 그에 대한 큰 불만을 표시했다.

"The connection goes out all the time. You just can't **count on** it when you need it," a Nice sound customer complained/ at a town meeting last week.
"연결 상태가 늘 꺼집니다. 필요할 때 그저 믿을 수가 없어요." 라고 Nice sound의 한 고객이 불평했다/ 지난주 읍내 회의에서.

Customers have also claimed// that repair service is slow and overpriced.
고객들은 또한 주장했다// 수리 서비스가 느리고 가격이 너무 비싸다고.

Nice Sound, **on the other hand**, claims //that such problems are minor and not widespread.
반면에 Nice sound는 주장한다// 그러한 문제가 사소하고 광범위하지 않다고.

"Every company experiences an adjustment period," explained Ricky Wheeler, Nice sound public relations officer.
"모든 회사는 조정기를 겪습니다."라고 Nice sound의 홍보 담당자인 Ricky Wheeler는 설명했다.

"Before one more year has passed,// you can be certain that all operations will be running smoothly and customers will be 100% satisfied," he said.
"1년이 더 지나기 전에,// 모든 운영이 순조롭게 진행되고 고객이 100% 만족할 것이라고 확신해도 됩니다." 라고 그는 말했다.

어휘 | takeover=acquisition 인수 local 지역의 originally 원래, 당초 with great optimism 매우 낙관적으로 seem(appear) to ~인 것 같다 head down the road 곤두박질하다 toward ~을 향하여 disaster=calamity=catastrophe=mishap 재난 ever since ~한 이후로 buy out 인수하다 just under six months ago 불과 6개월 전에 experience=suffer=go(pass) through 겪다 loss 손실 income 수입 customer 고객 worst of all 최악의 것은 reputation 명성 deliver on=fulfill 이행하다 promise 약속(하다) have access to 접속하다. 이용하다 by the end of the year 연말까지 not only A, but also B= B as well as A: A뿐만 아니라 B도 fail to ~하지 못하다. ~하는 데 실패하다 receive 받다 express 나타내다, 표명하다 dissatisfaction 불만 connection 연결 상태 go out 꺼지다 all the time=at all times=always 항상, 만날 count on 믿다, 의지하다 complain=grumble=gripe 불평하다 town 읍, 소도시, 마을 last week 지난주 claim 주장하다 repair 수리 overpriced 너무 비싼 on the other hand=on the contrary 반면에 minor=unimportant=trivial=trifling=petty=insignificant =inconsequential 사소한 widespread 광범위한 an adjustment period 조정기 explain=expound=account forth= set forth 설명하다 public relations officer 홍보 담당자인 be certain that ~을 확신하다 operation 운영, 작업 run smoothly 순조롭게 진행되다 satisfied 만족한

172. When did Nice Sound take over the JustTel Company?

(A) Early last week

(B) A little less than six months ago

(C) A little more than six months ago

(D) Near the end of the year

Nice Sound는 언제 JustTel Company를 인수했죠?

(A) 지난 주 초

(B) 6개월 조금 못 돼서

(C) 6개월 조금 넘어서

(D) 연말 무렵

173. What kind of company is Nice Sound ?

(A) Telephone only

(B) Transportation

(C) Delivery service

(D) Telephone and Internet

Nice Sound는 어떤 회사입니까?

(A) 전화

(B) 운송

(C) 배달 서비스

(D) 전화 및 인터넷

174. How do Nice Sound customers currently feel about the company ?

(A) Pleased

(B) Optimistic

(C) Unhappy

(D) Bored

Nice Sound 고객들은 현재 회사에 대해 어떻게 생각하고 있죠?

(A) 만족한

(B) 낙관적인

(C) 불만족한

(D) 싫증난

175. The word "minor" in paragraph 2, line 7, is closest in meaning to

(A) unimportant

(B) uncommon

(C) unexpected

(D) unjust

두 번째 단락 7행에서 "minor"와 의미상 가장 가까운 것은?

(A) 사소한

(B) 흔치 않은

(C) 예기치 않은

(D) 불공평한

정답과 해설 | **172.** (B) just under six months ago(불과 6개월 전에)라는 말은 '6개월이 조금 못 됐다'는 뜻입니다.

173. (D) all its telephone customers would have access to high-speed Internet service. 이 문장 속에 'Telephone and Internet'이 들어있죠?

174. (C) customers who are receiving Nice Sound Internet service have expressed great dissatisfaction with it. 이 문장에서 '고객들이 불만족을 표시'하고 있잖아요.

175. (A) minor=unimportant=trivial=trifling=petty=insignificant=inconsequential 사소한

어휘 | take over 인수하다 last week 지난 주 currently 현재

We are starting an Internship Program in Information Technology.
저희는 정보 기술 수련과정 프로그램을 시작할 예정입니다.

We will offer 10 internships/ for undergraduate and graduate students/ **as well as** for recent graduates who have finished their degrees within the last 12 months.
저희는 10개의 수련과정을 제공할 예정입니다./ 학부생과 대학원생들을 위해서/ 지난 12개월 이내에 학위를 마친 최근 졸업생들뿐만 아니라.

All of the interns/ will receive an hourly salary plus a bonus/ at the end of the internship.
모든 인턴들은/ 시간당 급여와 상여금을 받을 것입니다/ 수련과정이 끝날 때.

The first internships/ will begin on June 1. (180)
첫 수련과정은 6월 1일에/ 시작할 예정입니다.

They will last for a minimum of two months.
그 수련과정은 최소 2개월 동안 계속될 것입니다.

Every intern/ will work on projects with a supervisor.
모든 수련생은/ 감독관(지도 교수)과 함께 프로젝트에 매진할 것입니다.

These projects/ include Networking, Business Software, and Computer Maintenance-Crash Prevention.
이러한 프로젝트에는/ 네트워킹, 비즈니스 소프트웨어 및 컴퓨터 정비 및 충돌 방지가 포함되어 있습니다.

Applicants who speak a second language/ are encouraged to apply// and will be assigned to our special Global Communications Project. (179)
외국어를 구사하는 지원자들은/ 신청할 것을 권장드리며// 우리의 특별한 글로벌 커뮤니케이션 프로젝트에 배정될 것입니다.

First preference will be given/ to employees' children and relatives. (176)
최우선권이 주어질 것입니다/ 직원들의 자녀와 친척들에게.

The application deadline/ is April 15. (177)
신청 마감일은/ 4월 15일입니다.

Write to interns@excel.com/ **to learn** more about the internships and **to request** an application.
interns@excel.com에 문의해 주십시오/ 수련과정에 대해 자세히 알아보고 신청서를 요청하려면.

어휘 internship 수련과정 information 정보 technology 기술 offer 제공하다 undergraduate 학부생 graduate student 대학원생 B as well as A=not only A, but also B: A뿐만 아니라 B도 recent 최근의 graduate 졸업생 degree 학위 within ~이내에 receive 받다 an hourly 시간마다의 salary 급여, 봉급 bonus 상여금 begin 시작하다 June 6월 last=continue 계속되다 minimum 최소 work on 매진하다, 계속 일하다 supervisor 감독관, 지도 교수 maintenance 정비, 유지 보수, 유지 관리 include=involve=incorporate=encompass=embody=embrace=contain=cover=comprise=take in=count in 포함하다 crash 충돌 prevention 예방 applicant 지원자, 신청자 encourage 권장(장려)하다 apply 신청(지원)하다 assign 배정하다 special 특별한 first preference 최우선권 employee 직원 relative 친척 application 신청, 신청서 deadline 마감일 April 4월 request 요청하다

From:	발신:	Jon Samuels [Jon@gomail.com]	존 사무엘스
To:	수신:	Excel Company [interns@excel.com]	엑셀 회사
Sent:	전송:	Friday, April 1, 20-- 1:29 P.M. (177)	20--년, 4월 1일 금요일 오후 1시 29분
Subject:	제목:	Application for Internship Program	수련과정 프로그램 신청

I would like to learn more about the Internship Program in Information Technology.
저는 정보 기술 수련과정 프로그램에 대해 더 자세히 알고 싶습니다.

My mother,/ who works as an electrical engineer at your company,/ told me about this opportunity.
저의 어머니가/ 귀사의 전기 기술자로 일하시는데/ 저에게 이 기회에 대해 말씀해 주셨습니다. (176)

I am a junior at Han-guk University.
저는 한국 대학교 3학년입니다.

Although my major is business administration,// I am also interested in information technology/ and am considering studying this subject in graduate school. (178)
제 전공은 경영학이지만,// 저는 또한 정보 기술에도 관심이 있으며/ 대학원에서 이 과목을 공부할 생각을 하고 있습니다.

Can business majors apply for the internship?
경영학 전공자들이 수련과정을 신청할 수 있는지요?

I will be leaving for a trip to Korea in May/ to visit relatives and brush up on my second language, Korean.
저는 5월에 한국으로 여행을 떠날 예정입니다/ 친척들을 방문하고 제2언어인 한국어를 다시 공부하기 위하여.

I won't return from my trip until four days after the first internships begin. (180)
저는 첫 수련과정이 시작된 지 4일 후에야 여행에서 돌아올 것입니다.

Could I start my internship then?
제가 그때 수련과정을 시작할 수 있을까요?

I can work until the beginning of September.
저는 9월 초까지 일할 수 있습니다.

If I qualify for the internship,// please send me an application as soon as possible,// as well as any other information I may need.
제가 수련과정에 자격이 된다면,// 가능한 빨리 신청서를 보내 주십시오.// 기타 제가 필요할 수도 있는 정보뿐만 아니라.

Thank you. 감사합니다.

어휘   would like to ~하고 싶다 internship 수련과정 information 정보 technology 기술 an electrical engineer 전기 기술자 company 회사 opportunity 기회 junior 3학년 university 종합대학교 although=though=even though=notwithstanding 비록 ~이지만 major 전공, 전공자 business administration 경영학 be interested in ~에 관심이 있다 graduate school 대학원 consider=contemplate=allow for=take account of=take into account(consideration)=think(brood, ponder) over 곰곰이 생각하다 apply for=make a formal request for ~을 신청(지원)하다 relative 친척 brush up on 다시 공부하다 application 신청(지원)서 not A until B: B하고 나서야 A하다 u.125쪽 [20]번 참조 return 돌아오다 September 9월 qualify for ~에 자격이 되다 as soon as possible 가능한 빨리 B as well as A=not only(merely, simply, solely, alone, just) A, but also B: A뿐만 아니라 B도

176. What qualification does Jon have that will give
him preference over other applicants?
(A) He can speak Korean.
(B) His mother works for the company.
(C) He is majoring in business administration.
(D) He took classes in electrical engineering.

Jon이 다른 지원자보다 우선권을 갖게 될 어떤 자격
을 갖고 있죠?
(A) 그는 한국어를 할 수 있습니다.
(B) 그의 어머니가 그 회사에서 일한다.
(C) 그는 경영학을 전공하고 있다.
(D) 그는 전기 공학 수업을 수강했다.

177. How long does Jon have to fill out his application?
(A) 2 weeks
(B) 3 weeks
(C) 2 months
(D) 12 months

Jon이 신청서를 작성하는 데 얼마의 기간이 남아있죠?
(A) 2 주
(B) 3 주
(C) 2 개월
(D) 12 개월

178. What does Jon want to study in graduate school?
(A) Business administration
(B) Information technology
(C) Communications
(D) Korean language

Jon은 대학원에서 무엇을 공부하고 싶어 하죠?
(A) 경영학
(B) 정보 기술
(C) 커뮤니케이션
(D) 한국어

179. What project will Jon probably be assigned to
work on?
(A) Networking
(B) Business Software
(C) Computer Maintenance
(D) Global Communications

Jon은 어떤 프로젝트를 매진하도록 배정될까요?
(A) 네트워킹
(B) 비즈니스 소프트웨어
(C) 컴퓨터 유지 보수
(D) 글로벌 커뮤니케이션

180. When does Jon want to start his internship?
(A) May 1
(B) June 1
(C) June 5
(D) September 4

Jon은 언제 수련과정을 시작하고 싶어 하죠?
(A) 5 월 1 일
(B) 6 월 1 일
(C) 6 월 5 일
(D) 9 월 4 일

176. (B) First preference will be given to employees' children and relatives.
+ My mother, who works as an electrical engineer at your company, told me about this opportunity.
이 두 문장에서 직원의 자녀와 친척들에게 우선권을 준다고 했으며, Jon의 어머니는 그 회사의 전기 기술자로 일하고 있으므로.

177. (A) The application deadline is April 15.+ Friday, April 1, 20— 1:29 P.M.
이 두 문장에서 마감일이 4월 15일인데, Jon이 이메일을 전송한 날짜가 4월 1일이므로.

178. (B) I am also interested in information technology and am considering studying this subject in graduate school. 이 문장에 Information technology를 공부할 생각이라고 말하고 있죠?

179. (D) Applicants who speak a second language will be assigned to our special Global Communications Project. 이 문장을 토대로, Jon은 한국어를 말하므로 Global Communications에 매진하도록 배정이 되겠죠.

180. (C) The first internships will begin on June 1. + I won't return from my trip until four days after the first internships begin. 이들 문장에서 첫 수련과정은 6월 1일에 시작되고, Jon은 첫 수련과정이 시작된 지 4일 후에야 여행에서 돌아온다고 했으므로

qualification 자격 preference 우선권 applicant 지원(신청)자 major in ~을 전공하다 business administration 경영학 take classes 수업을 듣다, 수강하다 in electrical engineering 전기 공학 fill out=fill in=complete 작성하다 application 신청서 graduate school 대학원 assign 할당(배정)하다

Questions 181-185 refer to the following fax and voice-mail message. (다음 팩스와 음성메시지를 참조하십시오.)

FAX COVER SHEET		팩스 커버 시트	

Moon Computer Supplies
No. 110-9 Zhongshan Road
Xindian City 608
Taipei, Taiwan
Tel : (886) 2-7668-9506
Fax : (886) 2-7668-9507

Moon 컴퓨터 용품
종산로 110-9번지
신디안 시 608
타이페이, 대만
전화 : (886) 2-7668-9506
팩스 : (886) 2-7668-9507

To:	수신인:	Angie Shan	앤지 샨
From:	발신인:	Jamie Wu, Account Representative	제이미 우, 회계 담당자
Date:	날짜:	April 12, 20--	20— 년, 4월 12일
Pages:	쪽수:	1	1쪽
Re:	제목:	Order confirmation	주문 확인

Message :

Angie, we shipped your items a few days ago.
You should receive them by April 14. (182)
We had to divide the shipment into two boxes,
but they both should arrive the same day.
The items shipped are as follows:

Item 1 2 LCD Monitors
Item 2 1 PC Case, Black
Item 3 5 Keyboards, Ivory
Item 4 4 200 GB Hard Drives (184)
Item 5 8 Headphones (183)

Please contact us if you have any questions.
I will be out on a business trip, but you can
communicate with my assistant, Marcia. (181)
You know her.

메시지(전달 내용) :

앤지, 며칠 전에 상품을 배송했습니다.
당신은 틀림없이 4월 14일까지 수령하시게 될 것입니다.
배송물을 두 상자로 나누어야했습니다,// 그러나 둘 다
같은 날 도착할 것입니다.
배송되는 품목은 다음과 같습니다.

품목 1 LCD 모니터 2개
품목 2 PC 케이스, 검은 색 1개
품목 3 키보드, 아이보리 색 5개
품목 4 200 GB 하드 드라이브 4개
품목 5 헤드폰 8개

문의사항이 있으시면 연락 주십시오.
저는 출장 나갈 것입니다.// 하지만 당신은 저의 점원
Marcia와 의사 교환을 하실 수 있습니다.
당신은 그녀를 알고 계시잖아요.

어휘   account representative 회계 담당자 order 주문 confirmation 확인 ship 발송(배송, 선적)하다 item 품목, 항목, 물건
a few days ago 며칠 전 should 틀림없이 ~할 것이다(논리적 결과를 나타내는 경우) receive 받다 by ~까지(동작의 완료)
April 4월 have to ~해야 한다 divide A into B: A를 B로 나누다 shipment 배송물, 발송품, 선적물 the same day 같은 날
be as follows: 다음과 같다 contact=make contact with 연락하다 question 질문, 문의사항 communicate with ~와
소통하다 be out on a business trip 출장을 떠나다, 출장을 나가다 assistant 점원, 조수

Voice-Mail Message

DATE:	날짜:	April 17, 20--	20-- 년 4월 17일
TIME:	시간:	11:07 A.M. ✔ P.M.	오전 11시 07분 ✔ 오후
RECEIVED BY:	수신자:	Ms. Yan	얀 씨
CALLER:	발신자:	Angie	앤지
PHONE NUMBER:	전화번호:	2-7684-3267	2-7684-3267

MESSAGE :

There is a problem with your shipment.
I have received items 1, 2, and 4,// but they
arrived two days after the expected date. (182)
The other items have not arrived yet. (183)
The PC case received is the wrong color.
I ordered blue. (185)
The hard drives are also not as I ordered them.
They are 100 GB less than I wanted. (184)
Please fix these problems immediately.

CALL BACK REQUESTED?   YES ✔   NO

메시지(전달 내용) :

배송에 문제가 있습니다.
저는 항목 1, 2 및 4를 받았지만,// 예상 날짜 이틀 후에
도착했습니다.
다른 품목은 아직 도착하지 않았습니다.
받은 PC 케이스는 색상이 잘못되었습니다.
저는 파란색을 주문했습니다.
하드 드라이브도 제가 주문한 것과 같지 않습니다.
제가 원하는 것보다 100 GB가 더 적습니다.
이 문제를 즉시 해결해 주십시오.

전화 해주시기를 요청하십니까? 예 ✔   아니요

어휘   There is a problem with ~에 문제가 있다 shipment 발송, 배송 receive 받다 item 품목, 항목, 물건 arrive 도착하다
expected date 예상 날짜 yet 아직 order 주문하다 blue 청색 fix 바로잡다, 고치다, 해결하다
immediately=at once=directly=instantly=off hand=out of hand=in no time 즉시 call back 전화 해주다 request 요청하다

---

181. What is Ms. Yan's first name?

(A) Jamie
(B) Angie
(C) Wei
(D) Marcia

Yan의 이름은 무엇이죠?

(A) Jamie
(B) Angie
(C) Wei
(D) Marcia

182. When did the first box arrive?

(A) April 12
(B) April 14
(C) April 16
(D) April 17

첫 번째 상자는 언제 도착 했나요?

(A) 4 월 12 일
(B) 4 월 14 일
(C) 4 월 16 일
(D) 4 월 17 일

183. Which of the following items has Ms. Shan not yet received?

(A) Headphones
(B) Monitors
(C) PC case
(D) Hard drives

Shan은 다음 품목 중 어느 것을 아직 받지 못했나요?

(A) 헤드폰이
(B) 모니터
(C) PC 케이스
(D) 하드 드라이브

184. What size hard drive did Ms. Shan order?

(A) 100 GB

(B) 200 GB

(C) 300 GB

(D) 400 GB

Shan은 어떤 크기의 하드 드라이브를 주문했나요?

(A) 100GB

(B) 200GB

(C) 300GB

(D) 400GB

185. What color PC case did Ms. Shan want?

(A) Black

(B) Blue

(C) Ivory

(D) White

Shan은 어떤 컬러 PC 케이스를 원했습니까?

(A) 검정색

(B) 청색

(C) 상아색

(D) 흰색

정답 찾는 요령 : 질문지에서 물어보는 부분의 단어를 본문에서 찾은 다음, 그 내용을 다시 선택지에 대입하여 일치하는 답을 고르세요.

정답과 해설	**181.**	(D) Jamie의 '점원은 Marcia'라고 했으며, Angie Shan이 '점원인 Ms. Yan에게 메시지를 남겼으므로' 우리는 '점원과 Ms. Yan이 동일인' 임을 추론할 수 있죠. 이런 추론 문제가 토익에서는 가장 어려우므로 다양한 추론 문제를 접하는 것이 중요합니다.
	182.	(C) You should receive them by April 14. + they arrived two days after the expected date. 이 두 문장을 통해서 예정일(14일) 이틀 후에 도착했다고 했으므로 16일에 도착했다는 뜻이 돼죠.
	183.	(A) I have received items 1, 2, and 4. + The other items have not arrived yet. 이 두 문장을 통해서 3번(키보드)과 5번(헤드폰) 품목이 아직 도착하지 않았죠?
	184.	(C) hard drive를 찾아보면 Item 4 4 200 GB Hard Drives라고 나와 있죠? 그런데 They are 100 GB less than I wanted. 라고 말하고 있죠? 이 말은 Shane이 '300 GB를 주문했다'는 것을 추론할 수 있죠.
	185.	(B) The PC case received is the wrong color. I ordered blue. 이 문장에 답이 들어 있죠.

Questions 186-190 refer to the following e-mails. (다음 이메일들을 참조하십시오.)

To:	수신자:	Brian Peterson <bpeterson@atasteofclass.com>
From:	발신자:	Jason Hostrum <jhostrum@jhostrum@jhfurnishing.com>
Date:	날짜:	November 20 11월 20일
Subject:	제목:	Office Christmas Party 사무실 크리스마스 파티

Dear Mr. Peterson, 친애하는 피터슨씨,

I am looking to engage the services of your catering company, A Taste of Class,/ for our Christmas party at the end of this year.
저는 귀하의 음식물 조달업체인 A Taste of Class의 서비스를 예약하고자합니다/ 올해 말에 크리스마스 파티를 위해.

Ideally, we would like to have our event on Saturday, December 20.
이상적으로, 저희는 12월 20일 토요일에 행사를 하고 싶습니다.

I just have a few questions about your services.
저는 귀하의 서비스에 대해 몇 가지 질문이 있습니다.

First, do you provide decorations?
첫째, 귀사는 장식물을 제공해 주시나요?

I really want this year's party to be a special event; it is my first time being responsible for it/ and I really want to impress the boss. (186)
저는 올해의 파티가 특별한 행사가 되기를 정말 원합니다. 그것에 대해 책임지는 것이 이번이 처음이라서/ 저는 정말로 상사에게 감동을 드리고 싶거든요.

Second, do you have a wide range of vegetarian dishes?
둘째, 귀사는 다양한 채식 요리를 갖추고 있습니까?

We have 12 vegetarians on our staff of 35,// so it will be important to provide them a full menu, not just appetizers. (189)
우리 직원은 35명인데, 채식주의자가 12명이 있습니다./ 그래서 그들에게 애피타이저(식욕을 돋우기 위해 식전에 먹는 음료나 요리)뿐만 아니라 전체 메뉴를 제공하는 것이 중요하거든요.

If you could **get back to** me with the answers to my questions and your availability for the 20th,// I would greatly appreciate it.
만약 제 질문에 대한 답과 20일 가용성을 가지고 저에게 다시 연락해주신다면,// 대단히 감사하겠습니다.

Sincerely,

Jason Hostrum 제이슨 호스트럼

Junior Secretary, Johnson Home Furnishing 존슨 홈 퍼니싱(가정용 가구점 회사명) 행정 비서

어휘 | be looking to=want to or be planning to ~하고자하다, ~할 예정이다 engage 예약하다 a few 몇 가지 catering company 음식물 조달업체 ideally 이상적으로, 욕심을 부리자면 would like to 하고 싶다 event 행사 decoration 장식, 장식품, 장식물 be responsible(accountable, answerable) for=account(answer) for 책임지다 provide 제공하다 impress 감동을 주다, 깊은 인상을 주다 boss 상사, 사장 a wide range of=a wide swath of 광범위한, 다양한 vegetarian dish 채식 요리 vegetarian 채식주의자 staff 직원 provide 제공하다 get back to 다시 연락하다 availability 가용성 appreciate 감사(이해)하다 junior secretary 행정 비서

To:	수신인:	Jason Hostrum <jhostrum@jhostrum@jhfurnishing.com>
From:	발신인:	Brian Peterson <bpeterson@atasteofclass.com>
Date:	날짜:	November 21　　11월 21일
Subject:	제목:	Re: Office Christmas Party　사무실 크리스마스 파티

Dear Mr. Hostrum, 친애하는 Hostrum 씨,

I am delighted// that you have contacted A Taste of Class/ to help make your Christmas party one to remember.
저는 기쁩니다// 귀하가 A Taste of Class(음식물 조달 회사 이름)에 연락을 주셔서/ 귀하의 크리스마스 파티를 기억할만한 파티로 만드는 데 도울 수 있도록.

Let me answer all of your questions/ and put your mind at ease.
귀하의 모든 질문에 답변해드리고/ 귀하의 마음을 편안하게 해 드리겠습니다.

To begin with,// we have one team left that can cater you for the 20th of December,// so you are in luck!
우선,// 12월 20일에 귀하에게 음식을 조달할 수 있는(연회에서 음식 서비스를 할 수 있는) 한 팀이 남았으니,// 귀하는 운이 좋은 것입니다! (190)

As far as the decorations are concerned,// we have several different themes to choose from;// please visit our website at www.atasteofclass.com/ to see pictures of our successful events from the past.
장식에 관한 한,// 우리는 선택할 수 있는 몇 가지 다양한 테마를 가지고 있습니다.// www.atasteofclass.com의 웹 사이트를 방문하셔서/ 과거의 성공적인 행사 사진을 살펴보십시오.

They are labeled with themes,/ so you may just choose one that appeals to you.
그 사진들은 테마가 붙어 있어서,/ 귀하는 그저 귀하의 마음에 드는 것을 선택하면 됩니다.

Your final inquiry regarding the vegetarian option/ will also require some decision-making/ on your part.
채식 선택에 관한 마지막 문의는/ 또한 약간의 의사 결정이 필요할 것 같아요/ 귀하의 입장에서.

We offer gourmet dining/ and are happy to specifically prepare 12 vegetarian meals,// but that can be a little bit expensive.
우리는 고급(특별) 식사를 제공하며/ 특히 12개의 채식주의 식사를 준비하게 되어 기쁘지만,// 그것은 약간 비쌀 수 있습니다.

I don't know what your budget is,// but might I suggest making the entire menu vegetarian? (188)
귀하의 예산이 어떻게 되는지는 모르겠지만,// 메뉴 전체를 채식으로 만드는 게 어떨까요?

We have an outstanding vegetarian chef, Julia Monroe,// who can prepare a full vegetarian buffet so delicious a lion would eat it!
우리는 훌륭한 채식 요리사 줄리아 먼로가 있는데,// 그는 사자도 먹고 싶을 만큼 맛있는 채식 뷔페를 충만하게 준비할 수 있습니다!

This option is also a lot more cost-effective/ than preparing two separate menus.
이 선택은 또한 훨씬 비용 효율적입니다/ 두 개의 별도 메뉴를 준비하는 것보다.

After reviewing your options,// please let me know what choices are best for you.
귀하의 선택 사항을 검토 한 후,// 귀하에게 가장 적합한 선택을 알려주십시오.

Sincerely, 감사합니다(끝맺음 말)

Brian Peterson, 브라이언 피터슨,
Booking and Sales Manager 예약 및 영업부장
A Taste of Class

To:	수신인:	Brian Peterson <bpeterson@atasteofclass.com>	
From:	발신인:	Jason Hostrum <jhostrum@jhostrum@jhfurnishing.com>	
Date:	날짜:	November 22	11월 22일
Subject:	제목:	Re: Office Christmas Party	사무실 크리스마스 파티

Dear Mr. Peterson,

Thanks for your reply.
I want to go ahead and book the event for Saturday the 20th of December.
I want the decoration theme 'Winter Wonderland', and I have decided to take your advice/ and go with whatever menu chef Julia Monroe can put together for us. (187) (188)
I really appreciate all of your recommendations/ and I just know this will be a great event!

All the best,

Jason Hostrum,
Junior Secretary, Johnson Home Furnishing

친애하는 피터슨씨,

답장을 보내 주셔서 감사합니다.
저는 어서 12월 20일 토요일 행사를 예약하고 싶습니다.
저는 장식 테마 '겨울 동화의 나라'를 원합니다.
그리고 저는 귀하의 조언을 받아들여서/ 요리사인 Julia Monroe가 우리를 위해 준비할 수 있는 메뉴는 무엇이나 함께하기로(받아들이기로) 결정했습니다.
저는 귀하의 모든 추천에 진심으로 감사드리며/ 이번 행사가 훌륭한 행사가 될 것으로 알고 있습니다!

감사합니다(끝맺음 말)

Jason Hostrum, 제이슨 호스트럼
존슨 홈 퍼니싱(가정용 가구점 회사명) 행정 비서

186. Why is Jason Hostrum anxious about the party?
(A) His family will be there.
(B) It is the first time the boss will join them.
(C) This is the first party he has to plan for the company.
(D) There is too much food for him to prepare.

Jason Hostrum은 왜 파티에 대해 걱정하죠?
(A) 그의 가족이 그곳에 있을 것이므로.
(B) 상사가 처음으로 그들과 합류할 것이므로
(C) 이번이 그가 회사를 위해 계획하는 첫 번째이므로.
(D) 그가 준비 할 음식이 너무 많으므로.

187. In the third e-mail, what is indicated about Jason Hostrum?

(A) He visited atasteofclass.com

(B) He created his own theme.

(C) He wants to cancel the party.

(D) He wants to add more food and guests.

세 번째 이메일에서 Jason Hostrum에 대해 시사하는 것이 무엇이죠?

(A) 그는 atasteofclass.com을 방문했다.

(B) 그는 자신의 테마를 만들었다.

(C) 그는 파티를 취소하고 싶어 한다.

(D) 그는 음식과 손님을 더 추가하고 싶어 한다.

188. According to the e-mails, what kind of food will be served?

(A) All meats

(B) A mixture of meat and vegetarian

(C) Only vegetarian

(D) Only appetizers

이메일에 따르면 어떤 종류의 음식이 제공될까요?

(A) 모든 고기

(B) 고기와 채식주의 자의 혼합물

(C) 채식주의 자만

(D) 전채 만

189. In the first e-mail, what was a big concern about the food?

(A) The flavor

(B) The type of side dishes

(C) Where the buffet will be located

(D) The dietary restrictions of some of the employees

첫 번째 이메일에서 음식에 대한 큰 염려가 무엇이죠?

(A) 맛

(B) 반찬의 유형

(C) 뷔페를 어디에 위치시킬 것인가

(D) 일부 직원들의 음식 사양

190. What is indicated about A Taste of Class?

(A) They prefer to cater on another date.

(B) They are busy in this holiday season.

(C) They have lots of free teams for the 20th.

(D) They are too busy to work for Johnson's party.

A Taste of Class에 대해 시사하는 바가 무엇이죠?

(A) 그들은 다른 날짜에 조달하는 것을 선호한다.

(B) 그들은 이 휴가철(축제기간)에 바쁘다.

(C) 그들은 20일에 한가한 팀이 많이 있다.

(D) 그들은 너무 바빠서 Johnson의 파티를 위해 일할 수 없다.

정답과 해설

186. (C) I really want this year's party to be a special event; it is my first time being responsible for it.
이 문장에서 '처음 책임지는 것이라서' 걱정하는 Jason의 심리상태를 들여다 볼 수 있죠.

187. (A) 'Winter Wonderland' 테마를 골랐다는 것은 'Jason이 이미 웹사이트를 방문했다'는 것을 추론할 수 있죠.

188. (C) might I suggest making the entire menu vegetarian? + I have decided to take your advice.
이 두 문장에서 Brian이 '전체 메뉴를 채식으로 할 것을 제안'하고, Jason은 그 충고를 받아들이겠다고 했죠?

189. (D) We have 12 vegetarians on our staff of 35. 이 문장에서 '채식가에 대해 염려'하고 있죠.

190. (B) we have one team left that can cater you for the 20th of December,// so you are in luck!
이 문장에서 '한 팀이 남아서 운이 좋은 것'이라고 한 것은 '축제기간에는 바쁘다'는 것을 추론할 수 있죠.

어휘

reply 답장 go ahead 나아가다, 어서 ~하다 decoration 장식 Winter Wonderland 겨울 동화의 나라 decide 결정하다 go with 함께하다, 받아들이다 whatever ~한 것은 무엇이다 put together 준비(조립)하다 appreciate 감사하다 recommendation 추천, 권고 be anxious(worried, concerned, uneasy) about ~에 대해 걱정하다 indicate 시사하다 dietary 식사의 restriction 사양, 제한

Questions 191-195 refer to the following form, memo and notice. (다음 양식과 회람과 공지사항을 참조하십시오.)

Auburn City Restaurant Inspection(오번 시 식당 점검)

Restaurant Name: Polito's Pizza	**Location:** 43 Clark Street	**Inspection Date:** January 22
식당 이름: Polito's Pizza	**위치:** 43 Clark Street	**점검 날짜:** 1월 22일

A: Comply completely with safety and health requirements/ with no violations. (191)
　안전 및 보건 요구 사항을 완벽하게 준수함./ 전혀 위반 없이.

B: Conform to most safety and health requirements/ with a few minor violations. (191)
　대부분의 안전 및 보건 요구 사항을 준수함./ 몇 가지 사소한 위반사항 있음.

C: Not satisfy many safety and health requirements/ with serious violations that could result in harm
　or illness for a customer.
　안전 및 보건 요구 사항을 별로 충족시키지 못함./ 고객에게 해나 질병을 초래할 수 있는 심각한 위반사항 있음

(Fines will imposed for any C or D level violations related to food preparations and storage.)
(식품 준비 및 보관과 관련한 C 또는 D 수준의 어떠한 위반에 대해서도 벌금이 부과됨.)

	Item(항목)	Score(점수)
1	Personnel regularly wash hands/ and follow hygienic practices. 직원은 규칙적으로 손을 씻고/ 위생적인 관행을 따른다.	B
2	Raw meats and vegetables/ are refrigerated at proper temperatures. 생고기와 채소는/ 적절한 온도에서 냉장 보관된다.	A
3	All ingredients/ are properly stored and labeled. 모든 재료는/ 적절하게 저장되고 이름표가 붙여져 있다.	C (192)
4	Dishes and utensils/ are cleaned and sterilized. 접시와 식기류는/ 세척되고 살균되어 있다.	A
5	Fire extinguishers/ are easily accessible. 소화기는/ 쉽게 접근할 수 있다.	B
6	Fire exits/ are clearly marked. 화재 비상구가/ 선명하게 표시되어 있다.	C
7	Floors/ are clean and dry. 바닥은/ 깨끗하고 건조하다.	B

To avoid additional penalties,// restaurants are warned to correct violations before their next inspection.
추가적인 과태료를 피하기 위해,// 식당들은 다음 점검 전에 위반 사항을 시정하라는 경고를 받습니다.

Restaurant Owner(식당 주인): Greg Kluck

Inspector(점검자): Melissa Tenner

어휘　location 위치 inspection점검 completely 완벽하게 comply with=conform to=abide by 준수하다 safety 안전 health 보건, 건강 requirements 요구 사항 with no violations 전혀 위반 없이 most 대부분의 a few 몇 가지, 약간의 satisfy 충족시키다 serious 심각한 result in=bring on(about, forth) 초래하다 harm 해로움 illness 질병 customer 고객 fine 벌금 impose 부과하다 level 수준 be related to=be concerned(connected, associated, linked) with ~와 관련이 있다 preparation 준비 storage 보관 personnel 직원 regularly 규칙적으로 follow 따르다 hygienic 위생적인 practice 관행 raw meat 생고기 vegetable 채소 refrigerate 냉장 보관하다 proper=pertinent=suitable 적절한 temperature 온도 ingredient 재료 store 저장하다 labeled 이름표를 붙이다 dish 접시 utensil 식기류 sterilize 살균하다 fire extinguisher 소화기 easily=with ease 쉽게 accessible 접근할 수 있는 avoid 피하다 additional 추가적인 penalty 처벌, 벌금, 과태료 warn 경고하다 correct 수정(시정) 하다 violations 위반 사항 owner 주인 inspector 점검자, 검열관

Memo (회람)

To:	수신인:	All Employees <employees@politosizza.com>	전 직원〈employees@politosizza.com〉
From:	발신인:	Greg Kluck <gregkluck@politospizza.com>	Greg Kluck〈gregkluck@politospizza.com〉
Subject:	제목:	Inspection Results	검사 결과
Date:	날짜:	January 25	1월 25일

Dear employees, 친애하는 직원 여러분,

The results from our recent inspection on January 22 indicate// that there are a few problems that we need to address.
1월 22일에 실시한 최근의 검사 결과에 따르면// 우리가 해결해야 할 몇 가지 문제들이 있습니다.

First,/ it was brought to my attention that fire exit signs need to be installed again.
먼저/ 화재 비상구 표지판을 다시 설치해야한다는 점에 주목하게 되었습니다.

The most serious violation/ concerned the improper storage and labeling of food. (192)
가장 심각한 위반은/ 식품의 부적절한 보관 및 표시에 관한 것이었습니다.

All ingredients stored for later use/ must be labeled with an exact date and detailed contents. (192)
나중에 사용하기 위해 보관 된 모든 재료들은/ 정확한 날짜와 자세한 내용이 표시되어 있어야합니다.

If we do not label containers properly,// spoiled food could accidentally be served to customers. (192)
우리가 용기를 적절하게 표시해 놓지 않으면,// 상한 음식이 우연히 고객에게 제공될 수 있습니다.

We received relatively low grades/ for employee hygiene and the cleanliness of our facilities.
우리는 비교적 낮은 등급을 받았습니다/ 직원 위생 및 시설 청결에 대해서.

All employees/ are required to wear their uniform and hairnet at all times/ and wash their hands after every bathroom visit.
모든 직원은/ 유니폼과 헤어네트를 착용하고/ 손을 씻어야합니다/ 매번 화장실을 방문한 후에는.

We also need to mop floors more often/ and keep them dry.
우리는 또한 바닥을 더 자주 청소하고/ 건조하게 유지해야합니다.

In order to correct these poor situations,// I will be posting a checklist// that all employees will be required to complete every morning. (193)
이러한 열악한 상황을 바로잡기 위해,// 저는 점검표를 게시할 것입니다// 모든 직원이 매일 아침 이행해야 할 (점검표를).

It will include necessary preparations/ to ensure that we are not be breaking any regulations.
그것은 필요한 준비 사항을 포함할 것입니다/ 우리가 규정을 위반하지 않도록 하는 데.

This measure/ will go into effect on January 29.
이 조치는/ 1월 29일부터 시행될 것입니다.

If you have any questions about these changes,// please bring them up/ at the staff meeting tomorrow.
이러한 변경 사항에 대해 궁금한 점이 있으면,// 그것들을 제기해주십시오/ 내일 아침 직원회의에서.

NOTICE TO ALL EMPLOYEES(전 직원에게 알림)

The checklist below/ must be signed by every employee/ every day that they have a shift at Polito's Pizza. (193)
아래의 점검표는/ 모든 직원들이 서명해야합니다/ 매일 그들이 Polito's Pizz에서 교대할 때마다.

Only sign the task/ once it has been completed or checked.
작업에 서명만 하십시오/ 그것을 완료하거나 점검하고 나면.

Failure to fill out the checklist with the date, time, and signature/ will be treated as a violation of Polito's new health standards. (193) (194)
날짜, 시간 및 서명으로 점검표를 작성하지 않으면/ Polito의 새로운 보건 기준을 위반하는 것으로 간주될 것입니다.

POLITO'S CHECKLIST

Polito's	Sun	Mon	Tue	Wed	Thu	Fri	Sat
Rotate Food 식품 교대	k.p.	k.p.	k.p.	k.p.			k.p.
Mop Floors 바닥 청소	k.p.	k.p.	k.p.	k.p.			k.p.
Uniforms 유니폼	k.p.	k.p.	k.p.	k.p.			k.p.
Wash hands 손 씻기	k.p.	k.p.	k.p.	k.p.			k.p.

191. Why was the inspection conducted?

    (A) To monitor compliance with food industry regulations

    (B) To rate the taste and quality of the cuisine

    (C) To inspect the structural safety of the building

    (D) To evaluate the effectiveness of new policies

점검은 왜 시행되었죠?

(A) 식품 산업 규정에 대한 준수를 감찰하기 위해

(B) 요리의 맛과 품질을 평가하기 위해

(C) 건물의 구조적인 안전을 점검하기 위해

(D) 새로운 정책의 효과를 평가하기 위해

192. Why has Polito's Pizza been charged a fine?
(A) Because fire extinguishers were not in place.
(B) Because containers of food were not marked appropriately.
(C) Because raw meats and vegetables were handled incorrectly.
(D) Because the facilities were not cleaned as per standards.

폴리티코 피자는 왜 벌금을 부과 받았죠?
(A) 소화기가 제자리에 없었기 때문에.
(B) 식품 용기가 적절하게 표시되어 있지 않았기 때문에.
(C) 생고기와 채소가 잘못 취급되었기 때문에.
(D) 시설이 표준에 따라 청소되지 않았기 때문에.

193. What does Mr. Kluck ask his employees to do?
(A) Apologize to customers
(B) Wear a name tag at all times
(C) File a complaint against Ms. Tenner
(D) Fill out a required form

Kluck은 직원들에게 무엇을 하라고 요구하죠?
(A) 고객들에게 사과하라고
(B) 항상 이름표를 착용하라고
(C) Tenner 씨를 고소하라고
(D) 필요한 서식을 작성하라고

194. What will happen if an employee fails to sign the work checklist?
(A) They will have a violation on their record.
(B) They will have to pay a fine.
(C) They will have to come to the office on the weekends.
(D) They will be fired.

직원이 작업 점검표에 서명하지 않으면 어떻게 되죠?
(A) 기록에 위반(위반 기록)을 갖게 될 것이다.
(B) 벌금을 내야 할 것이다.
(C) 주말마다 출근해야 할 것이다.
(D) 해고 될 것이다.

195. Based on Polito's Checklist,/ what can we infer about K.P.?
(A) He works at night.
(B) He will be fired for violations.
(C) He did not work on Thursday and Friday.
(D) He is slow at work.

Polito의 점검표를 바탕으로,/ K.P.에 대해 무엇을 추론 할 수 있죠?
(A) 그는 밤에 일한다.
(B) 그는 위반으로 해고 될 것이다.
(C) 그는 목요일과 금요일에 일하지 않았다.
(D) 그는 일하는 속도가 느리다.

191. (A) 첫 번째 서식에서 comply with라는 단어가 나오죠? compliance가 바로 comply의 명사형입니다. 어휘문제이군요.

192. (B) Fines will imposed for any C or D level violations related to food preparations and storage. All ingredients are properly stored and labeled. 이 항목에서 C를 받았다는 것은 용기 표시가 제대로 되어 있지 않았기 때문이죠.

193. (D) fill out the checklist with the date, time, and signature. 이 문장에서 점검표를 작성하라고 요구하고 있죠.

194. (A) Failure to fill out the checklist with the date, time, and signature will be treated as a violation of Polito's new health standards. 이 문장에 'failure to'와 'violation'이라는 어구가 들어 있죠.

195. (C) 점검표를 보면 Thu와 Fri가 공란으로 되어 있다는 것은 출근하지 않는다는 뜻입니다.

어휘 have a shift 교대하다 task 작업, 일 once 일단 ~하면 complete 완료하다 failure 실패 fill out=fill in=complete 작성하다 signature 서명 treat 간주하다 violation 위반, 위배 health standard 보건 기준 conduct 시행하다 monitor 감찰하다 compliance 준수 industry 산업 regulation 규정 rate=estimate=appraise=evaluate 평가하다 quality 품질 cuisine 요리 structural 구조적인 effectiveness 효과 policy 정책 charge 부과하다 a fine 벌금 fire extinguisher 소화기 in place 제자리에 있는 container 용기 mark 표시하다 appropriately=properly=suitably 적절히 raw meat 생고기, 날고기 vegetable 채소 handle=treat=deal with 다루다 incorrectly 틀리게 facility 시설 as per ~에 의하여 standard 기준, 표준 apologize 사과하다 wear 착용하다 a name tag 이름표 at all times=all the time 항상 file a complaint against ~를 고소하다 required 필요한 form 서식, 양식 on the weekends 주말마다 fire=dismiss=discharge=sack=lay off 해고하다 infer=induce 추론하다

Questions 196-200 refer to the following Web page and e-mails. (다음 웹 페이지와 이메일들을 참조하십시오.)

https://www.staffcelebrations.com

Staff Celebrations (직원 축하 행사: 이벤트 기획 회사 이름)

Event planning for companies large and small since 1982

1982년 이후 대기업과 중소기업을 위한 이벤트 기획

Picnics	Award Ceremonies	Team-building Events	Milestone Celebrations
피크닉	시상식	팀 구성 이벤트	중대한 축하 행사

Picnics with your company in mind! Pricing to fit every budget.
귀사를 염두에 둔 피크닉! 모든 예산에 맞도록 가격 책정.

We do the following: 우리는 다음과 같이 해드립니다.

❖ Setup and cleanup 설치와 뒷정리

❖ Shuttle service between the parking area and site/ if needed (196)
주차장과 현장 간 왕복 운행 서비스/ 필요한 경우

❖ Food and beverages (choose from a wide variety of snack and meal options)
음식 및 음료 (다양한 스낵 및 식사 옵션 중에서 선택)

❖ Games and activities for adults and children (many to choose from)
성인 및 어린이들을 위한 게임 및 활동 (많은 선택 가능)

❖ Photos 사진

❖ Gift bags for each guest (optional: your choice of items to include)
각 고객을 위한 선물 가방 (선택 사양: 포함 할 품목을 여러분이 선택)

We'll come to your site, or you can rent either of our two beautiful spaces: the Garden Grove in Glenview (for up to 200 people) or the Bridge Center in Woodsorrel (for 200-1,000 people). (200)
우리가 귀하의 현장으로 가든지, 아니면 여러분이 우리의 아름다운 두 공간 중 하나를 빌릴 수 있습니다. 즉 Glenview의 Garden Grove(최대 200명) 아니면 Woodsorrel의 Bridge Center(200−1000명) (중 하나를).

Treat your staff to an event they'll remember.
직원들에게 그들이 기억할 만한 행사를 갖도록 베풀어주십시오.

어휘 　event 이벤트, 행사 planning 기획 award ceremony 시상식 milestone 이정표, 중대한 사건 price 가격을 책정하다 fit ~에 적합하다, ~맞다 budget 예산 the following 다음 setup 설치, 설정, 구성 cleanup 뒷정리, 대청소 parking area 주차장 site 현장 if needed 필요한 경우 food 음식 beverage 음료 a wide variety of=a wide range of 다양한 meal 식사 activity 활동 adult 성인 gift 선물 guest 고객 optional 선택의, 임의의 include=involve=contain=comprise 포함하다 item 품목 either 둘 중 하나 space 공간 up to 최대 Glenview는 미국 일리노이 주 쿡 카운티에 있는 마을 treat 대접(대우)하다, 베풀다 staff 직원 remember 기억하다

To:	수신인:	Delilah Chalmers <dchalmers@sybrassarchitecture.com>
From:	발신인:	Kacper Bukowski <skbukowski@fordingfitness.com>
Date:	날짜:	February 12	2월 12일
Subject:	제목:	Staff Celebrations	직원 축하 행사

Dear Ms. Chalmers, 친애하는 Chalmers 님,

My company is considering hiring Staff Celebrations for our employee picnic this summer,// and the company gave us your name as a reference.
우리 회사는 올 여름 직원 야유회를 Staff Celebrations에 의뢰할 것을 고려중인데,// 회사가 귀하의 이름을 저희에게 알려주었습니다/ 보증인으로.

If you have a moment,// could you answer a few questions about their services? (197)
잠시 시간이 있으시면,// 그들의 서비스에 대한 몇 가지 질문에 대답해 주시겠습니까?

Specifically,/ we would like to know// what the staff and location were like/ and whether the gift bag option is worth the additional cost. (199)
특히/ 저희는 알고 싶습니다// 직원과 장소가 어떠했는지,/ 선물 가방 옵션이 추가 비용의 가치가 있는지.

It would be very helpful if you could send us your 'impressions' by the end of next week.
다음 주 말까지 당신의 인상을 보내 주시면 매우 도움이 될 것입니다.

Thank you in advance for your help.
당신의 도움에 미리 감사드립니다.

Kacper Bukowski   칵퍼 부코우스키
Executive Staff Assistant   경영진 보좌관
Fording Fitness Center   포딩 헬스클럽

| 어휘 | company 회사 consider=contemplate=weigh=allow for=think(brood, ponder, cogitate, mull, pore) over 고려하다, 곰곰이 생각하다 hire=employ 채용(고용, 이용, 의뢰)하다 employee picnic 직원 야유회 a reference 보증인, 참고인 have a moment 잠시 시간이 있다 a few 몇 가지 specifically 특히, 구체적으로 would like to ~하고 싶다 what 주어+be like 주어가 어떠한지 staff 직원 location 장소, 위치 be worth ~의 가치가 있다 additional cost 추가 비용 helpful 도움이 되는, 유익한 impression 인상, 느낌 by ~까지 in advance=ahead of time=beforehand 미리 executive staff 경영진 assistant 보좌관 fitness center 헬스클럽 |

To:	수신:	Kacper Bukowski <kbukowski@ fordingfitness.com>
From:	발신:	Delilah Chalmers<dchalmers@sybrassarchitecture.com>
Date:	날짜:	February 14	2월 14일
Subject:	제목:	Re: Staff Celebrations	직원 축하 행사

Dear Mr. Bukowski, 친애하는 Bukowski씨,

I am happy to provide you with some information about Staff Celebrations.
귀하에게 직원 Staff Celebrations에 대한 정보를 제공해 드리게 되어 기쁩니다.

We hired them for our tenth annual company picnic,/ which was held this past July.
우리는 제 10회 연례 회사 야유회를 그들에게 맡겼습니다/ 그것은 지난 7월 열렸습니다.

Over 200 of our employees and their families/ were in attendance. (200)
200 명이 넘는 직원과 그들의 가족이/ 참석했습니다.

After looking into several options,// we settled on Staff Celebrations/ to plan and host our event// because they were highly recommended by several other companies in the area.
몇 가지 방안을 검토한 후,// 저희는 Staff Celebrations로 결정했습니다/ 우리의 행사를 계획하고 주최하도록// 왜냐하면 그들이 그 지역의 여러 다른 회사들로부터 추천을 많이 받았기 때문에.

We were delighted with the convenience of their service.
우리는 그들의 서비스의 편리함에 기뻐했습니다.

All we had to do/ was make a few menu and game sections,// and they did the rest.
우리가 해야 할 일은/ 몇 개의 메뉴와 게임 부분을 만드는 것뿐이었고,// 나머지는 그들이 했습니다.

We chose to use one of their sites,// which was as beautiful as promised. (199)
우리는 그들의 부지 중 하나를 사용하기로 결정했는데/ 그곳은 약속대로 아름다웠습니다.

Despite uncomfortably high temperatures on the day of our event,// the staff at Staff Celebrations remained cheerful and enthusiastic. (199)
행사 당일에 불쾌할 정도로 높은 기온에도 불구하고,// Staff Celebrations의 직원들은 쾌활하고 열광적인 모습을 유지했습니다.

Although we did not opt for the gift bag option,// I recall that the choices for that seemed to be reasonably priced and of high quality. (199)
우리는 선물 가방 옵션을 선택하지는 않았지만,// 저는 그 옵션에 대한 선택이 합리적으로 가격이 책정되고 고품질인 것처럼 보였던 기억이 납니다.

I highly recommend Staff Celebrations.
저는 Staff Celebrations를 적극 추천해드립니다.

Regards, 감사합니다(끝맺음 말)

Delilah Chalmers	딜라일라 찰머스
Vice President for Corporate Events	기업 행사 부사장
Sybrass Architecture	Sybrass 건축

어휘　provide(supply, furnish) A with B: A에게 B를 제공하다 hire=employ 고용하다, 의뢰하다, 맡기다
tenth annual company picnic 제 10회 연례 회사 야유회 hold-held-held 열다, 개최하다 July 7월 be in attendance 참석하다
look into=examine=investigate 검토하다, 들여다 보다 several 몇몇의, 여러 가지의 settle on 결정하다 plan 계획하다
host 주최하다 highly 대단히, 많이 recommend 추천하다 area 지역 delighted 기쁜 convenience 편리함 a few=some
몇 개의 section 부분, 구역, 반 the rest 나머지 choose to ~하기로 결정하다 site 부지 promise 약속하다 uncomfortably
불쾌할 정도로 despite=in spite of=with all=for all=notwithstanding ~에도 불구하고 temperature 기온 staff 직원들 opt
for ~을 선택하다 remain cheerful and enthusiastic 쾌활하고 열광적인 모습을 유지 although=though=even though
=notwithstanding ~이지만 recall=remember 기억나다 reasonably 합리적으로, 적당하게 price 가격을 책정하다
of high quality 고품질인 highly recommend 적극 추천하다 regards=best wishes=sincerely=all the best 끝맺음 말
vice president 부사장 corporate 기업의

196. What is indicated about Staff Celebrations?

(A) It provides snacks free of charge.

(B) It has a new location.

(C) It offers transportation for guests.

(D) It requires payment in advance.

Staff Celebrations에 대해 시사하는 것은?

(A) 간식을 무료로 제공합니다.

(B) 새로운 활동장소가 있다.

(C) 손님을 위한 교통편을 제공한다.

(D) 선불을 요구한다.

197. Why did Mr. Bukowski contact Ms. Chalmers?

(A) To inquire about the services provided by Staff Celebrations.

(B) To give her some information about a research project.

(C) To ask her to attend the event of his company

(D) To make suggestions for improving a service

Bukowski 씨가 Chalmers 씨에게 왜 연락했죠?

(A) Staff Celebrations가 제공하는 서비스에 대해 문의하려고

(B) 그녀에게 연구 프로젝트에 관한 정보를 제공하려고

(C) 그녀에게 자신의 회사 행사에 참여하도록 요청하기 위해

(D) 서비스 개선을 위한 제안을 하기 위해

198. In the first e-mail, in paragraph 1, line 6, the word "impressions" is closest in meaning to

(A) importances

(B) perceptions

(C) copies

(D) preferences

첫 번째 이메일에서, 첫 번째 단락 6행에서 "impressions"와 의미상 가장 가까운 것은?

(A) 중요한 것들

(B) 지각/인식/견해

(C) 사본

(D) 기본 설정/선호한 것들

199. What did Ms. Chalmers mention that Mr. Bukowski did NOT specifically ask about?

(A) Gift bags

(B) Location

(C) Staff

(D) Temperature

Chalmers 씨는 Bukowski 씨가 특별히 묻지 않았는데 언급한 것이 무엇이죠?

(A) 선물 가방

(B) 위치

(C) 직원

(D) 기온

200. Where was the Sybrass Architecture event most likely held?

(A) At Fording Fitness Center

(B) At Sybrass Architecture

(C) At the Garden Grove

(D) At the Bridge Center

Sybrass Architecture 행사는 어디에서 열렸을 가능성이 높죠?

(A) Fording 피트니스 센터

(B) Sybrass 아키텍처

(C) 가든 그 로브에서

(D) 브릿지 센터에서

실력 및
스킬 다지기

05

Questions 131-134 refer to the following e-mail. (다음 이메일을 참조하십시오.)

To:	수신인:	Sally Truman <struman@netmail.com>
From:	발신인:	Ron Elmer <ron@RClheating.com>
Date:	날짜:	October 15 (10월 15일)

Dear Ms. Truman: 친애하는 트루먼 씨:

I am writing/ to remind you// that you are scheduled to have your washing machine inspected and cleaned/ between 8:00 A.M. and 10:00 A.M. on October 28.
저는 글을 씁니다/ 귀하에게 상기시켜 드리기 위해서// 세탁기를 점검하고 청소할 예정임을/ 10월 28일 오전 8시에서 10시 사이에.

Please be aware// that our technician may arrive at any time within the quoted timeframe.
유의하십시오// 기술자가 예정된 시간대에 언제든지 도착할 수 있다는 점에.

-------, it is important that someone be available to let the technician into your home.
  131.
-------. 기술자를 귀하의 집으로 들여보낼 수 있도록 누군가가 대기하고 있는 것이 중요합니다.
  131.

As per your request,// the technician ------- a basic inspection and cleaning of your washing machine.
                                       132.
귀하의 요청에 따라,// 기술자는 세탁기의 기본 점검 및 청소를 -------것입니다.
                                                        132.

Our standard rate for this residential service/ is $50.00.
이 가정 방문 서비스의 표준 요금은/ 50달러입니다.

If the inspection reveals any problems,// you will be provided with an additional quote// before these
------- are addressed.
  133.
검사에서 어떤 문제가 발견되면,// 귀하는 추가 견적을 제공받게 될 것입니다.// 이러한 -------이(가) 해결되기 전에.
                                                              133.

-------. My direct line is 555-2333. 내 직통 전화는 555–2333입니다.
  134.
Sincerely, 감사합니다(끝맺음 말)

Ron Elmer 론 엘머

131. (A) Therefore
(B) However
(C) Otherwise
(D) In addition

(A) 그러므로
(B) 그러나
(C) 그렇지 않으면
(D) 게다가

132. (A) performs
(B) performed
(C) will perform
(D) have performed

(A) 수행한다
(B) 수행했다
(C) 수행할 것이다
(D) 수행을 현재 마쳤다

133. (A) installments
(B) exchanges
(C) packages
(D) issues

(A) 할부
(B) 교환
(C) 포장상품
(D) 문제

134. (A) Your payment will be processed in a few days.

(B) Feel free to contact me with any questions or concerns.

(C) Let me know if you need to order additional parts.

(D) Thank you for choosing to do business with us.

(A) 지불은 며칠 후에 처리될 것입니다.

(B) 궁금한 점이나 용건이 있으시면 언제든지 연락하십시오.

(C) 추가 부품을 주문해야한다면 알려주십시오.

(D) 우리와 거래하기로 선정해 주셔서 감사합니다.

정답과 해설	**131.**	(A) 기술자가 방문할 것이므로, 집에 사람이 있어야 한다는 내용이므로.
	132.	(C) 앞으로 방문할 기술자가 일을 수행하게 되므로 미래시제.
	133.	(D) 문맥상 '문제'가 들어가야 가장 자연스러우므로
	134.	(B) 마지막에 전화번호를 가르쳐주고 있으므로
어휘		remind 상기시키다 be scheduled(set, slated, due) to ~할 예정이다 washing machine 세탁기 inspect 점검(검사)하다 clean 청소하다 between A and B: A와 B사이에 A.M. 오전 be aware 유의하다, 인식하다 technician 기술자 arrive 도착하다 at any time 언제든지, 아무 때나 within ~이내에 the quoted timeframe 예정된 시간대 important=vital 중요한 available 이용 가능한 as per ~에 따라, ~에 의하여 request 요청 basic 기본적인 inspection 검사 standard rate 표준 요금 residential service 가정 방문 서비스 reveal=disclose=expose 노출하다, 밝히다, 폭로하다 provide A with B: A에게 B를 제공하다 an additional 추가적인 quote 견적 address 처리하다, 해결하다 direct line 직통 전화 payment 지불 will process 처리하다 in a few days 며칠 후에 feel free to contact me 언제든지 연락하다 order 주문하다 parts 부품 choose to ~하기로 선정(선택, 결정)하다 do business with ~와 거래하다

Questions 135-138 refer to the following instructions. (다음 사용법을 참조하십시오.)

Your CM200 microwave oven/ can be placed easily/ in your kitchen, family room, or office.
CM200 전자레인지는/ 쉽게 배치할 수 있습니다/ 주방, 거실 또는 사무실에.

Set the oven on a flat surface/ such as a kitchen countertop or a sturdy table.
전자레인지를 평평한 표면에 놓으십시오/ 주방 조리대나 튼튼한 테이블 같은.

It is important to allow air to flow ------- around the oven.
                   135.
공기가 전자레인지 주변에서 -------흐르도록 하는 것이 중요합니다.
                  135.

Allow at least 10 centimeters of space/ around the sides, top, and back of the microwave oven.
최소 10cm의 공간을 두십시오/ 전자레인지의 측면, 상단 및 후면 주위에.

Do not ------- the oven in an enclosed space.
       136.
밀폐 된 공간에 전자레인지를 -------하지 마십시오.
             136.

Do not place it above a gas or electric range.
가스나 전기레인지 위에 그것을 두지 마십시오.

-------.
137.

The reason for this/ is that blocked air exits will **cause** the oven **to shut down** automatically// ------- it is
                                          138.
turned on.
그 이유는/ 공기 출구가 막히면 전기레인지가 자동으로 꺼지기 때문입니다// 전기레인지가 켜진 -------.
                                     138.

135.
(A) freedom
(B) freer
(C) freely
(D) freeing

(A) 자유
(B) 더 자유로운
(C) 자유롭게
(D) 자유롭게 하기

136.
(A) remove
(B) install
(C) choose
(D) purchase

(A) 제거하다
(B) 설치하다
(C) 선택하다
(D) 구매하다

137.
(A) Keep all vents clear while cooking.
(B) Follow all directions when preparing packaged meals.
(C) Do not use the oven to boil any liquids.
(D) Do not microwave more than two plates at a time.

(A) 요리하는 동안 모든 통풍구를 깨끗하게 유지하십시오.
(B) 포장 된 식사를 준비 할 때 모든 지시 사항을 따르십시오.
(C) 액체를 끓일 때 전기레인지를 사용하지 마십시오.
(D) 한 번에 세 개 이상의 접시를 전자레인지에 넣지 마십시오.

138.
(A) from
(B) next to
(C) like
(D) after

(A) ~로부터
(B) ~옆에
(C) ~처럼
(D) ~후에

135. (C) 그 다음 문장에서 최소한 10cm의 공간을 두라고 했으므로 공기가 '자유롭게' 흐르도록 하는 것이 중요하죠.

136. (B) 문맥상 '설치하다'가 들어가야 가장 자연스럽죠? 그런데 단어 뜻 모르면 틀릴 수 있으니 단어들을 기억해두세요.

137. (A) 그 다음 문장에서 이유로 '공기 출구가 막히면 전기레인지가 자동으로 꺼진다고 했으므로', 통풍구를 깨끗하게 유지해야죠.

138. (D) 문맥상 전자레인지가 '켜진 후에' 꺼지는 것이 문제가 되겠죠?

microwave oven 전자레인지 place 배치하다 easily=with ease 쉽게 kitchen 주방, 부엌 family room 거실 flat 평평한 set=put=place 놓다 surface 표면 important=momentous=consequential=significant=vital 중요한 such as ~같은 countertop 조리대 sturdy 튼튼한 allow A to B: A가 B하는 것을 허용하다 air 공기 flow 흐르다 around 주변에서 at least=at the minimum=not more than 최소한 space 공간 sides 측면 top 상단 back 후면 enclosed 밀폐 된, 둘러싸인 electric range 전기레인지 reason 이유 block 막다 air exit 공기 출구 cause A to B: A로 하여금 B하게 하다 shut down 꺼지다 automatically 자동적으로 turn on 켜다 ↔ turn off 끄다 vent 통풍구, 환기통 direction 지시 사항 prepare 준비하다 package 포장하다 meal 식사 boil 끓이다 liquid 액체 microwave 전자레인지에 넣고 요리하다 plate 접시 at a time=at once 한 번에

Questions 139-142 refer to the following notice. (다음 공지사항을 참조하십시오.)

Are you an **amateur athlete** looking for a ------? **139.**

당신은 ------을 찾고 있는 아마추어 운동선수인가요? **139.**

Get ready for the premier competition of the year.

올해의 최고의 대회를 준비하세요.

Test your abilities at the Johannesburg Metropolitan Meet of Champions,// ------ athletes from **140.** Randburg, Roodepoort, and Sandton will have a chance to represent their hometowns and compete for prizes in a variety of sports.

요하네스버그 메트로폴리탄 챔피언십 대회에서 당신의 능력을 시험해보세요.// ------ 랜드버그, 루드포어트, 샌튼 **140.** 출신의 선수들이 그들의 고향을 대표하고 다양한 스포츠에서 상을 놓고 경쟁할 기회를 갖게 될 것입니다.

The meet will take place in Roodepoort on 30 March. ------. **141.**

이 대회는 3월 30일에 루드포어트에서 열릴 것입니다.

To register, visit jmmchampions.co.za.

등록하려면 jmmchampions.co.za을 방문하십시오.

------ athletes/ are not eligible to participate in the competitions// but may register as volunteers for the **142.** event.

------ 선수들은/ 경기에 참가할 자격은 없지만,// 이 행사(시합)를 위한 자원봉사자로 등록할 수 있습니다. **142.**

---

139. (A) challenge   (A) 도전
      (B) trainer   (B) 트레이너
      (C) teammate   (C) 팀원
      (D) scholarship   (D) 장학금

140. (A) why   (A) 왜
      (B) when   (B) 그때
      (C) where   (C) 그곳에서
      (D) that   (D) 그것은

141. (A) Tickets are available at all locations.
      (B) Training is scheduled for the next day.
      (C) Winners will be announced then.
      (D) It is open to athletes 15 years or older.

      (A) 표는 모든 장소에서 구할 수 있습니다.
      (B) 훈련은 그 다음 날로 예정되어 있습니다.
      (C) 그 때 승자(수상자)가 발표될 것입다.
      (D) 15세 이상 선수들에게 참가할 기회가 주어집니다.

142. (A) Profession   (A) 직업
      (B) Professional   (B) 직업적인, 프로의
      (C) Professions   (C) 직업의 복수형
      (D) Professionally   (D) 직업적으로

139. (A) 아마추어가 찾고 있는 것이 무엇일 것 같아요? 그것은 바로 '도전' 아니겠어요? 그리고 전체적으로 대회 참가를 권하고 있죠?

140. (C) 흐름상 '그 대회에서'라는 뜻을 가진 'where'가 적합합니다. 이 부분은 유니크 쏙쏙 영문법 346쪽 [4]번을 참고하세요.

141. (D) 앞에서 개최 장소가 제시되고, 그 다음에 예문 가운데 참가자의 연령제한이 제시되어야 논리적으로 가장 자연스럽죠.

142. (B) 첫 번째 문장에서 아마추어를 대상으로 하는 경기이므로 프로 선수(professional athletes)는 참가 자격이 없죠.

어휘 amateur athlete 아마추어 운동선수 look(seek, search) for=try to find 찾다 get ready for 준비하다
the premier=foremost=leading 최고의, 선도적인 competition 대회 ability 능력 Meet 대회 chance=opportunity 기회 represent 대표하다 hometown 고향 compete for ～을 위해 경쟁하다 prize 상 a variety(diversity) of=various=diverse 다양한 take place=be held 개최되다, 열리다 March 3월 register 등록하다 visit 방문하다 eligible to ～할 자격이 있는 participate(partake, join) in=take part in 참가하다 volunteer 자원봉사자 event 행사, 시합 available 구할 수 있는, 입수 가능한 location 장소, 위치 be scheduled for ～로 예정되어 있다 winner 승자, 우승자, 수상자 announce 발표하다 be open to ～에게 개방되다, ～에게 기회가 주어지다

Questions 143-146 refer to the following memo. (다음 회람을 참조하십시오.)

To:	수신:	All employees	전 직원
From:	발신:	Travis N. Freeman, Vice President	Travis N. Freeman, 부사장
Date:	날짜:	June 2	6월 2일
Re:	제목:	Employee of the Month	이달의 사원

On behalf of Pine Mart,// I would like to present this month's 'Employee of the Month Award' to Ms. Carla Mcfall.
Pine Mart를 대표하여,// 이번 달 '이달의 사원 상'을 칼라 맥폴에게 수여하고 싶습니다.

Ms. Mcfall has been with Pine Mart/ for almost three years.
맥폴은 Pine Mart와 근무해 왔습니다./ 거의 3년 동안

She ------- to work with us part-time while she was in high school.
143.
그녀는 시간제로 우리와 함께 일하기 -------// 그녀가 고등학교에 재학 중에.
143.

Over the years, -------.
144.
수년간에 걸쳐, -------.
144.

As a result, her division has received much fewer complaints from customers/ compared to other sections.
그 결과, 그녀의 부서는 고객들로부터 불평을 훨씬 적게 받았습니다/ 다른 부서에 비해.

Additionally, she got involved in a new customer management system, which led our company to an industry ------- that it is today.
145.
게다가, 그녀는 새로운 고객 관리 시스템에 참여했는데, 그것이 우리 회사를 오늘날의 업계 -------로 이끌었습니다.
145.

In conjunction with the reward,// Ms. Mcfall will get a ------- to a manager of the dairy section.
146.
보상과 더불어,// 맥폴은 유제품 부서 관리자로 -------할 것입니다.
146.

Congratulations to Ms. Mcfall on her performance.
맥폴 씨의 업무성과에 축하를 드립니다.

Travis N. Freeman, Vice President 트레비스 엔 프리먼, 부사장

Pine Mart 파인 마트

143. (A) started
(B) will start
(C) starts
(D) is starting

(A) 시작했다
(B) 시작할 것이다
(C) 시작한다
(D) 시작할 예정이다

144. (A) she was always good at making a bargain.
(B) she always complained about her work.
(C) she was always kind to his co-workers.
(D) she committed herself to excellent customer service.

(A) 그녀는 항상 흥정을 잘했습니다.
(B) 그녀는 항상 자신의 일에 대해 불평했습니다.
(C) 그녀는 항상 그의 동료들에게 친절했습니다.
(D) 그녀는 훌륭한 고객 서비스에 헌신했습니다.

145.

(A) leads

(B) leadership

(C) leader

(D) leading

(A) 주도하다

(B) 지도력

(C) 선두주자

(D) 선도하는

146.

(A) objection

(B) notice

(C) increase

(D) promotion

(A) 반대

(B) 주목

(C) 인상

(D) 승진

Questions 147-148 refer to the following directory. (다음 안내판을 참조하십시오.)

Welcome to Moon Bay Department Store!
Moon Bay 백화점에 오신 것을 환영합니다!

Please use this temporary directory/ to navigate our store/ while it is under renovation.
이 임시 안내판을 이용하여/ 우리 매장을 둘러보세요// 보수하는 동안.

We are expanding Level 2,// which previously held our shoe department,/ in order to build food court for our valued customers. (147)
저희는 전에 신발 매장이 있었던 2층을 확장하고 있습니다.// 소중한 고객들을 위한 식품코너를 만들기 위해.

Level 1 Electronics and Technology Home Furnishings	**1층** 전자기술 가정용 가구
Level 2 Closed for Renovations until June 4	**2층** 6월 4일까지 보수를 위해 휴무함
Level 3 Children's Clothing Athletic Equipment (148)	**3층** 아동복 운동기구
Level 4 Women's Clothing Men's Clothing Shoes	**4층** 여성 의류 남성 의류 신발

---

147. Why is the store under renovation?

(A) To create an eating area
(B) To add extra dressing rooms
(C) To expand a shoe department
(D) To reorganize a clothing department

왜 가게가 보수 중이죠?

(A) 식사공간을 조성하기 위해서
(B) 여분의 탈의실을 추가하기 위해서
(C) 신발매장을 확장하기 위해서
(D) 의류매장을 개편하기 위해서

148. Where are exercise machines most likely located?

(A) On Level 1
(B) On Level 2
(C) On Level 3
(D) On Level 4

운동기구는 십중팔구 어디에 있을까요?

(A) 1층
(B) 2층
(C) 3층
(D) 4층

147. (A) We are expanding Level 2 in order to build food court for our valued customers.
이 문장에서 '식품코너를 만들기 위해 2층을 확장하고 있다'고 하죠? 바로 여러분이 이 문장을 발견하셔야 해요.

148. (C) Athletic Equipment=exercise machines 이 두 어구가 동의어이며 3층에 있죠?

department store 백화점 temporary 임시의, 일시적인 directory 안내판 navigate 둘러보다, 항해하다, 통과하다
under renovation 보수중인 expand=enlarge=aggrandize 확장하다 previously 전에 shoe department 신발 매장
in order to=so as to=with intent to=with a view to ~ing ~하기 위해 food court 가운데에 식사할 공간이 마련되어 있는
식물 코너 valued=cherished 소중한 customer 고객 create 만들다, 창조하다 add 추가하다 extra 여분의
dressing room 탈의실 reorganize 개편하다 clothing department 의류매장 most likely=very likely=as likely as not=
in all likelihood=probably 십중팔구 be located ~에 위치하다

Questions 149-150 refer to the following advertisement. (다음 광고를 참조하십시오.)

HARDY'S HARDWARE(철물점 이름)

Wellington's Friendliest Hardware Store
198 Featherston Street, Pipitea
and 1588 Chapel Road, East Tamaki
hardyshardware.co.nz

웰링턴에서 가장 친절한 철물점
198 Featherston Street, 피피테아
1588 Chapel Road, 동타마키
hardyshardware.co.nz

Hardy's Hardware has been in the business of selling reliable products// since Victor Hardy opened his shop in 1978. Hardy's Hardware는 신뢰할만한 제품을 판매하는 일에 종사해왔습니다.// Victor Hardy가 1978년에 매장을 오픈한 이후로.

Now with a second location in Wellington,// Mr. Hardy and his daughters have expanded their commitment /to provide expert advice, excellent products and friendly service to customers. (149)
현재 웰링턴에 두 번째 사업장을 두고서,// Hardy와 그의 딸들은 약속을 펼쳐왔습니다/ 고객들에게 전문가 조언, 우수한 제품 및 고 친절한 서비스를 제공하겠다는 (약속을).

From power tools **to** paints and gardening supplies,// Hardy's has everything you need/ to get your project done right.
전동 공구에서 페인트 및 원예 용품에 이르기까지,// Hardy's는 여러분이 필요로 하는 모든 것을 갖추고 있습니다./ 여러분의 프로젝트를 올바르게 수행할 수 있도록.

Our knowledgeable staff will always take the time/ to help you select the tool, material or part you require.
지식이 풍부한 직원들이 항상 시간을 할애할 것입니다/ 여러분이 필요로 하는 도구, 재료 또는 부품을 선택하는데 돕기 위하여.

And our prices will put a smile on your face!
그리고 우리의 가격은 여러분의 얼굴에 미소를 띠게 할 것입니다!

What else could you possibly want from hardware store?
과연 철물점에서 그 밖에 무엇을 원하실 수 있겠습니까?

But wait-there's more! Earn Hardy Points whenever you buy something at either of our locations.
그러나 잠깐! 더 있습니다! 우리의 어느 한 사업장에서 무언가를 구입할 때마다 히디 포인트를 받아 가십시오.

Simply sign up for a Hardy's membership card/ and present it to your cashier/ each time you make a purchase. (150)
간단히 Hardy's 회원 카드에 가입하신 다음/ 그것을 계산원에게 제시하시면 됩니다/ 구매할 때마다.

The points will be added to your account/ and starting the next time you come to either store,// they can be used just like cash to purchase any merchandise in the store. (150)
포인트는 귀하의 계정에 추가되고/ 그 다음에 어느 매장에 올 때부터 시작하여,// 현금처럼 매장의 어떤 상품이든 구매하는데 사용하실 수 있습니다.

To find out more about Hardy's Hardware and all of our promotions,// visit us at hardyshardware.co.nz today!
Hardy's Hardware 및 우리의 모든 판촉 상품에 대해 더 자세히 알아보시려면,// 오늘 hardyshardware.co.nz를 방문해 보십시오!

149. What is true about Hardy's Hardware?

(A) It has reopened under new management.

(B) It has been relocated to a different city.

(C) It operates two stores in one city.

(D) It has merged with another business.

하디의 하드웨어에 대한 설명으로 옳은 것은?

(A) 새로운 경영 하에서 다시 문을 열었다.

(B) 다른 도시로 이전했다.

(C) 한 도시에 두 개의 매장을 운영한다.

(D) 다른 사업체와 합병했다.

150. According to the advertisement,/ how can customers receive a discount on a future purchase?

(A) By using a certain type of credit card

(B) By becoming a member of a program

(C) By visiting two stores on the same day

(D) By presenting a receipt from the business

광고에 따르면/ 어떻게 고객은 향후 구매 시 할인을 받을 수 있죠?

(A) 특정 유형의 신용 카드를 사용함으로써

(B) 프로그램 회원이 됨으로써

(C) 같은 날 두 개의 매장을 방문함으로써

(D) 사업체로부터 영수증을 제시함으로써

정답과 해설

149. (C) Now with a second location in Wellington. 이 문장을 통해 Wellington에 두 개의 매장을 운영하고 있음을 알 수 있죠.

150. (B) sign up for a Hardy's membership card. 이 문장부터 할인 받을 수 있는 방법이 나열되어 있죠.

어휘 sell 팔다, 판매하다 reliable=dependable 신뢰할만한 product 제품 since ~한 이후로 location 영업장, 활동 장소 expand 펼치다, 확장하다 commitment 약속, 헌신 provide 제공하다 expert 전문가 advice 조언 excellent 우수한 friendly 친절한 customer 고객 from A to B: A에서 B까지 power tool 전동 공구 gardening supplies 원예 용품 get ~done right 올바르게 수행하다 knowledgeable 지식이 풍부한 staff 직원 select 선택하다, 고르다 material 재료 part 부품 require 필요로 하다 else 그 밖에 possibly 의문문에서 과연 simply 간단히 sign up for 가입하다 present 제시하다 cashier 계산원 add 추가하다 each time ~할 때마다 purchase=make a purchase 구매하다 account 계정 cash 현금 merchandise 상품 relocate 이전시키다 promotions 판촉 상품 reopen 재개하다 management 경영, 관리 operate 운영하다 merge with ~와 합병하다 according to ~에 따르면 advertisement 광고 receive a discount 할인을 받다 future 미래 certain 특정한, 일정한 a receipt 영수증

Questions 151-152 refer to the following e-mail. (다음 이메일을 참조하십시오.)

E-mail

To:	수신:	m.agrawal@indiatip.net	
From:	발신:	pritidoshi@hscot.in	
Date:	날짜:	17 May	5월 17일
Subject:	제목:	IndiaTip	인디아 팁

Dear Ms. Agrawal, 친애하는 아그라왈 씨.

My name is Priti Doshi,// and I'm an avid cyclist in Bangalore, India.
제 이름은 Priti Doshi이고// 인도 방갈로르의 열렬한 사이클리스트(자전거 타는 사람)입니다.

While browsing online for cycling clubs, I came across IndiaTip.net. (151)
온라인으로 사이클링 동아리를 탐색하다가,// 저는 우연히 IndiaTip.net을 발견했습니다.

Your Website/ appears to be a very comprehensive resource/ for travel articles and related news about India. (151)
귀하의 웹사이트는/ 매우 포괄적인 자료인 것 같아요./ 여행기사 및 인도 관련 뉴스에 대하여.

I would like to call your attention to an electronic guidebook I recently published. (152)
저는 제가 최근에 발행한 전자 안내책자에 귀하의 주의를 환기시키고자 합니다.

It describes all of my favorite cycling routes in Bangalore/ and is complete with maps, kilometer markers, and detailed descriptions about points of interest.
그 책자는 방갈로르에 있는 제가 좋아하는 모든 자전거 노선을 설명하고 있으며/ 지도, 킬로미터 표시 및 관심 지점에 대한 자세한 설명을 갖추고 있습니다.

I noticed// that you have a specific page dedicated to bicycle travel in India;// a mention of my guide/ would be an ideal addition to this page.
저는 알았습니다// 귀하에게(귀하의 웹사이트에) 인도 자전거 여행 전용 특별페이지가 있다는 것을.// 그래서 저의 안내책자에 대한 언급은/ 이 페이지에 이상적인 추가가 될 것 같아요.

The book is titled Bangalore by Bike,// and it can be purchased through www.bangalorebybike.com/AS3XK.
이 책의 제목은 Bike by Bangalore이며// www.bangalorebybike.com/AS3XK를 통해 구입할 수 있습니다.

If you could share this information with your readership,// I would appreciate it.
귀하가 이 정보를 귀하의 독자와 공유해 주실 수 있다면,// 감사하겠습니다.

Thank you and have a great day. 감사합니다. 좋은 하루 보내세요.

Priti Doshi 프리티 도시

151. What is suggested about Ms. Agrawal?

(A) She lives in Bangalore.

(B) She leads guided tours.

(C) She enjoys bicycling.

(D) She runs a travel Web site.

Agrawal 씨에 대해 시사하는 것은?

(A) 그녀는 방갈로르에 산다.

(B) 그녀는 가이드 투어를 이끌고 있다.

(C) 그녀는 자전거 타기를 즐긴다.

(D) 그녀는 여행 웹사이트를 운영한다.

152. Why is Ms. Doshi writing to Ms. Agrawal?

(A) To recommend a travel partner

(B) To promote a book

(C) To critique an article

(D) To update a news story

Doshi 씨는 왜 Agrawal 씨에게 글을 쓰고 있죠?

(A) 여행 파트너를 추천하기 위해

(B) 책을 홍보하기 위해

(C) 기사를 비평하기 위해

(D) 뉴스 기사를 업데이트하기 위해

정답과 해설

151. (D) Your Website appears to be a very comprehensive resource. 이 문장을 통해 Ms. Agrawal이 웹사이트를 운영하고 있음을 알 수 있죠.

152. (B) I would like to call your attention to an electronic guidebook I recently published. 이 문장 속에 답이 들어 있죠?

어휘

avid=ardent=fervent=vehement=passionate 열렬한 browse 탐색하다, 둘러보다 come(stumble) upon(across) 우연히 발견하다 appear(seem) to be ~인 것 같다 comprehensive 포괄적인 resource 자료, 자원 article 기사 related 관련된 describe 설명(기술)하다 would like to ~하고 싶다 call one's attention to ~의 주의를 환기시키다 an electronic guidebook 전자 안내책자 appreciate 감사하다 recently=lately=of late 최근에 publish 출판(발행)하다 favorite 가장 좋아하는 route 노선 detailed 상세한 description 설명, 기술 be complete with ~을 갖추고 있다, ~으로 완비되어 있다 marker 표시 points of interest 관심 지점 notice 알다, 주목하다 specific 특정한, 특별한 be dedicated to ~에 헌신하다 a mention 언급 ideal 이상적인 addition 추가 purchase 구입하다 through ~를 통해서 share A with B: A와 B를 공유하다 your readership 독자층 have a great day 즐거운 하루를 보내다

Questions 153-154 refer to the following announcement. (다음 공고문을 참조하십시오.)

CORPORATE TRAINER WANTED(기업 트레이너가 구함)

San Francisco-based Logistics Advisors, Inc./ is seeking an energetic person with strong public-speaking skills/ to serve as a temporary replacement for an employee who is away on leave. (153)
샌프란시스코에 본사를 둔 주식회사 Logistics Advisors(물류회사 이름)는/ 강력한 대중 연설 기술을 가진 활기찬 사람을 찾고 있습니다/ 휴가 중인 직원의 임시 대체 역할을 할 수 있는.

Logistics/ delivers training classes on Internet security/ to large financial institutions and retail businesses worldwide.
Logistics는/ 인터넷 보안 교육 과정을 제공합니다/ 전 세계의 대규모 금융 기관 및 소매 업체에.

The successful applicant/ will be responsible for assisting with training sessions throughout Latin America.
합격한 지원자는/ 라틴 아메리카 전역의 연수회를 돕는 책임을 맡을 것입니다. (153)

Although the sessions are delivered in English,// proficiency in Spanish is necessary for the job. (153)
연수회는 영어로 진행되지만,// 그 업무를 위해서는 스페인어 유창한 실력이 필요합니다.

At least one year of experience as a corporate trainer in any field/ is highly desirable.
어떤 분야에서든 기업 트레이너로서 최소 1년간의 경험이/ 매우 바람직합니다.

The work assignment is for six months,/ the first two weeks to be spent at the Logistics headquarters for initial training. (154)
업무 배당은 6개월 동안이며,/ 처음 2주는 Logistics 본사에서 초기 연수를 위해 보내게 될 것입니다.

Interested candidates/ should submit a cover letter and résumé/ to hr@logistosadvisors.com/ by March 1.
관심 있는 지원자는/ 자기소개서와 이력서를 제출해야합니다/ hr@logistosadvisors.com로/ 3월 1일까지.

---

153. What is NOT a stated requirement for the job ?
    (A) Experience working at a financial institution
    (B) Ability to speak more than one language
    (C) Willingness to travel internationally
    (D) Public speaking skills

해당 업무에 대해 명시된 요구 사항이 아닌 것은?
    (A) 금융 기관에서 일한 경험
    (B) 둘 이상의 언어를 구사하는 능력
    (C) 국제 여행을 끼리지 않기
    (D) 대중 연설 기술

154. How long will the job last?
    (A) Two weeks
    (B) One month
    (C) Six months
    (D) One year

직업은 얼마나 오래 지속됩니까?
    (A) 2 주
    (B) 1 개월
    (C) 6 개월
    (D) 1 년

정답과
해설

153. (A) Although the sessions are delivered in English, proficiency in Spanish is necessary for the job.(A), throughout Latin America(C), strong public-speaking skills(D)

154. (C) The work assignment is for six months. 이 문장이 답이죠.

어휘

-based ∼에 본사를 둔 Inc.=Incorporated=Ltd. 주식회사 seek 찾다 energetic 활기찬 public-speaking skills 대중 연설 기술 temporary 임시의 replacement 대체인력 employee 직원 away on leave 휴가 중인 logistics 물류, 병참술 deliver 전달(배달)하다 security 보안 financial institution 금융 기관 retail businesses 소매 업체 worldwide 전 세계의 applicant=candidate 지원자 be responsible(accountable, answerable, liable) for ∼을 책임지다 assist with 돕다, 거들다 training session 연수회 throughout 전역의 although=though=even though=notwithstanding 비록 ∼이지만 proficiency 유창성 necessary 필요한 job 일, 업무 at least=at the minimum=not more than 최소한, 적어도 experience 경험 corporate 기업의, 단체의 field=scope=sphere=branch=realm=province 분야 highly 대한히 desirable 바람직한 assignment 배당, 할당 spend-spent-spent 보내다 headquarters 본사, 본부 initial 초기의 interested 관심 있는 submit=present=give(turn, send, hand) in 제출하다 a cover letter 자기소개서 résumé 이력서 by ∼까지 March 3월 stated 명시된 requirement 요건, 요구 사항 a financial institution 금융기관 ability to 능력

speak more than one language willingness 자발성, 꺼리지 않는 것 internationally 국제적으로 last=continue 지속되다

Questions 155-157 refer to the following e-mail. (다음 이메일을 참조하십시오.)

To:	수신인:	Astrid Lindqvist	아스트리드 린드크비스트
From:	발신인:	Stewart Nakamura	스튜어트 나카무라
Subject:	제목:	Hotelier's Convention	호텔리어 총회
Date:	날짜:	November 27	11월 27일
Attachment:	첨부파일:	List	명부

Dear Astrid, 친애하는 아스트리드에게.

I just finished up at the Portland Hotelier's Convention,// and I'm on my way to the airport now.
나는 방금 포틀랜드 호텔리어 총회를 마무리 하고,// 지금 공항으로 가는 중입니다.

Things went pretty well. 일이 꽤 잘 풀렸어요. (155)

I'm off to Seattle next,// but I wanted to send this out to you now,/ so you can get started right away.
다음은 시애틀로 가는데,// 지금 당장 이걸 당신에게 보내고 싶었어요./ 그러면 당신이 바로 시작할 수 있잖아요.

Please schedule a meeting with me// for when I will be back in the office a week from today. (157)
나와 회의 일정을 잡아주세요// 오늘부터 일주일 후에 사무실에 돌아갈 때를 대비해서.

I can fill you in with additional details then.
그러면 내가 당신에게 추가 세부사항을 알려줄 수 있잖아요.

I talked to purchasing managers from several hotel chains// and showed them catalogs of bedroom furniture we make// that would be appropriate for their guest rooms.
나는 몇몇 호텔 체인점의 구매담당자들과 이야기를 나누고// 그들에게 우리가 만드는 침실 가구 카탈로그를 보여주었어요// 그들의 객실에 적합할 것 같은 [침실 가구 목록을].

Of the people I talked to,// about a dozen said they would like a quotation.
내가 얘기했던 사람들 중에서,// 약 12명 정도가 견적서를 원한다고 말했어요.

I've attached a list of contacts,// so could you get in touch with each of them/ and clarify what they are interested in ordering?
연락처 명부를 첨부했으니까// 당신이 그들 각자에게 연락해서/ 그들이 주문에 관심이 있는 것들을 명확히 설명해 주시겠어요?

Please quote them prices// that reflect volume discounts outlined in our standard sales policy.
그들에게 가격 견적을 뽑아주세요// 표준 판매 정책에 설명된 대량 할인을 반영하는 (가격을).

There's one exception- Ms. Anita Grove with Cascade Suites. (156)
한 명의 예외가 있는데, Cascade Suites에 근무하는 아니타 그로브 씨입니다.

I agreed to give her 30 percent off the catalog price/ regardless of how much she orders. (156)
나는 그녀에게 카탈로그 가격에서 30% 할인해 주기로 동의했어요/ 그녀가 얼마나 주문하든 상관없이.

Could you contact everyone on the list/ before I am due back in the office? (157)
명단에 있는 모든 사람들에게 연락 좀 해 주시겠어요?/ 내가 사무실에 돌아가기 전에?

I can help/ you deal with any questions the customers have/ with pricing or delivery schedules// when I get back.
나는 도와줄 수 있어요/ 당신이 고객이 갖고 있는 모든 궁금한 사항을 처리하는 데/ 가격이나 배송 일정과 관련해서// 내가 돌아가면.

Thanks, 고마워요,

Stewart Nakamura 스튜어트 나카무라
Sales Manager 영업부장
Furnistar, Inc. 퍼니스타, 주식회사

어휘 just 방금 finish up 마무리 하다 convention 총회 be on one's way to ~으로 가는 중이다 airport 공항 go pretty well 꽤 잘되다, 꽤 잘 풀리다 be off to ~로 떠나다 get started 시작하다 right away=right off=at once 바로, 즉시 schedule 일정을 잡다 a week from today 오늘부터 일주일 후에 fill in 새로운 정보를 알리다(가르치다) additional 추가적인 details 세부사항 then 그러면, 그 때, 그 다음에 purchasing manager 구매담당자 several 몇 몇, 여러 명의 catalog 카탈로그, 목록 bedroom furniture 침실 가구 appropriate=suitable=proper=pertinent 적합한 guest room 객실 quotation 견적서, 가격표 about=around=approximately=some=roughly 대략 dozen 12 would like 원하다 attach 첨부하다
a list of contacts 연락처 명부 get in touch(contact) with=make contact with=contact ~에게 연락하다 clarify 명확히 설명하다 be interested in ~에 관심이 있다 order 주문하다 quote 가격을 부르다, 가격 견적을 뽑다 reflect 반영하다 volume discounts 대량 할인 outline=explain=describe 설명하다 standard sales policy 표준 판매 정책 exception 예외 agree(consent) to ~하기로 동의하다 30 percent off 30% 할인 regardless of=irrespective of=without regard (respect, reference) to ~에 상관없이 be due back=be supposed to return 돌아올 예정이다 deal(do, cope) with=handle=address 처리하다 price 가격을 매기다 delivery 배송, 배달 schedule 일정 sales manager 영업부장 Inc.=incorporated=Ltd. 주식회사

155. What is one purpose of the e-mail?
(A) To request information about a company's products
(B) To describe changes to a contract
(C) To report on the outcome of a recent event
(D) To confirm the details of an order

이메일의 하나의 목적은 무엇입니까?
(A) 회사 제품에 대한 정보를 요청하는 것
(B) 계약에 대한 변경을 설명하는 것
(C) 최근 행사의 결과에 대해 알리는 것
(D) 주문의 세부사항을 확인하는 것

156. What is indicated about Cascade Suites?
(A) It is entitled to a special discount.
(B) It recently opened for business.
(C) It caters to business travelers.
(D) It has done business with Furnistar before.

Cascade Suites와 관련하여 시사하는 것은?
(A) 특별 할인을 받을 자격이 있다.
(B) 최근에 사업을 시작했다.
(C) 사업상 여행객들에게 적합하다.
(D) 그것은 전에 Furnistar와 거래를 한 적이 있다.

157. According to the e-mail,/ when does Mr. Nakamura want Ms. Lindqvist to contact some clients?
(A) Within twenty-four hours
(B) Within one week
(C) Within three days
(D) Within one month

이메일에 따르면,/ 나카무라 씨는 언제 린드크비스트 양이 일부 고객들에게 연락하기를 원합니까?
(A) 24 시간 이내
(B) 1 주일 이내
(C) 3 일 이내
(D) 1 개월 이내

정답과 해설	155.	(C) 전체적으로 총회를 마치고 호텔 체인점 구매담당자들과 있었던 대화 내용을 알리는 내용이죠.
	156.	(A) I agreed to give her 30 percent off the catalog price regardless of how much she orders.
		이 문장에서 '특별할인을 제공하기'로 동의했다는 내용이 들어 있죠.
	157.	(B) I will be back in the office a week from today.+contact everyone on the list before I am due back in the office?
		이 두 문장을 보면 1주일 후에 돌아갈 것이라고 했으며, 자신이 돌아가기 전에 고객들에게 연락을 하라고 요청했으므로,
어휘		purpose 목적 request 요청하다 company 회사 product 제품 describe 설명하다 contract 계약(서) report 알리다, 보고하다 outcome=result 결과 recent 최근의 event 사건 confirm 확인하다 details 세부사항 order 주문 indicate=imply=suggest 시사하다 be entitled to ～을 받을만한 자격이 있다 a special discount 특별할인 recently=lately=of late 최근에 cater to ～에게 적합(부합)하다, ～에게 만족을 주다 do business with ～와 거래를 하다 according to=as per ～에 따르면 contact=get in touch(contact) with=make contact with ～에게 연락하다 client 고객 within ～이내에

Questions 158-160 refer to the following information. (다음 정보를 참조하십시오.)

VEA Print(VEA 인쇄)

Frequently Asked Questions(자주 묻는 질문)

A few of our most frequently asked questions about ordering business cards/ appear below. (158)
명함 주문에 관해 가장 자주 묻는 질문가운데 몇 가지가/ 아래에 나와 있습니다.

If you cannot find what you are looking for,// please contact us/ by calling 020-0003-7664/ or by e-mailing us at information@veaprint.co.uk.
원하는 것을 찾을 수 없을 경우에는,// 저희에게 연락해 주십시오/ 020-0003-7664로 전화하거나/ information@veaprint.co.uk로 이메일을 보냄으로써.

Can I place my order by phone or post?
전화나 우편으로 주문할 수 있습니까?

All orders/ need to be placed on our Web site. (159)
모든 주문은/ 당사의 웹사이트에서 하셔야 합니다.

Special online order forms are provided// that **allow** you **to choose** the design of your business card and provide your personal information.
특별 온라인 주문 양식이 제공됩니다// 그 양식을 통해서 여러분은 명함 디자인을 선택하고 개인 정보를 제공하실 수 있습니다.

What if inaccurate information is printed on the business cards that I order?
주문한 명함에 부정확 한 정보가 인쇄되면 어떻게 해야 하죠?

We take great care/ to print all information according to the specifications you provide.
저희는 각별히 주의를 기울입니다./ 귀하가 제공한 세세한 내용에 따라 모든 정보를 인쇄하기 위해서.

Should you notice any inaccuracies,// we will be happy to print your cards again and fill all of your future orders free of charge
귀하가 어떤 부정확 한 점을 발견하시면,// 기꺼이 카드를 다시 인쇄하여 향후 주문을 모두 무료로 채워드리겠습니다.

Can an order be canceled after it has been placed?
주문이 이뤄진 후에 취소할 수 있나요?

To cancel an existing order,// you will need to enter your customer code on our Web site. (160)
기존의 주문을 취소하려면,// 당사 웹사이트에 사용자 암호를 입력하셔야합니다.

This code will automatically be sent to your e-mail account// when we receive your order.
이 암호는 자동으로 귀하의 이메일 계정으로 전송됩니다// 저희가 주문을 받으면.

어휘　A few 몇 가지 most frequently 가장 자주 order 주문하다 business card 명함 appear=emerge=show(turn) up 나타나다 below 아래에 look(seek, search) for=try to find 찾다 contact=make contact with=get in contact(touch) with ~에게 연락하다 call=telephone 전화하다 place an order 주문하다 by phone or post 전화나 우편으로 special 특별한 form 양식, 서식 provide=supply=present 제공하다 allow(permit) A to B: A가 B하는 것을 허락하다 choose=select 선택하다 personal information 개인 정보 What if ~하면 어떨까? inaccurate 부정확한 take great care 각별히 주의를 기울이다 according to=as per ~에 따라 specifications 세세한 내용 be happy(willing, glad, pleased, ready) to 기꺼이 ~하다 existing 기존의 enter 입력하다 Should you notice any inaccuracies=If you should notice any inaccuracies 귀하가 어떤 부정확 한 점을 발견하시면(If생략 구문) free of charge=free=without payment(charge, cost)=at no cost= for nothing 무료로 customer code 사용자 암호, 고객 암호 cancel=annul=repeal=revoke=call off=take back 취소하다 automatically 자동으로 account 계정 receive 받다

158. What is the purpose of the information?

    (A) To notify customers of a delay

    (B) To answer questions about orders

    (C) To inform employees of a change in procedure

    (D) To apologize for an error

이 정보의 목적은 무엇입니까?

    (A) 고객들에게 지연을 알리는 것

    (B) 주문에 관한 질문에 답변하는 것

    (C) 직원들에게 절차상 변경을 알리는 것

    (D) 오류에 대해 사과하는 것

159. What is stated about order forms?

    (A) They can be mailed to VEA Print.

    (B) They must be signed by a customer.

    (C) They must be reviewed by a manager.

    (D) They can be found only on a Web site.

주문 양식에 대해 무엇이 언급되어 있죠?

    (A) VEA 인쇄로 우편발송할 수 있다.

    (B) 고객이 서명해야합니다.

    (C) 관리자에 의해 검토되어야한다.

    (D) 웹사이트에서만 찾을 수 있다.

160. According to the information, what is a customer code required for?

    (A) To cancel an order

    (B) To update contact information

    (C) To report a printing problem

    (D) To obtain a discount

정보에 따르면,/ 사용자 암호는 무엇에 필요하죠?

    (A) 주문을 취소하기 위해

    (B) 연락처 정보를 업데이트하기 위해

    (C) 인쇄 문제를 알리기 위해

    (D) 할인을 받기 위해

정답과 해설		
	158.	(B) 주문에 대한 3가지 질문에 답변하고 있죠?
	159.	(D) All orders need to be placed on our Web site.
		이 문장을 통해 '오직 웹사이트에서만 찾을 수 있다'는 것을 알 수 있죠.
	160.	(A) To cancel an existing order, you will need to enter your customer code on our Web site.
		이 문장에서 '기존의 주문을 취소하려면, 사용자 암호를 입력해야한다'고 말하고 있죠?
어휘		purpose 목적 notify(inform, advice, apprise) A of B: A에게 B를 알리다 customer 고객 delay 지연, 지체 employee 직원 procedure 절차 apologize 사과하다 error 오류, 실수 state 말하다, 진술하다 order form 수문 양식 mail 우편으로 발송하다 review 검토하다 according to=as per ~에 따르면 be required for ~에 필요하다 contact information 연락처 정보 cancel=annul=repeal=revoke=call off=take back 취소하다 obtain=acquire=get=gain=win=come by 얻다 discount 할인

Questions 161-163 refer to the following survey. (다음 설문조사를 참조하십시오.)

Savatrix Professional Workshops(사바트릭스 직업 연수회)

Feedback Form(피드백 양식)

Workshop # 4: Strategies for Effective Meetings (161)   제 4차 연수회 : 효과적인 회의를 위한 전략
Attendee name: Monica Montero   참석자 이름 : Monica Montero

Please select up to three factors that were most important in your decision to attend this workshop.
이 연수회에 참석하기로 결정함에 있어서 가장 중요한 요소를 최대 세 가지 선택하십시오.

Facilitators of workshop 연수회 진행자	[ ]	Cost 비용	[ ]
Date and time of workshop 연수회 날짜 및 시간	[ ]	Length of workshop 연수회 기간	[ ]
Workshop topic 연수회 주제	[×]	Other 기타 _____	[×]

Please indicate whether or not you agree with the following statements.
다음 진술에 동의하는지 여부를 표시하십시오.

                                                                                        Yes   No

The facilitators/ presented information/ in a compelling manner.   [×] [ ]
진행자들은/ 정보를 제시했다/ 설득력 있게.

The facilitators/ seemed knowledgeable about the topic.   [×] [ ]
진행자들은/ 주제에 대해 잘 알고 있는 것 같았다.

The facilitators/ proceeded at a good pace.   [ ] [×]
진행자들은/ 적절한 속도로 진행했다.

The knowledge and skills I gained/ will be useful at my job.   [×] [ ]
내가 얻은 지식과 기술은/ 직장에서 유용할 것이다.

I would consider attending other workshops offered by these facilitators.   [×] [ ]
이 진행자들이 제공하는 다른 연수회에 참석하는 것을 고려하겠다.

I would recommend this workshop to my colleagues. (162)   [×] [ ]
이 연수회를 동료들에게 추천하겠다.

Please indicate other comments and suggestions below.
아래에 다른 의견과 제안을 간단히 진술해주십시오.

While the material presented was helpful,// I felt that one day was not enough time to thoroughly cover the presenters' topics. Also, I would be interested in a future workshop that addresses time management.
발표된 자료가 도움이 되었지만,// 하루 만으로는 발표자의 주제를 철저히 다루기에는 시간이 충분치 않다고 생각했습니다. 또한 향후 시간 관리를 다루는 연수회가 있다면 관심을 갖겠습니다. (163)

161. What is indicated about the workshop?
(A) It was the fourth in a series.
(B) It was expensive.
(C) It was crowded.
(D) It was held in Ms. Montero's office.

연수회에 대해 시사하는 바는?
(A) 시리즈 중 네 번째였다.
(B) 비쌌다.
(C) 혼잡했다.
(D) 몬테로 씨의 사무실에서 열렸다.

162. What is suggested about Ms. Montero?
(A) She is an employee at Savatrix Workshops.
(B) She has signed up for another workshop.
(C) She was familiar with the presenters.
(D) She finds the workshop recommendable.

몬테로 씨에 대해 시사하는 바는?
(A) 그녀는 사바트릭스 연수회의 직원이다.
(B) 그녀는 다른 연수회에 등록했다.
(C) 그녀는 발표자들을 잘 알고 있었다.
(D) 그녀는 그 연수회를 추천할만하다고 생각한다.

163. What did Ms. Montero think needed improvement?
(A) The workshop location
(B) The workshop materials
(C) The length of the workshop
(D) The cost of the workshop

몬테로 씨는 무엇이 개선할 필요로 한다고 생각했죠?
(A) 연수회 위치
(B) 연수회 자료
(C) 연수회 기간
(D) 연수회 비용

정답과 해설

161. (A) Workshop # 4: 이 때 '# 4'를 'number fou' 라고 읽으며 '제 4차 연수회'라는 뜻입니다.

162. (D) I would recommend this workshop to my colleagues.
이 문장을 통해서 그녀가 '연수회를 추천할만하다고 생각하고 있음'을 알 수 있죠.

163. (C) I felt that one day was not enough time. 이 문장을 통해서 그녀는 '하루는 충분치 않다'고 생각하고 있죠.

어휘 indicate=suggest=imply 시사하다 workshop 연수회 expensive 비싼 crowded 붐비는 be held=take place 열리다, 개최되다 employee 직원 sign up for 등록하다 be familiar with ~을 잘 알다 presenter 발표자 find 생각하다, 발견하다 recommendable 추천할만한, 권할만한 improvement 개선 location 위치, 장소 materials 자료 length 기간, 길이 cost 비용

DOVER QUALITY(도버 품질: 가전제품 회사 이름)

Dover Quality/ congratulates you/ on your new purchase.
Dover Quality는/ 귀하에게 축하를 드립니다/ 새로운 물건을 구입하신 것에 대해.

We are a time-honored company// that has been operated by the Green family/ for three generations.
저희는 유서 깊은 회사입니다// 이 회사는 그린 가문에 의해 운영되어 왔습니다/ 3대에 걸쳐서.

We would appreciate it// if you, our valued customer, would fill out the following survey.
저희는 감사하겠습니다// 저희의 소중한 고객이신 귀하께서 다음의 설문 조사를 작성해 주신다면.

Results from the survey/ will help/ us/ improve our services and our customers' experience.
설문조사의 결과는/ 도움이 될 것입니다/ 저희가/ 저희의 서비스와 고객의 경험을 향상시키는 데.

Once we receive your completed form,// you will receive a small thank-you gift/ in return. (164)
귀하께서 완성한 양식을 저희가 받게 되면,// 귀하는 작은 감사의 선물을 받게 될 것입니다/ 그 보답으로.

Thank you so much for your time.
시간을 내 주셔서 대단히 감사합니다.

Name: Jamie Bridges	이름: 제이미 브리지스
E-mail: jbridges@freshcosh.com	이메일: jbridges@freshcosh.com
Address: 98 Eagle Heights Dr., Dover, MN55929	주소: 미네소타 도버 이글 하이츠 드라이브 98번지 55929
Product ID Number: F4556Y56	제품 ID 번호: F4556Y56
Product Description: Front-Loading Washing Machine	제품 설명: 빨랫감을 앞으로 넣는 세탁기 (165)

How did you find out about our store?
저희 매장에 대해 어떻게 아셨나요?

One of my co-workers recommended it. (166)
동료 중 한 명이 추천해 주었습니다.

How did you find our customer service?
저희 고객 서비스에 대해 어떻게 생각하셨나요?

The customer service agent was very kind.
고객 서비스 담당자가 매우 친절했습니다.

What recommendations can you make for our company?
저희 회사를 위해서 어떤 권고를 해주실 수 있는지요?

An easy-to-use online forum for asking questions would be helpful. (167)
질문을 하기 위한 이용하기 쉬운 온라인 공개토론장이 있으면 도움이 될 것 같아요.

어휘 congratulate A on B: B에 대해 A를 축하하다 purchase 구입(하다), 구입품 time-honored 유서 깊은 operate=run 운영하다
generation 세대 appreciate 감사(감상, 이해, 식별, 음미)하다 valued=cherished 소중한 fill out=fill in=complete 작성하다
customer 고객 following 다음의 survey 설문조사 result=outcome 결과 improve=better 개선하다, 향상시키다 experience
경험 once 주어+동사: 일단 ~하면, ~하자마자 receive 받다, 접수하다 form 양식, 서식 gift 선물, 재능
in return(compensation) 보답으로 address 주소, 처리하다, 연설하다 description 묘사, 설명 load ~에 짐을 싣다
washing machine 세탁기 store 매장, 가게 co-worker=colleague 동료 recommend=make a recommendation 추천하다,
권하다 agent 담당자, 대리인 company 회사, 친구, 동행 forum 공개 토론장 helpful=of help=of service=beneficial=useful
도움이 되는, 유익한

164. What can Mr. Bridges receive by completing the survey?

(A) A free giveaway

(B) A store credit

(C) A discount coupon

(D) A lifetime membership

설문 조사를 완료하여 Bridges 씨는 무엇을 받을 수 있죠?

(A) 무료 증정품

(B) 다른 상품 구매권

(C) 할인권

(D) 평생 회원권

165. What did Mr. Bridges buy?

(A) A piece of recreational equipment

(B) A home appliance

(C) A fashion accessory

(D) A replacement part

Bridges는 무엇을 구입했나요?

(A) 레크리에이션 장비 한 개

(B) 가전제품

(C) 패션 액세서리

(D) 교체 부품

166. How did Mr. Bridges find out about the store?

(A) He saw an advertisement on TV.

(B) He works at a nearby store.

(C) A co-worker mentioned it to him.

(D) He visited the Web site.

Bridges 씨는 그 매장에 대해 어떻게 알게 되었죠?

(A) 그는 TV에서 광고를 보았다.

(B) 그는 가까운 가게에서 일한다.

(C) 동료가 그에게 그 매장을 언급했다.

(D) 그는 웹사이트를 방문했다.

167. In Mr. Bridges' opinion,/ how could Dover Quality improve?

(A) By keeping the store more orderly

(B) By hiring more in-store staff members

(C) By extending its warranty period

(D) By offering an additional customer service

Bridges 씨의 견해에 의하면,/ 어떻게 Dover Quality가 개선될 수 있을까요?

(A) 매장을 보다 질서정연하게 유지함으로써

(B) 더 많은 매장 내 직원을 고용함으로써

(C) 보증 기간을 연장함으로써

(D) 추가적인 고객 서비스를 제공함으로써

정답과 해설

164. (A) you will receive a small thank-you gift in return. 이 문장에서 '선물을 받을 거'라고 말하고 있죠? 이 때 여러분이 'giveaway(증정품, 거저 주는 물건)'의 뜻을 알아야만 풀 수 있으므로 기억해 두세요.

165. (B) Product Description: Front-Loading Washing Machine 여기서 '세탁기는 가전제품'입니다. 그런데 역시 'home appliance(가전제품)'의 뜻을 알아야 풀 수 있으므로 기억해 두세요.

166. (C) One of my co-workers recommended it. 이 문장에서 '그의 동료가 추천했다'고 말하고 있죠?

167. (D) An easy-to-use online forum for asking questions would be helpful. 이 문장을 통해서 '온라인 공개 토론장을 만들면 더 유익할 것'이라고 권하고 있죠? 즉, '추가적인 서비스를 제공하라고 권하고' 있습니다.

어휘 receive 받다 complete=fill in=fill out 작성하다 survey 설문조사(서) free 공짜의, 무료의 giveaway 증정품 store credit 상점에서 환불 대상이 아닌 상품을 반품하는 고객에게 제공하는 다른 상품 구매권 equipment 장비 home appliance 가전제품 replacement part 교체부품 advertisement 광고 nearby 근처의 co-worker 동료 mention 언급하다 visit 방문하다 in one's opinion ~의 견해에 의하면 improve 개선되다 orderly 질서정연한 by ~ing ~함으로써 hire=employ 채용하다 in-store 매장 내 staff 직원 extend 연장하다 warranty period 보증기간 offer 제공하다 additional 추가적인 customer service 고객 서비스

Questions 168-171 refer to the following letter. (다음 편지를 참조하십시오.)

27 Bay State Road
Amherst, Massachusetts 01002   베이 스테이트 가 27번지
매사추세츠 주 애머스트 01002

Palmer Realtors (170)   파머 부동산
1537 Aston Parkway   애스턴 파크웨이 1537번지
Greenwich, Connecticut 06830   코네티컷 주 그리니치 06830

Dear Mr. Hargrave, 친애하는 하그레이브씨   October 15   10월 15일

Thank you for notifying me of the lot (#4415 Greenwich Township) now available for purchase.
현재 구입 가능한 부지(그리니치 타운쉽 4415번)에 대해 알려 주셔서 감사합니다.

You asked me to send you in writing a bid for that property. (168)
귀하는 그 부동산에 대한 입찰을 서면으로 보내달라고 요청하셨잖아요.

I am willing to purchase that lot for US $540,000/ but no more.
저는 그 부지를 54만 달러에 기꺼이 구입할 용의가 있지만/ 더 이상은 안 됩니다.

Another property, lot #4718, also in Greenwich, last listed at $458,000,/ has also attracted my attention.
맨 마지막에 45만 8천 달러에 등재된 역시 그리니치에 있는 또 다른 부동산 4718번 부지도/ 저의 관심을 끌었습니다.

If the owner of lot #4415 cannot lower his asking price,/ or if another buyer bids higher,// we can pursue discussion on lot #4718. (169)
4415번 부지의 소유자가 자신의 요청 가격을 낮출 수 없거나,/ 다른 구매자가 더 높게 입찰할 경우,// 우리는 4718번 부지에 대한 논의를 속행할 수 있습니다.

Since our last phone conversation,// I have been in touch with your recommended contractor, Connecticut Homeland, in Greenwich.
지난 번 전화 대화 이후,// 저는 그리니치에 있는 귀하의 추천 도급업체인 코네티컷 홈랜드와 연락을 취해왔습니다.

I have, however, enlisted the services of an architect here in Amherst/ to draw up the blueprint for the new home/ once the lot purchase is settled.
하지만 저는 이곳 Amherst에 있는 건축가의 서비스를 요청했습니다/ 새 집을 위한 청사진을 그려달라고// 부지 구매가 해결되면.

You said earlier// that the seller of lot #4415/ should decide by the end of this month. (171)
귀하께서 일전에 말씀하셨잖아요// 4415번 부지의 판매자가/ 이 달 말까지 틀림없이 결정할 것이라고.

Do you still think that is the case?
아직도 그럴 것 같습니까?

In the meantime, please keep me posted on any changes in the status of lot #4718.
그동안(결정하는 동안), 4718번 부지 상태에 어떤 변화가 생기면 저에게 알려주십시오.

Again, thank you for all your help and sage advice. I appreciate your courtesies and professionalism.
다시 한 번, 모든 도움과 현명한 조언에 감사드립니다. 귀하의 친절함과 전문성에 감사드립니다.

Sincerely yours, 감사합니다. (끝맺음 말)

Albert Mills
Albert Mills 앨버트 밀스

168. What is the purpose of the letter written by Albert Mills?
(A) He was asked to put a bid in writing by Mr. Hargrave.
(B) He wants to know the prices of lots #4415 and #4718.
(C) He needs to find an architect in Greenwich.
(D) He is selling Mr. Hargrave his home in Amherst.

앨버트 밀스가 쓴 편지의 목적이 무엇이죠?
(A) 그는 하그레이브 씨에게 서면 입찰을 해달라는 요청을 받았다.
(B) 그는 4415번과 4718번 부지 가격을 알고 싶어 한다.
(C) 그는 그리니치에서 건축가를 찾아야한다.
(D) 그는 자신의 집을 애 머스트에서 팔고 있다.

169. What can we infer from this letter?
(A) Amherst, Massachusetts has very few contractors.
(B) Greenwich, Connecticut has very little property for sale.
(C) Mr. Mills hopes Mr. Hargrave will sell him his home.
(D) Mr. Mills is more interested in lot #4415 than lot #4718.

우리는 이 편지에서 무엇을 추론 할 수 있나요?
(A) 매사추세츠 주 애머스트는 도급업체가 거의 없다.
(B) 코네티컷 주 그리니치에는 판매 할 부동산이 거의 없다.
(C) 밀스 씨는 하그레이브 씨가 자신에게 그의 집을 팔기를 원한다.
(D) 밀스 씨는 4718번 부지보다 4415번 부지에 더 관심이 있다.

170. What is indicated about Mr. Hargrave in the letter?
(A) He wants to sell a house to Mr. Mills.
(B) He owns a home in Amherst.
(C) He is a realtor in Greenwich.
(D) He is a contractor by trade.

편지에서 하그레이브 씨에 대해 시사하는 것이 무엇이죠?
(A) 그는 밀스 씨에게 집을 팔고 싶어 한다.
(B) 그는 애머스트에 집 한 채를 소유하고 있다.
(C) 그는 그리니치에 있는 부동산 중개업자이다.
(D) 그는 직업이 도급업자이다.

171. According to the letter, what should happen by the end of October?

(A) The letter does not say.

(B) The seller of lot #4415 should decide whether to sell his lot or not.

(C) The seller of lot #4718 should decrease the asking price of his lot.

(D) The architect will begin drawing up the blueprint for lot #4415.

편지에 따르면 10월 말까지는 어떤 일이 일어날까요?

(A) 그 편지는 말하지 않는다.

(B) 4415번 부지의 판매자는 자신의 부지를 판매할건지 말 건지 여부를 결정할 것이다.

(C) 4718번 부지의 판매자는 부지의 요청 가를 틀림없이 낮출 것이다.

(D) 그 건축가는 4415번 부지에 대한 청사진을 그리기 시작할 것이다.

정답과 해설

168. (A) You asked me to send you in writing a bid for that property. 입찰 요청에 대한 답장입니다.

169. (D) If the owner of lot #4415 cannot lower his asking price, or if another buyer bids higher, we can pursue discussion on lot #4718. 이 문장에서 '4415번을 구입할 수 없을 경우에 4718번으로 속행하자'고 했으므로, 4415번에 더 관심이 있음을 알 수 있죠.

170. (C) Palmer Realtors: 여기서 realtor가 '부동산 중개사, 공인 중개사' 라는 뜻입니다. 단어 꼭 알아 두세요.

171. (B) You said earlier that the seller of lot #4415 should decide by the end of this month.
이 문장을 보면 '4415번 부지 판매가 자신의 부지를 판매할 건지 여부를 이달 말까지 결정할 것'임을 알 수 있죠.

어휘 purpose 목적 put a bid in writing 서면으로 입찰하다 price 가격 lot 부지, 한 구획의 토지 architect 건축가 infer=induce 추론하다 contractor 도급업자, 도급업체(어떤 공사의 완성 날짜·양·비용 따위를 미리 정하고 도맡아 일하는 사람이나 조직) very little=hardly any 거의 없는 property 부동산 for sale 판매용 be interested in ~에 관심이 있다 indicate 시사하다 own=possess=be possessed of ~을 소유하다 realtor 부동산 중개업자 contractor 도급업자, 계약자 by trade 직업상 happen=occur=arise=take place=come up=come about=come to pass 발생하다 according to=as per ~에 따르면 should 틀림없이 ~할 것이다 by the end of October 10월 말까지 seller 판매자 decide 결정하다 whether to A or not: A할 건지 말 건지 decrease=reduce=lessen 줄이다, 낮추다 architect 건축가 draw up 그리다, 입안하다 blueprint 청사진

Questions 172-175 refer to the following article. (다음 기사를 참조하십시오.)

Steve Jobs (1955 - 2011), a co-founder of Apple Computers,/ was a technological visionary. (172)
Apple Computers의 공동창업자인 스티브 잡스(1955년 – 2011년)는/ 기술적 선견지명이 있었다.

Unlike his major competitor, Bill Gates and the team at Microsoft,// Jobs did not get his start as a computer programmer.
그의 주요 경쟁자인 빌 게이츠와 마이크로소프트의 팀과는 달리,// 잡스는 컴퓨터 프로그래머로 시작하지 않았다.

He did have some electronics training/ and helped to build the first Apple computers,// but the programming expertise/ came from his partner, Steve Wozniak.
그는 약간의 전자공학 교육을 받았고/ 최초의 Apple Computers를 만드는 것을 도왔지만,// 프로그래밍 전문지식은/ 그의 파트너인 스티브 워즈니악으로부터 나왔다.

His real talent/ came in seeing the possibilities behind technology,/ and, in particular, how the consumer would react to technology.
그의 진정한 재능은/ 기술 이면에 있는 가능성과,/ 특히 소비자가 기술에 어떻게 반응할 것인지를 보는 데 있었다.

For example,// he was *"instrumental"* in making the first visual computer desktop// while Microsoft was still using the command prompt for computer instructions.
예를 들어,// 그는 최초의 시각적 컴퓨터 바탕화면을 만드는 데 중요한 역할을 했다/ 마이크로소프트가 여전히 컴퓨터 지시를 위해 명령 프롬프트(컴퓨터가 조작자에 대하여 입력을 요구하고 있음을 나타내는 단말 화면상의 기호)를 사용하는 동안.

His vision extended to the look of Apple's products; he insisted on the rounded corners and intuitive interfaces/ such as the one button mouse of Apple products.
그의 비전은 애플 제품의 외관으로 확장되었다. 그래서 그는 둥근 모서리와 직관적인 인터페이스(CPU와 단말 장치와의 연결 부분을 이루는 회로)를 고집했다/ 애플 제품의 원 버튼 마우스와 같이.

His vision/ was contrary to the vision of Microsoft. (174)
그의 비전은/ 마이크로소프트의 비전과는 반대였다.

While Microsoft eclipsed Apple in computer sales,// Apple soon became the world's leading technology company/ with the introduction of products such as the iPod, the Apple Store to purchase media, and the hugely successful iPhone.
마이크로소프트가 컴퓨더 판매에서 애플을 능가하는 동안,// 애플은 곧 세계 선도적인 기술 회사가 되었다/ 아이팟, 미디어를 구매하는 애플 스토어, 그리고 대단히 성공적인 아이폰과 같은 제품을 소개함으로써.

Jobs believed// that the consumer wanted products that just worked, and products which worked seamlessly together in an Apple environment. (175)
잡스는 믿었다// 소비자들이 방금 작동한 제품, 그리고 애플 환경에서 원활하게 함께 작동하는 제품을 원한다고.

co-founder 공동창업자 technological 기술적인 visionary 선견지명이 있는 사람 unlike ~과 달리 major=main=chief 주요한 competitor 경쟁자 electronics training 전자공학 교육 expertise 전문지식 real 진정한 talent 재능 behind technology 기술 이면에 있는 possibility=probability=feasibility=plausibility 가능성 in particular=particularly=especially 특히 consumer 소비자 react to ~에 반응하다 for example=for instance=let us say=say=e.g. 예를 들자면 instrumental=essential=vital 매우 중요한, 필수적인 visual 시각적 command prompt 컴퓨터가 조작자에 대하여 입력을 요구하고 있음을 나타내는 단말 화면상의 기호 computer desktop 컴퓨터 바탕화면 instruction 지시, 명령 extend 확장되다 look 외관 product 제품 insist on 고집하다, 주장하다 rounded 둥근 intuitive 직관적인 interface 접점, CPU와 단말 장치와의 연결 부분을 이루는 회로 such as ~와 같은 one button mouse 원 버튼 마우스 be contrary to ~과는 반대되다 leading 주도(선도)적인 introduction 소개, 도입 eclipse=excel=exceed=surpass=outdistance=outstrip=outrival=override 능가하다 purchase 구매하다 seamlessly 원활하게, 매끄럽게 hugely=immensely=tremendously=enormously=vastly=prodigiously 엄청나게 together 함께 environment 환경

172.
What is a good title for the article?
(A) Apple's Products Dominate Technology
(B) The Latest iPhone
(C) Steve Jobs' Vision for Apple
(D) Apple vs. Microsoft

무엇이 이 기사의 좋은 제목일까요?
(A) Apple의 제품이 기술을 지배한다.
(B) 최신 아이폰
(C) 애플에 대한 스티브 잡스의 비전
(D) 애플 대 마이크로소프트

173.
The word *"instrumental"* in the fifth line is closest in meaning to:
(A) musical
(B) essential
(C) logical
(D) profitable

다섯 번째 줄에서 *"instrumental"*와 의미상 가장 가까운 것은?
(A) 음악적인
(B) 필수적인
(C) 논리적인
(D) 수익성 있는

174.
Steve Jobs and Bill Gates:
(A) Developed products together.
(B) Were both computer programmers.
(C) Worked together on computer designs.
(D) Were contemporaries with different ideas.

스티브 잡스와 빌 게이츠는:
(A) 함께 제품을 개발했다.
(B) 둘 다 컴퓨터 프로그래머였다.
(C) 컴퓨터 디자인에 관해서 협력했다.
(D) 다른 생각을 가진 동시대 사람이었다.

175.
How can Apple's products be best described?
(A) Designed for the consumer
(B) Easy to open and repair
(C) Working naturally with Microsoft products
(D) Difficult to buy and sell

어떻게 Apple의 제품을 가장 잘 설명 할 수 있죠?
(A) 소비자를 위해 설계되었다.
(B) 개봉 및 수리가 용이하다.
(C) Microsoft 제품과 자연스럽게 작동한다.
(D) 사고팔기 어렵다.

정답과 해설

172. (C) Steve Jobs was a technological visionary. 이 첫 번째 문장이 제목을 시사하는 주제문입니다.

173. (B) instrumental=essential=necessary=vital 필수적인/helpful=of service 유익한/contributory 기여하는/influential 영향력 있는

174. (D) His vision was contrary to the vision of Microsoft. 이 문장이 결정적인 힌트입니다.

175. (A) Jobs believed that the consumer wanted products that just worked, and products which worked seamlessly together in an Apple environment. 이 문장을 통해서 Apple은 소비사를 위해 제품을 설계했다는 것을 추론할 수 있으며, 동시에 나머지 (B)(C)(D)에 대한 언급은 본문에 제시되어 있지 않습니다.

어휘 title 제목 article 기사 dominate 지배하다 technology 기술 latest 최신의, 최근의 closest 가장 가까운 meaning 의미 develop 개발하다 both 둘 다 work together 협력하다 contemporary 동시대 사람 describe 기술(묘사, 설명)하다 consumer 소비자 repair=mend=do(fix) up 수리하다 naturally 자연스럽게 buy 사다 sell 팔다

Welcome to Wakeford International Airport
웨이크 포드 국제공항에 오신 것을 환영합니다.

The Lost and Found Office at Wakeford International Airport/ is located in Terminal A on the ground level.
웨이크 포드 국제공항의 분실물 보관소는/ 1층 터미널 A에 있습니다.

The office/ is open daily/ from 5:00 A.M. to midnight.
사무실은/ 매일 문을 엽니다/ 오전 5시부터 자정까지.

Items found in the airport terminals, curbside areas, parking areas, or airport-operated shuttles/ are stored for 90 days// before being discarded.
공항 터미널, 보도 가장자리, 주차장 또는 공항이 운영하는 왕복 운행 차량에서 발견된 물건들은/ 90일 동안 보관됩니다// 처분되기 전에(90일 동안 보관한 후에 처분됩니다).

For belongings that were left or discovered in an aircraft,// please contact the airline directly.
항공기에 남겨졌거나 발견된 소지품은,// 항공사에 직접 문의하십시오.

To request assistance with locating a missing item,// click the "Lost Property Report" link on this page.
분실한 물건을 찾는 데 도움을 요청하려면,// 이 페이지에 있는 "Lost Property Report(분실물 신고하기)" 링크를 클릭하십시오.

Describe the missing property in **as much** detail **as possible**.
분실한 물건을 가능한 한 자세히 설명하십시오.

Include the date that you lost the item,/ a good time for us to contact you,/ and your telephone number or e-mail address.
물건을 분실 한 날짜,/ 연락을 취할 수 있는 좋은 시간/ 및 전화번호나 이메일 주소를 포함시키십시오.

Once we receive your completed form,// we will make every effort/ to locate your lost item and notify you of its availability/ as soon as possible.
완성된 양식을 받으면,// 저희는 온갖 노력을 하겠습니다./ 여러분의 분실물의 위치를 찾아 여러분에게 그것의 입수 가능성을 알려드리도록/ 가능한 빨리.

Items can be claimed in person during our regular business hours// or sent to your office or house/ for the recipient's cost of shipping and handling. (176)
물건은 정규 업무시간에 직접 찾아가시거나// 아니면 사무실이나 집으로 보내드릴 수 있습니다/ 배송 및 취급에 대해 수취인 부담으로.

Either way,// a signature will be required upon receipt. (180)
어느 쪽이든,// 수령 시 서명이 필요합니다.

WIA Lost Property Report(웨이크 포드 국제공항 분실물 신고하기)

Today's Date: 9 July | Date Item Lost: 8 July

Name: Milton Benton
Address: 216 Olivia Street Sydney NSW Australia 202
Home phone: 02 5550 01313
Work phone:
E-mail: mbengnu.com.au
Preferred time to reach you: (179)
Preferred method of contact: home phone
Preferred method of receipt: mailed to my address

Description of lost property:
Men's raincoat, black. Label inside reads "To my loved son, Milton." (178) I traveled on Bruin Airlines Erom Wakeford to Sydney/ and left the coat on one of the airport shuttle buses// that transports passengers between terminals. (177)

오늘 날짜: 7월 9일 | 물건 분실 일: 7월 8일

이름: 밀턴 벤턴
주소: 216 Olivia Street Sydney NSW 호주 202
집 전화: 02 5550 01313
직장 전화:
이메일: mbengnu.com.au
선호하는 연락 시간:
선호하는 연락 방법: 집 전화
선호하는 수령 방법: 내 주소로 우편 발송

분실물에 대한 설명:
남자 비옷, 검정 색. 안에 있는 라벨에는 "사랑하는 아들 밀턴에게"라고 적혀 있습니다. 저는 Bruin Airlines를 타고 웨이크포드에서 시드니로 여행했는데/ 그 코트를 공항 셔틀 버스 중 하나에 두고 내렸습니다.// 그 버스는 터미널 사이에 승객들을 수송합니다.

176. According to the Web page, for what is there a charge?
(A) A lost-item search
(B) A telephone call
(C) Storage space
(D) Home delivery

웹페이지에 따르면, 무엇에 대해 요금이 부과되죠?
(A) 분실물 조사
(B) 전화 통화
(C) 보관 장소
(D) 택배

177. What is true about Mr. Benton?

    (A) He is briefly visiting Sydney.

    (B) He recently traveled by airplane.

    (C) He works for Bruin Airlines.

    (D) He lives near Wakeford International Airport.

벤튼 씨에 관련하여 사실인 것은?

    (A) 그는 잠시 시드니를 방문 중이다.

    (B) 그는 최근 비행기로 여행했다.

    (C) 브루인 항공에서 근무한다.

    (D) 웨이크포드 국제공항 근처에 살고 있다.

178. What is indicated about Mr. Benton's coat?

    (A) It was found on an airplane.

    (B) It belongs to one of his customers.

    (C) It was a gift from either of his parents.

    (D) It has important documents in one of the pockets.

벤튼 씨의 코트에 대해서 시사하는 것은?

    (A) 비행기에서 발견되었다.

    (B) 그의 고객 중 한 사람의 것이다.

    (C) 부모 중 한 분으로부터 받은 선물이었다.

    (D) 주머니 하나에 중요한 문서가 들어 있다.

179. Based on the Web page information,/ what is missing from Mr. Benton's form?

    (A) Time

    (B) Item description

    (C) Date

    (D) Phone number

웹 페이지 정보에 근거하여,/ 벤튼 씨의 양식에 서 무엇이 빠져있나요?

    (A) 시간

    (B) 물건 설명

    (C) 날짜

    (D) 전화 번호

180. Why would Mr. Benton be asked to provide a signature?

    (A) To accept changes to his travel itinerary

    (B) To acknowledge a refund for returned items

    (C) To confirm that he has received his property

    (D) To submit a claim form

벤턴 씨는 왜 서명하라는 요구를 받을까요?

    (A) 여행 일정 변경사항을 수용하기 위해

    (B) 반품에 대한 환불을 승인하기 위해

    (C) 자신의 물건을 받았음을 확인하기 위해

    (D) 청구 양식을 제출하기 위해

정답과 해설

176. (D) sent to your office or house for the recipient's cost of shipping and handling.
이 문장에서 '수취인 부담으로' 보내준다고 했으므로.

177. (B) I traveled on Bruin Airlines. 이 문장에서 '항공 여행을 했다'고 나오죠?

178. (C) Label inside reads "To my loved son, Milton." 이 문장을 통해 '부모 중 한 분으로부터 선물 받았음'을 추론할 수 있죠.

179. (A) Preferred time to reach you: 이 항목이 빈칸으로 남겨져 있죠?

180. (C) a signature will be required upon receipt. 이 문장을 통해서 '물건을 받았음을 확인하는 서명'이 필요하죠.

어휘   address 주소 NSW=New South Wales 주 Australia 호주 receipt 수령, 인수 mail 우편으로 발송하다 my loved son 내 사랑하는 아들 prefer 선호하다 reach=contact=make contact with=get in touch(contact) with ~에게 연락하다 method 방법 description 설명 lost property 분실물 raincoat 비옷 inside 안쪽에 있는 read ~라 적혀있다 travel 여행하다 leave-left-left 남겨두다 transport 수송하다 passenger 승객 between ~사이에 according to ~에 따르면 charge 요금 true 사실인 briefly 잠시, 간단히 visit 방문하다 gift 선물 recently=lately=of late 최근에 indicate=imply=suggest 시사하다 find-found-found 발견하다 belong to ~의 것이다 customer 고객 either 둘 중 하나 parents 부모 important 중요한 document 문서 based on ~에 근거하여 missing 빠진, 빠뜨린 form 양식 ask 요청하다 provide 제공하다 signature 서명 accept 수락하다 changes 변경 사항 travel itinerary 여행 일정 acknowledge 승인하다 refund 환불 returned items 반품 confirm 확인하다 receive 받다 property 물건, 소유물, 재산 submit 제출하다 claim form 청구 양식

Questions 181-185 refer to the following meeting agenda and e-mail message.
(다음의 회의 의사일정과 이메일을 참조하십시오.)

Optimum Software Company meeting with Advantage Power Systems, Inc. November 2	Optimum Software 회사 와 Advantage Power Systems 주식회사의 회의 11월 2일
Advantage Power Systems attendees: Katharine Morandi Chom Tai	*Optimum Software attendees:* Ujjwal Ahmed Yusra Singh Peter Bodell
Advantage Power Systems 참석자 Katharine Morandi Chom Tai	Optimum Software 회사 참석자 Ujjwal Ahmed Yusra Singh Peter Bodell

AGENDA(의사일정)

Ujjwal Ahmed	Introductions 서론 Review objectives 목표 검토
Katharine Morandi	Advantage Power Systems: project overview and development schedule (181)
	Advantage Power Systems: 프로젝트 개요 개발 일정
Yusra Singh	Optimum product overview • Core software functions • Software platform requirements
	Optimum 제품 개요 • 핵심 소프트웨어 기능 • 소프트웨어 플랫폼 요건
Peter Bodell	Optimum training and consulting
	Optimum 교육 및 컨설팅 (184)
Yusra Singh	Technology questions and answers 기술 질문 및 답변 (182)
Ujjwal Ahmed	Next steps 다음 단계

To:	수신인:	Katharine Morandi	Katharine Morandi
From:	발신인:	Ujjwal Ahmed, Optimum Software Company	Ujjwal Ahmed, Optimum 소프트웨어 회사
Subject:	제목:	Yesterday's meeting	어제의 회의

Dear Katharine, 친애하는 Katharine에게,

Thank you for taking the time to get together with us yesterday.
어제 시간을 내어 저희와 함께해 주셔서 감사합니다.

Everyone on our team/ felt/ that it was a productive meeting.
저희 팀의 모두는/ 생각했습니다/ 그것이 생산적인 회의라고.

We have a better understanding of your project's needs now,// and we've started looking at ways to adapt our software to meet your requirements. (183)
저희는 이제 프로젝트 요건을 더 잘 이해하고 있으며,// 귀하의 요건에 맞도록 소프트웨어를 조정할 수 있는 방법을 찾기 시작했습니다.

While the basic function of the software is well suited to the project overall,/ as discussed,// we will explore ways to adapt it to the needs of the different departments at Advantage that will be using it. (183)
소프트웨어의 기본 기능은 전반적으로 프로젝트에 매우 적합하지만/ 논의된 바와 같이,// 저희는 소프트웨어를 사용할 Advantage의 여러 부서의 요구에 맞게 소프트웨어를 조정하는 방법을 모색할 것입니다.

This will incur some additional cost,/ as we indicated//—we'll provide details about that at our next meeting,// once our engineers have assessed the changes that will need to be made.
이것은 추가 비용을 발생시킬 것입니다./ 저희가 지적한대로// 그리고 저희는 그것에 대한 세부사항을 다음 회의에서 제공해 드리겠습니다.// 저희 기술자들이 해야 할 변경사항들을 다 평가하고 나면.

I've asked Peter Bodell to prepare a document for you/ that indicates when the Training and Consulting Department could start providing services to you.
저는 Peter Bodell에게 귀하를 위해 서류를 준비하라고 요청했습니다/ 언제 교육 및 컨설팅 부서가 귀하에게 서비스를 제공할 수 있는지를 알려주는 (서류를 준비하라고).

He'll send this information to you directly//—since you've worked with him in the past, it seems the most efficient way to go.
그는 이 정보를 귀하에게 직접 보낼 것입니다.// 귀하가 과거에 그와 함께 일한 적이 있기 때문에, 그것이 전달되는 가장 효율적인 방법인 것 같습니다.

As agreed,// let's set up a meeting for the week of November 26// by which time our engineers will be able to outline their approaches to your departmental needs,/ and we'll have the information we need to put together a contract. (185)
합의한 대로,// 11월 26일이 속한 주에 회의를 소집합시다.// 그때쯤이면 저희 기술자들이 귀하의 부서의 요구에 대한 접근 방식을 개략적으로 설명할 수 있을 것이고,/ 저희는 계약을 체결하는 데 필요한 정보를 갖게 될 것이니까요.

In the meantime,// please feel free to contact me// if you have any questions.
그 동안,// 언제든지 연락하십시오// 궁금한 점이 있으시면.

Regards, 감사합니다.(끝맺음 말)

Ujjwal

take the time to ～하려고 시간을 내다 get together with ～와 함께 만나다 productive 생산적인 understanding 이해 needs=requirements 요건, 요구사항 adapt 조정(조절)하다, 적응(적합)시키다 our software to meet=satisfy 충족시키다 while=though=although=even though=notwithstanding ～이지만 basic=fundamental 기본적인 function 기능 suited=fit=fitted=proper=pertinent 적합한 overall 전반(전체)적으로 as discussed 논의된 바와 같이 explore 모색(탐색(하다 department 부서, 과 incur=induce=engender=produce=yield=raise=beget=court=generate 초래하다 additional cost 추가 비용 indicate=point out 지적하다, 알리다, 시사하다 provide 제공하다 details 세부사항 assess=judge=estimate= rate=appraise 평가(판단)하다 once 일단 ～하면 need to be p.p ～해야 하다 ask 요청하다 prepare 준비하다 document 서류, 문서 directly=at first hand 직접 since=as=because=inasmuch as ～하기 때문에 past 과거 the most efficient 가장 효율적인 as agreed 합의한 대로 set up a meeting 회의를 소집하다 November 11월 by ～무렵, ～까지 engineer 기사, 기술자 be able to ～할 수 있다 outline=unravel 개략적으로 설명하다 approach 접근법 put together a contract 계약을 체결하다 in the meantime=meanwhile 그 동안 contact=reach=make contact with=get in touch(contact) with ～에게 연락하다 feel free to 자유롭게 ～하다 Regards,=Best wishes=Sincerely yours=Truly yours=All the best 끝맺음 말

181. Why was the meeting held?
(A) To talk about hiring costs
(B) To train software users
(C) To review a contract
(D) To discuss work on a project

회의는 왜 열렸습니까?
(A) 고용 비용에 대해 의논하기 위해서
(B) 소프트웨어 사용자들을 교육하기 위해서
(C) 계약서를 검토하기 위해서
(D) 프로젝트 작업에 관해 의논하기 위해서

182. Who would probably be the best person at Optimum to answer technology questions?
(A) Ujjwal Ahmed
(B) Chom Tai
(C) Yusra Singh
(D) Katharine Morandi

Optimum에서 기술 관련 질문에 답변 할 수 있는 가장 적합한 사람은 십중팔구 누구일까요?
(A) Ujjwal Ahmed
(B) Chom Tai
(C) Yusra Singh
(D) Katharine Morandi

183. What is the main purpose of Mr. Ahmed's e-mail to Ms. Morandi?
(A) To request a meeting with the engineering department
(B) To introduce Peter Bodell
(C) To follow up on a meeting with Advantage
(D) To explain how Optimum has adapted its software

Ahmed 씨가 Ms. Morandi에게 보낸 이메일의 주요 목적은 무엇이죠?
(A) 엔지니어링 부서와의 회의를 요청하기 위해서
(B) Peter Bodell을 소개하기 위해서
(C) Advantage와의 회의에 대해 후속조치를 취하기 위해서
(D) Optimum이 소프트웨어를 어떻게 조정했는지 설명하기 위해서

184. What service will Peter Bodell's department provide?
(A) Training and consulting
(B) Legal advice
(C) Publicity
(D) Changes to the software

Peter Bodell 부서는 어떤 서비스를 제공할까요?
(A) 교육 및 컨설팅
(B) 법률 자문
(C) 홍보
(D) 소프트웨어 변경

185. What will happen in the week of November 26?

    (A) Peter Bodell will make a presentation.

    (B) Optimum and Advantage will meet again.

    (C) A contract will be signed.

    (D) Training in the new software will occur.

11월 26일이 속한 주에 어떤 일이 일어날까요?

    (A) Peter Bodell이 신제품 발표를 할 예정이다.

    (B) Optimum과 Advantage가 다시 만날 것입니다.

    (C) 계약이 체결 될 것이다.

    (D) 새로운 소프트웨어 교육이 시행될 것이다.

정답 찾는 요령: 질문에 들어 있는 홍색 어휘를 본문에서 찾아 선택지에 대입하세요. 거의 모든 답은 질문과 본문에 들어 있습니다.

정답과 해설		
	181.	(D) 정답 이유-(A), (B), (C)에 대한 언급을 제시되지 않은 반면, project overview and development schedule(프로젝트 개요 개발 일정)이 의사일정에 포함되어 있으므로
	182.	(C) 의사일정에 'Yusra Singh: Technology questions and answers'라고 되어 있죠?
	183.	(C) 전체적인 내용이 '회의에 대한 후속초지를 취하는 글'인 반면, (A), (B), (D)에 대한 언급은 전혀 없으므로
	184.	(A) 의사일정에 'Peter Bodell: Optimum training and consulting'라고 되어 있죠?
	185.	(B) let's set up a meeting for the week of November 26. 이 문장을 통해서 '그들이 다시 만날 예정임'을 알 수 있죠.

어휘   be held=take place 열리다, 개최되다 hiring costs 고용비 train 교육하다 user 사용자 review 검토하다 contract 계약(서) discuss=talk about ~에 대해 논의하다 probably=possibly=maybe=most likely=very likely=as likely as not=ten to one 십중팔구 main=chief=primary=major=principal 주요한 purpose 목적 request 요청하다 department 부서, 과 introduce 소개하다 follow up on ~에 대해 후속조치를 취하다, 점검하다 explain=expound=describe=account for=set forth= give an account of 설명하다 adapt 조정(조절)하다, 적응(적합)시키다 provide 제공하다 happen=occur=arise=take place=come up=come about 발생하다 the week of+date 특정 날짜가 속한 주 make a presentation 신제품 발표를 하다 sign 서명하다

Questions 186-190 refer to the following train schedule and text messages.
(다음의 열차 시간표와 문자 메시지를 참조하십시오.)

TRAIN SCHEDULE (열차 시간표)			
From 출발지	**To** 도착지	**Fare(one-way)** 편도 요금	**Departs** 출발 시각
Washington DC 워싱턴 DC	Atlanta 애틀랜타	$125 125달러	8:00, 13:00, 17:00
Washington DC 워싱턴 DC	Chicago 시카고	$101 101달러	6:00, 10:00, 14:00, 18:00
Washington DC 워싱턴 DC	Harrisburg 해리스버그	$78 78달러	9:00, 18:00 (186)
Washington DC 워싱턴 DC	New York 뉴욕	$79 79달러	hourly, from 6:00 to 20:00
Washington DC 워싱턴 DC	Philadelphia 필라델피아	$49 49달러 (188)	hourly, from 6:00 to 20:00

Jenna:

Hi Panos. Just wanted to confirm// that we're meeting on Monday at 1:30.

I looked at the report you sent me yesterday,// and it looks good.

You've managed to present a detailed analysis of a *"complex"* topic in a very readable way. I do have some questions for you,// but I'll save them for the meeting. Have a safe trip! See you on Monday at 11:30!

[4:25 P.M.]

제나:

안녕 파노스. 그저 확인하고 싶었어// 월요일 1시 30분에 만나기로 한 것을.

어제 보내준 보고서를 봤는데,// 좋아 보이던데.

복잡한 주제에 대한 상세한 분석을 아주 읽기 쉬운 방식으로 곧 잘 제시해 놓았던데. 내가 너에게 몇 가지 물어볼 게 있지만,// 만나서 물어보려고 아껴둘게. 안전한 여행이 되기를 바라! 월요일 11시 30분에 보자!

[오후 4시 25분]

어휘 confirm=check=corroborate=verify=ascertain 확인하다 Monday 월요일 look at 보다 report 보고서 send-sent-sent 보내다 look good 좋아 보이다 manage to 곧 잘 ~하다, 용케 ~하다 present 제시하다 detailed 상세한 analysis 분석 complex=complicated=intricate 복잡한 readable 읽기 쉬운 save 아껴두다 safe 안전한 trip 여행

Panos:

Hi Jenna. Are we meeting at 1:30 or 11:30? Your last text was a little confusing. (189)

I'm okay with either. There are trains from Washington DC to Philadelphia

every hour, all day,// and the trip takes only about 1.5 hours.

And when I get there, I'll just take a taxi from the station to your office.

Glad you liked the analysis. I have some questions for you, too. So it sounds like we'll have plenty to talk about! Again, please let me know/ what time I should be there. (190)

[4:39 P.M.]

파노스:

안녕 제나. 우리가 1시 30분에 만나는 거야, 아니면 11시 30분에 만나는 거야? 너의 지난번 문자가 좀 헷갈렸어.

나는 둘 중 아무거나 괜찮아. 워싱턴 DC에서 필라델피아까지 기차가 있거든, 매 시간, 하루 종일.// 그리고 그 여행은 약 1시간 30분밖에 걸리지 않아.

그리고 내가 거기 도착하면,// 역에서 네 사무실까지 그냥 택시타고 갈게.

분석이 마음에 들었다니 다행이야. 나도 너에게 몇 가지 질문이 있어. 그러니까 우리가 할 얘기가 많을 것 같아! 다시 한 번, 알려줘/ 내가 몇 시에 그곳에 도착해야 하는지.

[오후 4:39]

어휘 last text 지난 번 문자 a little 약간 confusing 혼동을 주는, 혼란스러운, 헷갈리게 하는 either 둘 중 하나 only 겨우, 불과, 단지 about=around=approximately=some=roughly=or so 대략 all day 하루 종일 take 시간이 걸리다 take a taxi 택시를 타다 station 역, 정거장 it sounds like ~인 것 같다 plenty 다량, 많음

---

186. According to the schedule, which destination has the fewest departures?

(A) Atlanta

(B) Chicago

(C) Harrisburg

(D) Philadelphia

시간표에 따르면, 어느 목적지가 출발이 가장 적죠?

(A) 애틀랜타

(B) 시카고

(C) 해리스버그

(D) 필라델피아

187. In the first text message, the word "complex" in line 3 is closest in meaning to

(A) serious

(B) unusual

(C) annoying

(D) complicated

첫 번째 문자메시지 3행에서 "complex"와 의미상 가장 가까운 것은?

(A) 진지한

(B) 유별난

(C) 성가신

(D) 복잡한

188. How much will Panos have to spend for his one-way ticket?

(A) $49

(B) $78

(C) $79

(D) $125

파노스는 자신의 편도 열차표를 위해 얼마를 써야 할까요?

(A) 49달러

(B) 78달러

(C) 79달러

(D) 125달러

189. What does Panos seem to be confused about?

(A) The train schedule

(B) The time of the meeting

(C) The way the analysis was done

(D) The reason for having a meeting

파노스는 무엇에 대해 헷갈려 하나요?

(A) 열차 시간표

(B) 만나는 시간

(C) 분석이 이뤄진 방법

(D) 모임을 갖는 이유

190. What will Jenna probably do?

(A) Meet Panos at the train station

(B) Make some changes to the report

(C) E-mail a list of questions to Panos

(D) Text Panos with the information he needs

제나는 십중팔구 무엇을 할까요?

(A) 기차역에서 파노스 만날 것이다

(B) 보고서를 약간 변경할 것이다

(C) 파노스에게 질문 목록을 이메일로 보낼 것이다

(D) 파노스에게 그가 필요한 정보를 문자로 보낼 것이다.

186. (C) 해리스버그 행 열차는 하루 2회(9:00, 18:00) 운행하고, 나머지는 3회 이상이죠?

187. (D) complex=complicated=elaborate=intricate=sophisticated=tangled=knotty=mazy=labyrinthine 복잡한

188. (A) 워싱턴에서 필라델피아까지 편도 요금은 49달러입니다. 홍색을 여러분이 발견해야 해요.

189. (B) Are we meeting at 1:30 or 11:30? Your last text was a little confusing. 이 문장을 통해 '만나는 시간'을 헷갈려하죠?

190. (D) 파노스가 만나는 시간을 알려달라고 했으므로, 제나는 정확한 시간을 알리는 문자를 파노스에게 보내겠죠?

according to=as per ~에 따르면 schedule 일정, 시간표 destination 목적지, 도착지 the fewest 가장 적은 departure 출발 closest in meaning to 의미상 가장 가까운 be confused about ~에 대해 혼동하다 way 방법 analysis 분석 do-did-done 행하다 reason 이유 probably=possibly=perhaps=perchance=maybe=mayhap=most likely=very likely=as likely as not 십중팔구 list 목록 text 문자를 보내다 information 정도 need 필요로 하다

Questions 191-195 refer to the following e-mails and table. (다음 두 이메일과 표를 참조하십시오.)

To:	수신인:	Aaron Donald <adonald@acemail.com>	
From:	발신인:	James Holt <holtrain@zipnet.net>	
Date:	날짜:	Jan. 12	1월 12일
Subject:	제목:	First Quarter Performance Review	1분기 업무실적 검토

Dear Aaron, 친애하는 아론에게

I just wanted to give you a heads-up// that the performance evaluations arc going to be going forward as discussed.
나는 그저 너에게 미리 알려주고 싶었어.// 실적 평가가 논의된 대로 진행될 것이라는 것을.

I know// this was an area of stress for you in the fourth quarter of last year,// so I wanted to give you plenty of advanced warning.
나는 알고 있어// 이 부분이 작년 4분기에는 너에게 스트레스를 주는 부분이었다는 것을.// 그래서 나는 너에게 충분한 사전 경고를 해주고 싶었어.

You will need to bring your numbers up significantly// if you want to pass the review.
너는 너의 수치(실적)를 크게 올려야할 거야// 만약 네가 검열을 통과하고 싶다면.

As you know,// we have been struggling to make our sales goals/ over the past several years,// and I am afraid Mr. Jones is determined to trim the staff// if things don't change. (191)
알다시피,// 우리는 지난 몇 년 동안 판매 목표를 이루기 위해 고군분투해왔는데,// 존스 씨가 직원들을 해고하기로 결단을 내린 것 같아./ 상황이 변하지 않는다면.

I have far exceeded my target numbers,// so I have included an attachment with some possible leads for sales. (192)
나는 목표 수치를 훨씬 초과했거든.// 그래서 판매를 위한 몇몇 잠재 고객이 담긴 첨부파일을 포함시켰어.

Give them a shot. 그들에게 시도해봐

Good luck, 행운을 빌게

James 제임스

어휘 Jan.=January 1월 first quarter 1분기 performance 성과, 업무실적 review 검토 give one a heads-up=give one a preliminary notice, especially of future difficulty, trouble, or danger 미리 알리다 evaluation=estimation 평가 be going to ~할 것이다, ~할 예정이다 go forward 진행되다 as discussed 논의된 대로 area 영역, 지역, 부분 fourth 네 번째 last year 작년 so=thus=hence=therefore 그래서 plenty of=lots of=a lot of 많은 advanced warning 사전 경고, 사전 주의 bring up 올리다, 높이다 significantly 크게, 상당히 pass 통과하다 struggle to ~하려고 애를 쓰다(노력하다, 고군분투하다) sales goals 판매 목표, 영업 목표 trim 깎아내다, 잘라내다, 해고하다 over the past several years 지난 몇 년 동안 be determined to ~하기로 결단을 내리다 staff 직원 things 상황 target 목표 far 훨씬 exceed=excel=eclipse=surpass=outpace=outdistance=outstrip 능가하다 an attachment 첨부(파일) include=involve=contain=comprise=embody=encompass 포함하다 possible 가능한, 할 수 있는 lead 실마리, 단서, 모범, 전례 give ~a shot=give~a try 한 번 해보다 good luck=I'll have my fingers crossed.=I'll keep my fingers crossed 행운을 빌게

Possible Sales Leads for January (1월 판매 잠재 고객)

Name 이름	Division 부서	Account Potential 계정 잠재력	Rating 등급
Sally Jones	Technologies 기술	$35,000-$50,000	Silver 은
Bob Knuddle	Technologies 기술	$100,000 and up	Gold 금
Marquise Lee	Technologies 기술	$12,000-$20,000	Bronze/Silver 동/은

To: 수신인:	James Holt <holtrain@zipnet.net>	
From: 발신인:	Aaron Donald <adonald@acemail.com>	
Date: 날짜:	Jan. 12	1월 12일
Subject: 제목:	Re: First Quarter Performance Review	1분기 업무실적 검열

James, 제임스

Thank you so much for the leads.
잠재 고객을 알려줘서 대단히 고마워.

I will get on them right away.
당장 그들을 귀찮게 해봐야겠어.

I don't know// why my sales are slumping so much lately/ in the technologies division. (193) (194)
나는 모르겠어// 왜 내 매출이 최근에 그렇게 많이 떨어지는지/ 기술부서에서.

It seems like every sales technique I learned in school isn't working anymore.
학교에서 배운 모든 영업 기법이 더 이상 통하지 않는 것 같아.

I am thinking about changing industries// if I don't pass the review/ when it comes out in March.
나는 업종을 바꿀 생각을 하고 있어.// 검열(심사)을 통과하지 못하면/ 3월에 나올 때.

My sister is opening a beauty parlor/ and she was asking me to become a barber.
내 누나가 미장원을 개원하려고 하고 있는데/ 나에게 이발사가 되라고 계속 요청을 하더라고.

Imagine that!
상상해봐!

Anyway, thank you again for the notice about the possible layoffs coming up.
어쨌든, 다가오는 정리해고 가능성에 대한 통지에 다시 한 번 고마워.

I will try to get my numbers up to standards,// but I think// that Mr. Jones may have already decided to let me go. (195)
나는 수치를 기준에 맞추려고 노력하겠지만,// 내 생각에// 존스 씨가 이미 나를 내보내기로 결정했을지도 몰라.

All the best, 고마워(끝맺음 말)

Aaron 아론

어휘 division 부서 account 계정 potential 잠재력 rating 등급 bronze 동 lead 잠재 고객 March 3월 lately=recently=of late 최근에 get on=pester 졸라대다, 괴롭히다 right away=right off=off hand=out of hand=at once=immediately 즉시, 당장 slump 뚝 떨어지다 technology 기술 it seems like ～인 것 같다(미국 영어 구어체) review 심사, 검열, 검토 changing industries 업종을 바꾸다 not ~any more=not ~any longer=no longer 더 이상 ～하지 않다 beauty parlor 미장원, 미용실 barber 이발사 imagine 상상하다 anyway=at any rate=in any case=at all event 아무튼, 어쨌든 notice 통지, 알림 layoff 정리해고 come up 발생하다, 다가오다 get ~ up to standards ～을 기준에 맞추다 may have +p.p ～했을지도 모른다 decide=resolve 결정하다 let go 내 보내다, 해고하다

191. What is most likely true about James and Aaron?

(A) They are competitors.

(B) They are related.

(C) They are married.

(D) They are friends.

제임스와 아론에 대해 십중팔구 사실인 것은?

(A) 그들은 경쟁자이다.

(B) 그들은 친척관계이다.

(C) 그들은 결혼한 사이이다.

(D) 그들은 친구이다.

192. According to the e-mails,/ what is true about James?

(A) He has done very well at work.

(B) He needs more sales.

(C) He wants to work with Aaron.

(D) He will become a barber.

이메일에 따르면/ 제임스와 관련해서 사실인 것은?

(A) 그는 일을 아주 잘했다.

(B) 그는 더 많은 판매가 필요하다.

(C) 그는 아론과 함께 일하기를 원한다.

(D) 그는 이발사가 될 것이다.

193. What is indicated about Aaron?

(A) The owner loves him.

(B) He is not very good at his job these days.

(C) There are problems in the main office.

(D) He will keep his job after the evaluations come in.

아론에 관해서 시사하는 것이 뭐죠?

(A) 소유주는 그를 사랑한다.

(B) 요즘 그는 일을 별로 잘하지 못한다.

(C) 본사에 문제가 있다.

(D) 그는 평가가 이뤄진 후 직업을 유지할 것이다.

194. What is true about the sales leads James gave to Aaron?

(A) They are rated too highly.

(B) They have too much money.

(C) Aaron doesn't know the contacts.

(D) They are in a field Aaron is struggling in.

제임스가 아론에게 준 판매 잠재 고객에 대해서 사실인 것은?

(A) 그들은 너무 높은 등급을 받았다.

(B) 그들은 너무 많은 돈을 갖고 있다.

(C) Aaron은 연락처를 모른다.

(D) 그들은 아론이 고투하고 있는 분야에 있다.

195. What is most likely Mr. Jones' job?

(A) Human resources agent

(B) Sales executive

(C) Owner

(D) Secretary of State

십중팔구 존스 씨의 직업은 무엇입니까?

(A) 인사부 직원

(B) 영업 임원

(C) 소유주

(D) 국무장관

정답 찾는 요령: 질문지에서 물어보는 부분의 단어를 본문에서 찾은 다음, 그 내용을 다시 선택지에 대입하여 일치하는 답을 고르세요.

191. (D) 제임스가 아론을 도우려는 것으로 보아 친구관계라는 것을 추론할 수 있죠. (A), (B), (C)에 대한 언급은 아예 없잖아요.

192. (A) I have far exceeded my target numbers. 이 문장을 통해 '제임스는 **일을 잘 했음**'을 알 수 있죠.

193. (B) my sales are slumping so much lately. 이 문장을 통해 '아론은 요즘 **일을 잘 못하고 있음**'을 알 수 있죠.

194. (D) my sales are slumping so much lately in the technologies division.

이 문장을 통해 잠재 고객들이 '**아론이 고군분투하고 있는 분야**(technologies)에 있음'을 알 수 있죠.

195. (C) Mr. Jones may have already decided to let me go.

이 문장에서 '**해고하기로 결정할 수 있는 권한을 가진 사람, 즉 소유주**'임을 알 수 있죠.

most likely=very likely=as likely as not=in all likelihood(probability)=probably=possibly=perhaps=ten to one 십중팔구, 아마도 competitor 경쟁자 be related 친척 관계이다 be married 결혼한 상태이다 according to ~에 따르면 barber 이발사 indicate=imply=suggest 시사(암시)하다 owner 소유주, 주인 be good at=be a good hand at ~을 잘하다 job 일, 직무, 직업 these days=nowadays 요즈음 problem 문제 the main office 본사 evaluation 평가 sales leads 잠재 고객 rate 평가하다, 등급을 매기다 too 너무, 지나치게 highly 높게 contact 연락처 field=scope=sphere=branch=realm 분야 struggle 고군분투하다, 애써 노력하다, 발버둥을 치다, 허우적거리다

Questions 196-200 refer to the following letter, e-mail, and advertisement.
(다음의 편지, 이메일 및 광고를 참조하십시오.)

Dear friend of the Linwood Community Center, 친애하는 린우드 주민 센터의 교우님!,

I am writing/ to invite you/ to sponsor the Linwood Community Center's annual Bike for Linwood fund-raising event.
저는 글을 씁니다./ 귀하를 초대하기 위해/ 린우드 주민 센터의 연례 Bike for Linwood 기금 모금 행사를 후원하도록.

The money raised by this year's 50-kilometer ride/ will support the new music education at the center.
올해 50km를 타면서 모금 된 돈은/ 이 센터의 새로운 음악 교육을 지원할 것입니다.

Sponsorship would give your company great *"exposure"*// as the event will be covered by local newspapers and will be attended by over 5,000 spectators. (196)
후원은 귀하의 회사에 큰 노출을 제공할 것입니다(큰 광고 효과를 줄 것입니다).// 행사가 지역 신문에 의해 취재되고/ 5,000 명 이상의 관중이 참석할 것이므로.

Our sponsorship options include the following.
우리의 후원 선택사항에는 다음이 포함되어 있습니다.

Primary Sponsor: Company name and logo/ will be prominently displayed/ on all promotional materials. A company representative/ will be photographed with the race winners. $10,000 (198) (199)
주 후원자: 회사 이름과 로고가/ 눈에 잘 띄게 표시될 것입니다/ 모든 홍보 자료에. 회사 대표는/ 레이스 우승자와 함께 사진을 찍게 될 것입니다. 1만 달러

Associate Sponsor: Company name/ will be listed/ on banners at the event. Sponsor will receive a certificate of appreciation suitable for display. $5,000
준 후원자: 회사 이름은/ 실릴 것입니다/ 행사깃발에. 후원자는 전시하기에 적합한 감사장을 받게 될 것입니다. 5,000 달러

Corporate Sponsor: Company name/ will be listed in our directory of sponsors. Sponsor will receive a certificate of appreciation. $1,000
기업 후원자: 회사 이름은/ 후원자 명부에 실릴 것입니다. 후원자는 감사장을 받을 것입니다. 1,000 달러

Contributing Sponsor: Sponsor will receive a certificate of appreciation. $500
기부 후원자: 후원자는 감사장을 받을 것입니다. 500 달러

No matter at what level you choose to participate,// you will be helping the community. Please contact me with any questions.
어떤 수준으로 참여하기로 선택하든,// 귀하는 공동체를 돕게 될 것입니다. 질문이 있으면 저에게 연락해 주십시오.

Sincerely, 감사합니다.(끝맺음 말)

Rosalyn Sanchez

Rosalyn Sanchez 로잘린 산체스

Director of Fund-raising 기금 모금 담당자

E-mail

From:	발신:	bkelly@torypharm.com
To:	수신:	rsanchez@linwoodcc.org
Date:	날짜:	June 12 6월 12일
Subject:	제목:	Event details 행사 세부사항

Dear Ms. Sanchez, 친애하는 산체스 씨.

I am attaching a digital copy of our company's logo/ for use in your event's advertising materials. (198)
저희 회사 로고의 디지털 사본을 첨부합니다./ 귀하의 행사 광고 자료에 사용하도록.

Our director of Community Relations, Nancy Glass, and her assistant/ will be attending the event/ and would like to have electronic copies of the photographs from the event/ to post on our Web site. (198)
우리 지역 공동체 관계 담당자인 낸시 글래스와 그녀의 조수가/ 행사에 참여 할 예정이며, 행사에서 찍은 사진들의 전자 사본을 갖고 싶어합니다./ 우리 웹사이트에 올릴 [사진들을].

She would also like to tour the Linwood Community Center before the event/ and meet some of the students from the new program.
그녀는 또한 행사 전에 린우드 주민센터를 둘러보고/ 새로운 프로그램의 학생들도 일부 만나고 싶어 합니다.

Please confirm that this is possible/ and let me know/ what time she should plan to arrive.
이것이 가능한지 확인하고/ 알려주십시오./ 그녀가 몇 시에 도착할 계획을 세워야 할지.

Sincerely, 감사합니다.(끝맺음 말)

Blake Kelly, Tory Pharmaceuticals 블레이크 켈리, 토리 제약회사

<table>
<tr><td>Bike for Linwood Fund-raising Event
Sponsored by</td><td>Bike for Linwood 기금 모금 행사
후원사</td></tr>
<tr><td>**TORY Pharmaceuticals**</td><td>**토리 제약회사**</td></tr>
<tr><td>50-kilometer ride on June 19 at 9 A.M.</td><td>50-kilometer ride on June 19 at 9 A.M.</td></tr>
</table>

Riders depart from Swanton Town Hall,// and the finish line is in front of Linwood Center. (200)
자전거 타는 사람들은 스완턴 시청에서 출발하고// 결승선은 Linwood 센터 앞에 있습니다.

Riders and spectators are invited to stay for a celebration// that includes entertainment provided by the students from the center's newest program. (200)
자전거 탄 사람들과 관중들은 축하 행사를 위해 머물도록 초대됩니다.// 그 행사는 센터의 최신 프로그램에 다니는 학생들이 제공하는 여흥이 포함되어 있습니다.

Food and drinks/ will be available for purchase.
음식과 음료는/ 구입이 가능할 것입니다.

어휘 rider 타는 사람 depart from ~에서 출발하다 Town Hall 시청, 읍사무소 finish line 결승선 in front of ~앞에 spectator 관중 invite 초대하다, 요청하다 stay 머무르다 celebration 축하 행사, 축하연 include=involve=encompass=embody entertainment 오락, 여흥 provide=supply 제공하다 food 음식 drinks 음료 available for purchase 구입 가능한

---

196. For whom is the letter most likely intended?
(A) Business owners
(B) Advertising designers
(C) Local bicycle riders
(D) Community center volunteers

편지는 십중팔구 누구를 위해 의도된 것이죠?
(A) 사업주
(B) 광고 디자이너
(C) 지역 자전거 타는 사람
(D) 주민 센터 자원 봉사자

197. In the letter, the word "exposure" in paragraph 1, line 4, is closest in meaning to
(A) state of being unprotected
(B) disclosure of something secret
(C) condition of being made known
(D) position with reference to compass

편지에서, 첫 번째 단락 4행에서 "exposure"와 의미상 가장 가까운 것은?
(A) 보호되지 않은 상태(노출)
(B) 무언가 은밀한 것의 공개(폭로)
(C) 알려지게 되는 상태(공개)
(D) 나침반을 기준으로 한 위치(방향)

198. What type of sponsorship did Tory Pharmaceuticals select?
(A) Primary sponsor
(B) Associate sponsor
(C) Corporate sponsor
(D) Contributing sponsor

토익 제약회사는 어떤 유형의 후원을 선택 했죠?
(A) 주 후원자
(B) 준 후원자
(C) 기업 후원자
(D) 기부 후원자

199. What is suggested about Nancy Glass?
- (A) She will be competing in the race.
- (B) She works at the community center.
- (C) She has attended this fund-raising event for several years.
- (D) She will have her picture taken with the winners of the race.

Nancy Glass에 대해 시사하는 것이 뭐죠?
- (A) 그녀는 경주에서 경쟁할 것이다.
- (B) 그녀는 주민 센터에서 일한다.
- (C) 그녀는 몇 년 동안 이 기금 모금 행사에 참석했다.
- (D) 그녀는 경주 우승자와 함께 사진을 찍을 것이다.

200. What is indicated about the event?
- (A) It was started by Blake Kelly.
- (B) It includes a musical performance.
- (C) Portions of the race will be televised.
- (D) Riders will start from the community center.

행사에 대해 시사하는 것이 뭐죠?
- (A) 그것은 Blake Kelly에 의해 시작되었다.
- (B) 그것은 음악 공연을 포함한다.
- (C) 경주의 일부가 TV로 방송 될 것이다.
- (D) 자전가 타는 사람들은 주민 센터에서 출발할 것이다.

유니크 쏙쏙
토익 *TOEIC*
700제

실력 및
스킬 다지기

06

Questions 131-134 refer to the following e-mail. (다음 이메일을 참조하십시오.)

To:	수신인:	Jack Ender <cjender@coastalrealestate.com>
From:	발신인:	Paul Mann <pmann@coastalrealestate.com>
Date:	날짜:	January 2 (1월 2일)
Re:	제목:	Request (요청)

Hi, Jack, 안녕, 잭,

I wonder if you can help me ------- a project.
　　　　　　　　　　　　　131.
내가 프로젝트를 ------을 네가 도와줄 수 있는지 궁금해.
　　　　　　131.

Do you remember how I told you about our clients from Philadelphia?
필라델피아에서 온 우리 고객들에 대해 내가 어떻게 말했는지 기억나?

They had asked me to prepare a report for ------- /on potential investment properties in Sandy Bay.
　　　　　　　　　　　　　　　　132.
그들이 나에게 ------- 보고서를 준비해 달라고 요청했었잖아/ 샌디베이의 잠재적 투자부동산에 대해서.
　　　　　　132.

The problem is that Mr. Rogan has assigned me to help an international buyer.
문제는 로건 씨가 나에게 국제 구매자를 돕도록 임무를 맡긴 거야.

He arrives from Brazil tomorrow/ and plans to complete several purchases.
그는 내일 브라질에서 도착해서/ 몇 가지 구매를 완료할 계획이야.

-------.
133.

The deadline for the report/ is next Friday.
그 보고서 마감일은/ 다음 주 금요일이거든.

I wonder if you can complete it for me. It just needs ------- final touches.
　　　　　　　　　　　　　　　　　　　134.
나를 대신해서 그것을 작성해 줄 수 있는지 궁금해. 그저 마지막 마무리가 ------- 필요하거든.
　　　　　　　　　　　　　　　　　　　134.

I would appreciate any assistance you can provide.
나는 네가 제공할 수 있는 어떤 도움이라도 고맙겠어.(나는 네가 도움을 줄 수 있다면 고맙겠어.)

Sincerely, 고마워(끝맺음 말)

Paul 폴

131. (A) start
　　　(B) send
　　　(C) finish
　　　(D) evaluate

(A) 시작하다
(B) 보내다
(C) 마치다
(D) 평가하다

132. (A) you
　　　(B) me
　　　(C) us
　　　(D) them

133. (A) I will cover the expenses incurred for your flight.

(B) So I don't really have time to work on the report.

(C) His country has one of the hottest markets.

(D) I need to pick you up at the airport.

(A) 비행을 위해 소요되는 비용을 충당하겠다.

(B) 그래서 나는 실제로 보고서에 매진할 시간이 없다.

(C) 그의 나라는 가장 뜨거운 시장 중 하나를 갖고 있다.

(D) 공항에서 데리러 가야 해.

134.

(A) a few	(A) 약간의
(B) plenty	(B) 많음
(C) much	(C) 많은
(D) each	(D) 각각의

정답과 해설

131. (C) '마무리 작업을 도와달라고 하는 내용'이므로

132. (D) 주어가 They이며, 그것의 '목적격'이므로

133. (B) 해외 구매자를 돕는 일을 맡기 되어 '시간이 없으므로'

134. (A) 유일하게 '복수 명사(touches)를 수식할 수 있는 수량사'이므로 u.272쪽 참조

어휘 wonder 궁금해 하다 remember 기억하다 client 고객 ask 요청하다 prepare 준비하다 potential 잠재적인 investment 투자 property 부동산 assign 맡기다, 배당하다 international 국제적인 buyer 구매자 plan to ~할 계획이다 complete 완료(작성)하다 several 몇 몇의, 몇 가지 purchase 구매 deadline 마감일 final touch 마지막 마무리 appreciate 감사하다 assistance 도움 provide 제공하다 cover 충당하다 expenses 비용, 지출 incur=induce=engender 초래하다 work on ~에 매진하다 pick up 태우다

Questions 135-138 refer to the following notice. (다음 공지사항을 참조하십시오.)

Ferry service to Port Highmark, Georgia Island,/ will be ------- to one trip per day/ starting on May 1.
135.
조지아 섬의 Port Highmark 행 페리 서비스가/ 하루 1회 여행(운행)으로 -------될 것입니다/ 5월 1일부터.
135.

The current second ferry departing Clam Harbor in the afternoon/ will no longer be offered.
오후에 Clam Harbor를 출발하는 현재의 두 번째 페리는/ 더 이상 제공되지 않습니다.

The morning ferry, however,/ will continue to operate/ although there will be a slight time change.
그러나 아침 페리는/ 계속 운행될 것입니다/ 약간의 시간 변경은 있겠지만.

------- leaving Clam Harbor at 8:45 A.M.,// it will now depart at 9:15 A.M.
136.
오전 8시 45분에 Clam Harbor를 떠나는 -------.// 이제는 오전 9시 15분에 출발할 것입니다.
136.

The new arrival time at Port Highmark/ will now be 10:30 A.M.
Port Highmark의 새로운 도착 시간은/ 이제 오전 10:30이 될 것입니다.

-------.
137.

It will continue to depart Port Highmark at 4:15 P.M./ and will arive at Clam Harbor at 4:45 P.M.
계속해서 오후 4시 15분에 Port Highmark를 출발하여,/ 오후 4시 45 분 Clam Harbor에 도착할 것입니다.

Fares per vehicle/ are $6 each way.
차량 당 운임은/ 편도 당 6달러입니다.

Pedestrians/ may take the ferry for $2 each way.
보행자(차량을 운행하지 않는 여행자)는/ 편도 2달러에 페리를 이용할 수 있습니다.

------- seating for walk-on passengers/ is available.
138.
무 예약 승객을 위한 ------- 좌석이/ 있습니다. (예약하지 않은 승객들이 구할 수 있는 좌석은 -------되어 있습니다.)
138.   **138.**

---

135. (A) scheduled   (A) 예정된
(B) reduced   (B) 축소된
(C) introduced   (C) 도입된
(D) expanded   (D) 확장된

136. (A) Instead of   (A) ~하는 대신에
(B) In addition to   (B) ~이외에도
(C) In order to   (C) ~하기 위해서
(D) On behalf of   (D) ~을 대표하여

137. (A) The ferry has been in operation for over twenty years.   (A) 이 페리는 20년 이상 운행되었다.
(B) Passengers can purchase tickets on their phones.   (B) 승객은 휴대폰으로 표를 구입할 수 있다.
(C) Tourism is one of Georgia Island's main industries.   (C) 관광은 조지아 섬의 주요 산업 중 하나이다.
(D) The return ferry's schedule will remain unchanged.   (D) 돌아오는 페리 일정은 변경되지 않을 것이다.

138. (A) Limits   (A) 한정하다
(B) Limiting   (B) 한정하는
(C) Limited   (C) 한정된
(D) Limitation   (D) 한정

정답과	**135.**	(B) 페리 운행이 두 편에서 한 편으로 축소되므로
해설	**136.**	(A) 운행 시간이 8시 45분에서 9시 15분으로 변경되었으므로
	137.	(D) 돌아오는 페리 일정은 변경이 없으므로
	138.	(C) 좌석이 한정되어 있으므로 수동의 의미를 가진 limited
어휘		starting on+날짜/요일: ~부터 current 현재의 depart 출발하다 no longer=not ~any longer=not ~any more 더 이상 ~하지 않다 offer 제공하다 however 그러나 continue to 계속해서 ~하다 although=though=even though=notwithstanding 비록 ~이지만 slight 약간의 operate 운행되다 A.M. 오전 P.M. 오후 arrival 도착 fare 운임, 요금 per vehicle 차량 당 each way 편도 pedestrians 보행자(차량을 운행하지 않는 여행자) seating 좌석 수 walk-on passenger 예약하지 않은 승객 available 구할 수 있는

Questions 139-142 refer to the following advertisement. (다음 광고를 참조하십시오.)

The newly redesigned Sigma Seven sedans/ have arrived!
새롭게 다시 디자인 된 시그마 세븐 세단이/ 도착했습니다!

Come to Manny's Car Dealership/ and ------- them out.
                                        139.
매니 자동차 대리점에 와서/ -------하십시오.
                        139.

The Seven/ is available in three models.
세븐은/ 세 가지 모델로 이용하실 수 있습니다.

-------.
140.

It comes with a standard four-cylinder engine that maximizes fuel efficiency.
연료 효율성을 극대화하는 표준 4기통 엔진이 장착되어 있습니다.

For those wanting a sportier ride,// the Seven X will do.
보다 스포티한 승차감을 원하는 분들을 위해서는,/ Seven X가 좋습니다.

With a powerful six-cylinder engine,// it has impressive acceleration/ and handles like a race car.
강력한 6기통 엔진을 장착하고 있어서,// 인상적인 가속도를 갖고 있으며/ 경주용 자동차처럼 조종됩니다.

But if you ------- comfort and styling above all else,// the Seven Lux is the car for you.
              141.
그러나 무엇보다 편안함과 모양 갖추기를 -------한다면,// Seven Lux가 당신을 위한 차입니다.
                                    141.

You get the powerful six-cylinder engine with leather seats and other luxury features.
당신은 가죽 시트 및 기타 고급 기능을 갖춘 강력한 6기통 엔진을 갖게 됩니다.

Stop by today/ for a free test drive of the new Sigma Seven.
오늘 들르십시오/ 새로운 시그마 세븐의 무료 시승을 위해.

------- are sure to be impressed!
142.
-------은 분명 감동받을 것입니다!
142.

---

139. (A) chcck
(B) checks
(C) checking
(D) to check

140. (A) You will probably want to buy them all.
(B) There are lots of ways to help you decide.
(C) The new model features many upgrades.
(D) The Seven Eco is perfect for commuters.

(A) 아마 그들 모두를 사고 싶어 할 것입니다.
(B) 여러분이 결정하는 데 도움이 되는 방법은 많이 있습니다.
(C) 새로운 모델에는 많은 업그레이드가 특징입니다.
(D) 세븐 에코는 통근자에게 완벽합니다.

141. (A) present
(B) know
(C) prefer
(D) design

(A) 선시하다
(B) 알다
(C) 선호하다
(D) 설계하다

142. (A) He
(B) You
(C) They
(D) There

정답과
해설

139. (A) '명령문이므로 동사의 원형'이 되어야 합니다. 이런 문제는 해석하지 말고 바로 문형만 보고 푸세요.

140. (D) 그 다음 문장에 '연료 효율성을 극대화 한다고 이어지므로' 통근자에게 가장 적합하겠죠.

141. (C) '가죽 시트 및 기타 고급 기능을 갖춘 차량'이므로 '편안함과 스타일을 선호할 경우'에 적합한 차량이죠.

142. (B) 전체적인 내용이 '광고이므로' 주어는 '여러분 또는 당신'이 되어야 하겠죠?

어휘   newly 새롭게 redesign 다시 설계하다 arrive 도착하다 check out 확인(점검, 대출, 퇴실)하다 available 이용할 수 있는,
구할 수 있는 come with 장착되어 있다 a standard four-cylinder engine 표준 4기통 엔진 maximize 극대화하다
fuel efficiency 연료 효율성 will do=be good enough=be suitable 좋다, 적합하다 powerful 강력한 impressive 인상적인
acceleration 가속도 like ~처럼 handle 조종되다, 조종하다, 다루다, 다루어지다 a race car 경주용 자동차 comfort 편안함
styling 모양 갖추기 above all else=above all=above everything else=among others=among other things=more than
anything else 무엇보다도 leather seat 가죽 시트 other luxury features 기타 고급 기능 stop(drop, come) by 들르다
a free test drive 무료 시승 be sure(certain, bound) to 분명(틀림없이) ~할 것이다 be impressed 감동 받다
lots of=a lot of=plenty of 많은 decide 결정하다 probably=possibly=maybe=most likely=very likely=as likely as not
아마 feature 특징을 갖다 perfect 완벽한, 이상적인 commuter 통근자

Questions 143-146 refer to the following article. (다음 기사를 참조하십시오.)

In analyzing traditional Chinese medicine and its Western -------,// the main difference/ lies in
143.
identifying the active ingredients in the drugs.

전통 한방과 서양 의약품을 분석할 때,// 주요 차이점은/ 약물의 활성 성분을 밝히는 데 있다.

In Western medicine,// -------,// making it much easier to quality-control,// and the mode of function
144.
can be analyzed.

서양 의약품에서,// 모든 성분은 단일 화합물이므로// 품질 관리가 훨씬 용이하며// 기능의 유형을 분석할 수 있다.

In Chinese medicine, -------,/ because **it is** a mixture **that** is used,// it is very difficult to investigate how
145.
it works.

그러나 한방에서는/ 사용되는 것이 혼합물이기 때문에// 그것이 어떻게 작동하는지 조사하기가 매우 어렵다.

One of the ways that pharmaceutical companies are looking at bringing traditional Chinese medicine
into ------- with Western Standards/ is to identify the active ingredients in the herbs that are used.
146.
제약 회사들이 전통 한방을 서양표준에 맞추는 일을 연구하는 방법 중 하나는/ 사용되는 약초의 활성 성분을 밝히는
것이다.

---

143. (A) college   (A) 대학
(B) counterpart   (B) 대응어/동자격자
(C) colleague   (C) 동료
(D) co-worker   (D) 동료

145. (A) even though   (A) 비록 ～이지만
(B) although   (B) 비록 ～이지만
(C) however   (C) 그러나
(D) in spite of   (D) ～에도 불구하고

144. (A) the decision has been made.
(B) the ingredients are complex compounds.
(C) we will announce the prescription later.
(D) all the ingredients are single compounds.

146. (A) line   (A) 라인
(B) accuracy   (B) 정확도
(C) accurate   (C) 정확한
(D) maintenance   (D) 유지

(A) 결정이 내려졌다.
(B) 성분은 복잡한 화합물이다.
(C) 나중에 처방전을 알려드리겠습니다.
(D) 모든 성분은 단일 화합물이다.

Questions 147-148 refer to the following notice. (다음 공지사항을 참조하십시오.)

Nightwish Office Towers
Maintenance and Cleaning Department
Notice of Painting and Repair Work

Nightwish Office Towers
유지 보수 및 청소 부서
도장 및 수리 작업 알림

The west bank elevators/ will be closed/ for routine maintenance and repair/ starting Monday, August 17. (147)
서쪽 은행 승강기들은/ 폐쇄될 것입니다/ 정기 유지 보수 및 수리를 위해/ 8월 17일 월요일부터.

Tenants and visitors/ are asked to use the east bank elevators or the west or east stairs/ during this time.
임차인과 방문객은/ 동쪽 은행 승강기나 서쪽 또는 동쪽 계단을 이용하실 것을 요청드립니다/ 이 기간 동안 .

The west bank elevators/ will be back in operation on Monday, August 24,// at which time the east bank elevators will be closed.
서쪽 은행 승강기는/ 8월 24일 월요일에 재가동될 것이며,// 그 때 동쪽 은행 승강기가 폐쇄될 것입니다.

All elevator maintenance and repair work/ should be completed by the end of the month. (148)
모든 승강기 유지 보수 및 수리 작업은/ 월말까지는 완료될 것입니다.

Stairs and hallways/ will be painted during the months of September and October.
계단과 복도는/ 9월과 10월 중에 도색작업이 이뤄질 것입니다.

A complete painting schedule/ will be posted before September 1.
전체적인 도색작업 일정은/ 9월 1일 전에 게시될 것입니다.

---

147. What will the elevators be closed for?

(A) Repair

(B) Painting

(C) Cleaning

(D) Rescheduling

승강기들은 무엇 때문에 폐쇄됩니까?

(A) 수리

(B) 도장

(C) 청소

(D) 일정 변경

148. How long will the work on all the elevators take?

(A) One week

(B) Two weeks

(C) One month

(D) Two months

모든 승강기 작업은 시간이 얼마나 걸립니까?

(A) 1 주일

(B) 2 주일

(C) 1 개월

(D) 2 개월

정답과 해설

147. (A) elevators will be closed for routine maintenance and repair. 이 문장에서 '정기 유지 보수 및 수리를 위해' 폐쇄될 것이라고 하죠? 이런 문제는 질문의 'be closed'를 보고 동일한 단어가 들어 있는 바로 이 문장을 여러분이 발견해야 해요

148. (B) 첫 번째 홍색 문장에서 8월 17일부터 시작한다고 했으며, 두 번째 홍색 문장에서 월말까지는 끝날 것이라고 했으므로 2주가 되죠.

어휘   west 서쪽 bank 은행 for routine maintenance and repair 정기 유지 보수 및 수리를 위해 starting ~부터 Monday 월요일 August 8월 tenant 임차인 visitor 방문객 east 동쪽 stair 계단 during 동안에 be back in operation 재가동되다 should 틀림없이 ~할 것이다, ~해야 한다 complete 완성(완료)하다 by ~까지 hallway 복도 September 9월 October 10월 complete 완전한, 완성된, 전체적인 schedule 일정 post 게시하다

Questions 149-150 refer to the following instructions. (다음 사용설명서를 참조하십시오.)

We are sure// that you will be pleased with your software purchase.
우리는 확신합니다.// 당신이 소프트웨어 구매에 만족할 것이라고.

There is an extensive manual included;// however,/ this card can be considered your "Quick Start" guide. (149)
광범위한 설명서가 포함되어 있습니다.// 그러나/ 이 카드는 "빠른 시작" 가이드로 간주하시면 됩니다.

First, to install the software,// just insert the disk/ and the installation process should begin immediately.
먼저 소프트웨어를 설치하기 위해서는,// 디스크를 넣기만 하세요/ 그러면 설치 과정이 즉시 시작됩니다.

If it does not,// please call our Technical Services Dept/ with the name of the software,/ the type of operating system you are using/ and the specifications of your computer.
만일 그렇지 않은 경우,// 당사의 기술 서비스 부서에 문의하십시오/ 소프트웨어 이름,/ 사용 중인 운영 체계의 유형/ 및 컴퓨터의 상세한 내용을 가지고.

Once the software is installed,// a user account needs to be created/ for each user. (160)
일단 소프트웨어가 설치되면,// 사용자 계정을 만들어야합니다/ 각 사용자를 위해서.

This step makes sure that individual configurations remain separate. (150)
이 단계는 개개의 구성이 독립적으로 유지된다는 것을 확인합니다.

The software has many possible configurations// so, unless there is only one user,/ this step is essential.
소프트웨어는 많은 가능한 구성을 갖고 있으므로// 사용자가 한 명뿐이 아니라면,/ 이 단계는 필수입니다.

---

149. The card printed above is for:

(A) Users who need technical assistance

(B) Users who have already installed the software

(C) Users who want to read the manual

(D) Users who want to use the software quickly

위에 인쇄 된 카드는 다음을 위한 것입니다.

(A) 기술 지원이 필요한 사용자

(B) 소프트웨어를 이미 설치 한 사용자

(C) 설명서를 읽고자 하는 사용자

(D) 소프트웨어를 급히 사용하려는 사용자

150. The separate user accounts are important because

(A) Each user can configure the software differently.

(B) Viruses can attack only one account.

(C) Computers generally have only one user.

(D) The program requires them.

별도의 사용자 계정이 중요한 이유는

(A) 각 사용자는 소프트웨어를 다르게 구성 할 수 있다.

(B) 바이러스는 하나의 계정만 공격할 수 있다.

(C) 컴퓨터에는 대개 한 명의 사용자 만 있다.

(D) 프로그램은 그것들을 요구한다.

149. (D) this card can be considered your "Quick Start" guide.

이 문장에서 'quick start'라는 어휘를 사용하고 있죠. 바로 이 문장과 선택지 (D)번의 quickly를 연결하여 답을 끌어내야 합니다.

150. (A) individual configurations remain separate.

'개개의 구성이 독립적으로 유지된다'는 것은 '각 사용자가 소프트웨어를 다르게 구성 할 수 있다'는 뜻입니다.

be sure that ~을 확신하다 be pleased(contented, satisfied, gratified) with ~에 만족하다 purchase 구입, 구매 extensive 광범위한 manual 설명서 include=involve=incorporate=encompass=embody=embrace=contain=cover= comprise 포함하다 however 그러나 consider 간주하다 quick 빠른 install=set up 설치하다 installation 설치 just 단지, 그저 insert 넣다, 삽입하다 process 과정, 방법, 순서 immediately=at once=directly=instantly=right away=right off=off hand=out of hand=in no time 즉시 Dept=department 부서 operating system 운영 체계 specifications 상세한 내용, 명세 user account 사용자 계정 need to be p.p=need ~ing ~해야 한다 create 만들다, 창조하다 make sure that ~을 확인하다 individual 개개의, 개인의, 개별적인 configuration 구성, 배열, 배치 remain separate 독립적으로 유지되다 so=thus=hence=therefore=as a result(consequence) 그래서 unless ~하지 않는 한 essential=necessary=requisite= compulsory=vital=indispensable 필수적인 technical 기술적인 assistance 지원, 도움, 원조 already 이미 quickly 급히, 신속히 configure 구성(형성, 배열)하다 differently 다르게 attack=assail=assault 공격하다 generally=in general=in the main=on the whole=as a rule 대개 require=call(ask) for 요구하다

Questions 151-152 refer to the following ticket. (다음의 입장권을 참조하십시오.)

---

purchased by Tim Bailey(구매자 Tim Bailey)

Tate Theater(Tate 극장)
The Kelly Cooper Concert(Kelly Cooper 콘서트)

Time: 7:00 P.M.	시간: 오후 7시
Date: Friday, May 20	날짜: 5월 20일 금요일
Section: General Admission	구분: 일반석
Row: F	좌석 줄: F
Seat: 26	좌석:26

- Guests seated in general admission should arrive/ at least 30 minutes before the concert begins. (151)
– 일반석에 앉는 손님은 도착해야합니다/ 콘서트가 시작되기 적어도 30 분전에.

- For those coming by car,// the location of the theater can be found on our website at www.tatetheater.com. (152)
– 자동차로 오시는 분들을 위해,// 극장 위치는 웹 사이트 www.tatetheater.com에서 확인할 수 있습니다.

- All ticket sales are non-refundable.
– 모든 입장권 판매는 환불이 되지 않습니다.

---

151. What is Mr. Bailey advised to do?
(A) Contact the theater for a refund.
(B) Select his preferred seat on a website.
(C) Arrive at the venue in advance.
(D) Post a review later.

베일리 씨는 무엇을 하라고 권고를 받습니까?
(A) 환불을 위해 극장에 연락하십시오.
(B) 웹 사이트에서 선호하는 좌석을 선택하십시오.
(C) 공연장에 미리 도착하십시오.
(D) 나중에 관전평을 게시하십시오.

152. According to the ticket, what can be viewed on the theater's website?
(A) A list of past performances
(B) Driving directions
(C) Concert reviews
(D) Pictures of the theater

입장권에 따르면, 극장 웹 사이트에서 무엇을 볼수 있습니까?
(A) 과거 공연 목록
(B) 운전 경로
(C) 콘서트 후기
(D) 극장 사진

정답과 해설	**151.**	(C) Guests seated in general admission should arrive at least 30 minutes before the concert begins. 이 문장에서 '최소 30분 전에 도착해야한다'고 안내되어 있죠?
	152.	(B) For those coming by car, the location of the theater can be found on our website at www.tatetheater. com. 이 문장에서 '자동차로 오시는 분들을 위해, 극장 위치는 웹 사이트 www.tatetheater.com에서 확인할 수 있다'고 안내되어 있죠?
어휘		guest 손님 seat 좌석, 앉히다 general admission 일반석, 보통 요금 at least=at the minimum=not less than 최소한 arrive at 도착하다 by car 자동차로 location 위치 theater 극장 sale 판매 non-refundable 환불이 되지 않는 advise 권고(충고)하다, 알리다 contact=make contact with=get in touch(contact) with ~에게 연락하다 refund 환불 select=choose 선택하다 prefer 선호하다 venue 공연장, 현장, 개최지 in advance=ahead of time=beforehand 미리 post 게시하다 review 관전평, 후기, 논평, 비평 later 나중에 according to=as per ~에 따르면 view 보다 past 과거의 performance 공연 direction 경로, 방향, 지시

Questions 153-154 refer to the following memo. (다음의 회람을 참조하십시오.)

MEMO (회람)

To:	수신:	All nursing personnel	모든 간호 요원
From:	발신:	Meagan Finch	메이건 핀치
Date:	날짜:	August 28	8월 28일
Subject:	제목:	New Procedures	새로운 절차

As part of the hospital's drive to improve efficiency,// new procedures/ will go into effect/ on October 3.
효율성을 향상시키려는 병원의 추진의 일환으로,// 새로운 절차가/ 시행될 예정입니다/ 10월 3일부터.

The changes/ will follow an upgrade to the inventory management system.
그 변경 사항은/ 재고 관리 시스템의 업그레이드를 뒤 따를 것입니다.(업그레이드 이후에 시행될 것입니다)

The upgraded system/ will enable nurses to place orders directly with suppliers.
새로워진 시스템을 통해/ 간호사들은 공급 업체와 직접 주문할 수 있습니다.

They can also use it/ to monitor supply levels and orders.
그들은 또한 그것(새로워진 시스템)을 이용하여 공급 수준과 주문을 모니터할 수 있습니다.

These and its other new functions/ will help us save time.
이러한 기능과 다른 새로운 기능들은/ 우리가 시간을 절약하는 데 도움을 줄 것입니다.

On September 25, 26 and 28,// the administration department will hold a training session/ to educate all nurses on how to use the updated system.
9월 25일, 26일 및 28일에,// 행정부서는 연수회를 개최할 예정입니다/ 모든 간호사에게 새로워진 시스템 사용 방법을 교육하기 위해서.

The nurse schedule for the week of September 23/ will indicate/ which session you are to attend.
9월 23일이 들어 있는 주의 간호 스케줄은/ 가리켜 드릴 것입니다/ 여러분이 어느 수업에 참석해야할지를.

Please remember to look for your session on the schedule// after it has been posted on September 9.
잊지 말고 일정에서 여러분의 수업을 찾아보십시오// 9월 9일에 그것이 게시된 후.

Thank you for your cooperation.
협조해 주셔서 감사합니다.

Meagan Finch 메이건 핀치

Chief Nurse 수석 간호사

---

153. What is one purpose of the memo?

(A) To notify employees about changes in a system
(B) To report the results of a medical procedure
(C) To update workers on the status of an order
(D) To recommend an improvement to a form

회람의 한 목적은 무엇입니까?

(A) 직원들에게 시스템 변경 사항을 알리기 위해
(B) 의료 절차의 결과를 보고하기 위해
(C) 주문 상태에 대해 근로자들에게 알리기 위해
(D) 양식 개선을 권고하기 위해

실력 및 스킬 다지기 06 **259**

154. How will employees know when to attend a training session?

(A) By checking a schedule

(B) By reading a memo

(C) By speaking with a supervisor

(D) By accessing a computer system

직원은 언제 연수회에 참석해야하는지 어떻게 알 수 있죠?

(A) 일정을 확인함으로써

(B) 회람을 읽음으로써

(C) 감독자와 대화함으로써

(D) 컴퓨터 시스템에 접속함으로써

정답과 해설		
	153.	(A) 'the upgraded system', 즉 '시스템 변경'을 직원들에게 알리는 회람이죠.
	154.	(A) The nurse schedule for the week of September 23 will indicate which session you are to attend. 이 문장에서 'the nurse schedule'에 안내가 될 것이라고 말하고 있죠.
어휘		as part of ~의 일환으로 hospital 병원 drive 추진, 운동, 욕망 improve 향상시키다 efficiency 효율성 procedure 절차 go into effect=take effect=become effective 시행되다 October 10월 inventory 재고, 물품 명세서 management 관리 enable A to B: A로 하여금 B할 수 있게 하다 nurse 간호사 place orders 주문하다 directly=at first hand 직접 supplier 공급업체 monitor 관찰(감찰, 검토)하다 level 수준 function 기능 save 절약하다 September 9월 administration department 행정부서 hold a training session 연수회를 개최하다 educate 교육하다 indicate 가리키다 attend 참석하다 look for=try to find 찾다 post 게시하다 cooperation 협력, 협조 purpose 목적 notify 알리다 employee 직원 report 보고하다 result 결과 medical procedure 의료 절차 update 새롭게 알리다 status 상태 recommend 권고 form 서식, 양식 supervisor 감독자 access 접속하다

Questions 155-157 refer to the following e-mail. (다음 이메일을 참조하십시오.)

---

* E-Mail Message *

To:	수신인:	Sergei Aptekar 세르게이 압테카
From:	발신인:	Ada Nowak 아다 노왁
Date :	날짜:	25 March 3월 25일
Subject:	제목:	Projector 영사기

Hi Sergei, 안녕 세르게이,

I was at Feddere Electronics yesterday.
나는 어제 Feddere Electronics에 있었어.

I tried out the Movie Stream projector// that you suggested/ we use during our presentations/ at next week's investors meeting in Warsaw. (156)
나는 Movie Stream 영사기를 시험해 보았어.// 네가 제안했잖아/ 우리의 발표 때 사용하자고/ 다음 주 바르샤바에서 열리는 투자자 회의에서.

I did like the device// because it is small enough to fit in my carry-on baggage/ and that it can project images onto any surface.
나는 그 기기가 정말 마음에 들었어// 왜냐하면 그것은 내 휴대 수하물에 들어갈 수 있을 만큼 작고/ 어떤 표면에도 이미지를 투영할 수 있기 때문에.

I also like it// because it can stream material from the Internet/ in any location that has a wireless Internet connection.
나는 또한 그 기기가 마음에 들어// 왜냐하면 그것은 인터넷에서 자료를 송수신할 수 있으니까/ 무선 인터넷 연결이 있는 장소는 어디에서나.

Unfortunately,// if you place the device more than a meter away from the wall,/ the image becomes dim and blurred. (157)
불행히도,// 그 기기를 벽에서 1미터 이상 떨어진 곳에 놓으면,/ 영상이 희미하고 흐려져.

That means// that the images we want to show/ would not be large enough for our audience to see.
그것은 의미해// 우리가 보여주고 싶은 이미지가/ 우리의 청중들이 볼 수 있을 만큼 충분히 크지 않을 것이라는 것을.

Thanks for your suggestion,// but even at its bargain price,/ I don't think that this projector will suit our needs. (155)
제안해 줘서 고맙지만,// 싼 가격이라 하더라도/ 이 영사기는 우리의 필요에 맞지 않을 것 같아.

For our upcoming trip. I think we should stick with what we have.
우리의 다가오는 출장여행을 위해서, 우리가 갖고 있는 것을 고수해야 할 것 같아.

Ada 에이다

어휘 try out 시험해보다 projector 영사 suggest 제안하다 presentation 발표 investors meeting 투자자 회의에 Warsaw 바르샤바, 폴란드 수도 device 기기, 장치 fit in 들어가다, 딱 맞다 carry-on baggage 휴대 수하물 project 투영하다 image 영상 onto ～위에 surface 표면 stream 송수신하다 material 자료 location 장소, 위치 wireless 무선 connection 연결 unfortunately 불행히도 place=put 놓다 away from ～로부터 떨어진 wall 벽 dim 희미한 blurred 흐릿한 audience 청중, 관객 suggestion 제안 even 심지어 ～라도 at its bargain price 싼 가격이라 하더라도 suit=fit 적합하다 needs 필요, 요구 upcoming 다가오는 stick(stay) with=adhere(attach, cling, cleave, stick) to=hold on to 고수하다

155. Why was the e-mail sent?

(A) To recommend a new type of technology

(B) To suggest revisions to a presentation

(C) To submit a complaint to a company

(D) To respond to a colleague's idea

왜 이메일을 보냈죠?

(A) 새로운 유형의 기술을 추천하기 위해서

(B) 발표에 대한 수정을 제안하기 위해서

(C) 회사에 불만사항을 제출하기 위해서

(D) 동료의 아이디어에 응답하기 위해서

156. What will Ms. Nowak most likely do next week?

(A) Purchase a device

(B) Travel to Warsavw

(C) Invest in a company

(D) Use a new product

노왁 씨는 십중팔구 다음 주에 무엇을 할까요?

(A) 기기를 구매할 것이다

(B) 바르샤바로 출장 여행을 할 것이다

(C) 회사에 투자할 것이다

(D) 신제품을 사용할 것이다

157. What does Ms. Nowak mention about the Movie Stream projector?

(A) It cannot properly display images from certain distances.

(B) It cannot be connected to the Internet in Warsaw.

(C) It is difficult to transport.

(D) It is too expensive.

노왁 씨는 Movie Stream 영사기에 대해 뭐라고 언급하죠?

(A) 특정 거리에서 이미지를 제대로 보여줄 수 없다.

(B) 바르샤바에서는 인터넷에 연결할 수 없다.

(C) 운송하기가 어렵다.

(D) 너무 비싸다.

정답과 해설	**155.**	(D) Thanks for your suggestion, but even at its bargain price, I don't think that this projector will suit our needs.이 문장을 통해 '동료의 제안에 거부의사를 밝히고 있다'는 것을 알 수 있죠.
	156.	(B) at next week's investors meeting in Warsaw. 이 구절을 통해 다음주에 바르샤바로 출장 여행을 간다는 것을 알 수 있죠.
	157.	(A) if you place the device more than a meter away from the wall,/ the image becomes dim and blurred. 이 문장에서 '이 영사기는 특정 거리에서 이미지를 제대로 보여줄 수 없다'고 언급하고 있죠..
어휘		recommend 추천(권유)하다 technology 기술 suggest 제안하다 revision 수정 presentation 발표 complaint 불평, 불평사항 submit=give(turn, send, hand) in=bring(put) forward 제출하다 respond to ~에 응답하다 colleague=co-worker 동료 most likely=very likely=as likely as not=probably 십중팔구 purchase 구입(구매)하다 device 기기, 장치 travel 여행하다, 출장가다 invest 투자하다 product 제품 mention 언급하다 projector 영사기 properly 제대로, 똑바로 display=show 보여주다 certain 일정한, 특정한 distance 거리 connect 연결하다 difficult 어려운 transport 운송하다 expensive 비싼

Questions 158-160 refer to the following advertisement. (다음 광고를 참조하십시오.)

ARTISTICS, INC., GRAND OPENING!
ARTISTICS, INC.,(홍보 자료 제작 회사 이름) 성대한 개장!

Artistics, Inc. is proud to announce// that our store has reopened at a new location, 2416 Whalley Avenue.
Artistics, Inc.는 알리게 되어 자랑스럽습니다.// 우리의 매장이 새로운 장소 월리대로 2416번 길에서 다시 개장했음을.

We will continue to specialize in/ business cards, flyers, posters, menus, catalogs, and other promotional materials. (158)
우리는 계속해서 전문적으로 다룰 것입니다./ 명함, 전단지, 포스터, 메뉴, 카탈로그 및 기타 홍보 자료를.

In addition,// our bigger space/ now allows us/ to offer the services of an expanded team of graphic designers// who can work with you/ to conceptualize and design your product/ in order to achieve maximum visual appeal.
게다가,// 더 큰 공간을 통해서/ 이제 우리는/ 그래픽 디자이너로 구성된 확장된 팀의 서비스를 제공해 드릴 수 있습니다// 그들은 여러분과 협력하여/ 여러분의 제품을 개념화하고 디자인 할 수 있습니다/ 시각적인 매력을 극대화하기 위해.

We invite you to visit our store and take a look at hundreds of sample cards, mailers, and brochures,// all of which can be customized/ for your specific products or services.
우리는 여러분이 우리 매장을 방문하여 수많은 표본 카드, 우편 광고물 및 소책자를 살펴보시도록 초대하는 바입니다.// 그리고 이 모든 것들은 맞춤 제작을 해드릴 수 있습니다/ 여러분의 특정 제품이나 서비스에 맞게.

If you make a purchase of $200 or more in printing services in the month of April,// you will receive a complimentary 100-count box of business cards (a $25 value). (160)
여러분이 4월에 인쇄 서비스에서 200 달러 이상을 구매하시면,// 무료 명함 100장짜리 1상자(25 달러어치)를 받게 될 것입니다.

Artistics, Inc.	Artistics, Inc.
2416 Whalley Avenue	월리대로 2416번 길
Cairns 4870	케언스 4870
Telephone 617 4041 6565	전화 617 4041 6565

---

158. What type of business is Artistics, Inc.?

(A) A printing company
(B) An art gallery
(C) A Web site design firm
(D) An employment agency

Artistics, Inc.는 어떤 유형의 사업체입니까?

(A) 인쇄 회사
(B) 미술관
(C) 웹 사이트 디자인 회사
(D) 직업소개소

159. What is indicated about Artistics, Inc.?

(A) It now has multiple locations.
(B) It has hired additional staff.
(C) It is expanding its online services.
(D) It is open seven days a week.

Artistics, Inc.에 대해 시사하는 바는?

(A) 이제 여러 영업소가 있다.
(B) 추가 직원을 고용했다.
(C) 온라인 서비스를 확장하고 있다.
(D) 주 7일 문을 연다.

160. What is offered with a purchase of $200 or more? 200 달러 이상 구매 시 제공되는 혜택은 무엇입니까?

    (A) Free shipping   (A) 무료 배송

    (B) A $25 gift card   (B) 25 달러짜리 선물 카드

    (C) A set of business cards   (C) 명함 한 세트

    (D) A box of brochures   (D) 소책자 한 상자

정답과 해설	**158.**	(A) business cards, flyers, posters, menus, catalogs, and other promotional materials. 를 전문으로 하는 곳은 인쇄소입니다.
	159.	(B) an expanded team of graphic designers 이 구절의 '확장된 팀'이란 '직원을 더 채용했다는 뜻'이죠.
	160.	(C) 마지막 문장에서 a complimentary 100-count box of business cards를 받게 될 것이라고 나오죠?

어휘	be proud to ~을 자랑스러워하다 announce 알리다, 발표하다 reopen 다시 열다 specialize in ~을 전문적으로 다루다 continue to=continue(keep) ~ing 계속해서 ~하다 business card 명함 flyer 전단지 promotional materials 홍보 자료 in addition=besides=moreover=furthermore=what is more 게다가 space 공간 allow A to B: A가 B하는 것을 허락하다 offer 제공하다 expand 확장(확대)하다 conceptualize 개념화하다 product 제품, 상품 in order to=so as to ~하기 위해 achieve=accomplish 성취하다 maximum 극대화하다 visual 시각적인 appeal 매력 take a look at=have a look at=look at 보다 hundreds of 수많은, 수백가지의 mailer 우편 광고물 brochure 소책자 customize 맞춤제작하다 specific 특정한 complimentary=free 무료의 value 가치 indicate=imply=suggest 시사하다 multiple 다수의 location 영업소, 장소 hire=employ 고용하다 additional 추가적인

Questions 161-163 refer to the following article. (다음 기사를 참조하십시오.)

Dexter Voo of Greenfield recently/ **won the Good Citizen Prize**/ for service to the local community.
그린필드의 덱스터 부(Dexter Voo)는 최근/ 우수 시민 상을 수상했다/ 지역 사회에 대한 봉사로 인해. (161)

The prize is given annually/ at the Greenfield Bank/ to **a bank employee**/ **who has demonstrated good citizenship**/ by contributing to community projects in some way. (162)
그 상은 매년 수여된다/ 그린필드 은행에서/ 은행 직원에게/ **훌륭한 시민의식을 보여준 (은행 직원에게)**/ 어떤 식으로든 지역 사회 프로젝트에 기여함으로써 .

The purpose/ is to promote community goodwill/ and acknowledge bank employees' contributions to the greater Greenfield community.
목적은/ 지역 사회의 친선을 장려하고/ 더 큰 그린필드 지역사회에 대한 은행 직원들의 공헌에 사의를 표명하기 위함이다.

Voo, a teller at the Simsbury Village branch of the bank,/ received the honor from his bank co-workers.
그린필드 은행의 Simsbury Village 지점의 은행원인 부(Voo)는/ 은행 동료들로부터 영예를 받았다. (162)

"Dexter has always given generously of his time to community groups," explained his supervisor, Toby Addison. "We thought it was about time his contributions were acknowledged. We at the bank are all so pleased that he is this year's winner." (163)
"덱스터는 자신의 시간을 지역사회 단체에 아낌없이 바쳤습니다." 라고 그의 감독자인 토비 애디슨은 설명했다. "우리는 그의 공헌에 답례할 때가되었다고 생각했습니다. 우리 은행에서는 그가 올해의 수상자가 된 것을 매우 기쁘게 생각합니다."

This is the second year the prize has been given.
올해는 상이 수여된 지 두 번째 해이다.

Last year/ the honor went to Albina Goldy, assistant to the bank's president.
작년에는/ 그 영예가 은행장의 보좌관인 알 비나 골디에게 돌아갔다.

161. What did Dexter Voo win?

(A) A bank account

(B) A promotion

(C) An assistant

(D) An award

Dexter Voo가 무엇을 획득했죠?

(A) 은행 계좌

(B) 승진

(C) 조수

(D) 상

162. What is Dexter Voo ?

(A) Office assistant

(B) Bank teller

(C) Community organizer

(D) Mayor of Greenfield

Dexter Voo는 무엇을 하는 사람이죠?

(A) 사무 보조

(B) 은행원

(C) 공동체 창립위원

(D) 그린필드 시장

163. How do Dexter Voo's co-workers feel about him?

(A) He's a dedicated community member.

(B) He's a model employee.

(C) He's easy to get along with.

(D) He's their favorite colleague.

Dexter Voo 동료들은 그에 대해 어떻게 생각합니까?

(A) 그는 헌신적인 공동체 회원이다.

(B) 그는 모범적인 직원이다.

(C) 그는 함께 지내기 편안하다.

(D) 그는 그들이 가장 좋아하는 동료이다.

161. (D) 그는 우수 시민 상(the Good Citizen Prize)을 수상했죠?

162. (B) a bank employee who has demonstrated good citizenship 이 문장에서 bank employee=bank teller입니다.

163. (A) Dexter has always given generously of his time community groups.
이 문장에서 '자신의 시간을 지역사회 단체에 아낌없이 주었다'고 나와 있죠? 즉 '헌신적인 공동체 회원'이라는 뜻입니다.

어휘 recently=lately=of late 최근에 win-won-won 획득하다 citizen 시민 prize 상 local community 지역 사회 annually=every year 매년 employee 직원 demonstrate 증명하다, 보이다 citizenship 시민의식 contribute to ~에 공헌하다 in some way 어떤 식으로든 purpose 목적 promote 장려하다 goodwill 친선 acknowledge 답례하다, 사의를 표명하다 toller 은행원 branch 지사 receive 받다 honor 영예, 영광 co-worker=colleague 동료직원 give of 바치다, 헌신하다 generously 아낌없이 explain 설명하다 supervisor 감독관 pleased 기쁜 winner 수상자 assistant 보좌관 president 은행장 dedicated=devoted 헌신적인 get along with ~와 잘 지내다

Questions 164-167 refer to the following online chat. (다음 온라인 대화를 참조하십시오.)

◎**Slater, Mark**, 10:22 A.M.	Does anybody want to get some lunch at the noodle shop across the street? 길 건너 국수집에서 점심 먹을 사람 있어?
Davis, Sara, 10:23 A.M. (164)	I'm in. 나 끼워줘.
Yu, Peter, 10:25 A.M.	Me too. 나도
Briggs, Francesca, 10:25 A.M.	Sorry, I have to stay to finish my presentation for our meeting this afternoon. Could somebody bring me something? 미안, 나는 남아서 오늘 오후에 있을 우리 회의 발표를 끝내야 해. 누가 나에게 뭐 먹을 것 좀 구해다줄 수 있겠어?
◎**Slater, Mark**, 10:26 A.M.	Sure, Francesca. We'll get your usual. What are you going to present? 물론이지, 프란체스카. 평소에 먹던 것 구해다 줄게. 무엇을 발표 할 예정이야?
Briggs, Francesca, 10:28 A.M.	I'm going to review how to log in to the new computer system. Mr. Cooke also wants me to make sure everybody understands the new technology policies. (166) 나는 새로운 컴퓨터 시스템에 로그인하는 방법을 살펴볼 거야. 쿡 씨도 내가 모든 사람들이 새로운 기술 정책을 이해하도록 하기를 바라고 있어.
Yu, Peter, 10:29 A.M.	Do you need help with that? 그거 도움이 필요해?
Briggs, Francesca, 10:31 A.M.	I might. Are you good at formatting artwork for a slide show? (165) 그럴 수도 있어. 슬라이드 쇼를 위해 삽화 배열을 잘 해?
Yu, Peter, 10:33 A.M.	I can come over to your desk in an hour to help you. 한 시간 후에 네 책상으로 가서 도와줄 수 있어.
Briggs, Francesca, 10:34 A.M.	That would be great. 그거 좋겠다.
Davis, Sara, 10:36 A.M.	Will you include a demonstration in your presentation? I always find that helpful. 발표에서 시범을 포함시킬 거야? 난 항상 그게 도움이 된다고 생각하거든.
Briggs, Francesca, 10:37 A.M.	Yes, but I need to find a volunteer who hasn't logged in yet for the demonstration. 응, 하지만 시범을 위해서는 아직 로그인하지 않은 지원자를 찾아야해.
◎**Slater, Mark**, 10:38 A.M.	I haven't logged in yet. You can use me as your example. (167) 나는 아직 로그인하지 않았어. 날 본보기로 활용해도 돼.
Briggs, Francesca, 10:40 A.M.	Perfect. I'll walk you through the steps during the meeting. 좋아. 회의 단계에서 너를 활용할게.

164.
At 10:23 A.M., what does Ms. Davis most likely mean when she writes, "I'm in"?
(A) She is in the office.
(B) She will go to the noodle shop.
(C) She will attend the meeting.
(D) She is logged on to a computer system.

오전 10시 23분에 데이비스 씨가 "I'm in."이라고 쓰는데 십중팔구 무엇을 의미하죠?
(A) 그녀는 사무실에 있다.
(B) 그녀는 국수집에 갈 것이다.
(C) 그녀는 회의에 참석할 것이다.
(D) 그녀는 컴퓨터 시스템에 로그온 되어있다.

165.
What is indicated about the presentation?
(A) It will take place over lunch.
(B) It will be given by Mr. Yu.
(C) It will last about an hour.
(D) It will include graphics.

발표에 대해 시사하는 바가 뭐죠?
(A) 점심시간에 이뤄질 것이다.
(B) Yu 씨가 발표할 것이다.
(C) 약 1시간 지속될 것이다.
(D) 그래픽(삽화)을 포함할 것이다.

166.
What is suggested about Mr. Cooke?
(A) He is giving a demonstration.
(B) He is a new employee.
(C) He is Ms. Briggs's supervisor.
(D) He is setting up a new account.

쿡 씨에 대해 시사하는 바가 뭐죠?
(A) 시범을 보이고 있다.
(B) 그는 신입 사원이다.
(C) 그는 Briggs의 감독자이다.
(D) 새 계정을 개설하고 있다.

167.
Who will use the new computer system for the first time during the meeting?
(A) Mr. Slater
(B) Ms. Davis
(C) Mr. Yu
(D) Ms. Briggs

누가 회의 중에 처음으로 새로운 컴퓨터 시스템을 사용할까요?
(A) 슬레이터 씨
(B) 데이비스 씨
(C) 유 씨
(D) 브릭스 씨

Questions 168-171 refer to the following notice. (다음 공지사항을 참조하십시오.)

Sun Tower's Winter Preparedness Inspection(썬 타워의 겨울 대비 점검)

In an effort to prepare for the coming winter,// the maintenance staff/ have inspected and insulated different areas of the building.
다가오는 겨울을 대비하기 위해,// 관리실 직원들이/ 건물의 여러 영역을 점검하고 단열했습니다.

—[1]—

In addition to the lobby and common areas,// they will need to enter every apartment/ to make preparations for the forthcoming extreme winter weather and to do an overall yearly inspection. (168)
로비와 공용 공간 외에도,// 그들은 모든 아파트에 들어가야합니다./ 다가오는 극한의 겨울 날씨에 대비하고 전체적인 연례 점검을 하기 위해서.

Our maintenance team will be entering all apartments on Wednesday, October 15th between 9 A.M. and 5 P.M.
관리 팀은 10월 15일 수요일 오전 9시부터 오후 5시까지 모든 아파트에 들어갈 예정입니다.

They will be changing furnace filters, checking fire sprinklers, and inspecting smoke detectors. (169)
그들은 보일러 필터를 교체하고, 화재 스프링클러를 점검하고, 연기 감지기를 검사 할 예정입니다.

—[2]—

The staff will also be insulating pipes that are at risk of freezing.
직원들은 또한 얼어붙을 위험이 있는 배관을 단열할 예정입니다.

Please cage any pets that might get out or be aggressive during our visit to your home.
여러분의 집을 방문 할 때 밖으로 나오거나 공격적 일 수 있는 애완동물을 우리에 가두어주십시오.

—[3]—

If for some reason October 15th will be inconvenient,/ residents are allowed to request a change of date for the Winter Preparedness Inspection/ by submitting a written request through our website. (170)
어떤 이유로 인해 10월 15일이 불편해질 경우,/ 주민들은 겨울 대비 점검 날짜 변경을 요청할 수 있습니다/ 웹 사이트를 통해 서면 요청서를 제출함으로써.

—[4]—

You can find the request form on our website,/ along with a descriptions of everything our staff is doing to prepare for the winter.
여러분은 웹 사이트에서 요청 양식을 찾을 수 있습니다./ 직원들이 겨울을 대비하기 위해하고 있는 모든 것에 대한 설명과 더불어.

If you have any questions,// please contact the office at (347) 406-4165.
궁금한 점이 있으면,// 사무실(347) 406-4165로 문의해 주십시오.

Thank you, 감사합니다,

Sun Tower Management 선 타워 관리사무소

www.suntower.com.cu

168. What is indicated about the inspection in this notice?
(A) That it's optional.
(B) That it's mandatory.
(C) That it's biannual.
(D) That it's complimentary.

이 공지사항에서 점검에 대해 시사하는 바가 뭐죠?
(A) 선택사항이다.
(B) 의무사항이다.
(C) 1년에 두 번 시행된다.
(D) 무료이다.

169. What is NOT a stated aspect of the inspection?
(A) Insulation of windows
(B) Inspection of smoke alarm
(C) Replacement of furnace filters
(D) Inspection of sprinklers

점검의 명시적인 측면이 아닌 것은 무엇이죠?
(A) 창문 단열
(B) 연기 경보 점검
(C) 보일러 필터 교체
(D) 스프링클러 점검

170. How can one request a change of date for the inspection?
(A) By phone
(B) By email
(C) In person at the office
(D) Through the website

점검 날짜 변경을 어떻게 요청할 수 있죠?
(A) 전화로
(B) 이메일로
(C) 사무실에서 직접
(D) 웹 사이트를 통해서

171. In which of the positions marked [1], [2], [3] and [4] does the following sentence best belong?
"Thank you, in advance, for your cooperation."
(A) [1]
(B) [2]
(C) [3]
(D) [4]

[1], [2], [3], [4]로 표시된 곳 중에서 다음 문장이 들어가기에 가장 적합한 곳은?
"협조해 주셔서 감사합니다."
(A) [1]
(B) [2]
(C) [3]
(D) [4]

168. (B) 겨울을 대비하여 반드시 시행을 해야 하는 상황이므로.

169. (A) They will be changing furnace filters, checking fire sprinklers, and inspecting smoke detectors. 이 문장에서 창문 단열만 포함되어 있지 않죠?

170. (D) residents are allowed to request a change of date for the Winter Preparedness Inspection/ by submitting a written request through our website. 이 문장에 '웹사이트를 통해서 변경요청을 할 수 있다'고 진술하고 있죠?

171. (C) [3]번 앞 문장까지가 협조 사항이고, [3]번 다음으로는 날짜 변경 요청하는 방법을 안내하는 내용이죠?

어휘   indicate=suggest=imply 시사하다 inspection 점검 notice 공지사항, 통지문, 벽보 optional=alternative 선택적인 mandatory=obligatory=compulsory 의무적인 biannual 1년에 두 번 complimentary=free 무료의 state 명시하다, 진술하다 aspect 측면, 양상 insulation 단열 smoke alarm 연기 경보 replacement 교체 furnace 보일러, 용광로, 화덕 request 요청하다 in person 직접 through ~을 통해서 mark 표시하다 in advance=ahead of time=beforehand 미리 cooperation 협조, 협력

Central Plaza University Hospital 센트럴 플라자 대학 병원

1177 West Walker Avenue 웨스트 워커가 1177 번지

Cleveland, Ohio 44107 오하이오 주 클리블랜드 44107

237 Rieback Street 리백로 237 번지

Cleveland, Ohio 44114 오하이오 주 클리블랜드 44114

Dear Mrs. Saunders: 친애하는 손더스 부인 :

Our records show// that you are overdue for your annual mammogram. (172)
저희의 기록에 따르면// 귀하는 매년 시행하는 유방 조영상(유방 검진을 위한 X—선 촬영) 기한이 지났습니다.

Please contact us or your physician at your earliest convenience. (172)
최대한 빨리 저희나 담당 의사에게 연락 주십시오.

Your previous mammogram/ showed no sign of breast cancer. (174)
이전 유방 조영상은/ 유방암의 징후는 보이지 않았습니다.

However,// because of your family history,/ you are in **what is referred to as** a high-risk population, someone with a high chance of developing breast cancer. (173)
그러나,// 가족력으로 인해/ 귀하는 소위 고위험 군, 즉 유방암 발병 가능성이 높은 사람입니다.

Annual visits/ allow us to find this cancer/ and stop its growth or eliminate it.
연례 방문을 통해/ 저희는 이 암을 찾아/ 성장을 멈추게 하거나 제거할 수 있습니다.

Timely intervention in breast cancer/ is responsible for an over 80% success rate.
유방암에 대한 시기적절한 개입은/ 80% 이상의 성공률의 원인이 됩니다.

If left to itself,// breast cancer can spread quickly/ **not only** through the breast **but also** into the lymph glands,// where it is much harder to contain.
내버려두면,// 유방암은 급속도로 퍼질 수 있습니다/ 유방뿐 도처만 아니라 임파선까지// 그 곳에서는 억제하기가 훨씬 어렵습니다.

Your insurance payments have been received by our billing office,// so you have very little to pay for another visit. (175)
귀하의 보험료 지불액이 저희의 청구처에 의해 접수되었으므로,// 또 다른 방문에 대해 지불할 금액은 거의 없습니다.

Please contact us as soon as possible.
최대한 빨리 연락해 주십시오.

If you have any questions about or problems with another visit,// please contact me personally.
또 다른 방문과 관련하여 질문이 있거나 문제가 있을 경우,// 저에게 직접 연락해 주십시오.

Sincerely yours, 감사합니다. (끝맺음 말)

Elena Golding, M.D.

Elena Golding, M.D. 엘레나 골딩, M.D.

Oncology Center 종양학 센

172. What is the purpose of the letter?

(A) To ask Mrs. Saunders for payment for treatment

(B) To warn Mrs. Saunders of the risks of breast cancer

(C) To ask Mrs. Saunders to accuse her doctor

(D) To remind Mrs. Saunders to make a medical appointment

편지의 목적이 무엇이죠?

(A) 손더스 부인에게 치료비 지불을 요청하기

(B) 손더스 부인에게 유방암 위험에 대해 알리기

(C) 손더스 부인에게 그녀의 의사를 고소하라고 요청하기

(D) 손더스 부인에게 의료예약을 하도록 알려주기

173. What can be inferred about Mrs. Saunders' current state of health?

(A) She has an early stage of breast cancer.

(B) Her breast cancer has been brought under control.

(C) She is in the high-risk group for breast cancer.

(D) She and her mother both have breast cancer.

손더스 부인의 현재 건강 상태에 대해 추론 할 수 있는 것?

(A) 그녀는 유방암 초기 단계에 있다.

(B) 그녀의 유방암이 억제되었다.

(C) 그녀는 유방암 고위험군에 속한다.

(D) 그녀와 그녀의 어머니는 둘 다 유방암에 걸려있다.

174. According to the letter,// which of the following statements is true?

(A) A mammogram helps doctors detect breast cancer.

(B) A mammogram is a kind of medicine to fight breast cancer.

(C) Eighty percent of women are in a "high-risk" population.

(D) Breast cancer begins in a woman's lymph glands.

편지에 따르면,// 다음 설명 중 어느 것이 사실이죠?

(A) 유방 조영상은 의사가 유방암을 발견하는 데 도움을 준다.

(B) 유방 조영상은 유방암과 싸우는 일종의 약이다.

(C) 여성의 80 %가 "고위험군"에 속한다.

(D) 유방암은 여성의 임파선에서 시작된다.

175. What is true about Mrs. Saunders' health insurance?

(A) She still owes 70% of the bill.

(B) It is currently paid up.

(C) She does not have health insurance.

(D) Her health insurance is overdue.

손더스 부인의 건강 보험에 대해 사실인 것은?

(A) 그녀는 아직도 청구서의 70%를 빚지고 있다.

(B) 현재 지불되어있다.

(C) 그녀는 건강 보험이 없다.

(D) 그녀의 건강 보험료가 미지불되었다.

정답과 해설	**172.**	(D) you are overdue for your annual mammogram. 이 문장을 통해 유방 조영상 기한이 지났으니 '빨리 약속을 잡아 병원에 다시 방문하라고 알리는 편지'이죠?
	173.	(C) you are in what is referred to as a high-risk population. 이 문장을 통해 그녀가 '유방암 고위험군에 속한다'는 것을 알 수 있죠.
	174.	(A) Your previous mammogram showed no sign of breast cancer. 이 문장을 통해 '유방 조영상은 유방암의 발견에 도움을 준다'는 것을 추론할 수 있죠.
	175.	(B) Your insurance payments have been received by our billing office. 이 문장에서 '보험료가 현재 지불되었음'을 알 수 있죠.
어휘		purpose 목적 payment 지불 treatment 치불 warn A of B: A에게 B를 알리다 risk=danger=peril=hazard 위험 breast cancer 유방암 accuse 고소하다 remind A to B: A에게 B라고 알리다 make a medical appointment 의료(진료)약속을 하다 infer=suggest=imply 추론하다 current 현재의 state 상태 early 초기의 stage 단계 bring ~ under control 억제하다 high-risk group 고 위험군 both 둘 다 according to=as per ~에 따르면 statement 진술, 설명 detect 발견하다, 탐지하다 mammogram 유방 조영상, 유방 검진을 위한 X-선 촬영 a kind of=a sort of 일종의 lymph gland 임파선 insurance 보험 still 아직도, 여전히 owe 빚을 지다 bill 청구서, 고지서 currently 현재 pay up 빚을 청산하다, 완납하다, 전액 지불하다 overdue 미지불된, 연제된

Questions 176-180 refer to the following advertisement and e-mail. (다음 광고와 이메일을 참조하십시오.)

FOR RENT(임대)

Large, sunny office in convenient downtown location,/ near two bus routes,/ ample parking in rear.
편리한 도심 위치에 있는 크고 햇볕이 잘 드는 사무실,/ 두 개의 버스 노선 근처,/ 후면에 넓은 주차 공간 있음.

900 sq. feet divided into two private offices and comfortable reception area, small kitchen, one bathroom. (176)
900 평방피트가 2개의 개인용 사무실과 쾌적한 응접 공간, 작은 부엌, 화장실 1개로 나누어져 있음.

Modern 10-story building with two elevators.
2개의 승강기가 있는 현대식 10층 건물.

$1,750/month. First month's rent/ and security deposit equal to one month's rent/ required/ to move in. (180)
월 1,750 달러. 첫 달 임대료와/ 한 달 임대료와 동일한 보증금이 요구됨/ 입주하기 위해서는. (180)

To see,/ call City Office Rentals at 382-0838/ between 8:30 and 4:30, Tues.-Sat.
보시려면,// City Office 임대회사 382–0838 번으로 전화해 주십시오./ 화요일부터 토요일 오전 8시 30분부터 오후 4시 30분 사이에.

어휘   convenient 편리한 downtown 도심, 시내 location 위치, 장소 route 노선 ample 넓은, 충분한 parking 주차 공간 rear 후면
sq.=square 평방, 제곱, 사각형 divide 나누다 private 개인용의, 사적인 comfortable 쾌적한, 편안한 reception area 응접 공간 kitchen 부엌 bathroom 화장실, 욕실 modern 현대식의 10-story building 10층 건물 rent 임대료, 임차료 security deposit 보증금 equal to ~과 동일한 require 요구하다 move in 입주하다, 이사 들어오다 between A and B: A와 B 사이에 Tues.=Tuesday 화요일 Sat.=Saturday 토요일

To:	수신인:	Marilyn Sawyer	마릴린 소여
From:	발신인:	Paul Lebowski	폴 레보스키
Sent:	발신일:	Tuesday, October 3	10월 3일 화요일 (178)
Subject:	제목:	Office rental	사무실 임대

Marilyn, 마릴린,

Here's a link to an office rental ad I found online: www.offices.com/10-1.
여기 내가 온라인에서 발견한 사무실 임대 광고에 대한 링크가 있다: www.offices.com/10–1.

I think it's worth looking at/ even though the rent is a bit high.
내 생각에는 볼만해/ 임대료는 좀 비싸지만.

I know it is a good deal more than we are paying now,// but look at the size.
현재 우리가 지불하고 있는 것보다 훨씬 더 많은 액수라는 것은 알지만,// 그 크기를 봐.

It's twice as big as our current office,// and I'm sure we can use the space. (176)
현재의 사무실보다 두 배나 커서,// 우리가 그 공간을 틀림없이 이용할 수 있을 거야.

And it has a kitchen and bathroom and a reception area// just like we have now.
그리고 부엌과 화장실과 응접실이 있어/ 지금 우리가 갖고 있는 것처럼

Unfortunately, it is nowhere near a subway station. (177)
불행하게도, 그것은 지하철역과는 결코 가깝지 않아(거리가 멀어).

That is a convenience I would miss having,// but it does have parking,/ unlike our current office. (179)
그것은 내가 갖고 있었던 것을 그리워하게 될 편리함이지만,// 주차장이 있잖아/ 우리의 현재 사무실과는 달리.

I'm sure our clients would appreciate that.
나는 우리 고객들이 그것을 고마워할 거라고 확신해.

It would also be good to be in a building with an elevator.
또한 승강기가 있는 건물에 있으면 좋을 거야.

I'm really tired of using the stairs.
나는 계단을 이용하는 것 정말 질렸거든.

I'd like to see the space as soon as possible.
가능한 한 빨리 그 공간을 보고 싶어.

Could you call and make an appointment?
전화해서 약속 좀 잡아줄래?

Try and get one for tomorrow if you can,// because after that I'll be away until next Monday,// as you know. (178)
가능하면 내일 약속을 잡도록 해.// 왜냐하면 그 후에는 다음 주 월요일까지 내가 없을 테니까// 너도 알다시피.

Thanks. 고마워요.

Paul 폴

어휘   rental ad 임대 광고 be worth ~ing ~할 만한 가치가 있다 even though=although=though=notwithstanding 비록 ~이지만 a bit=a little=kind of=sort of 약간 a good deal=even=far=still=yet=much=a lot=a great=by far 훨씬 current 현재의 twice as big as ~보다 두 배가 큰 space 공간 bathroom 화장실 reception area 응접실 just like ~처럼 unfortunately 불행히도 nowhere near 결코 가깝지 않은, 거리가 먼 subway station 지하철역 convenience 편의, 편리함, 편의 시설 miss ~ing ~했던 것을 그리워하다 unlike ~과는 달리 client 고객 appreciate 감사(감상, 이해, 식별, 인정, 음미)하다 be tired(weary, sick and tired) of=be bored with ~에 싫증나다 stair 계단 would like to ~하고 싶다 be away 떠나고 없다 as soon as possible 가능한 한 빨리 make an appointment 약속하다 Monday 월요일 as you know 너도 알다시피

176. How big is Marilyn and Paul's current office?
(A) 450 square feet
(B) 750 square feet
(C) 900 square feet
(D) 1750 square feet

마릴린과 폴의 현재 사무실은 얼마나 크죠?
(A) 450 제곱 피트
(B) 750 세곱 피트
(C) 900 제곱 피트
(D) 1750 제곱미터

177. What is true of Marilyn and Paul's current office?
(A) It costs more than the advertised office.
(B) It is near the subway.
(C) It is in a building with an elevator.
(D) It is in a 10-story building.

마릴린과 폴의 현재의 사무실에 대해서 옳은 것은?
(A) 광고된 사무실보다 비용이 많이 든다.
(B) 지하철 근처에 있다.
(C) 승강기가 있는 건물에 있다.
(D) 10 층짜리 건물에 있다.

178. When does Paul want to see the office?

(A) Monday

(B) Tuesday

(C) Wednesday

(D) Thursday

바울은 언제 사무실을 보고 싶어 하죠?

(A) 월요일

(B) 화요일

(C) 수요일

(D) 목요일

179. What does the advertised office have that the current office doesn't?

(A) A kitchen

(B) A bathroom

(C) A parking area

(D) A reception area

현재 사무실이 갖고 있지 않은 것으로 광고 된 사무실이 갖고 있는 것이 뭐죠?

(A) 부엌

(B) 화장실

(C) 주차장

(D) 응접실

180. How much would Marilyn and Paul have to pay/before moving into the advertised office?

(A) $900

(B) $1750

(C) $1800

(D) $3500

마릴린과 폴은 얼마를 지불해야합니까? 광고 된 사무실로 이사들어가기 전에?

(A) $ 900

(B) 1750 달러

(C) 1800 달러

(D) 3,500 달러

정답과 해설	**176.**	(A) 900 sq. feet＋It's twice as big as our current office. 이 문장에서 현재의 사무실보다 두 배나 크다고 진술했으므로 '900 평방미터의 절반인 450 평방피트'가 답이 됩니다.
	177.	(B) That is a convenience I would miss having. 이 문장을 통해 '현재의 사무실은 지하철과 가까이 있음'을 추론할 수 있죠.
	178.	(C) Tuesday, October 3＋Try and get one for tomorrow if you can. 오늘이 화요일이로 내일 약속을 잡아달라고 했으므로.
	179.	(C) it does have parking, unlike our current office. 이 문장에서 '현재의 사무실과는 달리 주차장을 갖고 있다'고 하죠?
	180.	(D) $1,750/month. First month's rent and security deposit equal to one month's rent required to move in. 이 문장에서 월세는 1750달러이고, 입주하기 위해서는 '첫 달 임대료와 한 달 임대료와 동일한 보증금이 요구된다.'고 했으므로.
어휘		current 현재의 cost 비용이 들다 advertise 광고하다 office 사무실 near 근처에 subway 지하철 pay 지불하다 move into 이사들어가다

Questions 181-185 refer to the following invoice and letter. (다음 운송장과 편지를 참조하십시오.)

<table>
<tr><td>
CARTER MILLER, WOOD & HUBERT
Mccarthy-at-Law
Jetman Building 234-99
Phone: (603) 763-9999
</td><td>
CARTER MILLER, WOOD & HUBERT
Mccarthy-at-Law(법률회사명)
제트맨 빌딩 234-99
전화 : (603) 763-9999
</td></tr>
</table>

INVOICE(운송장)

Angela Harris	안젤라 해리스
448 Main St.	중심가 448번지
Willowdale, NH	뉴햄프셔 윌로우데일

Re(제목): Legal Services(법률 서비스)

The following fees apply for: 다음 수수료가 적용됩니다.:

(1) Declaration of identity for emergency travel(긴급 출장여행을 위한 신원확인) (182)

Our Fees: 우리의 수수료:

Form 889 양식 889	$75.00 75달러
Next-day service 다음날(24시간) 서비스	$50.00 50달러 (181)
Notarized photographs 공증 사진	no charge 무료
Tax 세금	$4.50 4달러 50센트
Amount due: 지불액:	$129.50 129달러 50센트

Please submit payment within 30 days from the date of this bill.
이 청구서의 날짜로부터 30일 이내에 대금을 제출하십시오.

$5 will be added to the bill each day/ after the due date.
매일 5달러가 계산서에 추가될 것입니다./ 지급 기일이 지나면.

Thank you. 감사합니다.

Gerald Miller 제럴드 밀러

어휘   law 법률 re=regarding ~에 관하여, 제목 legal 법률적인 following 다음의 fee 수수료 apply for ~에 적용되다 declaration of identity 신원 확인 emergency travel 긴급여행 form 양식, 서식 notarize 공증하다 tax 세금 amount due 지불액 submit=give(turn, send, hand) in 제출하다 payment 지불액, 지급금 within ~이내에 bill 청구서 add 추가하다, 더하다 each day 매일 the due date 만기일, 지급 기일.

ANGELA HARRIS	안젤라 해리스
448 MAIN ST.	중심가 448번지
WILLOWDALE, NH	뉴햄프셔, 윌로우데일
January 15, 20--	20— 년 1월 15일

Gerald Miller	제럴드 밀러
Jaxman Building, 234-99	잭슨 빌딩, 234-99
Newman Grove, NH	뉴햄프셔, 뉴먼 그로브

Dear Mr. Miller, 친애하는 밀러 씨,

I received a bill from your office this week,// and I'm concerned about the fee.
이번 주에 귀하의 사무실로부터 청구서를 받았는데,// 수수료가 우려됩니다.

First, nobody mentioned the charge for one-day service.
첫째, 아무도 당일 서비스에 대한 요금을 언급하지 않았습니다.

Your receptionist asked when I wanted the document,// and I said that I was leaving town in six weeks.
접수원이 언제 서류를 원하는지 물었고,// 저는 6주 후에 도시를 떠날 예정이라고 말했습니다.

I also said// that you could mail me the forms after they were signed/ if that would be easier.
저는 또한 말했습니다// 서명이 된 후에 양식을 저에게 우편으로 발송해도 된다고// 그것이 더 용이할 것 같으면.

I said I would be going on my business trip in six weeks,// so the extra charge for next-day service/ is outrageous. (183)
제가 6주 후에 출장을 떠날 예정이라고 말했으므로,// 다음 날 서비스에 대한 추가 요금은/ 터무니없습니다.

Second, I was very surprised// that you charged me $25 for Form 889.
둘째, 저는 매우 놀랐습니다// 귀하가 저에게 Form 889에 대해 25달러를 청구했다는 사실에.

I recently looked online and discovered// that anyone can download this form free of charge.
최근에 온라인을 보고 발견했습니다// 누구나 이 양식을 무료로 다운받을 수 있다는 것을.

I realize// that I would have to fill this information out myself,// but I don't think it's fair to charge so much for something I could have done online for free. (184)
저는 알고 있습니다// 제가 이 정보를 직접 작성해야한다는 것을,// 하지만 온라인에서 무료로 할 수 있는 일에 대해 그렇게 많은 비용을 청구하는 것은 공정하지 않다고 생각합니다.

Finally, it was not you who I dealt with originally.
끝으로, 제가 처음에 상대했던 사람은 귀하가 아니었습니다.

I had an appointment with Terrance Wood,// and my form and photograph/ were signed by Alain Carter.
저는 Terrance Wood와 약속을 가졌으며,// 제 양식과 사진은/ Alain Carter가 서명했습니다. (185)

Now, it is you who is sending me this invoice. To whom should I write the check? (185)
이제 이 운송장을 보내는 사람은 귀하입니다. 수표를 누구에게 써야합니까?

Please contact me by e-mail at aharris@freemail.com/ before the end of the week/ to discuss this matter.
aharris@freemail.com으로 이메일로 연락 주시기 바랍니다./ 주 말 이전에/ 이 문제를 논의하기 위해

Best, 감사합니다(끝맺음 말).

Angela Harris 안젤라 해리스

어휘   receive 받다 bill 청구서, 고지서 this week 이번 주 be concerned(worried, anxious, uneasy) about ~을 우려(걱정)하다 fee 수수료 mention 언급하다 charge 요금 one-day service 당일 서비스 receptionist 접수원 document 서류, 문서 leave-left-left 떠나다 in six weeks 6주 후에 mail 우편으로 발송하다 form 양식, 서식 easier 더 용이한(easy의 비교급) be going to ~할 예정이다 go on a business trip 출장가다 outrageous=absurd=fabulous=preposterous=exorbitant =ridiculous=unreasonable 터무니없는 the extra charge 추가 요금 charge 부과하다, 청구하다 recently=lately=of late 최근에 discover 발견하다 free of charge=at no cost=without charge(payment, cost)=for nothing=for free 공짜로, 무료로 fair 공정한, 공평한 fill out=fill in=complete 작성하다 could have p.p ~할 수 있었을 텐데 finally 끝으로 deal(do, cope) with 상대하다, 다루다 originally 원래, 처음에 appointment 약속 invoice 운송장 to whom 누구에게 contact=make contact with=get in touch(contact) with ~에게 연락하다 discuss=talk about 논의(토론)하다 matter 문제

181. How much does this firm charge for having a document prepared in one day?
(A) $5
(B) $50
(C) $75
(D) $129.50

이 회사는 하루 동안 문서를 준비하는 데 얼마를 청구하죠?
(A) 5 달러
(B) 50 달러
(C) 75 달러
(D) 129 달러 50 센트

182. What does Form 889 provide?
(A) Proof of identity for travel purposes
(B) Medical insurance for emergency travel
(C) Dates and times related to a travel itinerary
(D) Permission to work in a foreign country

Form 889는 무엇을 제공하죠?
(A) 여행 목적을 위한 신원 증명
(B) 긴급 출장 여행을 위한 의료 보험
(C) 여행 일정과 관련된 날짜 및 시간
(D) 외국에서의 취업 허가

183. When is Harris leaving on her trip?
(A) In one day
(B) At the end of the week
(C) In 30 days
(D) In six weeks

해리스는 언제 출장여행을 떠나죠?
(A) 하루 후에
(B) 주말에
(C) 30일 후에
(D) 6주 후에

184. Why is Harris upset by this invoice?
(A) She could have printed her own form for free.
(B) She didn't want to pay for her photograph.
(C) 30 days isn't enough time to pay the bill.
(D) She had to pay by cash, not by check.

Harris는 왜 이 송장에 기분나빠하죠?
(A) 자신의 양식을 무료로 인쇄 할 수도 있었기 때문에.
(B) 자신의 사진 비용을 지불하고 싶지 않아서.
(C) 30일은 청구서를 지불하기에 충분한 시간이 아니어서.
(D) 그녀가 수표가 아닌 현금으로 지불해야 했기 때문에.

185. Which of the lawyers did Harris have no contact with?
(A) Wood
(B) Carter
(C) Hubbert
(D) Miller

해리스는 어느 변호사와 연락을 취하지 않았죠?
(A) Wood
(B) Carter
(C) Hubbert
(D) Miller

정답과 해설

181. (B) Next–day service (24시간 서비스)가 50달러라고 했으므로

182. (A) Declaration of identity for emergency travel(긴급 출장 여행을 위한 신원확인)을 위한 양식이므로

183. (D) I would be going on my business trip in six weeks. 이 문장 속에 답이 들어 있죠?

184. (A) I don't think it's fair to charge so much for something I could have done online for free. 이 문장에서 '공정하지 않다고 생각'하고 있죠?

185. (C) Wood와 약속을 했고, Carter의 서명을 받았고, Miller에게 운송장을 받았죠? 반면에 Hubbert에 대한 언급은 없죠?

어휘 firm 회사 charge 부과하다 document 문서, 서류 in one day 하루 만에, 하루 동안 provide 제공하다 proof of identity 신원 증명 purpose 목적 medical insurance 의료 보험 emergency 긴급, 비상 related to ~과 관련된 a travel itinerary 여행 일정 permission 허가 foreign country 외국 upset 짜증이 난, 기분 나쁜 invoice 운송장 could have p.p. ~할 수 있었을 텐데 for free=free of charge=at no cost=without charge(payment, cost)=for nothing 공짜로, 무료로 pay for ~의 비용을 지불하다 bill 청구서, 고지서 by cash 현금으로 by check 수표로 lawyer 변호사 contact 연락, 접촉

Questions 186-190 refer to the following emails and advertisement. (다음 이메일과 광고를 참조하십시오.)

From:	발신인:	John Kim <johnkim@neatsolutions.com>	
To:	수신인:	Jenny Davis <jennydavis@tmgolf.com>	
Date:	날짜:	August 8	8월 8일
Subject:	제목:	Spacious Acres Golf Club	스페이셔스 에이커스 골프 클럽
Attachment:	첨부:	draft	초안

Dear Ms. Davis, 친애하는 데이비스 씨,

Attached is the newest draft of the advertisement for Spacious Acres Golf Club.
Spacious Acres Golf Club을 위한 최신 광고 초안이 첨부되어 있습니다.

I have incorporated/ the advertising slogan you sent me/ into my design.
저는 포함시켰습니다/ 귀하가 저에게 보낸 광고 문구를/ 제 디자인 속에.

I used a combination of eye-catching graphics/ to grab the attention of newspaper readers.
저는 눈길을 끄는 삽화의 조합을 사용했습니다/ 신문 독자들의 관심을 끌기 위해.

I also added some helpful information/ to the end of the advertisement. (186)
저는 또한 약간의 유용한 정보를 추가했습니다/ 광고의 끝에.

Please let me know/ whether the design and new additions meet your expectations.
알려주십시오// 디자인과 새로운 추가 사항이 귀하의 기대에 부응하는지.

Along with the concurrent television ad,// I think// this advertisement will help bring a lot of new customers to Spacious Acres Golf Club.
동시에 방송되는 텔레비전 광고와 더불어,// 제 생각에// 이 광고는 많은 새로운 고객을 Spacious Acres Golf Club 으로 끌어오는 데 도움을 줄 것입니다.

Sincerely, 감사합니다(끝맺음 말)

John Kim 존 김

어휘   spacious 광활한 attach 첨부하다 newest 최신의 draft 초안 advertisement 광고 advertising slogan 광고 문구 incorporate=encompass=embody=embrace=include=involve=contain=comprise=cover=comprehend 포함하다 send-sent-sent 보내다 combination 조합 eye-catching 눈길을 끄는 graphics 삽화 grab the attention of ~의 관심을 끌다 reader 독자 add 추가하다 helpful=beneficial 유용한, 유익한 advertisement=ad 광고 whether ~인지 아닌지 additions 추가 사항 meet ~에 부응하다, ~을 충족시키다 expectation 기대 along with=together with=coupled with=in company with ~와 더불어 concurrent 동시에 방송되는, 동시에 발생하는 a lot of=lots of=plenty of=many 많은 customer 고객 sincerely=truly=best wishes=best regards=all the best 끝맺음 말

Spacious Acres Gold Club
스페이셔스 에이커스 골드 클럽

1332 Hilly Meadows Drive, Mapleview, Co
1332 힐리 메도우즈 드라이브, 메이플뷰, 콜로라도

Take a break from all the stress of life/ and play a round of relaxing golf/ at Spacious Acres Golf Club.
인생의 모든 스트레스를 잠시 중단하고/ 느긋한 골프 한 라운드를 쳐보세요/ Spacious Acres Golf Club에서.

After a game of golf,// enjoy a meal/ at our restaurant/ in a sophisticated and welcoming environment.
골프 한 게임을 마친 후,// 식사를 즐겨보세요/ 저희 레스토랑에서/ 세련되고 친근한 분위기 속에서.

We are currently offering the following promotion:
우리는 현재 다음과 같은 판촉상품을 제공하고 있습니다:

Reserve **a tee time** for a party of seven or more golfers/ and receive 20% off.
7명 이상의 골퍼 일행을 위한 티오프 시각을 예약하고/ 20% 할인을 받아보세요.

Additionally,// every member of your group/ will receive a coupon for $6 off any purchase from our golf shop.
게다가,// 그룹의 모든 회원은/ 골프가게에서 구매하는 모든 물건에 대해서 6달러 할인 쿠폰을 받게 될 것입니다.

We were recently praised/ by *The Rolling Meadows Daily*/ for the superb maintenance of our golf course and grounds. (187)
우리는 최근 칭찬을 받았습니다/ The Rolling Meadows Daily에 의해/ 골프장과 그라운드의 탁월한 유지 보수에 대하여.

Come in and enjoy the best golf course/ in the state of Colorado.
오셔서 최고의 골프 코스를 즐겨보세요/ 콜로라도 주에서.

We are located off exit 20 on Highways 6.
저희는 고속도로 6번 20번 출구에서 떨어진 곳에 위치하고 있습니다.

Just look for our billboard.
그저 광고판을 찾으십시오.

You can't miss it.
놓칠 수 없습니다(꼭 찾으실 것입니다).

Reservations can now be made/ online at our website at www.spaciousacresgolf.com/ or by calling 444-2713.
예약하실 수 있습니다/ 온라인으로 저희 웹 사이트 www.spaciousacresgolf.com에서,/ 또는 444-2713로 전화하셔서.

From:	발신:	Logan Menkins <lmankins@crush.com>	
To:	수신:	reservations@spaciousacresgolfclub.com	
Date:	날짜:	Sept 7	9월 7일
Subject:	제목:	Tee Time and Dinner for 100	티오프 시간과 100인을 위한 만찬

Hello, 안녕하세요,

I saw your ad in the newspaper/ and I have a couple of quick questions about your deals. (188)
저는 신문에서 귀하의 광고를 보고/ 거래에 대해 두 가지 간단한 질문이 있습니다.

First, we have a group of ten golfers.
첫째, 우리는 10명의 골퍼들로 이루어진 단체입니다.

Now I know// most courses generally limit a group to four players/ to keep up the pace of play,// but I was really hoping// you could make an exception for us/ and allow two groups of five.
현재 저는 알고 있습니다// 대부분의 골프장이 일반적으로 한 그룹을 4명으로 제한한다는 것을/ 경기 보조를 유지하기 위해,// 하지만 저는 정말 희망하고 있습니다// 귀하가 우리를 위해 예외를 두어서/ 5명 2그룹을 허용해 주기를.

We will even rent golf carts/ to ensure that we don't cause a delay. (189)
우리는 골프 카트도 빌리겠습니다/ 우리가 지체를 야기하지 않도록.

As for the $6 gift cards to the pro shop,// I was wondering if they could be pooled together for one large purchase. (190)
스포츠 용품점 6달러짜리 상품권에 대해서는,// 한 번의 큰 구매를 위해 함께 합칠 수 있는지 궁금했습니다.

It is my son's birthday/ and I **would like to** buy him a new putter/ and they are awfully expensive these days.
오늘은 제 아들의 생일이어서/ 저는 그에게 새 퍼터를 사주고 싶은데// 그것들이 요즘 엄청나게 비싸거든요.

$60 bucks could **go a long way to** giv**ing** him a great gift!
60달러면 그에게 멋진 선물을 주는 데 큰 도움이 될 수가 있거든요!

We would like to **tee off** around 11:00 A.M. on Saturday, Sept 20th,/ and then have dinner there at about 6:00 P.M.
우리는 9월 20일 토요일 오전 11시 경에 티오프하고,/ 그 다음 오후 6시경 저녁 식사를 하고 싶습니다.

Please write back/ to confirm our tee time and answer my queries.
답장해 주세요/ 티오프 시각을 확인하셔서 제 질문에 응답하기 위해.

Have a great day.
좋은 하루 보내세요.

Ivan Green 아이반 그린

어휘 ad=advertisement 광고 a couple of 두 개의 quick=easy 간단한, 쉽게 답할 수 있는 deal 거래 generally=in general= in the main=on the whole=as a rule=by and large=at large=all in all 일반적으로 limit 제한(한정)하다 keep up 유지하다 pace 보조, 보폭 exception 예외 even 심지어 rent 빌리다, 세 얻다 ensure that=make sure that ~하도록 cause 야기하다, 유발하다 delay 지체, 지연 as for=when it comes to=speaking(talking) of ~로 말하자면 gift card 상품권 pro shop 스포츠 용품점 pool together 합치다, 한데 모으다 purchase 구매, 구입 putter 골프 퍼터 would like to ~하고 싶다 awfully 엄청나게, 끔찍할 정도로 expensive 비싼 these days=nowadays 요즘 buck=dollar 달러 go a long way to ~ing ~하는 데 큰 도움이 되다, ~하기에 충분하다, 상당한 성공을 거두다 gift 선물 tee off 첫 타를 치다 around=about=approximately=some=roughly=or so 대략 A.M. 오전 Saturday 토요일 Sept 9월 then 그 다음 dinner 저녁 식사 P.M. 오후 write back 답장하다 confirm 확인하다 tee time 티오프 시각 have a great day 좋은 하루를 보내다

186. What has been added to the advertisement?

(A) Contact information

(B) Driving directions

(C) Promotional details

(D) Customer reviews

무엇이 광고에 추가 되었죠?

(A) 연락처

(B) 운전 경로

(C) 홍보와 관련한 세부 사항

(D) 고객 후기

187. What did the Rolling Meadow Daily indicate about Spacious Acres Golf Club?

(A) The location is convenient.

(B) The facilities are well kept.

(C) The membership fees are affordable.

(D) The restaurant updates its menu regularly.

Rolling Meadow Daily가 Spacious Acres Golf Club에 대해 무엇을 지적했죠?

(A) 위치가 편리하다.

(B) 시설이 잘 보존되어있다.

(C) 회비가 적당하다.

(D) 식당은 메뉴를 정기적으로 업데이트한다.

188. Where would the advertisement most likely appear?

(A) On television

(B) In a magazine

(C) In a newspaper

(D) On a billboard

광고는 십중팔구 어디에 게재될까요?

(A) 텔레비전에

(B) 잡지에

(C) 신문에

(D) 광고판에

189. How does Ivan Green propose to keep the pace of play on the course?

(A) He guarantees they will play fast.

(B) He promises that they are very good at golf.

(C) He promises that he will buy a new putter for his son.

(D) He informs the club that the two groups will be driving golf carts.

아이반 그린은 골프장에서 경기 보조를 어떻게 유지할 생각이죠?

(A) 그는 그들이 빠른 속도로 경기 할 것을 보장한다.

(B) 그는 그들이 골프에 아주 능숙하다고 단언한다.

(C) 그는 자기 아들을 위해 새로운 퍼터를 사겠다고 약속한다.

(D) 그는 골프장에 두 그룹이 골프 카트를 몰겠다고 알린다.

190. What does Ivan Green want to do with the $6 credits the members get from the golf shop?

(A) He wants to buy his son a putter with his.

(B) He wants to use them to pay for green fees.

(C) He wants to combine them with the 20% group discount.

(D) He wants to combine all of the discounts together and apply it to one purchase.

아이반 그린은 회원들이 골프 가게로부터 받는 6 달러 짜리 상품권들을 가지고 무엇을 하고 싶어 하죠?

(A) 그는 자신의 것으로 아들에게 퍼터를 사주고 싶어 한다.

(B) 그는 골프장 사용료를 지불하기 위해 그것들을 사용 하고 싶어 한다.

(C) 그는 그것들을 20%의 단체 할인과 결합하기를 원한다.

(D) 모든 할인권을 결합하여 한 번의 구매에 적용하기를 원한다.

정답과
해설

186. (A) I also added some helpful information to the end of the advertisement. + at our website at www. spaciousacresgolf.com or by calling 444-2713. 광고 끝에 '유용한 정보를 추가했다'고 했으며, 그것은 '연락처' 임을 알 수 있죠?

187. (B) We were recently praised by *The Rolling Meadows Daily* for the superb maintenance of our golf course and grounds.
이 문장에서 골프장의 탁월한 유지보수에 대해 칭찬받았다고 나와 있죠? 이것은 시설이 잘 보존되어 있다는 뜻 입니다.

188. (C) I saw your ad in the newspaper. 이 문장에서 광고를 신문에서 보았다고 나와 있으므로 당연히 광고는 신문에 개재되었겠죠.

189. (D) We will even rent golf carts to ensure that we don't cause a delay. 이 문장에서 지체를 유발하지 않기 위해 서 골프 카트를 빌리겠다고 했죠? 여기서 빌린다는 말은 카트를 타고 신속히 이동하겠다는 뜻입니다.

190. (D) I was wondering if they could be pooled together for one large purchase.
이 문장에서 pool together가 '한데 모으다, 합치다'라는 뜻으로 combine과 같은 의미입니다.

어휘

add 추가하다 advertisement 광고 indicate 지적하다, 시사하다, 말하다 location 위치, 장소 convenient 편리한 facilities 시설 keep-kept-kept 보존하다 membership fee 회비 affordable 적당한, 저렴한 regularly=on a regular basis 정기적으로 most likely=very likely=probably 십중팔구 appear=emerge=show(turn) up 나타나다, 개재되다 billboard 광고판 propose to=intend to ~할 생각이다 ~할 의도이다 keep the pace of play 경기의 보조를 유지하다 promise 약속하다 guarantee=ensure 보장(보증)하다 be good at ~에 능숙하다 inform 알리다 credit 돈을 지불한 후에 받는 할인권 green fees 골프장 사용료 combine A with B: A을 B와 합치다 group discount 단체 할인 apply 적용하다 purchase 구매

Questions 191-195 refer to the following advertisement, form, and announcement in meeting.
(다음 회의에서의 광고, 양식 및 공지사항을 참조하십시오.)

Dreamspace Bed Emporium(드림스페이스 침대 백화점)

Beds, Bedding, and Furniture	**침대, 침구 및 가구**
3600 Wilshire Road, Springfield, IL 62751	일리노이 주, 스프링필드, 윌셔 가 3600 번지 62751
www.dreamspace.com	www.dreamspace.com

Don't let yourself suffer tossing and turning, not getting a good night's sleep.
잠을 제대로 자지 못하고 몸을 뒤척이며 괴로워하지 마세요.

Come down to Dreamspace Bed Emporium/ and treat yourself to a comfortable bed catered to your exact needs.
드림스페이스 침대 백화점에 오셔서/ 당신의 정확한 요구에 맞는 편안한 침대를 누려보세요.

Customers are welcome to lie on any bed in the store. (191)
고객들은 매장 안에 있는 어떤 침대에 누워보셔도 됩니다.

First Floor: Beds(single, double, queen, king, etc.) (191)   1 층: 침대(싱글, 더블, 퀸, 킹 등)
Second Floor: Bedding(sheets, pillows, blankets, cushions, etc.)   2 층: 침구(시트, 베개, 담요, 쿠션 등)
Third Floor: Furniture(chairs, sofas, tables, etc.)   3 층: 가구(의자, 소파, 테이블 등)

In response to customer suggestions,// our store now stays open two hours later/ to accommodate those who may work irregular shifts. (192)
고객의 제안에 부응하여,// 저의 매장은 이제 두 시간 연장영업을 합니다./ 불규칙한 교대 근무를 할 수도 있는 사람들을 수용하기 위해.

Do you need express delivery for a bed?
침대에 대한 속달이 필요하십니까?

Simply ask one of our staff members at the checkout/ and it can be easily arranged.
계산대에 있는 직원 중 한 명에게 요청만 하시면/ 쉽게 준비해 드릴 수 있습니다.

If you have any comments or suggestions for our store,// a comment box can be found inside the main entrance.
저희 매장에 대한 의견이나 제안이 있으시면,// 정문 안쪽에서 의견 함을 찾으실 수 있습니다.

어휘	let oneself suffer 괴로워하다, 고통을 당하다 toss and turn 뒤척이다 emporium 백화점, 큰 상점, 중앙 시장 treat yourself to ~을 누리다, 특별한 것으로 즐기다 comfortable 편안한 cater 요구에 응하다, 만족을 주다 exact 정확한 need 요구, 필요 customer 고객 be welcome to ~해도 좋다 lie-lay-lain 눕다 floor 층 bedding 침구 pillow 베개 blanket 담요 furniture 가구 etc.=et-cetera=and so on=and so forth=and what not=and the like=and the rest=and suchlike 기타, 등등 in response to ~에 따라, ~에 응하여 suggestion 제안 stay open two hours later 2시간 연장영업을 하다 accommodate 수용하다 work irregular shifts 불규칙한 교대 근무를 하다 express delivery 속달 simply 간단하게 checkout 계산대 easily 쉽게 arrange 준비하다 comment 의견, 논평, 후기 comment box 의견 함 find-found-found 발견하다 inside ~의 안쪽에서 the main entrance 정문

Comment and Suggestion Form
Dreamspace Bed Emporium

의견 및 제안 양식
드림스페이스 침대 백화점

Customer name:	고객명:	Willy M. King	윌리 엠 킹
Date:	날짜:	August 9	8월 9일
Contact number:	연락처:	456-555-5123	456—555—5123

Comment: *Last week/ I came into your store/ to shop for a new pillow, sheet, and blanket set for my bed at home.* (193)

의견: 지난주에/ 저는 귀하의 가게에 갔습니다/ 집에 있는 침대용 베개, 시트, 담요 세트를 사기 위해.

However,// when I went to that section,/ I couldn't find any available staff members to assist me.

하지만,// 제가 그 구역에 갔을 때/ 나를 도와줄 수 있는 어떤 직원도 찾을 수 없었습니다.

I waited for about half an hour,// but no one came to me.

저는 약 30분을 기다렸지만,// 아무도 저에게 오지 않았습니다.

I needed help in determining what sheet and blanket set would fit the dimensions of my bed// but ended up just leaving the store/ frustrated.

저는 어떤 시트와 담요 세트가 내 침대의 치수에 맞을지 결정하는 데 도움이 필요했지만// 결국 그냥 매장을 떠났습니다/ 좌절감을 느끼며.

I hope you can provide better service to customers// so something like this doesn't happen again in the future.

저는 귀하가 고객에게 더 나은 서비스를 제공할 수 있기를 바랍니다.// 앞으로 이런 일이 다시 발생하지 않도록 .

I have been a loyal customer of yours for years.

저는 몇 년 동안 귀하의 충실한 고객이었습니다.

If you don't explain why no one helped me,// I may have to start shopping at one of your competitors' stores.

만일 귀하가 아무도 저를 도와주지 않은 이유를 설명해주시지 않으면,// 저는 귀하의 경쟁업체 매장 중 한 곳에서 구매를 시작해야 할 수도 있습니다.

어휘 | comment 의견, 논평, 후기 last week 지난주에 shop for ~을 사다 pillow 베개 blanket 담요 however 그러나, 하지만 section 구역 available 이용 가능한, 한가한 staff member 직원 assist 돕다 about=around=approximately=some= roughly=or so 대략 half an hour 30분, 반시간 determine 결정하다 fit=suit=match=become 맞다, 어울리다 dimension 치수 end up ~ing 결국 ~하다 just 그냥, 그저 frustrated 좌절한, 실망한 provide 제공하다 so=so that ~하도록 like ~같은 in the future 앞으로, 미래에 happen=occur=arise=come up=come about=come to pass 발생하다 loyal 충실한, 충성스러운 have to=must 해야 한다 explain=expound=describe=account for=set forth 설명하다 may ~할 수도 있다, ~할지도 모르다 competitor 경쟁자, 경쟁업체

Hello everybody. 안녕하세요, 여러분.

I have called this meeting/ to talk about some of the problems that our new store policy of staying open later has caused. (194)
저는 이번 회의를 소집했습니다/ 늦게까지 영업하기로 한 우리의 새로운 매장 정책이 야기한 몇 가지 문제점들에 대해 의논하기 위해서.

At first,// this seemed like a great idea to help customers who worked all day.
처음에는,// 이것이 하루 종일 일하는 고객들을 돕는 좋은 생각인 것 같았습니다.

I know/ it can be hard to find time to do chores and your shopping// when you work from 9 to 5.
저는 알고 있습니다./ 집안일과 쇼핑할 수 있는 시간을 찾기가 어려울 수 있다는 것을// 9시에서 5시까지 일할 때.

Unfortunately,// this means// that we have had to spread our staff too thin// until we have hired and trained enough people. (195)
불행히도,// 이것은 의미합니다.// 우리가 직원들을 너무 얇게 펼쳐야했다(드문드문 배치해야했다)는 것을// 충분한 인원을 채용하여 훈련을 마무리할 때까지는.

As a result,// we have been neglecting some of our customers lately.
그 결과,// 우리는 최근 일부 고객들을 소홀히 해오고 있습니다.

The photocopied 'Comment and Suggestion Form'// I have passed out to you all from Willy King// sums up our shortcomings better than I ever could.
제가 여러분 모두에게 나눠드린 Willy King로부터 받은 복사한 '의견 및 제안 양식'은// 우리의 단점을 제가 할 수 있는 것보다 더 잘 요약하고 있습니다.

Please give it a read and think about ways we can be made aware of a customer in need, even in a store as large as ours.
한 번 읽어 보시고 우리의 매장처럼 큰 매장에서도 도움이 필요한 고객을 알아차릴 수 있는 방법에 대해 생각해보십시오.

I understand// that with our thin staff, we have to cover more space than we used to,// so this meeting isn't about punishment or blame,// it's just about solutions. (194)
저는 알고 있습니다// 우리의 얇은 층의 직원으로, 예전보다 더 많은 공간을 담당해야한다는 것을,// 그래서 이 회의는 처벌이나 책임에 관한 것이 아니라// 단지 해결책에 관한 것입니다.

Please do some brainstorming on this/ and drop in on me in my office// if you think you have an idea.
이에 대해 함께 머리를 짜셔서/ 제 사무실 저에게 들러주십시오.// 여러분에게 어떤 아이디어가 있다고 생각되면.

I have to call Willy King.
저는 윌리 킹에게 전화를 해야 합니다.

어휘 | call a meeting 회의를 소집하다 talk about=discuss ~에 대해 의논하다 stay open later 연장영업을 하다 cause 야기하다 at first 처음에는 seem like ~인 것 같다. ~처럼 보이다 all day 하루 종일 chore 집안일, 허드렛일 unfortunately 불행히도, 안타깝게도 mean 의미하다 spread 펼치다, 퍼뜨리다 staff 직원 thin 얇은, 얇게 hire=employ 채용하다, 고용하다 train 훈련하다, 연수하다 as a result(consequence)=consequently 그 결과, 결과적으로 neglect=ignore=disregard=overlook=look over 소홀히 하다 lately=recently=of late 최근에 photocopy 복사하다 pass(deal, give) out=distribute 나눠주다, 배포하다 sum up=summarize=abridge=condense=epitomize 요약하다 shortcoming=defect=flaw 흠, 결함, 단점 give it a read 한 번 읽어보다 make A aware of B: A에게 B를 알아차리게 하다, A에게 B를 인식하게 하다 in need 도움이 필요한 as large as ~처럼 큰 understand 알고 있다, 이해하다 thin 얇은 층의 staff 직원 have to ~해야 한다 cover 담당하다 space 공간 used to 전에는 ~했었다 punishment 처벌 blame 책임, 비난 just 단지, 그저 solution 해결(책) do some brainstorming 여러 명이 머리를 짜내다 drop(stop) in on=drop(stop) in by=call on 들르다 call 전화하다

191. What is NOT mentioned about beds at Dreamspace Bed Emporium?

(A) They come in a variety of sizes.

(B) They can be tested by customers.

(C) They are displayed on the first floor.

(D) They come with a lifetime warranty.

드림스페이스 침대 백화점의 침대에 대해 언급되지 않은 것이 뭐죠?

(A) 그것들은 다양한 크기로 나온다.

(B) 그것들은 고객이 테스트 할 수 있다.

(C) 그것들은 1 층에 전시되어 있다.

(D) 그것들은 평생 보증서와 함께 제공된다.

192. According to the advertisement, what is true about Dreamspace Bed Emporium?

(A) It is located in a department store.

(B) It starts business two hours later.

(C) It is hiring additional staff.

(D) It extended its operation hours.

광고에 따르면, 드림스페이스 침대 백화점에 대해 올바른 것이 뭐죠?

(A) 그것은 백화점 안에 위치해있다.

(B) 그것은 2시간 늦게 영업을 시작한다.

(C) 그것은 추가 직원을 채용하고 있다.

(D) 그것은 영업시간을 연장했다.

193. Where did Mr. King most likely search for the products he wanted?

(A) On the first floor

(B) On the second floor

(C) On the third floor

(D) Near the main entrance

킹 씨는 십중팔구 자신이 원하는 제품을 어디에서 찾아다녔죠?

(A) 1 층

(B) 2 층

(C) 3 층

(D) 정문 근처

194. Who do you believe is speaking at the meeting?

(A) The Dreamspace Bed Emporium manager

(B) Willy King

(C) A district manager from another city

(D) A checkout clerk

회의에서 누가 연설하고 있다고 생각하십니까?

(A) 드림스페이스 침대 백화점 경영자

(B) 윌리 킹

(C) 다른 도시에서 온 지구 관리자

(D) 계산대 점원

195. What is more likely true based upon the information from the meeting?

(A) Dreamspace Bed Emporium will change their hours back to what they used to be.

(B) Dreamspace Bed Emporium will extend their hours to serve more customers like Willy King.

(C) Dreamspace Bed Emporium will hire more employees// so there are enough people to cover the size of their store.

(D) Dreamspace Bed Emporium will hold a raffle event and invite Willy King.

회의의 정보를 바탕으로 십중팔구 무엇이 사실이죠?

(A) 드림스페이스 침대 백화점은 시간을 예전의 시간으로 변경할 것이다.

(B) 드림스페이스 침대 백화점은 윌리 킹과 같은 더 많은 고객들에게 서비스를 제공하기 위해 영업시간을 연장할 것이다.

(C) 드림스페이스 침대 백화점은 더 많은 직원을 채용할 것이다// 매장 규모를 담당할 수 있는 충분한 인원이 있도록.

(D) 드림스페이스 침대 백화점은 추첨 행사를 열어 윌리 킹을 초대할 것이다.

191. (D) Customers are welcome to lie on any bed in the store.＋First Floor: Beds(single, double, queen, king, etc.)
이 두 문장 속에 (A), (B), (C)에 대한 언급이 들어 있고, (D)에 대한 언급은 본문에서 아예 찾아볼 수 없죠?

192. (D) our store now stays open two hours later. 이 문장에서 '2시간 연장 영업한다'고 나와 있죠?

193. (B) Second Floor: Bedding(sheets, pillows, blankets, cushions, etc.)
I came into your store to shop for a new pillow, sheet, and blanket set for my bed at home.
이 문장을 통해서 '2층에서 찾아다녔음'을 알 수 있죠.

194. (A) I have called this meeting.＋this meeting isn't about punishment or blame, it's just about solutions.
이 두 문장을 통해 회의를 소집하고, '처벌이나 책임을 물을 수 있는 위치에 있는 경영자나 관리자'임을 알 수 있죠.

195. (C) we have had to spread our staff too thin until we have hired and trained enough people.
이 문장을 통해서 '더 많은 직원을 채용할 예정'임을 추론할 수 있죠.

mention 언급하다 a variety(diversity) of=various=diverse 다양한 customer 고객, 손님 display=exhibit=put on show 진열(전시)하다 the first floor 미국의 1층, 영국의 2층 a lifetime warranty 평생 보증서 according to=as per ～에 따르면 advertisement 광고 be located in ～에 위치하다 department store 백화점 hire=employ 고용(채용)하다 additional 추가적인 staff 직원 extend 연장하다 operation hours 운영 시간, 영업시간
most likely=very likely=as likely as not=probably 십중팔구 search(look) for 찾아다니다 product 제품 near 가까이에 the main entrance 정문 emporium 큰 상점, 백화점 manager 경영자, 관리자 district 지구, 지방 checkout 계산대 clerk 점원 based upon=on the basis of ～을 바탕으로, ～에 근거하여 change A to B: A를 B로 변경하다
what they used to be 과거의 그것들 extend 연장하다 like ～같은 so=so that ～하기 위하여 enough 충분한 cover 담당하다 hold a raffle event 경품행사를 열다 invite 초대하다

Questions 196-200 refer to the following web page, e-mail, and schedule.
(다음 웹 페이지, 이메일 및 일정을 참조하십시오.)

Midcity Performing Arts Hall (미드시티 공연예술관)

Support the Midcity Performing Arts Hall in downtown Brenton/ by becoming a member.
브렌튼 시내의 미드시티 공연 예술회관을 후원해주십시오/ 회원이 됨으로써.

You can choose from the following membership plans:
여러분은 다음 회원제 중에서 선택할 수 있습니다.

General – For only $100,// you can get a full-year membership/ to attend any two performing arts shows/ that have available seats in the D area of the theater.
일반 – 단지 100 달러로,// 여러분은 만 1년 회원 자격을 얻을 수 있습니다./ 두 개의 어떤 공연예술 쇼에도 참석할 수 있는/ 극장의 D 구역에서 좌석을 이용할 수 있는 (두 개의 공연예술 쇼에).

Silver – For a fee of $200,// you can attend any two performing arts shows/ that have available seats in the B area of the theater.
실버 – 200 달러의 비용으로,// 여러분은 두 개의 어떤 공연예술 쇼에도 참석할 수 있습니다// 극장의 B 구역에 좌석을 이용할 수 있는 (두 개의 공연예술 쇼에).

Gold – For a fee of $500,// you will receive early alerts of popular programs// with a ticket to any two performing arts shows with seats in the B area,/ and a guaranteed seat for any show of your choice within a one-year period in the front row section.
골드 – 500달러의 비용으로,// 여러분은 인기 프로그램에 대한 조기 알림을 받게 될 것입니다// B구역에 좌석이 있는 두 편의 어떤 공연예술 쇼도 관람할 수 있는 입장권과/ 1년 이내에 여러분이 선택한 어떤 쇼에 대해서도 앞줄 구역에 보장 된 좌석과 더불어.

Diamond – For a fee of $1,000,// you will have exclusive access// to signed autographs with performing arts stars,/ invitations to two exclusive pre-showing of popular programs,/ and a guaranteed seat for any show of your choice within a one-year period in the VIP section. (196)
다이아몬드 – 1,000 달러의 비용으로,// 여러분은 독점적으로 이용할 수 있습니다.// 공연 예술 스타들과 함께 서명한 사인과,/ 인기 프로그램의 2편의 독점 사전 쇼 초대장과/ 1년 이내에 여러분이 선택한 어떤 쇼에 대해서도 VIP 구역에 보장 된 좌석을.

*Some restrictions may apply. *일부 제한 사항이 적용될 수 있음. (200)

*Admission to orchestral performances excluded *관현악단의 공연 입장 제외 (198) (200)

어휘   support=sponsor=boost=back(hold, prop, shore, bolster) up=stand by=stand(stick) up for=give backing to 후원하다 Performing Arts Hall 공연 예술회관 downtown 시내, 도심지 choose=select=pick out 선택하다 membership plan 회원제 general 일반적인 a full-year membership 만 1년 회원 자격 attend 참석하다 available 이용할 수 있는, 구할 수 있는 seat 좌석 area 구역 theater 극장 silver 은 fee 요금, 수수료 gold 금 receive 받다 early 조기의, 이른 alert 알림, 경보 popular 인기 있는 with ~와 함께, ~와 더불어 guarantee 보장하다 choice 선택 the front row section 앞줄 구역 have access to 이용하다, 출입하다 exclusive 독점적인 autograph 사인 invitation 초대, 초대장 pre-showing 사전 쇼 restriction 제약, 제한 사항 apply 적용되다 admission 입장 orchestral 관현악단이 연주하는 performance 공연 exclude=omit=rule(leave) out 제외시키다

To:	수신:	bates@midcityarthall.com	
From:	발신:	Alicia Norton	앨리샤 노튼
Date:	날짜:	January 16	1월 16일
Subject:	제목:	Membership	회원 가입

Thank you for the e-mail about the Midcity Performing Arts Hall memberships.
미드시티 공연 예술회관 회원가입에 대한 이메일을 보내 주셔서 감사합니다.

I have attached a fee of $1,000. (196)
저는 1,000달러의 비용을 첨부했습니다.

I was a general member last year// and I enjoyed a couple of the musicals that were performed.
저는 작년에 일반 회원이었고// 공연된 두 편의 뮤지컬을 즐겼습니다.

I have become a theater enthusiast since the experience// and I look forward to the benefits of the new membership plan.
저는 그 경험 이후 극장 애호가가 되었으며// 새로운 회원제의 혜택을 기대합니다.

By the way,// the Art Hall has done a phenomenal job/ on the renovations to the building.
그건 그렇고,// 예술회관은 놀라운 일을 했더군요/ 건물의 개조 공사에서. (197)

I'm excited to come back this year.
올해도 다시 오게 되어 기쁩니다.

어휘 Performing Arts Hall 공연 예술회관 membership 회원 자격, 회원 가입 attach 첨부하다 general member 일반 회원
last year 작년에 a couple of 두 편의 perform 공연하다 theater enthusiast 극장 애호가 since ~이후 experience 경험
look forward to=hope(wish, bargain) for 기대하다, 고대하다 benefit 혜택 membership plan 회원제
by the way=incidentally 그건 그렇고 do a phenomenal job 놀라운(경이적인) 일을 하다 renovation 개조(수리) 공사
excited 신이 난, 마음이 들뜬 this year 올해, 금년에

Below is the tentative schedule for shows at the Midcity Performing Arts Hall in the coming months. (199)
다음은 향후 몇 달 동안 미드시티 공연 예술회관에서 열리는 쇼에 대한 임시 일정입니다.

Please have a look and call anytime// if you wish to get seats.
보시고 언제든지 전화하십시오// 좌석을 확보하고자 한다면.

Brenton Philharmonic Orchestra (198)	January 28 to January 30
브렌튼 필하모닉 관현악단	1월 28일부터 1월 30일까지
Dancing Princess	February 3 to February 23
춤추는 공주	2월 3일부터 2월 23일까지
Jazz Dance	March 1 to March 26
재즈 댄스	3월 1일부터 3월 26일까지
The Phantom of the Opera	April 3 to April 29
오페라의 유령	4월 3일부터 4월 29일

어휘 below 아래에 tentative schedule 임시 일정 Performing Arts Hall 공연 예술회관 in the coming months 향후 몇 달
동안 have a look=take a look at=look at 보다 call 전화하다 anytime 언제든지, 아무 때나 wish to ~하고 싶다 January
1월 princess 공주 February 2월 March 3월 April 4월 phantom 유령, 착각 of the Opera

---

196. Which membership did Alicia Norton most likely purchase?
(A) General
(B) Silver
(C) Gold
(D) Diamond

앨리샤 노튼은 십중팔구 어떤 회원권을 구매했죠?
(A) 장군
(B) 실버
(C) 골드
(D) 다이아몬드

197. What is suggested about the Midcity Performing Arts Hall?
(A) It hosts various sports programs.
(B) It had some changes made to the building.
(C) It is a place popular among celebrities.
(D) It is an old museum.

미드시티 공연 예술회관에 대해 시사하는 것이 뭐죠?
(A) 다양한 스포츠 프로그램을 주최한다.
(B) 건물에 약간의 변화를 주었다.
(C) 유명인들 사이에서 인기 있는 곳이다.
(D) 오래된 박물관이다.

198. When is a performance not free to members?
(A) January
(B) February
(C) March
(D) April

언제 공연은 회원들에게 무료가 아니죠?
(A) 1 월
(B) 2 월
(C) 3 월
(D) 4 월

199. What is implied about the schedule?
(A) The shows have been sold out.
(B) More shows may be available.
(C) It is fixed.
(D) It may change.

일정에 대해 시사하는 바가 뭐죠?
(A) 쇼는 매진되었다.
(B) 더 많은 쇼를 이용할 수 있다.
(C) 고정되어 있다.
(D) 변경될 수 있다.

200. What is meant by the expression "some restrictions may apply"?
(A) Only certain people will be considered for membership.
(B) The membership plans may change without notice.
(C) Not all performances are available to members.
(D) Admissions will not be allowed for non-members.

"일부 제한 사항이 적용될 수 있다"라는 표현의 의미는 무엇이죠?
(A) 회원 자격에 대해 특정인들만 고려될 것이다.
(B) 회원제는 예고 없이 변경 될 수 있다.
(C) 회원들이 모든 공연을 이용할 수 있는 것은 아니다.
(D) 비회원에게는 입장이 허용되지 않을 것이다.

196. (D) Diamond – For a fee of $1,000. + I have attached a fee of $1,000.
이 두 문장에서 다이아몬드 회원권이 1,000 달러인데, '앨리샤 노튼이 1,000달러를 첨부했다'고 했으므로.

197. (B) the Art Hall has done a phenomenal job on the renovations to the building. 이 문장에서 '건물 개보수를 했으므로'

198. (A) *Admission to orchestral performances excluded. + Brenton Philharmonic Orchestra January 28 to January 30
관현악단의 공연 입장은 제외라고 했는데 1월에 관현악단 공연이 있으므로 1월은 무료가 아니죠.

199. (D) Below is the tentative schedule for shows at the Midcity Performing Arts Hall in the coming months.
이 문장에서 tentative라는 단어는 '잠정적인, 임시의'라는 뜻으로 '일정이 언제든지 바뀔 수 있다'는 뜻입니다.

200. (C) *Admission to orchestral performances excluded 이 문장에서 관현악단 공연 입장은 제외된다고 했죠?

membership 회원 자격, 회원 가입, 회원권 most likely=very likely=as likely as not=probably 십중팔구 purchase 구입(구매)하다 suggest=imply=indicate 시사하다 Performing Arts Hall 공연예술 회관 host 주최하다, 사회를 보다, 접대하다 various=diverse=a variety(diversity) of 다양한 place 장소 popular 인기 있는 among ~가운데 celebrity 유명인 museum 박물관 performance 공연 free 무료의 January 1월 February 2월 March 3월 April 4월 schedule 일정 be sold out 매진되다 available 이용할 수 있는 fixed 고정된 mean-meant-meant 의미(의도)하다 expression 표현 restriction 제한 사항, 제한, 사양 apply 적용되다 certain 특정한, 일정한 consider=contemplate=weigh=allow for 고려 (참작)하다 membership plan 회원제 without notice 예고 없이 performance 공연 admission 입장 allow 허락(허용)하다 non-member 비회원

실력 및
스킬 다지기

07

Questions 131-134 refer to the following e-mail. (다음 이메일을 참조하십시오.)

To:	수신:	Natalie Johnson <natalie@supergreen.com>
From:	발신:	info@eversgrocery.com
Subject:	제목:	Grand Opening Sale (개업 기념 특별 세일)

Dear Valued Customer: 친애하는 소중한 고객님께 :

Evers Grocery would like to invite you/ to the grand opening sale of our new store at 33rd Avenue/ starting Friday this weekend.
에버스 식료품점이 귀하를 초대하고 싶어 합니다/ 33번가에 있는 우리의 새 매장 개업 기념 특별 세일에/ 이번 주 말 금요일부터.

Our new store/ will be open 24 hours a day,/ with the ------- of holidays,/ for your convenience.
   131.
저희의 새 매장은/ 하루 24 시간 영업을 할 것입니다/ 공휴일을 -------하고/ 고객의 편의를 위해서.
   131.

We've taken everything good about Evers/ and made it better.
저희는 에버스에 관련한 좋은 모든 점을 받아들여서/ 그것을 더 좋게 만들었습니다.

Our new store/ has an expanded produce section,/ a larger bakery,/ a new deli,/ and even a food court.
새로운 매장에는/ 확장된 농산물 구역,/ 더 큰 제과점,/ 새로운 식품 판매점/ 및 음식점 코너가 있습니다.

Don't forget to visit/ our natural foods department/-------organic and vegetarian food and products.
   132.
잊지 말고 방문하십시오/ 우리의 천연 식품 부서를/ 유기농 및 채식 식품과 제품을 -------.
   132.

Customers/ can also enter a drawing each day/ to win $500 worth of groceries.
고객들은/ 또한 매일 경품 추첨에 참가할 수 있습니다/ 500 달러어치의 식료품을 획득하기 위해.

Drawings ------- twice a day/ with winners announced at noon and 5 p.m.
   133.
추첨은 하루에 두 번 -------/ 당첨자는 정오와 오후 5시에 발표됩니다.
   133.

Please visit our new location this weekend/ and enjoy special savings.
이번 주말에 새로운 영업점을 방문하여/ 특별 할인혜택을 즐기십시오.

You can also receive an additional 10 percent off your final bill/ with our special coupon for preferred customers.
귀하는 또한 최종 계산서에서 10%의 할인을 추가로 받으실 수 있습니다/ 우대 고객을 위한 특별 쿠폰을 이용하여.

Just print it out/ and give it to the cashier.
그것을 인쇄하여/ 계산원에게 제출하시기만 하십시오.

-------.
   134.

Sincerely, 감사합니다(끝맺음 말)

Lee Hammond 리 해먼드

Director Customer Service 고객 서비스 이사

131.
(A) exception (A) 제외
(B) except (B) ~을 제외하고
(C) excerpt (C) 발췌
(D) accept (D) 수락하다

132.
(A) feature (A) 다루다
(B) to feature (B) 다룰
(C) featuring (C) 다루고 있는
(D) featured (D) 다루어진

133.
(A) will hold (A) 개최할 것이다
(B) might be held (B) 개최될 수도 있다
(C) would be held (C) 개최될 텐데
(D) will be held (D) 개최될 것이다

134.
(A) Thank you for your cooperation with Evers Grocery.
(B) Thank you in advance for shopping at Evers Grocery.
(C) It should be stored under the seats when not in use.
(D) They will be available for a small additional fee.

(A) 에버스 식료품점과 협력해 주셔서 감사합니다.
(B) 에버스 식료품점에서 쇼핑해 주셔서 미리 감사드립니다.
(C) 사용하지 않을 때는 좌석 밑에 보관해야합니다.
(D) 소액의 추가 비용으로 이용하실 수 있습니다.

정답과 해설
131. (A) 문맥상 '제외'라는 단어가 들어가야 가장 자연스러우므로.
132. (C) 목적어가 있으므로 '능동'이며, '앞의 명사를 수식하는 현재분사가 되어야' 가장 자연스러우므로.
133. (D) 추첨행사가 개최되므로 '수동'이며, '미래(개업 기념 특별 세일 기간)에 개최되므로 미래형 수동태'가 되어야 하겠죠?
134. (B) 문맥상 마지막에 '미리 감사의 말을 전하는 것이 가장 자연스러우므로'

어휘 hold-held-held 다루다 cooperation 협력, 협조 grocery 식료품점 in advance=ahead of time=beforehand 미리 should ~해야 한다 store 보관하다 under ~아래에 seat 좌석 when not in use 사용 중이 아닐 때 available 이용할 수 있는 additional 추가적인 fee 비용

Questions 135-138 refer to the following letter. (다음 편지를 참조하십시오.)

Collin Morris 888   콜린 모리스 888
Devon Road   데본 로드
Santana, California   산타나, 캘리포니아

Dear Ms. Morris, 친애하는 모리스 씨,

I am pleased to offer you a position/ at Seaside Pharmaceuticals.
저는 귀하에게 직책을 제공하게 되어 기쁩니다./ Seaside 제약회사에서.

As a production manager,// you ------- to that department's head, Dr. Phil Johnson.
                   135.
생산부장으로서,// 귀하는 해당 부서 책임자인 필 존슨 박사에게 -------.
                                           135.

He will keep you updated about new products and protocols.
그는 귀하에게 새로운 제품과 실험 계획안에 대해 최신 정보를 제공해줄 것이다.

As we discussed on the phone,// the starting salary is $30,000,/ to be paid biweekly.
우리가 전화상에서 논의한 것처럼,// 첫 급여는 30,000달러이며,/ 격주로 지불됩니다.

As a full-time employee,// you will be ------- for all company benefits.
                                   136.
정규직 직원으로,// 귀하는 회사의 모든 복리 후생을 받을 ------- 될 것입니다.
                                        136.

These include medical and dental insurance and a retirement plan.
여기에는 의료 및 치과 보험과 퇴직금이 포함됩니다.

We would like you to start work on Monday, July 18, at 8:00 A.M.
귀하는 7월 18일 월요일 오전 8시부터 근무를 시작해주시기 바랍니다.

You will be required to complete the new employee orientation on that date.
해당 날짜에 신입사원 오리엔테이션을 완수해야합니다.

Please confirm your ------- of this offer in writing.
                     137.
이 제안에 대한 귀하의 -------를 서면으로 확인해 주십시오.
                           137.

-------.
138.
Sincerely, 감사합니다(끝맺음 말)

Michelle Ling 미셸 링

---

135. (A) reported   (A) 과거에 보고했다
     (B) have reported   (B) 방금 보고했다
     (C) will report   (C) 보고 할 것이다
     (D) are reporting   (D) 보고하고 있다

137. (A) accept   (A) 수락하다
     (B) accepted   (B) 수락된
     (C) acceptable   (C) 허용 가능한
     (D) acceptance   (D) 수락, 수용

136. (A) responsible   (A) 책임감 있는
     (B) eligible   (B) 자격을 갖춘
     (C) accessible   (C) 접근 가능한
     (D) possible   (D) 가능한

138. (A) We look forward to hearing from you.

(B) Thank you for meeting with us.

(C) Please suggest an interview date.

(D) We wish you the best in your transfer.

(A) 귀하로부터 소식을 듣기를 고대합니다.

(B) 저희와 만나주셔서 감사합니다.

(C) 면접 날짜를 제안해 주십시오.

(D) 전근에서 행운이 있기를 바랍니다.

정답과 해설	**135.**	(C) '미래에 수행하게 될 일'을 진술하고 있으므로
	136.	(B) be eligible for ~을 받을 자격이 있다
	137.	(D) '소유격 다음에 명사'가 오므로
	138.	(A) 앞 문장에서 '서면 확인을 요청했으니 소식을 기다리겠다고 해야죠.'
어휘	pleased 기쁜 offer 제공(제안)하다 position 직책, 위치 pharmaceutical 의약(의), 조제약(의) as ~로서, ~하듯이, ~하는 대로 production manager 생산부장 department's head 부서 책임자, Dr.=Doctor 박사 keep someone updated ~에게 최신 정보를 제공하다 product 제품 protocol 규약, 실험 계획안 discuss=talk about 논의하다 starting salary 첫 급여 pay-paid-paid 지불하다 biweekly 격주로 full-time employee 정규직 직원 be eligible for ~을 받을 자격이 있다 benefits, 혜택, 복리 후생, 연금 include=involve=incorporate=contain==comprise 포함하다 retirement plan 퇴직금 medical and dental insurance 의료 및 치과 보험 would like A to B: A가 B 하기를 바라다 Monday 월요일 July 7월 A.M. 오전 P.M. 오후 be required to ~해야 한다 transfer 전근, 전학 complete=carry out 완수하다 new employee 신입사원 confirm 확인하다 in writing 서면으로 look forward to ~ing 고대하다	

Questions 139-142 refer to the following memo. (다음 회람을 참조하십시오.)

MEMO(회람)

To:	수신:	all staff	전 직원
From:	발신:	human resources	인사부
Date:	날짜:	June 7	6월 7일
Subject:	제목:	new health care scheme	새로운 의료 계획

As part of the company's effort to provide medical support to its employees,// the human resources department is pleased to ------- a new health care scheme that will be implemented from July 1.
139.
직원들에게 의료 지원을 제공하려는 회사의 노력의 일환으로,// 인사부는 새로운 의료 계획을 ------- 기쁩니다/ 그것
139.
은 7월 1일부터 시행 될 것입니다.

After ------- consultation with employees,// we have put together a comprehensive health package// that
140.
includes benefits that were not part of the previous insurance program,/ such as full optical and dental care.

직원들과의 ------- 상담을 거친 후,// 우리는 종합 건강 패키지를 마련했습니다.// 그 패키지는 이전 보험 프로그램에
140.
포함되지 않은 혜택을 포함하고 있습니다./ 완전한 광학 및 치과 치료와 같이.

For more details,// please refer to the new employee manual that was distributed this morning.
보다 자세한 내용은,// 오늘 아침에 배포된 신입 사원 지침서를 참고하십시오.

-------.
141.

If you haven't yet received your copy,// everything you need to know/ is available on our Web site.
아직 사본을 받지 못한 경우,// 여러분이 알아야 할 모든 것을/ 당사 웹 사이트에서 이용할 수 있습니다.

As the cost of the coverage will be shared by the employees,// a month salary deduction/ will be made automatically.
보장 비용은 직원들이 분담하게 될 것이므로,// 월 급여 공제가/ 자동으로 이루어질 것입니다.

We encourage you to send any ------ you might have about this to Zoe Kazan in human resources.
142.
이에 대해 여러분의 갖고 있을지도 모르는 어떤 ------도 인사부 조 카잔에게 보내주시기 바랍니다.
142.

She will do her best/ to answer them as thoroughly as possible.
그녀는 최선을 다할 것입니다/ 가능한 한 철저하게 답변하기 위해.

139. (A) review
(B) notify
(C) appreciate
(D) announce

(A) 검토하다
(B) 통지하다
(C) 감사하다
(D) 발표하다

140. (A) spacious
(B) preoccupied
(C) extensive
(D) hesitation

(A) 넓은
(B) 몰두한
(C) 광범위한
(D) 망설임

141. (A) Our corporate Web site fully explains the employee evaluation.

    (B) There is information about the improved package on the last page.

    (C) Be aware that the health coverage is not as inclusive as before.

    (D) The deadline for prescription renewals has been extended to July 17.

(A) 당사의 웹사이트가 직원 평가에 대해 충분히 설명합니다.

(B) 마지막 페이지에 개선된 패키지에 대한 정보가 있습니다.

(C) 건강 보장이 이전처럼 포괄적이지 않다는 것을 알아야 합니다.

(D) 처방 갱신 시한이 7월 17일까지 연장되었습니다.

142. (A) inquiries

    (B) reminders

    (C) images

    (D) documents

(A) 문의

(B) 독촉장

(C) 영상

(D) 문서

정답과 해설		
139.	(D) 문맥상 '새로운 변경 사항을 발표하는 내용'이므로	
140.	(C) 문맥상 '광범위한/포괄적인'이 들어가야 가장 자연스러우므로	
141.	(B) 앞에서 언급한 '신입사원 지침서에 대한 추가적인 설명'이므로	
142.	(A) 그 다음에 '답변하기 위해 최선을 다할 것'이라고 했으므로	

어휘　as part of ～의 일환으로 company 회사 effort 노력 provide 제공하다 medical support 의료 지원 employee 직원 pleased 기쁜 human resources department 인사부 health care scheme 의료 계획 implement=enforce 시행하다 July 7월 consultation 상담, 협의 put together 마련하다, 조립하다 comprehensive 종합(포괄)적인 include=contain=cover=comprise 포함하다 benefits 혜택, 복지 previous 이전의 insurance 보험 such as ～같은 full optical and dental care 완전한 광학 및 치과 치료 refer to 참고(참조)하다 details 자세한 내용 manual 지침서 distribute=deal(dole, give) out 배포하다 yet 아직 receive 받다 available 이용할 수 있는 copy 사본, 복사본 cost 비용 coverage 보장, 충당 share 공유(분담)하다 deduction 공제 automatically 자동으로 encourage 권장하다 might ～할지 모르다 do one's best 최선을 다하다 thoroughly=drastically=downright=exhaustively 철저히 as ~as possible 가능한 한

The Annual Keating Town Fair
연례 키팅 타운 전시회

October 12 and 14 10월 12일과 14일

Exhibiting at the showing grounds 전시장에 전시

Keating Town Fair/ is calling for amateur artists to exhibit at its annual show.
기팅 타운 전시회는/ 아마추어 예술가들이 연례 전시회에 출품할 것을 요청하고 있습니다.

Those wishing to exhibit items/ must submit their creation as an entry into a competition.
출품하고자하는 사람들은/ 자신의 창작물을 대회 출품작으로 제출해야합니다.

There is a wide range of genres and subclasses to choose from.
선택할 수 있는 장르와 하위클래스가 매우 다양합니다.

------- .
143.

------ should note// that all staff are volunteers/ and money raised is all donated to worthy causes.
144.
참가자들은 주목해야 합니다.// 모든 직원이 자원 봉사자이며/ 모금된 돈은 모두 가치 있는 일에 기부됩니다.

Please understand// that the entry fee is not refundable ------- any circumstances.
145.
이해해주시기 바랍니다// 참가비는 어떤 상황에서도 환불되지 않는다는 것을.

In some classes,// teams are allowed to submit items.
일부 부류에서는,// 팀이 아이템을 제출하는 것이 허용됩니다(직역).[=팀이 출품해도 됩니다(의역)]

-------,// depending on the class,/ these submissions may be evaluated separately from those presented by
146.
solo competitors.
그러나,// 부류에 따라,/ 이러한 제출물은 단독 참가자가 제출한 품목과 별도로 평가될 수도 있습니다.

You can register for entry using the fair's official Web page.
전시회 공식 웹 페이지를 이용하여 참가 등록을 할 수 있습니다.

www.keatingtownfair.com

143. (A) All submissions are accepted free of charge.
(B) You can find a comprehensive list on the Web page.
(C) The rules indicate that only professionals may take part.
(D) The deadline for spring enrollment is October 1.

(A) 모든 제출물은 무료로 접수됩니다.
(B) 웹 페이지에서 광범위한 목록을 찾을 수 있습니다.
(C) 규칙은 전문가 만 참여할 수 있음을 나타냅니다.
(D) 봄 학기 등록 마감일은 10 월 1 일입니다.

144. (A) Entrants
(B) Viewers
(C) Students
(D) Residents

(A) 참가자
(B) 시청자
(C) 학생
(D) 주민

145. (A) against
(B) according to
(C) under
(D) as for

(A) ～에 반대하여
(B) ～에 따라
(C) ～하에서도, ～아래서
(D) ～에 관한 한

146. (A) In short   (A) 간단히 말해서

        (B) Similarly   (B) 마찬가지로

        (C) Though   (C) ~이지만

        (D) However   (D) 그러나

정답과 해설	**143.**	(B) 다양한 장르와 하위클래스가 있다고 진술했으므로, 그 다음은 '그들 목록을 찾을 수 있는 곳을 안내하는 단계'이 므로
	144.	(A) 문맥상 '참가자'가 들어가야 가장 자연스러우므로
	145.	(C) not ~under any circumstances＝under no circumstances 어떤 상황 하에서도 아니다, 결코 아니다. u.172쪽 (13)번 참조
	146.	(D) 문맥상 앞 문장에서 '팀이 출품하는 것이 허용되지만 평가는 단독참가자의 출품과 별개로 평가 된다'고 진술하고 있으므로
어휘		town 소도시 fair 전시회, 박람회 call for＝request 요청하다 amateur 아마추어 artist 예술가 exhibit 출품(전시)하다 annual 연례의 Those wishing to exhibit items 출품하고자하는 사람들 submit＝give(turn, send, hand) in＝present 제출하다 creation 창작물 as an entry into a competition 대회 출품작으로 a wide range(swath) of 광범위한, 아주 다양한 genre 장르 subclass 하위 부류 note 주목하다 all staff 직원 volunteer 자원 봉사자 raise 모금하다 donate＝contribute 기부하다 worthy 가치 있는 cause 대의, 일, 목적 entry fee 참가비 refundable 환불되는 class 부류, 분류, 종류, 계층 allow 허용(허락)하다 separately 별도로, 분리하여 solo competitor 단독 참가자 depending on＝according to＝as per ~에 따라 submission 제출(물) evaluate＝estimate＝appraise＝rate＝value＝judge 평가하다 register for entry 참가 등록을 하다 official 공식적인

Questions 147-148 refer to the following notice. (다음 공지사항을 참조하십시오.)

BECAUSE OF THE HOLIDAY,// WEEKEND PARKING REGULATIONS/ WILL BE IN EFFECT/ THROUGHOUT THE CITY/ ALL DAY TOMORROW. (147)
공휴일이 있기 때문에,// 주말 주차 규정은/ 시행될 것입니다/ 도시전체에 걸쳐서/ 내일 하루 종일.

THERE WILL BE NO CHARGE FOR PARKING IN METERED PARKING PLACES;
계량기가 있는 주차장에 주차하는 데는 아무런 요금이 부과되지 않을 것입니다.

HOWEVER,// DOWNTOWN PUBLIC PARKING GARAGES/ WILL BE CLOSED.
그러나,// 도심 공공주차장은/ 폐쇄될 것입니다.

SUBWAY AND BUSES/ WILL FOLLOW THE SUNDAY SCHEDULE,// AND WEEKEND FARES AND SENIOR CITIZEN DISCOUNTS/ WILL BE IN EFFECT ALL DAY.
지하철과 버스는/ 일요일 일정에 따를 것이며,// 주말 요금과 노인 할인은/ 하루 종일 시행될 것입니다.

CONSTRUCTION ON THE GREEN RIVER BRIDGE/ WILL BE SUSPENDED,// BUT THE BRIDGE WILL REMAIN CLOSED. (147)
그린 강 다리 건설은/ 일시중단 될 것입니다.// 하지만 다리는 여전히 폐쇄될 것입니다.

147. Which is NOT true about the notice?
(A) Tomorrow is a holiday.
(B) The Green River Bridge will be open tomorrow.
(C) They will stop constructing the Green River Bridge tomorrow.
(D) They can't park in downtown public parking garages tomorrow.

공시사항에 대해 사실이 아닌 것은?
(A) 내일은 휴일이다.
(B) 그린 강 다리는 내일 개통될 것이다.
(C) 내일은 그린 강 다리 건설을 중단할 것이다.
(D) 내일은 도심 공공 주차장에 주차할 수 없다.

148. Why will downtown public parking garages be closed tomorrow?
(A) It's a holiday.
(B) It's the weekend.
(C) There is construction.
(D) The bridge is closed.

왜 내일 도심 공공 주차장이 폐쇄되죠?
(A) 공휴일이니까.
(B) 주말이니까.
(C) 공사가 있으니까.
(D) 다리가 폐쇄되어 있으니까.

정답과 해설	147.	(B) THE BRIDGE WILL REMAIN CLOSED. 이 문장에서 '다리는 여전히 폐쇄될 것'이라고 나와 있죠?
	148.	(A) BECAUSE OF THE HOLIDAY, WEEKEND PARKING REGULATIONS WILL BE IN EFFECT 이 문장에서 '내일은 공휴일이기 때문에, 주말 주차 규정이 시행될 것'이므로, '주말에 공공 주차장은 문을 닫는다'는 뜻입니다.
어휘		because of=owing(due) to=on account of ~ 때문에 holiday 공휴일, 축제일, 휴가 weekend 주말 parking regulation 주차 규정 be in effect=take effect=go into effect 시행되다 throughout the city 도시 전역에 걸쳐 all day 하루 종일 charge 부과, 요금 metered parking place 계량기가 있는 주차장 however 그러나 downtown 도심, 시내 public parking garage 공공주차장 fare 요금 senior citizen 노인 discount 할인 construction 건설 river 강 bridge 다리 suspend 일시 중단하다 remain closed 여전히 폐쇄되다

Questions 149-150 refer to the following menu. (다음 메뉴를 참조하십시오.)

Blue Suede Cafe

Hours	영업시간
Monday－Friday 11:00 A.M. ~ 10:30 P.M.	월요일－금요일 오전 11시 ~ 오후 10시 30분
Live jazz and lounge performances Friday nights!	금요일마다 밤 라이브 재즈 및 라운지 공연! (149)
Saturday 10:00 A.M. ~ 11:30 P.M.	토요일 오전 10시 ~ 오후 11시 30분
Sunday 11:00 A.M. ~ 9:30 P.M	일요일 오전 11시 ~ 오후 9시 30분

Beverages / 음료수

Espresso － $3.00 / 에스프레소 – 3달러

Macchiato － $4.00 / 마키아토(우유를 넣은 커피) – 4달러

Hot tea － $3.00 / 따뜻한 차 – 3달러

All sodas － $2.30 / 모든 탄산음료 – 2달러 30센트

Sandwiches / 샌드위치

Cajun turkey with avocado － $4.50 / 아보카도를 곁들인 카준식(매운맛) 칠면조 – 4달러 50센트

Pastrami and egg salad － $4.00 / 훈제 쇠고기와 계란 샐러드 – 4달러

Cheddar, ham, olives, salsa － $4.30 / 체다(치즈의 일종), 햄, 올리브, 살사(소스) – 4달러 30센트

Lunch / 점심식사

(All served with coffee or tea) / (모두 커피나 차와 함께 제공됨) (150)

Chicken Caesar － $14.00 / **치킨 시저(일종의 샐러드)** – 14달러

Smoked chicken atop a delicious fresh Caesar salad / 맛있는 신선한 시저 샐러드 위에 올린 훈제된 닭고기

Foccacia － $7.00 / 포카시아(이탈리아 빵의 한 종류) – 7달러

Feta and jack cheese, roasted red peppers and fresh basil / 페타 및 잭 치즈, 구운 붉은 고추와 신선한 바질 잎

with chicken roll $1.00 / 치킨 롤과 함께–1달러

with corned beef $0.50 / 소금에 절인 쇠고기와 함께 – 50센트

with tomato $0.75 / 토마토와 함께 – 75센트

Portobello Omelet － $12.00 / **포르토벨로 오믈렛** – 12달러

Spanish style tortilla, sauteed onions, Portobello mushroom / 스페인식 토르티야(납작하게 구운 빵), 볶은 양파, 포르토벨로 버섯

149. When will there be live music?

    (A) On Mondays

    (B) On Fridays

    (C) On Saturdays

    (D) On Sundays

라이브 음악은 언제 제공됩니까?

    (A) 월요일마다

    (B) 금요일마다

    (C) 토요일마다

    (D) 일요일마다

150. What can customers receive with an order of focaccia?

    (A) Coffee

    (B) Bread

    (C) Dessert

    (D) Soup

고객은 Focaccia 주문과 함께 무엇을 제공 받죠?

    (A) 커피

    (B) 빵

    (C) 디저트

    (D) 수프

정답과 해설	**149.** (B) Live jazz and lounge performances Friday nights! 이 메뉴에 '금요일 밤에 라이브 음악이 제공된다.'고 나와 있죠?
	150. (A) All served with coffee or tea 이 메뉴에서 모두 '커피나 차와 함께 제공된다.'고 나와 있죠?
어휘	Monday 월요일 Friday 금요일 A.M. 오전 P.M. 오후 performance 공연 Saturday 토요일 Sunday 일요일 beverage 음료수 espresso 가루에 스팀을 쐬어 만든 진한 커피 macchiato 우유를 넣은 커피 hot 따뜻한, 뜨거운 tea 차 soda 탄산음료 turkey 칠면조 Cajun 매운 양념, 그리고 뜨겁고 달콤한 고추의 사용한 것이 특징의 요리 avocado 열대 아메리카산(産) 녹나뭇과(科)의 과실 pastrami 등심살을 재료로 한 향기 진한 훈제 쇠고기 egg 달걀, 계란 cheddar 치즈의 일종《잉글랜드 Somerset주의 원산지 지명에서》 salsa 스페인풍(이탈리아풍)의 소스. lunch 점심 Chicken Caesar 샐러의 일종 smoked 훈제하다 atop ~위에 fresh 신선한 delicious=yummy=tasty=tempting 맛있는 foccacia 오븐에 굽는 이탈리아의 평평한 빵 roast 굽다 pepper 고추 feta cheese 페터 치즈《양이나 염소젖으로 만든 그리스의 흰 치즈》 basil 향미료·해열제로 쓰는 박하 비슷한 향기 높은 식물 roll 둥글게 말아서 만든 요리 with corn 소금을 뿌리다, 소금에 절이다 beef 쇠고기 omelet=omelette 오므라이스 mushroom 버섯 tortilla 납작하게 구운 옥수수 빵《멕시코인의 주식》 saute 살짝 튀기다, 볶다 onion 양파 customer 고객 receive 받다 order 주문

Questions 151-152 refer to the following text message chain. (다음 일련의 문자메시지를 참조하십시오.)

Young-hee Cho   **8:44 A.M.**

My morning meeting was canceled, so I am on an earlier flight. I should arrive 3 hours sooner than expected. I can now attend the marketing meeting at 4 P.M.

조영희   오전 8시 44분

아침 모임이 취소되어, 더 이른 비행을 탑니다. 저는 예상보다 3시간 더 빨리 도착할 거예요. 이제 오후 4시 마케팅 회의에 참석할 수 있습니다.

Ellen Ortiz   **8:49 A.M.**

Good news! When will you land? Do you need a ride from the airport?

엘렌 오티즈   오전 8시 49분

좋은 소식이군요! 언제 착륙하죠? 공항에서 교통수단이 필요합니까?

Young-hee Cho   **8:51 A.M.**

I should arrive at 12:45 P.M., and I will need a ride. Please call the airport transportation service to tell them about the flight change. (151)
I don't have their number.

조영희   오전 8시 51분

오후 12시 45분에 도착할 것입니다. 그리고 교통수단이 필요합니다. 공항 교통 서비스에 전화하셔서 항공편 변경에 대해 알려주십시오. 저는 그들의 번호가 없거든요.

Ellen Ortiz   **8:52 A.M.**

No problem. What's your flight information?

엘렌 오티즈   오전 8시 52분

문제없습니다. 비행 정보는 무엇입니까?

Young-hee Cho   **8:57 A.M.**

Seacrest Air flight 1045. Departing San Juan 9:50 A.M. Got to go. (152)
The flight is boarding. See you later.

조영희   오전 8시 57분

Seacrest 항공 1045편입니다. San Juan에서 오전 9시 50 출발입니다. 저 가봐야겠어요. 항공편이 탑승을 하고 있거든요. 나중에 봅시다.

	Send 보내기

---

151. At 8:52 A.M, what does Ms. Ortiz most likely mean when she writes, "No problem"?

(A) She will send a phone number to Mr. Cho.

(B) She will reschedule transportation.

(C) She agrees that Ms. Cho should change her flight.

(D) She will write down the flight information

오전 8시 52분에 Ms. Ortiz가 "문제없습니다."라고 쓸 때 십중팔구 무엇을 의미하죠?

(A) 그녀는 Mr. Cho에게 전화번호를 보낼 것이다.

(B) 그녀는 교통편 일정을 조정할 것이다.

(C) Ms. Cho가 항공편을 바꿔야한다는 데 동의한다.

(D) 그녀는 비행 정보를 적어둘 것이다

152. When will Ms. Cho's plane leave San Juan?

(A) At 9:50 A.M.

(B) At 12:45 P.M.

(C) At 1:00 P.M.

(D) At 4:00 P.M.

Ms. Cho의 비행기는 언제 산후안을 떠날까요?

(A) 오전 9:50

(B) 오후 12:45에

(C) 오후 1시

(D) 오후 4시

Questions 153-154 refer to the following advertisement. (다음 광고를 참조하십시오.)

<table>
<tr>
<td>

Now, When
You Purchase a
Wizard
Foreign Language Program,
We'll send You
A FREE GIFT!

</td>
<td>

지금,
마법사 외국어
프로그램을
구입하시면,
우리는 당신에게 무료
선물을 보내드립니다!

</td>
</tr>
</table>

You've seen the ads on TV.
TV에서 광고를 보셨잖아요.

Now it's time to get it for yourself.
이제 직접 구입하실 때가 되었습니다.

Order a full Wizard Language Program at the low price of $450,// and we'll send you an electronic bilingual dictionary ABSOLUTELY FREE. (153) (154)
450 달러라는 저렴한 가격으로 전체 마법사 언어 프로그램을 주문하시면,// 전자 이중 언어 사전(번역 사전)을 무료로 보내드립니다.

This indispensable aid to foreign language learning/ contains thousands of words,// yet is small enough to carry in your pocket or purse.
외국어 학습에 없어서는 안 될 이 보조기구는/ 수천 개의 단어를 포함하고 있지만,// 아주 작아서 주머니나 지갑에 지니고 다닐 수 있습니다.

What a great way to enjoy your new language!
새로운 언어를 즐길 수 있는 참으로 좋은 방법입니다!

Order now/ while supplies last. (Retail value $29.95)
지금 주문하십시오/ 공급이 지속되는 동안.(물량이 남아있을 때) (소매가격 29.95달러)

Call 1-800-555-4985 today.
오늘 1–800–555–4985로 전화 주십시오.

153. What is offered at no charge?

(A) A TV

(B) A purse

(C) A dictionary

(D) A language textbook

무료로 제공되는 것은 무엇입니까?

(A) TV

(B) 지갑

(C) 사전

(D) 언어 교과서

154. How can you get this item?

(A) By taking a class

(B) By visiting a store

(C) By watching a TV show

(D) By ordering a language program

어떻게 이 물건을 구할 수 있죠?

(A) 수업을 들음으로써

(B) 상점을 방문함으로써

(C) TV 쇼를 시청함으로써

(D) 언어 프로그램을 주문함으로써

어휘	purchase 구입(구매)하다 wizard 마법사 foreign language 외국어 send 보내다 free 공짜의 gift 선물 ad=advertisement 광고 for oneself 직접 order 주문하다 low 저렴한 price 가격 electronic 전자의 bilingual dictionary 이중 언어 사전, 번역 사전 absolutely 전적으로 indispensable=essential 필수적인, 없어서는 안 될 aid 보조기구 learning 학습 contain=cover=comprise=comprehend 포함하다 thousands of 수천 개의 yet 그러나 enough 충분히 carry 지니고 다니다 pocket 주머니 purse 지갑 while supplies last 공급이 지속되는 동안, 물량이 남아있을 때 retail value 소매가격 call 전화하다 offer 제공하다 at no charge=free of charge=for nothing=for free=gratis=gratuitously 공짜로, 무료로

Questions 155-157 refer to the following information. (다음 정보를 참조하십시오.)

Athena Airlines Passenger Briefing(아테나 항공 승객 브리핑)

This passenger briefing/ contains information about our flight itinerary to Phoenix and Salt Lake City.
이 승객 브리핑에는/ 피닉스와 솔트 레이크 시티 행 항공편 일정에 대한 정보가 포함되어 있습니다. (155)

Please ask a customer service representative// if you need further assistance.
고객 서비스 담당자에게 문의하십시오// 추가 지원이 필요한 경우에는.

Thursday 12/23/2007 2007년 12월 23일 목요일

Depart 출발	SAN DIEGO, CA 캘리포니아 샌디에고		BROWN FIELD MUNI 브라운 필드 도시 공항	08:00 a.m. 오전 8시
Arrive 도착	PHOENIX, AZ 애리조나 피닉스		PHOENIX SKY HARBOR INTL 피닉스 스카이 하버 국제공항	09:53 a.m. 오전 9시 53분
	Flight Time 비행시간	00:53 53분	Time Change : Add 1 Hour(s) 시간 변경 : 1시간 빨라짐	
	Catering Info: Light breakfast including Danish, fruit and fresh orange juice 기내식 정보: 덴마크 식, 과일, 신선한 오렌지 주스를 포함한 가벼운 아침식사			

Thursday 12/23/2007 2007 년 12월 23일 목요일

Depart 출발	PHOENIX, AZ 애리조나 피닉스		PHOENIX SKY HARBOR INTL 피닉스 SKY HARBOR 국제공항	10:45 a.m. 오전 10시 45분
Arrive 도착	SALT LAKE CITY, UT 유타 솔트 레이크 시티	(156)	SALT LAKE CITY INTL 솔트 레이크 시티 국제공항	12:06 p.m. 오후 12시 6분
	Flight Time 비행시간	01:21 1시간 21분	No Time Change 시간 변경 없음	
	Special Notes: Transportation from Salt Lake Airport to your meeting/ will be provided by K & R Limo. Service-602-555-1234 특별 참고 사항: 솔트 레이크 공항에서 회의장까지의 교통편은/ K & R Limo에 의해 제공될 것입니다. 서비스-602-555-1234			

Friday 12/24/2007 2007 년 12월 24일 금요일

Depart 출발	SALT LAKE CITY, UT 유타 솔트 레이크 시티		SALT LAKE CITY INTL 솔트 레이크 시티 국제공항	01:00 p.m. 오후 1시
Arrive 도착	PHOENIX, AZ 애리조나 피닉스		PHOENIX SKY HARBOR INTL 피닉스 스카이 하버 국제공항	02:15 p.m. 오전 2시 15분
	Flight Time 비행시간	01:15 1시간 15분	No Time Change 시간 변경 없음	
	Catering Info: Sandwich tray, fresh fruit and flight dessert 기내식 정보: 샌드위치 한 접시, 신선한 과일 및 기내 디저트			

Friday 12/24/2007 2007 년 12월 24일 금요일

Depart 출발	PHOENIX, AZ 애리조나 피닉스		PHOENIX SKY HARBOR INTL 피닉스 스카이 하버 국제공항	03:00 p.m. 오후 3시
Arrive 도착	SANDIEGO, CA 캘리포니아 샌디에고		BROWN FIELD MUNI 브라운 필드 도시 공항	02:55 p.m. 오후 2시 55분
	Flight Time 비행시간	00:55 55분	Time Change : Lose 1 Hours(s) 시간 변경 : 1시간 늦춰짐	

155. What is this information related to?

(A) A traveler's itinerary

(B) A train schedule

(C) A flight plan

(D) A pilot's directions

이 정보는 무엇과 관련이 있습니까?

(A) 여행자의 여행 일정

(B) 기차 스케줄

(C) 비행 계획서

(D) 조종사의 지시

156. What is this passenger's final destination on Thursday?

(A) San Diego

(B) Phoenix

(C) Salt Lake City

(D) Brown Field

목요일에 이 승객의 최종 목적지는 어디죠?

(A) 샌디에이고

(B) 피닉스

(C) 솔트 레이크 시티

(D) 브라운 필드

157. How much time will be spent/ flying on the return trip?

(A) 55 minutes

(B) 1 hour and 10 minutes

(C) 1 hour and 15 minutes

(D) 2 hours and 10 minutes

얼마나 많은 시간이 소요될까요/ 돌아오는 여행에서 비행하는 데?

(A) 55분

(B) 1시간 10분

(C) 1시간 15분

(D) 2시간 10분

정답과 해설

155. (A) This passenger briefing contains information about our flight itinerary.
+ Transportation from Salt Lake Airport to your meeting will be provided by K & R Limo.
추론 문제로서 승객 브리핑에는 항공편 일정에 대한 정보가 포함되어 있으며, 솔트 레이크 공항에서 회의장까지의 교통편이 안내되어 있으므로

156. (C) SAN DIEGO, CA → PHOENIX, AZ → SALT LAKE CITY, UT

157. (D) SALT LAKE CITY, UT → PHOENIX, AZ(1시간 15분)+PHOENIX, AZ → SANDIEGO, CA(55분)=2시간 10분

어휘 information 정보 be related(linked) to=be concerned(connected, associated, linked) with ~와 관련이 있다 traveler 여행자 itinerary 일정 flight 비행, 항공편 plan 계획 pilot 조종사 direction 지시 passenger 승객 final 최종적인 destination 목적지 Thursday 목요일 spend-spent-spent 소비하다 return trip=the journey back from a destination 목적지에서 돌아오는 여행

Questions 158-160 refer to the following article. (다음 기사를 참조하십시오.)

Total web address registrations/ surged to 63 million/ in the spring of this year.
전체 웹 주소 등록이/ 6,600만으로 급증했다/ 금년 봄에.

Some 4.7 million addresses/ were created/ in the first quarter,/ a record.
약 470만 개의 주소가 생성되었다/ 1 분기에/ 이것은 기록적인 일이었다.

Though North America remained the area with the highest number of Internet users// at just over half of its population,// the recent availability of Arabic, Chinese, and Russian characters within domain names/ certainly contributed to this rapid increase. (159)
비록 북미가 인터넷 사용자 수가 가장 높은 지역으로 남았지만/ 정확히 전체 인구의 절반이 넘는 상태로// 도메인 이름 내에서 최근 아랍어, 중국어 및 러시아어 문자를 사용할 수 있게 된 것이/ 분명 이 급격한 증가에 기여했다.

The "interconnected word" of the Internet that online visionaries **'espouse'**/ is slowly taking shape.
온라인 선구자들이 옹호하는 인터넷이라는 "상호 연결된 단어"가/ 서서히 모양을 갖춰가고 있다.

However,// not all reports have been good.
그러나,// 모든 보고서가 다 좋은 것만은 아니었다.

E-mail has made business-to-business communication more efficient/ and person-to-person correspondence
faster and cheaper,// yet spam and e-mail viruses also reached an all-time high.
이메일은 기업 간 통신을 더 효율적이고 개인 간 통신을 더 빠르고 저렴하게 만들었지만,// 스팸 및 이메일 바이러스도 사상 최고치를 기록했다.

Spam-unwanted e-mail-makes up three-quarters of all e-mail messages.
스팸, 즉 원치 않는 이메일이 모든 이메일 메시지의 4분의 3을 구성하고 있다.

Worse still,// despite improvements in anti-virus software,/ the percentage of virus-infected e-mails/ remained at just over nine percent.
더욱더 나쁜 것은,// 항바이러스 소프트웨어의 개선에도 불구하고,/ 바이러스에 감염된 이메일의 비율은/ 정확히 9% 이상에 머물렀다.

For business,// this is especially bad news,// as they must purchase costly anti-virus software/ and take valuable time to delete the unwanted e-mails,/ which costs businesses an average of US $ 1,934 per year in lost production,/ double the amount of the previous year.
비즈니스의 경우,// 이것은 특히 나쁜 소식이다.// 왜냐하면 그들이 비용이 많이 드는 항바이러스 소프트웨어를 구입해야하고/ 원치 않는 전자 메일을 삭제하는 데 귀중한 시간이 걸리므로,/ 그리고 그것은 기업들에게 생산 손실로 인해 연평균 미화 1,934 달러의 비용이 들게 하는데,/ 이는 전년도 액수의 두 배나 된다.

Although the Internet's potential is great,// the Internet industry should redouble its effort/ to reduce unwanted and unnecessary spam and reduce the serious threats posed by software and Internet viruses.
인터넷의 잠재력은 크지만,// 인터넷 산업은 노력을 두 배로 늘려야한다./ 원치 않고 불필요한 스팸을 줄이고 소프트웨어 및 인터넷 바이러스로 인해 야기되는 심각한 위협을 줄이기 위해. (160)

total 전체의 address 주소 registration 등록 surge 급증하다, 치솟다 million 100만 in the spring of this year 금년 봄에 some=about=around=approximately=roughly=or so 대략 create 만들다, 생성하다, 창조하다 the first quarter 1분기 record. 기록적일 일 though=although=even though=notwithstanding 비록 ~이지만 remain ~올 남아있다, ~로 유지하다 area 지역 just 정확히, 꼭 recent 최근의 availability 가용성 character 문자 within ~내에서 certainly=undoubtedly=unquestionably 확실히, 분명히, 의심할 여지없이 contribute to 기여(공헌)하다 rapid 급격한 increase 증가 interconnected 상호 연결된 visionary 선구자 take shape 구체화되다 espouse=support=uphold=back (hold, prop, shore, bolster) up 옹호(지지)하다 however 그러나 efficient 효율적인 business-to-business communication 기업 간 통신 person-to-person correspondence 개인 간 통신 faster 더 빠른 cheaper 더 저렴한 yet 그러나 reach 도달하다 an all-time high 사상 최고치 make up=compose 구성하다 three-quarters 4분의 3 worse still 더욱더 나쁜 것은 despite=in spite of=with all=for all=notwithstanding ~에도 불구하고 improvement 향상, 개선 anti-virus 항바이러스 infect 감염시키다 especially 특히 purchase 구입(구매)하다 costly 비용이 많이 드는 valuable=precious 귀중한 delete 지우다 cost 비용이 들다 business 기업 average 평균 US $ 미화, 미국 달러 per year 1년 당 double 두 배 amount 액수 in lost production 생산 손실로 인해 previous 이전의 potential 잠재력 industry 산업 redouble 두 배로 늘리다, 배가하다 effort 노력 reduce 줄이다 unnecessary 불필요한 serious 심각한 threat 위협 pose=raise=produce=cause 야기하다, 제기하다

158. In the article, the word *"espouse"* in paragraph 1, line 6, is closest in meaning to

(A) support
(B) require
(C) reject
(D) understand

기사에서, 첫 번째 단락 6행에서 *"espouse"*와 의미상 가장 가까운 것은?

(A) 지지하다
(B) 요구하다
(C) 거부하다
(D) 이해하다

159. According to the article, which of the following statements is true?

(A) The highest number of internet users is the Chinese
(B) The use of languages other than English on the Internet is growing.
(C) About 75% of e-mail is infected with viruses
(D) Over half of the people in the world use the internet.

이 기사에 따르면 다음 설명 중 어느 것이 사실이죠?

(A) 가장 많은 인터넷 사용자는 중국인이다.
(B) 인터넷에서 영어 이외의 언어 사용이 증가하고 있다.
(C) 이메일의 약 75 %가 바이러스에 감염되어 있다
(D) 전 세계 사람들의 절반 이상이 인터넷을 사용한다.

160. What is the writer's opinion of the current internet situation?

(A) The increase of domain names has caused more spam.
(B) The potential of the Internet has gone down because of viruses
(C) The industry should increase its efforts to improve internet safety
(D) The writer's opinion is not given

현재 인터넷 상황에 대한 작가의 의견은 무엇입니까?

(A) 도메인 이름의 증가가 더 많은 스팸을 야기했다.
(B) 인터넷의 잠재력이 바이러스로 인해 하락했다.
(C) 산업계는 인터넷 안전을 개선하기 위한 노력을 증가시켜야한다
(D) 작가의 의견은 제시되지 않았다

158. (A) espouse=support=advocate=boost=favor=second=uphold=back(hold, prop, shore, bolster) up 옹호(지지)
하다

159. (B) the recent availability of Arabic, Chinese, and Russian characters within domain names certainly
contributed to this rapid increase. 이 문장에서 '다른 언어 사용 증가가 인터넷 사용자의 증가에 기여했다'고
진술하고 있죠?

160. (C) the Internet industry should redouble its effort to reduce unwanted and unnecessary spam and reduce
the serious threats posed by software and Internet viruses. 이 문장에서 '스팸과 위협을 줄이기 위해 노력을
배가해야한다'고 진술하고 있죠.

어휘 article 기사 paragraph 단락 line 줄, 행 closest in meaning 의미상 가장 가까운 according to=as per ~에 따르면
statement 진술, 설명 other than ~이외의, ~과 다른 grow-grew-grown 증가하다 infect 감염시키다 writer 작가 opinion
의견 about=around=approximately=some=roughly=or so 대략 i current 현재의 situation 상황 increase=growth 증가
cause 야기하다, 초래하다 potential 잠재력 because of=owing(due) to=on account of=as a result(consequence) of ~
때문에 go down 하락하다 industry 산업, 산업계 increase=add to=augment=intensify=step up 증가시키다 effort 노력
improve 개선하다, 향상시키다 safety 안전성

Questions 161-163 refer to the following notice. (다음 공지사항을 참조하십시오.)

Film Lovers Earnestly Needed!
(영화 애호가들이 절실히 필요합니다!)

The Starburst Film Festival/ is a 15-day event held every year/ during the second week of February.
스타 버스트 영화제 (Starburst Film Festival)는/ 매년 열리는 15일간의 행사입니다/ 2월 둘째 주에. (163)

This year/ we are holding it from February 14-28, 2010. (163)
올해는/ 2020년 2월 14일부터 28일까지 개최할 예정입니다.

This festival/ is run entirely by volunteers. (163)
이 축제는/ 전적으로 자원 봉사자들에 의해 운영됩니다.

We urge you to share your time and talent for this event/ by joining many of Louisiana's film-loving people!
여러분의 시간과 재능을 이 행사를 위해 나누시기 바랍니다./ 루이지애나의 많은 영화 애호가들과 함께함으로써.

Pre-festival activities(축제 전 활동)

From January 3 to 17,// we need volunteers for the following committees:// research of relevant films,/ film selection and classification,/ and sourcing of film material. (161)
1월 3일부터 17일까지,// 저희는 다음 위원회를 위한 자원 봉사자가 필요합니다.// 관련 영화 연구,/ 영화 선정과 분류,/ 영화 재료 조달.

From January 18 to 30,// we need volunteers// to preview the preselected films,/ organize the sequence of film showings,/ plan advertising and publicity for the film festival,/ and do the actual executions of festival advertising and publicity. (161) (163)
1월 18일부터 30일까지,// 저희는 자원 봉사자가 필요합니다.// 사전 선정된 영화를 미리보고,/ 영화 상영 순서를 편성하고,/ 영화제를 위한 광고 및 홍보를 계획하고,/ 축제 광고 및 홍보를 실제로 실행할 수 있는 (자원 봉사자가 필요합니다).

Festival proper(정식 축제)

During the festival proper,// we need volunteers for these committees:// registration,/ welcoming of guests and festival attendees,/ and day-by-day coordination of the film festival activities. (161)
정식 축제 기간 동안,// 저희는 이러한(다음과 같은) 위원회를 위한 자원 봉사자가 필요합니다.// 등록,/ 손님과 축제 참석자들의 환영,/ 영화제 활동을 매일 조정하는 일.

Post-festival activities(축제 후 활동)

After the festival,// we need volunteers for these committees:// 'return' of films to their owners, and preparation of the festival's income-and-loss statement. (161)
축제가 끝난 후,// 저희는 이러한(다음과 같은) 위원회를 위한 자원 봉사자가 필요합니다.// 영화를 주인에게 반환하는 일과 축제의 손익 명세서 작성하는 일.

Volunteer registration(자원 봉사자 등록)

Volunteers are requested to register with the Starburst Film Festival. (163)
자원 봉사자들은 스타 버스트 영화제에 등록해야합니다.

Tel. 800-365-2800 no later than January 2, 2020.
전화 2020년 1월 2일까지 700-234-0087.

어휘 film lover 영화 애호가 earnestly 절실히, 진심으로 festival 축제 event 행사 hold-held-held 개최하다
every year=annually=from year to year=year in and year out 매년 during ~동안에 February 2월 this year 올해는
run=operate 운영하다 entirely 전적으로 volunteer 자원 봉사자 urge 설득(권고)하다, 재촉하다 share 나누다 join
함께하다 pre-festival activity 축제 전 활동 following 다음의 committee 위원회 research 연구 relevant 관련된 selection
선정 classification 분류 and sourcing (부품) 조달 material 자료, 제재(題材), 재료 January 1월 preview 미리보다,
시사를 보다 preselect 미리 선정하다 organize 편성(조직, 구성, 정리)하다 sequence 순서 showing 상영, 보이기 plan
계획하다 advertising 광고 publicity 홍보 actual 실제의 execution 실행, 집행 proper 정식의, 고유의, 엄격한 의미의
registration 등록 welcoming 환영 guest 손님 attendee 참석자 day-by-day 매일의 coordination 조정
post-festival activity 축제 후 활동 return 반환 owner 주인 preparation 준비 income-and-loss statement 손익 명세서
be requested to ~해야 한다 register with ~에 등록하다 no later than 늦어도 ~까지

161. What is the purpose of the notice?

(A) To solicit sponsorships

(B) To get film exhibitors

(C) To invite volunteers

(C) To publicize an event

공시사항의 목적은 무엇입니까?

(A) 후원을 간청하기 위해

(B) 영화 출품 업체를 구하기 위해

(C) 자원봉사자들을 초대하기 위해

(C) 행사를 홍보하기 위해

162. In the notice, the word *"return"* in paragraph 4, line 1, is closest in meaning to

(A) coming back

(B) going back

(C) giving back

(D) paying back

공지사항에서, 네 번째 단락 1행에서 *"return"*과 의미상 가장 가까운 것은?

(A) 돌아오기

(B) 돌아가기

(C) 돌려주기

(D) 상환하기

163. Which of the following statements is NOT true about the notice?

(A) The film festival lasts for fifteen days.

(B) The film festival is operated partly by volunteers.

(C) Volunteers should register with the Starburst Film Festival.

(D) Volunteers are needed to advertise and publicize the film festival.

다음 설명 중 공지사항에 대해 사실이 아닌 것은?

(A) 영화제는 15일 동안 지속된다.

(B) 영화제는 일부분 자원 봉사자들에 의해 운영된다.

(C) 자원 봉사자들은 스타 버스트 영화제에 등록해 야한다.

(D) 영화제를 광고하고 홍보하기 위해 자원봉사자가 필요 하다.

정답과 해설
161. (A) we need volunteers. 라는 말을 반복적으로 사용함으로써 '자원봉사자들의 후원을 간청'하고 있죠?

162. (C) 본문에서 return은 '반환(giving back, handing back)'의 뜻으로 쓰였습니다.

163. (B) This festival is run entirely by volunteers. 이 문장에서 이 영화제는 '전적으로 자원봉사자들에 의해 운영된다.' 고 공지하고 있죠?

어휘 purpose 목적 notice 공지사항 solicit 간청하다 sponsorship 후원 exhibitor 출품자, 영화 상영자 invite 초대하다 volunteer
자원봉사자 publicize 홍보하다 event 행사 paragraph 단락 line 행, 줄 closest in meaning to 의미상 가장 가까운
following 다음의 statement 설명, 질술 film festival 영화제 last=continue=go on 지속되다 operate=run 운영하다 partly
부분적으로 register with ~에 등록하다 advertise 광고하다

Questions 164-167 refer to the following form. (다음 양식을 참조하십시오.)

TRD Educational Conference   TRD 교육회의
Treedown Centre   트리다운 센터
West 49th Street   웨스트 49번가
8th-10th June   6월 8일–10일

To register and reserve a place for the conference,// please complete the following details:
회의 장소를 등록하고 예약하려면,// 다음 세부 정보를 작성하십시오.

Name(이름):

Company(회사):

Number of people in party(일행 수):

Please check the dates you wish to attend.
(참석하고자 하는 날짜를 표시해주십시오.)

8th June ( )   9th June ( )   10th June ( )
6월 8일 ( )   6월 9일 ( )   6월 10일   ( )

The cost of the conference/ is $120 per day or $300 for three days/ for delegates who pay in full before April 30th. (164) (166)
회의비용은/ 하루당 120달러, 또는 3일에 300달러입니다/ 4월 30일 이전에 전액 지불하는 대표단의 경우.

Registration after this date/ will be $140 per day/ with no discount for attending all three days.
이 날짜 이후 등록은/ 하루에 140달러이며/ 3일 모두 참석할 경우에 대해서도 할인은 없습니다. (164) (167)

Parties of ten people or more/ will receive a 10% discount. (164) (166)
10명 이상의 일행은/ 10% 할인을 받을 수 있습니다.

Please make checks payable to TRD Education,/ or complete the Credit or Debit form overleaf.
TRD 교육부에 지불해야 할 수표를 작성하거나,/ 뒷면에 있는 신용카드 또는 직불카드 양식을 작성해 주십시오.

We regret we do not accept payment in cash.
죄송하지만 저희는 현금으로 지불액을 받지 않습니다.

If you require accommodation,/ or if you have any special dietary needs,// please complete form D/ and enclose it with your registration details. (165)
숙박시설이 필요하거나/ 어떤 특별한 식사상의 요구사항이 있을 경우,// 양식 D를 작성하여/ 등록 세부정보와 함께 동봉해 주십시오.

어휘   register 등록하다 reserve 예약하다 conference 회의 complete=fill in=fill out 작성하다 following 다음의 details 세부 정보, 세부사항 party 일행 check 표시(확인)하다, 수표 date 날짜 wish to ~하고 싶다 attend 참석하다 cost 비용 per day 하루당 delegate 대표단 pay in full 전액 지불하다 April 4월 registration 등록 discount 할인 receive 받다 payable 지불해야 할 overleaf 뒷면에 있는 Credit or Debit form 신용카드 또는 직불카드 양식 regret 유감스러워하다, 아쉬워하다 accept 수락하다 payment 지불액 in cash 현금으로 require 필요로 하다 accommodation 숙박시설 special 특별한 dietary 식사상의, 음식의, 식이요법의 needs 필요사항 enclose 동봉하다 registration 등록

164. What information does the form give?

    (A) The conference agenda

    (B) Information about prices

    (C) Information about accommodation

    (D) The people attending the conference

양식은 어떤 정보를 제공합니까?

    (A) 회의 의제

    (B) 가격에 관한 정보

    (C) 숙박에 관한 정보

    (D) 회의에 참석 한 사람들

165. What should someone do if they have a food allergy?

    (A) Complete form D.

    (B) Pay extra.

    (C) Contact the organizers.

    (D) Enclose details with their registration.

음식 알레르기가 있으면 어떻게 해야 하죠?

    (A) 양식 D를 작성해야 한다.

    (B) 추가요금을 지불해야 한다.

    (C) 주최자에게 문의해야 한다.

    (D) 등록과 함께 세부사항을 동봉해야 한다.

166. What is the cheapest way to go to the conference?

    (A) Register after April 30th.

    (B) Pay by Debit or Credit card.

    (C) Register early and go in a group.

    (D) Go to the conference for two or more days.

회의에 가는 가장 저렴한 방법은 무엇이죠?

    (A) 4월 30일 이후에 등록한다.

    (B) 직불 카드 또는 신용 카드로 결제한다.

    (C) 일찍 등록하고 단체로 참여한다.

    (D) 이틀 이상 회의에 참석한다.

167. How much does it cost someone to attend the conference for three days if they register after April 30th?

    (A) $150

    (B) $300

    (C) $390

    (D) $420

4월 30일 이후에 등록하면 3일 동안 회의에 참석하는 데 비용이 얼마나 듭니까?

    (A) 150 달러

    (B) 300 달러

    (C) 390 달러

    (D) 420 달러

정답과 해설

164. (B) 이런 문제를 글 전체를 읽어야만 답을 끌어낼 수 있는 문제로서, 회의에 참석하는 일행의 수, 등록날짜와 기간에 따라 '다양한 비용에 관한 정보를 제공'하고 있죠?

165. (A) If you have any special dietary needs, please complete form D. 이 문장에서 '양식 D를 작성하라'고 안내를 하고 있죠?

166. (C) 4월 30일 기준으로 그 이전에 지불하면 더 싸고, 10명 이상의 일행은 10% 할인해준다고 안내하고 있으므로.

167. (D) Registration after this date will be $140 per day with no discount for attending all three days. 이 문장을 바탕으로 하루에 140달러이므로 3일은 420달러가 되겠죠?

어휘   information 정보 form 양식, 서식 conference 회의 agenda 의제 price 가격 accommodation 숙박시설 attend 참석하다 food 음식, 식품 allergy 알레르기, 과민성 complete=fill in=fill out 작성하다 pay extra 추가요금을 지불하다 contact=make contact with=get in touch(contact) with ~에게 문의(연락)하다 organizer 주최자 enclose 동봉하다 details 세부 정보, 세부사항 registration 등록 cheapest 가장 싼 way 방법 register 등록하다 April 4월 by Debit or Credit card 직불카드나 신용카드로 early 일찍 in a group 단체로 cost 비용이 들다 attend=go to 참석하다

Questions 168-171 refer to the following e-mail. (다음 이메일을 참조하십시오.)

---

* E-Mail Message *

From:	발신:	Kana Chang <kchang@kmail.com>
To:	수신:	Customer Service <CS@lantiauto.com>
Subject:	제목:	Request for information (정보 요청)
Date :	날짜:	September 16 (9월 16일)

To Whom It May Concern: 관계자 분께:

I currently lease a car from your company. (169)
저는 현재 귀하의 회사로부터 자동차를 임차해서 사용하고 있습니다.

However,/ I recently accepted a job in Boston City,// and I am going to start taking the bus.
그러나/ 저는 최근에 멤피스 시티에서 일자리를 수락하여,// 버스를 타기 시작할 예정입니다.

My agreement/ is number LA508.
저의 계약은/ LA508 번입니다.

It is a month-to-month lease that automatically renews on the same day each month. (171)
그것은 매월 같은 날 자동으로 갱신되는 월별 임차입니다.

My new job/ starts on Tuesday, September 28,// so ideally I would return the car to you on Monday, September 27. (170)
저의 새 직장은/ 9월 28일 화요일에 시작합니다.// 그래서 9월 27일 월요일에 귀하에게 차를 반환하는 것이 이상적일 것 같아요.

However,// if the renewal date is earlier than that Monday,/ I would rather return the car at the end of the current month's contract/ and make other transportation arrangements// until my new job starts. (170)
그러나,// 만일 갱신 날짜가 월요일보다 빠를 경우에는,/ 차라리 이번 달 계약이 끝날 때 차를 반납하고/ 다른 교통수단을 마련하고 싶습니다.// 새 직장이 시작될 때까지.

Please let me know/ on what exact day of the month my lease ends/ and when I need to return the car. (168)
부디 알려주십시오./ 저의 임차 기간이 정확히 며칠에 끝나는지와/ 자동차를 언제 반납해야하는지.

Thank you. 감사합니다.

Kana Chang 가나 장

어휘 To Whom It May Concern: 관계자 분께, 관련되신 분께, 관계자 제위 currently 현재 lease 임차하다, 임차해 사용하다 company 회사 however 그러나 recently 최근에 accept 수락하다 job 일자리, 직업 agreement 계약 current 현재의 be going(due, scheduled, supposed, planning, set, slated) to ~할 예정이다 month-to-month lease 월별 임차 automatically=spontaneously=of oneself 자동으로 renew=recommence 갱신되다, 갱신하다 Tuesday 화요일 September 9월 so=thus=hence=therefore=consequently=as a result(consequence) 그래서 ideally 이상적으로, 이상을 말한다면 return=give back=hand back 반환하다 Monday 월요일 renewal date 갱신 날짜 would rather 차라리 ~하고 싶다, 차라리 ~하겠다 contract 계약 make other transportation arrangements 다른 교통수단을 마련하다 exact 정확한 need to=have to=must ~해야 한다

168. Why did Ms. Chang send the e-mail?

(A) To request a car rental

(B) To get information about lease

(C) To resign from a position

(D) To inquire about available parking

장 씨는 왜 이메일을 보냈습니까?

(A) 렌터카를 요청하기 위해서

(B) 임차에 관한 정보를 얻기 위해서

(C) 직책에서 사임하기 위해서

(D) 이용 가능한 주차에 관해 문의하기 위해서

169. What is suggested about Ms. Chang?

(A) She wants to sell her car.

(B) She lives near a train station.

(C) She has recently moved to a new city.

(D) She currently drives to work.

장 씨에 대해 시사하는 바가 무엇이죠?

(A) 그녀는 자신의 차를 팔고 싶어 한다.

(B) 그녀는 기차역 근처에 산다.

(C) 그녀는 최근에 새로운 도시로 이사했다.

(D) 그녀는 현재 차를 몰고 직장에 다닌다.

170. When should Ms. Chang go to Lanti Auto?

(A) On September 7

(B) On September 14

(C) On September 25

(D) On September 28

장 씨는 언제 Lanti Auto에 가야합니까?

(A) 9월 7일

(B) 9월 14일

(C) 9월 25일

(D) 9월 28일

171. What is indicated about month-to-month agreements?

(A) They may expire at 4 P.M. on the final contract date.

(B) They are available for one year at most.

(C) They all cost $199 per month.

(D) They include the cost of maintenance.

월별 계약과 관련하여 시사하는 바는 무엇이죠?

(A) 최종 계약일 오후 4시에 만료될 수 있다.

(B) 기껏해야 1년 동안 유효하다.

(C) 모두 월 199달러의 비용이 든다.

(D) 유지비가 포함된다.

정답과 해설

168. (B) Please let me know on what exact day of the month my lease ends and when I need to return the car. 이 문장에서 임차에 관한 정보, 즉 '임차 기간 만료일과 자동차 반환 일자를 알려 달라.'고 하고 있죠?

169. (D) I currently lease a car from your company. '저는 현재 귀하의 회사로부터 자동차를 임차해서 사용하고 있습니다.' 라고 진술하고 있는 반면, 나머지 세 개의 선택지에 관한 언급은 제시되어 있지 않았죠?

170. (C) My new job starts on Tuesday, September 28, so ideally I would return the car to you on Monday, September 27. + if the renewal date is earlier than that Monday, I would rather return the car at the end of the current month's contract. 위 두 문장을 바탕으로 27일이 이상적이지만 '갱신일이 월요일보다 더 빠를 경우에는 계약일이 끝날 때 반환하고 싶다'고 했으므로.

171. (A) 최종 계약일에 임대인이나 임차인이 계약 만료를 원할 때는 언제나 끝날 수 있는 계약이므로.

어휘 send 보내다 request 요청하다 car rental 렌터카 lease 임대차, 임대(임차)하다 resign from ~로부터 사직하다 position 직책 inquire about ~에 대해 문의하다 available 이용 가능한 parking 주차 suggest=indicate=imply 시사하다 sell 팔다 near 가까이에 train station 기차역 recently=lately=of late 최근에 currently 현재 drive to work 차를 몰고 직장에 다니다 September 9월 month-to-month agreement 월별 계약 expire 만료되다 final 최종의, 마지막의 contract date 계약일 available=effective=valid=good=true 유효한 at most 기껏해야 cost 비용이 들다 per month 한 달 당 include=involve =incorporate=encompass=embody=contain=cover=comprise=comprehend 포함하다 maintenance 유지 보수

Questions 172-175 refer to the following letter. (다음 편지를 참조하십시오.)

Highbrook Library
42 Doring Street
Norwich, CT 06360
860-555-0110
April 23

하이브룩 도서관
42 도링 스트리트
노리치, 코네티컷 06360
860-555-0110
4월 23일

Mr. Jack Vogel
Ellicott Office Supplies
181 Foss Street
Norwich, CT 06360

잭 보겔 씨
엘리콧 사무용품
181 포스 스트리트
노리치, 코네티컷 06360

Dear Mr. Vogel: 친애하는 보겔 씨:

On behalf of the Highbrook Library,// I would like to offer my sincere thanks for your generous gifts.
하이브룩 도서관을 대표해서,// 저는 귀하의 아낌없는 선물에 대해 진심으로 감사를 표하고 싶습니다. (172)

The three computers you donated from your store,/ along with the extra paper and ink,// have helped us to better serve our customers. —[1]—
귀하가 귀하의 매장으로부터 기증한 세 대의 컴퓨터는/ 추가 용지 및 잉크와 더불어,// 우리가 고객들에게 더 나은 서비스를 제공하는 데 도움을 주었습니다. —[1]—

We now have five computers/ and they are almost always in use.
우리는 이제 5대의 컴퓨터를 가지고 있으며/ 그것들은 거의 항상 사용되고 있습니다.

In our last conversation,// you had asked how the library staff would control use.
지난번 대화에서,// 귀하는 도서관 직원들이 어떻게 사용을 통제할 것인지 물었었습니다.

We have decided/ to allow library members to use a computer for free for two hours. (174)
우리는 결정했습니다./ 도서관 회원들이 두 시간 동안 무료로 컴퓨터를 사용할 수 있도록 허용하기로.

Nonmembers pay $2 for one hour of use.
We also ask all patrons to book a computer in advance/ because of the high demand. —[2]—.
우리는 또한 모든 고객들에게 컴퓨터를 미리 예약해 달라고 요청합니다./ 높은 수요 때문에. —[2]—.

In addition,// your monetary donation/ has allowed us to extend our hours. (173)
게다가,// 귀하의 재정적 기부는/ 우리가 우리의 시간을 연장할 수 있게 해주었습니다.

The library is now open until 8:00 PM., Monday-Thursday,// which has led to a growth in membership/ by permitting more people to visit/ when their workday is over. —[3]—.
도서관은 이제 월요일에서 목요일 오후 8시까지 개관하는데,// 이것은 회원 수의 증가를 가져왔습니다./ 더 많은 사람들이 방문할 수 있도록 허용함으로써/ 그들의 근무시간이 끝났을 때. —[3]—

We have even had several book clubs form/ that meet in the evenings.
우리는 심지어 여러 책동아리도 구성하게 했습니다./ 그것들은 저녁에 모임을 갖습니다.

Perhaps you would like to join one? —[4]—.
아마도 귀하께서도 하나에 가입하고 싶으시겠죠? —[4]—

Next year we will be investigating the possibility of adding a small café/ on the first floor near the community meeting room.
내년에는 작은 카페를 추가할 가능성에 대해 조사할 예정이다/ 주민회의실 인근 1층에.

We hope you will consider contributing to this project as well// if it seems promising.
우리는 귀하가 이 프로젝트에도 기여(기부)하는 것을 고려하기를 희망합니다.// 전망이 있어 보인다면.

You will receive more information in the future about it.
귀하는 향후 그것에 대해 더 많은 정보를 받게 될 것입니다.

Thank you again for your generous support of the Highbrook Library!
하이브룩 도서관을 아낌없이 지원해주셔서 다시 한 번 감사드립니다!

Sincerely, 감사합니다(끝맺음 말),

Annabeth Hendley 애나베스 헨들리

Director, Highbrook Library 하이브룩 도서관장

어휘   on behalf of=in behalf of=as the representative of ~을 대표해서 library 도서관 would like to ~하고 싶다 offer 제공(제안)하다 sincere 진심어린 generous 아낌없는, 후한, 푸짐한 gift 선물 donate 기증하다 along with=together with=coupled with ~와 더불어 extra 추가적인, 여분의 customer 고객 almost=nearly=virtually=all but=next to=wellnigh 거의 in use 사용 중인 last conversation 지난번 대화 staff 직원 control 통제하다 decide=settle 결정하다 allow(permit) A to B: A가 B하는 것을 허용하다 for free=for nothing=free of charge(cost)=without payment(charge, cost)=at no cost=cost-free=free=gratis=gratuitously 무료로 nonmember 비회원 pay 지불하다 patron 고객 book=reserve 예약하다 in advance=ahead of time=beforehand 미리 because of=owing(due) to=on account of= on the grounds(score) of=in the wake of=as a result(consequence) of ~ 때문에 demand 수요
in addition=additionally=besides=furthermore=moreover=what is more=on top of that=by the same token 게다가 monetary 재정적(금전적)인 donation 기부 extend 연장하다 Monday 월요일 Thursday 목요일 lead(conduce) to 초래하다 growth 증가 workday 법정 노동 시간, 근무일, 평일 be over 끝나다 form 구성(형성)하다 would like to ~하고 싶다 perhaps=perchance=probably=possibly=feasibly=conceivably=maybe=mayhap 아마 join 가입(합류)하다 will be+ing ~할 예정이다 investigate 조사하다 possibility=probability=plausibility=chance=likelihood 가능성 add 추가하다 the first floor 1층 near 인근에 community meeting room 주민회의실 consider=contemplate=weigh= allow for 고려하다 contribute to 기여(기부, 공헌)하다 as well=also ~도 역시 promising 유망한, 전망 있는 receive 받다 support 후원, 지원 sincerely=truly=best wishes=best regards=all the best 끝맺음 말 director 도서관장, 책임자, 감독, 이사

172. Why is Ms. Hendley writing to Mr. Vogel?
(A) To express appreciation for his donations.
(B) To request advice about computer installation.
(C) To ask him to purchase new books for the library.
(D) To invite him to become an honorary library member.

헨들리 여사는 왜 보겔 씨에게 편지를 쓰고 있나요?
(A) 그의 기부에 대해 감사를 표하기 위해서
(B) 컴퓨터 설치에 관한 조언을 요청하기 위해서
(C) 그에게 도서관을 위한 새로운 책을 구입하라고 요청하기 위해서
(D) 그를 명예 도서관 회원으로 초대하기 위해서.

173. What is suggested about the Highbrook Library?
(A) It is going to close for renovation.
(B) It has increased the hours it is open.
(C) It will be hosting a fund-raising event.
(D) It is considering adding a meeting room.

하이브룩 도서관에 대해 시사하는 바가 뭐죠?
(A) 개보수를 위해 문을 닫을 예정이다.
(B) 개관 시간을 연장했다.
(C) 기금 모금 행사를 주최할 예정이다.
(D) 회의실 추가를 고려하고 있다.

174. What is indicated about the computers at Highbrook Library?
(A) They are for library members only.
(B) They need to be updated.
(C) They cannot be reserved.
(D) They are free for members to use.

하이브룩 도서관의 컴퓨터에 대해 시사하는 바가 뭐죠?
(A) 그것들은 도서관 회원 전용이다.
(B) 그것들은 업데이트해야 한다.
(C) 그것들은 예약할 수 없다.
(D) 그것들은 회원들이 무료로 사용할 수 있다.

175. In which of the positions marked [1]. [2], [3], and [4] does the following sentence best belong?
"This policy also helps students who want to use library resources after school."
(A) [1]
(B) [2]
(C) [3]
(D) [4]

[1], [2], [3], [4]로 표시된 곳 중에서 다음 문장이 들어 가기에 가장 적합한 곳은?
"이 정책은 또한 방과 후에 도서관 자료를 이용하려는 학생들에게도 도움이 됩니다."
(A) [1]
(B) [2]
(C) [3]
(D) [4]

정답과 해설

172. (A) I would like to offer my sincere thanks for your generous gifts. 이 문장에서 '감사를 표하고 있죠'?

173. (B) your monetary donation has allowed us to extend our hours. 이 문장을 통해 '개관 시간을 연장했음'을 알 수 있죠?

174. (D) We have decided/ to allow library members to use a computer for free for two hours. 이 문장에서 '회원들은 두 시간동안 무료로 컴퓨터를 사용할 수 있게 되었죠'?

175. (C) 제시문장에서 이 정책은 The library is now open until 8:00 PM. 즉, '오후 8시 까지 개관하는 것'을 의미합니다.

어휘 express 표현하다 appreciation 감사 donation 기증 request 요청하다 advice 조언 installation 설치 purchase 구입하다 honorary 명예의 suggest=indicate=imply 시사하다 be going to ~할 예정이다 close 문을 닫다 renovation 개보수, 수리 increase 늘리다 host 주최하다 a fund-raising event 기금 모금 행사 consider=take account of 고려하다 need to be p.p. ~해야 한다 reserve=book 예약하다 free 무료의 position 위치 mark 표시하다 following 다음의 belong 속하다 policy 정책 resources 자료, 자원, 재원

A Long Road to the Acoustic Galleria
어쿠스틱 갤러리아로 가는 머나먼 길

AUSTIN (June 17)-This Saturday,// local apprenticeship guitar maker Adriana Villalobos/ fulfills a lifelong dream of opening her own guitar shop. (176)
오스틴 (6월 17일)–이번 주 토요일,// 지방 견습생 신분 기타 제작자인 아드리아나 빌라로보스는/ 자신의 기타 매장을 여는 평생의 꿈을 이룹니다.

Located at 904 Barton Road,// the Acoustic Galleria/ has been a work in progress for many years.
바톤가 904번지에 위치한// 어쿠스틱 갤러리아는/ 수년 동안 진행 중인 과업이었습니다.

'*Just*' a few days after her eighteenth birthday,// a young Ms. Villalobos/ won a blue ribbon in the woodwork category/ at the Norton County Fair in Los Cielos, Texas.
열여덟 번째 생일이 지나고 불과 며칠 후,// 한 젊은 빌라로보스라는 여성이/ 목공 부문에서 최우수상을 받았습니다/ 텍사스 로스 시엘로스의 노턴군 박람회에서.

The table she designed/ featured detailed inlay work/ that impressed both the judges and a renowned Los Cielos guitar designer, Javier Torrez,// who offered her an apprenticeship/ in his studio, Máximo Nivel Music. (180)
그녀가 디자인한 탁자는/ 세밀한 상감 작업을 특징으로 했는데,/ 이것이 심사위원들과 어느 유명한 로스 시엘로스의 기타 디자이너인 자비에 토레즈에게 깊은 인상을 주었으며, 토레즈는 그녀에게 견습기회를 제공했습니다/ 자신의 스튜디오인 Máximo Nivel Music에서.

This early apprenticeship/ **allowed** Ms. Villalobos **to combine** her woodworking skills **with** another passion-music.
이 초기 견습과정을 통해/ 빌라로보스 양은 자신의 목공 기술과 또 다른 열정인 음악을 결합할 수 있게 되었습니다.

"I grew up playing the guitar,// so I was excited to learn how to make my own instruments," said Ms. Villalobos.
"저는 기타를 연주하면서 자랐습니다.// 그래서 저는 제 자신의 악기를 만드는 방법을 배우게 되어 신이 났습니다." 라고 빌라로보스 양은 말했습니다.

It was during the apprenticeship **that** she was able to develop special inlay techniques,// which involve inserting finely cut pieces of wood into guitar fretboards and bodies/ to create beautiful decorative designs on guitars.
그녀가 특별한 상감 기법을 개발할 수 있었던 것은 바로 이 견습 기간 동안이었습니다.// 그리고 이 상감 기법에는 기타의 줄판과 몸체에 잘게 자른 나무 조각을 삽입하는 일이 포함되어 있습니다/ 기타에 아름다운 장식 디자인을 만들기 위해서.

Since the apprenticeship,// Ms. Villalobos has spent five years/ honing her craft and selling her guitars to boutique music shops.
견습기간부터,// 빌라로보스 양은 5년을 보냈습니다/ 기술을 연마하고 부티크 음악 매장에 기타를 파는데.

Now that the Acoustic Galleria is opening,// her guitars will be sold only at the Barton Road location and at Agalleria.com.
어쿠스틱 갤러리아가 문을 곧 열게 되었으니,// 그녀의 기타는 바톤가 영업점과 Agalleria.com에서만 판매될 것입니다.

The store will also house her new workshop and a classroom for music lessons. (178)
이 매장은 또한 그녀의 새로운 작업장과 음악 수업을 위한 교실도 갖출 것입니다.

Patrons at Saturday's grand opening/ will be treated to demonstrations of inlay work and guitar body-shaping techniques.
토요일 대규모 개업식에 오는 고객들은/ 상감 작업과 기타 몸체를 만드는 기술시범을 보시게 될 것입니다.

어휘   Saturday 토요일 local 지방의 apprenticeship 견습생 신분 fulfill=achieve=accomplish=attain 성취하다
a lifelong dream 평생의 꿈 be located(situated) at ~에 위치하다 work 과업 in progress 진행 중인 just=only=
no more than 불과, 단지 win-won-won 상을 타다 a bluc ribbon=thc highest prize in a competition or event 최우수상
woodwork category 목공 부문 County Fair 군 박람회 feature 다루다, 특징으로 삼다 detailed inlay work 세밀한 상감
작업 impress 감동을 주다 both A and B: A와 B 둘다 judge 심사위원 renowned=famed=noted=celebrated=distin
guished=striking=outstanding=prominent=eminent=salient 저명한 offer 제안(제공)하다 apprenticeship 견습기회,
견습기간, 수습기간 allow(permit) A to B: A가 B하는 것을 허용하다 combine A with B: A와 B를 결합하다
woodworking skills 목공예 기술 passion 열정 grow up 자라다, 성장하다 so 그래서 develop 개발하다 special 특별한
inlay technique 상감 기법 involve=contain=comprise 포함하다 insert 삽입하다 finely 잘게, 미세하게, 섬세하게 wood
나무 fretboard 기타의 줄판 create 만들다, 창조하다 decorative 장식적인 since ~부터, ~이 후로 spend-spent-spent
보내다 hone=polish=whet 연마하다 craft 기술 sell-sold-sold 팔다 boutique 작은 소매 가게 now that ~이니까, ~한
이상 location 영업점 house 집에 채우다, 저장하다 her new workshop 작업장 patron=customer 손님, 고객
grand opening 대규모 개업식 treat 대접하다 demonstration 시범, 시연 shape 만들다

From:	발신인:	mtorrez@arch.net
To:	수신인:	avillalobos@agalleria.com
Subject: 제목:		Re: Acoustic Galleria (어쿠스틱 갤러리아)
Date:	날짜:	June 21 (6월 21일)

Dear Adriana, 친애하는 아드리아나,

Thank you for sending me the link to the Austin Advance article about the opening of your shop.
매장 개업에 관한 오스틴 어드밴스 기사의 링크를 보내 주셔서 고마워요.

I'm delighted that you have achieved this big goal. (179)
나는 당신이 이 큰 목표를 달성하게 되어 기뻐요.

From the time I first met you at our studio so many years ago,// I knew you had a special talent for making instruments.
수 년 전에 우리 스튜디오에서 당신을 처음 만났을 때부터,// 나는 당신이 악기 제작에 특별한 재능이 있다는 것을 알았어요.

I've seen some of the instruments that you have crafted in recent years from online pictures,// and they are of the highest quality.
최근 몇 년 동안 당신이 제작한 악기 중 일부를 온라인 사진으로 보았는데,// 그것들은 최고 품질의 악기입니다.

You've come such a long way.
당신은 대단한 성공을 거두었어요.

Javier and I/ are proud/ that you started out with us.
Javier와 나는/ 자랑스럽게 생각해요./ 당신이 우리와 함께 시작한 것을.

We may be traveling to Austin for the Star Guitars Exhibition in September.
우리는 9월에 스타 기타 전시회를 위해 오스틴으로 여행하게 될지도 모릅니다.

If so,/ we will make a point of visiting you there at your new shop.
만일 그럴 경우,/ 우리는 그곳 당신의 새로운 매장에서 반드시 당신을 방문할 거예요.

Best wishes, 성공을 빕니다.

Maria Torrez 마리아 토레즈

어휘 dear 친애하는 send-sent-sent 보내다 article 기사 delighted 기쁜 achieve=accomplish=attain=fulfill 성취하다 goal 목표 special 특별한 instrument 악기 craft 제작하다 in recent years 최근 몇 년 동안 of the highest quality 최고 품질의 come a long way 대단한 성공을 거두다, 장족의 발전을 이룩하다 be proud that ～을 자랑스럽게 여기다 start out 시작하다 may be ～일지 모르다 exhibition=fair 전시회 September 9월 make a point of 반드시 ～하다

---

176. What is the article about?

(A) The owner of a new business

(B) The relocation of a business

(C) A local music teacher

(D) An upcoming concert

기사는 무엇에 관한 것입니까?

(A) 새로운 사업체의 소유자

(B) 사업체의 이전

(C) 지역 음악 교사

(D) 다가오는 콘서트

177. In the article, the word "*Just*" in line 4, is closest in meaning to

(A) equally

(B) commonly

(C) accurately

(D) only

기사의 4행에서 "*Just*"와 의미상 가장 가까운 것은?

(A) 동등하게

(B) 일반적으로

(C) 정확하게

(D) 단지, 겨우

178. According to the article, what is true about Acoustic Galleria?

(A) It will be next to a clothing boutique.

(B) It will hold performances by local artists.

(C) It will include a space to make guitars.

(D) It will celebrate an anniversary in September

이 기사에 따르면, 어쿠스틱 갤러리아에 관련해서 올바른 것은?

(A) 의류 매장 옆에 있을 것이다.

(B) 지역 예술가들의 공연을 개최할 것이다.

(C) 기타를 만들 수 있는 공간을 포함할 것이다.

(D) 9월에 기념일을 축하할 것이다

179. Why was the e-mail sent?

(A) To request information

(B) To offer congratulations

(C) To confirm the date of a visit

(D) To give advice

왜 이메일을 보냈습니까?

(A) 정보를 요청하기 위해서

(B) 축하하기 위해서

(C) 방문 날짜를 확인하기 위해서

(D) 조언을 제공하기 위해

180. Where did Mr. Torrez first see Ms. Villalobos work?

    (A) At the Acoustic Galleria

    (B) At the Norton County Fair

    (C) At Máximo Nivel Music

    (D) At the Star Guitars Exhibition

토레즈 씨가 빌라로보스 양의 작품을 처음 보았던 곳은 어디죠?

    (A) 어쿠스틱 갤러리아에서

    (B) 노턴군 박람회에서

    (C) Máximo Nivel Music에서

    (D) 스타 기타 전시회에서

정답과 해설		
176.	(A)	local apprenticeship guitar maker Adriana Villalobos fulfills a lifelong dream of opening her own guitar shop. 이 문장에서 '새로운 사업체의 소유자 Adriana Villalobos'에 관한 것임을 알 수 있죠?
177.	(D)	just=only=no more than=as few as 단지, 겨우, 고작, 불과
178.	(C)	The store will also house her new workshop and a classroom for music lessons. 이 문장 속에 '작업장을 갖출 것'이라고 나와 있죠?
179.	(B)	I'm delighted that you have achieved this big goal. 이 문장을 비롯한 전제의 글이 '사업적 성공을 축하하는 글'이죠?
180.	(B)	a young Ms. Villalobos won a blue ribbon in the woodwork category at the Norton County Fair in Los Cielos, Texas. + The table she designed featured detailed inlay work that impressed both the judges and a renowned Los Cielos guitar designer, Javier Torrez. 이 두 문장에서 Villalobos가 Norton County Fair에 출품을 했고, 그것이 Torrez에게 감동을 주었다고 했죠. 그래서 노턴군 박람회에서 처음 보았다는 것을 여러분이 발견해야 합니다.
어휘		article 기사 owner 소유자 business 사업, 사업체 relocation 이전, 재배치 local 지역의, 지방의 upcoming 다가오는 paragraph 단락 line 줄, 행 closest in meaning 의미상 가장 가까운 according to=as per ~에 따르면 next to=beside ~의 옆에 clothing boutique 의류매장 hold 개최하다 performance 공연 artist 예술가 include=involve=incorporate =encompass=embody=embrace=contain=cover=comprise=comprehend 포함하다 space 공간 celebrate 축하(찬양, 공표, 개최, 기념)하다 anniversary 기념일 September 9월 request 요청하다 information 정보 offer 제공하다 congratulations 축하 confirm=verify=ascertain=corroborate 확인하다 date 날짜 exhibition=fair 전시회, 박람회

Questions 181-185 refer to the following email and coupon. (다음 이메일과 할인권을 참조하십시오.)

From: 발신:	Customer service <service@officesupplier.com>
To: 수신:	Yuna Dautry <ydaut23@communityweb.com>
Subject: 제목:	Coupon offer (할인권 제공)
Date: 날짜:	Nov. 13 (11월 13일)

Dear Ms. Dautry, 도트리 씨에게.

We apologize for the mistake we made in processing your October 28 order of item #99820 from our Web site. (181)
저의 웹사이트에서 귀하의 10월 28일자 주문 품목 번호 99820번을 처리하면서 저지른 실수에 대해 사과드립니다.

We have since corrected the error in our computer system/ and shipped the item you originally requested. (182)
그 후 저희 컴퓨터 시스템의 오류를 수정하여/ 귀하가 처음에 요청하신 품목을 발송했습니다.

The item was shipped on November 11/ and should arrive within 5 to 7 business days.
이 품목은 11월 11일에 발송되었으며/ 영업일 5일에서 7일 이내에 틀림없이 도착할 것입니다.

Because your business is important to us,// we have waived the shipping fee on your revised order.
귀사의 사업이 우리에게 중요하기 때문에,// 우리는 귀사의 수정된 주문에 대한 운송비를 면제해 드렸습니다.

We would also like to present you with a 50 percent off coupon to be used on your next purchase in our online store.
또한 저희는 귀하에게 저희 온라인 매장에서 다음 구매 시 사용할 수 있는 50% 할인권을 제공해드리고자 합니다.

Please find the coupon as an attachment to this e-mail.
할인권을 이 이메일에 첨부되어 있으니 찾아보세요.

Sincerely, 감사합니다(끝맺음 말)

Lynn Russo 린 루소

Customer Service 고객서비스

Office Supplier 사무용품 공급업체

어휘 Nov.=November 11월 apologize 사과하다 mistake=error 실수, 오류 process 처리하다 October 10월 item 품목 #=number 번호 since 그 이후로 correct 수정하다 ship 발송하다 originally 처음에 request 요청하다 should 틀림없이 ~할 것이다 arrive 도착하다 within ~이내에 important=significant=consequential=momentous 중요한 waive=exempt 면제하다 shipping fee 배송비 revise=amend=modify 수정하다 order 주문 would like to ~하고 싶다 present(provide, supply) A with B: A에게 B를 제공하다 a 50 percent off coupon 50% 할인권 purchase 구매, 구입 attachment 첨부, 첨부파일 office supplier 사무용품 공급업체

Office Supplier (사무용품 공급업체)

50 percent off your next office supply purchase/ at www.officesupplier.com
다음 사무용품 구매 시 50 % 할인/ www.officesupplier.com에서

This coupon/ may not be used/ on computer equipment, software, and other electronics. (183)
이 할인권은/ 사용할 수 없습니다/ 컴퓨터 장비, 소프트웨어 및 기타 전자 제품에는.

This coupon/ is not valid/ in conjunction with other offers,/ on shipping, or on gift card purchases.
이 할인권은/ 사용할 수 없습니다/ 다른 제공품과 함께,/ 또는 배송이나 상품권 구매에.

This coupon/ is only valid for one-time use/ on online orders of in-stock items. (184)
이 할인권은/ 오직 한 번만 사용할 수 있습니다/ 재고 품목의 온라인 주문에.

This coupon/ is not valid on orders with shipping addresses outside of the United States.
이 할인권은/ 미국 이외의 지역으로 배송 주소가 있는 주문에는 유효하지 않습니다.

Office Supplier/ reserves the right to choose the method of delivery for each order.
사무용품 공급업체가/ 각 주문에 대한 배송 방법을 선택할 권리를 갖고 있습니다.

Delivery fees are non-refundable// if the order or part of the order is returned,// unless the product is damaged or defective.
배송료는 환불되지 않습니다// 주문 또는 주문의 일부가 반송되면.// 제품이 손상되거나 결함이 없는 한.

*Please enter the following coupon code during checkout: XB7749JK009W (185)
*계산할 때 다음 할인권 암호를 입력하십시오. XB7749JK009W

어휘 │ office supply purchase 사무용품 구매 equipment 장비 electronics 전자 제품 valid=good=effective 유효한 offers 제공품, 제공물 in conjunction with ~과 함께 shipping 배송 gift card 상품권 purchase 구매, 구입 one-time use 1회 사용 order 주문 in-stock item 재고 품목 shipping address 배송 주소 outside of ~의 밖의, ~이외의 office supplier 사무용품 공급업체 reserve 보유(예약)하다 right 권리 choose=select=pick out 선택하다 method 방법 delivery 배달, 배송 non-refundable 환불되지 않는 delivery fee=shipment fee 배송료 return 반송하다. 반환하다. 돌려주다 unless ~하지 않는 한 product 상품 damage 손상시키다 defective=faulty 결함 있는 enter 입력하다 following 다음의 code 암호 during ~동안에 checkout 계산

---

181. When did Ms. Dautry place an order?

(A) On October 5

(B) On October 7

(C) On October 28

(D) On November 11

도트리 씨는 언제 주문을 했나요?

(A) 10월 5일

(B) 10월 7일

(C) 10월 28일

(D) 11월 11일

182. What can be inferred about the item Ms. Dautry ordered?

(A) It was damaged.

(B) It was not in stock.

(C) It was not delivered.

(D) It was not the item she ordered.

도트리 씨가 주문한 품목에 대해 추론 할 수 있는 것은?

(A) 손상되었다.

(B) 재고가 없었다.

(C) 배송되지 않았다.

(D) 그녀가 주문한 품목이 아니었다.

183. What is true about the coupon?

(A) It can be used more than once.

(B) It will expire after thirty days.

(C) It is valid for international addresses.

(D) It cannot be used to buy electronic items.

할인권에 대해 올바른 것은?

(A) 두 번 이상 사용할 수 있습니다.

(B) 30 일 후에 만료된다.

(C) 국제 주소에 유효합니다.

(D) 전자 제품 구매에는 사용할 수 없습니다.

184. What can Ms. Dautry use the coupon to do?

(A) Order items online

(B) Purchase gift cards

(C) Buy computer software

(D) Pay for shipping costs

도트리 씨는 할인권을 사용하여 무엇을 할 수 있나요?

(A) 온라인에서 품목을 주문할 수 있다

(B) 상품권을 구매할 수 있다

(C) 컴퓨터 소프트웨어를 구매할 수 있다

(D) 운송비를 지불할 수 있다

185. According to the coupon,/ how can Ms. Dautry receive the discount?

(A) By completing an online form

(B) By entering a code on the Web site

(C) By presenting the coupon to an employee

(D) By mailing it to the store with a receipt

할인권에 따르면,/ 도트리 씨는 어떻게 할인을 받을 수 있나요?

(A) 온라인 양식을 작성함으로써

(B) 웹 사이트에 암호를 입력함으로써

(C) 직원에게 할인권을 제시함으로써

(D) 영수증과 함께 매장으로 우편 발송함으로써

정답과 해설

181. (C) We apologize for the mistake we made in processing your October 28 order.
이 문장에 '10월 28일'이 나와 있죠?

182. (D) We have since corrected the error in our computer system and shipped the item you originally requested. 이 문장을 통해서 '처음에는 엉뚱한 품목을 배송했다'는 것을 추론할 수 있죠?

183. (D) This coupon/ may not be used on computer equipment, software, and other electronics.
이 문장에서 이 할인권은 '전자 제품에는 사용할 수 없다'고 진술하고 있죠?

184. (A) This coupon is only valid for one-time use on online orders of in-stock items.
이 문장에서 '할인권은 재고 품목의 온라인 주문에 오직 한 번만 사용할 수 있다'고 나와 있죠?

185. (B) Please enter the following coupon code during checkout.
이 문장에서 '계산할 때 다음 할인권 암호를 입력하라'고 나와 있죠?

어휘 place an order 주문하다 October 10월 November 11월 infer 추론하다 item 품목, 항목 order 주문하다 damage 손상시키다 in stock 재고로 deliver 배달하다 purchase 구입(구매)하다 gift card 상품권 pay for shipping costs 운송비를 지불하다 according to=as per ~에 따르면 receive 받다 discount 할인 complete=fill in=fill out 작성하다 form 양식, 서식 by ~ing ~함으로써 enter 입력하다 code 암호 present 제시하다 employee 직원 mail 우편으로 발송하다 receipt 영수증

Questions 186-190 refer to the following e-mails and memorandum. (다음의 두 이메일과 회람을 참조하십시오.)

To:	수신인:	John Masterson <jmasterson@masterstrokeindustries.com>
From:	발신인:	Carl Ennens <cennens@gmail.com>
Date:	날짜:	December 30 (12월 30일)
Subject:	제목:	Internship (인턴 직)

Dear Mr. Masterson, 친애하는 Masterson 씨,

My name is Carl Ennens/ and I am entering my final year at Evergreen State College. (186)
제 이름은 칼 에넨스이며/ 저는 에버그린 주립대학에서 4학년에 진학합니다.

I am majoring in industrial engineering here,// and my liquid dynamics professor, Dr. Alcobar,
recommended Master Stroke Industries as a possible internship opportunity.
저는 여기에서 산업 공학을 전공하고 있는데,// 액체 역학 교수이신 알코바 박사님이 마스터 스트로크 산업을 가능한
인턴십 기회로 추천해 주셨습니다.

Your company/ is recognized as a leader in the flow research.
귀하의 회사는/ 흐름 연구의 선두주자로 인정받고 있습니다.

If you would be willing to accept an intern for the coming spring semester,// I could give you up to 15
hours per week of work,// provided that you are able to write some performance evaluation that I could
turn in to Dr. Alcobar for credit.
귀하께서 다가오는 봄 학기에 인턴을 기꺼이 받아들일 계획이라면,// 제가 일주일에 최대 15시간의 근무를 제공해드
릴 수 있습니다.// 귀하께서 제가 학점을 위해 알코바 박사님께 제출할 수 있는 약간의 업무수행 평가를 작성해 주실
수 있다면.

Thank you in advance for your consideration,// and if you would like to see my transcript,/ I would be
happy to forward it to you.
배려해 주셔서 미리 감사드립니다.// 그리고 귀하께서 제 성적표를 보고자 하신다면/ 제가 기꺼이 전송해 드리겠습니다.

All the best, 건승을 빕니다.

Carl Ennens 칼 에넨스

어휘 final year 최종학년, 4학년 State College 주립대 major in ～을 전공하다 industrial engineering 산업 공학
liquid dynamics professor 액체 역학 교수 Dr.=Doctor 박사 recommend 추천하다 possible 가능한
opportunity=chance 기회 company 회사 recognize 인정하다 leader 선두주자 flow research 흐름 연구
for the coming spring semester 다가오는 봄 학기에 be willing(glad, happy, ready, pleased) to 기꺼이 ～하다 accept
받아들이다 up to 최대 ～까지 per week 주 당 provided(providing, suppose, supposing) that ～한다면 be able to ～할
수 있다 performance evaluation 업무수행 평가 turn(give, send, hand) in=bring(put) forward 제출하다 credit 학점,
신용, 칭찬 in advance=ahead of time=beforehand 미리 consideration 배려, 고려, 참작 would like to ～하고 싶다
transcript 성적표 forward 전송하다, 보내다 all the best 건승을 빕니다, 끝맺음 말

To:	수신인:	Carl Ennens <cennens@gmail.com>
From:	발신인:	John Masterson <jmasterson@masterstrokeindustries.com>
Date:	날짜:	December 31 (12월 31일)
Subject:	제목:	Re: Internship (인턴 직에 관하여)

Dear Carl Ennens, 친애하는 칼 에넨스 씨,

I appreciate your interest in interning with us here at Master Stroke Industries.
이곳 마스터 스트로크 산업에서 우리와의 인턴으로 근무하는 것에 관심을 가져 주셔서 감사합니다.

We have not accepted a lot of interns in the past,// but I know Dr. Alcobar personally,// and if he recommended that you contact us, he must have faith in your ability.
우리는 과거에 많은 인턴을 받아들이지는 않았습니다.// 그러나 제가 알코바 박사를 개인적으로 알고 있습니다.// 그래서 우리에게 연락해보라고 그가 권유했다면,// 그는 당신의 능력에 대한 믿음을 갖고 있음에 틀림없습니다.

I think we should set up an interview at our **"headquarters"** downtown on Holly Street.
시내 홀리 가에 있는 본사에서 면담을 해야 할 것 같아요.

We can get to know each other a bit over some coffee// and I will show you around our facilities.
우리는 커피를 마시면서 서로를 좀 알게 될 수 있으며// 제가 우리 시설을 당신에게 구경시켜드리겠습니다.

Don't worry about your transcripts;// like I said,// if Dr. Alcobar thinks you'll be a good fit,/ I'll trust his judgment. (187)
성적표에 대해서는 걱정하지 마세요.// 내가 말했듯이,// 알코바 박사가 당신이 잘 맞을 것이라고 생각한다면,/ 나는 그의 판단을 믿을 것입니다.

How about this coming Friday at 10 A.M.?
이번 주 금요일 오전 10시 어떻습니까?

Looking forward to meet**ing** you Carl,

칼 당신을 만나기를 고대합니다.

John Masterson 존 마스터슨

CEO, Master Stroke Industries 마스터 스트로크 산업 대표이사 (190)

어휘 appreciate 감사(감상, 이해, 식별, 인정, 음미)하다 interest 관심, 흥미 accept 받아들이다 a lot of 많은 past 과거 personally 개인적으로 recommend 추천하다 contact 연락하다 must ~임에 틀림없다 faith 믿음 ability 능력 set up an interview 면담하다, 면담약속을 잡다 headquarters 본사 downtown 시내, 도심 street 거리 get(come, learn, grow) to ~하게 되다 over some coffee 커피를 좀 마시면서 show A around B: A에게 B를 구경시켜주다 facilities 시설 worry about ~에 대해 걱정하다 transcript 성적표 like ~처럼(미국의 구어체) a good fit 잘 맞는 옷, 적합한 사람 trust 믿다 judgment 판단 How about...?=What about...? ~은 어때? this coming Friday 이번 주 금요일 A.M. 오전 P.M. 오후 looking look forward to ~ing ~하기를 고대하다

Memorandum To Master Stroke Industry Employees
마스터 스트로크 산업 직원들에게 보내는 회람

This spring, at Master Stroke Industries,// we will have an intern assisting us with everything from making coffee to solving complex equations.
금년 봄, 마스터 스트로크 산업에서,// 모든 일을 도와주는 인턴을 맞이하게 될 것입니다/ 커피를 끓이는 것에서부터 복잡한 방정식을 푸는 것에 이르기까지.

Carl Ennens is a student here at the University/ and has kindly offered his services in exchange for a piece of our operational knowledge.
칼 에넨스는 이곳 대학의 학생이며/ 친절하게도 우리의 운영상의 지식 일부에 대한 대가로 서비스를 제안했습니다.

Please treat him with respect/ and don't be afraid to use him/ for an extra pair of hands, eyes, or opinion should you need it. (189)
그를 존중해 주시고,/ 두려워하지 말고 그를 활용하십시오./ 여분의 손, 눈 또는 의견을 위해/ 여러분이 그것이 필요할 경우.

And I did hear he makes a good cup of coffee!
그리고 나는 그가 커피를 잘 끓인다는 말을 들었습니다!

어휘 | memorandum=memo 회람 employee 직원 this spring 금년 봄 assist=help 돕다 from A to B: A에서부터 B에 이르기까지 make coffee 커피를 끓이다 solve 풀다 complex=complicated=intricate=labyrinthine=knotty 복잡한 equation 방정식 in exchange(atonement, compensation, indemnity, recompense, reward, recoupment, remuneration) for ~에 대한 보답으로 kindly 친절하게도 offer 제안(제공)하다 operational knowledge 운영상의 지식 treat someone with respect ~을 존중하다 be afraid to ~하기를 두려워하다 extra 여분의 opinion 의견 should you need it.=if you should need it. 여러분이 그것이 필요할 경우 makes a good cup of coffee 커피를 잘 끓이다

---

186. What is indicated about Carl Ennens?
  (A) He is a senior in high school.
  (B) He is a junior in college.
  (C) He will graduate in two years.
  (D) He is a senior in college.

칼 에넨스에 대해 암시하는 것은 무엇이죠?
  (A) 그는 고등학교의 3학년이다.
  (B) 그는 대학교 3학년이다.
  (C) 그는 2년 후에 졸업할 것이다.
  (D) 그는 대학 4학년이다.

187. What is implied about Dr. Alcobar?
  (A) Nobody knows who he is.
  (B) People do not appreciate his opinion.
  (C) He is respected by John Masterson.
  (D) He has done a lot of prominent research.

알코바 박사에 대해 암시하는 것은 무엇이죠?
  (A) 아무도 그가 누구인지 모른다.
  (B) 사람들은 그의 의견을 인정하지 않는다.
  (C) 그는 존 마스터슨에게 존경을 받는다.
  (D) 그는 많은 저명한 연구를 했다.

188. In the second e-mail, the term "headquarters" in the fourth line is closest in meaning to
(A) base
(B) main office
(C) warehouse
(D) distribution center

두 번째 이메일에서, 네 번째 줄의 "headquarters" 라는 용어가 의미상 가장 가까운 것은?
(A) 기본
(B) 본사
(C) 창고
(D) 유통 센터

189. According to the memorandum, what will Carl Ennens be expected to do?
(A) Fluid dynamics research
(B) Cook
(C) Help wherever is needed
(D) Watch and learn

회람에 따르면, 칼 에넨스는 무엇을 할 것으로 예상되죠?
(A) 유체 역학 연구
(B) 요리
(C) 필요한 곳은 어디에서나 도움을 주기
(D) 보고 배우기

190. What position does John Masterson have in the company?
(A) Chief Executive Officer
(B) Chief Financial Officer.
(C) Sales Executive
(D) Owner

존 마스터슨은 회사에서 어떤 직책을 갖고 있습니까?
(A) 최고 경영자
(B) 최고 재무 책임자.
(C) 영업 이사
(D) 소유자

정답과 해설

186. (D) I am entering my final year at Evergreen State College. 주립대 최종학년은 4학년을 의미합니다.

187. (C) if Dr. Alcobar thinks you'll be a good fit, I'll trust his judgment.
이 문장에서 '그의 판단을 믿는다는 것은 그만큼 존경한다'는 뜻으로 이해하셔야 해요.

188. (B) headquarters=main office=head office 본사

189. (C) don't be afraid to use him for an extra pair of hands, eyes, or opinion should you need it.
이 문장을 통해 칼 테넨스는 "필요한 곳은 어디에서나 도움을 주는 일을 할 것"임을 추론할 수 있죠?

190. (A) CEO, Master Stroke Industries 여기서 CEO는 Chief Executive Officer(최고 경영자)의 첫 글자를 따서 만든 거예요.

어휘 indicate=suggest=imply 암시하다 freshman 1학년 sophomore 대학 2학년 junior 고교 2학년, 대학 3학년 senior 고교 3학년, 대학 4학년 graduate 졸업하다 in two years 2년 후에 college 단과 대학 appreciate 감사(감상, 이해, 식별, 인정, 음미)하다 opinion 의견 respect=regard=revere=esteem=admire=honor=venerate 존경하다 a lot of=lots of=much 많은 prominent=eminent=salient=striking=outstanding=remarkable=noticeable 저명한 research 연구 term 용어 line 선, 줄, 행 closest in meaning to ~과 의미상 가장 가까운 according to=as per ~에 따르면 memorandum 회람 expect 예상하다, 기대하다 position 직책 company 회사

Questions 191-195 refer to the following course description and e-mails.
(다음의 강좌 설명과 두 이메일을 참조하십시오.)

COURSE DESCRIPTION 강좌 설명

English 102 영어 102

Taught by: Gordon Lewis 교수: Gordon Lewis

Begins: September 3rd 시작: 9월 3일

Location / time: Main Building, room 207 / M-W-F 10:00-10:50
위치 / 시간: 본관 207 호실 / 월-수-금 10:00-10:50

English 102 is the second half of a two-semester course. (191)
영어 102는 2학기 과정 중 후반부입니다.

It covers the basics of grammar and composition, including sentence building,/ and writing paragraphs.
그것은 문장 작성을 포함하여, 문법과 작문의 기본 원리를 다루고,/ 문단 쓰기를 다룹니다.

Students also study literature from many different genres and time periods,// including Shakespeare's drama Romeo and Juliet,/ Harriet Beecher Stowe's novel Uncle Tom's Cabin,/ the poetry of Langston Hughes and John Keats,/ Homer's Odyssey,/ and other early Greek works.
학생들은 또한 많은 다양한 장르와 시대의 문학을 연구합니다.// 셰익스피어의 드라마 로미오와 줄리엣,/ 해리엇 비처 스토우의 소설 엉클 톰스 캐빈,/ 랭스턴 휴즈와 존 키츠의 시,/ 호머의 오디세이/ 및 기타 초기 그리스 작품

어휘 　September 9월 Location 장소, 위치 main building 본관 semester 학기 course 과정 cover 다루다. 포함(주파, 충당, 취재, 보도, 보호)하다 basics 기초, 기본 원리 grammar 문법 composition 작문 including ~을 포함하여 sentence building 문장 작성 paragraph 문단, 단락 literature 문학 genre 장르 time period 시대 novel 소설 poetry 시 Greek 그리스의 works 작품

To:	수신인:	Larry Sweeny <lsweeny@njrealestate.com>
From:	발신인:	Gordon Lewis <glewis@maplemail.net>
Date:	날짜:	Monday, May 14, 20-- 1:22:07 A.M. (20-- 년, 5월 14일, 월요일, 오전 1:22:07)
Subject:	제목:	Searching for housing in Newark (뉴어크에서 주택 찾기)

Dear Larry, 친애하는 래리에게,

Our mutual friend Dan Miller suggested/ that I get in touch with you/ about finding a home for rent. (192)
우리의 상호 친구인 댄 밀러가 (나에게) 제안했습니다/ 당신에게 연락해보라고/ 임차할 집을 찾는 것에 대해.

Dan speaks highly of you,// and says// that you are the best real estate agent in town. (193)
댄은 당신을 높이 평가하며,// 말합니다// 당신이 타운(소도시)에서 가장 훌륭한 부동산 중개인이라고.

I will be moving to Newark this September/ to begin a one-year teaching position at Newark University.
저는 이번 9월에 뉴어크로 이사할 예정입니다/ 뉴어크 대학교에서 1년의 교수직을 시작하기 위해서.

I am interested in renting a three-bedroom house/ for one year,/ beginning September 1st.
저는 방 3개짜리 집을 임차하는 데 관심이 있습니다./ 1년 동안/ 9월 1일부터.

My wife and I have two teen-aged children// who will be attending Lincoln High School,/ in the North Ironbound neighborhood.
제 아내와 저는 두 명의 십대 자녀가 있는데// 그들은 링컨 고등학교에 다닐 예정입니다./ 노스 아이언바운드 지역에 있는.

Ideally, we would like to find a house within walking distance of the high school.
욕심을 부리자면, 우리는 그 고등학교에서 걸어 다닐 수 있는 거리에 있는 집을 찾고 싶습니다.

We would prefer a house with at least three bedrooms,// but four would be better (we would use the fourth as a home office, and as a guest bedroom).
우리는 최소한 세 개의 침실이 있는 집이면 좋겠습니다만,// 네 개면 더 좋겠습니다. (우리는 네 번째 방을 가정용 사무실과 손님 침실로 사용할 테니까요).

We are also hoping/ to have a living room,/ a separate dining room,/ a modern kitchen (new appliances),/ and a laundry room.
우리는 또한 희망합니다/ 거실,/ 별도의 식당,/ 현대식 주방 (새로운 주방 기구)/ 및 세탁실을 갖기를.

We would also need at least two full bathrooms.
우리는 또한 적어도 두 개의 완비된 욕실이 필요하겠습니다.

Our *'budget'*/ is anything up to $3,000 per month.
우리의 예산은/ 한 달에 최대 3,000 달러입니다.

I'll be in Newark the week of June 1st/ for a series of meetings for new staff. (195)
저는 6월 1일 주에 뉴어크에 있을 것입니다/ 새로운 직원들을 위한 일련의 회의를 위해서.

If you would find some suitable properties for me to visit while I'm in town,// that would be greatly appreciated.
제가 시내에 있는 동안 제가 방문할 만한 적당한 부동산을 귀하가 찾아주시면,// 대단히 감사하겠습니다.

I'll be staying at the Claremont Inn, downtown.
저는 시내의 클레어몬트 인(싸구려 호텔)에 묵을 예정이거든요.

I'll call you when I get in,// and we can make arrangements to meet then. (195)
제가 (시내에) 들어가면 전화 드리겠습니다.// 그때 우리는 만나기로 협의를 하면 돼요.

In the meantime, thank you for your assistance.
그동안 도움을 주셔서 감사합니다.

I look forward to meeting you!
저는 당신을 만나기를 고대합니다!

Regards, 감사합니다(끝맺음 말).

Gordon 고든

To:	수신:	Gordon Lewis <glewis@maplemail.net>
From:	발신:	Larry Sweeny <lsweeny@njrealestate.com>
Date:	날짜:	Monday, May 14, 20-- 4:12:04 A.M. (20--년, 5월 14일, 월요일, 오전 4:12:04)
Subject:	제목:	Re: Searching for housing in Newark (뉴어크에서 주택 찾기)

Hi Gordon, 안녕하세요 고든,

Dan told me/ you would probably contact me.
댄이 저에게 말했습니다/ 당신이 아마 저에게 연락할 것이라고.

I can certainly help you out.
제가 확실히 당신을 도와드릴 수 있습니다.

If I understand you correctly,// your main concern/ is being located near your kids' high school.
제가 당신을 정확히 이해하고 있다면,// 당신의 주요 관심사는/ 당신 자녀들의 고등학교 근처에 위치하는 것입니다.

Unfortunately,// there aren't a lot of houses in that area.
안타깝게도,// 그 지역에는 주택이 많지 않습니다.

Most of the housing there/ consists of apartments in high-rise buildings.
그곳에 있는 대부분의 주택은/ 고층 건물의 아파트로 구성되어 있습니다.

Now,/ with your budget,// you could afford a very nice four-bed room apartments in that neighborhood.
현재,/ 당신의 예산으로는// 그 지역에 아주 좋은 네 개의 침실을 갖춘 아파트를 마련하실 수는 있습니다.

If you really want a house, rather than an apartment,// I would suggest the Forest Hill neighborhood.
당신이 정말로 아파트보다 주택을 원하신다면,// 저는 포레스트 힐 지역을 권해드리고 싶습니다.

It's farther away from the high school,// but honestly, it's a much nicer neighborhood.
그것은 그 고등학교와는 거리가 더 멀지 만,// 사실 훨씬 더 좋은 주택지역입니다.

It's about 15 minutes by car from Forest Hill to North Ironbound, and about 30 minutes by bus.
포레스트 힐에서 노스 아이언바운드까지는 자동차로 약 15분, 버스로는 약 30분이 소요됩니다.

If you like,// I can look for housing in both neighborhoods/ and send you some links to pictures.
당신이 마음에 들어 하시면,// 제가 두 지역에서 주택을 찾아/ 당신에게 사진을 볼 수 있는 링크를 보내드릴 수 있습니다.

Once you get a feel for what's available,// we can discuss next steps.
일단 당신이 구입할 수 있는 주택을 파악하면,// 우리는 다음 단계에 대해 논의할 수 있습니다.

And of course, when you visit in June,// we can actually go and walk around the neighborhoods.
물론, 당신이 6월에 방문하면,// 우리는 실제로 가서 그 지역들을 돌아다닐 수 있습니다. (195)

I am looking forward to working with you on this,/ and to meeting you when you're here!
저는 이 문제에 대해 당신과 협력하고/ 당신이 여기 있을 때 당신을 만나기를 고대합니다!

Please say "hi" to Dan for me!
댄에게 안부 전해주십시오!

Best, 감사합니다(끝맺음 말)

Larry 래리

어휘　tell-told-told 말하다 probably=possibly=feasibly=conceivably=perhaps=perchance=maybe=mayhap=most likely
십중팔구 contact=reach=make contact with=get in touch(contact) with ~에게 연락하다 certainly=undoubtedly=
doubtlessly 확실히 understand=make(figure, spell) out=make sense of=make head or tail of=get(see) the hang of
이해하다 correctly 정확히 main concern 주요 관심사 be located near ~근처에 위치하다 kid=child 아이
high school 고등학교 area 지역 unfortunately 안타깝게도, 불행히도 a lot of=lots of=plenty of=many 많은 most 대부분
of the housing (집합적) 주택 consist of=be composed(comprised, constituted, made up) of ~로 구성되어 있다
high-rise building 고층 건물 budget 예산 could ~할 수도 있다(가능성을 나타냄) afford ~할 경제적(시간적, 정신적)
여유가 있다 neighborhood 지역, 인근, 근처, 이웃 B rather than A=rather B than A=B instead of A: A대신에 B would
~하고 싶다 suggest 권하다, 제안하다 far 먼 farther=further 더 먼 farthest=furthest 가장 먼 away from ~로부터
떨어진 honestly 솔직히, 정직하게 much=even=far=still=yet=a lot=a great=a great deal=by far 비교급 앞에서 '훨씬'
about=around=approximately=some=roughly=or so 대략 look(seek, search) for=try to find 찾아보다 by car
자동차로 by bus 버스로 send 보내다 once 일단 ~하면 get a feel for 파악하다, 익숙해지다 available 구입할 수 있는,
이용할 수 있는 discuss=talk about 의논하다 step 단계 June 6월에 actually 실제로 walk around 돌아다니다
looking forward to ~ing=bargain on 고대하다 say "hi" to=say hello=give one's best regards to ~에게 안부를 전하다

191. What is true about the course that Gordon Lewis will teach?
(A) It covers mostly modern literature.
(B) It is one half of a two-semester course.
(C) It is an hour long and meets twice a week.
(D) It is offered only to seniors at the university.

고든 루이스가 가르칠 과정에 대해 올바른 것은?
(A) 대부분 현대 문학을 다룬다.
(B) 2학기 과정 중 절반이다.
(C) 한 시간 길이며 일주일에 두 번 만난다.
(D) 그것은 대학의 4학년들에게만 제공된다.

192. What is indicated about Dan Miller?
(A) He teaches a course at Newark University.
(B) He wants to rent his house to Gordon Lewis.
(C) He lives in the North Ironbound neighborhood.
(D) He is friends with both Larry Sweeny and Gordon Lewis.

댄 밀러에 대해 암시하는 것은?
(A) 그는 뉴어크 대학교에서 한 과정을 가르친다.
(B) 그는 자신의 집을 고든 루이스에게 임해하기를 원 한다.
(C) 그는 노스 아이언바운드 지역에 살고 있다.
(D) 그는 래리 스위니와 고든 루이스의 친구이다.

193. What does Larry Sweeny's job probably involve?
(A) Helping people to buy and rent property
(B) Teaching an English course at a university
(C) Advising people about their academic careers
(D) Traveling between North Ironbound and Forest Hill

래리 스위니의 직업은 십중팔구 무엇을 포함하죠?
(A) 사람들이 재산을 사고 임대할 수 있도록 돕는 일
(B) 대학에서 영어 과정을 가르치는 일
(C) 사람들에게 그들의 학력에 대해 조언하는 일
(D) 노스 아이언바운드와 포레스트 힐 사이를 여행하는 일

194. In the first e-mail, the word 'budget' in paragraph 2, line 4, is closest in meaning to
(A) high cost
(B) money owed
(C) annual salary
(D) available money

첫 번째 이메일에서, 2단락, 4 행의 'budget'과 의미상 가장 가까운 것은?
(A) 고비용
(B) 빚진 돈
(C) 연봉
(D) 사용 가능한 돈

195. What will probably happen during the first week of June?

(A) Gordon Lewis will start a new job.

(B) Dan Miller will visit Larry Sweeny.

(C) Larry Sweeny and Gordon Lewis will meet for the first time.

(D) Dan Miller and Gordon Lewis will begin working together.

6월 첫째 주에는 십중팔구 무슨 일이 일어날까요?

(A) 고든 루이스는 새로운 일을 시작할 것이다.

(B) 댄 밀러는 래리 스위니를 방문 할 것이다.

(C) 래리 스위니와 고든 루이스가 처음으로 만날 것이다.

(D) 댄 밀러와 고든 루이스는 함께 일하기 시작할 것이다.

정답과 해설		
	191.	(B) English 102 is the second half of a two-semester course. 이 문장 속에 같은 의미가 들어있음을 여러분이 발견해야 합니다.
	192.	(D) Gordon이 Larry에게 Dan Miller를 'Our mutual friend Dan Miller'라고 부르고 있죠?
	193.	(A) you are the best real estate agent in town. 이 문장에서 real estate agent 라는 단어가 '부동산 중개업자' 라는 뜻입니다.
	194.	(D) budget=available money=the money that is available to an organization or person 예산
	195.	(C) I'll be in Newark the week of June 1st for a series of meetings for new staff.+we can make arrangements to meet then. 이 문장에서 Gordon이 6월 첫 주에 Newark를 방문하고, '그 때 Larry와 만나기로 협의를 보자고 했으므로.'
어휘		cover 다루다, 포함(주파, 충당, 취재, 보호, 보도)하다 mostly=largely=chiefly=mainly=primarily 주로 modern literature 현대 문학 semester 학기 twice 두 번 offer 제공하다 senior 대학 4학년, 고교 3학년 indicate=suggest=imply 암시하다 rent 임대(임차)하다 probably=mostly likely 십중팔구 involve=include=contain 포함하다 property 재산, 소유물 advise 충고하다 academic career 학력 budget 예산 paragraph 단락 line 줄, 행 closest in meaning to ~과 의미가 가장 가까운 during ~동안에 job 일, 직업, 입무 happen=occur=arise=come about=come to pass=take place 발생하다 visit=call on 방문하다 together 함께

Questions 196-200 refer to the following e-mail, letter, and calendar. (다음의 이메일, 편지, 달력을 참조하십시오.)

To:	수신:	gblum@rosetteengineer.com
From:	발신:	laluko@rosetteengineer.com
Date:	날짜:	September 7 (9월 7일)
Subject:	제목:	Corporate credit card (법인 신용 카드)

Dear Ms. Blum, 친애하는 블룸님께,

I have received your request for a corporate credit card.
귀하의 법인 신용 카드 요청을 접수했습니다.

In order to issue a card to you,// I require proof of one of the following.
귀하에게 카드를 발급하기 위해서,// 저는 다음 중 하나의 증거가 필요합니다.

– Anticipated business-related expenses of $300 or more (196)
– 300 달러 이상의 예상되는 사업 관련 비용

– Three or more scheduled international business trips for this year
– 올해 3회 이상 예정된 국제 출장

– Signed documentation from a manager that you are required to entertain corporate clients
– 귀하가 회사 고객을 접대해야한다는 관리자의 서명된 문서

As you await your card,// please be sure to review our expense and travel policies on pages 56-72 of the employee handbook.
카드를 기다리시는 동안,// 직원 안내서의 56–72 페이지에 있는 우리의 경비 및 여행 정책을 반드시 검토하십시오.

Here are highlights from those policies.
해당 정책의 주요 내용은 다음과 같습니다.

– All transportation (airline, train, etc.) and hotel arrangements must be made through the corporate travel division. (200)
– 모든 교통편 (항공사, 기차 등)과 호텔 예약은 회사 출장 부서를 통해 이루어져야합니다.

– Meals are covered by the company// as long as they do not exceed daily allowances (refer to section 20, page 61). (200)
– 식사는 회사가 부담합니다// 일일 수당을 초과하지 않는 한. (61 쪽, 20항 참조).

Thank you, 감사합니다,

Ife Aluko 이프 알루코

Corporate Travel Division, Rosette Engineering (로제트 엔지니어링 회사 출장 부서)

어휘 receive 받다, 접수하다 request 요청 corporate credit card 법인 신용 카드 in order to=so as to=with a view to ~ing ~하기 위하여 issue 발급(발행)하다 require 필요로 하다 proof 증거 the following 다음 anticipate 예상하다 business-related 사업과 관련된 expense 비용 scheduled 예정된 international business trip 국제 출장 this year 올해, 금년 sign 서명하다 documentation 문서 be required to ~해야 한다 entertain 접대하다 corporate 기업의, 회사의 client 고객 as ~할 때, ~하는 동안, ~ 때문에 await=wait for 기다리다 be sure to 반드시 ~하다 review 검토하다 expense 경비 travel policy 여행 정책 employee handbook 직원 안내서 highlight 주요 내용, 중요한 부분 transportation 교통편 airlines 항공사 train 기차 etc.=et cetera=and so on=and so forth=and what not 기타, 등등 arrangement 준비, 조정, 배정, 배치 through ~를 통해서 division 부서 meal 식사 cover 충당(부담)하다 company 회사 as long as ~하는 한 exceed=excel=surpass 초과하다 daily allowances 일일 수당 refer to 참조하다 section 항, 단면, 부, 과, 부문

The Institute of Engineering and Technology [IET] (공학 기술 연구소)

September 16	9월 16일
Geraldine Blum	제럴딘 블룸
Rosette Engineering	로제트 엔지니어링
1719 Avenue A	A로 1719번지
New York, NY 10009	뉴욕, 뉴욕 주 10009

Dear Geraldine Blum, 친애하는 제랄딘 블룸에게,

You have successfully registered for the IET Conference in Sao Paulo, Brazil,/ and your payment of $400 has been processed. Thank you. (196) (197)
귀하는 브라질 상파울루에서 IET 컨퍼런스에 성공적으로 등록하였으며/ 400달러의 지불이 처리되었습니다. 감사합니다.

IET recommends// that you make travel and lodging arrangements as soon as possible/ to ensure availability.
IET는 권장드립니다// 귀하가 가능한 한 빨리 여행과 숙박 준비를 할 것을/ 가용성을 확보하기 위해.

We have **secured** discounted rates/ for conference participants at Hotel Cortiana, which is the conference site, and Hotel Montes;// rooms at Hotel Cortiana/ are reserved for IET members only, however.
우리는 할인 요금을 확보했습니다/ 총회 참가자들을 위해서/ 총회 장소인 Hotel Cortiana와 Hotel Montes에서. 그러나 Hotel Cortiana의 객실은/ IET 회원 전용입니다. (199)

We will be providing complimentary breakfast/ from 7 to 9 A.M./ as well as coffee and tea from 2 to 3 P.M./ daily,// both in the hotel lobby.
우리는 무료 아침 식사를 제공할 것입니다/ 오전 7시부터 9시까지./ 오후 2시부터 3시까지 커피와 차뿐만 아니라/ 매일,// 둘 다 호텔 로비에서.

Participants **are responsible/ for** all other meals.
참가자가 책임을 집니다/ 다른 모든 식사에 대해서는.

For question or suggestions,// feel free to contact us at info@ietconference.org.
질문이나 제안 사항이 있으면,// 언제든지 info@ietconference.org로 문의하십시오.

Sincerely, 감사합니다,

IET Conference Committee(IET 총회 위원회)

어휘	successfully 성공적으로 register 등록하다 conference 총회 payment 지불(액), 지급(액) process 처리하다 recommend 권장(추천)하다 lodging arrangements 숙박 준비 as soon as possible 가능한 한 빨리 ensure=secure 확보하다 availability 가용성 discounted rates 할인 요금 participant 참가자 site 장소 reserve 따로 예정해 두다, 따로 떼어두다 however 그러나 provide 제공하다 complimentary=free 무료의 B as well as A=not only A but also B: A뿐만 아니라 B도 A.M. 오전 P.M. 오후 daily 매일 both 둘 다 be responsible(accountable, answerable, liable) for ~에 대해 책임을 지다 meal 식사 suggestion 제안 contact=make contact with=get in touch(contact) with ~에게 연락하다 sincerely=truly=best wishes=best regards=all the best 끝맺음 말 committee 위원회

Calendar for Geraldine Blum: Week of November 6 (제럴딘 블룸의 달력: 11월 6일 주)

November 6 11월 6일	Depart 10:13 A.M., New York, NY (flight AV177) Arrive 9:25 P.M., Sao Paulo, Brazil Transportation to Hotel Cortiana via Taxi Minuto (late check-in confirmed by hotel manager) (199) 뉴욕 주 뉴욕, 오전 10시 13분 출발(항공편 AV177편) 브라질 상파울루 오후 9시 25분 도착 택시 미누토를 이용하여 코르티아나 호텔까지 이동 (호텔 매니저가 늦은 체크인 확인함)
November 7 11월 7일	9:00 A.M.-4:30 P.M. conference sessions 4:45 P.M. Gillberto Cruz job interview, hotel lobby 오전 9시 – 오후 4시 30분 회의 시간 오후 4시 45분 길베르토 크루즈 취업 면접, 호텔 로비
November 8 11월 8일	9:00 A.M.-3:40 P.M. conference sessions 3:45 P.M. Gillberto Cruz presentation 오전 9:00 – 오우 3:40 회의 시간 오후 3시 45분. 길베르토 크루즈 발표
November 9 11월 9일	9:00 A.M.-4:30 P.M. conference sessions 6:00 P.M. closing ceremony and reception, Salon D 오전 9:00 – 오후 4:30 회의 시간 오후 6시 폐회식 및 리셉션, 객실 D
November 10 11월 10일	8:45 A.M. Transportation to airport via hotel shuttle Depart 11:01 A.M., Sao Paulo, Brazil (flight AV313) Arrive 8:03 P.M., New York, NY 오전 8시 45분 호텔 셔틀을 이용하여 공항으로 이동 브라질 상파울루 오전 11시 1분 출발(항공편 AV313편) 뉴욕 주, 뉴욕 오후 8시 3분 도착

> **어휘** depart 출발하다 A.M. 오전 NY 뉴욕 주 flight 항공편 arrive 도착하다 P.M. 오후 transportation 교통편, 이동 via=① by means of ~을 수단으로, ② through the medium of ~를 매개로 하여 ③ by way of ~을 경유하여 late 늦은 confirm 확인하다 conference session 회의 시간 job interview 취업 면정 presentation 발표 closing ceremony 폐회식 salon 객실, 응접실 airport 공항

196. What qualifies Ms. Blum to receive a corporate credit card?

(A) Her registration fee is over $300.
(B) Her upcoming travel is international.
(C) She will be traveling for more than three days.
(D) She will be entertaining clients on her business trip.

무엇 때문에 블룸 씨가 기업 신용 카드를 받을 자격을 갖게 되죠?

(A) 등록비가 300달러를 초과했다.
(B) 다가오는 여행은 국제적이다.
(C) 그녀는 3일 이상 여행 할 예정이다.
(D) 그녀는 출장에서 고객을 접대할 예정이다.

197. What is the purpose of the letter?

(A) To share hotel reviews

(B) To advertise a restaurant

(C) To confirm a registration

(D) To publicize a conference

편지의 목적은 무엇입니까?

(A) 호텔 후기를 공유하기

(B) 식당을 광고하기

(C) 등록을 확인하기

(D) 회의를 홍보하기

198. In the letter, the word "secured" in paragraph 2, line 2, is closest in meaning to

(A) guarded

(B) established

(C) paid

(D) enclosed

이 편지에서, 두 번째 단락 2행에서 "secured" 와 의미상 가장 가까운 것은?

(A) 보호하다

(B) 확보하다

(C) 지불하다

(D) 동봉하다

199. What is suggested about Ms. Blum?

(A) She is a member of the IET.

(B) She will present at the conference.

(C) She is leaving the conference early.

(D) She works with Mr. Cruz at Rosette Engineering

블룸 씨에 대해 암시하는 것은 무엇입니까?

(A) 그녀는 IET 회원이다.

(B) 그녀는 회의에서 발표할 것이다.

(C) 그녀는 회의를 일찍 떠날 것이다.

(D) 로제트 엔지니어링에서 크루즈 씨와 함께 일한다.

200. What expense policy does NOT apply to Ms. Blum's trip?

(A) The policy about food costs

(B) The policy about hotel arrangements

(C) The policy about booking flights

(D) The policy about renting cars

어떤 경비 정책이 블룸 씨의 여행에 적용되지 않죠?

(A) 식품비용에 관한 정책

(B) 호텔 예약에 관한 정책

(C) 항공편 예약에 대한 정책

(D) 렌터카에 관한 정책

정답과 해설	**196.**	(A) Anticipated business-related expenses of $300 or more + your payment of $400 has been processed. 예상되는 사업 관련 비용 300 달러 이상이어야 하는데, 그녀는 총회 등록비용으로 400달러를 지불했죠?
	197.	(C) You have successfully registered for the IET Conference. 이 문장을 통해서 '등록을 확인하는 편지'임을 알 수 있죠.
	198.	(B) secure=establish 확보하다, 확고히 하다
	199.	(A) rooms at Hotel Cortiana are reserved for IET members only + Transportation to Hotel Cortiana via Taxi Minuto Hotel Cortiana의 객실은 IET 회원 전용이라고 했는데, 그녀가 Hotel Cortina로 이동한 것으로 보아, IET 의 회원임을 알 수 있죠.
	200.	(D) All transportation (airline, train, etc.) and hotel arrangements must be made through the corporate travel division. + Meals are covered by the company. 이들 문장에서 렌터카에 대한 정책만 빠져 있죠?
어휘		qualify 자격을 주다 receive 받다 corporate 기업의, 회사의 registration fee 등록비 over=more than 초과한 upcoming 다가오는 international 국제적인 will be ~ing ~할 예정이다 entertain 접대하다 client 고객 business trip 출장 purpose 목적 share 공유하다 review 후기 advertise 광고하다 confirm=ascertain=verify 확인하다 publicize 홍보하다 conference 총회 paragraph 단락 line 행, 줄, 선 closest in meaning to 의미상 가장 가까운 suggest=imply=indicate 암시하다 present 발표하다 leave 떠나다 early 일찍 expense 경비, 지출 policy 정책 apply to=be applicable to=hold for ~에 적용되다 food costs 식품비용 arrangements 예약, 준비, 마련 book=reserve 예약하다 flight 항공편 rent 임차(임대)하다

실 전
모 의 고 사

1

Questions 131-134 refer to the following e-mail.

To: karljackson@businessmachines.com
From: addison@campelllc.com
Subject: Copier Paper Jam
Date: March 27

Karl,

I wonder if you can ------- by the office sometime today. The copier is having issues again. The trick you
131.
showed me for loading the paper to prevent it from jamming had been working until yesterday. Since
then, for some reason, every time the staff members of my office use the copier, the paper gets stuck.
-------. Unfortunately, we need to ------- a lot of copies right now as we have an audit scheduled for the
132.   **133.**
end of the month. Any help you can provide would be greatly -------.
                                                          134.

Thanks,

Charlotte

131. (A) drop
     (B) call
     (C) order
     (D) relocate

133. (A) make
     (B) making
     (C) being made
     (D) having made

132. (A) We recently upgraded to another printer model.
     (B) There are too many buttons on the control panel.
     (C) The instructions come up when we change the toner.
     (D) It usually occurs about halfway through a copy job.

134. (A) appreciate
     (B) appreciates
     (C) appreciated
     (D) appreciating

Questions 135-138 refer to the following announcement.

Rowes Atlantic Airways Baggage Policy

Each passenger ------- to carry one piece of hand baggage onto the plane without charge. The carry-
135.
on item must not exceed the dimensions 56 cm x 45 cm x 25 cm, including the handle and wheels. No
carry-on bag should weigh more than 23 kg. Passengers should be ------- to lift bags into the overhead
136.
storage bins unaided. These ------- do not apply to bags that are checked in at the service desk.
137.

A laptop computer bag, school backpack, or handbag may also be brought on board. -------.
138.

135. (A) allowed
(B) is allowed
(C) allowing
(D) had been allowed

137. (A) transfers
(B) suggestions
(C) duties
(D) restrictions

136. (A) able
(B) ably
(C) abled
(D) ability

138. (A) Please inquire at the service desk if it will be permitted on your flight.
(B) It should be stored under the seats when not in use.
(C) Thank you for becoming a member of the flight crew.
(D) Therefore, they will be available for a small additional fee.

Questions 139-142 refer to the following advertisement.

Did you know that, once ------- a time, Nike's product catered almost exclusively to marathon runners?
139.
Then, a fitness craze emerged – and the folks in Nike's marketing department knew they needed to take
advantage of it to ------- their main competitor, Reebok. (At the time, Reebok was selling more shoes
140.
than Nike). And so, in the late 1980s, Nike created the "Just Do It." campaign.

It was a hit.

In 1988, Nike sales were at $800 million; by 1998, sales exceeded $9.2 billion. "Just Do It." was short
and sweet ------- encapsulated everything people felt when they were exercising – and people still feel
141.
that feeling today. Don't want to run five miles? Just Do It. Don't want to walk up four flights of stairs?
Just Do It. ------- the drive to push ourselves beyond our limits.
142.

139. (A) in
(B) at
(C) to
(D) upon

140. (A) overwhelm
(B) help
(C) conflict
(D) surpass

141. (A) even
(B) although
(C) yet
(D) except

142. (A) It's what you should complete
(B) It's a slogan we can all relate to
(C) Let me know if any difficulties arise
(D) I am looking forward to hearing

Questions 143-146 refer to the following article.

CNDON (15 June) – Uldings Hotels announced today that Mr. Jeffrey Cho has been promoted to vice president of global brand marketing for the worldwide hotel chain. Mr. Cho's promotion will become effective as of 1 July. His new ------- involves overseeing worldwide marketing strategies, which include
143.
all advertising and brand promotions. -------.
144.

Mr. Cho was previously Ubero Hotels' regional director of business development for Southeast Asia. He ------- his career at the front desk of the Ubero Queen Sydney Hotel. Mr. Cho has stated that
145.
he believes this early experience, going back 23 years, of connecting with guests and coworkers has contributed to his hands - on ------- style.
146.

143. (A) trend
(B) facility
(C) supervisor
(D) position

144. (A) He will also be responsible for a staff of 25.
(B) Similarly, he will be relocating to London.
(C) For example, he will be training new employees.
(D) As a result, he will keep his home in Sydney.

145. (A) begins
(B) began
(C) is beginning
(D) will begin

146. (A) manage
(B) manages
(C) managed
(D) management

Questions 147-148 refer to the following text-message chain.

Rona Ricci [9:03 A.M.]

Where did you get your car fixed last month?

Bonnie Green [9:05 A.M.]

Mark's Automotive in Linden Avenue. Are you having vehicle trouble?

Rona Ricci [9:06 A.M.]

No. I'm at the coffee shop chatting with Kevin Peters from work. His car needs to be repaired.

Bonnie Green [9:08 A.M.]

Tell him Mark's was great. They found good prices on parts and charged a reasonable amount for labor.

Rona Ricci [9:09 A.M.]

Thanks. I'll pass it on.

147. Why does Ms. Ricci contact Ms. Green?

(A) She wants a recommendation.

(B) She needs directions to a location.

(C) She wants a cup of coffee.

(D) She needs her car fixed.

148. At 9:09 A.M., what does Ms. Ricci most likely mean when she writes, "I'll pass it on"?

(A) She will pick up Ms. Green on the way to work.

(B) She will search for a different repair shop.

(C) She will share information with Mr. Peters.

(D) She will bring money to Mr. Peters.

From:	front desk @parkersquarehotel.com
To:	noro @mailsail.com
Subject:	Early check-in
Date:	May 16, 1:30 P.M

Dear Mr. Noro,

We received your e-mail about early check-ins. To answer your question, at the Parker Square Hotel early check-ins are available between 10:00 A.M. and 2:00 P.M. for an additional $25. Guests are requested to contact us at least one day ahead of time so that we can make arrangements and have a room ready for them in the morning. Because you'll be arriving tomorrow, could you please reply today by 6:00 P.M. to confirm that you are interested in checking in earlier?

With best regards,

Lisa Murata

Front Desk Manager, Parker Square Hotel

149. What is the purpose of the e-mail?
(A) To explain a policy
(B) To offer a room upgrade
(C) To advertise a special rate
(D) To confirm a reservation

150. By what time should Mr. Noro contact Ms. Murata?
(A) By 10:00 A.M.
(B) By 1:30 P.M.
(C) By 2:00 P.M.
(D) By 6:00 P.M.

Questions 151-152 refer to the following advertisement.

HELP WANTED

We are seeking an experienced financial professional to manage the accounting office at a rapidly growing financial services company. Responsibilities of the position include coordinating the work of a six-person accounting department, managing business accounts, and reviewing client financial information. This position reports to the chief financial officer(CFO). Requirements: university degree in accounting, a minimum of three year's management experience, up-to-date knowledge of accounting software, strong organizational and interpersonal skills. Benefits include health and dental insurance, vacation and sick leave, and a retirement plan. Interested candidates should send a cover letter and résumé to Simon Sandra at HE@magus.com. No phone calls please.

---

151. Who should apply for this job?

(A) A dentist

(B) An accountant

(C) A software engineer

(D) A health care manager

152. How can someone apply for this job?

(A) By calling the HR coordinator

(B) By e-mailing the CFO

(C) By sending résumé to Ms. Sandra

(D) By visiting the Magus Finance, Inc. office

Questions 153-154 refer to the following notice.

Connor's
2005 Great Hill Rd.
Edmonton, AB, T5J 1N7
780-555-0199
www.connors.ca

You're invited!
Customer Appreciation Night
Wednesday, 11 October
6:00 P.M. – 9:00 P.M.

Our computer specialists will demonstrate the latest computer tablets, digital cameras, and phones. They'll explain how to operate various delivery devices and provide tips on how to choose the right computer for your home or business.

Receive 10% off all kinds of pens and 10% off duplicating paper on 11 October only.

Connor's

Offering the best in office supplies and equipment for 25 years.

---

153. What is the purpose of the notice?

(A) To introduce a Web site

(B) To extend an invitation

(C) To advertise a new computer

(D) To promote a new copying service

154. What is available for a discount on October 11?

(A) Computer tablets

(B) Telephones

(C) Digital cameras

(D) Ballpoint pens

Swansea Business News

(3 August) A spokesperson for Riester's Food Markets announced yesterday that it will open five new stores over the next two years, starting with one in downtown Swansea this December. [1]. The company, known for its reasonable prices, will next open a Liverpool store in May. [2]. The location of the final store has not yet been determined.

The number of Riester's locations has certainly been growing rapidly throughout the United Kingdom. Shoppers seem pleased with the wide selection of items that include packaged goods, fresh produce, and hot ready-made meals. According to Donald Chapworth, director of marketing, the latter are particularly popular with working parents. —[3]—. "Many of these customers in particular have limited time to cook but still want their families to eat wholesome food," says Chapworth.

Last March Riester's hired chef Gabriella Pierangeli, famed for her London restaurant Gabriella's on Second, to craft their signature home-style dishes.

155. What is the article about?

(A) The expansion of a chain of stores

(B) Families cutting their food budgets

(C) The relocation of a popular restaurant

(D) Grocery stores changing their prices

156. What does Mr. Chapworth mention that customers like about Riester's?

(A) Its friendly customer service

(B) Its inexpensive pricing

(C) Its home-delivery service

(D) Its prepared foods

157. In which of the positions marked [1]. [2]. [3], and [4] does the following sentence best belong?

"Two more will open at sites in Manchester and Edinburgh by summer of next year."

(A) [1]

(B) [2]

(C) [3]

(D) [4]

Questions 158-160 refer to the following information.

To lessen the threat of faulty car repair work or repair frauds, there are a number of constructive steps you can take. While these measures can't offer full protection, they are wise insurance against dented pocketbooks and expanded time schedules.

First, never wait until a small problem becomes a big and costly one. Always take your car in for a checkup at the first sign of trouble. But before you take the car in, make a list of all the problems and symptoms so you are prepared to describe the trouble as accurately and specifically as possible. Don't just ask to have the car put in "working order." That kind of statement can lead directly to unnecessary work.

On your initial visit, make certain you get a copy of the work authorization that you signed or a general estimate of the total cost of the repairs. Ask the repair garage to telephone you when the exact work to be done has been determined. When you receive the call, say you now want to return to the garage to obtain another work order itemizing the cost of each repair to be made.

158. What is the main topic of the passage?
(A) Proper ways to run a repair garage
(B) Procedures for getting your car repaired properly
(C) How to haggle with a mechanic
(D) Troubleshooting your automobile

159. When should you take your car to the repair garage?
(A) When the car breaks down
(B) When the car won't start
(C) When the mechanic calls
(D) At the first sign of trouble

160. What should you NOT tell the mechanic?
(A) Give me the total cost of the repairs.
(B) Call me when you know what needs to be fixed.
(C) Put the car in full working order.
(D) Please give me the itemized work order.

Questions 161-163 refer to the following seminar.

Legal Education Seminars presents ...

WORKERS' COMPENSATION:
ISSUES & STRATEGIES

Thursday, February 1
The Platinum Hotel
Omaha, NE

Our experienced faculty will
· alert you to key changes in legislation, regulations, and case law;
· take you from the basics through advanced areas of Workers' Compensation law;
· show you how to anticipate new trends in defense; and
· give you many practical strategies.

Visit www.les.com for complete registration information.
Registration ends on March 10.

---

161. Who would be likely to attend this seminar?
(A) Workers
(B) Legislators
(C) Lawyers
(D) Doctors

162. What will be taught?
(A) Information about payment to injured workers
(B) How employment laws are made
(C) How to strategize to keep employees healthy
(D) Ways to communicate with employees

163. What else can you learn?
(A) Arguments being used by the defense
(B) How to influence the law
(C) How to advance your career
(D) Where to practice your new skills

Questions 164-167 refer to the following online chat discussion.

John Regal (3:18 P.M.)

Hello. I was just wondering if any one signed up for the job fair next month.

Sara Ferguson (3:19 P.M.)

I tried to register today, but I was told that it was only open to students who are graduating this year.

John Regal (3:20 P.M.)

Really? I think it's a bit unfair that we're not allowed to participate in such an important event.

Amanda Lin (3:22 P.M.)

I absolutely agree with you. Just because we're in our third year doesn't mean that we can't benefit from the job fair.

Sara Ferguson (3:25 P.M.)

I just called again to make sure, and they said that as long as we have a note from our academic counselor, we can attend the event.

John Regal (3:26 P.M.)

Really? Then I'll go right now and see Mr. Peters. Does anyone want to come with me?

Amada Lin (3:27 P.M.)

Sure. My next class doesn't start for a while, so I'm free.

John Regal (3:28 P.M.)

Fantastic. How about you, Sara?

Sara Ferguson (3: 28 P.M.)

Sorry, I actually have a lecture soon. I'll go some other time.

---

164. What is suggested about Ms. Ferguson?

(A) She will not be graduating this year.

(B) She missed a registration deadline.

(C) She forgot to submit an assignment.

(D) She will be meeting a counselor today.

165. What is suggested about the job fair?

(A) It allows exceptions to its rules.

(B) It will run throughout the entire month.

(C) It is held only once a year.

(D) It is open to certain majors.

166. Who most likely is Mr. Peters?

(A) A job fair employee

(B) An academic counselor

(C) A university professor

(D) A front-desk assistant

167. At 3:28 P.M., what does Mr. Regal mean when he writes, "Fantastic"?

(A) He is excited to attend a lecture by Mr. Peters.

(B) He is happy that his class has been moved.

(C) He is pleased about his recent exam results.

(D) He is glad that Ms. Lin will accompany him.

From: <DDrabik@lowmaster.co.ca>
To: <New Employees Lists>
Subject: Welcome
Date: 28 May

The Lowmaster Toronto office is pleased to have such a "promising" group of new employees become part of our consulting team. Please review the company policies listed below and familiarize yourself with some important locations on our campus.

Personal computers may not be used to complete company work. If you need to work outside your offices in Dempsey Hall, visit the Information Technology Department to request a security-enabled laptop. Their office is located in the Russ Building in R-135.

The identification badges you received at orientation must be worn at all times; they provide access to the buildings on campus. If your identification badge is misplaced, contact the Security Desk immediately. The Security Desk is located in the Hadley Building in room H-290 and can be reached at extension 8645.

The cafeteria is located on the first floor in the Russ Building and is open until 2:30 P.M. The lounge in D-108 in Dempsey Hall is especially convenient for your breaks. Coffee, tea, juice, and light snacks are available in the lounge until 6:00 P.M. daily

Brandt Library is located behind the Russ Building and can be accessed by way of the raised walkway connecting the two.

Finally, if you expect a package or important mail, you may notify the Shipping and Receiving Office at extension 8300 or stop by room R-004 in the basement of the Russ Building.

Sincerely,

Donald Drabik

168. What is the purpose of the e-mail?
(A) To assign work spaces to employees
(B) To explain employee compensation policies
(C) To arrange a company meeting
(D) To provide details to recently hired workers

169. The word **"promising"** in paragraph 1, line 1, is closest in meaning to
(A) pledging
(B) likely to succeed
(C) suggesting
(D) recently hired

170. Where is the Information Technology Department located?
(A) In the Russ Building
(B) In the Hadley Building
(C) In Dempsey Hall
(D) In Brandt Library

171. According to the e-mail, what is provided to all employees?
(A) A mailbox
(B) An approved laptop
(C) An identification badge
(D) A library card

Questions 172-175 refer to the following instruction. 지침

Here's a mouth-watering cookie recipe for you to try at home. You will need two cups each of margarine, white sugar and brown sugar; four eggs, four cups of flour, 1 teaspoon of baking powder, a pinch of salt and a cup of milk chocolate chips. First of all, pre-heat the oven to 350 degrees Fahrenheit. Take a large bowl and cream together the margarine and sugar until they are smooth. Then add the eggs, one by one. Sift the flour and baking powder into the mixture and add the salt. Finally add the chocolate chips. Drop spoonfuls of the mixture onto ungreased cookie sheets and bake for eight to ten minutes until the edges are golden brown. Cool for one hour before eating.

172. Which of the following is NOT an ingredient in the recipe?
(A) cream
(B) flour
(C) eggs
(D) margarine

173. What must the cook do first?
(A) Put the margarine and sugar in a bowl
(B) Turn on the oven
(C) Sift the flour
(D) Break the eggs

174. Which of the following items is needed to make this recipe?
(A) A microwave
(B) A sieve
(C) A saucepan
(D) A knife

175. Which of the following ingredients is added last?
(A) Salt
(B) Baking powder
(C) Chocolate chips
(D) Eggs

The International Association of Industrial Chemists
The International Association of Industrial Chemists (IAIC) Newsletter submissions

The IAIC Quarterly will be undergoing several changes in the coming months in order to better meet the needs of our members and readers. The first of these initiatives will be to open up the newsletter to reader submissions, including personal accounts of events, opinion pieces, and photographs. This new section of the newsletter will be called Member Views and News. The editors believe that this is an important way to make the IAIC Quarterly more relevant and engaging to readers as well as more representative of the society's activity. Membership is available only to certified industrial chemists.

To this end, we are now inviting members to submit their 'impressions' about meetings and other events taking place in the region. We are particularly interested in the views of members of our Taipei affiliate, which is our latest and 23rd chapter.

Please click here to download the submission form. All forms must be completed and sent to Robert Harper at rharper@iaic.org. In the event that your submission is selected for publication, you will receive an e-mail at the address indicated on the form. Submissions for the autumn issue are due on June 30.

Finally, we continue to make improvements to the IAIC Quarterly, so please visit this Web site regularly for updates. We expect to finalize a new, colorful, and more visually appealing layout of the newsletter in the next few weeks.

To:	Shuo Chuan Liu <liu.2@milina chemical.com.tw>
From:	Robert Harper <rharper@iaic.org>
Subject:	Newsletter submission
Date:	July 5

Dr. Liu,

Thank you for your June 18 submission to our newly created Member Views and News section of our newsletter. We were so happy to hear about the Taipei chapter's first meeting, especially the details of Dr. Mei Chu's latest research in the area of industry laboratory safety protocols in Taiwan. We were also pleased to hear that the Taipei chapter already has 28 members and that membership is expected to double in the coming months.

I am wondering if you could edit your submission down to 300 words. This would allow enough space for three other submissions in the next issue. I would be happy to work with you on the revision. Please let me know if this will work for you.

Thank you.

Robert Harper, Editor, IAIC Quarterly

176. For whom is the Web page information most likely intended?
(A) IAIC members
(B) Newsletter editors
(C) Publication directors
(D) Students of industrial chemistry

177. According to the Web page information, what is true about the newsletter?
(A) A section of it will be discontinued.
(B) Larger print will be used.
(C) It will be issued every month.
(D) It will be published in color.

178. On the Web page, the word "impressions" in paragraph 2, line 1, is closest in meaning to
(A) characteristics
(B) imitations
(C) feelings
(D) effects

179. What is suggested about Dr. Liu's submission?
(A) It explains how to become an IAIC member.
(B) It will appear with one other submission.
(C) It will appear in the autumn issue of the newsletter.
(D) It was sent to Mr. Harper on June 30.

180. What was Dr. Liu asked to do?
(A) Provide details about a meeting
(B) Shorten his submission
(C) Include contact information
(D) Arrange a chapter meeting

Questions 181-185 refer to the following e-mail and letter.

E-mail

To:	Sasikala Sharma
From:	Zachary Bauers
Subject:	20 July
Date:	This season

Dear Sasikala:

Thank you for giving me the great news. I'm glad to know we have so many subscribers returning for another season and that we also have an increase in new subscribers. Our advertising must be working!
In answer to your question, we still haven't made a decision about the final show. I'm hoping plans to produce After the Sun will work out. It is an expensive production, and the budget is still an issue. If we can't afford to do it, we'll have to mail the tickets for the first four shows to subscribers in August as planned. Then we can send the tickets for the final show in September, after it has been chosen. I'll let you know by the end of next week whether we have decided to go ahead with After the Sun.

Zachary

Belmont Community Theatre

12 August
Mr. Jake Harbaugh
14 Snyder Court, #4
Winnipeg R2C 0H9

Dear Mr. Harbaugh:

Thank you for subscribing to the upcoming Belmont Community Theatre season! On behalf of the theatre, I want to welcome you. We are always pleased to have new subscribers, and I am certain you will be delighted with the upcoming season. Please find enclosed the tickets for the five plays for this season.

Play descriptions, performer biographies, and a complete schedule can be found on our Web site. If you have any questions, please contact the box office at 204-555-0142.
Subscribers enjoy exclusive benefits, including ticket exchanges, which can be made by phone, mail, or in person at the box office. Please be aware that programs and schedules are subject to change.

Sincerely,

Sasikala Sharma

Patron Services Director
Belmont Community Theatre

181. What is Mr. Bauers pleased about?
- (A) There will be an increased number of plays produced this season.
- (B) There are more season subscribers this year.
- (C) A positive review appeared in the local news.
- (D) The new advertising campaign is being launched.

182. Why is Mr. Bauers concerned?
- (A) Some tickets were lost in the mail.
- (B) A budget meeting was rescheduled.
- (C) A play might cost too much to produce.
- (D) Play rehearsals are behind schedule.

183. Why did Ms. Sharma send the letter to Mr. Harbaugh?
- (A) To confirm a schedule
- (B) To thank him for his subscription
- (C) To let him know about some changes
- (D) To give him news about a new play

184. What is suggested about the Belmont Community Theatre's upcoming season?
- (A) The fifth play will be After the Sun.
- (B) It will last longer than the previous season.
- (C) There are new subscriber benefits.
- (D) The ticket prices have increased.

185. According to the letter, what can subscribers do on the Web site?
- (A) Exchange the tickets
- (B) Select their seats
- (C) Read about actors
- (D) Contact the box office

Questions 186-190 refer to the following e-mails.

To:	Ken Albers <lalberts@emergentsolution>
From:	Clasissa Pierce <cpierce@actionservices.com>
Date:	June 13
Subject:	Shipping Contracts

Hello Mr. Alberts,

I am writing on behalf of my company, Actions Services. Our company specializes in creating personalized flower arrangements, gift baskets, and novelty gifts. Recently we have been going over our books and realized we were paying too much to our current shipping company. We would be interested in offering you the opportunity to take over our account if you could provide us with some competitive rates. I have included a recent invoice of shipping costs. We would like to work with you. Please let me know what you think.

Sincerely,
Classisa Pierce
Account Manager, Action Services

To:	Clasissa Pierce <cpierce@actionservices.com>
From:	Ken Albers <lalberts@emergentsolution>
Date:	June 14
Subject:	Re: Shipping Contracts

Dear Ms. Pierce,

Thank you for contacting us at Emergent Solutions. I have taken a look at your invoice from your last bill from Express Corp., and I believe that we can beat their prices. I would be happy to send over my account director to try to tailor a delivery package that is perfect for your needs. Since most of the shipping that you do is within the state and composed of relatively small items, I believe our express courier service will be perfect. We use fuel-efficient hybrid vehicles to run our small deliveries and are able to pass the savings on to our customers. As the Account Director, I look forward to working with Action Services in the future.

Sincerely,
Ken Alberts

To:	Ken Albers <lalberts@emergentsolution>
From:	Clasissa Pierce <cpierce@actionservices.com>
Date:	June 16
Subject:	Shipping Contracts

Mr. Alberts,

This sounds amazing! You have no idea how much it means to our company that you are using environmentally responsible transportation. Action Services was originally formed by a collection of Environmental Students at City College here. Everything we do is ethically sourced and recyclable. We can't wait to meet with your team.

186. What job does Mr. Alberts have?

(A) President

(B) HR manager

(C) CEO

(D) Account director

187. What is indicated about Action Services?

(A) They care about art.

(B) They are concerned about the environment.

(C) They need to sell more packages.

(D) Their delivery service delivered packages to the wrong address.

188. According to the e-mails, what can you infer?

(A) Emergent Solutions offers cheaper shipping costs than Express Corp.

(B) Emergent Solutions will likely not be efficient.

(C) Emergent Solutions has a business ethics at odds with Action Services.

(D) Action Services is in debt.

189. Why did Action Services contact Emergent Solutions?

(A) They needed new customers.

(B) They were spending too much on shipping.

(C) They wanted to expand their operation.

(D) They wanted to ship internationally.

190. What kind of business is Action Services?

(A) Technology consultants

(B) Leadership experts

(C) Hotel and resort specialists

(D) Florist and novelty suppliers

Questions 191-195 refer to the following notice and e-mails.

IMPORTANT NOTICE

Dear Castelli customers,

Our quality assurance team has revealed that five hundred jars of Castelli's Classic Spaghetti Sauce do not meet our high standards of product quality.

The defect has been caused by an improper seal on the lid of the jar and may have resulted in the contents spoiling due to contact with air. We are currently warning customers not to eat this product.

What you should do: If you have already purchased a jar of Castelli's Classic Spaghetti Sauce, please send an e-mail to our Customer Service Department at cs@castellifood.com. One of our employees will provide you with a product replacement voucher. Please include your name, full address, phone number, and the product's serial number in the e-mail. Customers will receive a $12 voucher for each jar purchased. Please do not try to get a refund for this product at a retailer.

Please remember that no other Castelli food products are affected. We encourage you to continue purchasing our products.

To:	cs@castellifood.com
From:	Tony Hester <tonyhester21@webzit.com>
Date:	March 29
Subject:	Replacement Voucher

To whom it may concern,

My name is Tony Hester and I appreciate the precautionary step. Around two weeks ago, I purchased two jars of Castelli's Classic Spaghetti Sauce from an Ace grocery store in Hermantown, Minnesota. A week later, I purchased one more jar of it at the same place.

I have attached the image file of both receipts to this e-mail. I would like to receive a product replacement voucher for these defective products. My address is:

Tony Hester
27 Bloom Street
Hermantown, MN 55811

I look forward to receiving a reply soon.

Tony Hester

To: Tony Hester <tonyhester21@webzit.com>
From: cs@castellifood.com
Date: March 30
Subject: Voucher

Dear Mr. Hester,

Thank you very much for contacting Castelli Foods. We are committed to ensuring that our customers can continue to rely on the Castelli line of quality foods for all their dining needs. As such, we are happy to provide you with three vouchers for the cans of Classic Spaghetti Sauce you recently purchased. Please find the vouchers enclosed.

In addition to the vouchers for the Classic Spaghetti Sauce, we would like to offer you vouchers for our new line of linguini and spaghetti pasta, Pasta Prima. Please accept these as another way for us to say that we are sorry, and we hope that you continue to turn to us for delicious Italian flavors.

Sincerely,
Jan Olson
Customer Care Specialist

191. Where would the notice most likely be found?
(A) In a restaurant
(B) In a staff break room
(C) In a shipping agency
(D) In a grocery store

192. What is indicated about the jars?
(A) They were not closed tightly.
(B) They are currently out of stock.
(C) They were priced incorrectly.
(D) They were delivered to the wrong address.

193. According to the notice, what is NOT mentioned as advice for customers?
(A) Avoiding consuming the product
(B) Reporting on the product
(C) Returning the product to a store
(D) Purchasing other Castelli products

194. In the e-mail to Mr. Hester, what additional gift does Castelli offer?
(A) Pasta sauce
(B) A recipe book
(C) Vouchers for produce
(D) Vouchers for new products

195. Castelli is sending the vouchers for several reasons; what is NOT one of them?
(A) To keep customers loyal
(B) To say that they are sorry
(C) To be fair to their customers
(D) To gain new customers

Questions 196-200 refer to the following information, form, and letter.

Red Rock Leather Goods

Thank you for purchasing a leather product from Red Rock Leather Goods. We manufacture all of our products to meet the highest quality standards and pride ourselves on excellent customer service. All of our products are individually and meticulously made by skillful craftsmen. We offer a lifetime guarantee that covers all defects in craftsmanship except normal wear and tear. We will repair or replace any pieces due to our fault for as long as you own your Red Rock product.

If your Red Rock product is not under warranty, we offer repairs at the following rates:

	Wallets	Handbags	Jackets
Missing button repair	$10	$15	$20
Zipper repair and replacement	$20	$30	$45
Seam repair and stitching	$40	$40	$60

The warranty is non-transferable and covers only the original purchaser. Additionally, the sales receipt is necessary to validate your warranty and receive service. This warranty does not apply to the products purchased from second-hand stores or unauthorized dealers.

Red Rock Leather Goods
Repair Request Form

Name: **Melisa Perkins**
Date: **February 28**
Address: **458 Center Circle Drive, Chicago, IL**
Product: **Coco TX Handbag**

Description of repairs to be made:

I bought this item last year from a Red Rock Leather Goods store in Chicago, IL. However, in just six months, the zipper became jammed and no longer opens or closes. Because this is a manufacturing defect, I assume it will be covered by the warranty. I have been a regular customer of Red Rock Leather Goods for 12 years, and this is the first time I have had a problem.

I have read and agree to all the terms concerning returns and repairs. I certify that this product was purchased at an official Red Rock Leather Goods store and that I am the original purchaser of his product.
Signature: **Melisa Perkins**   Date: February 28

Note: It may take some time for your product to be returned to you. If you have any questions, please call us at 812-555-8541.

Dear Melisa Perkins,

Thank you for submitting your request for repairs to your Red Rock Leather Goods Coco TX Handbag. We have received and inspected your item and documents and concluded that it falls within our warranty. It is scheduled to go in for repair this coming week. Once it has been returned to working order, we will express-mail it to the address you provided in your Repair Request Form. I would like to thank you on behalf of Red Rock Leather Goods for your 12 years of "patronage" and apologize for any inconvenience the failure of your Coco TX Handbag has caused you.

Sincerely,

Cheryl Timmins,
Customer Service Specialist
Red Rock Leather Goods

196. What is indicated about Red Rock Leather Goods' products?
(A) They are sold nationwide.
(B) They are relatively expensive.
(C) They are made by hand.
(D) They come in a variety of colors.

197. Why did Ms. Perkins fill out a form?
(A) To receive a cash refund on a product
(B) To report a defective item
(C) To file a customer service complaint
(D) To extend a warranty contract

198. How much would be Ms. Perkins be charged if her item was purchased at a second-hand store?
(A) $15
(B) $20
(C) $30
(D) $45

199. In the letter to Melisa Perkins, the word "patronage" in line 5 is closest in meaning to
(A) Marketing
(B) Support
(C) Investment
(D) Competition

200. What can you infer from the letter to Melisa Perkins approving her request for warranty coverage?
(A) It was a manufactured defect.
(B) Red Rock Leather Goods is a quality brand.
(C) Melisa Perkins included her receipt of sale from an authorized Red Rock Leather Goods store.
(D) Meliza Perkins included $30 for zipper repair to her Coco TX Handbag.

문제 131–134 다음의 이메일을 참조하십시오.

받는 사람: karljackson@businessmachines.com
보낸 사람: addison@campelllc.com
제목: 복사기 용지 걸림
날짜: 3월 27일

칼,

I wonder if you can ------- by the office sometime today. The copier is having issues again.
131.
오늘 아무 때나 사무실에 들를 수 있는지 궁금합니다. 복사기가 다시 문제가 있거든요.

The trick you showed me for loading the paper to prevent it from jamming/ had been working until yesterday.
용지 걸리는 것을 예방하기 위해/ 용지를 넣는 것에 대해서 당신이 나에게 보여준 방법이/ 어제까지 효과가 있었습니다. u.174쪽 (18)번 참조

Since then,/ for some reason,/ every time the staff members of my office use the copier,/ the paper gets stuck.
그 이후로/ 어떤 이유에서인지/ 내 사무실 직원이 복사기를 사용할 때마다/ 용지가 걸립니다.

-------. 그런 일은 대개 복사 작업 도중에 발생합니다.
132.
Unfortunately, we need to ------- a lot of copies right now/ as we have an audit scheduled for the end of
133.
the month.
안타깝게도,/ 당장 많은 사본을 만들어야 합니다.// 이번 달 말에 감사가 예정되어 있으므로.

Any help you can provide would be greatly -------.
134.
당신이 제공 할 수 있는 어떤 도움이라도 대단히 감사하겠습니다.

감사합니다,

샬럿

---

131. (A) drop   *drop(stop, come) by=call at 들르다
   (B) call
   (C) order
   (D) relocate

132. (A) We recently upgraded to another printer model.
   (B) There are too many buttons on the control panel.
   (C) The instructions come up when we change the toner.
   (D) It usually occurs about halfway through a copy job.

(A) 저희는 최근에 다른 프린터 모델로 업그레이드했습니다.
(B) 제어판에 버튼이 너무 많습니다.
(C) 지시 사항이 나타납니다/ 토너를 교체 할 때.
(D) 그런 일은 대개 복사 작업 도중에 발생합니다.

133. (A) make *make copies 복사하다

(B) making

(C) being made

(D) having made

134. (A) appreciate

(B) appreciates

(C) appreciated *Any help would be appreciated. (어떤 도움이라도 대단히 감사하겠습니다.)

　　　　　　　　　　　　　 사물이 주어인 수동태 문장.

(D) appreciating

문제 135-138 다음의 안내방송을 참조하십시오.

Rowes Atlantic Airways Baggage Policy
로이스 애틀랜틱 항공 수하물 정책

Each passenger/ ------- to carry one piece of hand baggage onto the plane/ without charge.
　　　　　　　135.
각 승객은/ 수화물 하나를 기내로 반입할 수 있습니다/ 무료로.

The carry-on item/ must not exceed the dimensions 56cm × 45cm × 25cm,/ including the handle and wheels.
기내 반입 품목은/ 56cm x 45cm x 25cm 크기를 초과해서는 안 됩니다./ 손잡이와 바퀴를 포함하여.

No carry-on bag/ should weigh more than 23kg.
기내 반입 가방의 무게는/ 23kg을 넘지 않아야합니다.

Passengers should be ------- to lift bags into the overhead storage bins/ unaided.
　　　　　　　　　　136.
승객은 가방을 머리 위의 보관함에 들어 올릴 수 있어야합니다/아무 도움을 받지 않고.

These ------- do not apply/ to bags that are checked in at the service desk.
　　　　137.
이러한 규제는 적용되지 않습니다./ 서비스 데스크에서 체크인 한 수하물에는.

A laptop computer bag, school backpack, or handbag/ may also be brought on board.
노트북 컴퓨터 가방, 학교 가방 또는 핸드백도/ 기내에 반입 할 수 있습니다.

-------. 사용하지 않을 때는 좌석 밑에 보관해야합니다.
138.

---

135. (A) allowed

(B) is allowed   *be allowed(permitted) to ～할 수 있다, ～하는 것이 허용되다

(C) allowing

(D) had been allowed

136. (A) able   *be able to=can ～할 수 있다 (B) ably (D) ability

(B) ably (교묘하게)

(C) abled

(D) ability (능력)

137. (A) transfers (양도)

(B) suggestions (제안)

(C) duties (업무)

(D) restrictions (규제)

138. (A) Please inquire at the service desk if it will be permitted on your flight.

(B) It should be stored under the seats when not in use.

(C) Thank you for becoming a member of the flight crew.

(D) Therefore, they will be available for a small additional fee.

(A) 서비스 데스크에 문의하십시오./ 그것이 항공편에 허용이 되는지.

(B) 사용하지 않을 때는 좌석 밑에 보관해야한다.

(C) 항공기 승무원이 되어 주셔서 감사합니다.

(D) 따라서 약간의 추가 비용으로 이용할 수 있습니다.

어휘 baggage 수하물 policy 정책 passenger 승객 be allowed(permitted) to ～할 수 있다, ～하는 것이 허용되다 carry 운반하다 hand baggage 수화물 without charge(payment, cost)=at no cost=for nothing 무료로 onto the plane 기내로 carry-on item 기내 반입 품목 exceed 초과하다 the dimension 크기, 부피, 용적 including ～을 포함하여 handle 손잡이 wheel 바퀴 weigh 무게가 나가다 be able to=can ～할 수 있다 lift 들어 올리다 into ～안으로 overhead storage bin 머리 위의 보관함 unaided 도움을 받지 않고 restriction 제한, 제약, 규제 apply to=be applicable to=hold for=be true of(for) ～에 적용되다 check in 체크인하다, 절차를 밟다 laptop computer 노트북 컴퓨터 school backpack 학교 가방 bring-brought-brought 가져오다 on board 기내에 inquire 문의하다 permit 허용하다 flight 항공편 store 보관하다 under ～ 아래에 seat 좌선 when not in use 사용하지 않을 때 flight crew=air crew 항공기 승무원 therefore 그러므로, 따라서, 그래서 available 이용 가능한 for a small additional fee 약간의 추가 비용으로

문제 139–142 다음의 광고를 참조하십시오.

Did you know that, once ------- a time,/ Nike's product catered almost exclusively to marathon runners?
139.
여러분은 알고 계셨습니까/ 옛날 옛적에/ 나이키의 제품은 마라톤 선수들에게 거의 독점적으로 제공되었다는 것을?

Then,/ a fitness craze emerged − / and the folks in Nike's marketing department/ knew// they needed
to take advantage of it/ to ------- their main competitor, Reebok. (At the time, Reebok was selling more
140.
shoes than Nike).
그 후/ 피트니스 열풍이 일어났고/ Nike의 마케팅 부서 직원들은/ 알았습니다.// 그들이 그것을 이용해야한다는 것을/
주요 경쟁 업체인 Reebok을 능가하기 위해. (당시 Reebok은 Nike보다 신발을 더 많이 팔고 있었다.)

And so,/ in the late 1980s,/ Nike created the "Just Do It." campaign.
그래서/ 1980년대 후반에/ Nike는 "Just do it(그냥 해)" 라는 캠페인을 만들었습니다.

It was a hit.
그것은 대성공(대박)이었다.

In 1988,// Nike sales were at $800 million;/ by 1998,/ sales exceeded $9.2 billion.
1988년에,// Nike 판매량은/ 8억 달러였습니다./ 1998년 무렵/ 매출액은 92억 달러를 초과했습니다.

"Just Do It." was short and sweet/ ------- encapsulated everything people felt when they were exercising −
141.
"Just do it(그냥 해)" 는 짧고 달콤하면서도/ 사람들이 운동 할 때 느끼는 모든 것을 요약했습니다.

and people still feel that feeling/ today.
사람들은 아직도 그 느낌을 느낍니다/ 오늘날.

Don't want to run five miles? Just Do It.
5 마일을 달리고 싶지 않습니까? 그냥 하세요.

Don't want to walk up four flights of stairs? Just Do It.
4층의 계단을 오르고 싶지 않습니까? 그냥 하세요.

------- the drive to push ourselves beyond our limits.
142.
그것은 슬로건이다./ 우리 모두가 우리 자신을 한계를 뛰어 넘어서도록 밀어붙일 수 있는 추진력과 연관시킬 수 있는
[슬로건이다].

---

139. (A) in
(B) at
(C) to
(D) upon   *once upon a time 옛날 옛적에

140. (A) overwhelm   (A) 압도하다
(B) help   (B) 돕다
(C) conflict   (C) 갈등
(D) surpass   (D) 능가하다

141. (A) even   (A) 심지어
(B) although   (B) 비록 ~이지만
(C) yet   (C) 그러나, 하지만
(D) except   (D) ~을 제외하고

142.
    (A) It's what you should complete
    (B) It's a·slogan we can all relate to
    (C) Let me know if any difficulties arise
    (D) I am looking forward to hearing

    (A) 그것은 완성해야 하는 것이다.
    (B) 우리 모두가 ∼과 연관시킬 수 있는 슬로건이다.
    (C) 어떤 문제가 발생하면 알려주세요.
    (B) 나는 소식 듣기를 고대하고 있습니다.

어휘   once upon a time 옛날 옛적에 product 제품 cater to ∼을 대상으로 하다, ∼에 응하다, ∼에 조달되다 almost=nearly =all but=next to 거의 exclusively 독점적으로 runner 주자, 달리기 선수 then 그 후, 그 때, 그러면 craze 열풍, 광풍 emerge=appear=show(turn) up 나타나다 folks 사람들, 일족, 친족 department 부서 take advantage of=make use of=avail oneself ot=utilize=harness 이용(활용)하다 surpass=exceed=excel=override=ouldistance=outstrip= out-rival=outdo=stand high above=be superior to ∼을 능가하다 main=chief=primary=principal 주요한 competitor 경쟁사, 경쟁사 at the time 그 당시 in the late 1980s 1980년대 후반에 create 만들다, 창조하다 just do it 그냥 해 hit 대성공, 대박 sweet 달콤한 yet 하지만 encapsulate 요약하다 exercise 운동하다 walk up 걸어 올라가다 a flight of stairs 계단 한 층 slogan 선전 문구, 표어, 함성 relate A to B: A와 B를 연관시키다 drive 추진력 push 밀어붙이다 beyond one's limits 한계를 넘어서 although=though=even though=while=notwithstanding=as much as ∼이지만 yet=but 그러나 except=but=save ∼을 제외하고 complete 완성(작성)하다 difficulty 어려움, 문제 arise=happen=occur=take place=crop up=come up=come about=come to pass 발생하다 looking forward to ∼ing=reckon(bargain) on ∼하기를 고대(기대)하다

문제 143-146 다음의 기사를 참조하십시오.

CNDON (15 June) – Uldings Hotels announced today// that Mr. Jeffrey Cho/ has been promoted/ to vice president of global brand marketing for the worldwide hotel chain.
CNDON (6월 15일) – Uldings Hotels는 오늘 발표했다// Jeffrey Cho가/ 승진되었다고/ 전 세계 호텔 체인의 글로벌 브랜드 마케팅 부사장으로.

Mr. Cho's promotion/ will become effective as of 1 July.
Mr. Cho의 승진은/ 7월 1일부터 효력이 발생한다.

His new -------/ involves overseeing worldwide marketing strategies,// which include all advertising and
     143.
brand promotions.
그의 새로운 직책은/ 전 세계적인 마케팅 전략을 감독하는 일이 포함되어 있다.// 그리고 그것(마케팅 전략)은 모든 광고 및 브랜드 홍보를 포함한다.

-------. 그는 또한 25명의 직원을 담당할 것이다.
 144.

Mr. Cho/ was previously Ubero Hotels' regional director of business development for Southeast Asia.
Mr. Cho는/ 이전에 Ubero Hotels의 동남아시아 사업 개발 지역 이사였다.

He ------- his career/ at the front desk of the Ubero Queen Sydney Hotel.
  145.
그는 직업을 시작했다/ Ubero Queen Sydney Hotel의 프론트 데스크에서.

Mr. Cho/ has stated// that he believes// this early experience, going back 23 years, of connecting with guests and coworkers/ has contributed to his hands - on ------- style.
                                                          146.
Mr. Cho는/ 말했다// 그는 믿고 있다고// 23년 전으로 거슬러 올라가 손님들과 동료들과의 유대관계를 맺은 이 초기 경험이/ 그의 실무 경영 스타일에 기여했다고.

143. (A) trend
(B) facility
(C) supervisor
(D) position

(A) 동향, 추세
(B) 시설
(C) 감독자
(D) 직책, 위치

144. (A) He will also be responsible for a staff of 25.
(B) Similarly, he will be relocating to London.
(C) For example, he will be training new employees.
(D) As a result, he will keep his home in Sydney.

(A) 그는 또한 25명의 직원을 담당할 것이다.
(B) 마찬가지로, 그는 런던으로 이동할 것이다.
(C) 예를 들어, 그는 신입 사원을 훈련시킬 것이다.
(D) 그 결과, 그는 시드니에 있는 자신의 집을 유지할 것이다.

145. (A) begins
(B) began (직업을 시작한 시점이 과거이므로)
(C) is beginning
(D) will begin

146. (A) manage
(B) manages
(C) managed
(D) management (cf) management style이 복합 명사로서 '경영 스타일' 이라는 뜻이므로)

어휘 June 6월 announce 발표하다 promote 승진시키다 promotion 승진 vice president 부사장 worldwide 전 세계의 oversee 감독하다 become effective 발효하다, 시행되다 as of ~부터 July 7월 position 직책 involve=include=incorporate=contain=cover=comprise 포함하다 be responsible(accountable, answerable, liable) for=account(answer) for=be held responsible for ~을 담당하다, ~을 책임지다 strategy 전략 advertising 광고 staff 직원 previously 이전에 regional director 지역 이사 business development 사업 개발 Southeast Asia 동남아시아 begin-began-begun 시작하다 career 직업, 경력, 생 state 말하다, 진술하다 believe 믿다 early 초기의 experience 경험 go back 거슬러 올라가다 connect with ~와 유대관계를 맺다 guest 손님 coworker 동료 contribute to 기여하다 hands-on management style 실무 경영 스타일 similarly=likewise=in a similar(likewise) manner=in the same way 이와 같이, 마찬가지로 relocate 이동하다, 재배치하다, 재배치되다 for example=for instance 예를 들자면 train 훈련시키다 new employee 신입 사원 as a result=as a consequence=consequently=therefore=so=thus=hence 그 결과, 그러므로

문제 147-148 다음 일련의 문자 메시지를 참조하십시오.

로나 리치 [9:03 AM]

Where did you get your car fixed last month?
지난달에 차를 어디에서 고쳤어요?

보니 그린 [9:05 AM]

Mark's Automotive in Linden Avenue. Are you having vehicle trouble?
린든가에 있는 '마크의 자동차'에서 고쳤어요. 차량 문제가 있나요?

로나 리치 [오전 9시 6 분]

No. I'm at the coffee shop/ chatting with Kevin Peters from work. His car needs to be repaired. (147)
아뇨. 저는 커피숍에서/ Kevin Peters와 이야기를 나누고 있어요. 그의 차를 수리해야한데요.

보니 그린 [9:08 AM]

Tell him Mark's was great. They found good prices on parts/ and charged a reasonable amount for labor.
마크 자동차가 훌륭했다고 말하세요. 그들은 부품에서 좋은 가격을 발견하고/ 합리적인 인건비를 청구했어요.

로나 리치 [9:09 AM]

Thanks. I'll pass it on. (148)
고마워요. 그런 내용을 전달할게요.

147. Why does Ms. Ricci contact Ms. Green?

(A) She wants a recommendation.

(B) She needs directions to a location.

(C) She wants a cup of coffee.

(D) She needs her car fixed.

왜 리치 씨는 그린 씨에게 연락합니까?

(A) 그녀는 추천을 원한다.

　(피터스 씨의 차량 수리에 대한 정보를 얻기 위해서 그린 씨에게 문자를 보낸 상황이므로)

(B) 그녀는 어떤 위치에 대한 안내가 필요하다.

(C) 그녀는 커피를 원한다.

(D) 그녀는 차를 수리해야한다.

148. At 9:09 A.M., what does Ms. Ricci most likely mean when she writes, "I'll pass it on"?

(A) She will pick up Ms. Green on the way to work.

(B) She will search for a different repair shop.

(C) She will share information with Mr. Peters.

(D) She will bring money to Mr. Peters.

오전 9시 9분에 리치 씨는 "I'll pass it on"이라고 쓸 때 십중팔구 무엇을 의미합니까?

(A) 그녀는 출근길에 그린 씨를 데리러 갈 것이다.

(B) 그녀는 다른 수리점을 찾을 것이다.

(C) 그녀는 피터스 씨와 정보를 공유할 것이다.

　(그린 씨에게 받은 정보를 피터스 씨에게 전달하겠다는 내용이므로)

(D) 그녀는 피터스 씨에게 돈을 가져다 줄 것이다.

> 어휘 get one's car fixed 차를 수리하다 u.150쪽 (1)번 참조 Avenue 남북으로 뻗은 큰 길 vehicle trouble 차량 문제 chat 이야기를 나누다, 담소를 나누다 need to be repaired=need repairing 수리해야 한다 u.175쪽 (22)번 참조 parts 부품 charge 부과하다 reasonable 합리적인, 적절한 amount for labor 인건비 pass ~ on 전달하다 contact=make contact with=get in touch(contact) with ~에게 연락하다 recommendation 추천 direction 안내 location 위치, 장소 most likely=very likely=as likely as not=ten to one=perhaps=probably=possibly 십중팔구 pick up 데리러 가다, 태우러 가다 on the way to work 출근길에 search for 찾다 repair shop 수리점 share A with B: A을 B와 공유하다 information 정보 bring 가져오다

문제 149-150 다음의 이메일을 참조하십시오.

From:	발신:	front desk @parkersquarehotel.com
To:	수신:	noro @mailsail.com
Subject:	제목:	조기 투숙
Date:	날짜:	5월 16일 오후 1시 30분

Dear Mr. Noro, 친애하는 노로 씨

We received your e-mail about early check-ins.
조기 투숙에 대한 귀하의 이메일을 받았습니다.

To answer your question,// at the Parker Square Hotel/ early check-ins/ are available/ between 10:00 A.M. and 2:00 P.M./ for an additional $25.
귀하의 질문에 답을 드리자면,// Parker Square Hotel의/ 조기 체크인은/ 가능합니다./ 오전 10시에서 오후 2시 사이에/ 25달러를 더 내면.

Guests are requested to contact us/ at least one day ahead of time/ so that we can make arrangements/ and have a room ready for them in the morning. u.207쪽 (1)번 참조
손님들은 저희에게 미리 연락해 주셔야 합니다/ 적어도 하루 전에/ 저희들이 아침에 정리정돈하고/ 손님들을 위해 객실을 준비할 수 있도록.

Because you'll be arriving tomorrow,// could you please reply today by 6:00 PM./ to confirm that you are interested in checking in earlier? (150)
귀하는 내일 도착할 예정이므로,// 오늘 오후 6:00까지 회신해 주시겠습니까?/ 더 일찍 투숙하는 것에 관심이 있다는 것을 증명하기 위해서?

With best regards, 감사합니다,

Lisa Murata 리사 무라타

Parker Square Hotel 프런트 데스크 관리자

---

149. What is the purpose of the e-mail?
(A) To explain a policy
(B) To offer a room upgrade
(C) To advertise a special rate
(D) To confirm a reservation

이메일의 목적은 무엇입니까?
(A) 정책을 설명하기 위해 (조기 체크인 시간, 추가 요금, 연락할 시간 등 호텔 정책을 설명하고 있죠?)
(B) 객실 업그레이드를 제공하기 위해
(C) 특별 요금을 광고하기 위해
(D) 예약을 확인하기 위해

150. By what time should Mr. Noro contact Ms. Murata?
(A) By 10:00 A.M.
(B) By 1:30 P.M.
(C) By 2:00 P.M.
(D) By 6:00 P.M.

노로 씨는 몇 시까지 무라타 씨에게 연락해야 합니까?
(A) 오전 10시까지
(B) 오후 1시 30분까지
(C) 오후 2시까지
(D) 오후 6:00시까지

어휘 receive 받다 early check-in 조기 체크인 answer 답변하다 question 질문 available 이용 가능한 between A and B: A와 B 사이에 A.M. 오전 2:00 P.M. 오후 additional 추가적인 guest 손님 be requested to ~해야 한다 contact=make contact with=get in touch(contact) with ~에게 연락하다 at least=not less than 적어도 ahead of time=in advance =beforehand 미리 so that(in order that)+주어+can ~하도록 make arrangements 정리정돈하다, 준비하다 have ~ ready ~을 준비하다 will be ~ing ~할 예정이다 reply 회신(답변)하다 by ~까지 confirm 확인하다, 증명하다 be interested in ~에 관심이 있다 With best regards=Sincerely yours=All the best 끝맺음 말 purpose 목적 offer 제공하다 explain=account for=give an account of 설명하다 policy 정책 advertise 광고하다 a special rate 특별 요금 reservation 예약

HELP WANTED(구인 광고)

We are seeking an experienced financial professional/ to manage the accounting office/ at a rapidly growing financial services company. (151)
우리는 경험이 풍부한 재무 전문가를 찾고 있습니다/ 회계 사무소를 관리할 수 있는/ 빠르게 성장하는 금융 서비스 회사에서.

Responsibilities of the position/ include coordinating the work of a six-person accounting department,/ managing business accounts,/ and reviewing client financial information.
직책의 책임에는/ 6인 회계 부서의 업무 조정,/ 비즈니스 계정 관리/ 및 고객 재무 정보 검토가 포함됩니다.

This position/ reports to the chief financial officer(CFO).
이 직책은/ 최고 재무 책임자(CFO)에 보고합니다.

Requirements: university degree in accounting, a minimum of three year's management experience, up-to-date knowledge of accounting software, strong organizational and interpersonal skills.
자격 요선: 회계학 학위, 최소 3년의 관리 경험, 회계 소프트웨어에 대한 최신 지식, 강력한 조직 및 대인 관계 기술.

Benefits/ include health and dental insurance, vacation and sick leave, and a retirement plan.
혜택으로는/ 건강보험과 치과보험, 휴가 및 병가, 퇴직연금 등이 포함됩니다.

Interested candidates/ should send a cover letter and résumé /to Simon Sandra at HE@magus.com. (152)
관심이 있는 지원자는/ 자기소개서와 이력서를 보내야합니다./ HE@magus.com의 사이먼 산드라에게.

No phone calls please.
전화는 삼가주십시오.

151. Who should apply for this job?
(A) A dentist
(B) An accountant
(C) A software engineer
(D) A health care manager

누가 이 직업에 지원해야하죠?
(A) 치과 의사
(B) 회계사 (첫 줄에서 회계 사무소를 관리할 수 있는 재무 전문가를 찾고 있다고 했으므로)
(C) 소프트웨어 엔지니어
(D) 의료 관리자

152. How can someone apply for this job?
(A) By calling the HR
(B) By e-mailing the CFO
(C) By sending résumé to Ms. Sandra
(D) By visiting the Magus Finance, Inc. office

이 직업에 어떻게 신청할 수 있죠?
(A) coordinator 인사담당자에게 전화함으로써
(B) CFO를 이메일로 전송함으로써
(C) 이력서를 산드라 씨에게 보냄으로써 (관심 있는 지원자는 자기소개서와 이력서를 사이먼 산드라에게 보내라고 했죠?)
(D) 매거스 파이낸스 주식회사 사무소를 방문함으로써

문제 153-154 다음의 통지문을 참조하십시오.

코너스 (사무용품 판매점 이름)

2005 그레이트 힐 로드

에드먼턴, 엘버타, T5J 1N7

780-555-0199

www.connors.ca

You're invited! 귀하는 초대되었습니다! (153)

Customer Appreciation Night 고객 감사의 밤

10월 11일 수요일

오후 6:00 – 오후 9시

Our computer specialists/ will demonstrate/ the latest computer tablets, digital cameras, and phones.
저희 컴퓨터 전문가들이/ 보여드릴 것입니다/ 최신 컴퓨터 태블릿, 디지털 카메라 및 전화기를.

They'll explain/ how to operate various delivery devices// and provide tips/ on how to choose the right computer for your home or business.
그들은 설명해 드릴 것입니다./ 다양한 전달 장치를 작동하는 방법을// 그리고 팁을 제공할 것입니다/ 가정이나 회사에 적합한 컴퓨터를 선택하는 방법에 대해서.

Receive 10% off all kinds of pens and 10% off duplicating paper/ on 11 October only. (154)
모든 종류의 펜을 20% 할인 받고/ 복사용지에 대해서 10%를 할인을 받으십시오/ 10월 11일에 한해서.

Offering the best in office supplies and equipment for 25 years.
25년 동안 사무용품과 장비에 있어서 최고의 물건을 제공하는

코너스

---

153. What is the purpose of the notice?

(A) To introduce a Web site

(B) To extend an invitation

(C) To advertise a new computer

(D) To promote a new copying service

통지문의 목적은 무엇이죠?

(A) 웹 사이트를 소개하기)

(B) 초대장을 보내기 (You are invited! 라는 표현이 보이나요? 바로 그 문장이 답입니다.)

(C) 새 컴퓨터를 광고하기

(D) 새로운 복사 서비스를 홍보하기

154. What is available for a discount on October 11?   10월 11일에 할인이 가능한 것은 무엇이죠?

    (A) Computer tablets   (A) 컴퓨터 태블릿

    (B) Telephones   (B) 전화

    (C) Digital cameras   (C) 디지털 카메라

    (D) Ballpoint pens   (D) 볼펜 (10월 11일에 한해서 모든 종류의 펜을 20% 할인 받으라고 나와 있죠?)

어휘   Rd.=road 도로 Edmonton 캐나다 엘버타 주의 수도 AB=Alberta 엘버타 주 T5J 1N7 에드먼턴의 우편번호 invite 초대하기 customer 고객 appreciation 감사 Wednesday 수요일 October 10월 A.M. 오전 P.M. 오후 specialist 전문가 demonstrate 시연하다, 시범을 보이다, 보여주다 the latest 최신의 explain=account for=set forth=give an account of 설명하다 various=diverse=a variety(diversity) of 다양한 how to operate 작동 법 delivery 전달, 배달, 분만 device 장치 provide 제공하다 tip 유익한 조언, 팁 choose=select 고르다, 선택하다 right 알맞은, 적합한 receive 받다 kind 종류 duplicating paper 복사 용지 offer 제공하다 office supplies 사무용품 equipment 장비 purpose 목적 notice 통지문, 공고문 introduce 소개하다 extend(offer) an invitation 초대장을 보내다 advertise 광고하다 promote 홍보(판촉)하다 available 이용 가능한 discount 할인 ballpoint pen 볼펜

문제 155-157 다음의 기사를 참조하십시오.

Swansea Business News (스완지 비즈니스 뉴스)

(3 August) A spokesperson for Riester's Food Markets/ announced yesterday// that it will open five new stores/ over the next two years,/ starting with one in downtown Swansea this December. (155)
(8월 3일) Riester's Food Markets 대변인은/ 어제 발표했습니다.// 5개의 새로운 매장을 오픈 할 것이라고/ 향후 2년 동안/ 올해 12월 스완지 시내에 1개의 매장을 시작으로.

[1]. The company, known for its reasonable prices,/ will next open a Liverpool store/ in May.
[1]. 합리적인 가격으로 잘 알려진 그 회사는/ 그다음으로 리버풀 매장을 오픈 할 예정입니다/ 5월에.

[2]. The location of the final store/ has not yet been determined. (157)
[2]. 최종 매장의 위치는/ 아직 결정되지 않았습니다.

The number of Riester's locations/ has certainly been growing rapidly/ throughout the United Kingdom.
Riester의 지점의 수는/ 확실히 급속도로 증가해오고 있습니다/ 영국 전역에서.

Shoppers/ seem pleased/ with the wide selection of items/ that include packaged goods, fresh produce, and hot ready-made meals.
쇼핑객은/ 만족하는 것 같습니다/ 다양한 품목에/ 포장 제품, 신선한 농산물 및 미리 만들어진 따끈따끈한 식사를 포함한. (156)

According to Donald Chapworth, director of marketing,// the latter/ are particularly popular/ with working parents.
마케팅 담당이사인 Donald Chapworth에 따르면,// 후자는/ 특히 인기가 있습니다./ 일하는 부모들에게.

—[3]—. "Many of these customers in particular have limited time to cook/ but still want their families to eat wholesome food," says Chapworth.
—[3]—. "이러한 고객들 중 상당수는 특히 요리할 시간이 한정되어 있지만/ 그럼에도 불구하고 그들의 가족들이 건강에 좋은 음식을 먹기를 원한다"고 Donald Chapworth는 말합니다.

Last March/ Riester's/ hired/ chef Gabriella Pierangeli,/ famed for her London restaurant Gabriella's on Second,/ to craft their signature home-style dishes.
지난 3월/ Riester's는/ 고용했습니다/ 요리사 Gabriella Pierangeli(가브리엘라 피에란젤리)를./ 그녀의 런던 레스토랑 Gabriel's on Second로 유명한./ 그들의 독창적인 가정식 요리를 만들도록.

155. What is the article about?

(A) The expansion of a chain of stores

(B) Families cutting their food budgets

(C) The relocation of a popular restaurant

(D) Grocery stores changing their prices

기사는 무엇에 관한 것입니까?

(A) 매장 체인 확장 (향후 2년 동안 5개의 새로운 매장을 오픈 할 것이라고 말하고 있죠?)

(B) 식품 예산을 삭감하는 가족

(C) 인기 있는 식당의 이전

(D) 식료품점의 가격 변경

156. What does Mr. Chapworth mention that customers like about Riester's?

(A) Its friendly customer service

(B) Its inexpensive pricing

(C) Its home-delivery service

(D) Its prepared foods

Chapworth 씨는 고객이 Riester's에 대해 어떤 점을 좋아한다고 언급합니까?

(A) 친절한 고객 서비스

(B) 저렴한 가격

(C) 택배 서비스

(D) 준비된 음식 ('미리 만들어진 따끈따끈한 식사를 포함한 다양한 품목에 만족하는 것 같습니다.' 라고 말하고 있죠.)

157. In which of the positions marked [1]. 12]. [3], and [4] does the following sentence best belong?

"Two more will open at sites in Manchester and Edinburgh by summer of next year."

[1], [2], [3], [4]로 표시된 곳 중에서 다음 문장이 들어가기에 가장 적합한 곳은?

"내년 여름까지 맨체스터와 에든버러 부지에 두 개의 매장이 더 문을 열 것입니다."

(A) [1]

(B) [2] (바로 뒤에 최종 매장에 관한 언급이 나왔으므로)

(C) [3]

(D) [4]

어휘 August 8월 spokesperson 대변인 announce 발표하다 over the next two years 향후 2년 동안 starting with ~을 시작으로 downtown 시내 December 12월 company 회사 known for ~로 잘 알려진 reasonable 합리적인 May 5월 location 위치 yet 아직 determine 결정하다 locations 영업 장소, 지점 certainly 확실히 grow-grew-grown 증가하다, 늘어나다 rapidly=by leaps and bounds 급속도로 throughout the United Kingdom 영국 전역에서 seem=appear ~인 것 같아 pleased(contented, satisfied) with ~에 만족하는 the wide selection of items 다양한 품목 include=involve= contain=comprise 포함하다 packaged goods 포장 제품 fresh produce 신선한 농산물 ready-made 미리 만들어진 meal 식사 according to ~에 따르면 director 이사, 감독관 the latter 후자 particularly=especially=in particular 특히 popular with ~에 인기 있는 customer 고객 limited 제한된, 한정된 still=nonetheless=nevertheless 그럼에도 불구하고 wholesome ① healthful 건강에 좋은 ② healthy 건강한 hire=employ 고용(채용)하다 chef 요리사, 주방장 famed(famous, noted, renowned, celebrated, distinguished, well known) for ~로 유명한 craft 만들다 signature home-style dishes 독창적인 가정식 요리 article 기사 expansion 확장 budget 예산 relocation 이전 grocery store 식료품점 mention 언급하다 friendly customer service 친절한 고객 서비스 inexpensive 저렴한 home-delivery 택배 prepared 준비된 position 위치 mark 표시하다 the following sentence 다음 문장 belong 속하다 site 부지 by ~까지 summer 여름 next year 내년

To lessen the threat of faulty car repair work or repair frauds,// there are a number of constructive steps you can take.
잘못된 자동차 수리 작업 또는 사기 수리의 위협을 줄이기 위해,// 여러분이 취할 수 있는 많은 건설적인 조치가 있습니다. (158)

While these measures can't offer full protection,// they are wise insurance/ against dented pocketbooks and expanded time schedules.
이러한 조치는 완전한 보호를 제공 할 수는 없지만,// 그것들은 현명한 보험입니다/ 손상된 수첩과 연장된 시간표[수첩을 많이 사용해서 손상되거나, 수리로 인해 할 일을 제 때에 못하여 시간이 지연되는 것]를 대비한.

First, never wait// until a small problem becomes a big and costly one.
첫째, 절대 기다리지 마십시오// 작은 문제가 크고 비용이 많이 드는 문제가 될 때까지.

Always take your car in/ for a checkup/ at the first sign of trouble. (159)
항상 차를 가져가십시오/ 점검을 위해/ 문제의 첫 징후가 있을 때.

But before you take the car in,// make a list of all the problems and symptoms// so you are prepared to describe the trouble/ as accurately and specifically as possible. u.207쪽 (1)번 참조
그러나 차를 가져가기 전에,// 모든 문제와 증상의 목록을 작성하십시오.// 문제를 설명할 준비가 되도록/ 가능한 한 정확하고 구체적으로.

Don't just ask/ to have the car put in "working order." (160)
단지 요청만 하지 마십시오/ 차를 "정상적으로 작동하는 상태로" 만들어 달라고.

That kind of statement/ can lead directly to unnecessary work.
그러한 말은/ 바로 불필요한 작업으로 이어질 수 있습니다

On your initial visit,// make certain you get/ a copy of the work authorization that you signed/ or a general estimate of the total cost of the repairs.
처음 방문 할 때,// 반드시 받도록 하세요/ 여러분이 서명한 작업 허가서 사본이나/ 총 수리비용의 개략적인 견적서를.

Ask the repair garage/ to telephone you// when the exact work to be done has been determined.
정비소에 요청하십시오/ 여러분에게 전화해 달라고/ 해야 할 정확한 작업이 결정되면.

When you receive the call,// say// you now want to return to the garage/ to obtain another work order itemizing the cost of each repair to be made.
전화를 받으면,// 말하십시오// 지금 정비소에 돌아가고자 한다고/ 행해질 각 수리에 대한 비용을 항목별로 분류한 또 다른 작업 순서를 얻기 위하여.

158. What is the main topic of the passage?
  (A) Proper ways to run a repair garage
  (B) Procedures for getting your car repaired properly
  (C) How to haggle with a mechanic
  (D) Troubleshooting your automobile

이 글의 주제는 무엇입니까?
  (A) 정비소를 운영하는 올바른 방법
  (B) 자동차를 올바르게 수리하기 위한 절차 (첫 번째 문장이 주제문입니다.)
  (C) 정비사와 흥정하는 법
  (D) 자동차 문제 해결

159. When should you take your car to the repair garage?   자동차를 언제 정비소로로 가져가야합니까?

    (A) When the car breaks down   (A) 차가 고장 났을 때

    (B) When the car won't start   (B) 차가 시동이 걸리지 않을 때

    (C) When the mechanic calls   (C) 정비사가 전화할 때

    (D) At the first sign of trouble   (D) 문제의 첫 징후가 있을 때 (해석 홍색 참조)

160. What should you NOT tell the mechanic?   정비사에게 무엇을 말해서는 안 됩니까?

    (A) Give me the total cost of the repairs.   (A) 총 수리비용을 알려주십시오.

    (B) Call me when you know what needs to be fixed.   (B) 무엇을 고쳐야할지 알면 전화해주세요.

    (C) Put the car in full working order.   (C) 차를 완전하게 작동하는 상태로 만들어주세요. (해석 홍색 참조)

    (D) Please give me the itemized work order.   (D) 항목별 작업 순서를 알려주십시오.

어휘   lessen=decrease=reduce 줄이다 threat 위협, 협박 faulty 잘못된, 결함 있는 repair 수리 fraud 사기 constructive 건설적인 a number of=a lot of=lots of=many 많은 while=though=although=even though=notwithstanding= as much as ~이지만 steps=measures 조치 offer 제공하다 protection 보호 insurance 보험 against ~을 대비한 dent 손상시키다 pocketbook 수첩 expand 연장하다 costly 비용이 많이 take ~ in ~을 가지고 들어가다, ~을 가져가다 checkup 점검 sign=symptom 징후, 징조, 조짐 trouble 문제 make a list of ~의 목록을 작성하다 so=so that ~하도록 be prepared to=be ready to ~할 준비가 되다 describe 설명(기술)하다 as ~ as possible 가능한 한 accurately 정확하게 specifically 구체적으로 kind 종류, 유형 statement 진술 have a car put in "working order" 차를 "정상적으로 작동하는 상태로" 만들다 lead to ~로 이어지다 directly 곧바로, 곧장 unnecessary 불필요한 initial 처음의 make certain=make sure=ensure 반드시 ~하도록 하다 visit 방문 general 개략적인 a copy of the work authorization 작업 허가서 사본 the total cost of the repairs 총 수리비용 estimate 견적서 repair garage 정비소 telephone=call 전화하다 exact 정확한 determine 결정하다 receive 받다 obtain=get=gain=acquire=secure=procure=come by 얻다 return 되돌아가다 order 순서 itemize 항목별로 분류하다 main topic 요지 passage 발췌문 proper 적절한 run=operate 운영하다 procedure 절차 repair=mend=fix 수리하다 properly 올바로, 똑바로 haggle with ~와 흥정하다 mechanic 정비사, 수리공 troubleshoot 고장을 수리하다 automobile 자동차

문제 161-163 다음의 세미나를 참조하십시오.

Legal Education Seminars presents ... (161)
법률 교육 세미나가 제시합니다.

WORKERS' COMPENSATION: 근로자 보상
ISSUES & STRATEGIES 쟁점과 전략

Thursday, February 1   2월 1일 목요일
The Platinum Hotel   플래티넘 호텔
Omaha, NE   오마하, 네브래스카 주

Our experienced faculty will 우리의 경험이 풍부한 교수진은 (다음과 같은 업무를 수행할 것입니다.)

• alert you to key changes in legislation, regulations, and case law;
• 법률, 규정 및 판례법의 주요 변경사항을 알려드릴 것입니다.

- take you from the basics through advanced areas of Workers' Compensation law; (162)
- 근로자 보상법의 기본 과정부터 고급 영역과정까지 안내해드릴 것입니다.

- show you how to anticipate new trends in defense; and
- 새로운 변호 추세를 예측하는 방법을 알려드릴 것입니다. 그리고 (163)

- give you many practical strategies.
- 많은 실용적인 전략을 제시해 드릴 것입니다.

Visit www.les.com for complete registration information.
완전한 등록 정보를 보려면 www.les.com을 방문하십시오.

Registration ends on March 10.
등록은 3월 10일에 끝납니다.

161. Who would be likely to attend this seminar?
- (A) Workers
- (B) Legislators
- (C) Lawyers
- (D) Doctors

누가 이 세미나에 참석할 가능성이 있을까요?
- (A) 노동자
- (B) 국회의원
- (C) 변호사 (법률 교육 세미나이므로)
- (D) 의사)

162. What will be taught?
- (A) Information about payment to injured workers
- (B) How employment laws are made
- (C) How to strategize to keep employees healthy
- (D) Ways to communicate with employees

무엇이 가르쳐질까요?
- (A) 부상당한 근로자에 대한 변상에 관한 정보 (근로자 보상법의 기본 과정부터 고급 영역과정까지 안내해 드릴 것이라고 했으므로)
- (B) 고용법은 어떻게 만들어 지는가
- (C) 직원들의 건강을 유지하기 위한 전략 수립 방법
- (D) 직원들과 의사소통하는 방법

163. What else can you learn?
- (A) Arguments being used by the defense
- (B) How to influence the law
- (C) How to advance your career
- (D) Where to practice your new skills

그밖에 무엇을 배울 수 있을까요?
- (A) 피고측에서 사용하고 있는 주장 (새로운 변호 추세를 예측하는 방법을 알려드릴 것이라고 했으므로)
- (B) 법률에 영향을 미치는 방법
- (C) 직업을 발전시키는 방법
- (D) 새로운 기술을 실행할 장소

어휘 | legal 법률에 관한, 법적인 education 교육 present 제시하다 compensation 보상 issue 쟁점 statistics 전략 Thursday 목요일 February 2월 NE=Nebraska 미국 중서부에 있는 주 experienced 경험이 풍부한, 숙련된 faculty 교수진 alert A to B: A에게 B를 알리다 key change 주요 변경사항 legislation 법률 regulation 규정 case law 판례법 basics 기본(기초) 과정 from A through B: A에서 B까지 advanced 고급의 area 영역 Workers' Compensation law 근로자 보상법 anticipate 예측하다 trend 추세, 동향 defense 변호 practical 실용적인 strategy 전략 complete 완전한 registration 등록 end 끝나다 March 3월 be likely to ~할 가능성이 있다 attend 참석하다 legislator 국회의원 lawyer 변호사 teach-taught-taught 가르치다 payment 변상, 지불 injure 부상을 입히다 employment law 고용법 strategize 전략을 수립하다 employee 직원 healthy 건강한 communicate with ~와 의사소통하다 else 그 밖의, 다른 argument 주장 the defense 피고측 practice 실행하다 influence=affect=impact=have an effect(impact, influence) on ~에 영향을 미치다 advance 발전시키다 career 경력

존 리갈 (3:18 P.M.)

Hello. I was just wondering// if any one signed up for the job fair next month.
안녕. 나는 그저 궁금했어// 다음 달에 취업 박람회에 등록한 사람이 있는지.

사라 퍼거슨 (3:19 P.M.)

I tried to register today,// but I was told// that it was only open to students who are graduating this year.
오늘 등록하려고 했지만,// 나는 들었어// 올해 졸업하는 학생들에게만 열려있다고.

존 리갈 (오후 3시 20 분)

Really? I think it's a bit unfair// that we're not allowed to participate in such an important event.
그래? 나는 약간 불공평하다고 생각해// 우리가 그런 중요한 행사에 참여할 수 없다는 것은.

아만다 린 (3:22 P.M.) u.118쪽 [12]번 참조

I absolutely agree with you. Just because we're in our third year// doesn't mean that we can't benefit from the job fair.
나도 너에게 전적으로 동의해. 우리가 3학년이라고 해서// 우리가 취업 박람회로부터 혜택을 받을 수 없다는 의미는
아니잖아. (164)

사라 퍼거슨 (3:25 P.M.)

I just called again to make sure,// and they said// that as long as we have a note from our academic counselor,/ we can attend the event. (165)
확인하기 위해 내가 방금 다시 전화를 했는데,// 그들은 말하던데// 우리의 학업 상담사의 메모(짧은 편지)가 있으면,/
행사에 참석할 수 있다고.

존 리갈 (3:26 P.M.)

Really? Then I'll go right now and see Mr. Peters. Does anyone want to come with me? (166)
그래? 그럼 나는 당장 가서 피터스 씨를 만날 거야. 나와 함께 가고 싶은 사람 있니?

아마다 린 (3:27 P.M.)

Sure. My next class doesn't start for a while, so I'm free.
물론이지. 다음 수업이 한동안 시작되지 않으므로, 나는 한가해.

존 리갈 (3:28 P.M.)

"Fantastic." How about you, Sara?
아주 좋아. 사라, 너는 어때?

사라 퍼거슨 (3:28 P.M.)

Sorry, I actually have a lecture soon. I'll go some other time.
미안해. 나는 사실 곧 강의가 있어. 나는 다음에 갈게.

---

164. What is suggested about Ms. Ferguson?

(A) She will not be graduating this year.

(B) She missed a registration deadline.

(C) She forgot to submit an assignment.

(D) She will be meeting a counselor today.

퍼거슨 씨에 대해서 암시하는 것은?

(A) 그녀는 올해 졸업하지 않을 것이다. (모두 3학년들
   의 대화이므로)

(B) 그녀는 등록 기한을 놓쳤다.

(C) 그녀는 과제를 제출하는 것을 잊었다.

(D) 그녀는 오늘 상담사를 만날 예정이다.

165. hat is suggested about the job fair?

    (A) It allows exceptions to its rules.

    (B) It will run throughout the entire month.

    (C) It is held only once a year.

    (D) It is open to certain majors.

취업박람회에 대해서 암시하는 것은?

    (A) 규칙에 예외를 허용한다. (우리의 학업 상담사의 메모가 있으면 행사에 참석할 수 있다고 하므로)

    (B) 한 달 내내 운영될 것이다.

    (C) 1년에 한 번만 개최된다.

    (D) 특정 전공자들에 개방되어 있다.

166. Who most likely is Mr. Peters?

    (A) A job fair employee

    (B) An academic counselor

    (C) A university professor

    (D) A front-desk assistant

피터스 씨일 가능성이 가장 높은 사람은 누구죠?

    (A) 취업 박람회 직원

    (B) 학업 상담사 (피터스 씨를 만나러 가는 목적이 메모를 얻기 위함이므로 피터스 씨가 학업 상담사임을 알 수 있죠.)

    (C) 대학 교수

    (D) 전방 데스크 보조원

167. At 3:28 P.M., what does Mr. Regal mean when he writes, "Fantastic"?

    (A) He is excited to attend a lecture by Mr. Peters.

    (B) He is happy that his class has been moved.

    (C) He is pleased about his recent exam results.

    (D) He is glad that Ms. Lin will accompany him.

오후 3시 28분, 리갈 씨가 "Fantastic(환상적인)"이라고 쓸 때 무엇을 의미하죠?

    (A) 그는 피터스 씨의 강연에 참석하게 되어 마음이 들떠 있다.

    (B) 그는 자신의 반이 옮겨진 것에 대해 기뻐한다.)

    (C) 그는 최근 시험 결과에 만족한다.)

    (D) 린 씨가 자신과 함께 갈 것을 기뻐하고 있다. ('나와 함께 가고 싶은 사람 있니?'라는 리갈의 질문에 대해 아마다 린이 '물론이지' 라고 대답했으므로)

어휘　wonder 궁금해 하다 sign up for=register 등록하다, 가입하다 job fair 취업 박람회 try to ~하려고 애를 쓰다 graduate 졸업하다 this year 금년에 a bit=a little=kind of 약간 unfair 불공평한 allow 허락하다 participate(partake, join) in= take part in 참가하다 event 행사 absolutely 전적으로 agree with 동의하다 just because ~라고 해서
in one's third year 3학년에 재학중인 benefit from ~로부터 혜택을 받다 make sure 확인하다 as long as ~하다면, ~하는 한 note 메모, 간단한 편지 academic counselor 학업 상담사 attend 참석하다 right now 지금 당장 for a while 잠시 동안, 한 동안 fantastic 환상적인, 아주 좋은 actually 사실 lecture 강의 soon=before long=in time= by and by=sooner or later 곧 some other time 나중에, 다음에 suggest 암시하다 registration 등록 deadline 기한, 마감일 forget-forgot-forgotten 잊다 submit=give(turn, send, hand) in 제출하다 assignment 과제 will be ~ing ~할 예정이다 exception 예외 rule 규칙 run 운영되다 throughout the entire month 한 달 내내 be held=take place 개최되다 once 한 번 certain 특정한 major 전공자 most likely 십중팔구 employee 직원 professor 교수 assistant 조수, 보조원 excited 마음이 들뜬, 흥분된 move 옮기다 pleased 기쁜, 만족한 recent 최근의 result 결과 accompany 동행하다, 함께 가다

문제 168-171 다음의 이메일을 참조하십시오.

발신: <DDrabik@lowmaster.co.ca>
수신: <New Employees Lists>
제목: 환영합니다.
날짜: 5월 28일

The Lowmaster Toronto office/ is pleased to have such a "promising" group of new employees become part of our consulting team. u.150쪽 (1)번 참조
로마스터 토론토 사무소는/ 그렇게 유망한 집단의 신입 사원들이 우리 컨설팅 팀의 일원이 된 것을 기쁘게 생각합니다.

Please review the company policies listed below/ and familiarize yourself with some important locations on our campus.
아래에 열거된 회사 정책을 검토하고/ 캠퍼스 내 일부 중요한 위치를 숙지해 두십시오. (168)

Personal computers/ may not be used to complete company work.
개인용 컴퓨터는/ 회사 업무를 수행하는 데 사용할 수 없습니다.

If you need to work outside your offices in Dempsey Hall,// visit the Information Technology Department/ to request a security-enabled laptop.
뎀시 홀의 사무실 밖에서 근무해야할 경우,// 정보 기술 부서를 방문하여/ 보안이 가능한 노트북을 요청하십시오.

Their office/ is located in the Russ Building in R-135. (170)
그들의 사무실은/ R-135의 러스 빌딩에 있습니다.

The identification badges you received at orientation/ must be worn at all times;// they provide access to the buildings on campus. (171)
오리엔테이션에서 받은 신원 확인 배지는/ 항상 착용해야합니다.// 그것들은 캠퍼스 내 건물에 접근할 수 있도록 해 줍니다.

If your identification badge is misplaced,// contact the Security Desk immediately.
신원 확인 배지가 분실되었을 경우,// 즉시 보안 창구에 문의하십시오.

The Security Desk/ is located in the Hadley Building in room H-290// and can be reached at extension 8645.
보안 창구는/ H-290 호의 해들리 빌딩에 있으며// 구내전화 8645번으로 연락할 수 있습니다.

The cafeteria/ is located on the first floor in the Russ Building// and is open until 2:30 P.M.
구내식당은/ 러스 빌딩 1층에 있으며// 오후 2시 30 분까지 영업합니다.

The lounge in D-108 in Dempsey Hall/ is especially convenient for your breaks.
뎀시 홀의 D-108 휴게실은/ 특히 휴식을 취하기에 편리합니다.

Coffee, tea, juice, and light snacks are available in the lounge until 6:00 P.M. daily
커피, 차, 주스 및 가벼운 스낵을/ 라운지에서 매일 오후 6 시까지 이용할 수 있습니다.

Brandt Library/ is located behind the Russ Building/ and can be accessed/ by way of the raised walkway connecting the two.
브란트 도서관은/ 러스 빌딩 뒤에 있으며/ 접근할 수 있습니다/ 두 곳을 연결하는 높은 통로를 통해.

Finally, if you expect a package or important mail,// you may notify the Shipping and Receiving Office at extension 8300/ or stop by room R-004 in the basement of the Russ Building.

끝으로, 여러분이 소포나 중요한 우편물을 기대할 경우,// 구내전화 8300 번으로 배송 및 수취 사무소에 통지하거나/ 러스 빌딩의 지하실에 있는 R-004실에 들르십시오.

Sincerely, 감사합니다.

Donald Drabik 도널드 드라비크

168. What is the purpose of the e-mail?

(A) To assign work spaces to employees

(B) To explain employee compensation policies

(C) To arrange a company meeting

(D) To provide details to recently hired workers

이메일의 목적은 무엇입니까?

(A) 직원들에게 업무 공간을 할당하는 것

(B) 직원 보상 정책을 설명하는 것

(C) 회사 회의를 준비하는 것

(D) 최근에 고용된 근로자들에게 세부 사항을 제공하기 위해 (회사 정책을 검토하고 캠퍼스 내 일부 중요한 위치를 숙지해 두라고 하면서, 하나씩 나열하고 있죠.)

169. The word "promising" in paragraph 1, line 1, is closest in meaning to

(A) pledging

(B) likely to succeed

(C) suggesting

(D) recently hired

첫 번째 단락 1행에서 "promising"과 의미상 가장 가까운 것은?

(A) 다짐하는

(B) 성공할 가능성이 있는 (유망한, 장래가 촉망되는)

(C) 암시하는

(D) 최근에 고용된

170. Where is the Information Technology Department located?

(A) In the Russ Building

(B) In the Hadley Building

(C) In Dempsey Hall

(D) In Brandt Library

정보 기술부서는 어디에 위치해 있습니까?

(A) 러스 빌딩에 (정보 기술 부서의 사무실은 R-135의 러스 빌딩에 있다고 홍색에 나와 있죠?)

(B) 해들리 빌딩에

(C) 뎀시 홀에

(D) 브란트 도서관에

171. According to the e-mail, what is provided to all employees?

(A) A mailbox

(B) An approved laptop

(C) An identification badge

(D) A library card

이메일에 따르면, 모든 직원에게 무엇이 제공됩니까?

(A) 우편함

(B) 승인된 노트북

(C) 신분확인 배지 (오리엔테이션에서 받은 신원 확인 배지는 항상 착용해야합니다. –라는 글이 보이나요?)

(D) 도서관 카드

어휘 be pleased to ～해서 기쁘다 promising=likely to succeed 유망한, 장래가 촉망되는, 전도양양한 employee 지원 become 되다 part 일부 review 검토하다 company 회사 policy 정책 list 열거하다 below 아래에 familiarize oneself with ～을 숙지하다 location 위치, 장소 personal 개인적인 be used to+원형 ～에 사용되다 complete 완료(완성, 수행)하다 need to=have to ～해야 한다 outside 밖에서 Information Technology Department 정보기술부서 request 요청하다 security 보안 enable 가능케 하다 laptop 노트북 identification 신분 확인 badge 배지 receive 받다 wear-wore-worn 착용하다 at all times 항상 provide 제공하다 access 접근(하다) misplace 분실하다, 잘못 놓아두다 contact=reach=make contact with=get in touch(contact) with 연락하다 immediately=at once=immediately= directly=instantly=off hand=out of hand=in no time 즉시 extension 구내전화, 내선 cafeteria 구내식당 floor 층, 바닥 until ～까지 P.M. 오후 A.M. 오전 lounge 휴게실 especially 특히 convenient 편리한 break 휴식, 쉬는 시간 light 가벼운 available 이용할 수 있는, 구할 수 있는 daily=every day=day in and day out 매일 library 도서관 behind ～의 뒤에 by way of=by means of=through ～을 통해서 raise 높이다, 올리다 walkway 통해 connect 연결하다 finally 마지막으로, 끝으로 expect 예상(기대)하다 package 소포 Shipping and Receiving Office 배송 및 수취 사무소 stop(come, drop) by 들르다 notify 통지하다, 알리다 basement 지하실 Sincerely=Truly=Best regards=All the best 끝맺음 말 purpose 목적 assign 할당(배당)하다 space 공간 explain=account for=give an account of 설명하다 compensation 보상 arrange 준비(주선, 마련)하다 details 세부사항 recently=lately=of late 최근에 hire=employ 고용하다 paragraph 단락 line 행, 줄 closest in meaning to 의미상 ～과 가장 가까운 pledge 맹세(다짐, 언약)하다 suggest 암시(제안)하다 according to=as per ～에 따르면 mailbox 우편함 approve 승인하다 laptop 노트북 identification 신분 확인

문제 172-175 다음의 지시사항을 참조하십시오.

Here's a mouth-watering cookie recipe/ for you to try at home.
여기에 군침을 흘리게 하는 쿠키 조리법이 있습니다./ 여러분이 집에서 시도해볼 수 있는.

You will need/ two cups each of margarine, white sugar and brown sugar;/ four eggs, four cups of flour, 1 teaspoon of baking powder, a pinch of salt and a cup of milk chocolate chips. (172)
여러분은 필요합니다./ 마가린, 백설탕 및 갈색 설탕이 각각 두 컵,/ 계란 4 개, 밀가루 4 컵, 베이킹파우더 1 티스푼, 소량의 소금, 밀크 초콜릿 칩 1 컵이.

First of all,// pre-heat the oven/ to 350 degrees Fahrenheit. (173)
우선,// 오븐을 예열하십시오./ 화씨 350도까지.

Take a large bowl. and cream together the margarine and sugar/ until they are smooth.
큰 그릇을 가져다가/ 마가린과 설탕을 함께 휘저어 크림이 되게 하십시오/ 그것들이 부드러워 질 때까지.

Then add the eggs, one by one.
그런 다음 계란을 하나씩 추가하십시오.

Sift the flour and baking powder/ into the mixture and add the salt. (174)
밀가루와 베이킹파우더를 체로 걸러/ 혼합물에 넣고 소금을 넣으십시오.

Finally/ add the chocolate chips. (175)
마지막으로 초콜릿 칩을 추가하십시오.

Drop spoonfuls of the mixture onto ungreased cookie sheets// and bake for eight to ten minutes// until the edges are golden brown.
여러 숟가락의 혼합물을 기름을 바르지 않은 굽는 판에 떨어뜨리고// 8-10분 동안 굽습니다// 가장자리가 황금빛 갈색이 될 때까지.

Cool for one hour/ before eating.
한 시간 동안 식힌/ 후 드십시오.

172. Which of the following is NOT an ingredient in the recipe?
(A) cream
(B) flour
(C) eggs
(D) margarine

다음 중 조리법의 재료 아닌 것은 무엇이죠?
(A) 크림 (재료에 크림은 포함되어 있지 않죠?)
(B) 밀가루
(C) 계란
(D) 마가린

173. What must the cook do first?
(A) Put the margarine and sugar in a bowl.
(B) Turn on the oven.
(C) Sift the flour.
(D) Break the eggs.

요리사는 무엇을 먼저 해야 합니까?
(A) 마가린과 설탕을 그릇에 넣는다.
(B) 오븐을 켠다. (오븐을 화씨 350도로 미리 가열하라고 했으므로)
(C) 밀가루를 체질한다.
(D) 계란을 깬다.

174. Which of the following items is needed to make this recipe?
(A) A microwave
(B) A sieve
(C) A saucepan
(D) A knife

다음 중 어느 물건이 이 조리법을 만드는 데 필요합니까?
(A) 전자레인지
(B) 체 (밀가루와 베이킹파우더를 체질하라는 내용이 나오죠?)
(C) 냄비
(D) 칼

175. Which of the following ingredients is added last?
(A) Salt
(B) Baking powder
(C) Chocolate chips
(D) Eggs

다음 재료 중 어느 것이 마지막에 첨가됩니까?
(A) 소금
(B) 베이킹파우더
(C) 초콜릿 칩 (마지막으로 초콜릿 칩을 추가 하십시오.
    - 라는 표현이 보이나요?)
(D) 계란

| 어휘 | mouth-watering 군침을 흘리게 하는 recipe 조리법 try 시도하다 margarine 마가린 brown sugar 갈색 설탕 egg 계란 flour 밀가루 a pinch of 소량의 salt 소금 first of all=in the first place 먼저, 우선 pre-heat 예열하다, 미리 가열하다 oven 오븐, 솥 degree 온도, 정도 Fahrenheit 화씨 bowl 그릇, 사발 cream together 함께 섞어 크림이 되에 하다 smooth 부드러운 then 그런 다음, 그 때 add 추가하다 one by one 하나씩 sift 채질하다 mixture 혼합물 finally 마지막으로 drop 떨어뜨리다 onto ~위에 ungreased 기름을 바르지 않은 cookie sheet 쿠키 굽는 판 bake 굽다 edge 가장자리 golden 황금빛 cool 식히다 ingredient 재료 turn on 켜다 sift 체질하다 break 깨다 the following 다음의 item 물건 microwave 전자레인지 sieve 체, 조리 saucepan 냄비 knife last 마지막에 |

문제 176–180 다음의 웹페이지와 이메일을 참조하십시오.

The International Association of Industrial Chemists(국제 산업 화학자 협회)
The International Association of Industrial Chemists (IAIC) Newsletter submissions
국제 산업 화학자 협회 (IAIC) 회보 제출

The IAIC Quarterly/ will be undergoing several changes in the coming months/ in order to better meet the needs of our members and readers. (176)
IAIC Quarterly는/ 앞으로 몇 달 동안 몇 가지 변화를 겪을 예정입니다/ 회원 및 독자의 요구를 더 잘 충족시키기 위해. u.206쪽 참조

The first of these initiatives/ will be to open up the newsletter to reader submissions,/ including personal accounts of events, opinion pieces, and photographs.
이러한 시책 중 첫 번째는/ 독자의 제출물에 회보를 활짝 여는 것입니다.(독자들이 회보에 제출할 수 있도록 허용하는 것입니다)./ 이벤트, 의견 기사 및 사진에 대한 개인적인 설명을 포함하여.

This new section of the newsletter/ will be called Member Views and News.
회보의 이 새로운 란은/ Member Views and News(회원 의견 및 소식)이라고 불리게 될 것입니다.

The editors/ believe// that this is an important way to make the IAIC Quarterly more relevant and engaging to readers/ as well as more representative of the society's activity. u.128쪽 참조
편집자들은/ 믿습니다// 이것이 IAIC Quarterly를 독자들에게 더 의미 있고 매력적으로 만드는 중요한 방법이라고./ 사회 활동을 보다 더 대표하는 것으로 만들 뿐만 아니라.

Membership/ is available only to certified industrial chemists.
회원 자격은/ 공인 산업 화학자들만 이용할 수 있습니다.

To this end,// we are now inviting members/ to submit their 'impressions' about meetings and other events taking place in the region.
이를 위해,// 우리는 이제 회원들에게 요청하는 바입니다/ 지역 내에서 열리는 회의나 기타 행사에 대한 그들의 의견을 제출하도록.

We are particularly interested/ in the views of members of our Taipei affiliate,// which is our latest and 23rd chapter.
우리는 특히 관심이 있습니다/ 타이베이 계열사의 회원들의 의견에.// 그것이 우리의 최근, 23 번째 지사이거든요.

Please click here/ to download the submission form.
여기를 클릭하십시오/ 제출 양식을 다운로드하려면.

All forms must be completed/ and sent to Robert Harper at rharper@iaic.org.
모든 양식을 작성하여/ rharper@iaic.org의 Robert Harper에게 보내셔야합니다.

In the event that your submission is selected for publication,// you will receive an e-mail at the address indicated on the form. u.119쪽 (1)번 참조
여러분의 제출물이 출판을 위해 선택되면,// 양식에 표시된 주소로 이메일을 받게 될 것입니다.

Submissions for the autumn issue/ are due on June 30. (179)
가을 호에 대한 제출은/ 6월 30일에 마감이 됩니다.

Finally,// we continue to make improvements to the IAIC Quarterly,// so please visit this Web site regularly for updates.
끝으로,// 우리는 IAIC Quarterly를 지속적으로 개선하고 있습니다,// 그러므로 이 웹 사이트를 정기적으로 방문하십시오./ 업데이트를 위하여.

We expect to finalize a new, colorful, and more visually appealing layout of the newsletter in the next few weeks.
우리는 새롭고 다채롭고 시각적으로 보다 매력 있는 회보 설계를 완성할 것으로 예상합니다./ 앞으로 몇 주 후에. (177)

어휘 international 국제적인 association 협회 industrial 산업의 chemist 화학자 newsletter 회보 submission 제출, 제출물 undergo=go(pass) through=experience 겪다, 경험하다 several 몇몇의, 여러 가지의 in the coming months 앞으로 몇 달 동안 in order to=so as to ~하기 위하여 meet=satisfy=gratify 충족시키다 needs 요구, 욕구 initiative 발의, 시책, 주도권 open up 개방하다 including ~을 포함하여 personal 개인적인 account 설명 event 행사
opinion piece=opinion article 의견 기사 photograph 사진 section 란, 부분, 구역 view 견해 editor 편집자 relevant 의미 있는, 적절한, 관련 있는 engaging=attractive=fascinating 매력적인 B as well as A: A뿐만 아니라 B도 representative of ~을 대표하는 society 사회 activity 활동 membership 회원 자격 available 이용할 수 있는
certified industrial chemist 공인 산업 화학자 to this end 이를 위해, 이것 때문에 invite A to B: A에게 B를 하도록 요청하다 submit=give(turn, send, hand) in 제출하다 impression 의견, 느낌, 인상, 감동 event 행사 take place 개최되다, 발생하다 region 지역 particularly 특히 be interested in ~에 관심이 있다 affiliate 계열사 view 의견, 견해, 조망, 관점 latest 최근의 chapter=branch 지부, 지사 submission form 제출 양식 complete=fill in=fill out 작성하다 send-sent-sent 보내다 in the event that=if ~할 경우에는 select=choose=pick out 선택하다 publication 출판 receive 받다 address 주소 indicate 표시하다, 가리키다 autumn issue 가을 호 due 마감인 June 6월 finally 끝으로 continue to=continue(keep) ~ing 계속해서 ~하다 make improvements to ~을 개선하다 regularly=on a regular basis 규칙적으로 expect to ~할 것으로 예상(기대)하다 finalize 마무리 짓다 colorful 화려한, 다채로운 visually 시각적으로 appealing=charming=enchanting=inviting=winning 매력적인 layout 설계

수신:	Shuo Chuan Liu <liu.2@milina chemical.com.tw>
발신:	Robert Harper <rharper@iaic.org>
제목:	회보 제출
날짜:	7월 5일

Dr. Liu, 류 박사님

Thank you for your June 18 submission to our newly created Member Views and News section of our newsletter.
우리 회보의 새로 만들어진 회원 의견 및 뉴스 란에 6월 18일 제출물에 대해 감사합니다. (179)

We were so happy/ to hear about the Taipei chapter's first meeting,/ especially the details of Dr. Mei Chu's latest research in the area of industry laboratory safety protocols in Taiwan.
우리는 매우 기뻤습니다./ 타이베이 지부의 첫 번째 회의에 대해 듣고,/ 특히 대만의 산업 실험실 안전 프로토콜(규약) 분야에 대한 메이 추 박사의 최근 연구에 대한 세부 사항에 대해 듣고.

We were also pleased/ to hear that the Taipei chapter already has 28 members. and that membership is expected to double in the coming months.
우리는 또한 기뻤습니다./ 타이베이 지부에 이미 28명의 회원이 있으며/ 앞으로 몇 달 후에 회원 수가 두 배로 늘어날 것이라는 말을 듣고.

I am wondering if you could edit your submission down to 300 words. (180)
귀하의 제출물을 300 단어까지 편집하여 줄일 수 있는지 궁금합니다.

This would allow enough space for three other submissions in the next issue.
이것은 다음 호에서 3 편의 다른 제출물을 위한 충분한 공간을 허용해 줄 것입니다.

I would be happy to work with you on the revision.
귀하와 함께 기꺼이 수정 작업을 해드리겠습니다.

Please let me know if this will work for you.
이것이 귀하에게 도움이 될 것인지 알려주십시오.

Thank you.
감사합니다.

Rober Harper, IAIC Quarterly 편집자

어휘 newly 새롭게 create 만들다 especially=particularly=in particular 특히 details 세부 사항 research 연구 the area of industry laboratory safety protocols 산업 실험실 안전 프로토콜(규약) 분야 already 이미, 벌써 double 두 배가 되다, 두 배로 늘어나다 in the coming months 앞야로 몇 달 후에 wonder 궁금해 하다 edit 편집하다 allow 허용하다 space 공간 revision 수정, 개정, 교정

---

176. For whom is the Web page information most likely intended?
(A) IAIC members
(B) Newsletter editors
(C) Publication directors
(D) Students of industrial chemistry

웹 페이지 정보는 십중팔구 누구를 위한 것입니까?
(A) IAIC 회원 ('회원 및 독자의 요구를 더 잘 충족시키기 위해' 라는 표현에서 '회원'을 위하고 있음을 알 수 있죠?)
(B) 회보 편집자
(C) 출판 감독
(D) 산업 화학 학생

177. According to the Web page information, what is true about the newsletter?
(A) A section of it will be discontinued.
(B) Larger print will be used.
(C) It will be issued every month.
(D) It will be published in color.

웹 페이지 정보에 따르면, 회보에 관련하여 올바른 것은?
(A) 그것의 한 부분이 중단 될 것이다.
(B) 더 큰 활자가 사용될 것이다.
(C) 그것은 매달 발행될 것이다.
(D) 그것은 컬러로 출판 될 것이다. ('다채롭고 시각적으로 보다 매력 있는 회보'라는 표현에서 컬러판임을 알 수 있죠.)

178. On the Web page, the word **"impressions"** in paragraph 2, line 1, is closest in meaning to
(A) characteristics
(B) imitations
(C) feelings
(D) effects

웹 페이지에서, 두 번째 단락 1행에서 "impressions"와 의미상 가장 가까운 것은?
(A) 특성
(B) 모방
(C) 의견이나 느낌
(D) 효과

179. What is suggested about Dr. Liu's submission?

    (A) It explains how to become an IAIC member.

    (B) It will appear with one other submission.

    (C) It will appear in the autumn issue of the newsletter.

    (D) It was sent to Mr. Harper on June 30.

Liu 박사의 제출물에 대해 암시하는 것은?

(A) 그것은 IAIC 회원이 되는 방법을 설명한다.

(B) 그것은 다른 제출물과 함께 실릴 것이다.

(C) 그것은 회보의 가을 호에 실릴 것이다. (가을 호에 대한 제출은 6월 30일에 마감이 되는데, 6월 18일 제출했으므로)

(D) 그것은 6월 30일 하퍼 씨에게 보내졌다.

180. What was Dr. Liu asked to do?

    (A) Provide details about a meeting

    (B) Shorten his submission

    (C) Include contact information

    (D) Arrange a chapter meeting

Liu 박사는 무엇을 하라는 요청을 받았나요?

(A) 회의에 대한 세부 사항을 제공하라고

(B) 그의 제출물을 줄여달라고 ('귀하의 제출물을 300 단어까지 편집하여 줄일 수 있는지 궁금합니다.' 라고 말했죠?)

(C) 연락처를 포함하라고

(D) 지부 회의를 주선하라고

어휘   most likely=very likely=probably 십중팔구 intend 의도하다 newsletter editors 회보 편집자 publication directors 출판 감독 industrial chemistry 산업 화학 according to=as per ~에 따르면 section 부분 discontinue 구독(발행)을 중단하다 larger 더 큰 print 활자 issue 발행하다 publish 출판하다 paragraph 단락 line 행, 줄 closest in meaning to 의미상 가장 가까운 characteristic 특성 imitation 모방 feeling 의견(느낌) effect 효과, 결과 suggest 암시하다 explain 설명하다 appear 실리다. 나타나다 provide 제공하다 details 세부 사항 shorten 줄이다 submission 제출물 include 포함하다 contact information 연락처 arrange 주선하다

문제 181-185 다음의 이메일과 편지를 참조하십시오.

E-mail	
수신:	Sasikala Sharma
발신:	Zachary Bauers
날짜:	7월 20일
제목:	이번 시즌

Dear Sasikala: 친애하는 사시칼라에게:

Thank you for giving me the great news. I'm glad to know we have so many subscribers returning for another season and that we also have an increase in new subscribers. (181)
저에게 좋은 소식을 주셔서 감사합니다. 저는 알게 되어 기쁩니다/ 또 다른 시즌을 맞이하여 가입자가 아주 많고 또한 새로운 가입자가 증가하고 있음을.

Our advertising must be working!
우리의 광고가 효과가 있음에 틀림없습니다!

In answer to your question, we still haven't made a decision about the final show.
귀하의 질문에 대한 답변으로,/ 우리는 아직도 최종 쇼에 대한 결정을 내리지 못했습니다.

I'm hoping plans to produce After the Sun will work out.
저는 희망하고 있습니다// After the Sun을 제작하려는 계획이 잘 되기를.

It is an expensive production, and the budget is still an issue. (182)
그것은 비용이 많이 드는 제작이어서,// 예산이 여전히 문제입니다.

If we can't afford to do it, we'll have to mail the tickets for the first four shows to subscribers in August as planned.
우리가 그것을 제작할 여유가 없다면, 우리는 첫 4편의 쇼 티켓을 가입자들에게 우송해야할 것입니다/ 8월에/ 계획대로.

Then we can send the tickets for the final show in September, after it has been chosen.
그런 다음 9월에 최종 쇼 티켓을 보내면 됩니다/ 그것이 선정된 후에.

I'll let you know by the end of next week// whether we have decided to go ahead with *After the Sun*.
다음 주 말까지 알려 드리겠습니다.// 우리가 After the Sun을 추진하기로 결정했는지 여부를. (184)

재커리

어휘	glad=pleased=delighted 기쁜 subscriber 가입자, 예약자, 구독자 return=come back 돌아오다 increase 증가 advertising 광고 must be ~임에 틀림없다 work 효과가 있다. 작동하다 answer 답변, 응답 still 여전히, 아직도 final 최종의 plan 계획(하다) produce 제작 make a decision about ~에 대해 결정을 내리다 work out 잘 되다 expensive 비용이 많이 드는, 비싼 production 제작 budget 예산 issue 문제, 쟁점 afford to ~할 여유가 있다 have to=must ~해야한다 mail 우송(우편 발송)하다 August 8월 as planned 계획대로 then 그런 다음 send 보내다 September 9월 choose-chose-chosen 선정(선택)하다 by the end of next week 다음 주 말까지 whether ~인지 아닌다 decide to ~하기로 결정하다 go ahead with 추진(계속)하다

벨몬트 커뮤니티 극장

8월 12일
제이크 하보 님
14 스나이더 코트, #4
위니펙 R2C 0H9

Dear Mr. Harbaugh: 친애하는 하보 님께:

Thank you for subscribing to the upcoming Belmont Community Theatre season! (183)
다가오는 Belmont Community Theater 시즌에 가입해 주셔서 감사합니다!

On behalf of the theatre,// I want to welcome you.
극장을 대표하여,// 귀하를 환영하고자 합니다.

We are always pleased/ to have new subscribers,// and I am certain// you will be delighted with the upcoming season.
우리는 기쁩니다./ 항상 새로운 가입자를 맞이하게 되어// 그리고 저는 확신합니다// 귀하가 다가오는 시즌에 기뻐하실 것이라고.

Please find enclosed the tickets for the five plays for this season.
이번 시즌을 위해 5편의 연극표가 동봉되어 있습니다.

Play descriptions, performer biographies, and a complete schedule/ can be found on our Web site. (185)
연극 설명, 연기자 전기 및 전체 일정은/ 당사 웹 사이트에서 찾아보실 수 있습니다.

If you have any questions,// please contact the box office at 204-555-0142.
궁금한 점이 있으면,// 매표소 (204-555-0142)로 문의해 주십시오.

Subscribers/ enjoy exclusive benefits,// including ticket exchanges,// which can be made by phone, mail, or in person/ at the box office.
가입자는/ 독점적인 혜택을 누립니다.// 티켓 교환을 포함하여// 그것(티켓 교환)은 전화, 우편 또는 매표소에서 직접 하실 수 있습니다./ 매표소에서.

Please be aware that programs and schedules are subject to change.
프로그램 및 일정은 변경 될 수 있음을 인지해 주십시오.

Sincerely, 감사합니다.

Sasikala Sharma 사시칼라 샤르마

Patron Services Director 고객 서비스 담당자

Belmont Community Theatre 벨몬트 커뮤니티 극장

어휘   subscribe to ~에 가입하다 upcoming 다가오는 on behalf of ~을 대표하여 theatre 극장 welcome 환영하다
pleased=delighted=glad 기쁜 be certain 확신하다 enclose 동봉하다 play 연극 description 설명 performer 연기자,
공연자 biography 전기 complete schedule 전체 일정 find-found-found 찾다, 발견하다 question 질문, 문의사항
contact=make contact with=get in touch(contact) with ~에게 연락하다 box office 매표소 exclusive 독점적인
benefits 혜택 including ~을 포함하여 exchange 교환하다 mail 우편 in person 직접 be aware that ~을 인지하다
be subject to change 변경 될 수 있다 Sincerely=Truly=All the best=Best wishes=Best regards 끝맺음 말
Patron Services Director 고객 서비스 담당자

---

181. What is Mr. Bauers pleased about?

(A) There will be an increased number of plays produced this season.

(B) There are more season subscribers this year.

(C) A positive review appeared in the local news.

(D) The new advertising campaign is being launched.

바우어스 씨는 무엇에 대해 기뻐합니까?

(A) 이번 시즌에는 더 많은 연극이 제작 될 것.

(B) 올해 시즌 가입자가 더 많다는 것 (Email의 홍색 참조)

(C) 지역 뉴스에 긍정적인 논평이 실렸다는 것.

(D) 새로운 광고 캠페인이 시작되고 있다는 것.

182. Why is Mr. Bauers concerned?

(A) Some tickets were lost in the mail.

(B) A budget meeting was rescheduled.

(C) A play might cost too much to produce.

(D) Play rehearsals are behind schedule.

바우어스 씨는 왜 걱정합니까?

(A) 일부 표가 우편물에서 분실되어서.

(B) 예산 회의가 재조정되어서.

(C) 연극이 제작하는데 너무 많은 비용이 들 수도 있어서 (Email의 홍색 참조)

(D) 연극 연습이 예정보다 늦어서.

183. Why did Ms. Sharma send the letter to Mr. Harbaugh?

(A) To confirm a schedule

(B) To thank him for his subscription

(C) To let him know about some changes

(D) To give him news about a new play

샤르마 씨는 왜 하보 씨에게 편지를 보냈습니까?

(A) 일정 확인하기 위해서

(B) 가입에 대하여 감사하기 위해서 (편지의 홍색 참조)

(C) 그에게 몇 가지 변화에 대해 알리기 위해서

(D) 그에게 새로운 연극에 대한 소식을 전하기 위해서

184. What is suggested about the Belmont Community Theatre's upcoming season?

(A) The fifth play will be *After the Sun*.

(B) It will last longer than the previous season.

(C) There are new subscriber benefits.

(D) The ticket prices have increased.

Belmont Community Theatre의 다가오는 시즌에 대해 시사하는 바는?

(A) 다섯 번째 연극은 *After the Sun* 일 것이다. (Email의 마지막 홍색 참조)

(B) 이 전 시즌보다 더 오래 지속될 것이다.

(C) 새로운 가입자 혜택이 있다.

(D) 티켓 가격이 상승했다.

185. According to the letter, what can subscribers do on the Web site?

(A) Exchange the tickets

(B) Select their seats

(C) Read about actors

(D) Contact the box office

서신에 따르면, 가입자는 웹 사이트에서 무엇을 할 수 있습니까?

(A) 티켓 교환

(B) 좌석 선택

(C) 배우에 대해 읽어보기 (편지의 마지막 홍색 참조)

(D) 매표소에 연락하기

어휘 　be pleased about ~에 대해 기뻐하다 an increased number of 더 많은 play 연극 produce 제작하다 subscriber 가입자 this year 올해 positive 긍정적인 review 논평 appear 실리다, 나타나다 local 지역의 advertising 광고 launch 시작하다, 출범하다 concerned=worried=anxious 걱정하는 lose-lost-lost 잃다, 분실하다 mail 우편물 budget meeting 예산 회의 reschedule 재조정하다 cost 비용이 들다 confirm 확인하다 subscription 가입 fifth 다섯 번째 suggest=imply=indicate 암시하다 upcoming 다가오는 last=continue 지속되다 longer 더 오래 previous 이 전의 subscriber 가입자 benefits 혜택 increase 상승하다 according to=as per ~에 따르면 exchange 교환하다 select=choose 선택하다 seat 좌석 actor 배우 contact=make contact with=get in touch(contact) with ~에게 연락하다

문제 186-190 다음의 이메일들을 참조하십시오.

수신:	Ken Albers <lalberts@emergentsolution>
발신:	Clasissa Pierce <cpierce@actionservices.com>
날짜:	6월 13일
제목:	배송 계약

Hello Mr. Alberts, 안녕하세요 앨버트 씨,

I am writing/ on behalf of my company, Actions Services.
저는 글을 쓰고 있습니다./ 제 회사 Actions Services를 대표하여.

Our company/ specializes/ in creating personalized flower arrangements, gift baskets, and novelty gifts.
우리 회사는/ 전문으로 합니다/ 개인 맞춤 꽃꽂이, 선물 바구니 및 신제품 선물을 만드는 것을. (190)

Recently/ we have been going over our books/ and realized// we were paying too much to our current shipping company. (189)

최근에/ 우리는 장부를 살펴보다가/ 깨달았습니다.// 현재 운송 회사에 너무 많은 돈을 지불하고 있음을.

We would be interested in offering you the opportunity to take over our account// if you could provide us with some competitive rates. u. 77쪽 (2)번 참조

우리는 당신에게 우리의 거래를 인수할 기회를 제공하는데 관심을 갖겠습니다(제공해드리고 싶습니다).// 만약 당신이 우리에게 경쟁력 있는 요금을 제공해 주실 수 있다면.

I have included a recent invoice of shipping costs.
최근 배송비 운송장을 포함 시켰습니다.

We would like to work with you.
귀하와 함께 일하고 싶습니다.

Please let me know what you think.
어떻게 생각하시는지 알려주십시오.

Sincerely, 감사합니다.

Classisa Pierce 클래시사 피어스

Account Manager, Action Services: Actions Services 경리 부장

수신:	Clasissa Pierce <cpierce@actionservices.com>
발신:	Ken Albers <lalberts@emergentsolution>
날짜:	6월 14일
제목:	Re: 배송 계약

Dear Ms. Pierce, 친애하는 피어스 씨.

Thank you for contacting us at Emergent Solutions.
저희 Emergent Solutions에 문의해 주셔서 감사합니다.

I have taken a look at your invoice from your last bill from Express Corp.,// and I believe// that we can beat their prices. (188)

제가 Express Corp.의 지난번 청구서에서 운송장을 검토한 결과// 저는 믿습니다// 저희가 그들의 가격을 이길 수 있다고.

I would be happy to send over my account director/ to try to tailor a delivery package that is perfect for your needs.

저는 기꺼이 저의 회계 책임자를 보내겠습니다/ 당신의 필요에 꼭 맞는 배달 패키지를 만들도록.

Since most of the shipping [that you do]/ is within the state/ and composed of relatively small items,// I believe our express courier service will be perfect.

[귀하가 하는] 대부분의 배송은/ 주 내에서 이루어지며/ 비교적 작은 품목으로 구성되어 있기 때문에,// 저는 믿습니다// 저희의 특송 서비스가 완벽 할 것이라고.

We use fuel-efficient hybrid vehicles/ to run our small deliveries// and are able to pass the savings on to our customers. (188)

우리는 연료 효율적인 하이브리드 차량(휘발유와 전기 병용 차량)을 사용합니다/ 소규모 배송을 수행하기 위해서// 그리고 절감된 비용을 고객에게 전해드릴 수 있습니다.

As the Account Director,// I look forward to working with Action Services in the future. (186)

회계 책임자로서,// 저는 앞으로 Action Services와 함께 일하기를 고대합니다. u. 174쪽 (20)번 참조

Sincerely, 감사합니다,

Ken Alberts 켄 앨버트

어휘   contact=make contact with=get in touch(contact) with 연락하다 take(have) a look at 살펴보다, 검토하다 last 지난, 마지막 bill 고지서 believe 믿다 beat 이기다 price 가격 be happy(pleased, glad, ready, willing) to 기꺼이 ~하다 send over 보내다 account director 회계 책임자 tailor 맞추어 만들다 delivery 배달 perfect 완벽한 needs 필요 most of 대부분 shipping 배송 within ~안에 있는 state 주 be composed of=be made up of=consist of ~로 구성되다 relatively 비교적 item 물건, 품목 express courier service 특송 서비스 fuel-efficient 연료 효율적인 hybrid 휘발유 전기 병용 vehicle 차량 run 영업(운영, 운전)하다 be able to ~할 수 있다 pass A on to B: A를 B에 전달하다 savings 절감된 비용 customer 고객 Account Director 회계 책임자 I look forward to ~ing ~하기를 고대하다

수신:	Ken Albers <lalberts@emergentsolution>
발송:	Clasissa Pierce <cpierce@actionservices.com>
날짜:	6월 16일
제목:	배송 계약

Mr. Alberts, 앨버트 씨,

This sounds amazing!
놀라운 소식이군요!

You have no idea// how much it means to our company that you are using environmentally responsible transportation. (187) *가주어와 진주어+간접 의문문이 어우러져 있는 문장

당신은 모르실 것입니다// 환경적으로 책임 있는 운송 수단을 사용한다는 것이 우리 회사에 얼마나 큰 의미가 있는지.

Action Services/ was originally formed/ by a collection of Environmental Students at City College here.
액션 서비스는/ 원래 구성되었습니다./ 이곳에 있는 City College의 환경 학생 모임에 의해.

Everything we do/ is ethically sourced and recyclable.
우리가 하는 모든 일은/ 윤리적으로 공급되며/ 재활용 가능합니다.

We can't wait to meet with your team.
우리는 당신의 팀과 빨리 만나고 싶습니다.

어휘   amazing 놀라운 have no idea ~을 모르다 mean 의미하다 environmentally 환경적으로 responsible 책임 있는 transportation 운송 수단 originally 원래 form 구성하다 collection 모임, 집합 ethically 윤리적으로 source 공급하다 recyclable 재활용 가능한 can't wait to 빨리 ~하고 싶다

186. What job does Mr. Alberts have?
(A) President
(B) HR manager
(C) CEO
(D) Account director

Alberts 씨는 어떤 직업을 가지고 있습니까?
(A) 사장
(B) HR 관리자
(C) CEO
(D) 회계 책임자

187. What is indicated about Action Services?
(A) They care about art.
(B) They are concerned about the environment.
(C) They need to sell more packages.
(D) Their delivery service delivered packages to the wrong address.

액션 서비스에 대해 암시하는 바는?
(A) 그들은 예술에 관심이 있다.
(B) 그들은 환경을 걱정하고 있다.
(C) 그들은 더 많은 패키지를 팔아야한다.
(D) 그들의 배달 서비스는 패키지를 엉뚱한 주소로 배달했다.

188. According to the e-mails, what can you infer?
(A) Emergent Solutions offers cheaper shipping costs than Express Corp.
(B) Emergent Solutions will likely not be efficient.
(C) Emergent Solutions has a business ethics at odds with Action Services.
(D) Action Services is in debt.

이메일에 따르면 무엇을 추론할 수 있습니까?
(A) Emergent Solutions는 Express Corp보다 저렴한 운송비용을 제공한다.
(B) Emergent Solutions 아마 효율적이지 않을 것이다.
(C) Emergent Solutions Actions Services와 상충되는 비즈니스 윤리를 가지고 있다.
(D) Actions Services는 부채가 있다.

189. Why did Action Services contact Emergent Solutions?
(A) They needed new customers.
(B) They were spending too much on shipping.
(C) They wanted to expand their operation.
(D) They wanted to ship internationally.

Action Services는 왜 Emergent Solutions에 연락을 했죠?
(A) 그들은 새로운 고객이 필요했다.
(B) 그들은 배송에 너무 많은 돈을 소비하고 있었다.
(C) 그들은 사업을 확장하고 싶었다.
(D) 그들은 국제 배송을 원했다.

190. What kind of business is Action Services?
(A) Technology consultants
(B) Leadership experts
(C) Hotel and resort specialists
(D) Florist and novelty suppliers

Actions Services는 어떤 종류의 사업체입니까?
(A) 기술 컨설턴트
(B) 리더십 전문가
(C) 호텔 및 리조트 전문가
(D) 꽃 판매 및 신제품 공급 업체

어휘 job 직업 President 사장 Account director 회계 책임자 indicate=imply=suggest 암시하다 care about 관심이 있다 art 예술 be concerned(worried, anxious) about ~을 걱정하다 environment 환경 need to=have to=must ~해야 한다 sell 팔다 deliver 배달하다 wrong 엉뚱한 address 주소 according to=as per ~에 따르면 infer 추론하다 offer 제공하다 cheaper 더 저렴한 shipping costs 운송비용, 배송비용 likely=as likely as not=most likely=very likely=probably 아마, 십중팔구 efficient 효율적인 ethics 윤리 at odds with ~와 상충하는 contact=make contact with=get in touch(contact) with 연락하다 spend 소비하다 shipping 배송 expand 확장하다 operation 기업, 경영 ship 배송하다 internationally 국제적으로 technology consultants 기술 컨설턴트 leadership experts 리더십 전문가 hotel and resort specialists 호텔 및 리조트 전문가 florist and novelty suppliers 꽃 판매 및 신제품 공급 업체

IMPORTANT NOTICE (중요 공지사항)

Dear Castelli customers, 친애하는 카스텔리 고객님들께,

Our quality assurance team/ has revealed// that five hundred jars of Castelli's Classic Spaghetti Sauce/ do not meet our high standards of product quality. (191)
우리의 품질 보증 팀은/ 밝혔습니다.// 카스텔리의 클래식 스파게티 소스 500병이/ 우리의 높은 품질 수준을 충족시키지 못한다고.

The defect/ has been caused by an improper seal on the lid of the jar/ and may have resulted in the contents spoiling/ due to contact with air. (192) u.216쪽 E번 참조
그 결함은/ 용기 뚜껑의 부적절한 밀봉으로 인해 발생했으며/ 내용물이 상했을 수도 있습니다./ 공기와의 접촉으로 인해.

We are currently warning customers/ not to eat this product. (193)
우리는 현재 고객들에게 주의를 드리고 있습니다/ 이 제품을 먹지 말라고.

What you should do: If you have already purchased a jar of Castelli's Classic Spaghetti Sauce,// please send an e-mail/ to our Customer Service Department at cs@castellifood.com. (191) (193)
여러분이 해야 할 일: 만약 여러분이 카스텔리의 클래식 스파게티 소스 한 병을 이미 구입했다면,// 이메일을 보내주십시오/ 우리의 고객 서비스 부서에/ cs@castellifood.com으로.

One of our employees/ will provide you with a product replacement voucher. u.77쪽 (2)번 참조
우리 직원 중 한 명이/ 여러분에게 제품 교환권을 제공해드릴 것입니다.

Please include your name, full address, phone number, and the product's serial number in the e-mail.
부디 성명, 주소, 전화 번호 및 제품 일련번호를 이메일에 포함시켜 주십시오.

Customers/ will receive a $12 voucher/ for each jar purchased.
고객들께서는/ 12달러 상품권을 받게 될 것입니다./ 구매한 각 병에 대해.

Please do not try to get a refund/ for this product/ at a retailer.
환불을 받으려 하지 마십시오/ 이 제품에 대해/ 소매점에서. (193)

Please remember// that no other Castelli food products are affected.
명심해 주십시오// 어떤 다른 카스텔리 식품도 영향을 받지 않는다는 점을.

We encourage you/ to continue purchasing our products. u.76쪽 ④번 참조
저희는 여러분에게 권장하는 바입니다/ 우리의 제품을 계속 구매하실 것을. (193)

어휘   quality assurance 품질 보증 reveal=disclose=divulge 밝히다, 폭로하다 jar 병, 단지, 항아리 meet 충족시키다 standard 수준 product 상품 defect=flaw=shortcoming 결함 be caused by ~로 인해 발생되다 improper=impertinent 부적절한 seal 밀봉 lid 뚜껑 may have + p.p ~했을지도 모른다, ~했을 수도 있다 result in=bring about=lead to 초래하다, 가져오다 contents 내용물 spoil 상하다 due to=owing to=because of ~때문에 contact 접촉 air 공기 currently 현재 warn 알리다, 주의를 주다, 경고하다 customer 고객 already 이미 purchase 구입(구매)하다 send 보내다 employee 직원 provide(supply, furnish, present) A with B: A에게 B를 제공하다 replacement 교체 voucher 상품권, 할인권, 증서 include=involve=encompass=embody 포함하다 full address 정식 주소 serial number 일련번호 receive 받다 try to ~하려고 애쓰다 get a refund 환불을 받다 retailer 소매점, 소매상인 affect=impact=influence=have an effect(impact, influence) on ~에 영향을 끼치다 encourage A to B: A에게 B 하라고 권장하다 continue(keep) ~ing=continue to ~하다 계속해서 ~하다

발신:	cs@castellifood.com
수신:	Tony Hester <tonyhester21@webzit.com>
날짜:	3월 29일
제목:	교환권

To whom it may concern, 관계자에게.

My name is Tony Hester/ and I appreciate the precautionary step.
제 이름은 토니 헤스터인데/ 예방 조치에 감사드립니다.

Around two weeks ago,// I purchased two jars of Castelli's Classic Spaghetti Sauce/ from an Ace grocery store in Hermantown, Minnesota. (191)
약 2주 전,// 저는 카스텔리 클래식 스파게티 소스 2 병을 구입했습니다./ 미네소타 허먼 타운에 있는 에이스 식료품점에서.

A week later,// I purchased one more jar of it/ at the same place.
일주일 후,// 저는 그것을 한 병을 더 구입했습니다./ 같은 장소에서.

I have attached the image file of both receipts to this e-mail.
저는 두 영수증의 이미지 파일을 이 이메일에 첨부했습니다.

I would like to receive a product replacement voucher for these defective products. My address is:
저는 제품 교환권을 받고 싶습니다./ 결함이 있는 제품들에 대해서. 내 주소는 :

Tony Hester 토니 헤스터

27 Bloom Street 27 블룸 스트리트

Hermantown, MN 55811 허먼 타운, MN 55811

I look forward to receiving a reply soon.
곧 답장 받기를 고대합니다.

Tony Hester 토니 헤스터

| 어휘 | to whom it may concern 관계자에게(불특정한 상대에게 글을 쓸 때 사용하는 머리말) appreciate 감사(이해)하다 precautionary step 예방 조치 around=about=approximately=some 대략 purchase 구입(구매)하다 grocery store 식료품점 a week later 일주일 후 attach 첨부하다 both 둘 다의 receipt 영수증 would like to ~하고 싶다 receive 받다 a product replacement voucher 제품 교환권 defective 결함 있는 look forward to ~ing ~하기를 고대하다 reply 답장 soon 곧 |

수신: Tony Hester <tonyhester21@webzit.com>
발신: cs@castellifood.com
날짜: 3월 30일
제목: 교환권

Dear Mr. Hester, 친애하는 헤스터 씨,

Thank you very much/ for contacting Castelli Foods.
대단히 감사드립니다/ 카스텔리 식품에 연락해 주셔서.

We are committed/ to ensuring that our customers can continue to rely on the Castelli line of quality foods/ for all their dining needs. u.76쪽 ④번 참조
우리는 헌신하고 있습니다./ 고객들이 카스텔리 계열의 양질의 식품에 계속 의존할 수 있도록 하는 데/ 그들의 식사에 필요한 것들을 위해서.

As such,// we are happy to provide you with three vouchers/ for the cans of Classic Spaghetti Sauce you recently purchased. (195)
따라서// 저희는 기꺼이 귀하에게 3개의 상품권을 제공해 드립니다./ 귀하가 최근에 구입 한 클래식 스파게티 소스 캔에 대해서.

Please find the vouchers enclosed.
동봉된 상품권을 찾아보세요.(상품권을 동봉해 드립니다.)

In addition to the vouchers for the Classic Spaghetti Sauce,// we would like to offer you vouchers/ for our new line of linguini and spaghetti pasta, Pasta Prima. (194)
클래식 스파게티 소스 상품권 외에도,// 우리는 귀하에게 상품권을 제공해드리고자 합니다./ 링귀니와 스파게티 파스타의 새로운 종류인 파스타 프리마에 대한 (상품권을).

Please accept these as another way for us to say that we are sorry,// and we hope that you continue to turn to us for delicious Italian flavors. (195)
저희가 죄송하다고 말씀드리는 또 다른 방법으로 이것들을 받아주십시오.// 그리고 귀하께서 맛있는 이탈리아 맛을 계속 저희에게 의존해 주시기를 바랍니다.

Sincerely, 감사합니다,

Jan Olson 얀 올슨

Customer Care Specialist 고객 관리 전문가

어휘 contact=make contact with=get in touch(contact) with ~에게 연락하다 be committed to ~ing ~하는 데 헌신하다 ensure that=make sure that ~하도록 하다 continue to=continue(keep) ~ing 계속해서 ~하다 rely(depend, count, fall back) on=turn(look, trust) to ~에 의존하다 line 계열, 종류 needs 필요, 욕구 as such=therefore 그러므로 be happy(pleased, willing) to 기꺼이 ~하다 provide(supply, furnish, present) A with B: A에게 B를 제공하다 voucher 상품권 can 캔, 깡통 recently=lately=of late 최근에 enclose 동봉하다 in addition to=besides ~이 외에 would like to ~하고 싶다 offer 제공하다 linguini 손으로 친 파스타 accept 수락하다, 받아들이다 delicious=tasty=yummy=tempting 맛있는 flavor 맛, 향미, 풍미 Sincerely=Truly=Best regards=Best wishes=All the best 끝맺음 말
Customer Care Specialist 고객 관리 전문가

191. Where would the notice most likely be found?

(A) In a restaurant

(B) In a staff break room

(C) In a shipping agency

(D) In a grocery store

공지사항은 십중팔구 어디서 찾아볼 수 있을까요?

(A) 식당에서

(B) 직원 휴게실에서

(C) 배송 대리점에서

(D) 식료품점에서 (an Ace grocery store in Hermantown, Minnesota라는 힌트를 여러분이 발견해야 해요.)

192. What is indicated about the jars?

(A) They were not closed tightly.

(B) They are currently out of stock.

(C) They were priced incorrectly.

(D) They were delivered to the wrong address.

병에 대해 암시하는 것은?

(A) 그들은 단단히 닫히지 않았다. (공지사항에 (may have resulted in the contents spoiling/ due to contact with air: 내용물이 상했을 수도 있습니다./ 공기와의 접촉으로 인해) 라는 표현이 있죠?)

(B) 현재 재고가 없다.

(C) 가격이 잘못 책정되었다.

(D) 그들은 엉뚱한 주소로 배달되었다.

193. According to the notice,/ what is NOT mentioned as advice for customers?

(A) Avoiding consuming the product

(B) Reporting on the product

(C) Returning the product to a store

(D) Purchasing other Castelli products

공지사항에 따르면,/ 고객을 위한 조언으로 언급되지 않은 것은?

(A) 제품 소비를 피하는 것

(B) 제품에 대해 신고하는 것

(C) 제품을 매장으로 반품하기 (공지사항에 매장에서 환불받으려 하지 말라고 했죠?)

(D) 다른 Castelli 제품을 구매하는 것

194. In the e-mail to Mr. Hester, what additional gift does Castelli offer?

(A) Pasta sauce

(B) A recipe book

(C) Vouchers for produce

(D) Vouchers for new products

헤스터 씨에게 보내는 이메일에서 카스텔리는 어떤 추가 선물을 제공합니까?

(A) 파스타 소스

(B) 유리 책

(C) 농산물 상품권

(D) 신제품 상품권 (we would like to offer you vouchers/ for our new line of linguini and spaghetti pasta, Pasta Prima)

195. Castelli is sending the vouchers for several reasons; what is NOT one of them?

(A) To keep customers loyal

(B) To say that they are sorry

(C) To be fair to their customers

(D) To gain new customers

카스텔리는 몇 가지 이유로 상품권을 보내고 있다. 그들 중 하나가 아닌 것은 무엇입니까?

(A) 고객의 충성도를 유지하기 위해서

(B) 미안하다고 말하기 위해서

(C) 고객에게 공정하기 위해서

(D) 신규 고객을 확보하기 위해서 (마지막 이메일에 포함되어 있지 않은 내용이죠?)

문제 196–200 다음의 정보, 양식, 편지를 참조하십시오.

Red Rock Leather Goods
붉은 바위 가죽 제품: 가죽 제품 제조사 이름

Thank you for purchasing a leather product from Red Rock Leather Goods.
Red Rock Leather Goods에서 가죽 제품을 구입해 주셔서 감사합니다.

We manufacture all of our products/ to meet the highest quality standards// and pride ourselves on excellent customer service.
우리는 모든 제품을 제조합니다/ 최고 품질 표준을 충족하도록// 그리고 우수한 고객 서비스에 대해 자부심을 갖고 있습니다.

All of our products/ are individually and meticulously made/ by skillful craftsmen. (196)
우리의 모든 제품은/ 하나하나 세심하게 만들어집니다/ 숙련된 장인들에 의해.

We offer a lifetime guarantee that covers all defects in craftsmanship/ except normal wear and tear.
우리는 기술면에 있어서 모든 결함을 보장하는 평생 보증을 제공합니다./ 정상적인 마모를 제외하고.

We will repair or replace any pieces due to our fault/ for as long as you own your Red Rock product.
우리는 우리의 과실로 인한 어떤 제품도 수리나 교체를 해 드릴 것입니다./여러분이 Red Rock 제품을 소유하고 있는 한.

If your Red Rock product is not under warranty,// we offer repairs at the following rates: (198)
여러분의 Red Rock 제품이 보증이 적용되지 않는 경우,// 저희는 다음과 같은 요금으로 수리를 제공합니다.

	Wallets 지갑	Handbags 핸드백	Jackets 웃옷
Missing button repair 누락 버튼 수리	$10	$15	$20
Zipper repair and replacement 지퍼 수리 및 교체	$20	$30	$45
Seam repair and stitching 이음매 수리 및 바느질	$40	$40	$60

The warranty/ is non-transferable/ and covers only the original purchaser.
보증은/ 양도할 수 없으며/ 최초 구매자만 보호합니다.

Additionally,// the sales receipt is necessary/ to validate your warranty and receive service.
게다가,// 판매 영수증이 필요합니다./ 보증을 확인하고 서비스를 받으려면.

This warranty/ does not apply/ to the products purchased from second-hand stores or unauthorized dealers.
이 보증은/ 적용되지 않습니다/ 중고 가게나 무허가 판매점에서 구매한 제품에는.

어휘 | purchase 구입(구매)하다 a leather product 가죽 제품 manufacture 제조하다 meet 충족시키다 the highest 최고의 quality 품질 standard 표준 pride oneself on ~에 대해 자부심을 갖다 excellent 훌륭한, 뛰어난 individually 하나하나, 개별적으로 meticulously=carefully 세심하게 skillful=skilled=expert 숙련된 craftsman 장인, 기능공, 공예가 offer 제공하다 a lifetime guarantee 평생 보증 cover 보장(충당)하다 defect=flaw 결함 craftsmanship 기술, 장인정신 except ~을 제외하고 normal 정상적인 wear and tear 마모 repair 수리하다 replace 교체하다 due(owing) to=because of= on account of=on the grounds(score) of ~ 때문에 fault 잘못, 과실 as long as ~하는 한 own 소유하다 replacement 교체 seam 이음매 stitching 바느질

Red Rock Leather Goods

Repair Request Form(수리 요청 양식)

Name:	이름:	*Melisa Perkins*	멜사 퍼킨스
Date:	날짜:	*February 28*	2월 28일
Address:	주소:	*458 Center Circle Drive, Chicago, IL*	458 Center Circle Drive, 시카고, 일리노이
Product:	제품:	*Coco TX Handbag*	코코 TX 핸드백

Description of repairs to be made: 이행해야 할 수리에 대한 설명:

I bought this item last year/ from a Red Rock Leather Goods store in Chicago, IL.
저는 작년에 이 물건을 구입했습니다/ 일리노이 주 시카고에 있는 Red Rock Leather Goods store에서.

However,// in just six months,/ the zipper became jammed and no longer opens or closes. (197)
그러나// 불과 6개월 만에/ 지퍼가 걸려버렸고/ 더 이상 열리지도 닫히지도 않습니다.

Because this is a manufacturing defect,// I assume it will be covered by the warranty.
이는 제조상의 결함이므로,// 그것은 보증 처리를 받을 것이라고 생각합니다.

I have been a regular customer of Red Rock Leather Goods for 12 years,// and this is the first time I have had a problem.
저는 12년 동안 Red Rock Leather Goods의 정기 고객이었는데,// 제가 이런 문제를 겪은 것은 이번이 처음입니다.

I have read and agree to all the terms concerning returns and repairs.
본인은 반품 및 수리에 관한 모든 조건(약정)을 읽고 동의합니다.

I certify// that this product was purchased at an official Red Rock Leather Goods store/ and that I am the original purchaser of his product. (200)
본인은 보증합니다// 이 제품이 공식적인 Red Rock Leather Goods 상점에서 구입되었으며/ 본인이 그의 제품의 최초 구매자임을.

서명 : *Melisa Perkins*   날짜 : *2월 28일*

Note: It may take some time for your product to be returned to you.
참고: 제품이 귀하에게 반품되는 데는 약간의 시간이 걸릴 수도 있습니다.

If you have any questions,// please call us at 812-555-8541.
궁금한 점이 있으시면,// 812-555-8541로 저희에게 전화해 주십시오.

어휘 description 설명 repair 수리 buy-bought-bought 사다 item 물건, 품목 last year 작년에 IL=Illinois 일리노이 주 however 그러나 in just six months 불과 6개월 만에 become jammed 걸리다 no longer=not any longer=not any more 더 이상 ~하지 않다 manufacturing defect 제조상의 결함 assume 생각(추정)하다 cover 보장하다, 보호하다, 다루다 egular customer 정기 고객, 단골 손임 warranty 보증 problem 문제 agree(assent, consent) to ~에 동의하다 terms 조건, 약정 concerning=regarding=respecting=as to=as concerns(regards, respects) ~에 관하여 returns 반품 repairs 수리 certify 보증하다 product 제품 purchase 구매하다 official 공식적인 original 최초의, 원래의 purchaser 구매자 signature 서명 date 날짜 February 2월 note 참고 take 시간이 걸리다

Dear Melisa Perkins, 친애하는 멜리사 퍼킨스,

Thank you for submitting your request for repairs to your Red Rock Leather Goods Coco TX Handbag.
Red Rock Leather Goods Coco TX 핸드백에 대한 수리 요청서를 제출해 주셔서 감사합니다.

We have received and inspected your item and documents/ and concluded that it falls within our warranty.
저희는 귀하의 물건과 서류를 접수하여 검사한 결과/ 보증 기간 내에 해당한다고 결론을 내렸습니다. (200)

It is scheduled to go in for repair this coming week.
그것은 다음 주에 수리에 들어갈 예정입니다.

Once it has been returned to working order,// we will express-mail it/ to the address you provided in your Repair Request Form.
제대로 작동상태로 전환되면,// 그것을 신속하게 우편으로 보내드리겠습니다./ 귀하께서 수리 요청 양식에 제공한 주소로.

I would like to thank you/ on behalf of Red Rock Leather Goods/ for your 12 years of **"patronage"**// and apologize/ for any inconvenience the failure of your Coco TX Handbag has caused you.
귀하에게 감사드리고 싶습니다/ Red Rock Leather Goods를 대표해서/ 12년간의 후원에 대하여// 그리고 사과드리고 싶습니다./ Coco TX 핸드백의 고장이 귀하에게 끼친 불편에 대해서.

Sincerely, 감사합니다,

Cheryl Timmins, 셰릴 티민스,

Customer Service Specialist 고객 서비스 전문가

Red Rock Leather Goods Red Rock Leather Goods

어휘 submit=give(turn, send, hand) in 제출하다 request for repairs 수리 요청서 receive 받다 inspect=overhaul=check up 검사하다 item 물건, 품목 documents 서류, 문서 conclude=reach a conclusion 결론을 내리다
fall within one's warranty 보증 기간 내에 해당하다 be scheduled(due, planning, slated, set) to ~할 예정이다
go in for repair 수리에 들어다 this coming week=next week 다음 주에 once 일단 ~하면, ~하자마자 working order 작동할 수 있는 상태 express-mail 속달 우편으로 보내다 address 주소 provide 제공하다 Repair Request Form 수리 요청 양식 would like to ~하고 싶다 on behalf of=as a representative of ~을 대표해서 patronage 단골, 후원 apologize 사과하다 inconvenience 불편 failure 고장, 실패 cause 야기하다, 초래하다

196. What is indicated about Red Rock Leather Goods' products?
(A) They are sold nationwide.
(B) They are relatively expensive.
(C) They are made by hand.
(D) They come in a variety of colors.

Red Rock Leather Goods의 제품에 대해 암시하는 것은?
(A) 그 제품은 전국적으로 판매된다.
(B) 그 제품은 비교적 비싸다.
(C) 그 제품은 손으로 만든다. (정보의 홍색 참조)
(D) 그 제품은 다양한 색깔로 나온다.

197. Why did Ms. Perkins fill out a form?
(A) To receive a cash refund on a product
(B) To report a defective item
(C) To file a customer service complaint
(D) To extend a warranty contract

퍼킨스 씨는 왜 양식을 작성 했습니까?
(A) 제품에 대한 현금 환불을 받기 위해
(B) 결함 있는 품목을 신고하기 위해 (수리 요청 양식의 홍색 참조)
(C) 고객 서비스 불만을 제기하기 위해
(D) 보증 계약을 연장하기 위해

198. How much would be Ms. Perkins be charged if her item was purchased at a second-hand store?
(A) $15
(B) $20
(C) $30
(D) $45

그녀의 물건을 중고 매장에서 구매했다면/ 퍼킨스 씨는 얼마의 금액을 청구 받을까요?

(A) 15 달러
(B) 20 달러
(C) 30 달러 (정보에서 홍색 수리요금표 참조)
(D) 45 달러

199. In the letter to Melisa Perkins, the word "patronage" in line 5 is closest in meaning to
(A) Marketing
(B) Support
(C) Investment
(D) Competition

Melisa Perkins에게 보낸 서신에서 5 행의 "patronage"라는 단어와 의미상 가장 가까운 것은?
(A) 마케팅
(B) 후원/지원
(C) 투자
(D) 경쟁

200. What can you infer from the letter to Melisa Perkins approving her request for warranty coverage?
(A) It was a manufactured defect.
(B) Red Rock Leather Goods is a quality brand.
(C) Melisa Perkins included her receipt of sale from an authorized Red Rock Leather Goods store.
(D) Meliza Perkins included $30 for zipper repair to her Coco TX Handbag.

Melisa Perkins에게 보내는 보증 적용 요청을 승인하는 편지에서 무엇을 추론할 수 있습니까?

(A) 그것은 제조된 결함이었다.
(B) Red Rock Leather Goods는 고품질 브랜드이다.
(C) Melisa Perkins는 공인된 Red Rock Leather Goods 매장으로부터 받은 판매 영수증을 포함시켰다. (수리 요청 양식 참조)
(D) Meliza Perkins는 자신의 Coco TX 핸드백의 지퍼 수리를 위해 30달러를 포함시켰다.

유니크 쏙쏙
토익 *TOEIC*
700제

실 전
모의고사

2

Questions 131-134 refer to the following memo.

To: All Hospital Employees
From: administration
Date: June 19
Subject: Use of personal Electronic Devices

This memo serves as a reminder of official hospital policy regarding the use of personal electronic devices ------- mobile phones and personal digital assistants. The administration recognized the merits of
131.
utilizing certain devices for medical purposes and does not intend to prohibit their use. -------, making
132.
personal calls during a shift can interfere with employees' responsibilities and cause distraction to those around them.

-------. Supervisors -------observe an employee making personal calls during work hours are authorized
133.   **134.**
to take possession of the device until the employee's shift ends.

---

131. (A) whatever
(B) along
(C) such as
(D) after all

132. (A) In consequence
(B) However
(C) Similarly
(D) Namely

133. (A) The privacy of mobile phone users has been threatened.
(B) Therefore, employees should not use their mobile phones while at work without the express consent of their supervisor.
(C) In other words, people should not use mobile phone anymore.
(D) The managers should install the cameras to look after the staff.

134. (A) who
(B) which
(C) some
(D) each

Questions 135-138 refer to the following information.

Recycling Used Beverage Containers

The Flavored Sodas Beverage Company is urging its customers to return their beverage cans ------- **135.** possible.

All you have to do is return your used cans to any participating supermarket. A list of these supermarket is posted on our website and will also be published in all local daily newspapers this weekend. The store ------- the cans to us so that they may be processed into new cans.
136.

By returning the beverage cans, you'll be doing your part in keeping the environment clear. Plus, you can save money by getting cash for every can returned! -------.
137.

For more ------- about our deposit-return program, please visit our website at www.deposit.return.com.
138.

135. (A) altogether
(B) meanwhile
(C) whenever
(D) somehow

136. (A) returned
(B) has returned
(C) was returning
(D) will return

137. (A) Thank you for caring about the environment.
(B) Each can you turn in will get you a refund of five cents.
(C) Call 409-5644 to learn how you can participate.
(D) Hurry since this opportunity won't last long.

138. (A) details
(B) views
(C) issues
(D) limits

Questions 139-142 refer to the following article.

Asian stocks were ------- to start the week on the back foot after the feud between the world's two-
139.
largest economies grew over the weekend. The yen held near a six-month high. U.S. futures ------- and
140.
contracts signaled modest declines for equities in Japan and Australia. The S&P 500 Index sank 1.4% on

Friday and the yield on 10-year Treasuries slumped to 2.13% after a new front from the Trump -------
141.
started with Mexico. On traders' radar this week, a raft of central bank meetings: the European Central

Bank sets monetary policy and new forecasts, -------, and India's central bank also has a rate decision. U.S.
142.
jobs report is out Friday. Federal Reserve officials gather in Chicago.

139. (A) taken
(B) held
(C) poised
(D) planned

141. (A) control
(B) administration
(C) government
(D) regime

140. (A) increased
(B) retreated
(C) raised
(D) rose

142. (A) Putin condemns U.S. dominance as tensions with
Trump grows.
(B) Trump's Mexico reprieve offers rare good news for
world economy.
(C) the Reserve Bank of Australia is widely expected to
cut interest rates.
(D) A June 12 update on consumer prices is expected
to show that inflation remains

August 10
Mark Walter
52 Southern Avenue
Great Falls, Montana 86502

Dear Mr. Walter,

I am writing to inform you that we've had ------- with the air-conditioning units in our offices. I **143.** contacted Coolair Corporation two weeks ago, and they sent a technician to make the necessary repairs.

The work was done at the considerable -------, as several components in each unit were damaged and had **144.** to be replaced. According to the technician, the units were not properly set up by the maintenance crew. Because the air conditioners were damaged during installation, Coolair refused to take responsibility for the malfunction, which means that we were forced to pay for the repairs ourselves.

I have enclosed an itemized invoice showing that the total cost of the repairs came to $785, with $365 for ------- and $420 for labor. Our lease states that such costs are covered by the owner of the building. **145.** -------. We would, therefore, appreciate it if we could be reimbursed as soon as possible for the full **146.** amount.

Sincerely,

Molly Davison

143. (A) success
(B) issues
(C) satisfaction
(D) requests

144. (A) tariff
(B) penalty
(C) expense
(D) fine

145. (A) ingredients
(B) stationery
(C) supplements
(D) materials

146. (A) Our company believed we were overcharged for the repairs.
(B) It is appropriate for us to ask for compensation
(C) We have not paid for the repairs yet.
(D) The technician could not determine the cause of the breakdown.

Questions 147-148 refer to the following notice.

We are pleased to announce that Claire Cho has joined the Severin Law Firm as an associate attorney. Ms. Cho graduated with high honors from Columbia University Law School, where she specialized in copyright and trademark law. While attending school, she worked as a clerk in the legal aid office at the university. This past summer, she completed an internship at Delmar and Associates, a legal firm whose client base includes writers, musicians, and other professionals in the publishing industry. Ms. Cho has an exceptional record of service and will be a valuable asset to our team. Please join us this Thursday at 3:00 P.M. in the main conference room to welcome her to our office.

147. Where is the notice most likely posted?
(A) In a law office
(B) In a talent agency
(C) In a recording studio
(D) In a public company

148. What are employees invited to do on Thursday?
(A) To watch a musical performance
(B) To join a community service group
(C) To attend a professional conference
(D) To meet a new staff member

Ming & Associates

1800 Pacific Boulevard

Sydney

April 10, 20--

Harper Ulger

Box 86449

Sydney

Dear Mr. Ulger,

Thank you for sending us your résumé. Your qualifications are impressive. Unfortunately, we are rarely in the position of hiring full-time employee. We do, however, frequently have a need for consultants to work on temporary assignments. We are often looking for professionals with your background and skills to work on certain projects. If you would be interested in a temporary consulting position, please let me know. I will then keep your résumé on file and notify you when a suitable assignment becomes available. Again, thank you for thinking of us. I will look forward to hearing from you.

Sincerely,

Mayra Kacia

Human Resources Coordinator

149. Why did Mr. Ulger write to the Ming & Associates company?

(A) To order a product
(B) To apply for a full-time job
(C) To offer to help with a project
(D) To develop his skills

150. What does Ms. Kacia ask Mr Ulger to do?

(A) Send her his résumé
(B) Select a professional assignment
(C) Notify her when he is available
(D) Indicate his interest in a consulting position

MEMO

To: Supervisors

From: Judy Linquiest, Human Resource Manager

Sub: Probation periods

As of January 1st all new employees will be subject to a 3 month probationary period. Medical, holiday, and flextime benefits will not apply to new staff members until the full 3 months have expired. After the three months have been completed, please contact your employees and inform them that their probationary period has ended. The HR department will contact you by email 2 days in advance to remind you of the date. Thank you for your cooperation.

151. What is the main purpose of this memo?
(A) To inform all employees of a new expiration date
(B) To put staff members under probation
(C) To introduce the HR department
(D) To inform supervisors of a change in policy

152. When does the change come into effect?
(A) Today
(B) In 2 days
(C) In 3 months
(D) On January 1st

Questions 153-154 refer the following form.

MOVING?

Fill out this card/ and mail it/ to the businesses and publications who send you mail.
For best results,// mail this card at least month before your moving date.

Your Name: Jake Lawson

Old Address: 268 Monroe Highway 268
                 (Number and Street)
                 Salem, South Carolina 29702
                 (City)   (State)   (Zip Code)

New Address: 764 Alston Street 764
                 (Number and Street)
                 Columbia, South Carolina 29805
                     (City)   (State)   (Zip Code)

New address is effective: April 12

---

153. What is the purpose of this form ?

(A) To apply for a new address

(B) To give notification of an address change

(C) To subscribe to a publication

(D) To find the location of a business

154. When should the form be sent?

(A) By March 12

(B) By April 12

(C) By May 12

(D) On April 12

Edgemont Residents

Scrap Metal and Electronics Collection

Saturday, October 10, 9 A.M. - 3 P.M.

Residents of the Town of Edgemont can bring their scrap metal and unwanted electronics and household appliances to the Town Recycling Center on the above date and time. This event is for town residents only. A Town of Edgemont recycling permit must be **displayed** on the lower right-hand side of your car's windshield to participate in this event. Permits are available at the Town Hall for $20. The following items can be recycled for free:

- computers
- computer monitors
- printers
- fax machines
- VCR and DVD players

There will be a $30 charge per item for the following items:
- air conditioners
- refrigerators
- freezers

Only the above-mentioned items can be recycled on this date. For information on recycling hazardous wastes such as paint, gasoline, solvents, etc., please contact the Town Hall.

155. What is required for participating in this recycling event?
(A) A permitt
(B) $30
(C) A driver's license
(D) A computer

156. Which of the following items will not be accepted for recycling at this event?
(A) Old refrigerators
(B) Computer printers
(C) Paint in metal cans
(D) Used fax machines

157. The word "displayed" in paragraph 1, line 3, is closest in meaning to
(A) shown
(B) hidden
(C) purchased
(D) submitted

To: warren.cluett@reva.org
From: delia kwon@reva.org
Date: June 30
Subject: Shipment arrival

Hi Warren,

We will be receiving a shipment of bricks tomorrow morning. —[1]—. When the truck arrives, please take inventory as the shipment is unloaded and verify that the quantities on the receipt are accurate. —[2]—. In addition, please make sure that the bricks are stacked no more than three bricks high. —[3]—. They are fragile, and I am concerned that they might crack from the pressure if they are stacked in tall piles.

—[4]—. Please also confirm the successful arrival of materials and report any problems to me by e-mail.

Thank you,

Delia Kwon

Manager, Reva Development

158. What is the purpose of the e-mail?
(A) To provide instructions to an employee
(B) To address a mistake with a shipment
(C) To place an order for bricks
(D) To record the inventory for a shipment

159. Why is Ms. Kwon concerned about the shipment?
(A) It may arrive late.
(B) It contains breakable material.
(C) It was very expensive.
(D) It is for an important client.

160. In which of the positions marked [1], [2], [3], and [4] does the following sentence best belong?
"The manufacturer has informed me that the truck will be arriving at 7:30 A.M."
(A) [1]
(B) [2]
(C) [3]
(D) [4]

Questions 161-163 refer to the following letter.

February 3
Janine Flores
359 Pearland Lane,
Houston, TX 77204, USA

Dear Ms. Flores:

Our records indicate that you purchased a Glow-Slice 4S2 from Selter Industries. —[1]—. We regret to inform you that we are recalling this toaster. The recall is due to reports of the toaster shutting off automatically. No safety hazards have been identified. —[2]—.

We will pay all shipping costs for sending it back to us. —[3]— Moreover, we can provide a full refund or a replacement toaster, depending on your preference. —[4]—. Please call our customer service department at 555-9782 for further details.

We apologize for the inconvenience.

George Nichols, Customer Service Manager

Selter Industries

161. Why was the letter sent to Ms. Flores?
(A) To notify her of a defective product
(B) To inform her of a special sale
(C) To thank her for buying a product
(D) To apologize for a late shipment

162. What does Mr. Nichols say the company can do?
(A) Cancel an order
(B) Give a discount
(C) Complete a report
(D) Provide a choice

163. In which of the positions marked [1], [2], [3], and [4] does the following sentence best belong?
"Nevertheless, please stop using the product"
(A) [1]
(B) [2]
(C) [3]
(D) [4]

White Hat Supplies

Customer Service Live Chat

Agent Mark Smalls 4:25 P.M. Hello, Ms. Brown. Thank you for contacting Customer Service. How may I help you?

Kim Brown 4:26 P.M. I ordered three packages of ink on May 4. I received a confirmation e-mail stating that the order was shipped on May 8 and would arrive by May 12, but the package has not arrived.

Agent Mark Smals 4:28 P.M. Sorry to hear that. Give me a moment while I check. Do you have your order number?

Kim Brown 4:32 P.M. Sure. It's order JX43125.

Agent Mark Smalls 4:35 P.M. OK. One moment.

Agent Mark Smalls 4:38 P.M. Ms. Brown, our tracking system indicates that the package arrived on May 10. Can you confirm your shipping address is 15 Walters Court, Boca Raton, FL 33431?

Kim Brown 4:41 P.M. Yes, that's correct.

Agent Mark Smalls 4:42 P.M. Is it possible that a neighbor picked it up?

Kim Brown 4:43 P.M. I really don't think so. I know my neighbors, and it's been over a week now.

Agent Mark Smalls 4:45 P.M. I see. Well, I'm very sorry your package seems to have been lost. Would you like us to send you a replacement? The order should arrive by May 27.

Kim Brown 4:46 P.M. I need the ink right away. Would you be able to expedite shipping and handling?

Agent Mark Smalis 4:50 P.M. With express delivery, your order would arrive on May 24. Since your original order was standard delivery, express delivery would be an additional $15.

Kim Brown 4:51 P.M. In that case, please just refund my order.

Agent Mark Smalls 4:52 P.M. Certainly. I will refund the original purchase price and delivery charge to your credit card.

164. Why did Ms. Brown contact Customer Service?
(A) To order more ink
(B) To return an item
(C) To inquire about a shipping date
(D) To report a problem with an order

165. According to the chat, what is suggested about the package?
(A) It was sent to the wrong address.
(B) It contained the wrong item.
(C) The warehouse misplaced it.
(D) No one is sure what happened to it.

166. At 4:43 P.M., what does Ms. Brown most likely mean when she writes?

(A) The project she needs the package for was completed a week ago.

(B) She plans to ask her neighbors if they have seen the package.

(C) Her neighbors would have already given her the package.

(D) She moved into her neighborhood a week ago.

167. Why does Ms. Brown refuse a replacement?

(A) She does not want to pay for expedited shipping.

(B) The ink works better with other printers.

(C) She read a negative review of the product.

(D) She no longer needs the ink.

To the Editor:

I read with great concern the report in your newspaper this morning about the plans of the Holbrook Manufacturing Company to build a factory in this city. The project has received strong support from the city council, based on their belief that Holbrook will bring a significant number of jobs to our area and boost the local economy. Apparently, they are blind to the reality. Holbrook is well known for its innovative manufacturing methods, which are largely automated. Because of this, very little manual labor is required. Holbrook's system generally requires highly skilled technicians, who would likely come here from other places to work at the factory. There will be few, if any, jobs for local citizens. What do we get in return for this? A large, **unsightly** building that will require the destruction of natural areas and throw pollution into our air and water. The city council must approve Holbrook's project before they begin construction of the factory. Holbrook's board of directors, eager to break ground on the project as early as next month, have urged the city council to move forward with their vote, and it will take place tomorrow night rather than two weeks from now, as originally planned. This gives even less time for council members to develop an informed opinion. I strongly urge them not to bow to the pressure of Holbrook and to vote against the proposed project.

Sincerely,

Hadon Karen

168. Why did Hadon Karen write this email?
  (A) To protest a new factory
  (B) To analyze the economy
  (C) To explain sources of pollution
  (D) To get elected to the city council

169. What kinds of people generally work at Holbrook?
  (A) Manual laborers
  (B) Blind people
  (C) Trained specialists
  (D) Economists

170. When will the city council vote on the Holbrook project?
  (A) This morning
  (B) Tomorrow night
  (C) Two weeks from now
  (D) Early next month

171. The word "unsightly" in line 8 is closest in meaning to
  (A) attractive
  (B) enormous
  (C) costly
  (D) ugly

News from Bramwell Botanical Gardens

BRAMWELL (May 26)-Visitors to Bramwell Botanical Gardens are now greeted by a colorful new logo painted on the welcome sign at the entry gate. Most people say they are pleased with the new logo, which features a bright bouquet of wildflowers. —[1]—.

The management of the botanical gardens decided to replace the old logo based on input from the public. "We collected opinion cards deposited in boxes at the gardens and reviewed responses to an online survey. —[2]—. We found that receptiveness to the original logo was no longer positive," said Jacob Harding, the director of the gardens, when he was interviewed by the Bramwell Morning Courier. The old logo displayed the name of the gardens above a drawing of an elaborate Victorian greenhouse.

New designs were submitted by O'Neall Graphics. —[3]—. Members were invited to choose which one would be the best logo. The board agreed that the members made an excellent choice.

Marie Kim, the manager of the Botanical Gardens on-site visitors' shop, is one of those happy with the new logo that members selected. —[4]—. The new logo is now featured on clothing and other merchandise, and she is sure it will help improve sales. "Previously, I was often disappointed. Even though a lot of visitors came into the store, many left without making a purchase. They didn't think our imprinted items were attractive."

172. What does the article discuss?
(A) A potential business partnership
(B) A change made to a graphic design
(C) Advertising for an upcoming exhibit
(D) New signs labeling the gardens' plants

173. Who made the final decision about the logo?
(A) Employees of O'Neall Graphics
(B) The director of Bramwell Botanical Gardens
(C) The manager of the visitors shop
(D) Members of Bramwell Botanical Gardens

174. What did Ms. Kim imply about the visitors shop?
(A) Too few people visited it.
(B) Its appearance needed to be updated.
(C) The location was not well marked.
(D) Business there was not very good.

175. In which of the positions marked [1], [2], [3], and [4] does the following sentence best belong?
"Four of them were posted on the Botanical Gardens Web site."
(A) [1]
(B) [2]
(C) [3]
(D) [4]

WORKSHOP SCHEDULE-DRAFT

Time	Location	Presentation	Presenter
9:30	Room B	Changing World Markets	L. Chiang
11:00	Room C	Cross-Cultural Considerations in Marketing	J.H. Lin
12:15	Room C	Lunch	
1:30	Room D	Analyzing Demographics	I.A. Jin
3:00	Room A	Internet Marketing	D.Chen
4:00	Room A	Open Discussion	All

To:	F: Biao
From:	J.S. Pak
Subject:	Workshop logistics
Date:	Friday, June 10
Attachment:	Workshop schedule

Ms. Biao,

I have attached draft of the schedule for the upcoming workshop. I wish we had scheduled it for a week from today instead of for the day after tomorrow. There is still so much to do to get ready; however, we can't change the date now. I really appreciate your support in getting things ready.

Here are some things I need you to take care of. Tea and snacks should be served immediately after Mr. Chiang's presentation. He plans to talk for just an hour, so there will be time for this before the next presentation begins. Also, the room that we have scheduled for lunch is one of the smaller rooms, and serving a meal there would be difficult. In addition, we have a workshop scheduled in the same place right before lunch, so there would be no time to set up. See if you can exchange places with the Demographics workshop. The room we have scheduled for that seems convenient and comfortable for eating.

Please make sure there are enough chairs in each room for everyone. So far, 45 people have registered for the workshop, but a few more registrations could come in today or tomorrow. You should have 15 extra chairs in each room just to be on the safe side. There is one last schedule change. Mr. Chen will have to leave right after lunch, so please give him Ms. Lin's time slot, and she can take Mr. Chen's afternoon time slot. Send me the revised schedule this afternoon.

Thank you.

Jae Sang Park

176. When will the workshop take place?

(A) June 10
(B) June 11
(C) June 12
(D) June 17

177. What time will tea and snacks be served?

(A) 9:30
(B) 10:30
(C) 11:00
(D) 12:15

178. Where does Mr. Pak want the lunch served?

(A) Room A

(B) Room B

(C) Room C

(D) Room D

179. What does Mr. Pak say about chairs for the workshop?

(A) He isn't sure if enough chairs are available.

(B) There should be 45 chairs in each room.

(C) The rooms already have sufficient chairs.

(D) Ms. Biao should place spare chairs in the rooms.

180. Who will present at 3:00?

(A) L.Chiang

(B) J.H. Lin

(C) I.A. Jin

(D) D. Chen

Annual Leave

All the employees of the Goodland Corporation are entitled to annual leave, or vacation days, according to their length of service at Goodland, as follows:

Years Employed at Goodland	Number of Annual Leave Days
0-2	10
3-5	15
6-10	20
11 or more	25

Annual leave days must be used up by the end of the calendar year or they will be forfeited. The actual dates when leave days may be taken are dependent on permission from the employee's supervisor. To apply to use annual leave days, the employee must complete form number 465, obtain the supervisor's permission and signature, and submit the form to the human resource director no later than 20 calendar days before the date when the requested leave will begin. Incomplete or late requests will not be reviewed and leave will not be granted.

The Goodland Corporation
Annual Leave Request Form

Name: Danny Creck

Department: Marketing

Number of annual leave days allowed: 15

Number of leave days requested: 5

Dates: August 21 - August 25

Name of Supervisor: Nelson Greck

Authorizing signature:

Please submit this form to Robin Gibson, Room 14.

---

181. What is the maximum number of annual leave days a Goodland employee can take?
(A) 10
(B) 15
(C) 20
(D) 25

182. How long has Danny Creck probably worked at the Goodland Corporation?
(A) No more than 2 years
(B) At least 3 years
(C) At least 6 years
(D) More than 11 years

183. What is the latest date Danny Creck can submit this form?
(A) August 1
(B) August 15
(C) August 21
(D) August 26

184. Who has to sign the form?
(A) Danny Creck
(B) Robin Gibson
(C) Nelson Greck
(D) Mr. Goodland

185. Who is Robin Gibson?
(A) President of the Goodland Corporation
(B) Head of the Research and Development Department
(C) Human Resources Director
(D) Danny Creck's assistant

Questions 186-190 refer to the following e-mail and attachments.

Dear Candice,

Congratulations on being selected as a Camp Counselor!

It is important to us that the children attending this summer camp have fun and stay safe, and we are well prepared to show you how. You will find enclosed your schedule for these exciting days. As you can see, orientation will start at 8 am on Sunday the 25th of May and continue through the following Saturday. All counselors will be shown through the grounds and learn how to guide our campers through each event and activity. Once initiated and settled in, you will be placed into 4 groups of 5 to fit our 4 cabins, which will be adjacent to the children's tents.

The list of items provided and not provided on the premises is also attached.

The payment for your service will be given at the end of the 20-day camp session, before which you can choose to receive a paper copy or direct deposit of your check.

We are looking forward to seeing you among our team members!

Gordon O'Brian
Pine Camp Director

PROVIDED	BRING YOUR OWN
lodging(shared accommodation) meals(breakfast, lunch, dinner) - camp equipment	- clothes, incl. hiking clothes and shoes - toiletries, incl.sunscreen - personal entertainment items, such as books, music players, etc.

ACTIVITY	DATE	TIME
Arrival	Saturday, May 24th	3 pm
Orientation Introduction	Sunday, May 25th	9 am
Camping Safely	Monday, May 26th	10 am
Fire Building	Tuesday, May 27th	8 pm
Hiking and Day Trip Preparation	Wednesday, May 28th	8 am
Keeping Campers Happy and Busy	Thursday, May 29th	10 am
Addressing Problem Children	Friday, May 30th	2 pm
Final Meeting/Training Completion	Saturday, May 31rst	9 am
Camp Start	Monday, June 2nd	7 am
Mid-Season Review	Thursday, June 12th	12 pm
Camp Completion/Departure	Sunday, June 22nd	5 pm

186. How many counselors will there be at the camp?

(A) 4
(B) 5
(C) 20
(D) 24

187. What is an example of an item that Candice will not need to bring to the camp?

(A) A tent
(B) Shower gel
(C) A hat
(D) A magazine

188. Which of the following activities is more probably nocturnal?

(A) Camping Safely

(B) Fire Building

(C) Hiking and Day Trip Preparation

(D) Keeping Campers Happy and Busy

189. What will happen on June 2nd?

(A) Counselors will arrive at the camp.

(B) Children will arrive at the camp.

(C) Camp policies will be reviewed.

(D) The training will start.

190. On which date will the camp counselors be paid?

(A) May 24th

(B) June 13th

(C) June 20th

(D) June 22nd

Bridgewater Spring Festival Weekend Activities	
Saturday 18 May **12:00 P.M. Pizza Cook-off** — competitors will choose the ingredients to create the best pizza, and attendees will act as judges! Win one free cheese pizza each month for the remainder of the year. $5 entry fee. Sponsor: Bridgewater Pizzeria Venue: Bridgewater Pizzeria **2:00 P.M. to 5:00 P.M. Spring Garden Tour** — visit some of the most beautiful home gardens. Bridgewater's best home gardener will be awarded a $50.00 cash prize. Sponsor: Bridgewater Parks Commission Venue: See Garden Tour map	**Sunday 19 May** **9:30 A.M. Walk for Health** — complete the 5-mile walk around Swan Creek Park to receive a free two-week gym membership worth $30. All the participants will receive a free "Get Fit!" T-shirt. Sponsor: Treager's Gym Venue: Swan Creek Park north entrance **4:00 P.M.** University String Quartet — enjoy the music of Haydn, Mozart, and Schubert in this performance featuring first violinist Jemiah Welsz. $10 entrance fee. Sponsor: Bridgewater University Venue: University Concert Hall

---

From: Leeann Allen <leeann.allen@bridgewaterpark.org>
To: Angela Russo <arusso@tqmail.net>
Date: May 15
Subject: Weekend festival

Hello Angela,

Since rain is likely on Sunday, I would like to move Matt Treager's event, which will take place outdoors, to Saturday and move yours to Sunday at noon.

We will update the festival Website and send out an e-mail to notify festival-goers of this schedule change. We will also post notices on the message boards in the park. Let me know if this works for you.

Yours,

Leeann Allen, festival organizing committee

From: Martin Sanchez <m.sanchez@flx.realty.com>
To: Takeshi Ogawa <togawa@flx.realty.com>
Date: May 17
Subject: Planning meeting

Takeshi,

Yes, I can fill in for you tomorrow to meet with your clients and show them the properties. I'll let you know how it goes next week when you're back in the office.

Good luck with the tour judges. I hope you'll be $50 richer by Monday.

Martin

191. What is stated about the University String Quartet performance?
    (A) It requires an admission fee to attend.
    (B) It will be delayed because of the weather.
    (C) It was moved to a different venue.
    (D) It will end at 5:00 P.M.

192. What is the purpose of the first e-mail?
    (A) To advise festival-goers that it will rain
    (B) To provide feedback on a Web site
    (C) To request a change to a schedule
    (D) To announce an upcoming festival

193. In the first e-mail, the word "notices" in paragraph 2, line 2 is closest in meaning to
    (A) ideas
    (B) reviews
    (C) evaluations
    (D) announcements

194. Who most likely will participate in a festival activity on Sunday afternoon?
    (A) Ms. Allen
    (B) Ms. Russo
    (C) Mr. Treager
    (D) Mr. Sanchez

195. Why is Mr. Ogawa most likely unable to meet with his clients?
    (A) He is one of the festival organizers.
    (B) He is performing in a music concert.
    (C) He is a judge for a cooking competition.
    (D) He is competing in a festival event.

Questions 196-200 refer to the following notice, e-mail, and article.

Attention Everyone: Group Photo This Saturday

Exciting news - Tasty Bites Magazine will be featuring our restaurant in an article about Dublin's best dining establishments! They have arranged for one of their photographers to photograph us on Saturday, 4 June, at 10:00 A.M., before preparations for the day begin.

All employees will be included, so please plan to come in a bit sooner than scheduled on Saturday morning wearing your uniform. The session will take 30 minutes.

We have achieved so much since we opened, and you should all be very proud of this recognition.

To: Herman Keel <hkeel @bentonsidebistro.net>
From: Hilary Seaton <hseaton@hbsphotography.com>
Date: Wednesday, 1 June
Subject: Saturday Photography Appointment

Dear Mr. Kee

I am writing to confirm your group photography session at 10:00 A.M. on Saturday. As discussed, this photo shoot will take place at your restaurant, and I will photograph your staff along the wall in the main dining hall. You mentioned that your waitstaff will need to start getting ready for the day at 10:30 A.M., and that should not be a problem. The shoot should be finished by 10:30 A.M..

Please let me know if you have any questions. Otherwise, I will see you on Saturday!

Hilary Seaton

HBS Photography

BISTRO PLEASE

Enter Bentonside Bistro any day for lunch or dinner, and you'll hear the sounds of clinking forks and chattering patrons. "That's the sound of happy diners," says Herman Keel, the restaurant's owner.

Opened two years ago, the bistro has exceeded expectations. The menu features traditional Irish dishes prepared by chef Deirdre Hanrahan. She notes, "We choose ingredients that are at the height of summer, fall, winter, and spring, and showcase these on our menu."

On a recent Wednesday afternoon, Jacinta Coelho, a visitor from Brazil, was dining at the bistro. "I can't get over the freshness and homemade taste!" exclaimed Ms. Coelho. "It's like the chef went outside and selected the ingredients just for me."

Bentonside Bistro is located at 1644 Bentonside Road and is open Tuesday through Saturday from 11:30 a.m. to 9:00 p.m. The interior is painted in bright shades of blue reminiscent of the ocean, with a rotating gallery of artwork adorning the walls. The staff is friendly and the delicious food is reasonably priced. Reservations are not required.

By Declan Mulroney, Staff Writer

196. Who most likely posted the notice?

(A) Ms. Seaton

(B) Mr. Keel

(C) Ms. Hanrahan

(D) Mr. Mulroney

197. What are employees instructed to do on June 4?

(A) Arrive earlier than usual

(B) Attend an awards banquet

(C) Be interviewed for a newspaper article

(D) Discuss locations for a photo shoot

198. What is indicated about the waitstaff?

(A) They have been featured in Tasty Bites Magazine more than once.

(B) They will be photographed against a blue background.

(C) They take turns working the morning shift.

(D) They wear brightly colored uniforms.

199. What is true about the Bentonside Bistro?

(A) It is open every day for lunch.

(B) It has recently changed ownership.

(C) It specializes in Brazilian cuisine.

(D) It revises the menu seasonally.

200. What does Ms. Coelho say about her meal?

(A) She was impressed with the quality of it.

(B) She would like to prepare one like it at home.

(C) She saw it featured in a magazine.

(D) She thought it was reasonably priced.

문제 131-134 다음의 회람을 참조하십시오.

수신 : All Hospital Employees (병원 전 직원)

발신 : administration (행정실)

날짜 : June 19 (6월 19일)

제목 : Use of personal Electronic Devices (사적인 전자 기기 사용)

This memo serves as a reminder of official hospital policy/ regarding the use of personal electronic devices ------- mobile phones and personal digital assistants.
131.
이 회람은 공식적인 병원 정책을 상기시키는 역할을 합니다./ 휴대폰과 개인용 디지털 보조 장치와 같은 사적인 전자 기기의 사용과 관련하여.

The administration recognized the merits of utilizing certain devices for medical purposes/ and does not intend to prohibit their use.
행정실은 의료 목적으로 특정 장치를 사용하는 장점을 인식하고/ 그것들의 사용을 금지하지 않습니다.

-------,// making personal calls during a shift/ can interfere with employees' responsibilities// and cause
132.
distraction to those around them.
그러나,// 교대 근무 중에 사적인 통화를 하는 것은/ 직원들의 책임을 방해하고// 주변 사람들에게 주의를 분산시킬 수 있습니다.

-------.
133.
따라서 직원들은 근무 중에 휴대 전화를 사용해서는 안 됩니다.// 상사의 분명한 동의 없이.

Supervisors -------observe an employee making personal calls during work hours/ are authorized to take
134.
possession of the device// until the employee's shift ends.
직원이 근무 시간에 사적인 전화를 거는 것을 목격한 감독자는/ 그 기기를 압수할 권한이 있습니다.// 직원의 교대 근무가 끝날 때까지.

131. (A) whatever
　　　(B) along
　　　(C) such as
　　　(D) after all

(A) ~한 것은 무엇이나
(B) ~을 따라서
(C) ~와 같은 (문맥상 가장 자연스러우므로)
(D) 결국

132. (A) In consequence
　　　(B) However
　　　(C) Similarly
　　　(D) Namely

(A) 결과적으로
(B) 그러나 (문맥상 가장 자연스러우므로)
(C) 마찬가지로
(D) 즉

133. (A) The privacy of mobile phone users has been threatened.

(B) Therefore, employees should not use their mobile phones while at work without the express consent of their supervisor.

(C) In other words, people should not use mobile phone anymore.

(D) The managers should install the cameras to look after the staff.

(A) 휴대폰 사용자의 사생활이 위협을 받고 있습니다.

(B) 따라서 직원들은 근무 중에 휴대 전화를 사용해서는 안 됩니다.// 상사의 분명한 동의 없이. (문맥상 가장 자연스러우므로)

(C) 즉, 사람들은 더 이상 휴대 전화를 사용해서는 안 됩니다.)

(D) 관리자는 직원들을 돌보기 위해 카메라를 설치해야합니다.

134. (A) who (선행사가 supervisors라는 사람이며, 주격이므로) u.321쪽 참조

(B) which

(C) some

(D) each

어휘 | hospital 병원 employee 직원 administration 행정실, 관리실, 집행부, 경영진 date 날짜 June 6월 subject 주제 personal 사적인, 개인적인 electronic devices 전자 기기 memo 회람 serve as ~의 역할을 하다 reminder 생각나게 하는 것, 메모 official 공식적인 policy 정책 regarding=respecting=concerning=as to=as regards(respect, concerns) ~에 관하여, ~과 관련하여 mobile phone=cell phone=cellular phone 휴대전화 assistant 보조 장치 recognize 인식하다 merit 장점 certain 특정한 such as ~같은 utilize=make use of 사용하다 medical purpose 의료 목적 intend to ~할 의도이다 prohibit 금지하다 make personal calls 사적인 전화를 하다 during a shift 교대 근무 중에 interfere with=disturb ~을 방해하다 responsibility 책임 cause distraction to ~에게 주의를 분산시키다 therefore 따라서, 그러므로, 그래서 while at work 근무 중에 without ~없이 express=explicit=plain=obvious 분명한 consent 동의 supervisor 상사, 감독관 observe 목격하다, 알아차리다 during work hours 근무 시간에 authorize=empower 권한을 주다 take possession of=seize=confiscate=impound 압수하다 shift 교대 근무 end 끝나다 in consequence=as a result (consequence) 그 결과, 결과적으로 similarly=likewise=in a similar way=in a likewise manner=in the same way 마찬가지로 namely=that is (to say)=in other words=to put it in another way=i.e. 즉 threaten=menace=browbeat =blackmail 위협하다 privacy 사생활 not ~anymore=not ~any longer=no longer 더 이상 ~하지 않다 install=equip 설치하다 look after=take care of=care(fend) for 돌보다 staff 직원(집합명사)

문제 135–138 다음의 정보를 참조하십시오.

Recycling Used Beverage Containers
사용한 음료 용기 재활용하기

The Flavored Sodas Beverage Company/ is urging its customers/ to return their beverage cans
-------possible.
135.
Flavored Sodas Beverage Company는/ 고객들에게 촉구하고 있습니다./ 그들의 음료 캔을 반환하도록// 가능할 때마다.

All you have to do/ is return your used cans to any participating supermarket.
여러분이 해야 할 일은/ 여러분이 사용한 캔을 참여한 아무 슈퍼마켓에나 반납하는 것입니다.(=사용한 캔을 참여한 아무 슈퍼마켓에 반품하기 만하면 됩니다.)

A list of these supermarket/ is posted on our website// and will also be published in all local daily newspapers this weekend.
이 슈퍼마켓 목록은/ 당사 웹 사이트에 게시되어 있으며// 이번 주말 모든 지역 인간 신문에도 게재될 것입니다.

The store ------- the cans to us// so that they may be processed into new cans.
      136.
가게들은 캔을 저희에게 반품할 것입니다// 그것들이 새 캔으로 처리될 수 있도록. u.207쪽 참조

By returning the beverage cans,// you'll be doing your part in keeping the environment clear.
음료수 캔을 반환함으로써,// 여러분은 환경을 깨끗하게 유지하는 데 여러분의 역할을 하게 될 것입니다.

Plus,// you can save money/ by getting cash for every can returned!
또한,// 여러분은 돈을 절약 할 수 있습니다./ 반환한 모든 캔에 대하여 현금을 받음으로써!

-------.
137.
여러분은 캔 하나를 반환할 때마다 5 센트의 환불을 받게 될 것입니다.

For more ------- about our deposit-return program,// please visit our website at www.deposit.return.com.
     138.
입금 반환 프로그램에 대한 더 자세한 사항은// 웹 사이트 www.deposit.return.com을 방문하여 확인하십시오.

135. (A) altogether
(B) meanwhile
(C) whenever
(D) somehow

(A) 전적으로
(B) 한편
(C) ~할 때마다 (whenever possible 가능할 때마다)
(D) 어쨌든

136. (A) returned
(B) has returned
(C) was returning
(D) will return

(A) 과거에 반품했다
(B) 방금 반품했다
(C) 반품하고 있었다
(D) 반품할 것이다 (문맥상 미래시제가 되어야 하므로)

137. (A) Thank you for caring about the environment.
(B) Each can you turn in will get you a refund of five cents.
(C) Call 409-5644 to learn how you can participate.
(D) Hurry since this opportunity won't last long.

(A) 환경에 관심을 가져 주셔서 감사합니다.
(B) 여러분은 캔 하나를 반환할 때마다 5 센트의 환불을 받게 될 것입니다. (앞 문장에 현금을 받을 것이라고 나와 있으므로)
(C) 409-5644로 전화하십시오./ 참여 방법을 알아보려면.
(D) 서두르세요/ 이 기회는 오래 지속되지 않을 것이니까.

138. (A) details
(B) views
(C) issues
(D) limits

(A) 자세한 사항
(B) 전망
(C) 문제
(D) 한계

문제 139-142 다음의 기사를 참조하십시오.

Asian stocks/ were ------- to start the week on the back foot// after the feud between the world's two-largest economies grew over the weekend.
139.
아시아 증시는/ 뒷걸음질 치며 일주일을 시작할 태세였다// 지난 주말 세계 양대 경제대국간의 불화가 커진 후.

The yen held near a six-month high.
엔화는 6개월 만에 거의 최고치를 기록했다.

U.S. futures -------/ and contracts signaled modest declines for equities in Japan and Australia.
140.
미국의 선물은 후퇴했고/ 계약은 일본과 호주의 주식에 대한 소폭의 하락을 예고했다.

The S&P 500 Index/ sank 1.4% on Friday// and the yield on 10-year Treasuries/ slumped to 2.13%//
after a new front from the Trump ------- started with Mexico.
141.
S&P 500 지수는/ 금요일 1.4% 하락했고// 10년 만기 국채 수익률은/ 2.13%로 폭락했다// 트럼프 행정부의 새로운 전
선이 멕시코에서 시작된 이후.

On traders' radar this week,// a raft of central bank meetings are scheduled:/ the European Central Bank
sets monetary policy and new forecasts,/ -------,/ and India's central bank also has a rate decision.
142.
이번 주 무역업자들의 레이더에 따르면,// 많은 중앙은행 회의가 예정되어 있다./ 즉 유럽 중앙은행은 통화정책과 새
로운 전망을 세우고,/ 호주 준비은행은 금리를 인하할 것으로 널리 예상되며,/ 인도 중앙은행도 금리 결정을 내린다.

U.S. jobs report/ is out Friday. Federal Reserve officials/ gather in Chicago.
미국 일자리 보고서는/ 금요일에 발표된다. 연방 준비은행 관계자들은/ 시카고에서 모인다.

139. (A) taken
(B) held
(C) poised   *poise 자세를 취하게 하다 *be poised to ∼할 태세이다
(D) planned

140. (A) increased   (A) 증가하다
(B) retreated   (B) 후퇴하다
(C) raised   (C) 인상하다
(D) rose   (D) 오르다

141. (A) control
(B) administration
(C) government
(D) regime

(A) 통제
(B) 미국 행정부
(C) 영국의 정부나 내각
(D) 정권, 통치

142. (A) 푸틴은 미국의 지배를 비난한다/ 트럼프와의 긴장이 커지면서.

(B) 트럼프의 멕시코 구제는 세계 경제에 희소식을 제공한다.

(C) 호주 준비은행 (RBA)은 금리를 인하할 것으로 널리 예상되고 있다. (앞 문장에서 많은 중앙은행 회의가 예상된다고 했으므로 뒤에 이어지는 말은 은행 회의와 관련한 내용이 오겠죠?)

(D) 6월 12일 소비자물가에 대한 업데이트는 인플레이션이 여전히 남아 있다는 것을 보여줄 것으로 예상된다.

어휘   Asian stocks 증시 on the back foot 뒷걸음질 치는, 방어 자세를 취하고 있는 feud 불화 over the weekend 지난 주말에 the world's two-largest economies 세계 양대 경제대국 the yen 엔화 hold near a six-month high 6개월 만에 거의 최고치를 기록하다 futures 선물(先物: 장래의 일정한 시기에 현품을 넘겨줄 조건으로 매매 계약을 맺는 거래 종목) retreat 후퇴하다 contracts 계약 signal 예고하다, 신호를 보내다 modest declines 소폭의 하락 equities 보통주, 주식 The S&P(Standard & Poor's) 500 Index 미국의 500개 대형기업의 주식을 포함한 지수 sink-sank-sunk 하락하다 the yield on 10-year Treasuries 10년 만기 국채 수익률 slump 폭락하다 front 전선 from the Trump administration 트럼프 행정부 on traders' radar this week 이번 주 무역업자들의 레이더에 따르면 a raft of=a wealth of=a quantify of 많은 set 세우다 monetary policy 통화정책 new forecast 새로운 전망 rate decision 금리 결정 Federal Reserve officials 연방 준비은행 관계자들 gather 모이다

문제 143-146 다음의 편지를 참조하십시오.

August 10 8월 10일

Mark Walter 마크 월터

52 Southern Avenue 52 서던 애비뉴

Great Falls, Montana 86502 그레이트 폴스, 몬태나 86502

Dear Mr. Walter, 친애하는 월터 씨,

I am writing/ to inform you that we've had ------- with the air-conditioning units in our offices.
143.
저는 편지를 씁니다/ 저희 사무실 에어컨 기기에 문제가 생겼다는 것을 알려드리려고.

I contacted Coolair Corporation two weeks ago, and they sent a technician to make the necessary repairs.
저는 2 주 전에 Coolair Corporation에 연락했더니// 그들이 기술자를 보냈습니다./ 필요한 수리 작업을 하도록.

The work was done at the considerable -------, as several components in each unit were damaged and
144.
had to be replaced.
작업은 상당한 비용으로 수행되었습니다. 왜냐하면 각 기기의 여러 부품들이/ 손상되어 교체해야했거든요.

According to the technician, the units were not properly set up by the maintenance crew.
기술자에 따르면/ 기기들이 보수 직원들에 의해 제대로 설치되지 않았다고 합니다.
(기술자에 따르면/ 보수 직원들이 기기들을 똑바로 설치하지 않았다고 합니다.)

Because the air conditioners were damaged during installation, Coolair refused to take responsibility for the malfunction, which means that we were forced to pay for the repairs ourselves.
설치 중에 에어컨이 손상되었기 때문에,/ Coolair는 오작동에 대한 책임을 지기를 거부했습니다./ 그것은 의미합니다// 저희가 어쩔 수 없이 수리비용을 직접 지불해야했다는 것을.

I have enclosed an itemized invoice showing that the total cost of the repairs came to $785, with $365 for ------- and $420 for labor.
      145.
저는 품목별 송장을 동봉했습니다./ 수리비 총액이 785 달러인데, 재료비 365 달러, 인건비로 420달러를 보여주는.

Our lease states that such costs are covered by the owner of the building.
우리의 임대차 계약은 명시하고 있습니다./ 그러한 비용은 건물의 소유자가 부담한다고.

------- .
  146.
저희가 보상을 요청하는 것은 마땅합니다.

We would, therefore, appreciate it// if we could be reimbursed as soon as possible for the full amount.
그러므로 저희는 감사하겠습니다// 최대한 빨리 전액 변상해주시면.

Sincerely, 감사합니다.

Molly Davison 몰리 데이비슨

143. (A) success
    (B) issues
    (C) satisfaction
    (D) requests

(A) 성공
(B) 문제 (문맥상 가장 자연스러우므로)
(C) 만족
(D) 요청

144. (A) tariff
    (B) penalty
    (C) expense
    (D) fine

(A) 관세
(B) 과태료
(C) 경비 (문맥상 가장 자연스러우므로)
(D) 벌금

145. (A) ingredients
    (B) stationery
    (C) supplements
    (D) materials

(A) 성분
(B) 문구
(C) 보충제
(D) 재료 (수리비 가운데 인건비는 제시되었으므로 재료비가 필요했겠죠?)

146. (A) Our company believed we were overcharged for the repairs.
    (B) It is appropriate for us to ask for compensation
    (C) We have not paid for the repairs yet.
    (D) The technician could not determine the cause of the breakdown.

(A) 우리 회사는 수리비용이 과다 청구되었다고 생각했습니다.
(B) 저희가 보상을 요청하는 것은 마땅합니다. (문맥상 가장 자연스러우므로)
(C) 아직 수리비용을 지불하지 않았습니다.
(D) 기술자가 고장의 원인을 확인할 수 없습니다.

| 어휘 | inform 알리다 unit 기기, 단말기 contact=make contact with ~에게 연락하다 send-sent-sent 보내다 technician 기술자 necessary 필요한 repair 수리 considerable 상당한 as=since=because 왜냐하면 several 여러 개의 component 부품 damage 손상시키다 replace 교체하다 according to ~에 따르면 properly 똑바로, 제대로 set up=install 설치하다 maintenance crew 보수 직원 air conditioner 에어컨 during installation 설치 도중에 refuse to ~하기를 거부하다 take(accept, assume) responsibility for ~대해 책임지다 malfunction 오작동 mean 의미하다 be forced(obliged, compelled, impelled, bound, made, driven, coerced) to 어쩔 수 없이 ~하다 pay for the repairs 수리비를 지불하다 enclose 동봉하다 an itemized invoice 품목별 송장 the total cost of the repairs 수리비 총액 come(amount) to 총 ~이 되다 labor 노동 lease 임대차 계약 state 명시하다 cover 보상하다, 충당하다, 다루다, 취급하다 owner 주인, 소유자 therefore 그러므로 appreciate 감사하다 reimburse 변상(배상, 상환)하다 as soon as possible 최대한 빨리 the full amount 전액 |

문제 147-148 다음의 공지사항을 참조하십시오.

We are pleased to announce// that Claire Cho has joined the Severin Law Firm as an associate attorney.
우리는 발표하게 되어 기쁘게 생각합니다.// 클레서 조가 동료 변호사로 세베린 로펌에 합류했다는 것을. (147)

Ms. Cho graduated with high honors/ from Columbia University Law School,/ where she specialized in copyright and trademark law.
조 씨는 우등으로 졸업했습니다./ 콜롬비아 대학교 로스쿨을.// 그곳에서 그녀는 저작권과 상표법을 전공했습니다.

While attending school,// she worked as a clerk/ in the legal aid office at the university.
학교에 다니는 동안,// 그녀는 사무원으로 일했습니다/ 대학의 법률 지원 사무소에서.

This past summer,// she completed an internship/ at Delmar and Associates, a legal firm whose client base includes writers, musicians, and other professionals in the publishing industry.
지난여름,// 그녀는 인턴십(수련과정)을 마쳤습니다./ 그 고객 기반이 출판업계의 작가, 음악가 및 기타 전문가를 포함하는 법률 회사인 Delmar and Associates에서

Ms. Cho has an exceptional record of service/ and will be a valuable asset to our team.
조 씨는 뛰어난 사무 기록을 가지고 있어서/ 우리 팀에 귀중한 자산이 될 것이다.

Please join us this Thursday at 3:00 P.M./ in the main conference room/ to welcome her to our office.
이번 주 목요일 오후 3시에 저희와 함께해주세요/ 본 회의실에서/ 그녀를 우리 사무실로 맞이하기 위해. (148)
(이번 주 목요일 오후 3시에 저희와 함께 본 회의실에서 그녀를 우리 사무실로 맞이합시다)

147. Where is the notice most likely posted?

(A) In a law office
(B) In a talent agency
(C) In a recording studio
(D) In a public company

공지가 게시된 곳은 십중팔구 어디일까요?

(A) 법률 사무소에 (홍색에 로펌에 합류했다는 내용이 나오죠?)
(B) 탤런트 에이전시에
(C) 녹음실에
(D) 공기업에

148. What are employees invited to do on Thursday?

(A) To watch a musical performance
(B) To join a community service group
(C) To attend a professional conference
(D) To meet a new staff member

직원들은 목요일에 무엇을 하도록 초대 받습니까

(A) 뮤지컬 공연을 관람하도록
(B) 지역사회봉사단에 가입하도록
(C) 전문회의에 참석하도록
(D) 신규 직원을 만나도록 (마지막 홍색에 새로운 직원을 환영하러 오라고 청하고 있죠?)

문제 149–150 다음의 편지를 참조하십시오.

Ming & Associates

1800 Pacific Boulevard (태평양대로1800번 길)

Sydney (시드니)

April 10, 2019 2019년 4월 10일

Harper Ulger   하퍼 울거
Box 86449   사서함 86449
Sydney   시드니

Dear Mr. Ulger, 친애하는 울거씨,

Thank you for sending us your résumé.
이력서를 보내주셔서 감사합니다.

Your qualifications are impressive.
귀하의 자격은 인상적입니다.

Unfortunately, we are rarely in the position of hiring full-time employee. (149)
불행하게도, 우리는 정규직 직원을 고용할 수 있는 위치에 있는 경우가 거의 없습니다.

We do, however, frequently have a need for consultants/ to work on temporary assignments.
그러나 우리는 종종 컨설턴트가 필요합니다./ 임시 업무를 수행하기 위해.

We are often looking for professionals with your background and skills to work on certain projects.
우리는 종종 특정 프로젝트를 수행 할 수 있는 귀하의 배경과 기술을 갖춘 전문가를 찾을 때가 있습니다.

If you would be interested in a temporary consulting position,// please let me know. (150)
귀하가 임시 컨설팅 직책에 관심이 있으시면,// 저에게 알려주십시오.

I will then keep your résumé on file/ and notify you// when a suitable assignment becomes available.
그러면 제가 이력서를 파일에 보관하여/ 귀하에게 알려 드리겠습니다.// 적절한 업무가 생기면.

Again, thank you for thinking of us.
다시 한 번 저희를 생각해 주셔서 감사합니다.

I will look forward to hearing from you.
저는 귀하의 소식을 기다리겠습니다.

Sincerely, 감사합니다.

Mayra Kacia 메이라 카시아

Human Resources Coordinator 인사부장

149. Why did Mr. Ulger write to the Ming & Associates company?
(A) To order a product
(B) To apply for a full-time job
(C) To offer to help with a project
(D) To develop his skills

울거 씨는 왜 Ming & Associates 회사에 편지를 썼나요?
(A) 제품을 주문하기 위해
(B) 정규직을 신청하기 위해 (첫 번째 홍색에서 메이라 카시아가 정규직을 고용할 위치에 없어서 유감이라고 표명하고 있죠?)
(C) 프로젝트에 도움을 주기 위해
(D) 그의 기술을 개발하기 위해

150. What does Ms. Kacia ask Mr Ulger to do?
(A) Send her his résumé
(B) Select a professional assignment
(C) Notify her when he is available
(D) Indicate his interest in a consulting position

카시아 씨는 울거 씨에게 무엇을 하라고 요청합니까?
(A) 그의 이력서를 보내라고
(B) 전문적인 과제를 선택하라고
(C) 시간 있을 때 알려달라고
(D) 컨설팅 직책에 대한 관심을 표하라고 (두 번째 홍색을 읽어보세요.)

어휘 send-sent-sent 보내다 résumé 이력서 qualification 자격, 능력 are impressive 인상적인 unfortunately 불행하게도 rarely=hardly=scarcely 거의 ~하지 않다 position 입장, 위치 hire=employ 고용(채용)하다 full-time employee 정규직 직원 frequently 종종, 자주 have a need for ~이 필요로 하다 work on 수행하다, 매진하다 temporary 임시의 assignment 업무, 과제 look(seek, search) for 찾다 professional 전문가 background 배경 certain 특정한 be interested in ~에 관심이 있다 notify 알리다 suitable=proper=pertinent=relevant 적절한 available 이용 가능한, 입수할 수 있는 look forward to ~ing ~하기를 고대하다 order 주문하다 product 제품 apply for 신청(지원)하다 select 선택하다 notify 알리다

문제 151-152 다음의 회람을 참조하십시오.

MEMO

To(수신): Supervisors(감독자) (151)

From(발신): Judy Linquiest, Human Resource Manager(인사부장)

Sub(제목): Probation periods(수습기간)

As of January 1st,// all new employees/ will be subject to a 3-month probationary period. (151) (152)
1월 1일부터,// 모든 신입 사원들은/ 3개월간의 수습 기간을 받게 됩니다.

Medical, holiday, and flextime benefits/ will not apply to new staff members// until the full 3 months have expired.
의료, 휴일 및 탄력 시간 혜택은/ 신입사원들에게 적용되지 않습니다.// 3개월이 만료 될 때까지는.

After the three months have been completed,// please contact your employees/ and inform them// that their probationary period has ended.
3개월이 완료된 후,// 여러분의 직원들에게 연락하여/ 알려 주십시오// 그들의 수습 기간이 끝났다고.

The HR department/ will contact you by email 2 days in advance/ to remind you of the date.
인사부는/ 여러분에게 이틀 전에 이메일로 연락드릴 것입니다/ 여러분께 날짜를 상기시키기 위하여.

Thank you for your cooperation.
협조해 주셔서 감사합니다.

---

151. What is the main purpose of this memo?

(A) To inform all employees of a new expiration date

(B) To put staff members under probation

(C) To introduce the HR department

(D) To inform supervisors of a change in policy

이 회람의 주요 목적은 무엇입니까?

(A) 모든 직원에게 새로운 만기일을 알리기 위해

(B) 직원들을 보호 관찰 아래 두기 위해

(C) 인사부를 소개하기 위해

(D) 감독자들에게 정책 변경을 알리기 위해 (수습 사원들에 대한 정책 변경을 알리는 회람이죠?)

152. When does the change come into effect?

(A) Today

(B) In 2 days

(C) In 3 months

(D) On January 1st

변경 사항은 언제 효력을 발생합니까?

(A) 오늘

(B) 2 일 후

(C) 3 개월 후

(D) 1월 1일 (As of January 1st를 여러분이 발견하셔야 해요.)

어휘 | as of=starting(beginning) pm ~부터 January 1월 employee 직원 be subject to ~을 받아야 하다 probationary period 수습기간 medical 의료의 holiday 휴일 and flextime 탄력 근무제, 근무 시간 자유선택 제 benefit 혜택 apply to=hold for 적용되다 staff member 사원 expire 만료되다, 만기가 되다, 끝나다 complete 완수(완성)하다

contact=make contact with ~에게 연락하다 inform 알리다 end=come to an end 끝나다 HR department 인사부 in advance=ahead of time=beforehand 미리 remind A of B: A에게 B를 상기시키다 cooperation 협조, 협력

문제 153-154 다음의 양식을 참조하십시오.

MOVING? (이사하신다고요?)

Fill out this card/ and mail it/ to the businesses and publications who send you mail.
이 카드를 작성해서/ 우편발송하세요/ 당신에게 우편물을 보내는 업체와 간행물 발송처에.

For best results,// mail this card at least month before your moving date. (154)
최상의 결과를 얻으려면,// 이사 날짜 최소 한 달 전에 이 카드를 보내십시오.

Your Name: Jake Lawson
귀하의 성함: 제이크 로슨

Old Address: 268 Monroe Highway   268 먼로 고속도로
구 주소: (Number and Street: 번호 및 거리)
    Salem, South Carolina 29702   세일럼, 사우스캐롤라이나 29702
    (City: 도시) (State: 주) (Zip Code: 우편번호)

New Address: 764 Alston Street   764 알스톤 스트리트

새 주소: (Number and Street: 번호 및 거리)

              Columbia, South Carolina 29805   컬럼비아, 사우스캐롤라이나 29805

              (City: 도시)   (State: 주)   (Zip Code: 우편번호)

New address is effective: April 12 (154)
새 주소는 유효합니다. (153)

---

153. What is the purpose of this form?
    (A) To apply for a new address
    (B) To give notification of an address change
    (C) To subscribe to a publication
    (D) To find the location of a business

이 양식의 목적은 무엇입니까?
    (A) 새 주소를 신청하기
    (B) 주소 변경을 통지하기
    (C) 출판물을 구독하는 것
    (D) 사업장 위치 찾기

154. When should the form be sent?
    (A) By March 12
    (B) By April 12
    (C) By May 12
    (D) On April 12

양식은 언제 보내야합니까?
    (A) 3월 12일까지 (최소한 이사하기 한 달 전에 보내야하며, 새로운 주소가 4월 12일에 유효하므로)
    (B) 4월 12일까지
    (C) 5월 12일까지
    (D) 4월 12일

어휘   fill out=fill in=complete 작성하다 mail 우편발송하다 publications 간행물 발송처 result 결과 at least=not less than address 주소 effective 유효한 April 4월 purpose 목적 form 양식 apply for 신청(지원)하다 notification 통지 subscribe to 구독하다 a publication 출판물 location 위치 send-sent-sent 보내다 March 3월 April 4월 May 5월

문제 155–156 다음의 공지사항을 참조하십시오.

Edgemont Residents (에지몬트 주민)

Scrap Metal and Electronics Collection
고철 및 전자 제품 수거

Saturday, October 10, 9 A.M. - 3 P.M.
10월 10일 토요일 오전 9시 – 오후 3시

Residents of the Town of Edgemont/ can bring their scrap metal and unwanted electronics and household appliances/ to the Town Recycling Center/ on the above date and time.
에지몬트 타운의 주민들은/ 고철과 불필요한 전자 제품 및 가전제품을 가져오십시오./ 타운 재활용 센터로./ 위 날짜와 시간에.

This event/ is for town residents only.
이 행사는/ 마을 주민들만을 위한 것입니다.

A Town of Edgemont recycling permit/ must be displayed/ on the lower right-hand side of your car's windshield/ to participate in this event.
Town of Edgemont 재활용 허가증이/ 보여야합니다./ 차량 앞 유리의 오른쪽 하단에/ 이 이벤트에 참여하려면. (155)

Permits/ are available/ at the Town Hall/ for $20.
허가증은/ 구할 수 있습니다/ 시청에서/ 20달러에.

The following items/ can be recycled/ for free:
다음 품목은/ 재활용 할 수 있습니다./ 무료로.

- computers (컴퓨터)
- computer monitors (컴퓨터 모니터)
- **printers (프린터) (156)**
- **fax machines (팩스 기계) (156)**
- VCR and DVD players (VCR 및 DVD 플레이어)

There will be a $30 charge per item/ for the following items:
품목 당 30달러의 요금이 부과됩니다./ 다음 품목에 대해서.

- air conditioners (에어컨)
- **refrigerators (냉장고) (156)**
- freezers (냉동고)

Only the above-mentioned items/ can be recycled/ on this date.
위에서 언급한 품목들만/ 재활용 할 수 있습니다./ 이 날짜에.

For information on recycling hazardous wastes such as paint, gasoline, solvents, etc.,// please contact the Town Hall.
페인트, 휘발유, 용제 등과 같은 위험한 폐기물 재활용에 대한 정보는,// 시청에 문의하십시오.

---

155. What is required for participating in this recycling event?
(A) A permit
(B) $30
(C) A driver's license
(D) A computer

이 재활용 행사에 참여하기 위해 **필요한 것은 무엇입니까?**
(A) 허가증 (차량 앞 유리 앞에 허가증을 보여야한다고 했으므로)
(B) 30달러
(C) 운전 면허증
(D) 컴퓨터

156. Which of the following items will NOT be accepted for recycling at this event?
(A) Old refrigerators
(B) Computer printers
(C) Paint in metal cans
(D) Used fax machines

다음 품목 중 어느 것이 이 행사에서 재활용을 위해 **받아들여지지 않습니까?**
(A) 오래된 냉장고)
(B) 컴퓨터 프린터)
(C) 금속 깡통 속의 페인트 (페인트는 고철도 전자 제품도 아니죠?)
(D) 중고 팩스기

157. The word "displayed" in paragraph 1, line 3, is closest in meaning to

(A) shown
(B) hidden
(C) purchased
(D) submitted

첫 째 단락 3행에서 "displayed"와 의미상 가장 가까운 것은?

(A) 보이는   *display=show 보여주다, 진열하다
(B) 숨겨진
(C) 구입된
(D) 제출된

문제 158-160 다음의 이메일을 참조하십시오.

수신:	warren.cluett@reva.org
발신:	delia kwon@reva.org
날짜:	6월 30일
제목:	화물 도착

Hi Warren, 안녕하세요 워렌.

We will be receiving a shipment of bricks tomorrow morning. —[1]—.
우리는 내일 아침에 벽돌 화물을 받을 것입니다. —[1]—.

When the truck arrives,// please take inventory as the shipment is unloaded/ and verify that the quantities on the receipt are accurate. —[2]—. (158)
트럭이 도착하면,// 화물이 하역될 때 물품 명세서를 받아서/ 영수증의 수량이 정확한지 확인하십시오. —[2]—.

In addition,// please make sure// that the bricks are stacked no more than three bricks high. —[3]—.
또한,// 반드시 벽돌을 3개 이하의 높이로 쌓도록 하십시오. (158) —[3]— .

They are fragile,/ and I am concerned// that they might crack from the pressure// if they are stacked in tall piles. —[4]—. (159)
그것들은 깨지기 쉬워서,/ 저는 걱정이 됩니다.// 그것들이 압력으로 인해 깨질 까봐.// 높은 더미로 쌓아두면. —[4]—.

Please also confirm the successful arrival of materials/ and report any problems to me by e-mail.
또한 자재가 성공적으로 도착했는지 확인하시고/ 문제가 있으면 이메일로 알려주십시오.

Thank you, 감사합니다.

Delia Kwon 델리아 권

Manager, Reva Development 관리자, Reva 개발

158. What is the purpose of the e-mail?

   (A) To provide instructions to an employee

   (B) To address a mistake with a shipment

   (C) To place an order for bricks

   (D) To record the inventory for a shipment

이메일의 목적은 무엇입니까?

   (A) 직원에게 지침을 제공하기 위해 (홍색 참조)

   (B) 화물에 관한 오류를 처리하기 위해

   (C) 벽돌을 주문하기 위해

   (D) 화물에 대한 물품명세서를 기록하기 위해

159. Why is Ms. Kwon concerned about the shipment?

   (A) It may arrive late.

   (B) It contains breakable material.

   (C) It was very expensive.

   (D) It is for an important client.

왜 권씨는 화물에 대해 걱정합니까?

   (A) 늦게 도착할지도 모르니까.

   (B) 깨지기 쉬운 자재가 포함되어 있으니까. (압력으로 인해 깨질까봐 걱정하고 있죠?)

   (C) 그것이 매우 비싸서.

   (D) 그것이 중요한 고객을 위한 것이니까.

160. In which of the positions marked [1], [2], [3], and [4] does the following sentence best belong?

"The manufacturer has informed me// that the truck will be arriving at 7:30 A.M."

[1], [2], [3], [4]로 표시된 곳 중에서 다음 문장이 들어가기에 가장 적합한 곳은?

"제조업체에서 저에게 알려 왔습니다.// 트럭이 오전 7시 30분에 도착할 것이라고."

   (A) [1] (그 다음에 트럭이 도착한 후에 화물이 하역이 되는 순서로 이어지는 것이 논리적이므로)

   (B) [2]

   (C) [3]

   (D) [4]

어휘   receive 받다 a shipment 화물, 선적, 배송 brick 벽돌 inventory 물품 명세서 unload 하역하다 verify 확인하다 quantity 수량 receipt 영수증 in addition=besides=furthermore=moreover=what is more=on top of that=by the same token 게다가 accurate 정확한 make sure that 주어+동사 반드시 ~하도록 하다 stack 쌓다 no more than ~이하, 최대 fragile=breakable=brittle 깨지기 쉬운 concerned 걱정하는 crack 깨지다, 금이 가다 pressure 압력 in tall piles 높은 더미로 confirm=verify=ascertain=check 확인하다 successful 성공적 arrival 도착 materials 자재 report 보고하다 manager 관리자 development 개발 purpose 목적 provide 제공하다 instructions 지침 employee 직원 address=addend to 처리하다 place an order 주문하다 record 기록하다 contain=include=involve 포함하다 expensive 비싼 client 고객 position 위치 manufacturer 제조업체 inform=notify 알리다

문제 161-163 다음의 편지를 참조하십시오.

February 3 2월 3일

Janine Flores 제닌 플로레스

359 Pearland Lane, 359 펄랜드 레인

Houston, TX 77204, USA 휴스턴, 텍사스 77204, 미국

Dear Ms. Flores: 친애하는 플로레스 씨:

Our records indicate// that you purchased a Glow-Slice 4S2 from Selter Industries. —[1]—.
저희 기록에 따르면// 귀하는 Selter Industries에서 Glow-Slice 4S2를 구입하셨습니다. —[1]—.

We regret to inform you// that we are recalling this toaster. (161)
알리게 되어 유감입니다// 저희가 이 토스터를 리콜(회수하는) 중이라는 것을.

The recall/ is due to reports of the toaster shutting off automatically.
리콜은/ 토스터가 자동으로 꺼진다는 보고 때문입니다.

No safety hazards have been identified. —[2]—.
아직 어떤 안전상의 위험도 확인되지 않았습니다. —[2]—.

We will pay all shipping costs for sending it back to us. —[3]—
저희는 우리에게 반송하는 데 필요한 모든 운송비를 지불할 것입니다. —[3]—

Moreover,// we can provide a full refund or a replacement toaster,/ depending on your preference. —[4]—.
또한,// 저희는 전액 환불 또는 교체 토스터를 제공해드릴 수 있습니다/ 귀하의 선호에 따라. —[4]—. (162)

Please call our customer service department at 555-9782 for further details.
보다 자세한 내용은 고객 서비스 부서 (555–9782)로 문의하십시오.

We apologize for the inconvenience.
불편을 끼쳐드려 죄송합니다.

George Nichols, Customer Service Manager
조지 니콜스, 고객 서비스 담당자

Selter Industries
셀터 산업

161. Why was the letter sent to Ms. Flores?
(A) To notify her of a defective product
(B) To inform her of a special sale
(C) To thank her for buying a product
(D) To apologize for a late shipment

왜 편지가 Ms. Flores에게 발송 되었습니까?
(A) 그녀에게 결함 있는 제품을 알리기 위해 (결함 있는 제품에 대한 리콜을 알리는 글이죠?)
(B) 그녀에게 특별 판매를 알리기 위해)
(C) 제품 구매에 대해 그녀에게 감사하기 위해)
(D) 배송 지연에 대해 사과하기 위해

162. What does Mr. Nichols say the company can do?
(A) Cancel an order
(B) Give a discount
(C) Complete a report
(D) Provide a choice

Mr. Nichols는 회사가 무엇을 할 수 있다고 말합니까?
(A) 주문을 취소할 수 있다
(B) 할인을 제할 수 있다공
(C) 보고서를 작성할 수 있다
(D) 선택권을 제공할 수 있다 (전액 환불 또는 교체 토스터를 제공해드릴 수 있다고 했죠?)

163. In which of the positions marked [1], [2], [3], and [4] does the following sentence best belong?

"Nevertheless, please stop using the product"

[1], [2], [3], [4]로 표시된 곳 중에서 다음 문장이 들어가기에 가장 적합한 곳은?

"그렇지만 제품 사용을 중단하십시오.

(A) [1]

(B) [2] (문맥상 어떤 안전상의 위험도 확인되지 않았지만, 사용을 중단하라고 하는 것이 논리적이죠?)

(C) [3]

(D) [4]

어휘	indicate 가리키다, 암시하다 purchase 구입하다 regret to ~하게 되어 유감이다 inform 알리다 recall 회수하다 toaster 토스터, 빵 굽는 기구 be due(owing) to=be caused by ~때문이다 shut off 꺼지다 automatically=of oneself 자동으로, 저절로 safety 안전 hazard=peril=danger=risk=jeopardy 위험 identify 확인하다 shipping costs 운송비, 배송료 moreover=besides=in addition=furthermore=what is more=on top of that=by the same token 게다가 a full refund 전액 환불 replacement 교체 depending on ~에 따라 preference 선호 customer service department 고객 서비스 부서 for further details 보다 자세한 내용을 위해서는 apologize 사과하다 inconvenience 불편 letter 편지 send-sent-sent 보내다 notify(inform, advise, apprise) A of B: A에게 B를 알리다 defective=faulty 결함 있는 product 제품 late 늦은, 지각한 company 회사 cancel=call off 취소하다 order 주문 discount 할인 complete=fill in=fill out 작성하다 provide 제공하다 nevertheless=nonetheless=regardless=notwithstanding=still=even so 그렇지만, 그럼에도 불구하고

문제 164-167 다음의 온라인 채팅 토론을 참조하십시오.

White Hat Supplies 흰색 모자 용품: 판매 회사 이름

Customer Service Live Chat 고객 서비스 실시간 채팅

Agent Mark Smalls 4:25 P.M. Hello, Ms. Brown. Thank you for contacting Customer Service. How may I help you?
직원 마크 스몰스 오후 4시 25분 안녕하세요, 브라운 씨. 고객 서비스에 문의 해 주셔서 감사합니다. 무엇을 도와 드릴까요?

Kim Brown 4:26 P.M. I ordered three packages of ink on May 4. I received a confirmation e-mail/ stating that the order was shipped on May 8 and would arrive by May 12,// but the package has not arrived. (164)
킴 브라운 오후 4시 26분 저는 5월 4일에 잉크 3꾸러미를 주문했습니다. 저는 확인 이메일을 받았습니다/ 주문이 5월 8일에 발송되었으며 5월 12일까지 도착할 것이라는 내용의 (이메일을),// 하지만 그 소포가 도착하지 않았습니다.

Agent Mark Smals 4:28 P.M. Sorry to hear that. Give me a moment while I check. Do you have your order number?
직원 마크 스몰스 오후 4시 28분 유감입니다. 확인하는 동안 시간 좀 주세요(잠시만 기다려주세요). 주문 번호를 갖고 계십니까?

Kim Brown 4:32 P.M. Sure. It's order JX43125.
킴 브라운 오후 4시 32분 물론이죠. 주문 JX43125 번입니다.

Agent Mark Smalls 4:35 P.M. OK. One moment.
직원 마크 스몰스 오후 4시 35분 좋습니다. 잠깐만요.

Agent Mark Smalls 4:38 P.M. Ms. Brown,/ our tracking system indicates// that the package arrived on May 10. Can you confirm your shipping address is 15 Walters Court, Boca Raton, FL 33431?
직원 마크 스몰스 오후 4시 38분 브라운 씨,/ 저희 추적 시스템에 따르면// 소포가 5월 10일 도착했고 나옵니다. 당신의 배송주소가 FL 33431, 보카 라톤, 15월터스 코트인지 확인해 주시겠습니까?

Kim Brown 4:41 P.M. Yes, that's correct.
김 브라운 오후 4시 41분 네, 맞습니다.

Agent Mark Smalls 4:42 P.M. Is it possible that a neighbor picked it up?
직원 마크 스몰스 오후 4시 42분 이웃이 그것을 집어갔을 가능성이 있나요?

Kim Brown 4:43 P.M. I really don't think so. I know my neighbors, and it's been over a week now.
김 브라운 오후 4시 43분 정말 그렇게 생각하지 않습니다. 저는 이웃들을 알고 있는데, 벌써 일주일이 넘었어요.

Agent Mark Smalls 4:45 P.M. I see. Well, I'm very sorry/ your package seems to have been lost. Would you like us to send you a replacement? The order should arrive by May 27. (165)
직원 마크 스몰스 오후 4시 45분 그렇군요. 글쎄요, 대단히 유감스럽지만/ 당신의 소포가 분실된 것 같아요. 저희가 대체품을 보내드릴까요? 주문 물건은 5월 27일까지는 틀림없이 도착할 것입니다.

Kim Brown 4:46 P.M. I need the ink right away. Would you be able to expedite shipping and handling?
김 브라운 오후 4시 46분 저는 당장 잉크가 필요합니다. 배송 및 취급을 신속하게 처리해주실 수 있겠습니까?

Agent Mark Smalis 4:50 P.M. With express delivery,/ your order would arrive on May 24. Since your original order was standard delivery,// express delivery would be an additional $15. (167)
직원 마크 스몰스 오후 4시 50분 빠른 배송을 사용하면/ 주문이 5월 24일에 도착할 것입니다. 원래 주문이 일반 배송이었으므로,// 빠른 배송은 15달러가 추가될 것입니다.

Kim Brown 4:51 P.M. In that case, please just refund my order. (167)
김 브라운 오후 4시 51분 그렇다면 그냥 제가 주문 한 것을 환불해주세요.

Agent Mark Smalls 4:52 P.M. Certainly. I will refund the original purchase price and delivery charge to your credit card.
직원 마크 스몰스 오후 4시 52분 알겠습니다. 원래 구매 가격과 배송료를 당신의 신용카드로 환불해 드리겠습니다.

164. Why did Ms. Brown contact Customer Service? 왜 Ms. Brown이 고객 서비스에 연락했습니까?

(A) To order more ink
(B) To return an item
(C) To inquire about a shipping date
(D) To report a problem with an order

(A) 더 많은 잉크를 주문하기 위해서)
(B) 한 품목을 반품하기 위해서)
(C) 배송날짜에 대해 문의하기 위해서)
(D) 주문한 물건에 대한 문제를 알리기 위해서 (첫 번째 홍색에서 주문한 물건이 도착하지 않았다고 알리고 있죠?)

165. According to the chat, what is suggested about the package?

(A) It was sent to the wrong address.

(B) It contained a wrong item.

(C) The warehouse misplaced it.

(D) No one is sure what happened to it.

채팅에 따르면 소포에 대해 시사하는 바가 무엇입니까?

(A) 엉뚱한 주소로 발송되었다.

(B) 잘못된 품목이이 포함되어 있었다.

(C) 창고가 그것을 잘못 배치했다.

(D) 그 소포에 어떤 일이 일어났는지 아무도 모른다.
(소포가 분실된 것 같다고 하죠?)

166. At 4:43 P.M., what does Ms. Brown most likely mean when she writes?

(A) The project she needs the package for/ was completed a week ago.

(B) She plans to ask her neighbors if they have seen the package.

(C) Her neighbors would have already given her the package.

(D) She moved into her neighborhood a week ago.

오후 4시 43분에 브라운 씨가 글을 쓸 때 십중팔구 의도하는 바가 무엇이죠?

(A) 그녀가 그 소포를 필요로 하는 프로젝트는/ 일주일 전에 완료되었다.

(B) 그녀는 이웃들에게 소포를 본 적이 있는지 물어볼 계획이다.

(C) 그녀의 이웃들은 이미 그녀에게 소포를 주었을 것이다. (벌써 1주일이 넘었는데 소식이 없다는 것은 '만일 그녀의 이웃들이 그 소포를 보았거나 가져갔더라면 이미 그녀에게 소포를 주었을 것이라는 뜻으로 말하고 있는 장면입니다.)

(D) 그녀는 일주일 전에 이웃으로 이사했다.)

167. Why does Ms. Brown refuse a replacement?

(A) She does not want to pay for expedited shipping.

(B) The ink works better with other printers.

(C) She read a negative review of the product.

(D) She no longer needs the ink.

왜 Brown 씨는 대체품을 거부합니까?

(A) 그녀는 빠른 배송 비용을 지불하고 싶지 않다.

(B) 잉크는 다른 프린터에서 더 잘 작동한다.

(C) 그녀는 제품에 대한 부정적인 후기를 읽었다.

(D) 그녀는 더 이상 잉크가 필요하지 않다.

어휘 | supplies 용품 contact=make contact with ~에게 연락(문의)하다 How may I help you?=What can I do for you? 무엇을 도와 드릴까요? agent 직원, 대리인 order 주문(하다) package 꾸러미, 소포 May 5월 receive 받다 confirmation 확인 state 설명(진술)하다 ship 발송(배송)하다 by+시간 ~ 까지 Sorry to hear that.=That's too bad.=That's a pity (shame).=What a pity(shame)! 유감이군요. arrive 도착하다 tracking 추적 indicate 가리키다 confirm 확인하다 shipping address 배송주소 correct 맞은, 올바른 pick up 집어가다, 주워가다 neighbor 이웃 seem to ~인 것 같다 lose-lost-lost 분실하다 send-sent-sent 보내다 replacement 대체품 should 틀림없이 ~하다 right away=right now =right off=off hand=out of hand=immediately=directly 즉시 expedite 신속히 처리하다, 급송하다 shipping 배송 handling 취급 since=as=because=seeing that=now that=in that ~이기 때문에 express delivery 빠른 배송 standard delivery 일반 배송 additional 추가적인 in that case=then 그렇다면 refund 환불하다 purchase price 구매 가격 delivery charge 배송료 return 반품(반환)하다 item 품목 inquire about ~에 대해 문의하다 report 알리다, 보고하다 according to=as per ~에 따르면 the suggest=indicate=imply 시사(암시)하다 contain=include=involve=encompass =comprise 포함하다 warehouse 창고 misplace 잘못 배치하다 happen=occur=accrue 발생하다 most likely=very likely =probably=possibly=maybe=perchance=perhaps 십중팔구, 아마 complete 완성(완료)하다 plan to ~할 계획이다 already 이미 move into ~으로 이사하다 refuse=reject=decline=turn town 거절(거부)하다 negative 부정적인 review 후기 product 제품 no longer=not ~any longer=not ~any more 더 이상~하지 않다

To the Editor : 편집자에게 :

I read with great concern/ the report in your newspaper this morning/ about the plans of the Holbrook Manufacturing Company to build a factory in this city.
저는 큰 우려를 가지고 읽었습니다./ 오늘 아침 귀사의 신문 보도를/ Holbrook Manufacturing Company가 이 도시에 공장을 세울 계획에 대한 (보도를).

The project has received strong support from the city council,// based on their belief that Holbrook will bring a significant number of jobs to our area and boost the local economy.
그 프로젝트는 시의회로부터 강력한 지원을 받았습니다.// Holbrook이 우리 지역에 상당한 수의 일자리를 가져오고 지역 경제를 활성화 할 것이라는 그들의 믿음을 바탕으로.

Apparently,// they are blind to the reality.
분명히,// 그들은 현실을 보지 못하고 있습니다.

Holbrook is well known for its innovative manufacturing methods,// which are largely automated.
Holbrook은 혁신적인 제조 방법으로 잘 알려져 있습니다.// 그것들은 대부분 자동화되어 있어요.

Because of this,// very little manual labor is required.
이 때문에.// 육체노동이 거의 필요하지 않습니다.

Holbrook's system generally requires highly skilled technicians,// who would likely come here from other places/ to work at the factory. (169)
Holbrook의 시스템은 일반적으로 고도로 숙련된 기술자를 필요합니다.// 그리고 그들은 십중팔구 다른 곳에서 이곳으로 올 것입니다./ 그 공장에서 일하기 위해.

There will be few, if any, jobs for local citizens.
설사 있다하더라도, 지역 주민을 위한 일자리는 거의 없을 것입니다.

What do we get in return for this ?
이것에 대한 대가로 우리는 무엇을 얻습니까?

A large, **"unsightly"** building that will require the destruction of natural areas and throw pollution into our air and water.
자연 지역 파괴를 요구하고 우리의 공기와 물에 오염을 뿜어낼 크고 흉물스러운 건물입니다.

The city council must approve Holbrook's project// before they begin construction of the factory.
시의회는 Holbrook의 프로젝트를 승인해야합니다// 그들이 공장 건설을 시작하기 전에.

Holbrook's board of directors,/ eager to break ground on the project as early as next month,/ have urged the city council to move forward with their vote,// and it will take place tomorrow night rather than two weeks from now, as originally planned. (170)
Holbrook의 이사회는/ 이르면(바로) 다음 달에 프로젝트를 착수하고 싶어서/ 시의회에 투표를 진행해 달라고 촉구했습니다.// 그래서 원래 계획대로 지금부터 2주가 아닌 내일 밤에 그 일(투표)이 열릴 것입니다.

This gives even less time for council members to develop an informed opinion.
이것은 의회 의원들이 정보에 입각한 의견을 발전시킬 시간을 훨씬 더 적게 제공합니다.

I strongly urge them/ not to bow to the pressure of Holbrook/ and to vote against the proposed project. (168)

저는 그들(의원들)에게 강력히 촉구합니다./ Holbrook의 압력에 굴복하지 말고/ 제안된 프로젝트에 반대 투표할 것을.

Sincerely, 감사합니다.

Hadon Karen 하돈 카렌

---

168. Why did Hadon Karen write this email?

(A) To protest a new factory

(B) To analyze the economy

(C) To explain sources of pollution

(D) To get elected to the city council

Hadon Karen이이 이메일을 쓴 이유는 무엇입니까?

(A) 새 공장에 대해 항의하기 위해 ('제안된 프로젝트에 반대 투표하라'고 촉구하고 있죠?)

(B) 경제를 분석하기 휘새

(C) 오염원을 설명하기 위해

(D) 시의회에 선출되기 위해

169. What kinds of people generally work at Holbrook?

(A) Manual laborers

(B) Blind people

(C) Trained specialists

(D) Economists

일반적으로 어떤 사람들이 Holbrook에서 일합니까?

(A) 육체노동자

(B) 시각 장애인

(C) 훈련된 전문가 (본문의 가운데 줄에 고도로 숙련된 기술자를 필요로 한다고 했죠?)

(D) 경제학자

170. When will the city council vote on the Holbrook project?

(A) This morning

(B) Tomorrow night

(C) Two weeks from now

(D) Early next month

시의회는 Holbrook 프로젝트에 언제 투표할까요?

(A) 오늘 아침

(B) 내일 밤 (it will take place tomorrow night. 라는 문장을 찾았나요?)

(C) 지금으로부터 2주 후

(D) 다음 달 초

171. The word "unsightly" in line 8 is closest in meaning to

(A) attractive

(B) enormous

(C) costly

(D) ugly

8 행에 있는 "unsightly"와 의미상 가장 가까운 것은?

(A) 매력적인

(B) 거대한

(C) 비용이 많이 드는

(D) 보기 흉한

문제 172–175 다음의 기사를 참조하십시오.

News from Bramwell Botanical Gardens 브램웰 식물원 소식

BRAMWELL (May 26)-Visitors to Bramwell Botanical Gardens/ are now greeted by a colorful new logo painted on the welcome sign at the entry gate.
BRAMWELL (5월 26일)−Bramwell Botanical Gardens 방문객들은/ 이제 출입문의 환영 표지판에 그려진 화려한 새 로고의 인사를 받습니다.

Most people/ say// they are pleased with the new logo,// which features a bright bouquet of wild flowers. —[1]—.
대부분의 사람들은/ 말합니다// 그들이 새 로고에 만족한다고,// 왜냐하면 그것이 밝은 야생화 꽃다발의 갖추고 있기 때문에. —[1]—.

The management of the botanical gardens decided to replace the old logo/ based on input from the public.
식물원 경영진은 예전의 로고를 교체하기로 결정했습니다./ 대중의 의견을 바탕으로. (172)

"We collected opinion cards deposited in boxes at the gardens/ and reviewed responses to an online survey. —[2]—. We found// that receptiveness to the original logo/ was no longer positive," said Jacob Harding, the director of the gardens,// when he was interviewed by the Bramwell Morning Courier.
"우리는 정원의 상자에 넣어진 의견 카드를 수집하여/ 온라인 설문 조사에 대한 응답을 검토했습니다. —[2]—. 우리는 발견했습니다./// 원래 로고에 대한 수용도가/ 더 이상 긍정적이지 않다는 것을." 라고 정원 책임자인 Jacob Harding 은 말했습니다.// 그는 Bramwell Morning Courier와 인터뷰를 했을 때.

The old logo displayed the name of the gardens above a drawing of an elaborate Victorian greenhouse.
예전의 로고는 정교한 빅토리아 시대 온실 그림 위에 정원의 이름을 표시했습니다.

New designs were submitted by O'Neall Graphics. —[3]—.
새로운 디자인들이 O'Neall Graphics에 의해 제출되었습니다. —[3]—.

Members were invited/ to choose which one would be the best logo.
회원들은 요청을 받았습니다./어느 것이 최고의 로고가 될 것인지 선택하라는 (요청을).

The board agreed/ that the members made an excellent choice. (173)
이사회는 동의했습니다/ 회원들이 훌륭한 선택을 했다고.

Marie Kim, the manager of the Botanical Gardens on-site visitors' shop,/ is one of those happy with the new logo that members selected. —[4]—.
식물원 현장 방문객 매장 관리자인 마리 김 (Marie Kim)은/ 회원들이 선택한 새로운 로고에 만족하는 사람 중 한 명입니다. —[4]—.

The new logo/ is now featured on clothing and other merchandise,/ and she is sure// it will help improve sales.
새 로고는/ 이제 의류 및 기타 상품에 붙어 있어서,/ 그녀는 확신합니다.// 그것이 판매 개선에 도움을 줄 것이라고.

"Previously, I was often disappointed. Even though a lot of visitors came into the store,/ many left without making a purchase. They didn't think our imprinted items were attractive." (174)
"전에는 종종 실망했습니다. 많은 방문객이 매장에 들어 왔지만,/ 많은 사람들이 구매하지 않고 떠났습니다. 그들은 우리의 각인된 품목들이 매력적이라고 생각하지 않았거든요."

172. What does the article discuss?
(A) A potential business partnership
(B) A change made to a graphic design
(C) Advertising for an upcoming exhibit
(D) New signs labeling the gardens' plants

이 기사는 무엇을 논의합니까?
(A) 잠재적인 비즈니스 협력)
(B) 그래픽 디자인에 이뤄진 변경 (로고 변경에 관한 내용이죠?)
(C) 다가오는 전시회 광고
(D) 정원의 식물을 표시하는 새로운 표지판

173. Who made the final decision about the logo?
(A) Employees of O'Neall Graphics (
(B) Thc director of Bramwell Botanical Gardens
(C) The manager of the visitors shop
(D) Members of Bramwell Botanical Gardens

로고에 대한 최종 결정은 누가 했습니까?
(A) O'Neall Graphics 직원
(B) Bramwell Botanical Gardens의 책임자
(C) 방문객 매장의 관리자
(D) Bramwell Botanical Gardens의 회원들 (홍색 문장 참조)

174. What did Ms. Kim imply about the visitors shop?
(A) Too few people visited it.
(B) Its appearance needed to be updated.
(C) The location was not well marked.
(D) Business there was not very good.

김씨는 방문자 매장에 대해 무엇을 암시했습니까?
(A) 그것을 방문한 사람들이 너무 적었다.
(B) 외관을 업데이트해야했다.
(C) 위치가 잘 표시되지 않았다.
(D) 그곳의 사업은 그다지 좋지 않았다. (정답의 근거 – '많은 방문객이 매장에 들어 왔지만, 많은 사람들이 구매하지 않고 떠났다'고 진술하고 있으므로.)

175. In which of the positions marked [1], [2], [3], and [4] does the following sentence best belong?

"Four of them were posted on the Botanical Gardens Web site."

[1], [2], [3], [4]로 표시된 곳 중에서 다음 문장이 들어가기에 가장 적합한 곳은?

"그중 4 개가 식물원 웹 사이트에 게시되었습니다."

(A) [1]

(B) [2]

(C) [3] (앞에 '새로운 디자인들이 O'Neall Graphics에 의해 제출되었다'고 했으므로)

(D) [4]

어휘 | botanical garden 식물원 visitor 방문자 greet 인사하다 colorful 화려한 welcome sign 환영 표지판 entry gate 출입문 be pleased(contented, satisfied) with ~에 만족하다 feature ~의 특징을 이루다, ~을 크게 다루다 bright 밝은 bouquet 꽃다발 wild flower 야생화 management 경영진 decide to ~하기로 결정하다 replace 교체하다 based on ~을 바탕으로 input 정보, 의견, 입력 the public 대중 collect 모으다, 수집하다 deposit 넣다, 놓다 review 검토하다, 세밀히 검사하다 response 응답 survey 설문 조사 find-found-found 발견하다 receptiveness 수용도 original 원래의, 처음의 no longer=not ~ any longer=not ~ any more 더 이상 ~하지 않다 positive 긍정적인 director 책임자, 관리자, 감독관 display=show 보여주다, 표시하다 drawing 그림 elaborate 정교한 Victorian 빅토리아 시대의 greenhouse 온실 submit=give(turn, send, hand) in 제출하다 invite 요청하다, 초대하다 choose=select 선택하다 choice 선택

the board 이사회 agree 동의하다 excellent 훌륭한 on-site visitors' shop 현장 방문객 매장 merchandise 상품 improve 개선하다 previously 전에는 disappointed 실망한 even though=even if=though=although=notwithstanding=while 비록 ~이지만 a lot of=lots of=plenty of 많은 leave-left-left 떠나다 making a purchase 구매하다 imprint 인쇄(각인)하다 item 품목 attractive=appealing=charming=captivating=enchanting=fascinating 매력적인 article 기사

discuss=talk about 논의하다 potential 잠재적인 advertising 광고 upcoming 다가오는 exhibit 전시회 label 표시하다, 명칭을 붙이다 plant 식물 final 최종적인 decision 결정 employee 직원 director 책임자, 감독, 이사 imply=indicate=suggest 암시하다 appearance 외관 location 위치 position 위치 mark 표시하다 belong 속하다 post 게시하다

문제 176-180 다음의 일정과 편지를 참조하십시오.

	WORKSHOP SCHEDULE-DRAFT (워크숍 일정-초안)		
Time (시간)	Location (위치)	Presentation (발표)	Presenter (발표자)
9:30	Room B	Changing World Markets (변화하는 세계 시장)	L. Chiang (L. 치앙)
11:00	Room C	Cross-Cultural Considerations in Marketing (마케팅에서 문화 간의 고려사항)	J.H. Lin (J.H. 린)
12:15	Room C	Lunch (점심)	
1:30	Room D	Analyzing Demographics (인구 통계 분석) (178)	I.A. Jin (I.A. 진)
3:00	Room A	Internet Marketing (인터넷 마케팅)	D.Chen (D. 첸)
4:00	Room A	Open Discussion (공개 토론)	All (모두)

수신인:	F: Biao (F: 비아오)
발신인:	J.S. Pak (J.S. 박)
제목:	Workshop logistics (워크숍 상세계획)
날짜:	Friday, June 10 (6월 10일 금요일)
첨부파일:	Workshop schedule (워크숍 일정)

Ms. Biao, 비아오 씨,

I have attached draft of the schedule for the upcoming workshop.
다가오는 워크숍을 위한 일정 초안을 첨부했습니다.

I wish we had scheduled it for a week from today/ instead of for the day after tomorrow. (176)
오늘로부터 일주일 후로 일정을 잡았더라면 좋았을 텐데요./ 모레대신에.

There is still so much to do to get ready; however, we can't change the date now.
준비하기 위해 아직 할 일이 너무 많거든요. 하지만 지금은 날짜를 변경할 수 없습니다.

I really appreciate your support in getting things ready.
여러 가지 것들을 준비하는 데 도와 주셔서 정말 감사드립니다.

Here are some things I need you to take care of.
여기에 당신이 처리했으면 하는 할 몇 가지 사항들이 있습니다.

Tea and snacks should be served immediately after Mr. Chiang's presentation. (177)
차와 스낵은 Mr. Chiang 발표 직후에 제공되어야합니다.

He plans to talk for just an hour,// so there will be time for this before the next presentation begins. (177)
그는 딱 한 시간 동안만 발표할 계획입니다.// 그래서 다음 발표가 시작되기 전에 이(다과)를 위한 시간이 있을 것입니다.

Also, the room that we have scheduled for lunch/ is one of the smaller rooms,// and serving a meal there/ would be difficult.
또한 우리가 점심을 위해 예정해 놓은 방은/ 작은 방 중 하나이므로,// 그곳에서 식사를 제공하기는/ 어려울 것입니다.

In addition,// we have a workshop scheduled in the same place right before lunch,// so there would be no time to set up.
게다가,// 점심 직전에 같은 장소에서 워크숍이 예정되어 있으므로,// 준비할 시간이 없을 것입니다.

See if you can exchange places with the Demographics workshop. (178)
인구 통계 워크숍과 장소를 바꿀 수 있는지 확인해 보십시오.

The room we have scheduled for that/ seems convenient and comfortable for eating. (178)
우리가 그 일을 위해 예정해 놓은 방은/ 식사하기에 편리하고 편안해 보입니다.

Please make sure there are enough chairs in each room for everyone.
각 방에 모든 사람을 위한 충분한 의자가 있도록 해주십시오.

So far,// 45 people have registered for the workshop,// but a few more registrations could come in/ today or tomorrow.
지금까지,// 45 명이 워크숍에 등록했지만,// 몇 명 더 등록 할 수도 있거든요./ 오늘이나 내일.

You should have 15 extra chairs in each room/ just to be on the safe side. (179)
각 방에 15개의 여분의 의자가 있어야합니다/ 만일의 경우를 대비해서.

There is one last schedule change.
마지막 한 가지 일정 변경이 있습니다.

Mr. Chen will have to leave right after lunch,/ so please give him Ms. Lin's time slot, and she can take Mr. Chen's afternoon time slot. (180)
첸 씨는 점심 식사 후 바로 떠나야합니다.// 그러므로 그에게 린 씨의 시간표를 알려 주세요/ 그러면 그녀가 첸 씨의 오후 시간표를 맡을 수 있잖아요.

Send me the revised schedule this afternoon.
오늘 오후 수정 된 일정을 보내주십시오.

Thank you. 감사합니다.

Jae Sang Pak 박재상

---

176. When will the workshop take place?   워크숍은 언제 열리나요?
   (A) June 10   (A) 6월 10일)
   (B) June 11   (B) 6월 11일)
   (C) June 12   (C) 6월 12일 (편지 쓴 날짜가 6월 10일인데 '모레' 예정되어
   (D) June 17   있다고 했으므로)
                 (D) 6월 17일)

177. What time will tea and snacks be served?   차와 간식은 몇 시에 제공될까요?
   (A) 9:30
   (B) 10:30 (정답의 근거 – 다과는 Chiang의 발표 직후에 제공되어야 한다고 했는데, Chiang이 9시 30분에 발표를 시작하여 딱 한 시간 동안만 발표한다고 했으므로 10시 30분에 제공되겠죠.)
   (C) 11:00
   (D) 12:15

178. Where does Mr. Pak want the lunch served?   박 씨는 점심이 어디에서 제공되기를 원합니까?
   (A) Room A
   (B) Room B
   (C) Room C
   (D) Room D
      (인구 통계 워크숍과 장소를 바꾸라고 했으며, 그 방이 식사하기에 편리하고 편안해 보인다고 했으므로)

179. What does Mr. Pak say about chairs for the workshop?

(A) He isn't sure if enough chairs are available.

(B) There should be 45 chairs in each room.

(C) The rooms already have sufficient chairs.

(D) Ms. Biao should place spare chairs in the rooms.

박 씨는 워크숍 의자에 대해 뭐라고 말합니까?

(A) 그는 충분한 의자를 이용할 수 있는지 모른다.

(B) 각 방에는 45 개의 의자가 있어야한다.

(C) 방에는 이미 충분한 의자가 있다.

(D) Ms. Biao는 방에 여분의 의자를 놓아야한다.

180. Who will present at 3:00?

(A) L.Chiang

(B) J.H. Lin

(C) I.A. Jin

(D) D. Chen

누가 3:00에 발표할 예정죠?

(A) L. 치앙

(B) J.H. 린 (정답의 근거 – 첸 씨가 점심 식사 후 바로 떠나야하므로 그에게 린 씨의 시간표를 알려 주라고 했으며, 그러면 그녀가 첸 씨의 오후 시간표를 맡을 수 있다고 했으므로)

(C) I.A. 진

(D) D. 첸

어휘 still 아직도, 여전히 get ready 준비하다 however 그러나 appreciate 감사(이해, 인정)하다 support 지원, 원조 need A to B: A가 B를 했으면 좋겠다 take care of 처리하다, 돌보다 immediately after=right after ~직후 presentation 발표 plan to ~할 계획이다 schedule 예정하다 meal 식사 difficult 어려운 set up (음식 따위를) 준비하다 in addition=additionally=besides=moreover=futhermore=what is more=on top of that=by the same token 게다가 exchange places with ~와 장소를 바꾸다 demographics pl. 실태적인 인구 통계(특히 평균 연령, 수입, 교육 수준 등을 분석한 통계 데이터) convenient 편리한 comfortable=cozy 편안한 make sure that 주어+동사 ~하도록 하다 register 등록하다 registration 등록, 등록자 수 so far=as yet=until now=up to now=hitherto=heretofore 지금까지 time slot 시간표 just to be on the safe side=against(for) a rainy day 만일의 경우를 대비해서 revise=correct=amend 수정하다 take place=be held 열리다, 개최되다 available 이용할 수 있는 sufficient 충분한 spare 여분의 present 발표하다

문제 181–185 다음의 공지사항과 양식을 참조하십시오.

Annual Leave (연차 휴가)

All the employees of the Goodland Corporation/ are entitled to annual leave, or vacation days,/ according to their length of service at Goodland,/ as follows:

Goodland 주식회사의 모든 직원은/ 연차 휴가 또는 휴가일을 가질 자격(권리)이 있습니다./ Goodland에서의 근무 기간에 따라/ 다음과 같이 :

Years Employed at Goodland (Goodland에서 근무한 기간)	Number of Annual Leave Days (연차 휴가 일수)
0-2	10
3-5 (182)	15 (182)
6-10	20
11 or more (11년 이상)	25 (181)

Annual leave days must be used up by the end of the calendar year/ or they will be forfeited.
연차 휴가 일은 해당 연도 말까지 소진되어야합니다.// 그렇지 않으면 소멸됩니다.

The actual dates when leave days may be taken/ are dependent on permission from the employee's supervisor.
휴가를 취할 수 있는 실제 날짜는/ 직원의 상사의 허가에 따라 좌우됩니다.

To apply to use annual leave days,// the employee must complete form number 465,/ obtain the supervisor's permission and signature,/ and submit the form to the human resource director/ no later than 20 calendar days before the date when the requested leave will begin. (182)
연차 휴가를 사용하기 위해서 신청하려면,// 직원은 465번 양식을 작성하고/ 감독자의 허가와 서명을 받은 후/ 그 양식을 인사 책임자에게 제출해야합니다/ 늦어도 요청된 휴가가 시작되는 날짜 20일 전까지. (184)

Incomplete or late requests will not be reviewed/ and leave will not be granted.
불완전하거나 늦은 요청은 검토되지 않으며/ 휴가가 허용되지 않습니다.

The Goodland Corporation (Goodland 주식회사)
Annual Leave Request Form (연차 휴가 요청서)

Name(이름): **Danny Creck** (대니 크레크)

Department(부서): **Marketing** (마케팅)

Number of annual leave days allowed(허용된 연차일수): 15일

Number of leave days requested(요청된 휴가 일수): 5일

Dates(날짜): August 21 - August 25(8월 21일 – 8월 25일) (182)

Name of Supervisor(감독자 이름): Nelson Greck (넬슨 그레크) (184)

Authorizing signature(승인을 위한 서명): **Nelson Greck**

Please submit this form to Robin Gibson, Room 14. (185)
이 양식을 14호실 로빈 깁슨에게 제출하십시오.

---

181. What is the maximum number of annual leave days a Goodland employee can take?
Goodland 직원이 취할 수 있는 연차 휴가 최대 일수는?

(A) 10
(B) 15
(C) 20
(D) 25 (11년 이상 근무한 직원은 25일간의 연차 휴가를 받을 수 있죠?)

182. How long has Danny Creck probably worked at the Goodland Corporation?

(A) No more than 2 years

(B) At least 3 years

(C) At least 6 years

(D) More than 11 years

Danny Creck은 Goodland 주식회사에서 얼마나 오랫동안 근무 했습니까?

(A) 단지 2년

(B) 최소 3년 (양식에서 15일간의 휴가를 받은 것으로 보아 최소 3년 이상 근무했음을 알 수 있죠?)

(C) 최소 6년

(D) 11년 이상

183. What is the latest date Danny Creck can submit this form?

(A) August 1

(B) August 15

(C) August 21

(D) August 26

Danny Creck이 이 양식을 제출할 수 있는 가장 늦은 날짜는 언제입니까?

(A) 8월 1일 (Danny Creck은 8월 21일에 휴가를 시작하기를 원하므로 20일 전에 양식을 제출해야하죠.)

(B) 8월 15일

(C) 8월 21일

(D) 8월 26일

184. Who has to sign the form?

(A) Danny Creck

(B) Robin Gibson

(C) Nelson Greck

(D) Mr. Goodland

누가 양식에 서명해야합니까?

(A) 대니 크렉

(B) 로빈 깁슨

(C) 넬슨 그렉 (Nelson Greck이 Danny Creck의 감독자이므로)

(D) 굿랜드 씨

185. Who is Robin Gibson?

(A) President of the Goodland Corporation

(B) Head of the Research and Development Department

(C) Human Resources Director

(D) Danny Creck's assistant

Robin Gibson은 누구입니까?

(A) Goodland 주식회사의 사장

(B) 연구 개발 부장

(C) 인사 책임자 (공지사항에 '양식을 인사 책임자에게 제출해야한다'고 명시되어 있고, 양식에는 Robin Gibson에게 제출하라고 명시되어 있죠.)

(D) Danny Creck의 조수

어휘   employee 직원 corporation 주식회사, 사단법인 entitle 권리(자격)를 부여하다 annual leave 연차휴가
according to=as per ～에 따라 length of service 근무 기간 as follows 다음과 같이 use up 소진하다, 다 사용하다
calendar year 해당 연도 forfeit 상실하다, 몰수당하다 actual 실제의 be dependent(incumbent, contingent, reliant) on
～에 의지하다, ～에 좌우되다 permission 허가 supervisor 상사, 감독자 apply 신청하다
complete=fill in=fill out 작성하다 form 양식, 서식 obtain=get=gain=acquire=come by 얻다 permission 허가
signature 서명 submit=give(turn, send, hand) in 제출하다 human resource director 인사 책임자 request 요청하다
no later than=not later than=at the latest 늦어도 incomplete 불완전한 review 면밀히 검토하다 grant 허락하다 allowed
허용하다 August 8월 supervisor 감독자 authorize 승인하다 signature 서명 maximum 최대의 no more than=only 단지
at least=not less than 최소한 latest 가장 늦은

문제 186-190 다음의 이메일과 첨부파일을 참조하십시오.

Dear Candice, 친애하는 캔더스에게

Congratulations on being selected as a Camp Counselor!
캠프 상담사로 선정된 것을 축하드립니다!

It is important to us that the children attending this summer camp/ have fun and stay safe,// and we are well prepared to show you how.
이번 여름 캠프에 참석하는 아이들이/ 재미있게 지내고 안전하게 지내는 것이 우리에게 중요합니다.// 그리고 우리는 당신에게 그 방법을 잘 보여줄 준비가 잘 되어 있습니다.

You will find enclosed your schedule for these exciting days.
이 흥미진진한 날을 위한 일정표가 동봉되어 있음을 발견하실 것입니다. (이 흥미진진한 날을 위한 일정표가 동봉되어 있습니다.)

As you can see,// orientation will start at 8 am on Sunday the 25th of May/ and continue through the following Saturday.
보시다시피,// 오리엔테이션은 5월 25일 일요일 오전 8시에 시작하여/ 다음 토요일까지 계속됩니다.

All counselors will be shown through the grounds/ and learn how to guide our campers/ through each event and activity.
모든 상담사들은 경내를 두루 소개받아/ 캠프 참가자들을 안내하는 방법을 배우게 될 것입니다/ 각 행사와 활동을 두루 두루.

Once initiated and settled in,// you will be placed into 4 groups of 5/ to fit our 4 cabins,// which will be adjacent to the children's tents. (186)
일단 시작되어 안정이 되면,// 당신은 5인 4조로 편성될 것입니다/ 우리의 4개의 객실에 맞도록,// 그리고 그 객실들은 어린이용 텐트와 인접해 있을 것입니다.

The list of items provided and not provided on the premises/ is also attached.
구내에서 제공되고 제공되지 않는 물품 목록도/ 첨부되어 있습니다.

The payment for your service will be given at the end of the 20-day camp session,// before which you can choose to receive a paper copy or direct deposit of your check. (190)
귀하의 수고비는 20일 캠프 기간이 끝날 때 주어질 것입니다.// 그리고 그 전에 당신은 수표의 종이 사본이나 직접 입금을 받겠다고 선택할 수 있습니다.

We are looking forward to seeing you among our team members!
우리 팀원들 사이에서 뵙기를 기대합니다!

Gordon O'Brian 고든 오브라이언

Pine Camp Director 파인 캠프 책임자

어휘 congratulate 축하하다 select=choose=pick out 선정(선발)하다 counselor 상담사 important=of importance(account) 중요한 attend 참석하다 stay safe 안전하게 지내다 be prepared to ~할 준비가 되어 있다 enclose 동봉하다, 끼워 넣다 Sunday 일요일 May 5월 continue 계속되다 through 줄곧, 내내 the following Saturday 다음 토요일 show through the grounds 경내를 두루 보여주다 event 행사 activity 활동 once 일단 ~하면 initiate 시작(개시)하다 settle in 안정을 취하다, 자리를 잡다 fit 맞다, 적합하다 cabin 객실, 선실 adjacent 인접한 list 목록 item 물품, 품목 provide 제공하다 premises 구내 attach 첨부하다 payment 지급 금액 session 기간, 시간 choose to ~하겠다고 선택하다 receive 받다 copy 사본 direct deposit 직접 입금 check 수표 look forward to ~ing ~하기를 고대(기대)하다

PROVIDED (제공됨)	BRING YOUR OWN (직접 가져오십시오.)
lodging(shared accommodation) 숙박 (공동 숙박) meals(breakfast, lunch, dinner) 식사 (아침, 점심, 저녁) - camp equipment 캠프 장비 (187)	- clothes, incl. hiking clothes and shoes 등산복을 포함한 의복과 신발 - toiletries, incl.sunscreen 자외선 차단제를 포함한 세면용품 - personal entertainment items, such as books, music players, etc. 책과 음악 플레이어 등과 같은 개인용 오락 물품

ACTIVITY (활동)	DATE (날짜)	TIME (시간)
Arrival 도착	Saturday, May 24th 5월 24일 토요일	3 pm
Orientation Introduction 오리엔테이션 소개	Sunday, May 25th 5월 25일 일요일	9 am
Camping Safely 안전하게 캠핑하기	Monday, May 26th 5월 26일 월요일	10 am
Fire Building 불 피우기 (188)	Tuesday, May 27th 5월 27일 화요일	8 pm
Hiking and Day Trip Preparation 하이킹 및 당일 여행 준비	Wednesday, May 28th 5월 28일 수요일	8 am
Keeping Campers Happy and Busy 야영객들을 즐겁고 바쁘게 하기	Thursday, May 29th 5월 29일 목요일	10 am
Addressing Problem Children 문제 아동 다루기	Friday, May 30th 5월 30일 금요일	2 pm
Final Meeting/Training Completion 최종회의/연수 완료	Saturday, May 31rst 5월 31일 토요일	9 am
Camp Start 캠프 시작 (189)	Monday, June 2nd 6월 2일 월요일	7 am
Mid-Season Review 미드 시즌 검토	Thursday, June 12th 6월 12일 목요일	12 pm
Camp Completion/Departure 캠프 완료/출발	Sunday, June 22nd 6월 22일 일요일	5 pm

186. How many counselors will there be at the camp? 캠프에는 상담사가 몇 명 있을까요?

(A) 4

(B) 5

(C) 20 (5인 4조로 편성될 것이라고 했죠?)

(D) 24

187. What is an example of an item that Candice will NOT need to bring to the camp?

(A) A tent

(B) Shower gel

(C) A hat

(D) A magazine

Candice가 캠프에 가져갈 필요가 없는 물품의 예는 무엇입니까?

(A) 텐트 (camp equipment(캠프 장비)는 제공된다고 했죠?)

(B) 샤워 젤

(C) 모자

(D) 잡지

188. Which of the following activities is more probably nocturnal?

(A) Camping Safely

(B) Fire Building

(C) Hiking and Day Trip Preparation

(D) Keeping Campers Happy and Busy

다음 활동 중 밤에 이뤄질 가능성이 높은 것은 어느 것입니까?

(A) 안전하게 캠핑하기

(B) 불 피우기 (밤 8시에 이뤄지죠?)

(C) 하이킹 및 당일 여행 준비

(D) 야영객들을 즐겁고 바쁘게 하기

189. What will happen on June 2nd?

(A) Counselors will arrive at the camp.

(B) Children will arrive at the camp.

(C) Camp policies will be reviewed.

(D) The training will start.

6월 2일에는 무슨 일이 일어납니까?

(A) 상담원들이 캠프에 도착할 것이다.

(B) 아이들이 캠프에 도착할 것이다. (캠프가 시작되는 날이므로)

(C) 캠프 정책을 검토할 것이다.

(D) 연수가 시작될 것이다.

190. On which date will the camp counselors be paid?

(A) May 24th

(B) June 13th

(C) June 20th

(D) June 22nd

캠프 상담사들은 며칠에 급여를 받을까요?

(A) 5월 24일

(B) 6월 13일

(C) 6월 20일

(D) 6월 22일 (수고비는 20일 캠프 기간이 끝날 때 주어질 것이라고 했으므로)

어휘　director 책임자, 이사, 원장 lodging 숙박 shared accommodation 공동 숙박 meal 식사 equipment 장비 incl.=including 포함하여 hiking clothes 등산복 toiletries 세면용품 sunscreen 자외선 차단제 personal 개인용 entertainment 오락 such as ~같은 etc.=et-cetera=and so on=and so forth=and what not 기타, 등등 arrival 도착 safely 안전하게 fire building 불 피우기 Sunday 일요일 Monday 월요일 Tuesday 화요일 Wednesday 수요일 Thursday 목요일 Friday 금요일 Saturday 토요일 preparation 준비 address 역점을 두고 다루다 Problem Children: 문제 아동 해결하기 completion 완료 review 검토 nocturnal 야행성의, 밤에 이뤄지는 policy 정책

문제 191-195 다음의 일정과 이메일들을 참조하십시오.

Bridgewater Spring Festival Weekend Activities (브리지 워터 봄 축제 주말 활동)	
Saturday 18 May (5월 18일 토요일)	**Sunday 19 May (5월 19일 일요일)**
12:00 P.M. Pizza Cook-off — competitors will choose the ingredients to create the best pizza, and attendees will act as judges! Win one free cheese pizza each month for the remainder of the year. $5 entry fee. Sponsor: Bridgewater Pizzeria Venue: Bridgewater Pizzeria	**9:30 A.M. Walk for Health** — complete the 5-mile walk around Swan Creek Park to receive a free two-week gym membership worth $30. All the participants will receive a free "Get Fit!" T-shirt. Sponsor: Treager's Gym Venue: Swan Creek Park north entrance
낮 12시. 피자 요리 대회 – 경기 참가자들이 재료를 선택할 것입니다./ 최고의 피자를 만들기 위해,// 그리고 참석자들은 심사 위원 역할을 할 것입니다! 매달 무료 치즈 피자 1 개를 타가세요!/ 올해의 남은 기간 동안 . 입장료 5달러. 후원 : Bridgewater Pizzeria 장소 : Bridgewater Pizzeria	**오전 9시 30분 건강을 위한 걷기** – 5 마일 걷기를 완료하십시오./ 스완 크릭 공원 주변을./ 그리하여 30 달러 상당의 무료 2 주 체육관 회원권을 받아 가십시오. 모든 참가자들은 무료 "Get Fit!" 티셔츠를 받게 될 것입니다. 후원 : Treager's Gym 장소 : 스완 크릭 공원 북쪽 입구
2:00 P.M. to 5:00 P.M. Spring Garden Tour — visit some of the most beautiful home gardens. Bridgewater's best home gardener will be awarded a $50.00 cash prize. (195) Sponsor: Bridgewater Parks Commission Venue: See Garden Tour map	**4:00 P.M.** University String Quartet — enjoy the music of Haydn, Mozart, and Schubert in this performance featuring first violinist Jemiah Welsz. $10 entrance fee. (191) Sponsor: Bridgewater University Venue: University Concert Hall
오후 2시부터 오후 5시까지 Spring Garden(봄 뜰) 둘러보기 – 가장 아름다운 가정용 정원들 중 일부를 방문해보세요. Bridgewater 최고의 가정 정원사는/ 50달러 상금을 받게 될 것입니다. 후원: Bridgewater Parks Commission 장소: 가든 투어 지도를 참조	**오후 4시.** 대학 현악 4 중주 – 즐기세요/ 하이든, 모차르트, 슈베르트의 음악을. 제 1 바이올리니스트 Jemiah Welsz가 출연한 이 공연에서. 10 입장료 10달러. 후원: Bridgewater University 장소: 대학 연주 회관

어휘 Saturday 토요일 May 5월 cook-off 요리 대회 competitor 경기 참가자, 경쟁자, 경기자 choose=select=pick out 고르다, 선택하다 ingredient 재료 create 만들다, 창조하다 attendee 참석자 act as judges 심사 위원 역할을 하다 win=get=gain=obtain=come by 얻다 free 공짜의 for the remainder 잔여기간 동안 entry fee 입장료 sponsor 후원 venue 장소 P.M. 오후 A.M. 오전 spring 봄 garden 뜰, 정원 tour 둘러보기 gardener 정원사, 원예가 award 상을 주다 cash prize 상금 Sunday 일요일 complete 완료하다 around 주변에 receive 받다 gym membership 체육관 회원권 worth 어치, 가치 participant 참가자 receive 받다 String Quartet 현악 4 중주 performance 공연 feature 주연시키다 entrance fee 입장료 Concert Hall 연주 회관

수신인 : Leeann Allen <leeann.allen@bridgewaterpark.org>

발신인 : Angela Russo <arusso@tqmail.net> (194)

날짜 : May 15 (5월 15일)

제목 : Weekend festival (주말 축제)

Hello Angela, 안녕 안젤라,

Since rain is likely on Sunday,// I would like to move Matt Treager's event, which will take place outdoors,/ to Saturday// and move yours to Sunday at noon. (192) (194)
일요일에 비가 올 가능성이 있으므로,// 야외에서 개최되기로 예정된 Matt Treager의 행사를 토요일로 옮기고,// 당신의 행사를 일요일 정오로 옮기고 싶어요.

We will update the festival Website/ and send out an e-mail/ to notify festival-goers of this schedule change.
우리는 축제 웹 사이트를 새롭게 하고/ 이메일을 발송할 것입니다./ 축제 참석자들에게 이 일정 변경을 알리기 위하여.

We will also post "notices"/ on the message boards in the park.
우리는 또한 공지 사항을 게시할 것입니다./ 공원 내 게시판에도.

Let me know if this works for you.
이것이 당신에게 도움이 되는지 알려주세요.

Yours, 감사합니다.

Leeann Allen, festival organizing committee 리앤 알렌, 축제 조직 위원회

어휘   likely 가능성 있는 would like to ~하고 싶다 move 옮기다 event 행사 take place 개최되다 outdoors 야외에서 at noon 정오에 update 새롭게 하다 festival 축제 send out 발송하다 notify A of B: A에게 B를 알리다 festival-goer 축제 참석자 schedule change 일정 변경 also 또한 post 게시하다 notice=announcement 공지 사항 message board 게시판 organizing committee 조직 위원회 fill in for 대신하다

발신인 : Martin Sanchez <m.sanchez@flx.realty.com>

수신인 : Takeshi Ogawa <togawa@flx.realty.com>

날짜 : May 17 (5월 17일)

제목 : Planning meeting (기획 회의)

Takeshi, 다케시,

Yes, I can fill in for you tomorrow/ to meet with your clients/ and show them the properties.
네, 제가 당신을 대신해서/ 당신을 고객을 만나/ 그들에게 부동산을 보여줄 수 있습니다.

I'll let you know/ how it goes/ next week when you're back in the office.
제가 알려 드리겠습니다./ 어떻게 되는지/ 다음 주에 당신이 사무실에 돌아오시면.

Good luck with the tour judges. I hope you'll be $50 richer by Monday. (195)
투어 심사 위원들을 통해 행운을 얻기를 빕니다. 월요일에는 50달러 더 부자가 되기를 바랍니다.

Martin 마틴

191. What is stated about the University String Quartet performance?

(A) It requires an admission fee to attend.

(B) It will be delayed because of the weather.

(C) It was moved to a different venue.

(D) It will end at 5:00 P.M.

대학 현악 4중주 연주에 대해 언급된 것은 무엇입니까?

(A) 참석하려면 입장료가 필요하다. (오후 4시 일정에 입장료 10달러라고 보이죠?)

(B) 날씨 때문에 지연될 것이다.

(C) 다른 장소로 옮겨졌다.

(D) 오후 5시에 종료될 것이다.

192. What is the purpose of the first e-mail?

(A) To advise festival-goers that it will rain

(B) To provide feedback on a Web site

(C) To request a change to a schedule

(D) To announce an upcoming festival

첫 번째 이메일의 목적은 무엇입니까?

(A) 축제 참가자들에게 비가 올 것이라고 알리기 위해

(B) 웹 사이트에 대한 피드백을 제공하기 위해

(C) 일정 변경을 요청하기 위해 (정답의 근거: '야외에서 개최되기로 예정된 Matt Treager의 행사를 토요일로 옮기고, 당신의 행사를 토요일 정오로 옮기고 싶어요.' 라고 축제 조직위원회에서 안젤라에게 말하고 있죠?)

(D) 다가오는 축제를 알리기 위해

193. In the first e-mail, the word "notices" in paragraph 2, line 2 is closest in meaning to

(A) ideas

(B) reviews

(C) evaluations

(D) announcements

첫 번째 이메일에서 둘 째 단락 2행에서 "notices"와 의미상 가장 가까운 것은?

(A) 아이디어

(B) 리뷰

(C) 평가

(D) 공지 사항

194. Who most likely will participate in a festival activity on Sunday afternoon?

(A) Ms. Allen

(B) Ms. Russo

(C) Mr. Treager

(D) Mr. Sanchez

십중팔구 누가 일요일 오후에 축제 활동에 참여할까요?

(A) 앨런 양

(B) 루소 양 (루소에게 보낸 이메일에서 '당신의 행사를 일요일 정오로 옮기고 싶어요.' 라고 했죠?)

(C) Treager 씨

(D) 산체스 씨

195. Why is Mr. Ogawa most likely unable to meet with his clients?

(A) He is one of the festival organizers.

(B) He is performing in a music concert.

(C) He is a judge for a cooking competition.

(D) He is competing in a festival event.

오가와 씨는 왜 십중팔구 고객과 만날 수 없을까요?

(A) 그는 축제 주최자 중 한 명이다.

(B) 그는 음악 콘서트에서 공연하고 있다.

(C) 그는 요리 대회 심사 위원이다.

(D) 그는 축제 행사에서 겨루고 있다. (정답의 근거: 마틴이 오가와 씨에게 마지막에서 '50달러 더 부자가 되기를 바란다'고 말한 것으로 미루어 보아, 상금이 50달러인 Spring Garden에 참가하고 있음을 알 수 있죠.)

어휘   client 고객 property 부동산, 소유지, 재산 how it goes 어떻게 되는지 good luck 행운을 얻기를 빌다 state 말하다,
진술하다 require 요구하다 admission fee 입장료 attend 참석하다 delay=put off=postpone 연기하다, 지연시키다
because of=owing(due) to=on account of ~ 때문에 weather 날씨 purpose 목적 advise 알리다, 충고하다 feedback
의견, 반응 request 요청하다 announce 알리다 upcoming 다가오는 paragraph 단락 closest in meaning to 의미상
가장 가까운 most likely=very likely=probably=perhaps=maybe 십중팔구 participate(partake) in=take part in
참가(참여)하다 be unable to ~할 수 없다 organizer 주최자, 조직자 perform 공연하다 judge 심사 위원
cooking competition 요리 대회 compete 겨루다, 경쟁하다, 경기하다

문제 196-200 다음의 공지사항, 이메일, 그리고 기사를 참조하십시오.

Attention Everyone: Group Photo This Saturday

여러분 주목해주세요: 이번 주 토요일에 단체 사진 촬영이 있습니다.

Exciting news - Tasty Bites Magazine will be featuring our restaurant in an article about Dublin's best dining establishments!
신나는 소식－Tasty Bites Magazine은 더블린 최고의 식당에 관한 기사에서 저희 레스토랑을 특집으로 다룰 것입니다!

They have arranged/ for one of their photographers to photograph us/ on Saturday, 4 June, at 10:00 A.M.,// before preparations for the day begin.
그들은 준비했습니다/ 그들의 사진작가 중 한 명이 우리를 촬영하도록./ 6월 4일 토요일 오전 10시에// 하루 준비가 시작되기 전.

All employees will be included,// so please plan to come in a bit sooner than scheduled/ on Saturday morning/ wearing your uniform. The session will take 30 minutes. (197)
모든 직원이 포함 되오니// 예정보다 조금 빨리 오시기 바랍니다./ 토요일 아침/ 제복을 입고. 시간은 30 분이 걸릴 것입니다.

We have achieved so much since we opened,// and you should all be very proud of this recognition.
우리는 개업 이후 많은 것을 성취했으며// 여러분 모두 이러한 인정을 매우 자랑스럽게 생각해야합니다.

어휘   **attention 주목, 주의** exciting 신나는, 흥미진진한 feature 특집으로 다루다, 주연시키다 article 기사, 항목
establishments 시설물 arrange 준비하다, 주선하다 photographer 사진작가 photograph 촬영하다 Saturday 토요일
June 6월 A.M. 오전 preparations 준비 employee 직원 include=involve 포함하다 plan to ~할 계획을 세우다
a bit=a little 약간 sooner than scheduled 예정보다 더 빨리 wear-wore-worn 입다 session 시간, 기간 achieve=
accomplish=attain=fulfill=carry out 성취하다 be proud of=take pride in=pride oneself on 자랑스럽게 여기다
recognition 인정

수신인 : Herman Keel <hkeel @bentonsidebistro.net> (196)
발신인 : Hilary Seaton <hseaton@hbsphotography.com>
날짜 : Wednesday, 1 June (6월 1일 수요일)
제목 : Saturday Photography Appointment (토요일 사진 촬영 약속)

Dear Mr. Keel, 친애하는 Keel씨에게.

I am writing to confirm your group photography session/ at 10:00 A.M. on Saturday. (196)
저는 귀하의 그룹 사진 촬영을 시간을 확인하기 위해 글을 씁니다./ 토요일 오전 10시에.

As discussed, this photo shoot will take place at your restaurant,// and I will photograph your staff/ along the wall in the main dining hall.
논의한 바와 같이, 이 사진 촬영은 귀하의 레스토랑에서 이뤄질 것이고,// 저는 당신의 직원들의 사진을 찍을 것입니다./ 메인 식당 홀의 벽을 따라서.

You mentioned that your waitstaff will need to start getting ready for the day at 10:30 A.M.,// and that should not be a problem. The shoot should be finished by 10:30 A.M..
귀하의 직원들이 오전 10시 30 분에 하루를 준비를 시작해야한다고 말씀 하셨는데,// 그것은 문제가 되지 않습니다. 촬영은 오전 10시 30 분까지 틀림없이 끝날 것이니까요.

Please let me know if you have any questions. Otherwise, I will see you on Saturday!
궁금한 점이 있으면 알려주세요. 그렇지 않으면 토요일에 뵙겠습니다!

Hilary Seaton 힐러리 시튼

HBS Photography HBS 사진

BISTRO PLEASE (BISTRO로 와주세요)

Enter Bentonside Bistro any day for lunch or dinner,// and you'll hear the sounds of clinking forks and chattering patrons. "That's the sound of happy diners," says Herman Keel, the restaurant's owner.
점심이나 저녁 식사를 위해 언제든 벤튼사이드 비스트로에 들어가면// 부딪치는 포크와 수다를 떠는 손님들의 소리를 듣게 될 것입니다. "그것은 행복한 식사가들의 소리입니다,"라고 이 식당의 주인인 헤르만 킬은 말합니다.

Opened two years ago,/ the bistro has exceeded expectations. The menu features traditional Irish dishes prepared by chef Deirdre Hanrahan. She notes,/ "We choose ingredients that are at the height of summer, fall, winter, and spring,/ and showcase these on our menu." (199)
2년 전에 문을 연,/ 비스트로는 기대를 뛰어 넘었습니다. 메뉴는 Deirdre Hanrahan 셰프가 준비한 전통적인 아일랜드 요리가 특징입니다. 그녀는 말합니다./ "우리는 여름, 가을, 겨울, 봄의 절정에 있는 재료를 선택하여/ 이들을 메뉴에 선보입니다."라고.

On a recent Wednesday afternoon,// Jacinta Coelho, a visitor from Brazil,/ was dining at the bistro. "I can't get over the freshness and homemade taste!" exclaimed Ms. Coelho. "It's like the chef went outside and selected the ingredients just for me." (200)
최근 수요일 오후,// 브라질에서 온 방문자 Jacinta Coelho가/ 비스트로에서 식사를 하고 있었습니다. "저는 그 신선함과 손으로 만든 맛을 잊을 수가 없어요!" 라고 Ms. Coelho는 감탄했습니다. "주방장이 밖에 나가서 나만을 위해 재료를 고른 것 같아요."

Bentonside Bistro is located at 1644 Bentonside Road/ and is open Tuesday through Saturday/ from 11:30 a.m. to 9:00 p.m.
The interior/ is painted/ in bright shades of blue reminiscent of the ocean,// with a rotating gallery of artwork adorning the walls. The staff is friendly/ and the delicious food is reasonably priced. Reservations are not required. (198)

Bentonside Bistro는 Bentonside가 1644번지에 위치하고 있으며/ 화요일부터 토요일까지 영업을 합니다/ 오전 11시 30분부터 오후 9시까지.

내부는/ 칠해져 있습니다./ 바다를 연상시키는 밝은 파란색의 색조로,// 그리고 회전식 예술품 갤러리가 벽을 장식하고 있습니다. 직원들은 친절하고/ 맛있는 음식은 합리적으로 가격이 매겨져 있습니다. 예약은 필요하지 않습니다.

By Declan Mulroney, Staff Writer
Declan Mulroney 작성, 스태프 작가

어휘   clink 맞부딪치다 chatter 수다를 떨다 patron 손님 diner 식사가, 식사하는 사람 owner 주인 exceed 초과하다, 추월하다 expectation 기대 feature 특별히 다루다, ~이 특징이다 traditional 전통적인 Irish dishes 아일랜드 요리 prepare 준비하다 chef 주방장 note 말하다, 언급하다, 적어두다 choose=select=pick out 선택하다 ingredient 재료
be at the height of ~의 절정에 있다 spring 봄 summer 여름 fall 가을 winter 겨울 showcase 선보이다, 전시하다 recent 최근의 Wednesday 수요일 visitor 방문객 get over 잊다, 극복하다 freshness 신선함 homemade 집에서 (손으로) 만든 taste 맛 exclaim 감탄하다 like ~같은 chef 주방장 be located at ~에 위치해 있다 Tuesday through Saturday 화요일부터 토요일까지 interior 내부 bright 밝은 shade 색조 reminiscent of ~을 연상시키는, ~을 생각나게 하는 ocean 대양, 바다 rotating gallery 회전식 갤러리 가 artwork 예술품, 공예품 adorn=decorate=deck out 장식하다 friendly 다정한 delicious=yummy=tasty=tempting 맛있는 food 음식 reasonably 합리적으로 price 가격을 매기다 reservation 예약 require 요구하다, 필요로 하다

196. Who most likely posted the notice?
(A) Ms. Seaton
(B) Mr. Keel
(C) Ms. Hanrahan
(D) Mr. Mulroney

십중팔구 누가 공지사항을 게시했을까요?
(A) 씨튼 씨
(B) 킬 씨 (식당 주인이므로)
(C) 한라 한 씨
(D) 멀로니 씨

197. What were employees instructed to do on June 4?
(A) Arrive earlier than usual
(B) Attend an awards banquet
(C) Be interviewed for a newspaper article
(D) Discuss locations for a photo shoot

직원들은 6월 4일에 무엇을 하도록 지시를 받았습니까?
(A) 평소보다 일찍 도착하라고 (공시사항에서 '예정보다 조금 빨리 오라'고 되어 있죠)
(B) 시상식에 참석하라고
(C) 신문 기사를 위해 인터뷰하라고
(D) 사진 촬영 장소를 논의하라고

198. What is indicated about the waitstaff?
(A) They have been featured in Tasty Bites Magazine more than once.
(B) They will be photographed against a blue background.
(C) They take turns working the morning shift.
(D) They wear brightly colored uniforms.

직원들에 대해 시사하는 바가 무엇입니까?)
(A) 그들은 Tasty Bites Magazine에 두 번 이상 소개되었습니다.
(B) 파란색 배경에 사진이 찍힐 것이다. (정답의 근거: 기사에서 "내부는 바다를 연상시키는 밝은 파란색의 색조로 칠해져 있다"고 나와 있으므로)
(C) 그들은 번갈아가며 아침 교대근무를 한다.
(D) 그들은 밝은 색의 유니폼을 입는다.

199. What is true about the Bentonside Bistro?

    (A) It is open every day for lunch.

    (B) It has recently changed ownership.

    (C) It specializes in Brazilian cuisine.

    (D) It revises the menu seasonally.

Bentonside Bistro에 대한 사실은 무엇입니까?

    (A) 매일 점심시간에 문을 연다.

    (B) 최근 소유권이 변경되었다.

    (C) 브라질 요리를 전문으로 한다.

    (D) 계절에 따라 메뉴를 수정한다. ("우리는 여름, 가을, 겨울, 봄의 절정에 있는 재료를 선택하여 이들을 메뉴에 선보입니다."라고 했죠?)

200. What does Ms. Coelho say about her meal?

    (A) She was impressed with the quality of it.

    (B) She would like to prepare one like it at home.

    (C) She saw it featured in a magazine.

    (D) She thought it was reasonably priced.

Ms. Coelho는 식사에 대해 뭐라고 말합니까?

    (A) 그녀는 식사의 품질에 깊은 인상을 받았다. (정답의 근거: "저는 그 신선함과 손으로 만든 맛을 잊을 수가 없어요!" 라고 말했죠?)

    (B) 그녀는 집에서 그와 같은 것을 준비하고 싶어 한다.

    (C) 그녀는 그것이 잡지에 실린 것을 보았다.

    (D) 그녀는 그것이 합리적인 가격이라고 생각했다.

어휘   most likely=very likely=probably=perhaps=maybe 십중팔구 post 게시하다 notice 공지사항 employee 직원 instruct 지시하다 June 6월 arrive 도착하다 earlier than usual 평소보다 더 일찍 attend 참석하다 awards banquet 시상식 newspaper article 신문 기사 discuss 논의하다 location 장소, 위치 photo shoot 사진 촬영 indicate=suggest=imply 암시(시사)하다 waitstaff 접대직원 feature 특집으로 다루다 against ~을 배경으로 하여 background 배경 take turns ~ing 교대로 ~하다 morning shift 아침 교대 work in three shifts 3교대제로 일하다 an eight-hour shift 8시간 근무(제) brightly 밝게 recently=lately=of late 최근에 ownership 소유권 specialize in ~을 전문으로 하다 Brazilian 브라질의 cuisine 요리(법) revise 수정하다 seasonally 계절에 따라 meal 식사 be impressed(touched, moved struck) with ~에 감동받다 quality 품질, 특성 would like to ~하고 싶다 prepare 준비하다 feature 특집으로 다루다, 대서특필하다 magazine 잡지

실   전
모의고사

3

Questions 131-134 refer to the following e-mail.

To: neil@mail.com
Sub: Business Interview

Respected Mr. Bay,

This email is to bring to your kind notice that I would like to appear for an interview for ------- of a
131.
marketing manager in your organization.

I ------- in the field of marketing since three years ago and currently working in Bulls Financial Services
132.
Limited. I have also done my Bachelor of Business Administration with specialization in marketing from
the reputed Colorado School of Business. I have always exceeded my sales target and brought revenue for
the employer organization and I have also been ------- as an inspiration in the marketing department of
133.
my organization. I have also received numerous awards for my performance.

It has always been a desire to work in a reputed organization like yours. ------- I am attaching a copy of
134.
my resume along with the email.

Regards,

Bruce Wayne.

131. (A) the place
(B) the location
(C) the position
(D) the job

133. (A) thought
(B) called
(C) regarding
(D) considered

132. (A) have been working
(B) worked
(C) am working
(D) work

134. (A) We hope to hear from you soon.
(B) Give me a call at (617) 396-7177.
(C) I would be highly grateful if you could
arrange for an interview.
(D) Thank you for showing interest in my CV.

Questions 135-138 refer to the following memo.

MEMO

To: John Butler, Sandra Oates, Percy Hunter and Vivian Westwood
From: Alan Best
Date: January 5th
Re: Smoking Policy

I just want to remind all department managers that on January 1st, the new company smoking policy was introduced. -------. Please ------- all employees in your department of the following:
        135.   **136.**

The whole of the company ------- is now a no-smoking area therefore:
                137.

   * Smoking is no longer allowed in the break rooms or toilets.

   * Smoking is not allowed in the factory.

   * Smoking is not permitted in the parking garage, nor any enclosed area.

   * Any employee who gives up smoking is ------- to a bonus.
                         138.

   (subject to the results of mandatory health checks every six months).

---

135. (A) It depends on you whether you keep this policy or not.
    (B) Thank you so much for your cooperation.
    (C) I will contact you at my earliest convenience.
    (D) This policy will be enforced strictly.

136. (A) remind
    (B) reminder
    (C) remember
    (D) remembrance

137. (A) region
    (B) promise
    (C) premise
    (D) premises

138. (A) held
    (B) titled
    (C) blamed
    (D) entitled

Question 139-142 refer to the following notice.

TO: All Flash Online Bank Customers,

RE: Services Unavailable During Web Site Maintenance

Please be aware that our Web site will be offline on Sunday, March 18, from 11:00 P.M. to 5:00 A.M. for routine maintenance. ------- that time, you will not be able to access your online account to submit
139.
transactions. However, any transactions submitted before 11:00 P.M. will be processed ------- the
140.
maintenance is completed. Similarly, electronic confirmations for those transactions will be sent out once ------- is restored.
141.

If you need to complete a transaction during the scheduled maintenance, please use our automated telephone banking system. -------, Instructions for how to use this can be found on our Web site at
142.
www.flashbank.com/phonebanking.

---

139. (A) Except
(B) Despite
(C) Between
(D) During

140. (A) whereas
(B) since
(C) after
(D) in case

141. (A) file
(B) service
(C) electricity
(D) building

142. (A) It can be accessed by calling 1-888-555-0287.
(B) This service has been temporarily suspended.
(C) There are several scheduled openings available.
(D) It can send text messages directly to your phone.

Questions 143-146 refer to the following advertisement.

There is no better time to visit beautiful Nova Scoti, and Nova Scotia Tours can help! With over 25 years in business, we know how to plan ------- tailored to our clients' specifications. You and your family can
143.
enjoy everything from our Gaelic fiddle music and Ukrainian heritage festivals to the fresh, salty air and delicious seafood.

For adventure seekers, there are many activities ------- you busy. ------- . Or, ------- you prefer, relax and
144. **145.** **146.**
dine at any of our world-class restaurants. But don't wait. Call us today at 902-555-0166!

143. (A) garments
(B) deliveries
(C) conferences
(D) vacations

144. (A) to keep
(B) keep
(C) having kept
(D) would keep

145. (A) Book now to reserve your hotel.
(B) Speak with our representatives Monday through Friday.
(C) Try whale watching, kayaking, or cycling.
(D) Choose from over hundreds of locations.

146. (A) if
(B) moreover
(C) despite
(D) both

Questions 147-148 refer to the following form.

Table of contents

Introduction ·· 3

Transportation-getting there ·································· 8

Local transit ·· 10

Hotel guide ··· 13

Restaurants ·· 16

Parks and recreation ··· 21

Tourist spots ·· 26

Shopping ·· 30

Medical services ··· 35

Police ··· 38

Local government ·· 40

147. Where would this table of contents most likely be found?
(A) In a newspaper
(B) In a guidebook
(C) In a restaurant magazine
(D) In a government brochure

148. What would a reader find on page 29?
(A) Sales information
(B) Places to stay
(C) Local attractions
(D) Emergency services

Questions 149-150 refer to the following advertisement.

Does Your business need more business?

Advertise in the Daily Hilton's Business Directory

Your ad will reach over 75,000 readers who need
your services. Carpenters, plumbers, landscapers,
bookkeepers, cleaners, and organizers are just
some of the service providers who have found
advertising in the Daily Hilton newspaper to
be a worthwhile investment.

Call 482-9872 to place your ad.
Ad are just $.50 per line per day.

149. Who would be interested in this ad?

(A) Business owners

(B) Investment advisers

(C) Homeowners

(D) Newspaper reporters

150. What would be the cost to run a 10-line ad for five days?

(A) $.50

(B) $2.50

(C) $5.00

(D) $25.00

Tropics Café

Waterfront Centre

37 Marina Road

+65 2438 4567

www.tropics-singapore.com.sg

Exceptional food——rated "best menu selection" by Dining Out Asia

Beautiful atmosphere——our dining area overlooks the Singapore River

Private room available——perfect for a variety of business and personal events

Live music is featured Friday through Sunday from 8:00 to 11:00 P.M.

Present this coupon and receive 10 percent off your total bill!

(Valid for dinner Monday through Wednesday only. Good until 5 May.)

151. What is NOT advertised as a feature of the café?
(A) Its experienced servers
(B) Its delicious meals
(C) Its view of the river
(D) Its evening entertainment

152. When can the coupon be used?
(A) On Sunday
(B) On Tuesday
(C) On Thursday
(D) On Saturday

Questions 153-154 refer to the following text-message chain.

Koji Higa (1:01 P.M.)

Hi, Sue. I'm on the train headed to my meetings in New York tomorrow, but I left the schedule on my desk. Can you help?

Sue Kalama (1:03 P.M.)

Absolutely

Koji Higa (1:04 P.M.)

Great. Let me know once you've found it.

Sue Kalama (1:08 P.M.)

OK, I have it. What do you want with it?

Koji Higa (1:09 P.M.)

Can you scan the schedule and attach it to an e-mail? I'll print it later from my hotel so I'll have the meeting details for the new authors who have signed contracts with us.

Sue Kalama **(1: 11 P.M.)**

No problem

Koji Higa (1:12 P.M.)

Thanks

---

153. At 1:03 P.M., what does Ms. Kalama mean when she writes "Absolutely"?

(A) She is happy that Mr. Higa contacted her.

(B) She is willing to assist Mr. Higa.

(C) She is certain that Mr. Higa is correct.

(D) She is leaving her meeting now.

154. For what type of business does Mr. Higa most likely work?

(A) A publishing company

(B) A hotel chain

(C) A travel agency

(D) An office supply store

Questions 155-157 refer to the following e-mail.

E-mail

From: afinnegan@primafood.com
To: jroberts@gmail.com
Subject: Verification of Order
Date: August 15

Dear Ms. Roberts:

About our telephone conversation this morning, I would like to confirm your order for the following:

8 kg. Ultima Low-Fat Margarine
6 kg. Keat's Apple Juice
6 kg. Sola Orange Marmalade
10 kg. Australian Butter

Please expect delivery within tomorrow afternoon.

Sincerely,

Albert Finnegan

Manager, Prima Food Store

---

155. Why did the manager send the e-mail to Ms. Roberts?
(A) To check what kinds of items she ordered.
(B) To ask her how many more groceries she want.
(C) To ask how their telephone conversation she liked.
(D) To ask her when it was convenient for her to get delivered.

156. How was the order made?
(A) By fax.
(B) By e-mail
(C) By phone
(D) By post

157. Which item was not ordered?
(A) Marmalade
(B) Apple sauce
(C) Margarine
(D) Butter

Caldera Junior Bicycle Hitch Recall

Northwind Cycle is recalling the Caldera Junior bicycle accessory for repair. If you think you may have an affected Caldera Junior, stop using it immediately! The hitch connecting it to the bicycle can fail, causing the Caldera Junior to become unstable, which may result in injury. The Caldera Junior "tandem bicycle accessory" consist of a frame, wheels, seat, pedals, and handlebars. It attaches to the back of a standard bicycle by a hitch. Bicycle stores and retailers nationwide sold the Caldera Junior from March 2000 through July 2001. Caldera Juniors were also sold under the name "Caldera Mongoose," with a "Mongoose" logo appearing on the frame. The recalled Caldera Junior has the model number AC 100, AC 200, or AC 300, on the top tube. Also, recalled Caldera Juniors have an aluminum sleeve on the hitch between the bicycle and the Caldera Junior. Caldera Juniors with nylon or plastic sleeves on the hitch are not included in this recall. Contact us or the retailer from whom you purchased your bike to get a new hitch. Northwind Cycle can be reached at 800-626-2811 between 8 a.m. and 5 p.m. Central Time, Monday through Friday, for a free replacement hitch and instructions.

158. What is a Caldera Junior according to the notice?

(A) An attachment for bicycles
(B) A special kind of bicycle
(C) A metal sleeve
(D) A bike helmet

159. Which models of the Caldera Junior are not being recalled?

(A) Those with a "Mongoose" logo
(B) Model numbers AC 100, 200, and 300
(C) Those with hitches with nylon or plastic coverings
(D) Models that attach to a standard bicycle

160. What reason is given for the recall?

(A) The logo violates a copyright law.
(B) The hitch has a dangerous flaw.
(C) The accessory does not attach properly.
(D) The nylon and plastic can break.

Questions 161-163 refer to the following memo.

MEMO

From: Leroy Burnett
To: All Staff
Date: April 9
Subject: Web site

This is to update everyone about our online store. Many people have not been able to access the Web site. We started receiving complaints yesterday.

Our technical support team is fixing the problem. They believe it was caused by a sharp increase in visitors. They will have the site working properly by tomorrow. In the meantime, we can expect more complaints.

If you receive one, please assure the caller that the site will be OK soon. Also inform them that we can take their order over the phone. A section in my department is prepared to handle this type of order. So if a caller wants to order something, transfer their call to extension 253.

If you have any questions, please let me know.

Leroy Burnett

Customer Support

---

161. What is the purpose of the memo?
(A) To request attendance at a meeting
(B) To ask for opinions about a Web site
(C) To inform employees about a problem
(D) To recommend a Web site developer

162. What does Mr. Burnett indicate about the store?
(A) It received many visitors.
(B) It was launched yesterday.
(C) It sells kitchen appliances.
(D) It has been redesigned.

163. What are employees instructed to do?
(A) Distribute a form
(B) Verify an order
(C) Contact a client
(D) Transfer a call

Questions 164-167 refer to the following advertisement.

BSSI
Blakeley Self Storage, Inc.
440 Cleary Ave
Brownsburg, IN 46112
(317) 555-0142

At Blakeley Self Storage, we guarantee the most convenient self-storage experience in Brownsburg with a clean and safe environment for all your storage needs. —[1]—.

The insulated ceilings and sealed floors of our storage units protect your items from moisture and fluctuating temperatures. We offer a wide range of units to accommodate virtually any item you may want to store. —[2]—. Blakeley's largest units are 5 meters tall, a full meter taller than those of our competitors. There is no minimum number of units you must rent. Rent is collected once a month.

We believe that customers should have full control over their storage units, so access is 24 hours a day. With Blakeley, moving is convenient, too. —[3]—. Our unit facilities can accommodate trucks even up to 20 meters in length.

Visit www.blakeleyselfstorage.com to browse the full range of unit sizes, a list of vacancies, testimonials, and price information. Please call us for the most up-to-date information on unit availability. We maintain waiting lists for those whose desired unit sizes are currently unavailable. —[4]—.

164. What is indicated about the self-storage units?
(A) They are heated in the winter.
(B) They are all located on the same level.
(C) They are protected by video security cameras.
(D) They are all five meters in height.

165. What does Blakeley Self Storage do to make moving easier?
(A) It provides space for large vehicles.
(B) It offers freight-delivery services.
(C) It gives referrals for moving companies.
(D) It facilitates transfers to other branches.

166. What is featured on the company Web site?
(A) A brief history of the company
(B) A virtual tour of the facility
(C) A list of available units
(D) An exclusive discount coupon

167. In which of the positions marked [1], [2], [3]. and [4] does the following sentence best belong?
"Moreover, every unit is on the ground floor, minimizing the effort required to access your items."
(A) [1]
(B) [2]
(C) [3]
(D) [4]

Questions 168-171 refer to the following article.

Talar and Steve, a financial planning company based in Lakeview, has opened a branch office in downtown Salem in the building owned by the Salem Office Properties real estate company. Talar and Steve is taking over office space formerly occupied by the law offices of Lay Lawson. The space had been vacant for a year and a half. The new Talar and Steve office was open for business as of yesterday. Talar Ormond, president of Talar and Steve, says that her company chose the Salem location because of a rising demand for financial planning services in the area. "Salem is a growing community," she explained, "and the town's citizens are becoming more affluent. It is just the type of community where services such as ours are needed." Talar and Steve closed its branch offices in Johnstown and Freeburg at the end of last year. These communities are close enough to Lakeview to be served by the main office there, Ms. Talar explained, but having an office in Salem will **facilitate** expanding services to the entire eastern part of the state. The branch's opening comes just a few months after the opening of the PD Miller stock brokerage firm at the Salem Center office complex.

168. What kind of a business is Talar and Steve?
(A) Financial planning
(B) Law office
(C) Real estate
(D) Stock brokerage

170. Why did Talar and Steve open a branch office in Salem?
(A) They closed their other branch offices.
(B) It's close to the main office.
(C) There is a need for their services there.
(D) The rent is reasonable.

169. When did Talar and Steve open its branch office in Salem?
(A) Yesterday
(B) A few months ago
(C) At the end of last year
(D) A year and a half ago

171. The word "facilitate" in line 10 is closest in meaning to
(A) fund
(B) assist
(C) impede
(D) upgrade

ALINA (10:03 A.M.)	Hi. I just arrived.. about to get my conference badge, so I should get to our table soon.
KONRAD (10:04 A.M.)	Glad you got in okay. Do you have the perfume samples?
ALINA (10:06 A.M.)	No, they were too heavy to bring on the plane, so I sent them by express mail. They're expected here by 11 AM.
CHARLIE (10:07 A.M.)	Okay. Our table is in Area 12A of the conference center.
ALINA (10:08 A.M.)	Got it.
KONRAD (10:09 A.M.)	After we get our table set up, let's check out DTY's presentation in 14E. It's close by, so the time would work out.
ALINA (10:13 A.M.)	Okay, I have my badge, so I'm on my way. The people in reception will send boxed lunches to our display table. Let's plan on getting ready for the afternoon session while we eat.
CHARLIE (10:15 A.M.)	Okay, when you get here, we can check out DTY. I want to see their new spring lineup.
ALINA (10:17 A.M.)	Yes, I'll bet it's no threat to us. I'm interested in seeing the materials Na-Young and her group have developed to promote their new product line.

172. What is indicated about the group's lunch?

(A) It will be served in 14E.

(B) It will be provided at half price.

(C) It will occur after a competitor's presentation.

(D) It will give them additional time for preparation.

173. At 10:08, what does Alina mean when she writes, "Got it"?

(A) She understands the directions.

(B) She has the lunch.

(C) She will give the presentation.

(D) She is paying for lunch.

174. What is suggested about Na-Young?

(A) She works in a personnel department.

(B) She arranged travel for her coworkers.

(C) She is a product designer.

(D) She works for DTY.

175. What will Alina most likely do next?

(A) Pick up a conference badge

(B) Arrive at Area 12A

(C) Deliver product samples

(D) Look over a menu

Questions 176-180 refer to the following memo and e-mail.

MEMO

To:	All personnel
From:	Mason More, Office Manager
Re:	Workplace safety workshop
Date:	November 17

On December 7, a workshop on workplace safety will be offered by Elvira Walters of the National Workplace Safety Commission. The workshop will take place in Conference Room 2 from 9 : 30 to 11 : 30. This workshop is required for all department heads and recommended for all staff members. Please let me know before November 22 if you plan to attend. Also, please let me know if you cannot attend at this time but are still interested. If there is enough interest, we will offer the workshop again at a later date. Finally, because the end of the year is fast approaching, let me take this opportunity to remind everyone that attendance at a minimum of three staff development workshops per year is required of all personnel. A schedule of upcoming workshops is posted outside my office.

To:	mason_more@zipsys.com
From:	synne_briggett@zipsys.com
Sent:	5 November 20--, 11 : 40
Subject:	safety workshopHi, Mason,

I am very much interested in next month's workshop on workplace safety that was mentioned in the memo you sent out yesterday. I would like to attend it, so please put me on the list. After this workshop, I will have fulfilled my attendance requirement for this year. I would like you to know that I have found each workshop I attended to be very informative and worthwhile. Also, I would like to apologize in advance because I will probably arrive about 15 minutes late to the workplace safety workshop. I have to be downtown early that morning for a breakfast meeting, but it shouldn't last much past 9 : 00, and then I can catch the subway to the office. I hope a slightly late arrival won't be a problem.

Thanks.

Synne

---

176. Who has to attend the workshop?
(A) All staff members
(B) The security officer
(C) Department heads
(D) The office manager

177. When did Synne Briggett write her e-mail message?
(A) November 17
(B) November 18correct
(C) November 22
(D) December 7

178. What time will Synne Briggett probably arrive at the workshop?

(A) 9:00

(B) 9:15

(C) 9:30

(D) 9:45

179. How many workshops has Synne Briggett already attended this year?

(A) One

(B) Two

(C) Three

(D) Four

180. Where will Synne breakfast meeting take place?

(A) At Mason More

(B) At her office

(C) Downtown

(D) In Conference Room 2

Questions 181-185 refer to the following letter and menu.

July 8
Sophie Boonyarat
1 Waterman Street
Providence, Rhode Island 02906

Dear Ms. Boonyarat,

I've enclosed a revision of the banquet menu as we discussed yesterday afternoon. Please review it to ensure all the changes we talked about have been made. Per your request, I added a vegetarian dish. Of the three choices you presented, I thought pasta would be the best option since it can also be offered to non-vegetarian guests.

When you've finished reviewing the menu, please call me at (401) 421-0009 so we can begin preparing for the event.

Sincerely,

Bruce Gellar

Gellar & Sons Catering

The Fowler Business Association

Networking Banquet - Proposed Menu

Appetizers (served at 5:40 P.M.)

Bread: Gourmet Italian rolls topped with garlic butter

Salad: House salad with Italian, blue cheese, or honey mustard dressing

Soup: Portobello mushroom soup and vegetable minestrone soup

Main Dishes (served at 6 P.M.)

Chicken: Honey-glazed chicken served with risotto or a baked potato and mixed vegetables

Salmon: Char-grilled salmon served with risotto or a baked potato and mixed vegetables

Fettuccine (vegetarian): Fettuccine noodles served with spinach in a cream sauce

Desserts (served at 7 P.M.)

Cake: Chocolate or angel food cake

Ice cream: Vanilla, chocolate, or strawberry

Fruit: An assortment of bananas, apples, oranges, and grapes

Beverages (available throughout the evening)

Water, assorted soft drinks, iced tea, grape juice, and apple juice.

181. What type of event will take place?

(A) An awards dinner

(B) A lunch conference

(C) A networking banquet

(D) A restaurant opening

182. Who is Mr. Gellar?

(A) A caterer

(B) An event planner

(C) A restaurant owner

(D) An organization's president

183. Which item was recently added to the menu?

(A) Fruit

(B) Salmon

(C) Chicken

(D) Fettuccine

184. What appetizer will NOT be served?

(A) Portobello cream soup

(B) House salad with dressing

(C) Fresh vegetables with dip

(D) Italian rolls with butter

185. What is indicated about beverages?

(A) They will not be refilled.

(B) They will only be available after 6 P.M..

(C) They will be served throughout the event.

(D) They will stop being served after dessert.

From: customerservice@thomsonapp.com
To: dkerry@coolmail.com
Date: July 6
Subject: Malfunction

Dear Ms. Kerry,

We are very sorry to hear about the malfunction with your deluxe refrigerator, MK1213, purchased from Thomson Appliances. You indicated that the ice dispenser on the door of the fridge has stopped functioning. Actually, several customers have reported the same problem. It turned out that the manufacturers made an error in the production process. Fortunately, this problem can easily be fixed by one of our technicians. Currently, our technicians are available Monday, Wednesday, and Thursday next week. Please specify what day and what time works for you.

Additionally, if your refrigerator is under warranty, this repair will be absolutely free. Please let us know your warranty number so we can verify this before sending a technician to your house.

We apologize for this inconvenience. Thank you again for choosing Thomson Appliances.

Sincerely,

Greg Lewis
Customer Service

From: dkerry@coolmail.com
To: customerservice@thomsonapp.com
Date: July 7
Subject: Re: Malfunction

Dear Mr. Lewis,

Thank you for your prompt response. Actually, next week I will be away on a business trip in Arkansas and I won't return until Saturday. However, I have a housekeeper who comes to clean on Monday and Friday. If your technician visits on either day, she can let him or her in.

My warranty number is A344F56J and is still valid. I will leave this document with my housekeeper in case you need to see it during your visit.

Dana Kerry

From: customerservice@thomsonapp.com
To: dkerry@coolmail.com
Date: July 7
Subject: Repair Time

Dear Ms. Kerry,

Our technician will be able to come by your house on Monday. You will need to be sure to leave the warranty documents so the technician can scan them into our system. This is necessary for us to be reimbursed by the manufacturers. Our technician will come by in the morning and try to be gone by lunch; even though you have a housekeeper, they will try not to leave a mess. Safe travels and we appreciate your patience. Thank you for your loyalty to Thomson Appliances.

Sincerely,

Greg Lewis

Customer Service

186. What is one reason the first-email was sent?
(A) To specify a warranty number
(B) To ask for a date for a visit
(C) To confirm an order
(D) To apologize for a shipping delay

187. According to the first e-mail, what is true about the refrigerator?
(A) It is a newly released model.
(B) It is no longer covered by the warranty.
(C) It has a manufacturing defect.
(D) It is currently on sale.

188. What information does Mr. Lewis request from Ms. Kerry?
(A) Her current address
(B) Her warranty number
(C) Her refrigerator model
(D) Her contact information

189. Why does the technician need to scan the warranty?
(A) To make sure it is still covered
(B) To make sure that the model is correct
(C) To make sure that there are enough spare parts to make the repairs
(D) To make sure that the manufacturer covers the repair costs

190. Why do you think the technician will come on Monday?
(A) Because that is the time the technician is available.
(B) Because the technician is too busy on Friday.
(C) Because the housekeeper will be there to let him in.
(D) Because Ms. Kerry is in Arkansas.

April 5 – Clearwater Hospital in downtown Scranton has launched a new pen pal letter-writing program between terminally ill hospital patients and adult volunteers. Hospital Director Zack Chambers, who was recently presented with an Outstanding Leader Award from the National Health Care Alliance, started the program to create stronger connections between the hospital and the community. Mr. Chambers encourages adults of all types and occupations to apply even if they don't feel completely qualified. Simply visit the Clearwater Hospital website and become a member of the hospital free of charge.

"I hope through this program, volunteers can form close relationships with patients to help them get through these difficult times in their lives." said Mr. Chambers. He also hopes that the program will lead to more people visiting terminally ill patients in person.

Clearwater Hospital

May 4
Monica Greene
4100 Washington Road
Scranton, Wisconsin 54481

Dear Ms. Greene,

I was delighted to receive your letter. I am very excited to have been paired with you as pen pals. I hope we can learn a lot from each other and build a lasting friendship.

As you know, I live in California, which is a long way from Wisconsin. I hope that in the coming months I can find some time off work and visit you. Please let me know when the most convenient time would be for me to meet you.

I will look forward to hearing from you.

Jessica Wright

Dear Jessica,

You don't know how much I appreciate your kind words. Although the staff at Clearwater are very kind, I feel the need to connect with the people who are not part of the staff. My surviving family also live a great distance away, in Florida, and so most of the time I am just communicating with the paid staff or the other patients. I would welcome a visit, if you truly wanted to come, and the best time for our meeting would be the Thanksgiving holiday party here at the center, I suppose. My own family might be here as well. If it is too much for you, or if you can't get the time off of work, don't worry about it too much. I do hope that we can continue to communicate through our letters.

191. What is the article about?

(A) A volunteer program

(B) A doctor's retirement

(C) A new software company

(D) A writing competition

192. What is mentioned about Mr. Chambers?

(A) He is a patient at Clearwater Hospital.

(B) He teaches writing skills to adults.

(C) He is the head of a health care organization.

(D) He was honored for his leadership.

193. What does Mr. Chambers invite people to do?

(A) Sign up for a newsletter

(B) Schedule regularly health check-ups

(C) Visit patients in critical condition

(D) Write a letter of recommendation

194. Who does Monica Greene spend most of her time with?

(A) Clearwater's staff

(B) Her family

(C) Jessica Wright

(D) Her friends

195. When does Monica want Jessica to visit?

(A) Christmas

(B) New year's Eve

(C) The 4th of July

(D) Thanksgiving

Questions 196-200 refer to the following email, schedule, and online chat board.

To:	Library Members <members@claytonlibrary.edu>
From:	Holly Allen <hollyallen@claytonlibrary.edu>
Subject:	Events This Month
Date:	August 1
Attachment:	August Event Calendar

Dear Members of the Clayton Library,

Thank you for your continued support of the Clayton Library. Your monthly membership fees help us to obtain new books, computers, journal subscriptions, and other resources that are useful to the entire community. We would like to inform you of some special upcoming events this month you may be interested in attending.

First, famous children's book author and storyteller Elbert Butler will be visiting our library. He will be reading from his new book, *The Mysterious Cat,* and signing autographs. His book was recently nominated for the Children's Book of the Year Award. Kathy Butler, Mr. Butler's wife, will also be in attendance at this event. She has drawn the pictures in most of Mr. Butler's books, including *The Mysterious Cat.* This event costs $10 but is provided free for library members.

Later in the month, renowned wildlife photographer Nina Brooks will be holding an exhibition on the main floor of the library. Ms. Brooks recently returned from a trip to Kenya, where she photographed cheetahs, giraffes, elephants, and other animals. Her photographs capture the vividness of the wildlife and the majesty of nature.

In addition to these two featured events, there will be a variety of workshops, games nights, and other events this month. Check the attached calendar for details. All events, including Movie Night, are free unless noted otherwise.

Sincerely,

Holly Allen

Library Events Coordinator

Clayton Library Events Calendar
August

Date/Time	Event Title	Notes
Saturday, August. 2, 5:00 P.M.	Creative Writers Workshop	Led by Donna Ward
Friday, August. 8, 7:00 P.M.	Movie Night	Family-friendly event
Sunday, August. 17, 6:00 P.M.	The Mysterious Cat Reading	Entrance cost of $10
Wednesday, August. 20, 3:00 P.M.	Knitting Club	Complimentary refreshments
Saturday, August. 30, 2:00 P.M.	Photo Exhibition Opening	Entrance cost of $5

Clayton Library Community Chat Board

August 1

>user ID: Johnson231
Subject: Creative Writers Workshop August 2
Hey, is anybody going to go to the writers workshop tomorrow? I heard that Donna Ward is an outstanding teacher. I could really use some feedback on my latest short story too. Post if you are going! ~Jim

>User ID: Storytimechuck
Subject: Creative Writers Workshop August 2
Hey Johnson231! I am going for sure. You are right. Donna is the best. Her knowledge of narrative and pacing have really helped me with my screenplay. Maybe I could read through your short story after the workshop and give you my feedback too. The more eyes the better, I always say!
I'll let you take a look through my screenplay too if you are interested.
See you tomorrow! ~Chuck

196. What is the purpose of the e-mail?
(A) To introduce new members
(B) To promote upcoming events
(C) To announce some schedule adjustments
(D) To solicit donations

197. What is indicated about Elbert Butler?
(A) His wife is an illustrator.
(B) He has recently published his first book.
(C) He has several cats.
(D) He will receive an award soon.

198. According to the chat board, what does Donna Ward excel at?
(A) Creating vivid photographs
(B) Writing successful screenplays
(C) Understanding the role of timing and storylines
(D) Working with young poets

199. When can library users meet Kathy Butler?
(A) On Wednesday
(B) On Friday
(C) On Saturday
(D) On Sunday

200. What will likely happen after the Creative Writers Workshop on August 2?
(A) Everyone will learn how to write poetry better.
(B) Chuck and Jim will exchange their works to give each other feedback.
(C) Donna Ward will publish her novel.
(D) Chuck and Donna will work with Jim's short story.

문제 131–134 다음의 이메일을 참조하십시오.

수신 : neil@mail.com

제목 : Business Interview (직무 면접)

Respected Mr. Bay, 존경하는 베이 씨,

This email is to bring to your kind notice that I would like to appear for an interview for ------- of a
131.
marketing manager in your organization.
이 이메일은 귀사의 마케팅 관리자 직책을 위한 면접에 참석하고 싶다는 것을 알려드리기 위한 것입니다.

I ------- in the field of marketing since three years ago/ and currently working in Bulls Financial Services
132.
Limited.
저는 3년 전부터 마케팅 분야에서 일해 왔으며/ 현재 Bulls Financial Services Limited에서 일하고 있습니다.

I have also done my Bachelor of Business Administration/ with specialization in marketing/ from the
reputed Colorado School of Business.
저는 또한 경영학 학사 학위를 받았습니다./ 마케팅 전문으로/ 유명한 콜로라도 경영대학원에서.

I have always exceeded my sales target/ and brought revenue for the employer organization// and I have
also been ------- to be an inspiration in the marketing department of my organization.
133.
저는 항상 내 판매 목표를 초과하여/ 고용주 조직에 수익을 가져 왔으며// 조직의 마케팅 부서에서 영감으로 간주되
어 왔습니다.

I have also received numerous awards for my performance.
저는 또한 제 업무 능력으로 수많은 상을 받았습니다.

It has always been a desire to work in a reputed organization like yours.
귀사와 같은 평판이 좋은 조직에서 일하는 것이 항상 소망이었습니다.

-------.
134.
면접을 마련해 주신다면 정말 감사하겠습니다.

I am attaching a copy of my resume along with the email.
이메일과 함께 이력서 사본을 첨부합니다.

Regards, 감사합니다.

Bruce Wayne. 브루스 웨인.

---

131. (A) the place
(B) the location
(C) the position
(D) the job

(A) 장소
(B) 위치
(C) 직책 (직장을 구하기 위한 이메일이므로 '직책'이 들어가
야 가장 자연스럽죠.)
(D) 직업

132. (A) have been working (since와 함께 사용되는 시제는 현재 완료 진행형 시제이므로) u.98쪽 참조
(B) worked
(C) am working
(D) work

133. (A) thought
(B) called
(C) regarding (~에 관하여)
(D) considered (문맥상 '간주되다'가 들어가야 가장 자연스러우므로)

134. (A) We hope to hear from you soon.
(B) Give me a call at (617) 396-7177.
(C) I would be highly grateful if you could
arrange for an interview.
(D) Thank you for showing interest in my
CV.

(A) 곧 귀하의 의견을 듣고 싶습니다.
(B) (617) 396–7177로 전화주세요.
(C) 면접을 마련해 주신다면 정말 감사하겠습니다. (정답의
근거 – 문맥상 면접을 요청하는 말이 들어가야 자연스러
우므로)
(D) 제 이력서에 관심을 보여 주셔서 감사합니다.

어휘 | respect=regard=revere=esteem=admire=honor 존경하다 bring to one's notice ~에게 알리다 would like to ~하고
싶다 appear for an interview 면접에 참석하다 organization 회사, 조직 field=sphere=scope=branch 분야 currently
현재 Bachelor of Business Administration 경영학 학사 reputed=famous=famed=noted=renowned=celebrated=
distinguished 유명한 specialization 전문 Colorado School of Business 콜로라도 경영대학원 exceed=excel=surpass
능가하다, 초과하다 bring-brought-brought 가져오다 revenue 수익 employer 고용주
organization// and consider=regard=esteem=repute 간주하다 inspiration 영감 department 부서 receive 받다
numerous 무수한 awards 상 performance 업무 수행 능력 desire 소망, 욕망 grateful=thankful 감사하는 attach
첨부하다 copy 사본 resume 이력서 along with=coupled with ~과 더불어 Regards=All the best=Sincerely=Truly
끝맺음 말 hear from ~로부터 소식을 듣다 give~a call(ring) 전화하다 arrange for ~을 마련하다 show interest in ~에
관심을 보이다 CV=curriculum vitae 이력서

MEMO (회람)

수신인 : John Butler, Sandra Oates, Percy Hunter and Vivian Westwood

발신인 : Alan Best

날짜 : January 5th (1월 5일)

제목 : Smoking Policy (흡연 정책)

I just want to remind all department managers// that on January 1st, the new company smoking policy was introduced.
저는 모든 부서장들에게 상기시켜드리고자 합니다// 1월 1일에 새로운 회사 흡연 정책이 도입되었다는 것을.

-------. 이 정책은 엄격하게 시행될 것입니다.
 135.

Please ------- all employees in your department of the following:
 136.
부서의 모든 직원들에게 다음 사항을 상기 시켜주십시오.

The whole of the company ------- is now a no-smoking area therefore:
 137.
따라서 회사 구내 전체가 이제 금연 구역입니다.

* Smoking is no longer allowed/ in the break rooms or toilets.
* 흡연이 더 이상 허용되지 않습니다./ 휴게실이나 화장실에서.

* Smoking is not allowed in the factory.
* 흡연이 허용되지 않습니다./ 공장 내에서.

* Smoking is not permitted/ in the parking garage, nor any enclosed area.
* 흡연이 허용되지 않습니다./ 주차장이나 밀폐된 공간에서.

* Any employee who gives up smoking is ------- to a bonus.
 138.
* 흡연을 포기하는 직원은 누구나 상여금 받을 자격이 주어집니다.

(subject to the results of mandatory health checks every six months).
(6개월마다 의무적인 건강 검진 결과에 따라).

135. (A) It depends on you whether you keep this policy or not.
(B) Thank you so much for your cooperation.
(C) I will contact you at my earliest convenience.
(D) This policy will be enforced strictly.

(A) 이 정책을 지키는지 여부는 여러분에게 달려 있습니다.
(B) 협조해 주셔서 대단히 감사드립니다.
(C) 빠른 시일 내에 연락드리겠습니다.
(D) 이 정책은 엄격하게 시행될 것입니다. (앞에 새로운 금연 정책이 나왔으므로

136.
(A) remind
(B) reminder
(C) remember
(D) remembrance

(A) 상기시키다 (remind A of B: A에게 B를 상기시키다)
(B) 알림
(C) 기억하다
(D) 기억

137.
(A) region
(B) promise
(C) premise
(D) premises

(A) 지역
(B) 약속
(C) 전제
(D) 구내 (문맥상 회사의 구내가 되어야 가장 자연스러우므로)

138.
(A) held
(B) titled
(C) blamed
(D) entitled (be entitled to ~할 권리나 자격이 주어지다)

어휘   department manager 부서장 January 1월 company 회사 smoking policy 흡연 정책 introduce 도입하다 employee 직원 the following 다음 사항 whole 전체 premises 구내 no-smoking area 금연 구역 therefore 따라서 allow=permit 허용하다 no longer=not ~any longer 더 이상 ~하지 않다 break room 휴게실 toilet 화장실 factory 공장 parking garage 주차장 enclosed 밀폐된 공간 give up=abandon=desert=quit 포기하다, 중단하다 entitle 권리(자격)를 부여하다 bonus 상여금 subject to ~을 (얻는 것을) 조건으로 하여, ~을 가정하여, ~에 복종하여 result 결과 mandatory 의무적인 health check 건강 검진 every six months 6개월마다 depend(rely) on=be dependent(reliant) on ~에게 달려있다 cooperation 협조 contact=make contact with 연락하다 at one's earliest convenience 빠른 시일 내에, 가능한 빨리 enforce=execute=implement 시행하다 strictly 엄격하게 title 제목을 붙이다 blame 비난하다

문제 139-142 다음의 공지사항을 참조하십시오.

TO (수신): All Flash Online Bank Customers, 플래시 온라인 은행 모든 고객님들께,

RE (제목): Services Unavailable During Web Site Maintenance 웹 사이트 유지 보수 중 이용 불가능한 서비스

Please be aware// that our Web site will be offline on Sunday, March 18,/ from 11:00 P.M. to 5:00 A.M./ for routine maintenance.
알아두십시오.// 당사 웹 사이트가 3월 18일 일요일 오프라인 상태가 될 것이라는 것을/ 오후 11시부터 5시까지/ 일상적인 유지 보수를 위해.

------- that time,// you will not be able to access your online account/ to submit transactions.
   139.
그 기간 동안,// 여러분은 온라인 계정에 접속할 수 없습니다./ 거래를 제출하기 위해.

However,// any transactions submitted before 11:00 P.M./ will be processed/ ------- the maintenance is
                                                   140.
completed.
그러나,// 오후 11시 이전에 제출된 모든 거래는/ 처리될 것입니다/ 유지 보수가 완료된 후에.

Similarly,// electronic confirmations for those transactions/ will be sent out// once ------- is restored.
                                                                   141.
마찬가지로,// 그런 거래에 대한 전자 확인은/ 발송될 것입니다.// 서비스가 복원되면.

If you need to complete a transaction during the scheduled maintenance,/ please use our automated telephone banking system.
예정된 점검 기간 동안 거래를 완료해야할 경우에는,/ 당사의 자동 전화 은행 시스템을 이용하십시오.

-------. 1-888-555-0287로 전화하여 접속할 수 있습니다.
142.

Instructions for how to use this/ can be found on our Web site at www.flashbank.com/phonebanking.
이를 이용하는 방법에 대한 지침은/ 당사 웹 사이트 www.flashbank.com/phonebanking에서 찾을 수 있습니다.

---

139. (A) Except
(B) Despite
(C) Between
(D) During

(A) 제외하고
(B) ~에도 불구하고
(C) ~사이에
(D) 동안에 (온라인 계정에 접속할 수 없는 기간이므로)

140. (A) whereas
(B) since
(C) after
(D) in case

(A) 반면에
(B) ~이래로
(C) ~이 후에 (문맥상 유비보수가 완료된 후에 발송되는 것이 정상이므로)
(D) ~할 경우를 대비해서

141. (A) file
(B) service
(C) electricity
(D) building

(A) 파일
(B) 서비스
(C) 전기
(D) 건물

142. (A) It can be accessed by calling 1-888-555-0287.
(B) This service has been temporarily suspended.
(C) There are several openings available.
(D) It can send text messages directly to your phone.

(A) 1-888-555-0287로 전화하여 접속할 수 있습니다.
(정답의 근거-앞 문장에서 '자동 전화 은행 시스템을 이용할 수 있다'고 했으므로, 다음에는 전화번호 안내가 나와야겠죠.)
(B) 이 서비스는 일시 중단되었다.
(C) 구할 수 있는 몇 개의 공석이 있다.
(D) 그것은 여러분의 휴대전화로 직접 문자메시지를 보낼 수 있다.

어휘   bank 은행 customer 고객 RE=regarding ~에 관하여. 제목 unavailable 이용 불가능한 during 동안에 maintenance 유지 보수 be aware 인식하다, 깨닫다 Sunday 일요일 March 3월 P.M. 오후 A.M. 오전 routine 일상적인 maintenance 유지 보수, 관리. 정비 be able to ~할 수 있다 access 접속하다 account 계정 submit=give(turn, send, hand) in 제출하다 transaction 거래 however 그러나 process 처리하다 complete 완료하다 similarly=likewise=in the same way=in a similar way=in a likewise manner 마찬가지로 electronic confirmation 전자 확인 send out 발송하다 restore 복원(복구)하다 scheduled 예정된 automated telephone banking system 자동 전화 은행 시스템 instruction 지침 temporarily 일시적으로 suspend 중지하다, 정지시키다 opening 일자리, 공석 available 구할 수 있는 directly 직접

문제 143-146 다음의 광고를 참조하십시오.

There is no better time to visit beautiful Nova Scoti,// and Nova Scotia Tours can help!
아름다운 노바스코티를 방문하기에 더 좋은 시기는 없으며,// 노바스코샤 투어가 도움을 드릴 수 있습니다!

With over 25 years in business,// we know// how to plan ------- tailored to our clients' specifications.
　　　　　　　　　　　　　　　　　　　　　　　　　　　　　143.
25년 넘게 사업을 해온// 우리는 알고 있습니다// 고객의 사양에 맞는 휴가를 계획하는 방법을.

You and your family/ can enjoy everything/ from our Gaelic fiddle music and Ukrainian heritage festivals to the fresh, salty air and delicious seafood.
귀하와 귀하의 가족은/모든 것을 즐길 수 있습니다./ 게일 바이올린 음악과 우크라이나 전통 축제에서부터 신선한 바다 공기와 맛있는 해산물에 이르기까지.

For adventure seekers, there are many activities ------- you busy.
　　　　　　　　　　　　　　　　　　　　　144.
모험을 추구하는 사람들의 경우, 여러분을 바쁘게 해 줄 많은 활동들이 있습니다.

-------. 고래 관찰, 카약, 자전거 타기를 시도해보십시오.
145.

Or,// ------- you prefer,/ relax and dine at any of our world-class restaurants.
　　　　　146.
아니면,// 원할 경우에는,/ 세계적 수준의 레스토랑 아무 곳에서나 휴식을 취하고 식사를 하십시오.

But don't wait. Call us today at 902-555-0166!
그러나 기다리지 마십시오. 오늘 저희에게 902-555-0166으로 전화하십시오!

143. (A) garments
(B) deliveries
(C) conferences
(D) vacations

(A) 의복
(B) 배달
(C) 회의
(D) 휴가 (여행사가 해야 할 일이 고객의 사양에 맞춰 휴가 계획을 짜는 일이므로)

144. (A) to keep (유지하다: 앞 명사를 꾸며주는 to 부정사의 형용사적 용법이 되어야 하므로)
(B) keep
(C) having kept
(D) would keep

145. (A) Book now to reserve your hotel.
(B) Speak with our representatives Monday through Friday.
(C) Try whale watching, kayaking, or cycling.
(D) Choose from over hundreds of locations.

(A) 지금 예약하여 호텔을 예약하십시오.
(B) 월요일부터 금요일까지 담당자와 대화하십시오.
(C) 고래 관찰, 카약, 자전거 타기. (모험을 즐기는 사람들의 활동이므로)
(D) 수백 개 이상의 위치에서 선택합니다.

146. (A) if
(B) moreover
(C) despite
(D) both

(A) 만약 ~한다면 (뒤에 주어+동사가 왔으므로 접속사가 필요한 자리이죠?)
(B) 게다가 (접속부사)
(C) ~에도 불구하고 (전치사)
(D) 둘 다 (등위 상관 접속사)

어휘 visit=pay a visit to ~을 방문하다 how to plan 계획하는 방법 tailor ~에 맞도록 손질하다 client 고객 specifications 사양, 명세사항 from A to B: A에서 B에 이르기까지 Gael [geil] n.게일인(人)《스코틀랜드 고지의 주민, (드물게) 아일랜드의 켈트(Celt)인》 Gaelic 게일의 fiddle 바이올린 Ukrainian 우크라이나의 heritage festival 전통 축제 fresh 신선한 salty 짠, 바다의 air 공기 delicious 맛있는 seafood 해산물 adventure 모험 seeker 추구하는 사람 activity 활동 keep ~ busy ~를 바쁘게 하다 or 또는, 그렇지 않으면 prefer 선호하다 relax 휴식을 취하다 dine 식사하다 world-class 세계적 수준의 call=give ~ a call(ring) ~에게 전화하다

문제 147-148 다음의 양식을 참조하십시오.

Table of contents 목차

Introduction ··3
소개

Transportation — getting there ······································8
교통 – 도착

Local transit ··10
지역 교통

Hotel guide ··13
호텔 가이드

Restaurants ··16
식당

Parks and recreation ··21
공원 및 레크리에이션

Tourist spots ··26 (147) (148)
관광지

Shopping ··30
쇼핑

Medical services ··35
의료 서비스

Police ··38
경찰

Local government ··40
지방 정부

147. Where would this table of contents most likely be found?

(A) In a newspaper

(B) In a guidebook

(C) In a restaurant magazine

(D) In a government brochure

이 목차는 십중팔구 어디에서 발견될까요?

(A) 신문에서

(B) 여행 안내서 (전제적으로 여행 안내서에 나오는 내용들이죠?)

(C) 레스토랑 잡지에서

(D) 정부 소책자에서

148. What would a reader find on page 29?

(A) Sales information

(B) Places to stay

(C) Local attractions

(D) Emergency services

독자는 29 쪽에서 무엇을 발견하게 될까요?)

(A) 판매 정보

(B) 숙박 장소

(C) 지역 명소 (26쪽부터 29쪽까지 관광지를 소개하는 내용이므로)

(D) 긴급 서비스

> 어휘 most likely=very likely=likely=probably 십중팔구 government 정부 brochure 소책자 reader 독자 find-found-found 찾다, 발견하다 information 정보 stay 머무르다 local 지역의 attractions 명소 emergency 긴급, 응급

문제 149-150 다음의 광고를 참조하십시오.

Does Your business need more business? (149)

Advertise in the Daily Hilton's Business Directory

Your ad will reach over 75,000 readers/ who need your services. Carpenters, plumbers, landscapers, bookkeepers, cleaners, and organizers are just some of the service providers/ who have found advertising in the Daily Hilton newspaper to be a worthwhile investment.

Call 482-9872 to place your ad.

Ad are just $.50 per line per day. (150)

당신의 사업은 더 많은 거래가 필요하십니까?

Daily Hilton의 사업자 안내책자에 광고를 하십시오.

당신의 광고는 75,000 명 이상의 독자에게 도달할 것입니다./ 그들은 귀하의 서비스를 필요로 합니다. 목수, 배관공, 조경사, 회계 장부 담당자, 청소부, 주최자는 서비스 제공자들 중 일부에 불과합니다./ 데일리 힐튼 신문의 광고가 가치 있는 투자라고 생각한 광고를 게재하려면 482-9872로 전화해 주십시오.

광고는 하루에 한 줄당 0.5달러입니다.

149. Who would be interested in this ad?

(A) Business owners

(B) Investment advisers

(C) Homeowners

(D) Newspaper reporters

누가 이 광고에 관심을 가질까요?

(A) 사업주 (사업자 안내책자에 광고를 권하는 내용이므로)

(B) 투자 고문

(C) 주택 소유자

(D) 신문 기자

150. What would be the cost to run a 10-line ad for five days?

(A) $.50

(B) $2.50

(C) $5.00

(D) $25.00

5일 동안 10줄짜리 광고를 게재하는 데 드는 비용은 얼마일까요?

(A) 0.5달러

(B) 2.5달러

(C) 5달러

(D) 25달러(하루 한 줄당 0.5달러이므로 10줄은 5달러, 5일 동안이므로 5×5＝25달러)

어휘　business 사업, 거래 advertise 광고하다 in the Daily Hilton's Business directory 인명부, 사업자 안내책자, 사업자 안내판 reach 도달하다, 미치다 reader 독사 carpenter 목수 plumber 배관공 landscaper 조경사 bookkeeper 회계 장부 담당자, 회계사 organizer 주최자, 창립위원, 창시자 just=only 불과한 provider 제공자 find A to be B: A를 B라고 생각하다 worthwhile 가치 있는 investment 투자 place(run) an ad 광고를 게재하다 ad=advertisement 광고 per line 한 줄 당 per day 하루 당 be interested in ~에 관심을 갖다 cost 비용

문제 151–152 다음의 할인권을 참조하십시오.

Tropics Café (트로픽스 카페)

Waterfront Centre (워터프런트 센터)

37 Marina Road 37 (마리나 로드)

+65 2438 4567

www.tropics-singapore.com.sg

Exceptional food — rated "best menu selection" by Dining Out Asia (151)
뛰어난 음식 – Dining Out Asia에서 "최고의 메뉴 선정"으로 평가

Beautiful atmosphere — our dining area overlooks the Singapore River (151)
아름다운 분위기 – 우리의 식사 공간은 싱가포르 강이 내려다보입니다.

Private room available — perfect for a variety of business and personal events
개인실 이용 가능 – 다양한 비즈니스 및 개인 행사에 적합함

Live music/ is featured Friday through Sunday/ from 8:00 to 11:00 P.M. (151)
라이브 음악은/ 금요일부터 일요일까지 선보입니다/ 밤 8시부터 11시까지.

Present this coupon/ and receive 10 percent off your total bill!
이 할인권을 제시하고/ 총 청구액에서 10%를 할인 받으세요!

(Valid for dinner Monday through Wednesday only. Good until5 May.) (152)
(월요일부터 수요일 저녁에만 유효합니다. 5월 5일까지 유효합니다.)

---

151. What is NOT advertised as a feature of the café?

(A) Its experienced servers

(B) Its delicious meals

(C) Its view of the river

(D) Its evening entertainment

카페의 특징으로 광고되지 않은 것은 무엇입니까?

(A) 경험이 풍부한 식사 시중인

(B) 맛있는 식사 (뛰어난 음식이 있죠?)

(C) 강의 전망 (싱가포르 강이 내려다보인다고 했죠?)

(D) 저녁 여흥 (밤 8시부터 11시까지 라이브 음악이 있죠?)

152. When can the coupon be used?

    (A) On Sunday

    (B) On Tuesday

    (C) On Thursday

    (D) On Saturday

할인권은 언제 사용할 수 있습니까?

    (A) 일요일

    (B) 화요일 (월요일부터 수요일 저녁에만 유효하다고 했죠?)

    (C) 목요일

    (D) 토요일

어휘 exceptional 뛰어난, 빼어난, 비범한 rate=estimate=appraise=assess=evaluate 평가하다 selection 선정 atmosphere 분위기 overlook 내려다보이다 river 강 private room 개인실 available 이용 가능 a variety(diversity) of=various=diverse 다양한 event 행사 perfect 완벽한 feature 특징, 특별히 다루다, 특징을 이루다 Friday through Sunday 금요일부터 일요일까지 present 제시하다 receive 받다 10 percent off 10%를 할인 total bill 총 청구액 valid=good=effective 유효한 until ~까지 May 5월 advertise 광고하다 experienced 경험이 풍부한 server 식사 시중인 delicious 맛있는 meals 식사 view 전망 entertainment 여흥, 연회, 오락

문제 153-154 다음의 일련의 문자메시지를 참조하십시오.

Koji Higa (1:01 P.M.) 히가 고지(오후 1시 1분)

Hi, Sue. I'm on the train headed to my meetings in New York tomorrow, but I left the schedule on my desk. Can you help?

안녕, Sue. 나는 내일 뉴욕에서 열리는 모임에 가는 기차 안에 있는데, 내 책상 위에 일정을 놓고 왔어. 도와줄 수 있겠어?

Sue Kalama (1:03 P.M.) 수 칼라마 (오후 1시 3분)

Absolutely 물론이지(그렇고말고)

Koji Higa (1:04 P.M.) 히가 고지(오후 1시 4분)

Great. Let me know once you've found it. 좋아. 찾으면 알려줘.

Sue Kalama (1:08 P.M.) 수 칼라마 (오후 1시 8분)

OK, I have it. What do you want with it? 좋아, 내가 가지고 있어. 그걸로 뭘 원하는 거야?

Koji Higa (1:09 P.M.) 히가 고지(오후 1시 9분)

Can you scan the schedule and attach it to an e-mail? I'll print it later from my hotel/ so I'll have the meeting details for the new authors who have signed contracts with us. (154)

그 일정을 스캔해서 이메일에 첨부해줄 수 있겠어? 나중에 호텔에서 출력해서/ 우리와 계약한 새 저자들을 위한 회의 내용을 갖도록 말이야.

Sue Kalama (1: 11 P.M.) 수 칼라마 (오후 1시 11분)

No problem 그건 문제없지.(걱정 마)

Koji Higa (1:12 P.M.) 히가 고지(오후 1시 12분)

Thanks 고마워

153. At 1:03 P.M., what does Ms. Kalama mean when she writes "Absolutely"?

(A) She is happy that Mr. Higa contacted her.

(B) She is willing to assist Mr. Higa.

(C) She is certain that Mr. Higa is correct.

(D) She is leaving her meeting now.

오후 1시 3분에 Kalama가 "Absolutely"라고 쓸 때 의미하는 바는 무엇입니까?

(A) 그녀는 히가 씨가 자신에게 연락해서 기쁘다.

(B) 그녀는 히가 씨를 기꺼이 도와 줄 것이다.

(C) 그녀는 히가 씨가 옳다고 확신한다.

(D) 그녀는 지금 회의를 떠나려고 한다.

154. For what type of business does Mr. Higa most likely work?

(A) A publishing company

(B) A hotel chain

(C) A travel agency

(D) An office supply store

히가 씨는 십중팔구 어떤 유형의 사업에 종사합니까?

(A) 출판사 (계약한 새 저자들을 위한 회의 사항을 갖는 것으로 보아)

(B) 호텔 체인

(C) 여행사

(D) 사무용품 점

어휘 | be headed to ~로 향하다 leave-left-left 남겨두다, 떠나다 schedule 일정 desk 책상 absolutely=no problem 물론이지, 그렇고말고 once 일단 ~하면, ~하자마자 find-found-found 발견하다, 찾다 scan 스캔하다, 자세히 조사하다 attach 첨부하다 so=so that ~하도록, ~하기 위하여 details 세부사항, 내용 author 저자 sign contracts with ~와 계약하다 No problem (부탁에 대해) 그건 문제없지, 걱정 마 (감사나 사과에 대한 응답으로) 별 말씀을 contact=make contact with ~에게 연락하다 be willing(glad, happy, ready, pleased) to 기꺼이 ~하다 assist 돕다 be certain that ~을 확신하다 correct 옳은, 정확한 most likely=very likely=likely=probably=perhaps 십중팔구

문제 155-157 다음의 이메일을 참조하십시오.

E-mail

발신인:	afinnegan@primafood.com
수신인:	jroberts@gmail.com
제목:	Verification of Order (주문 확인)
날짜:	August 15 (8월 15일)

Dear Ms. Roberts: 친애하는 로버츠 씨께:

About our telephone conversation this morning,// I would like to confirm your order for the following: 오늘 아침 전화 통화와 관련하여,// 다음 품목에 대한 귀하의 주문을 확인하고 싶습니다. (155) (156)

8 kg. Ultima Low-Fat Margarine (얼티마 저지방 마가린)

6 kg. Keat's Apple Juice (키츠 사과 주스) (157)

6 kg. Sola Orange Marmalade (솔라 오렌지 껍질 잼)

10 kg. Australian Butter (호주산 버터)

Please expect delivery within tomorrow afternoon. 내일 오후 안으로 배달이 될 것으로 예상하십시오.

Sincerely, 감사합니다.

Albert Finnegan 앨버트 피네건

Manager, Prima Food Store 프리마 푸드 스토어 관리자

155. Why did the manager send the e-mail to Ms. Roberts?

(A) To check what kinds of items she ordered.

(B) To ask her how many more groceries she want.

(C) To ask how their telephone conversation she liked.

(D) To ask her when it was convenient for her to get delivered.

관리자는 왜 Ms. Roberts에게 이메일을 보냈습니까?

(A) 그녀가 어떤 종류의 품목을 주문했는지 확인하기 위해. (정답의 근거: 첫 번째 홍색에서 품목에 대한 주문을 확인하고 싶다고 했죠?)

(B) 얼마나 더 많은 식료품을 그녀가 원하는지 물어보기 위해.

(C) 그들의 전화 대화가 어땠는지 묻기 위해.

(D) 언제 그녀가 배달받는 것이 편리한지 물어보기 위해.

156. How was the order made?

(A) By fax

(B) By e-mail

(C) By phone

(D) By post

주문은 어떻게 이뤄졌습니까?

(A) 팩스로

(B) 이메일로

(C) 전화로 (전화 통화와 관련하여 확인하고 싶다고 했죠?)

(D) 우편으로

157. Which item was NOT ordered?

(A) Marmalade

(B) Apple sauce

(C) Margarine

(D) Butter

어떤 품목이 주문되지 않았습니까?

(A) 껍질 잼

(B) 사과 소스 (사과 주스이지 소스가 아니죠?)

(C) 마가린

(D) 버터

어휘 about=concerning=regarding=respecting=as to=as concerns(regards, respects)=when it comes to ~과 관련하여 verification 확인 order 주문(하다) conversation 대화 this morning 오늘 아침 would like to=want to ~하고 싶다 confirm 확인하다 the following 다음 low-fat 저지방 marmalade 껍질 잼 Australian 호주산, 호주인 expect 예상하다 delivery 배달 within ~이내에 Sincerely=Best wishes=Best regards=All the best 끝맺음 말 check 확인하다, 점검하다 item 품목, 항목 grocery 식료품 convenient 편리한 get delivered 배달받다

Caldera Junior Bicycle Hitch Recall 칼데라 주니어 자전거 연결 고리 리콜(회수)

Northwind Cycle/ is recalling the Caldera Junior bicycle accessory/ for repair.
Northwind Cycle은/ Caldera Junior 자전거 부속품을 리콜(회수)하고 있습니다./ 수리를 위해.

If you think you may have an affected Caldera Junior,// stop using it immediately!
만일 여러분이 영향을 받은(좋지 않은) Caldera Junior가 있다고 생각되면,// 즉시 사용을 중지하십시오!

The hitch connecting it to the bicycle/ can fail,/ causing the Caldera Junior to become unstable,// which may result in injury. (159)
그것(Caldera Junior)을 자전거에 연결해주는 연결 고리가/ 고장 나서/ Caldera Junior를 불안정하게 할 수 있는데,// 이것이 부상을 가져올 수 있습니다.

The Caldera Junior "tandem bicycle accessory"/ consist of a frame, wheels, seat, pedals, and handlebars.
Caldera Junior "2인승 자전거 부속품"은/ 골격, 바퀴, 좌석, 페달 및 핸들 바로 구성되어 있습니다.

It attaches to the back of a standard bicycle by a hitch. (158)
그것은 연결 고리로 표준 자전거의 뒷부분에 부착되어 있습니다.

Bicycle stores and retailers nationwide/ sold the Caldera Junior/ from March 2000 through July 2001.
전국의 자전거 상점과 소매점들이/ Caldera Junior를 판매했습니다./ 2000년 3월부터 2001년 7월까지 .

Caldera Juniors/ were also sold/ under the name "Caldera Mongoose,"/ with a "Mongoose" logo appearing on the frame.
Caldera Juniors는/ 또한 판매되었습니다./ "Caldera Mongoose"라는 이름으로./ 그리고 "Mongoose"로고가 골격에 표시되어 있습니다.

The recalled Caldera Junior/ has the model number AC 100, AC 200, or AC 300,/ on the top tube.
리콜 된 Caldera Junior는/ 모델 번호 AC 100, AC 200 또는 AC 300이 있습니다./ 상단 튜브에.

Also, recalled Caldera Juniors/ have an aluminum sleeve/ on the hitch between the bicycle and the Caldera Junior.
또한 리콜 된 Caldera Juniors는/ 알루미늄 슬리브(반사체 부착물)가 있습니다./ 자전거와 Caldera Junior 사이의 연결부위에.

Caldera Juniors with nylon or plastic sleeves on the hitch/ are not included in this recall. (159)
연결 고리에 나일론이나 플라스틱 슬리브가 있는 Caldera Juniors는/ 이 리콜에 포함되지 않습니다.

Contact us or the retailer from whom you purchased your bike/ to get a new hitch.
당사 또는 자전거를 구입 한 소매점에 문의하십시오./ 새로운 연결 고리를 받으려면.

Northwind Cycle can be reached at 800-626-2811/ between 8 a.m. and 5 p.m. Central Time,/ Monday through Friday,/ for a free replacement hitch and instructions.
Northwind Cycle은 800–626–2811로 연락할 수 있습니다./ 중부 표준시 오전 8시에서 오후 5시 사이에,/ 월요일부터 금요일까지/ 무료 대체 연결 고리 및 사용법을 위해.

158. What is a Caldera Junior according to the notice?

(A) An attachment for bicycles

(B) A special kind of bicycle

(C) A metal sleeve

(D) A bike helmet

공지사항에 따르면 Caldera Junior는 무엇입니까?)

(A) 자전거용 부착물 (그것은 연결 고리로 표준 자전거의 뒷부분에 부착되어 있다고 했죠?)

(B) 특별한 종류의 자전거

(C) 금속 슬리브

(D) 자전거 헬멧

159. Which models of the Caldera Junior are NOT being recalled?

(A) Those with a "Mongoose" logo

(B) Model numbers AC 100, 200, and 300

(C) Those with hitches with nylon or plastic coverings

(D) Models that attach to a standard bicycle

Caldera Junior 의 어떤 모델이 리콜 되지 않습니까?

(A) "몽구스"로고가 있는 것들

(B) 모델 번호 AC 100, 200 및 300

(C) 나일론 또는 플라스틱 덮개가 있는 연결 고리를 가진 것들 (정답의 근거: 연결 고리에 나일론이나 플라스틱 슬리브가 있는 Caldera Juniors는 리콜에 포함되지 않는다고 나와 있죠?)

(D) 표준 자전거에 부착되는 모델

160. What reason is given for the recall?

(A) The logo violates a copyright law.

(B) The hitch has a dangerous flaw.

(C) The accessory does not attach properly.

(D) The nylon and plastic can break.

리콜에 대해 어떤 이유가 제시되어 있습니까?)

(A) 로고가 저작권법을 위반한다.

(B) 연결 고리는 위험한 결함이 있다. (정답의 근거: 연결 고리가 Caldera Junior를 불안정하게 하여 부상을 가져올 수 있다고 했죠?)

(C) 부속품이 똑바로 부착되어 있지 않다.

(D) 나일론과 플라스틱은 깨질 수 있다.

어휘　hitch 연결 고리 recall 리콜(회수)하다 accessory 부속품 repair 수리 affect 영향을 미치다 immediately=off hand= out of hand 즉시 만일 여러분이 영향을 받은(좋지 않은) Caldera Junior가 있다고 생각되면,// 즉시 사용을 중지하십시오! connect A to B: A를 B로 연결하다 fail 고장 나다, 실패하다 cause A to B: A를 B하게 하다 unstable 불안정한 result in 가져오다, 초래하다 injury 부상 tandem bicycle 2인승 자전거 consist of=be composed(made up) of ~로 구성되어있다 frame 골격 wheel 바퀴 seat 좌석 handlebar 자전거 손잡이 attach to ~에 부착되어 있다 retailer 소매점 nationwide 전국적으로 sell-sold-sold 팔다 from March 2000 through July 2001: 2000년 3월부터 2001년 7월까지 appear 나타나다 top tube 상단 튜브, 상단 몸통 sleeve 소매, 부착물 include=involve=contain=cover 포함하다 contact=reach=make contact with ~에게 연락하다 purchase 구매하다 between A and B: A와 B 사이에 a.m. 오전 p.m. 오후 Central Time 중부 표준시 free 무료 replacement 대체, 교체 instruction 지침, 설명서, 사용법 according to=as per ~에 따르면 notice 공지사항 attachment 부착물 special 특별한 coverings 덮개 violate 위반하다 copyright law 저작권법 dangerous 위험한 flaw 결함 properly 똑바로, 제대로 break 깨지다

문제 161–163 다음의 회람을 참조하십시오.

MEMO

발신인 :   Leroy Burnett

수신인 :   All Staff (전 직원)

날짜 :   April 9 (4월 9일)

제목 :   Web site (웹 사이트)

This is to update everyone about our online store. (161)
이것은 우리 온라인 매장에 대해 모든 사람들에게 새로운 정보를 제공하기 위함입니다.

Many people/ have not been able to access the Web site.
많은 사람들이/ 웹 사이트에 접속할 수 없었습니다.

We started receiving complaints yesterday. (161)
우리는 어제 불평을 받기 시작했습니다.

Our technical support team/ is fixing the problem.
우리의 기술 지원 팀이/ 문제를 해결하고 있습니다.

They believe// it was caused by a sharp increase in visitors. (162)
그들은 믿습니다// 그 문제가 방문자의 급증으로 인해 발생했다고.

They will have the site working properly by tomorrow.
그들은 내일까지 사이트를 제대로 작동시킬 것입니다.

In the meantime,/ we can expect more complaints.
그 동안/ 우리는 더 많은 불평을 예상할 수 있습니다.

If you receive one,// please assure the caller// that the site will be OK soon.
만약 불평을 받으면,// 발신자에게 확신을 주십시오// 사이트가 곧 괜찮아질 것이라고.

Also inform them// that we can take their order over the phone.
또한 그들에게 알려주십시오// 우리가 전화로 주문을 받을 수 있다고.

A section in my department/ is prepared to handle this type of order.
제 부서의 한 분과가/ 이러한 유형의 주문을 처리할 준비가 되어 있습니다.

So if a caller wants to order something,// transfer their call to extension 253. (163)
그러므로 발신자가 뭔가 주문하기를 원하면,// 전화를 내선 번호 253번으로 옮겨 주십시오.

If you have any questions,// please let me know.
궁금한 점이 있으시면,// 알려주십시오.

Leroy Burnett 레로이 버넷

Customer Support 고객 지원

---

161. What is the purpose of the memo?

(A) To request attendance at a meeting

(B) To ask for opinions about a Web site

(C) To inform employees about a problem

(D) To recommend a Web site developer

회람의 목적은 무엇입니까?

(A) 회의 참석 요청

(B) 웹 사이트에 대한 의견 요청

(C) 직원들에게 문제를 알리기 (웹 사이트 문제를 알리기 위함이죠?)

(D) 웹 사이트 개발자 추천

162. What does Mr. Burnett indicate about the store?

(A) It received many visitors.

(B) It was launched yesterday.

(C) It sells kitchen appliances.

(D) It has been redesigned.

Burnett 씨는 매장에 대해 무엇을 암시합니까?

(A) 많은 방문객을 맞이했습니다. (방문자의 급증으로 인해 문제가 발생했다고 했죠?)

(B) 어제 시작되었다.

(C) 주방 용품을 판매한다.

(D) 재설계되었다.

163. What are employees instructed to do?

(A) Distribute a form

(B) Verify an order

(C) Contact a client

(D) Transfer a call

직원은 무엇을 하라고 지시를 받습니까?

(A) 양식 배포

(B) 주문 확인

(C) 고객에게 연락

(D) 통화 전환 (주문 전화를 내선 번호 253번으로 옮겨달라고 지시했죠?)

어휘 | update 새로운 정보를 제공하다 online store 온라인 매장 be able to ~할 수 있다 access 접속하다 receive 받다 complaint 불평 technical support team 기술 지원 팀 fix 고치다, 해결하다 cause 야기하다, 발생시키다 sharp increase 급증 visitor 방문자 work 작동하다 properly 제대로, 똑바로 by ~까지 in the meantime=meantime=meanwhile 그 동안 expect 예상하다 assure 확신(납득)시키다 caller 발신자 soon=before long=in time 곧 also 또한 inform 알리다 take one's order 주문을 받다 over the phone 전화로 section 분과, 구역, 분할, 단명 department 부서 be prepared to ~할 준비가 되어있다 handle=deal(do, cope) with ~을 처리하다, 다루다 transfer 옮기다, 전학시키다, 편입하다 extension 내선 purpose 목적 request=ask for 요청하다 attendance 참석 opinion 의견 employee 직원 recommend 추천하다 developer 개발자 indicate=imply=suggest 암시하다 launch 시작하다 kitchen appliances 주방 용품 redesign 재설계하다 instruct 지시하다 distribute 배포하다 form 양식 verify 확인하다 contact=reach=make contact with ~에게 연락하다 client 고객

BSSI

Blakeley Self Storage, Inc.	Blakeley 셀프 보관 주식회사
440 Cleary Ave	Cleary 대로 440 번지
Brownsburg, IN 46112	Brownsburg, 인디에나 주 46112
(317) 555-0142	

At Blakeley Self Storage,/ we guarantee the most convenient self-storage experience in Brownsburg/ with a clean and safe environment for all your storage needs. —[1]—.
Blakeley Self Storage는/ 브라운스버그에서 가장 편리한 셀프 보관 경험을 보장해드립니다/ 여러분의 모든 보관 요구를 위한 깨끗하고 안전한 환경으로. —[1]—.

The insulated ceilings and sealed floors of our storage units/ protect your items/ from moisture and fluctuating temperatures.
우리의 보관 창고의 단열된 천장과 밀폐된 바닥은/ 여러분의 물품을 보호합니다./ 습기와 오르내리는 온도로부터.

We offer a wide range of units/ to accommodate virtually any item you may want to store. —[2]—.
우리는 광범위한 창고를 제공합니다./ 여러분이 보관하고자 하는 거의 모든 품목을 수용할 수 있는. —[2]—.

Moreover,// every unit is on the ground floor, minimizing the effort required to access your items. (164/167)
게다가,// 모든 창고가 1층에 있어서, 여러분의 물건에 접근하는 데 필요한 노력을 최소화합니다.

Blakeley's largest units are 5 meters tall, a full meter taller than those of our competitors.
Blakeley의 가장 큰 창고는 높이가 5m로 우리 경쟁사들의 창고보다 1m 더 높습니다.

There is no minimum number of units you must rent.
여러분이 임차해야하는 최소 창고 수는 없습니다.

Rent is collected once a month.
임대료는 한 달에 한 번 징수됩니다.

We believe// that customers should have full control over their storage units,// so access is 24 hours a day.
우리는 믿습니다// 고객이 자신의 보관 창고를 완전히 통제해야한다고,// 그래서 접근시간이 하루 24시간입니다.

With Blakeley,/ moving is convenient, too. —[3]—.
Blakeley와 함께라면/ 이사도 편리합니다. —[3]—.

Our unit facilities/ can accommodate trucks even up to 20 meters in length. (165)
우리의 창고 시설은/ 길이가 20m까지 되는 트럭을 수용할 수 있습니다.

Visit www.blakeleyselfstorage.com/ to browse the full range of unit sizes, a list of vacancies, testimonials, and price information. (166)
www.blakeleyselfstorage.com을 방문하여/ 전체 창고 크기, 빈 창고 목록, 추천 글 및 가격 정보를 훑어보십시오.

Please call us for the most up-to-date information on unit availability.
창고 가용성에 대한 최신 정보를 원하시면 저희에게 전화하십시오.

We maintain waiting lists/ for those whose desired unit sizes are currently unavailable. —[4]—.
우리는 대기자 명단을 보유하고 있습니다/ 자신이 바라는 창고 크기가 현재 이용 불가능한 사람들을 위해.

Should you choose to be placed on one, we will contact you as soon as a space is vacated.
혹시라도 여러분이 하나에 배정받겠다고 선택하면,/ 자리가 비워지는 대로 여러분에게 연락드리겠습니다.

164. What is indicated about the self-storage units?

(A) They are heated in the winter.

(B) They are all located on the same level.

(C) They are protected by video security cameras.

(D) They are all five meters in height.

셀프 보관 창고에 관해 암시하는 것은 무엇입니까?

(A) 그것들은 겨울에 난방이 된다.

(B) 그것들은 모두 같은 층에 있다. (모두 1층에 있다고 했죠?)

(C) 그것들은 비디오 보안 카메라의 보호를 받는다.

(D) 그것들은 모두 높이가 5 미터입니다.

165. What does Blakeley Self Storage do to make moving easier?

(A) It provides space for large vehicles.

(B) It offers freight-delivery services.

(C) It gives referrals for moving companies.

(D) It facilitates transfers to other branches.

Blakeley Self Storage는 이동을 더 쉽게 하기 위해 무엇을 합니까?

(A) 대형 차량을 위한 공간을 제공한다.

(B) 화물 배달 서비스를 제공한다.

(C) 이사 회사들을 위해 추천을 제공한다.

(D) 다른 지점으로의 이전을 용이하게 한다.

166. What is featured on the company Web site?

(A) A brief history of the company

(B) A virtual tour of the facility

(C) A list of available units

(D) An exclusive discount coupon

회사 웹 사이트에는 어떤 내용이 실려 있습니까?

(A) 회사의 간략한 역사

(B) 시설의 가상 투어

(C) 사용 가능한 창고 목록

(D) 전용 할인 쿠폰

167. In which of the positions marked [1], [2], [3]. and [4] does the following sentence best belong?

"Moreover, every unit is on the ground floor, minimizing the effort required to access your items."

[1, [2], [3], [4]로 표시된 곳 중에서 다음 문장이 들어가기에 가장 적합한 곳은?

"게다가, 모든 창고가 1층에 있어서, 여러분의 물건에 접근하는 데 필요한 노력을 최소화합니다."

(A) [1]

(B) [2] (앞 문장에 '광범위한 창고를 제공한다'고 했으므로, 그 다음에 덧붙이는 말이 와야 하므로)

(C) [3]

(D) [4]

어휘 guarantee 보장하다 the most 가장 convenient 편리한 storage 보관 experience 경험 safe 안전한 environment 환경 needs 요구 Brownsburg 미국 인디애나 주 헨드릭스 카운티에 있는 도시 이름 insulate 단열하다, 열을 차단하다 ceiling 천장 seal 봉인하다, 밀폐시키다 floor 바닥 storage unit 보관 창고 protect 보호하다 item 물품, 물건, 품목 moisture 습기 fluctuate 오르내리다, 변동하다 temperature 온도 offer 제공 a wide range of 광범위한 accommodate 수용하다 virtually=almost=nearly=practically=all but 거의 store 보관(저장)하다 moreover=besides=in addition= furthermore=what is more=on top of that 게다가 the ground floor 1층 minimize 최소화하다 effort 노력 require 요구하다, 필요로 하다 access 접근하다 largest 가장 큰 competitor 경쟁사 rent 임대료, 임대(임차)하다 collect 모으다 customer 고객 move 이사하다 convenient 편리한 facility 시설 accommodate 수용하다 even 심지어 up to ~까지, 최대 length 길이 browse 훑어보다 range 범위 vacancy 빈 창고, 빈 방, 빈자리 testimonial 추천 글 price information 가격 정보 the most up-to-date 최신 availability 가용성 maintain 보유하다 waiting list 대기자 명단 desire 바라다, 갈망하다 currently 현재 unavailable 이용 불가능한 Should you choose to~=If you should choose to 혹시라도 ~하겠다고 선택한다면 contact=make contact with ~에게 연락하다 as soon as ~하자마자 space 공간 vacate 비우다 indicate=imply=suggest 암시(시사)하다 heat 난방하다, 가열하다 winter 겨울 be located on the same level 같은 층에 있다 protect 보호하다 security 보안 height 높이 provide 제공하다 large vehicle 대형 차량 freight-delivery 화물 배달 referrals 추천 moving company 이사 회사 facilitate ~을 용이하게 하다 transfer 이전 branch 지점 feature 싣다, 다루다 brief 간략한 history 역사 virtual 가상의 available 사용 가능한 exclusive 독점적인, 배타적인position 위치 mark 표시하다 belong 속하다

문제 168-171 다음의 기사를 참조하십시오.

Talar and Steve, a financial planning company based in Lakeview,/ has opened a branch office in downtown Salem/ in the building owned by the Salem Office Properties real estate company. (168)
Lakeview에 본사를 둔 재무 기획사인 Talar and Steve는/ Salem 시내에 지점을 열었습니다./ Salem Office Properties 부동산 회사 소유의 건물에.

Talar and Steve/ is taking over office space formerly occupied by the law offices of Lay Lawson.
Talar and Steve는/ 전에 Lay Lawson의 법률 사무소가 차지했던 사무실 공간을 넘겨받았습니다.

The space/ had been vacant for a year and a half.
그 공간은/ 1년 반 동안 비어있었습니다.

The new Talar and Steve office/ was open for business as of yesterday. (169)
새로운 Talar and Steve 사무실은/ 어제부터 영업을 시작했습니다.

Talar Ormond, president of Talar and Steve,/ says// that her company chose the Salem location/ because of a rising demand for financial planning services in the area.
Talar and Steve의 사장인 Talar Ormond는/ 말합니다.// 그녀의 회사가 Salem 지역을 선택한 이유는/ 이 지역의 재무 계획 서비스에 대한 늘어나는 수요 때문이라고.

"Salem is a growing community," she explained, "and the town's citizens are becoming more affluent. It is just the type of community where services such as ours are needed." (170)
그녀는 설명했습니다. "Salem은 성장하는 공동체입니다. 그리고 그 시민들은 더욱 부유해지고 있습니다. 그것은 우리와 같은 서비스가 필요한 공동체일 뿐입니다."

Talar and Steve/ closed its branch offices in Johnstown and Freeburg/ at the end of last year.
Talar and Steve는/ Johnstown과 Freeburg에 있는 지점을 폐쇄했습니다./ 작년 말에.

These communities/ are close enough to Lakeview/ to be served by the main office there,/ Ms. Talar explained,// but having an office in Salem/ will facilitate expanding services to the entire eastern part of the state.

이 지역 사회는/ Lakeview와 아주 가까워서/ 그곳에 있는 본사의 서비스를 받을 수 있지만,/ Salem에 사무실을 두는 것은/ 주 동부 전체로 서비스를 확장하는 것을 용이하게 할 것이라고/ Talar 씨는 설명했습니다.

The branch's opening/ comes just a few months/ after the opening of the PD Miller stock brokerage firm at the Salem Center office complex.

지점의 개장은/ 불과 몇 달 후입니다./ Salem Center 사무실 단지에 PD Miller 주식 중개 회사가 개장 한 지.

---

168. What kind of a business is Talar and Steve?

(A) Financial planning

(B) Law office

(C) Real estate

(D) Stock brokerage

Talar and Steve는 어떤 사업체인가요?

(A) 재무 기획

(B) 법률 사무소

(C) 부동산

(D) 주식 중개

---

169. When did Talar and Steve open its branch office in Salem?

(A) Yesterday

(B) A few months ago

(C) At the end of last year

(D) A year and a half ago

Talar and Steve는 언제 Salem에 지사를 열었습니까?

(A) 어제

(B) 몇 달 전

(C) 작년 말

(D) 1년 반 전

---

170. Why did Talar and Steve open a branch office in Salem?

(A) They closed their other branch offices.

(B) It's close to the main office.

(C) There is a need for their services there.

(D) The rent is reasonable.

Talar and Steve는 왜 Salem에 지사를 열었습니까?

(A) 그들은 다른 지사들을 닫았다.

(B) 본사와 가깝다.

(C) 그곳에 그들의 서비스가 필요하다.

(D) 임대료가 합리적이다.

---

171. The word "facilitate" in line 10 is closest in meaning to

(A) fund

(B) assist

(C) impede

(D) upgrade

10 행의 "facilitate"와 의미상 가장 가까운 것은?

(A) 자금을 대다

(B) 지원하다, 도움을 주다 (make something happen more easily)

(C) 방해하다

(D) 업그레이드하다

a financial planning company 재무 기획사 based in ~에 본사를 둔 a branch office 지점 downtown 시내 own 소유하다 real estate 부동산 take over 인수하다, 넘겨받다, 점령하다 space 공간 formerly 전에 occupy=take up 차지하다 law office 법률 사무소 vacant=empty=unoccupied 비어있는 as of=as from ~부터 president 사장 choose-chose-chosen 선정(선택)하다 location 지역, 위치 because of=owing(due) to=on account of ~ 때문에 rise 늘어나다, 성장하다, 일어나다 demand 수요 financial 제정적인 area 지역 grow-grew-grown 성장하다 community 공동체, 지역사회 explain 설명하다 affluent=rich 풍요로운, 부유한 such as ~같은 close 폐쇄하다 last year 작년 enough to 대단히 ~해서, ~할 수 있을 정도로 ~한 main office 본사 facilitate=assist=ease=smooth ~을 용이하게 하다 expand 확장하다 entire 전체의 eastern 동쪽의 part 부분 state 주 just a few months 불과 몇 달 stock brokerage firm 주식 중개 회사 complex 단지 rent 임대료, 임차료 reasonable 합리적인, 적정한 closest in meaning to 의미상 가장 가까운

문제 172-175 다음의 온라인 채팅 토론을 참조하십시오.

ALINA (10:03 A.M.) 알리나 (오전 10시 3분)	Hi. I just arrived.. about to get my conference badge, so I should get to our table soon. 안녕. 나 방금 도착했어. 회의 배지를 받으려고 해. 그래서 곧 우리 테이블로 갈 거야.
KONRAD (10:04 A.M.) 콘라드 (오전 10시 4분)	Glad you got in okay. Do you have the perfume samples? 무사히 도착해서 기뻐. 향수 샘플 있어?
ALINA (10:06 A.M.) 알리나 (오전 10시 6분)	No, they were too heavy to bring on the plane, so I sent them by express mail. They're expected here by 11 AM. 아니, 너무 무거워서 비행기에 실을 수가 없었어. 그래서 특급 우편으로 보냈다. 오전 11 시까지 여기에 도착할 것으로 예상돼.
CHARLIE (10:07 A.M.) 찰리(오전 10시 7분)	Okay. Our table is in Area 12A of the conference center. (175) 좋아. 우리 테이블은 회의장 12A구역에 있어
ALINA (10:08 A.M.) 알리나 (오전 10시 8분)	Got it.(=I understand the directions.) (175) 알았어
KONRAD (10:09 A.M.) 콘라드 (오전 10시 9분)	After we get our table set up, let's check out DTY's presentation in 14E. It's close by, so the time would work out. 테이블을 설치한 후 14E에서 DTY의 프레젠테이션을 확인해보자. 가까워서 시간이 될 거야.
ALINA (10:13 A.M.) 알리나 (오전 10시 13분)	Okay, I have my badge, so I'm on my way. The people in reception will send boxed lunches to our display table. Let's plan on getting ready for the afternoon session while we eat. (172) 좋아. 배지를 받아서 가는 중이야. 접수 담장 직원들이 도시락을 우리의 진열대로 보낼 거야. 식사하면서 오후 시간 준비를 계획해보자.

CHARLIE (10:15 A.M.)
찰리(오전 10시 15분)

Okay, when you get here, we can check out DTY. (174) I want to see their new spring lineup.

좋아, 네기 여기에 오면, 우리는 DTY를 확인해 볼 수 있어. 그들의 새로운 봄 라인업(물건의 배열이나 구성)을 보고 싶어.

ALINA (10:17 A.M.)
알리나 (오전 10시 17분)

Yes, I'll bet it's no threat to us. I'm interested in seeing the materials Na-Young and her group have developed to promote their new product line. (174)

그래, 분명 우리에게 위협이 되지는 않을 거야. 나영과 그녀 그룹이 신제품 라인을 홍보하기 위해 개발한 소재를 보고 싶어.

---

172. What is indicated about the group's lunch?

(A) It will be served in 14E.

(B) It will be provided at half price.

(C) It will occur after a competitor's presentation.

(D) It will give them additional time for preparation.

그룹의 점심과 관련하여 암시하는 것은?

(A) 그것은 14E에서 제공될 것이다.

(B) 그것은 반액으로 제공될 것이다.

(C) 그것은 경쟁자의 프레젠테이션 후에 이뤄질 것이다.

(D) 그것은 준비를 위한 추가 시간을 줄 것이다.

173. At 10:08, what does Alina mean when she writes, "Got it"?

(A) She understands the directions.

(B) She has the lunch.

(C) She will give the presentation.

(D) She is paying for lunch.

10시 8분에 Alina가 "Got it"라고 쓸 때 의미하는 바는 무엇입니까?

(A) 그녀는 방향을 이해한다.

(B) 그녀는 점심을 가지고 있다.

(C) 그녀는 프레젠테이션을 할 것이다.

(D) 그녀는 점심 값을 지불하고 있다.

174. What is suggested about Na-Young?

(A) She works in a personnel department.

(B) She arranged travel for her coworkers.

(C) She is a product designer.

(D) She works for DTY.

나영과 관련하여 암시하는 것은?

(A) 그녀는 인사부에서 일한다.

(B) 그녀는 동료들을 위해 여행을 마련했다.

(C) 그녀는 제품 디자이너이다.

(D) 그녀는 DTY에서 일한다.

175. What will Alina most likely do next?

(A) Pick up a conference badge

(B) Arrive at Area 12A

(C) Deliver product samples

(D) Look over a menu

Alina는 십중팔구 다음에 무엇을 할까요?

(A) 회의 배지를 가져올 것이다.

(B) 12A 구역에 도착할 것이다.

(C) 제품 샘플을 전달할 것이다.

(D) 메뉴를 살펴볼 것이다.

| 어휘 | just 방금 be about to=be on the point of ~ing 막 ~하려하다 conference 회의 should 틀림없이 ~하다 get to 도착하다 perfume 향수 too ~ to 너무 ~해서 ~할 수 없다 plane 비행기 send-sent-sent 보내다 express mail 특급 우편으로 by+시간 ~까지 set up 설치하다 check out 확인하다 presentation 프레젠테이션, 발표, 공개, 첫 선 close by 가까이에 있는 work out 시간이 되다, 총 ~이 되다 on one's way ~에 가는 중 reception 접수 display table 진열대 plan on ~ing 계획을 세우다 get ready for ~을 준비하다 session 시간, 회기, 수업 lineup 라인업, 물건의 배열이나 구성 I'll bet 틀림없이 ~하다 threat 위협 be interested in ~ing ~에 관심이 있다 materials 소재, 재료 develop 개발하다 promote 홍보하다 indicate=imply=suggest 암시(시사)하다 serve 제공하다 provide 제공하다 at half price 반액으로, 반 가격에 occur=happen=take place 발생하다, 이뤄지다 competitor 경쟁자 additional 추가적인 preparation 준비 I got it.=I see.=I understand. 알겠어. direction 방향, 지시 pay for ~의 값을 지불하다 personnel department 인사부 arrange 마련(주선)하다 coworker 동료 pick up 줍다, 태우다, 가져오다 most likely=very likely=probably 십중팔구 arrive at 도착하다 deliver 전달(배달)하다 look(go, run) over 살펴보다 |

문제 176-180 다음의 회람과 이메일을 참조하십시오.

MEMO (회람)

수신:	All personnel	전 직원
발신:	Mason More, Office Manager	메이슨 모어, 사무장
제목:	Workplace safety workshop	작업장 안전 연수회
날짜:	November 17	11월 17일

On December 7,// a workshop on workplace safety will be offered/ by Elvira Walters of the National Workplace Safety Commission.
12월 7일,// 작업장 안전에 관한 연수회가 제공될 것입니다./ 전국 작업장 안전위원회의 Elvira Walters에 의해서.

The workshop will take place in Conference Room 2/ from 9:30 to 11:30.
그 연수회는 제 2 회의실에서 열릴 것입니다/ 9시 30 분부터 11시 30 분까지.

This workshop is required for all department heads/ and recommended for all staff members. (176)
이 연수회는 모든 부서장들에게 필수이며/ 모든 직원들에게 권장됩니다.

Please let me know/ before November 22// if you plan to attend.
알려주십시오./ 11월 22일 이전에 // 참석할 계획이 있다면.

Also, please let me know// if you cannot attend at this time but are still interested.
또한 알려 주십시오.// 지금은 참석할 수 없지만 그래도 관심이 있는 경우.

If there is enough interest,// we will offer the workshop again at a later date.
충분한 관심이 있으시다면,// 추후 또 연수회를 제공하겠습니다.

Finally,// because the end of the year is fast approaching,/ let me take this opportunity to remind everyone// that attendance at a minimum of three staff development workshops per year/ is required of all personnel.
끝으로,// 연말이 빠르게 다가오고 있기 때문에,/ 이번 기회를 이용해서 모든 직원들에게 상기시켜드립니다.// 매년 최소 3회의 직원 개발 연수회에 대한 참석이/ 전 직원들에게 필수라는 점을. (179)

A schedule of upcoming workshops/ is posted outside my office.
다가오는 연수회 일정은/ 사무실 밖에 게시되어 있습니다.

수신:　　mason_more@zipsys.com

발신:　　synne_briggett@zipsys.com

전송:　　5 November 20--, 11:40　　20-- 년, 11 월 5 일, 11시 40분

제목:　　safety workshop　　안전에 관한 연수회

Hi, Mason, 안녕하세요, 메이슨

I am very much interested/ in next month's workshop on workplace safety that was mentioned in the memo you sent out yesterday. (177)

저는 많은 관심이 있습니다./ 어제 보내 주신 회람에 언급 된 다음 달의 작업장 안전 연수회에.

I would like to attend it,// so please put me on the list.

저는 참석하고 싶어요.// 그러므로 저를 명단에 올려주세요.

After this workshop,// I will have fulfilled my attendance requirement for this year. (179)

이 연수회가 끝나면,// 저는 올해 참석 요건을 다 충족시키게 될 것입니다.

I would like you to know// that I have found each workshop I attended to be very informative and worthwhile.

저는 당신이 알고 있기를 바랍니다.// 제가 참석 한 각 연수회가 매우 유익하고 가치가 있다고 생각했음을.

Also, I would like to apologize in advance// because I will probably arrive about 15 minutes late to the workplace safety workshop.

또한 저는 미리 사과드리고 싶어요// 제가 아마 작업장 안전 연수회에 약 15분 정도 늦게 도착할 것 같거든요. (178)

I have to be downtown early that morning for a breakfast meeting,// but it shouldn't last much past 9:00, and then I can catch the subway to the office. (180)

저는 조찬 모임을 위해 그날 아침 일찍 시내에 가야합니다.// 하지만 9시를 훨씬 넘기지는 않을 거예요. 그래서 저는 사무실로 가는 지하철을 탈 수 있습니다.

I hope a slightly late arrival won't be a problem.

조금 늦게 도착해도 문제가 되지 않기를 바랍니다.

Thanks. 감사합니다.

Synne

176. Who has to attend the workshop?

(A) All staff members

(B) The security officer

(C) Department heads

(D) The office manager

누가 워크숍에 참석해야합니까?

(A) 모든 직원

(B) 보안 책임자

(C) 부서장

(D) 사무장

177. When did Synne Briggett write her e-mail message?

(A) November 17

(B) November 18

(C) November 22

(D) December 7

Synne Briggett는 언제 이메일을 메시지를 썼습니까?

(A) 11월 17일

(B) 11월 18일

(C) 11월 22일

(D) 12월 7일

178. What time will Synne Briggett probably arrive at the workshop?

Synne Briggett은 십중팔구 몇 시에 연수회에 도착할까요?

(A) 9:00

(B) 9:15

(C) 9:30

(D) 9:45

179. How many workshops has Synne Briggett already attended this year?

Synne Briggett는 올해 이미 몇 개의 연수회에 참석했습니까?

(A) One

(B) Two

(C) Three

(D) Four

180. Where will Synne breakfast meeting take place?

(A) At Mason More

(B) At her office

(C) Downtown

(D) In Conference Room 2

Synne 조찬 모임은 어디서 열리나요?

(A) 메이슨 모어에서

(B) 사무실에서

(C) 시내에서

(D) 제 2 회의실에서

어휘	be interested in ~에 관심이 있다 workshop 연수회 workplace 작업장 safety 안전 mention 언급하다 send-sent-sent 보내다 would like to ~하고 싶다 attend 참석하다 put ~ on the list ~를 명단에 올리다 fulfill 이행(완료)하다, 충족시키다 attendance 출석, 참석 requirement 요건 find-found-found 발견하다 informative 교육적인, 유익한 worthwhile 가치가 있는 apologize 사과하다 in advance=beforehand=ahead of time=previously 미리 about=around=approximately= some=roughly=or so 대략 probably=possibly=likely=most likely=very likely 아마, 십중팔구 downtown 시내, 시내의, 시내에 breakfast meeting 조찬 모임 should 틀림없이 ~할 것이다 last 지속되다 much past ~을 훨씬 넘어서 subway 지하철 slightly 약간, 조금 late 늦은 arrival 도착 take place 열리다, 개최되다, 발생하다

문제 181–185 다음의 편지와 메뉴를 참조하십시오.

July 8

Sophie Boonyarat 소피 분야랏

1 Waterman Street 워터맨 가 1번지

Providence, Rhode Island 02906 프로비던스, 로드 아일랜드 02906

Dear Ms. Boonyarat, 친애하는 분야랏 씨에게,

I've enclosed a revision of the banquet menu// as we discussed yesterday afternoon.
저는 연회 메뉴 수정본을 동봉했습니다.// 어제 오후에 논의한대로.

Please review/ it to ensure [all the changes we talked about] have been made.
검토하셔서/ [우리가 논의한 모든 변경 사항이] 이루어졌는지 확인해주십시오.

Per your request, I added a vegetarian dish. (183)
귀하의 요청에 따라, 저는 야채만의 요리를 추가했습니다.

Of the three choices you presented,// I thought pasta would be the best option// since it can also be offered to non-vegetarian guests.
귀하가 제시한 세 가지 선택 사항 중,// 저는 파스타가 최선의 선택이 될 것이라고 생각했습니다.// 왜냐하면 그것은 또한 채식주의자가 아닌 손님에게도 제공 될 수 있기 때문에.

When you've finished reviewing the menu,/ please call me at (401) 421-0009// so we can begin preparing for the event.
메뉴 검토를 마치면,/ (401) 421-0009로 전화 해 주십시오.// 저희가 행사 준비를 시작할 수 있도록.

Sincerely, 감사합니다.

Bruce Gellar 브루스 겔러

Gellar & Sons Catering Gellar & Sons 음식물 조달업체 (182)

The Fowler Business Association 파울러 비즈니스 협회
Networking Banquet - Proposed Menu 네트워킹 연회－신청 메뉴 (181)

Appetizers (served at 5:40 P.M.) 애피타이저 (오후 5시 40분에 제공) (184)

Bread: Gourmet Italian rolls topped with garlic butter
빵: 마늘 버터를 얹은 고급 이탈리아 롤

Salad: House salad with Italian, blue cheese, or honey mustard dressing
샐러드: 이탈리아식 블루치즈 또는 허니 머스터드 드레싱을 곁들인 하우스 샐러드

Soup: Portobello mushroom soup and vegetable minestrone soup
수프: 양송이버섯 수프와 야채 미네스트로네 스프

Main Dishes (served at 6 P.M.) 주된 요리 (오후 6시 제공)
Chicken: Honey-glazed chicken served with risotto or a baked potato and mixed vegetables
치킨: 리조또 또는 구운 감자와 혼합 야채와 함께 제공되는 꿀 바른 치킨

Salmon: Char-grilled salmon served with risotto or a baked potato and mixed vegetables
연어: 리조또 또는 구운 감자와 혼합 야채와 함께 제공되는 숯불구이 연어

Fettuccine (vegetarian): Fettuccine noodles served with spinach in a cream sauce (183)
페투치니 (채식위주): 크림소스에 시금치를 곁들여 제공되는 페투치니 국수

Desserts (served at 7 P.M.) 디저트 (오후 7시 제공)
Cake: Chocolate or angel food cake
케이크: 초콜릿 또는 엔젤 푸드 케이크

Ice cream: Vanilla, chocolate, or strawberry
아이스크림: 바닐라, 초콜릿 또는 딸기

Fruit: An assortment of bananas, apples, oranges, and grapes
과일: 각종 바나나, 사과, 오렌지, 포도

Beverages (available throughout the evening) 음료 (저녁 내내 제공) (185)

Water, assorted soft drinks, iced tea, grape juice, and apple juice.
물, 각종 청량음료, 아이스 티, 포도 주스, 사과 주스.

181. What type of event will take place?

(A) An awards dinner

(B) A lunch conference

(C) A networking banquet

(D) A restaurant opening

어떤 종류의 행사가 열릴 예정인가요?

(A) 시상식 정찬

(B) 점심 회의

(C) 네트워킹 연회

(D) 식당 개업

182. Who is Mr. Gellar?

(A) A caterer

(B) An event planner

(C) A restaurant owner

(D) An organization's president

Gellar 씨는 누구입니까?

(A) 음식물 조달업자

(B) 이벤트 계획자

(C) 식당 주인

(D) 조직의 회장

183. Which item was recently added to the menu?

(A) Fruit

(B) Salmon

(C) Chicken

(D) Fettuccine

어떤 항목이 최근에 메뉴에 추가되었습니까?

(A) 과일

(B) 연어

(C) 치킨

(D) 페투치니

184. What appetizer will NOT be served?

(A) Portobello cream soup

(B) House salad with dressing

(C) Fresh vegetables with dip

(D) Italian rolls with butter

어떤 애피타이저가 제공되지 않을까요?

(A) 양송이 크림 스프

(B) 드레싱을 곁들인 하우스 샐러드

(C) 걸쭉한 소스와 더불어 신선한 야채

(D) 버터를 넣은 이탈리아식 롤

185. What is indicated about beverages?

(A) They will not be refilled.

(B) They will only be available after 6 P.M..

(C) They will be served throughout the event.

(D) They will stop being served after dessert.

음료에 대해 암시하는 것은 무엇입니까?

(A) 다시 채워지지 않을 것이다.

(B) 오후 6시 이후에만 이용할 수 있을 것이다.

(C) 행사 내내 제공 될 것이다.

(D) 디저트 후에는 제공되지 않을 것이다.

Providence는 미국 동북부에 있는 로드아일랜드주의 주도이며, 뉴잉글랜드 지역에서 세 번째로 큰 도시이기도 하다.
2000년에는 잡지 '머니'가 선정한 '미국 동북부에서 가장 살기 좋은 도시'로 선정되기도 했으며, 미국에서 가장 성공한
친환경 도시들 중 하나다. enclose 동봉하다 a revision 수정본 banquet 연회 as ~대로 discuss=talk about=talk
over 논의(의논)하다 review 세밀히 검토하다 ensure 확인하다 per=as per=according to ~에 따라 request 요청
add 추가하다 a vegetarian dish 야채만의 요리 present 제시하다 option 선택 since ~이므로, ~하기 때문에 offer
제공하다 non-vegetarian guest 채식주의자가 아닌 so=so that ~하도록 prepare for ~을 준비하다 event 행사
Sincerely=Truly=All the best 끝맺음 말 cater 음식물을 조달(장만)하다 association 협회 propose 신청(제안)하다
gourmet 고급의, 미식가를 위한 top ~의 정상(표면)을 덮다 garlic 마늘 honey 꿀 mustard 겨자 house salad
레스토랑을 대표하는 특별 샐러드 portobello mushroom 양송이버섯 vegetable 야채, 채소 minestrone 마카로니 및
야채 따위를 넣은 푸짐한 이탈리아 수프 main 주요한, 중요한, 주된 serve 제공하다 glaze ~을 발라서 윤을 내다 risotto
쌀·양파·닭고기 따위로 만든 찌게의 일종 bake 굽다 potato 감자 mix 혼합하다 salmon 연어 Char-grilled 숯불에 구운
fettuccine 끈 모양의 파스타 noodle 국수, 면 spinach 시금치 strawberry 딸기 angel food cake= 달걀흰자를 이용하여
만든 카스텔라의 일종 fruit 과일 an assortment of 각종 grape 포도 beverage 음료 available 이용할 수 있는 throughout
~내내 assorted 여러 종류로 된, 다채로운, 잡다한 soft drinks 청량음료 event 행사 take place 열리다, 개최되다 item
항목, 물건, 품목 recently=lately=of late 최근에 add 추가하다 appetizer 식욕 돋우는 음식, 식전의 음료 dip 먹기 전에
음식 조각을 담그는 걸쭉한 소스 indicate=imply=suggest 암시(시사)하다 refill 다시 채우다

문제 186-190 다음의 이메일들을 참조하십시오.

발신:	customerservice@thomsonapp.com
수신:	dkerry@coolmail.com
날짜:	July 6 (7월 6일)
제목:	Malfunction (작동 불량)

Dear Ms. Kerry, Ms. Kerry 님께,

We are very sorry to hear about the malfunction with your deluxe refrigerator, MK1213, purchased from
Thomson Appliances.
Thomson Appliances에서 구입한 고급 냉장고 MK1213의 오작동에 대한 소식을 듣고 대단히 죄송하게 생각합니다.

You indicated// that the ice dispenser on the door of the fridge has stopped functioning. (187)
당신은 지적하셨어요// 냉장고 문에 있는 얼음 분배기가 작동을 멈췄다고.

Actually, several customers have reported the same problem.
사실, 여러 고객들이 동일한 문제를 신고했습니다.

It turned out that the manufacturers made an error in the production process. (187)
제조업체가 생산 과정에서 오류를 범한 것으로 밝혀졌습니다.

Fortunately,// this problem/ can easily be fixed by one of our technicians.
다행히도,// 이 문제는/ 저희 기술자 중 한 명이 쉽게 해결할 수 있습니다.

Currently,// our technicians/ are available/ Monday, Wednesday, and Thursday next week.
현재,// 저희 기술자들은/ 이용 가능합니다./ 다음 주 월요일, 수요일, 목요일에.

Please specify/ what day and what time works for you. (186: 명령문)
구체적으로 알려주십시오./ 무슨 요일 몇 시가 귀하에게 적합한지.

Additionally,// if your refrigerator is under warranty,/ this repair will be absolutely free.
게다가,// 귀하의 냉장고가 보증기간이라면,/ 이 수리는 완전 무료입니다.

Please let us know your warranty number// so we can verify this/ before sending a technician to your house.
귀하의 보증 번호를 알려주십시오.// 저희가 이를 확인할 수 있도록/ 기술자를 귀하의 집으로 보내기 전에. (188)

We apologize for this inconvenience.
이런 불편을 드려 죄송합니다.

Thank you again for choosing Thomson Appliances.
Thomson Appliances를 선택해 주셔서 다시 한 번 감사드립니다.

Sincerely, 감사합니다.

Greg Lewis 그렉 루이스
Customer Service 고객 서비스

어휘 malfunction 오작동 deluxe 고급 refrigerator=fridge 냉장고 purchase 구입하다 indicate 지적하다 ice dispenser 얼음 분배기 stop functioning 작동을 멈추다 actually=in fact=as a matter of fact=as it is 사실 several 보통 대여섯 정도를 말하며 a few 보다 많고 many 보다는 적은 일정치 않은 수를 가리킴 customer 고객 report 신고하다 turn out ~로 밝혀지다, ~로 판명되다 manufacturer 제조업체 make an error 오류를 범하다 production 생산 process 과정 fortunately 다행히도 easily=with ease 쉽게 fix=mend=repair 고치다 technician 기술자 currently 현재 available 이용 가능한 Monday 월요일 Wednesday 수요일 Thursday 목요일 specify 구체적으로 알려주다, 상세히 말하다 additionally=in addition=besides=furthermore=what is more 게다가 under warranty 보증기간인 repair 수리 absolutely 완전히, 전적으로 free 무료 so=so that=in order that ~하도록 verify 확인하다 apologize 사과하다 inconvenience 불편 choose-chose-chosen 선택하다 Sincerely=All the best=Best wishes 끝맺음 말

발신:	dkerry@coolmail.com
수신:	customerservice@thomsonapp.com
날짜:	July 7 (7월 7일)
제목:	Re: Malfunction (작동 불량)

Dear Mr. Lewis, 친애하는 Lewis씨,

Thank you for your prompt response.
귀하의 신속한 답변에 감사드립니다.

Actually,// next week I will be away on a business trip in Arkansas/ and I won't return until Saturday.
사실,// 다음 주에 저는 아칸소에 출장을 가서,/ 토요일이 되어서야 비로소 돌아올 것입니다.

However,// I have a housekeeper who comes to clean on Monday and Friday.
하지만,// 저는 월요일과 금요일에 청소하러 오는 가정부가 있습니다.

If your technician visits on either day,// she can let him or her in. (190)
귀하의 기술자가 (월요일과 금요일 중) 아무 날에나 방문하면,// 그녀가 그들을 들여보낼 수 있습니다.

My warranty number/ is A344F56J/ and is still valid.
제 보증 번호는/ A344F56J이며/ 여전히 유효합니다.

I will leave this document with my housekeeper// in case you need to see it during your visit.
저는 이 문서를 가정부에게 맡겨 놓겠습니다.// 방문하는 동안 보셔야 할 경우를 대비해서.

Dana Kerry 다나 케리

어휘　prompt 신속한 response 답변 be away on a business trip 출장을 가다 not A until B: B가 되어서야 비로소 A하다
u.125쪽 참조 however 하지만, 그러나 housekeeper 가정부 on either day 둘 중 아무 날에 let ~ in 들여보내다
valid=effective 유효한 leave A with B: A를 B에 남기다 document 문서 in case ~할 경우를 대비해서 during 동안에

발신:	customerservice@thomsonapp.com
수신:	dkerry@coolmail.com
날짜:	July 7 (7월 7일)
제목:	Repair Time (수리 시간)

Dear Ms. Kerry, Ms. Kerry 님께,

Our technician/ will be able to come by your house/ on Monday. (190)
저희 기술자는/ 귀하의 집에 들를 수 있습니다/ 월요일에.

You will need to be sure to leave the warranty documents// so the technician can scan them into our system.
귀하는 반드시 보증 문서를 남겨 두어야합니다.// 기술자가 저희 시스템으로 스캔할 수 있도록.

This is necessary/ for us to be reimbursed by the manufacturers. (189)
이것은 필요합니다/ 저희가 제조업체로부터 배상을 받기 위해.

Our technician/ will come by in the morning/ and try to be gone by lunch;// even though you have a housekeeper,/ they will try not to leave a mess.
저희 기술자는/ 오전에 들러서/ 점심시간 무렵에 나가고자 합니다.// 가정부가 있다하더라도/ 그들은 엉망진창을 남기 않도록 노력할 것입니다.

Safe travels/ and we appreciate your patience.
안전한 여행을 바라며/ 인내해 주셔서 감사합니다.

Thank you for your loyalty to Thomson Appliances.
Thomson Appliances에 대한 귀하의 충성(지극한 마음)에 감사드립니다.

Sincerely, 감사합니다.
Greg Lewis 그렉 루이스
Customer Service 고객 서비스

어휘　be able to ~할 수 있다 come by=drop by 들르다 be sure to 꼭 ~하다, 반드시 ~하다 leave 남기다
warranty document 보증 문서 so=so that=in order that ~하도록 scan 스캔하다 necessary 필요한 reimburse
변상(배상)하다 manufacturer 제조업체 by lunch 점심 무렵 even though=though=although=notwithstanding 비록
~이지만 mess 엉망진창 safe 안전한 travel 여행 appreciate ~에 감사하다 your patience 인내 loyalty 충성, 지극한
마음

186. What is one reason the first-email was sent?

(A) To specify a warranty number

(B) To ask for a date for a visit

(C) To confirm an order

(D) To apologize for a shipping delay

첫 번째 이메일이 전송된 한 가지 이유는 무엇입니까?

(A) 보증 번호를 구체적으로 알리기 위해

(B) 방문 날짜를 요청하기 위해

(C) 주문을 확인하기 위해

(D) 배송 지연에 대해 사과하기 위해

187. According to the first e-mail,// what is true about the refrigerator?

(A) It is a newly released model.

(B) It is no longer covered by the warranty.

(C) It has a manufacturing defect.

(D) It is currently on sale.

첫 번째 이메일에 따르면,// 냉장고와 관련하여 무엇이 사실인가요?

(A) 새로 출시 된 모델이다.

(B) 더 이상 보증이 적용되지 않는다.

(C) 제조상의 결함이 있다.

(D) 현재 세일 중이다.

188. What information does Mr. Lewis request from Ms. Kerry?

(A) Her current address

(B) Her warranty number

(C) Her refrigerator model

(D) Her contact information

Lewis 씨는 Ms. Kerry에게 어떤 정보를 요청합니까?

(A) 그녀의 현재 주소

(B) 그녀의 보증 번호

(C) 그녀의 냉장고 모델

(D) 그녀의 연락처 정보

189. Why does the technician need to scan the warranty?

(A) To make sure it is still covered

(B) To make sure that the model is correct

(C) To make sure that there are enough spare parts to make the repairs

(D) To make sure that the manufacturer covers the repair costs

기술자는 왜 보증서를 스캔해야 합니까?

(A) 여전히 보험혜택을 받는지 확인하기 위해서

(B) 모델이 정확한지 확인하기 위해서

(C) 수리하기에 충분한 예비 부품이 있는지 확인하기 위해

(D) 제조업체가 수리 비용을 부담하도록 히기 위해

190. Why do you think the technician will come on Monday?

(A) Because that is the time the technician is available.

(B) Because the technician is too busy on Friday.

(C) Because the housekeeper will be there to let him in.

(D) Because Ms. Kerry is in Arkansas.

왜 기술자가 월요일에 올 거라고 생각합니까?

(A) 그때가 기술자들이 이용가능한 시간이기 때문에.

(B) 기술자가 금요일에 너무 바쁘니까.

(C) 가정부가 그를 들여보내기 위해 거기에 있을 것이니까.

(D) 케리 씨가 아칸소에 있기 때문에.

문제 191-195 다음의 기사와 편지들을 참조하십시오.

April 5 – Clearwater Hospital in downtown Scranton/ has launched a new pen pal letter-writing program/ between terminally ill hospital patients and adult volunteers. (191)
4월 5일–스크랜턴 시내에 있는 클리어워터 병원은/ 새로운 펜팔 편지 쓰기 프로그램을 시작했습니다./ 말기 병원 환자와 성인 자원 봉사자들 사이에.

Hospital Director Zack Chambers,/ who was recently presented with an Outstanding Leader Award from the National Health Care Alliance,/ started the program/ to create stronger connections between the hospital and the community.
병원장 잭 챔버스는/ 최근 National Health Care Alliance(국민 건강관리 연합)로부터 뛰어난 지도자상을 받은 사람인데,/ 이 프로그램을 시작했습니다./ 병원과 지역사회 간의 더 강한 유대를 만들기 위해. (192)

Mr. Chambers/ **encourages**/ adults of all types and occupations/ to apply/ even if they don't feel completely qualified.
Chambers 씨는/ 권장합니다/ 모든 유형과 직업의 성인에들게/ 지원하라고/ 비록 그들이 전적으로 자격이 있다고 느끼지 않더라도.

Simply visit the Clearwater Hospital website/ and become a member of the hospital/ free of charge.
그저 클리어워터 병원 웹사이트를 방문하여/ 병원의 회원이 되기만 하면 됩니다/ 무료로.

"I hope// through this program,/ volunteers can form close relationships with patients/ to help them get through these difficult times in their lives." said Mr. Chambers.
"저는 희망합니다/ 이 프로그램을 통해/ 자원봉사자들이 환자들과 긴밀한 관계를 형성할 수 있기를/ 그들이 인생에서 이러한 어려운 시기를 헤쳐 나갈 수 있도록 돕기 위하여."라고 Chambers 씨는 말했습니다.

He also hopes// that the program will lead to more people visiting terminally ill patients in person. (193)
그는 또한 희망합니다.// 이 프로그램이 더 많은 사람들이 직접 말기 환자들을 방문하는 결과를 만들어 주기를.

Clearwater Hospital 클리어워터 병원

May 4	5월 4일
Monica Greene	모니카 그린
4100 Washington Road	4100 워싱턴 로드
Scranton, Wisconsin 54481	위스콘신 주 스크랜튼 54481

Dear Ms. Greene, 친애하는 그린 씨에게,

I was delighted/ to receive your letter.
저는 기뻤습니다/ 당신의 편지를 받고.

I am very excited/ to have been paired with you as pen pals.
저는 매우 신이 납니다/ 당신과 펜팔 친구로 짝을 이루어서.

I hope// we can learn a lot from each other/ and build a lasting friendship.
저는 희망합니다// 우리가 서로로부터 많은 것을 배우고/ 지속적인 우정을 쌓을 수 있기를.

As you know,// I live in California,// which is a long way from Wisconsin.
당신도 알다시피,// 저는 캘리포니아에 살고 있는데,// 이곳은 위스콘신에서 멀리 떨어져 있습니다.

I hope// that in the coming months/ I can find some time off work/ and visit you.
저는 희망합니다// 앞으로 몇 달 동안/ 제가 휴직을 하여/ 당신을 방문할 수 있기를.

Please let me know// when the most convenient time would be/ for me to meet you.
알려주세요// 언제가 가장 편리한 시간이 될 것인지/ 제가 당신을 만나기에.

I will look forward to hearing from you.
저는 당신으로부터 소식을 듣기를 고대하겠습니다.

Jessica Wright
제시카 라이트

어휘 | delighted 기쁜 receive 받다 excited 신이 난, 흥분된 be paired with ~와 짝을 이루다 a lot=much 많이 each other 서로 build 쌓다, 짓다 lasting 지속적인 friendship 우정 as you know 당신도 알다시피 in the coming months 앞으로 몇 달 동안 find some time off work 휴직을 하다 the most convenient 가장 편리한 look forward to ~ring ~을 고대(기대)하다

You don't know how much I appreciate your kind words. Although the staff at Clearwater are very kind, I feel the need to connect with the people who are not part of the staff. My surviving family also/ live a great distance away, in Florida,// and so most of the time/ I am just communicating with the paid staff or the other patients. (194)
생존에 있는 나의 가족들도/ 멀리 떨어진 플로리다에서 살고 있어요.// 그래서 대부분의 시간을/ 나는 그저 유급 직원이나 다른 환자들과 소통하고 있어요.

I would welcome a visit,// if you truly wanted to come,// and the best time for our meeting/ would be the Thanksgiving holiday party here at the center, I suppose. (195)
나는 방문을 환영할 것입니다// 당신이 진정으로 오고 싶다면,// 그리고 우리의 만남을 위한 가장 좋은 시간은/ 여기 센터에서 열리는 추수감사절 휴가 파티인 것 같아요.

My own family might be here as well.
내 가족도 여기에 있을지도 모르거든요.

If it is too much for you,/ or if you can't get the time off of work,// don't worry about it too much.
만약 당신에게 너무 벅차거나,/ 일을 쉴 시간이 없다면,// 너무 걱정하지 마세요.

I do hope// that we can continue to communicate/ through our letters.
나는 정말 희망합니다.// 우리가 계속 소통할 수 있기를/ 편지를 통해서.

어휘   appreciate 감사하다 your kind 친절한 although=though=even though=notwithstanding=while 비록 ~이지만 staff
직원 need 필요성 connect with ~와 마음을 주고받다 surviving 생존에 있는 live a great distance away 멀리 떨어져
살다 most of the time 대부분의 시간 communicate with 소통하다 paid staff 유급 직원 patient 환자 welcome 환영하다
Thanksgiving holiday 추수감사절 휴가 might be ~할지 모른다, ~할 수도 있다 as well=too ~도 역시
get the time off of work 일을 쉬다 worry about ~에 대해 걱정하다 continue to=continue~ing 계속 ~하다

---

191. What is the article about?

(A) A volunteer program

(B) A doctor's retirement

(C) A new software company

(D) A writing competition

기사는 무엇에 관한 것이죠?

(A) 자원 봉사 프로그램

(B) 의사의 은퇴

(C) 새로운 소프트웨어 회사

(D) 쓰기 대회

192. What is mentioned about Mr. Chambers?

(A) He is a patient at Clearwater Hospital.

(B) He teaches writing skills to adults.

(C) He is the head of a health care organization.

(D) He was honored for his leadership.

챔버스 씨에 대해 언급된 것은?

(A) 그는 클리어워터 병원의 환자이다.

(B) 그는 어른들에게 쓰기 기술을 가르친다.

(C) 그는 건강관리 조직의 책임자이다.

(D) 그는 그의 지도력으로 존경을 받았다.

193. What does Mr. Chambers invite people to do?

(A) Sign up for a newsletter

(B) Schedule regularly health check-ups

(C) Visit patients in critical condition

(D) Write a letter of recommendation

챔버스 씨는 사람들에게 무엇을 하도록 권유합니까?

(A) 회보를 구독 신청하라고

(B) 정기적인 건강 검진 일정을 잡으라고

(C) 위독한 상태의 환자를 방문해 달라고

(D) 추천서를 작성해 달라고

194. Who does Monica Greene spend most of her time with?

(A) Clearwater's staff

(B) Her family

(C) Jessica Wright

(D) Her friends

모니카 그린은 대부분의 시간을 누구와 함께 보내나요?

(A) Clearwater의 직원

(B) 그녀의 가족

(C) 제시카 라이트

(D) 그녀의 친구들

195. When does Monica want Jessica to visit?　　모니카는 제시카가 언제 방문하기를 원합니까?

    (A) Christmas　　　　　　　　　　　　　(A) 크리스마스

    (B) New year's Eve　　　　　　　　　　(B) 새해 전야

    (C) The 4th of July　　　　　　　　　　(C) 7월 4일

    (D) Thanksgiving　　　　　　　　　　　(D) 추수 감사절

문제 196-200 다음의 이메일과 일정과 온라인 채팅 보드를 참조하십시오.

수신인:	Library Members <members@claytonlibrary.edu>	도서관 회원
발신인:	Holly Allen <hollyallen@claytonlibrary.edu>	홀리 앨런
제목:	Events This Month　　이달의 행사	
날짜:	August 1　　8월 1일	
첨부:	August Event Calendar　　8월 행사 달력	

Dear Members of the Clayton Library,　친애하는 클레이튼 도서관 회원 여러분,

Thank you for your continued support of the Clayton Library.
클레이튼 도서관에 대한 지속적인 후원에 감사드립니다.

Your monthly membership fees/ help/ us/ to obtain new books, computers, journal subscriptions, and other resources// that are useful to the entire community.
여러분의 월 회비는/ 도움을 줍니다/ 저희가/ 새 책과, 컴퓨터, 잡지 구독 및 기타 자료를 얻도록.// 그것들은 지역사회 전체에 유용합니다.

We would like to inform you/ of some special upcoming events this month// you may be interested in attending.
저희는 여러분에게 알려 드리고자합니다/ 이번 딸에 있을 몇몇 특별 행사들을// 여러분이 참석하고 싶어 할지도 모릅니다. (196)

First, famous children's book author and storyteller Elbert Butler/ will be visiting our library.
먼저 유명한 아동 도서 작가이자 단편 작가인 엘버트 버틀러가/ 저희 도서관을 방문할 예정입니다.

He will be reading from his new book, *The Mysterious Cat*,/ and signing autographs. (199)
그는 그의 새 책인 The Mysterious Cat의 글을 읽어주고/ 사인도 해줄 예정입니다.

His book/ was recently nominated/ for the Children's Book of the Year Award.
그의 책은/ 추천되었습니다/ 최근 올해의 아동 도서 상 후보에.

Kathy Butler, Mr. Butler's wife,/ will also be in attendance at this event. (199)
Mr. Butler의 아내인 Kathy Butler도/ 이 행사에 참석할 예정입니다.

She has drawn the pictures/ in most of Mr. Butler's books,/ including *The Mysterious Cat*. (197)
그녀는 그림을 그렸습니다/ Mr. Butler의 책 대부분에./ The Mysterious Cat을 포함하여.

This event/ costs $10/ but is provided free/ for library members.
이 행사는/ 10 달러이지만/ 무료로 제공됩니다/ 도서관 회원에게는.

Later in the month,/ renowned wildlife photographer Nina Brooks/ will be holding an exhibition on the main floor of the library.
이달 하순,/ 유명한 야생 생물 사진작가 Nina Brooks가/ 도서관 1층에서 전시회를 개최 할 예정입니다.

Ms. Brooks/ recently returned from a trip to Kenya,// where she photographed cheetahs, giraffes, elephants, and other animals.
Brooks 씨는/ 최근 케냐로 여행에서 돌아왔습니다./ 그곳에서 그녀는 치타, 기린, 코끼리 및 기타 동물을 촬영했습니다.

Her photographs/ capture/ the vividness of the wildlife and the majesty of nature.
그녀의 사진은/ 포착합니다/ 야생 생물의 생생함과 자연의 장엄함을.

In addition to these two featured events,// there will be a variety of workshops, games nights, and other events/ this month.
이 두 가지 주요 행사 외에도,// 다양한 연수회, 게임하면서 식사하기 및 기타 행사가 있을 예정입니다/ 이번 달에.

Check the attached calendar/ for details.
첨부 된 달력을 확인하십시오/ 자세한 내용을 위해서는.

All events, including Movie Night,/ are free// unless noted otherwise.
Movie Night를 포함한 모든 행사는/ 무료입니다// 별도로 명시하지 않는 한.

Sincerely, 감사합니다.

Holly Allen 홀리 앨런
Library Events Coordinator 도서관 행사 담당자

어휘　continued 지속적인 support 후원 library 도서관 monthly 매달의 membership fee 회비 journal 잡지 subscription 구독 obtain=get=gain=acquire=procure=come by 얻다 resource 자료 useful 유용 entire 전체의 community 지역사회 would like to ~하고 싶다 inform A of B: A에게 B를 알리다 special 특별한 upcoming=forthcoming 다가오는 event 행사 this month 이번 달 may be ~일지 모르다 be interested in ~에 관심(흥미)이 있다 attend 참석하다 famous=famed=noted=renowned=celebrated=distinguished=eminent=salient 유명한 author 작가 storyteller 단편 작가 will be ~ing ~할 예정이다 mysterious 신비스런, 불가사의한 sign 사인하다 autograph 사인 recently=lately=of late 최근에 nominate 지명하다 award 상 be in attendance at ~에 참석하다 draw-drew-drawn 그리다 most of 대부분의 including ~을 포함하여 cost 비용이 들다 provide=supply 제공하다 later in the month 이달 하순 wildlife 야생 생물 free=free of charge(cost)=at no cost=without payment(charge, cost, fee)=for nothing=gratis=gratuitously 무료로 photographer 사진작가 hold an exhibition 전시회를 개최하다 the main floor 1 층 return 돌아오다 giraffe 기린 elephant 코끼리 animal 동물 capture 포착하다 vividness 생생함 majesty 장엄함 nature 자연 in addition to=besides ~외에도 a variety(diversity) of=various=diverse=miscellaneous 다양한 featured 특색으로 하는, 주요한 workshop 연수회 game night 게임하면서 식사하기 attach 첨부하다 calendar 달력 details 세부사항 movie night 함께 어울려 영화를 보면서 보내는 밤 unless ~하지 않는 한 note 명시하다, 지시하다, 적어두다 otherwise 별도로, 딴 방법으로 coordinator 담당자, 조정자, 진행자

Clayton Library Events Calendar (클레이튼 도서관 행사 일정)
August (8월)

Date/Time	Event Title	Notes
Saturday, August. 2, 5:00 P.M.	Creative Writers Workshop	Led by Donna Ward
Friday, August. 8, 7:00 P.M.	Movie Night	Family-friendly event
Sunday, August. 17, 6:00 P.M.	The Mysterious Cat Reading	Entrance cost of $10
Wednesday, August. 20, 3:00 P.M.	Knitting Club	Complimentary refreshments
Saturday, August. 30, 2:00 P.M.	Photo Exhibition Opening	Entrance cost of $5

날짜/시간	이벤트 제목	주의
8월 2일 토요일 오후 5시	창의적 작가 연수회	도나 워드 주도
8월 8일 금요일 오후 7시	영화의 밤(함께 영화 보면서 보내는 밤)	가족 친화적인 행사
8월 17일 일요일 오후 6시	신비한 고양이 독서	입장료 10달러
8월 20일 수요일 오후 3시	뜨개질 클럽	무료 다과
8월 30일 토요일 오후 2시	사진 전시회 개막	입장료 5달러

어휘   Saturday 토요일 August 8월 Friday 금요일 P.M. 오후 A.M. 오전 Sunday 일요일 Wednesday 수요일 Saturday 토요일 creative 창의적인 workshop 연수회 Movie Night 함께 영화 보면서 보내는 밤 knit 뜨개질 하다 exhibition 전시회 lead-led-led 주도하다, 이끌다 family-friendly 가족 친화적인 entrance cost=entrance(admission) fee 입장료 complimentary=free 무료의 refreshments 다과

Clayton Library Community Chat Board
클레이튼 도서관 커뮤니티 채팅 보드

August 1 (8월 1일)

>user ID: Johnson231 (>사용재D: Johnson231)

Subject: Creative Writers Workshop August 2
제목: 창의적 작가 연수회 8월 2일

Hey, is anybody going to go to the writers workshop tomorrow?
저기요, 내일 작가 연수회에 갈 사람 있나요?

I heard// that Donna Ward is an outstanding teacher.
저는 들었습니다// Donna Ward가 뛰어난 선생님이라고.

I could really use some feedback on my latest short story too.
저는 정말 저의 최근 단편 소설에 대한 의견도 좀 사용할 수 있을 것 같아요.

Post if you are going! ~Jim
가신다면 게시해 주십시오! ~짐

>User ID: Storytimechuck (>사용자 ID: Storytimechuck)

Subject: Creative Writers Workshop August 2
제목: 창의적 작가 연수회 8월 2일

Hey Johnson231! I am going for sure.
저기요 Johnson231! 저는 확실히 갑니다.

You are right. Donna is the best.
당신이 옳습니다. Donna는 최고입니다.

Her knowledge of narrative and pacing/ have really helped me with my screenplay. (198)
이야기와 전개 속도에 대한 그녀의 지식은/ 내 대본에 정말 도움이 되었습니다.

Maybe I could read through your short story after the workshop/ and give you my feedback too.
아마 연수회가 끝난 후 당신의 단편 소설을 읽고/ 제 의견도 해드릴 수 있을 것 같습니다. (200)

The more eyes the better, I always say!
눈이 많을수록 더 좋다고, 저는 항상 말합니다!

I'll let you take a look through my screenplay too/ if you are interested.
제 대본도 살펴보시도록 해드리겠습니다// 당신이 관심이 있다면. (200)

See you tomorrow! ~Chuck
내일 봐요! ~척

어휘   user 사용자 be going to ~할 예정이다 outstanding=striking=remarkable=conspicuous 뛰어난 feedback 의견 latest
최근의 short story 단편소설 post 게시하다 for sure=for certain 확실히 knowledge 지식 narrative 이야기 pacing 전개
속도 really 정말 maybe=perhaps=probably=possibley=most likely=very likely=as likely as not 아마 screenplay
시나리오, 영화 대본 the 비교급, the 비교급 ~할수록 더욱더 ~하다 take a look 살펴보다 See you tomorrow 내일
보자(헤어질 때 사용하는 인사말)

---

196. What is the purpose of the e-mail?

(A) To introduce new members

(B) To promote upcoming events

(C) To announce some schedule adjustments

(D) To solicit donations

이메일의 목적은 무엇입니까?

(A) 신입 회원 소개하는 것

(B) 다가오는 행사를 홍보하는 것

(C) 일정 조정을 알리는 것

(D) 기부를 요청하는 것

197. What is indicated about Elbert Butler?

(A) His wife is an illustrator.

(B) He has recently published his first book.

(C) He has several cats.

(D) He will receive an award soon.

Elbert Butler에 대해 암시하는 바가 무엇입니까?

(A) 그의 아내는 삽화가이다.

(B) 그는 최근에 첫 번째 책을 출판했다.

(C) 그는 여러 마리의 고양이를 가지고 있다.

(D) 그는 곧 상을 받을 것이다.

198. According to the chat board, what does Donna Ward excel at?

(A) Creating vivid photographs

(B) Writing successful screenplays

(C) Understanding the role of timing and storylines

(D) Working with young poets

채팅 보드에 따르면 Donna Ward는 어떤 점에서 탁월합니까?

(A) 생생한 사진 만들기

(B) 성공적인 대본 쓰기

(C) 속도 조절과 줄거리의 역할을 이해하기
    (timing=pacing, storyline=narrative)

(D) 젊은 시인들과 함께 일하기

199. When can library users meet Kathy Butler?

(A) On Wednesday
(B) On Friday
(C) On Saturday
(D) On Sunday

도서관 이용자는 언제 Kathy Butler를 만날 수 있습니까?

(A) 수요일
(B) 금요일
(C) 토요일
(D) 일요일

200. What will likely happen after the Creative Writers Workshop on August 2?

(A) Everyone will learn how to write poetry better.
(B) Chuck and Jim will exchange their works/ to give each other feedback.
(C) Donna Ward will publish her novel.
(D) Chuck and Donna will work with Jim's short story.

8월 2일 창의적인 작가 연수회 이후에 어떤 일이 일어날 가능성이 있나요?

(A) 누구나 시를 더 잘 쓰는 법을 배울 것이다.
(B) Chuck과 Jim은 작품을 교환할 것이다/ 서로에게 의견을 제시하기 위해.
(C) Donna Ward는 그녀의 소설을 출판 할 것이다.
(D) Chuck과 Donna는 Jim의 단편 소설을 가지고 작업 할 것이다.

어휘 | purpose 목적 introduce 소개하다 promote 홍보하다 upcoming 다가오는 event 행사 announce 알리다 adjustment 조정 solicit 요청하다 donation 기부 indicate=imply=suggest 암시(시사)하다 illustrator 삽화가이다 recently=lately= of late 최근에 publish 출판하다 several 여러 마리의 soon=presently=shortly=before long=in time=sooner or later= sometime or other 곧 receive 받다 award 상 according to=as per ~에 따르면 excel at ~에서 탁월하다 create 창작하다, 만들다 vivid 생생한 successful 성공적인 screenplay 대본, 각본 understand 이해하다 role=part 역할 timing=pacing 시간 조절 storyline=narrative 이야기 poet 시인 library user 도서관 이용자 likely=probably= possibly=maybe=perhaps=very likely=mostly likely 아마 exchange 교환하다 happen=occur=arise=take place=come about=come up=come to pass 발생하다 works 작품 feedback 의견 novel 소설 short story 단편 소설

유니크 쏙쏙
토익 *TOEIC*
700제

유니크 쏙쏙 토익 700제

초판 1쇄 발행 2021년 05월 20일
초판 1쇄 발행 2021년 05월 28일
지은이 김수원

펴낸이 김양수
편집 이정은

펴낸곳 도서출판 맑은샘
출판등록 제2012-000035
주소 경기도 고양시 일산서구 중앙로 1456(주엽동) 서현프라자 604호
전화 031) 906-5006
팩스 031) 906-5079
홈페이지 www.booksam.kr
블로그 http://blog.naver.com/okbook1234
포스트 http://naver.me/GOjsbqes
이메일 okbook1234@naver.com

ISBN 979-11-5778-490-5 (13740)

* 이 책은 저작권법에 의해 보호를 받는 저작물이므로 무단전재와 무단복제를 금지하며, 이 책 내용의 전부 또는 일부를 이용하려면 반드시 저작권자와 도서출판 맑은샘의 서면동의를 받아야 합니다.
* 파손된 책은 구입처에서 교환해 드립니다. * 책값은 뒤표지에 있습니다.